Manual de
DIREITO ADMINISTRATIVO

Felipe Dalenogare Alves

Manual de
DIREITO ADMINISTRATIVO

2ª edição
Atualizada, revista e ampliada
2025

gen | saraiva jur

- O autor deste livro e a editora empenharam seus melhores esforços para assegurar que as informações e os procedimentos apresentados no texto estejam em acordo com os padrões aceitos à época da publicação, *e todos os dados foram atualizados pelo autor até a data de fechamento do livro.* Entretanto, tendo em conta a evolução das ciências, as atualizações legislativas, as mudanças regulamentares governamentais e o constante fluxo de novas informações sobre os temas que constam do livro, recomendamos enfaticamente que os leitores consultem sempre outras fontes fidedignas, de modo a se certificarem de que as informações contidas no texto estão corretas e de que não houve alterações nas recomendações ou na legislação regulamentadora.

- Data do fechamento do livro: 02/01/2025

- O autor e a editora se empenharam para citar adequadamente e dar o devido crédito a todos os detentores de direitos autorais de qualquer material utilizado neste livro, dispondo-se a possíveis acertos posteriores caso, inadvertida e involuntariamente, a identificação de algum deles tenha sido omitida.

- Direitos exclusivos para a língua portuguesa
  Copyright ©2025 by
  Saraiva Jur, um selo da SRV Editora Ltda.
  Uma editora integrante do GEN | Grupo Editorial Nacional
  Travessa do Ouvidor, 11
  Rio de Janeiro – RJ – 20040-040

- **Atendimento ao cliente: https://www.editoradodireito.com.br/contato**

- Reservados todos os direitos. É proibida a duplicação ou reprodução deste volume, no todo ou em parte, em quaisquer formas ou por quaisquer meios (eletrônico, mecânico, gravação, fotocópia, distribuição pela Internet ou outros), sem permissão, por escrito, da **SRV Editora Ltda.**

- Capa: Lais Soriano
  Diagramação: Mônica Landi

- **DADOS INTERNACIONAIS DE CATALOGAÇÃO NA PUBLICAÇÃO (CIP)
  VAGNER RODOLFO DA SILVA – CRB-8/9410**

A474m   Alves, Felipe Dalenogare
Manual de direito administrativo / Felipe Dalenogare Alves. – 2. ed. – São Paulo :
    Saraiva Jur, 2025.

520 p.
ISBN: 978-85-5362-540-6 (impresso)

1. Direito. 2. Direito Administrativo. I. Título.

	CDD 341.3
2024-4268	CDU 342.9

Índices para catálogo sistemático:
1. Direito Administrativo   341.3
2. Direito Administrativo   342.9

Dedico esta obra a meu pai, *in memoriam*, Holinto, pelo quanto incentivou-me a estudar, e à minha mãe, Sandra, pelo amor incondicional a seus filhos.

Agradeço à Evelin e à Alice, pela compreensão durante
os períodos em que estive ausente, dedicando-me a esta obra.

Agradeço à Aline e à Dalila, da Saraiva, por terem acreditado
em mim e pela paciência no aguardo pela 1ª edição desta obra.

Agradeço à Carol, minha editora, pelo carinho e atenção dispensados à obra.

Agradeço à Gabi pela ajuda para que os quadros-resumos
dos capítulos se tornassem compreensíveis.

Sumário

Capítulo 1
INTRODUÇÃO AO DIREITO ADMINISTRATIVO: ORIGEM, CONCEITO, OBJETO, FONTES E REGIME JURÍDICO ADMINISTRATIVO

1.1. Origem do Direito Administrativo	1
1.2. Conceito de Direito Administrativo e Administração Pública	9
1.3. Conceito de Governo e o Direito Fundamental ao bom Governo	13
1.4. Fontes do Direito Administrativo	17
1.5. O regime jurídico administrativo	19
Resumo do Capítulo 1	21

Capítulo 2
FUNÇÕES DO ESTADO E ORGANIZAÇÃO DA ADMINISTRAÇÃO PÚBLICA

2.1. Funções estatais	23
2.1.1. Função legislativa	23
2.1.2. Função jurisdicional	23
2.1.3. Função administrativa	23
2.1.4. Função política	24
2.2. Organização administrativa	25
2.2.1. Desconcentração e descentralização da função administrativa	25
2.2.1.1. Desconcentração material	25
2.2.1.2. Desconcentração territorial	26
2.2.1.3. Descentralização por outorga	26
2.2.1.4. Descentralização por delegação	26
2.2.2. Administração Direta	27
2.2.2.1. Órgãos públicos	28
2.2.2.1.1. Conceito	29
2.2.2.1.2. Criação e extinção	29
2.2.2.1.3. Transformação de órgão público em entidade	29
2.2.2.1.4. Capacidade judiciária e representação judicial e extrajudicial	30
2.2.2.1.5. Classificação dos órgãos públicos	31
2.2.2.1.5.1. Classificação quanto ao âmbito de atuação	31
2.2.2.1.5.2. Classificação quanto à posição na estrutura organizacional da Administração Pública	32
2.2.2.1.5.3. Classificação quanto à estrutura administrativa	33
2.2.2.1.5.4. Classificação quanto à composição funcional	33
2.2.2.1.5.5. Classificação quanto ao desempenho da função administrativa	34
2.2.3. Administração Indireta	34

2.2.3.1. Autarquia	34
2.2.3.1.1. Criação, transformação e extinção	35
2.2.3.1.2. Regime de bens e pessoal	35
2.2.3.1.3. Imunidade tributária, prerrogativas processuais e responsabilidade civil	36
2.2.3.1.4. Classificação	37
2.2.3.1.4.1. Classificação quanto à personalidade jurídica	37
2.2.3.1.4.1.1. Autarquias próprias	37
2.2.3.1.4.1.2. Autarquias impróprias	37
2.2.3.1.4.1.2.1. Autarquias fundacionais (fundações autárquicas)	38
2.2.3.1.4.1.2.2. Empresas autárquicas	38
2.2.3.1.4.1.2.3. Autarquias interfederativas (associações públicas)	38
2.2.3.1.4.1.2.4. Autarquias corporativas (Conselhos de Classe)	39
2.2.3.1.4.2. Classificação quanto à dotação do poder de polícia	40
2.2.3.1.4.2.1. Autarquias desprovidas de poder de polícia	41
2.2.3.1.4.2.1.1. Autarquias culturais e educacionais	41
2.2.3.1.4.2.1.2. Autarquias sociais e previdenciárias	41
2.2.3.1.4.2.1.3. Autarquias de fomento e serviços públicos	41
2.2.3.1.4.2.1.4. Agências executivas	42
2.2.3.1.4.2.2. Autarquias dotadas de poder de polícia	42
2.2.3.1.4.2.2.1. Agências reguladoras	43
2.2.3.1.4.2.2.2. Conselho Administrativo de Defesa Econômica	45
2.2.3.1.4.2.2.3. Autoridade Nacional de Proteção de Dados	47
2.2.3.2. Fundações públicas	49
2.2.3.3. Empresas públicas e sociedades de economia mista	51
2.2.3.3.1. Criação, transformação e extinção	51
2.2.3.3.2. Regime de bens e pessoal	53
2.2.3.3.3. Imunidade tributária, prerrogativas processuais, responsabilidade civil e controle externo	55
2.2.4. Empresas privadas com participação minoritária do Poder Público	56
2.2.5. Sociedades controladas direta ou indiretamente pelo Poder Público	57
2.2.6. Entidades paraestatais (terceiro setor)	58
2.2.6.1. Organizações Sociais (OS)	58
2.2.6.2. Organizações da Sociedade Civil de Interesse Público (OSCIP)	61
2.2.6.3. Organizações da Sociedade Civil sob regime de parcerias voluntárias (OSC)	63
2.2.6.4. Serviços Sociais Autônomos (Sistema S)	67

2.2.6.5. Fundações de Apoio (FA)	69
Resumo do Capítulo 2	70

Capítulo 3
PRINCÍPIOS DA ADMINISTRAÇÃO PÚBLICA

3.1. Princípios fundamentais de Estado	74
3.1.1. Princípio da supremacia do interesse público	74
3.1.2. Princípio da indisponibilidade do interesse público	75
3.1.3. Princípio da segurança jurídica	75
3.1.4. Princípio republicano	75
3.1.5. Princípio democrático	75
3.1.6. Princípio da cidadania	76
3.1.7. Princípio da finalidade	76
3.1.8. Princípio da dignidade da pessoa humana	76
3.1.9. Princípio da proporcionalidade	76
3.2. Princípios fundamentais da Administração Pública	77
3.2.1. Princípio da legalidade (juridicidade)	77
3.2.2. Princípio da impessoalidade	78
3.2.3. Princípio da moralidade	78
3.2.4. Princípio da publicidade	79
3.2.5. Princípio da eficiência	82
3.2.6. Princípio da legitimidade	82
3.2.7. Princípio da igualdade	83
3.2.8. Princípio da realidade	83
3.2.9. Princípio da responsabilidade	83
3.2.10. Princípio da responsividade	84
3.2.11. Princípio da sindicabilidade	84
3.2.12. Princípio da sancionabilidade	84
3.2.13. Princípio do devido processo legal	84
3.2.14. Princípio da motivação	84
3.2.15. Princípio da desconcentração	84
3.2.16. Princípio da economicidade	85
3.2.17. Princípio da autotutela	85
3.3. Princípios setoriais do direito administrativo	85
Resumo do Capítulo 3	85

Capítulo 4
AGENTES PÚBLICOS

4.1. Conceito e espécies	87
4.1.1. Agentes políticos	87
4.1.2. Agentes administrativos	87
4.1.2.1. Servidores efetivos	87

4.1.2.2. Servidores exclusivamente comissionados	87
4.1.2.3. Servidores temporários	88
4.1.2.4. Empregados públicos	88
4.1.2.5. Militares	89
4.1.3. Agentes por colaboração	90
4.1.3.1. Agente por colaboração voluntária	91
4.1.3.2. Agente por colaboração compulsória	91
4.1.3.3. Agente por delegação	91
4.1.4. Agente público de fato	91
4.2. Cargo público, função pública e emprego público	91
4.2.1. Cargo público	91
4.2.2. Função pública	92
4.2.3. Emprego público	92
4.2.4. Acessibilidade aos cargos e empregos públicos	92
4.2.4.1. Concurso público	93
4.2.4.1.1. Requisitos à acessibilidade aos cargos públicos	95
4.2.4.1.1.1. Exame psicotécnico	95
4.2.4.1.1.2. Tatuagem corporal	95
4.2.4.1.1.3. Condenação criminal	95
4.2.4.1.1.4. Não violação à maternidade	96
4.2.4.1.2. Validade do concurso público	96
4.2.4.1.3. Critérios de desempate no concurso público	97
4.2.4.1.4. Direito subjetivo à nomeação do aprovado	98
4.2.4.1.5. Inaplicabilidade da teoria do fato consumado	99
4.2.5. Provimento	99
4.2.5.1. Provimento inicial	99
4.2.5.2. Provimento derivado	100
4.2.5.2.1. Promoção	100
4.2.5.2.2. Readaptação	100
4.2.5.2.3. Reintegração	100
4.2.5.2.4. Recondução	101
4.2.5.2.5. Reversão	101
4.2.5.2.6. Aproveitamento	101
4.2.6. Disponibilidade	101
4.2.7. Desinvestidura	102
4.2.8. Vacância	102
4.2.9. Remoção	102
4.2.10. Acumulação de cargos e empregos públicos	103
4.2.11. Situações de conflito de interesses	103
4.3. Principais direitos dos servidores públicos	105
4.3.1. Estabilidade	106

4.3.2. Tempo de serviço	106
4.3.3. Remuneração	108
4.3.3.1. Vencimento básico	108
4.3.3.2. Gratificações e adicionais	108
4.3.3.2.1. Retribuição pelo exercício de função de direção, chefia e assessoramento	109
4.3.3.2.2. Gratificação natalina	109
4.3.3.2.3. Adicionais de insalubridade, periculosidade ou penosidade	109
4.3.3.2.4. Adicional por serviço extraordinário	112
4.3.3.2.5. Adicional noturno	113
4.3.3.2.6. Adicional de férias	113
4.3.3.2.7. Gratificação por encargo de curso ou concurso	113
4.3.3.3. Indenizações	114
4.3.3.3.1. Ajuda de custo	114
4.3.3.3.2. Diárias	114
4.3.3.3.3. Transporte	114
4.3.3.3.4. Auxílio-moradia	115
4.3.3.4. Teto remuneratório constitucional	116
4.3.4. Férias	118
4.3.4.1. Férias ordinárias	118
4.3.4.2. Férias radiológicas	118
4.3.5. Licenças e afastamentos	118
4.3.5.1. Licença por motivo de doença em pessoa da família	119
4.3.5.2. Licença por motivo de afastamento do cônjuge	119
4.3.5.3. Licença para o Serviço Militar	120
4.3.5.4. Licença para atividade política	120
4.3.5.5. Licença para capacitação	120
4.3.5.6. Licença para tratar de interesses particulares	121
4.3.5.7. Licença para o desempenho de mandato classista	121
4.3.6. Eletividade	121
4.3.7. Aposentadoria	121
4.4. Regime disciplinar	123
4.4.1. Obrigatoriedade e esferas de apuração disciplinar	124
4.4.2. Sindicância	124
4.4.3. Processo Administrativo Disciplinar Ordinário (PAD)	125
4.4.4. Processo Administrativo Disciplinar Sumário (PAD)	128
4.4.5. Infrações e sanções administrativas	129
4.4.6. Competência disciplinar	132
4.4.6.1. Competência disciplinar sobre militar em exercício de cargo ou função comissionados civis	132
4.4.7. Prescrição disciplinar	134

4.4.8. Recursos disciplinares 135
    4.4.8.1. Embargos de declaração 135
    4.4.8.2. Pedido de reconsideração 136
    4.4.8.3. Recurso hierárquico 136
4.4.9. Revisão disciplinar 137
4.4.10. Controle judicial 138
Resumo do Capítulo 4 139

Capítulo 5
PROCESSO ADMINISTRATIVO

5.1. Conceito de processo administrativo 140
5.2. Finalidades do processo administrativo 140
5.3. Espécies de processo administrativo 140
5.4. Tipos de processo administrativo 140
5.5. Princípios do processo administrativo 141
5.6. Principais definições 143
5.7. Competência para os atos processuais 143
5.8. O dever de decidir e os efeitos do silêncio administrativo 144
5.9. Impedimentos e suspeições 145
5.10. Fases do processo administrativo 145
5.11. A forma, o tempo e o lugar dos atos processuais 146
5.12. A comunicação dos atos 147
5.13. Decadência à atuação administrativa 148
5.14. Medidas acauteladoras no processo administrativo 149
5.15. Revisão processual 152
Resumo do Capítulo 5 153

Capítulo 6
RESPONSABILIDADE CIVIL DO ESTADO

6.1. Evolução histórica 154
    6.1.1. A irresponsabilidade do Estado 154
    6.1.2. A teoria da responsabilidade com culpa 155
    6.1.3. A teoria da culpa administrativa 155
    6.1.4. A teoria da responsabilidade objetiva 155
6.2. Conceito 156
6.3. A responsabilidade civil do Estado no sistema brasileiro 157
    6.3.1. Responsabilidade civil objetiva 158
        6.3.1.1. Responsabilidade civil objetiva pela teoria do risco integral 158
            6.3.1.1.1. Responsabilidade civil por danos nucleares 158
            6.3.1.1.2. Responsabilidade civil por queda de aeronave de matrícula brasileira decorrente de ato de guerra, atentado terrorista ou eventos correlatos 160

    6.3.1.1.3. Responsabilidade civil por danos ambientais 161
   6.3.1.2. Responsabilidade civil pela teoria do risco administrativo 161
    6.3.1.2.1. Responsabilidade civil do Estado por morte de detento... 162
    6.3.1.2.2. Responsabilidade civil do Estado pelas situações do sistema carcerário 163
    6.3.1.2.3. Responsabilidade civil do Estado por dano causado por foragido do sistema carcerário 164
    6.3.1.2.4. Responsabilidade civil do Estado por dano a jornalista em cobertura de tumultos 164
    6.3.1.2.5. Responsabilidade civil do Estado por dano causado por notários e registradores 164
    6.3.1.2.6. Responsabilidade civil do Estado por dano proveniente de anulação de concurso público por indícios de fraude 165
    6.3.1.2.7. Responsabilidade civil do Estado por dano proveniente de disparo de arma funcional por agente em período de folga 166
    6.3.1.2.8. Responsabilidade civil do Estado por dano decorrente de disparo de arma de fogo em operações de segurança pública 166
    6.3.1.2.9. Responsabilidade civil do Estado por atos lícitos 167
    6.3.1.2.10. Responsabilidade civil do Estado por atos legislativos... 168
    6.3.1.2.11. Responsabilidade civil do Estado por atos jurisdicionais... 168
    6.3.1.2.12. Responsabilidade civil das prestadoras de serviços públicos 168
    6.3.1.2.13. Responsabilidade civil das executoras de contratos administrativos 169
6.4. Prazo prescricional à responsabilização civil do Estado 170
6.5. Responsabilidade civil regressiva contra o agente causador do dano 170
 6.5.1. Responsabilidade civil do agente por decisões ou opiniões técnicas .. 171
 6.5.2. Prazo prescricional para a ação regressiva contra o agente causador do dano 172
Resumo do Capítulo 6 173

Capítulo 7
PODERES ADMINISTRATIVOS

7.1. Conceito 175
7.2. Características 175
7.3. Espécies 175
 7.3.1. Poder vinculado 175
 7.3.2. Poder discricionário 175
 7.3.3. Poder regulamentar ou normativo 177
 7.3.4. Poder hierárquico 177

7.3.5. Poder disciplinar 177
7.3.6. Poder de polícia 178
    7.3.6.1. Conceito do poder de polícia 178
    7.3.6.2. Ciclos do poder de polícia 179
    7.3.6.3. Atributos do poder de polícia 181
    7.3.6.4. Competência para o exercício do poder de polícia 181
    7.3.6.5. Formas de atuação do poder de polícia 181
    7.3.6.6. Prazo prescricional para o exercício do poder de polícia 182
7.4. Abuso de poder 182
7.5. Poderes implícitos 182
Resumo do Capítulo 7 183

Capítulo 8
ATOS ADMINISTRATIVOS
8.1. Conceito de ato administrativo 185
8.2. Requisitos de validade ou elementos do ato administrativo 185
    8.2.1. Competência 185
    8.2.2. Forma 186
    8.2.3. Objeto 187
    8.2.4. Motivo 187
        8.2.4.1. Teoria dos motivos determinantes 187
    8.2.5. Finalidade 188
8.3. Atributos do ato administrativo 188
    8.3.1. Presunção de legitimidade 188
    8.3.2. Autoexecutoriedade 189
    8.3.3. Imperatividade 189
    8.3.4. Coercibilidade 189
    8.3.5. Tipicidade 190
8.4. Classificação dos atos administrativos 190
    8.4.1. Classificação quanto aos destinatários 190
    8.4.2. Classificação quanto ao grau de liberdade 190
    8.4.3. Classificação quanto ao objeto 191
    8.4.4. Classificação quanto à manifestação de vontade 191
    8.4.5. Classificação quanto à formação 191
    8.4.6. Classificação quanto à composição decisória 191
8.5. Espécies de atos administrativos 192
    8.5.1. Atos normativos 192
    8.5.2. Atos ordinatórios 192
    8.5.3. Atos negociais 193
    8.5.4. Atos enunciativos 194
    8.5.5. Atos sancionadores 194
    8.5.6. Atos acauteladores 194

8.6. Formas de extinção do ato administrativo	194
8.6.1. Anulação	195
8.6.2. Revogação	196
8.6.3. Cassação	196
8.6.4. Caducidade	197
8.6.5. Contraposição	197
8.6.6. Conversão	197
Resumo do Capítulo 8	197

Capítulo 9
LICITAÇÕES E CONTRATOS

9.1. Conceito	199
9.2. Normatização aplicável	199
9.3. O marco normativo licitatório e contratual estabelecido pela Lei n. 14.133/2021	201
9.4. Principais disposições reguladas pela Lei n. 14.133/2021	202
9.4.1. Disposições preliminares da Lei n. 14.133/2021	202
9.4.1.1. Destinatários da licitação	202
9.4.1.2. Contratações públicas realizadas no exterior	202
9.4.1.3. Objeto das licitações realizadas pela Lei n. 14.133/2021	203
9.4.1.4. Tratamento favorecido às ME e EPP	203
9.4.1.5. Princípios da licitação e da contratação	206
9.3.1.5.1. Princípio da legalidade, da vinculação ao edital e do julgamento objetivo	206
9.4.1.5.2. Princípio da impessoalidade, da igualdade e da competitividade	207
9.4.1.5.3. Princípio da publicidade e da transparência	208
9.4.1.5.4. Princípio do interesse público, da moralidade e da probidade administrativa	208
9.4.1.5.5. Princípio do planejamento, da eficiência, da eficácia, da celeridade e da economicidade	209
9.4.1.5.6. Princípio da segurança jurídica e a observância às disposições da LINDB	210
9.4.1.5.7. Princípio da razoabilidade, da proporcionalidade, da motivação	211
9.4.1.5.8. Princípio do desenvolvimento nacional sustentável	212
9.4.1.5.9. Princípio da segregação de funções	212
9.4.1.6. Principais definições da Lei n. 14.133/2021	213
9.4.1.6.1. Bens e serviços comuns	213
9.4.1.6.2. Serviços e fornecimentos contínuos	213
9.4.1.6.3. Serviços contínuos com regime de dedicação exclusiva de mão de obra	214

9.4.1.6.4. Serviços não contínuos ou contratados por escopo 214
9.4.1.6.5. Obra.. 214
9.4.1.6.6. Serviço de engenharia... 214
9.4.1.7. Agentes públicos atuantes em licitações e contratos 215
    9.4.1.7.1. Requisitos gerais e específicos aos agentes atuantes em licitações e contratos 215
    9.4.1.7.2. Possibilidade de utilização da comissão de contratação para obras e serviços de engenharia..................................... 218
    9.4.1.7.3. Possibilidade de contratação de profissionais especializados para auxiliar os agentes públicos.................................. 219
    9.4.1.7.4. Defesa judicial e extrajudicial dos agentes atuantes em licitações e contratos 219
9.4.2. Principais disposições aplicáveis às licitações... 220
    9.4.2.1. Modalidades de licitação.. 220
        9.4.2.1.1. Pregão 220
        9.4.2.1.2. Concorrência 221
        9.4.2.1.3. Concurso 222
        9.4.2.1.4. Leilão 222
        9.4.2.1.5. Diálogo competitivo 223
    9.4.2.2. Fases do processo licitatório.. 224
        9.4.2.2.1. A fase preparatória.. 224
        9.4.2.2.2. A fase de divulgação do edital de licitação 226
        9.4.2.2.3. A fase de apresentação das propostas e lances............... 227
        9.4.2.2.4. A fase de julgamento das propostas............................... 228
            9.4.2.2.4.1. Critérios objetivos de julgamento das propostas 228
                9.4.2.2.4.1.1. Critérios de julgamento menor preço ou maior desconto.. 228
                9.4.2.2.4.1.2. Critérios de julgamento melhor técnica ou conteúdo artístico e técnica e preço........................... 229
                9.4.2.2.4.1.3. Critério de julgamento maior retorno econômico .. 229
                9.4.2.2.4.1.4. Critério de julgamento maior lance......................... 229
            9.4.2.2.4.2. Critérios para desclassificação das propostas............. 229
            9.4.2.2.4.3. Critérios para o desempate das propostas 230
            9.4.2.2.4.4. A negociação da proposta 231
        9.4.2.2.5. A fase de habilitação das licitantes................................. 231
            9.4.2.2.5.1. A habilitação jurídica 231
            9.4.2.2.5.2. A habilitação técnica.. 232
            9.4.2.2.5.3. As habilitações fiscal, social e trabalhista 232
            9.4.2.2.5.4. A habilitação econômico-financeira 233
            9.4.2.2.5.5. Declarações complementares 233

9.4.2.2.5.6. A comprovação documental na habilitação	234
9.4.2.2.5.7. As hipóteses de dispensa da documentação de habilitação	234
9.4.2.2.5.8. Hipóteses de substituição da documentação	234
9.4.2.2.6. A fase recursal	235
9.4.2.2.7. A fase de encerramento	235
9.4.2.2.8. O despacho saneador	236
9.4.2.2.9. A adjudicação e a homologação da licitação	236
9.4.2.2.10. A revogação e a anulação da licitação	236
9.4.3. Principais disposições referentes aos contratos administrativos	237
9.4.3.1. As prerrogativas contratuais da Administração	237
9.4.3.2. A formalização dos contratos	238
9.4.3.2.1. A excepcionalidade do contrato verbal	238
9.4.3.2.2. As cláusulas necessárias do contrato administrativo	238
9.4.3.2.3. A prerrogativa de foro para as controvérsias contratuais	239
9.4.3.2.4. A obrigatoriedade do instrumento contratual	239
9.4.3.2.5. A eficácia do contrato administrativo	240
9.4.3.3. As garantias contratuais	240
9.4.3.3.1. O valor da garantia	240
9.4.3.3.2. O seguro-garantia ordinário	241
9.4.3.3.3. O seguro-garantia com cláusula de retomada (*performance bond*)	241
9.4.3.4. A alocação de riscos	242
9.4.3.5. A duração contratual	243
9.4.3.6. A execução e fiscalização contratual	244
9.4.3.7. A alteração contratual	245
9.4.3.7.1. Alterações unilaterais	245
9.4.3.7.2. Alterações por acordo entre as partes	246
9.4.3.7.3. Reequilíbrio econômico-financeiro	246
9.4.3.7.4. Reajustamento e repactuação	246
9.4.3.7.5. Vedação à alteração contratual na contratação integrada ou semi-integrada	247
9.4.3.8. O recebimento provisório e definitivo do objeto contratual	248
9.4.3.9. O pagamento contratual	249
9.4.3.9.1. Alteração excepcional na ordem de pagamento	249
9.4.3.9.2. Obrigação de pagamento contratual incontroverso	249
9.4.3.9.3. A possibilidade de estabelecimento de remuneração variável por desempenho	250
9.4.3.9.4. O pagamento em conta vinculada	250
9.4.3.9.5. A possibilidade excepcional de antecipação do pagamento	250
9.4.3.10. A extinção contratual	250

9.4.3.10.1. Hipóteses de extinção contratual 251
9.4.3.10.2. Efeitos da extinção contratual por culpa da Administração 252
9.4.3.10.3. Medidas acauteladoras decorrentes da extinção contratual 252
9.4.3.11. A anulação contratual 253
    9.4.3.11.1. Teste de verificação (*checklist*) do interesse público 253
    9.4.3.11.2. Efeitos da anulação contratual 254
    9.4.3.11.3. Modulação os efeitos anulatórios 254
    9.4.3.11.4. As esferas de responsabilização do contratado 254
    9.4.3.11.5. A responsabilização administrativa 254
        9.4.3.11.5.1. As infrações administrativas 254
        9.4.3.11.5.2. Sanções administrativas 255
        9.4.3.11.5.3. O processo administrativo de responsabilização (PAR) 256
        9.4.3.11.5.4. Parâmetros à fundamentação da decisão sancionadora 258
        9.4.3.11.5.5. A possibilidade de reabilitação 258
        9.4.3.11.5.6. A prescrição da pretensão sancionadora 259
        9.4.3.11.5.7. A desconsideração da personalidade jurídica 259
    9.4.3.11.6. A responsabilização civil da contratada 259
9.4.3.12. A responsabilização trabalhista e previdenciária 260
9.4.4. Principais disposições aplicáveis às contratações diretas 261
    9.4.4.1. O processo de dispensa e inexigibilidade de licitação 262
    9.4.4.2. A inexigibilidade de licitação 262
        9.3.4.2.1. A inexigibilidade por exclusividade 262
        9.4.4.2.2. A inexigibilidade para profissional do setor artístico 262
        9.4.4.2.3. Inexigibilidade para serviços técnicos de natureza predominantemente intelectual 263
        9.4.4.2.4. Da inexigibilidade para locação ou aquisição de imóveis. 263
        9.4.4.2.5. Da inexigibilidade decorrente de credenciamento 264
    9.4.4.3. A dispensa de licitação 264
        9.4.4.3.1. A dispensa em razão do valor 264
        9.4.4.3.2. A dispensa em razão de licitação deserta ou frustrada .. 265
        9.4.4.3.3. A dispensa em razão do objeto 265
        9.4.4.4.4. Demais hipóteses de dispensa de licitação 266
9.4.5. Principais disposições aplicáveis aos procedimentos auxiliares 268
    9.4.5.1. O credenciamento 268
    9.4.5.2. A pré-qualificação 275
    9.4.5.3. O procedimento de manifestação de interesse 276
    9.4.5.4. O Sistema de Registro de Preços 276

- 9.4.5.5. O registro cadastral 286
- 9.5. Principais disposições reguladas pela Lei n. 13.303/2016 (Lei das Estatais) ... 287
  - 9.5.1. Principais pontos referentes às licitações 287
    - 9.5.1.1. Modalidades de licitação 287
    - 9.5.1.2. Critérios de julgamento 288
    - 9.5.1.3. Regimes de execução 289
    - 9.5.1.4. Impedimentos à participação em licitação 289
  - 9.5.2. Principais pontos referentes às hipóteses de dispensa de licitação 290
  - 9.5.3. Principais pontos referentes às hipóteses de inexigibilidade de licitação 292
  - 9.5.4. Principais pontos referentes aos procedimentos auxiliares das licitações 293
    - 9.5.4.1. A pré-qualificação permanente 293
    - 9.5.4.2. O cadastramento 293
    - 9.5.4.3. O sistema de registro de preços 294
    - 9.5.4.4. O catálogo eletrônico de padronização 294
    - 9.5.4.5. O credenciamento 294
  - 9.5.5. Principais pontos referentes aos contratos administrativos 295
    - 9.5.5.1. O direito à contratação 295
    - 9.5.5.2. A instrumentalização do termo de contrato e suas cláusulas necessárias 295
    - 9.5.5.3. A duração dos contratos 296
    - 9.5.5.4. As garantias contratuais 296
    - 9.5.5.5. A alteração contratual 297
    - 9.5.5.6. A possibilidade de subcontratação 298
    - 9.5.5.7. A responsabilidade civil, trabalhista, fiscal, comercial e administrativa da contratada 298
- 9.6. Principais disposições reguladas pela Lei Complementar n. 182/2021 (modalidade especial de licitação às *startups*) 299
  - 9.6.1. A contratação de soluções inovadoras pelo Estado 300
  - 9.6.2. A modalidade especial de licitação 300
  - 9.6.3. O contrato público para solução inovadora 301
  - 9.6.4. O contrato de fornecimento 302
- 9.7. Regime especial para licitações e contratos decorrentes de estado de calamidade pública 302
  - 9.7.1. Disposições gerais do regime 303
  - 9.7.2. A fase preparatória especial 303
  - 9.7.3. Situações especiais à dispensa de licitação 304
  - 9.7.4. O sistema de registro de preços especial 304
  - 9.7.5. Os contratos decorrentes do regime especial 305

Resumo do Capítulo 9 306

Capítulo 10
SERVIÇOS PÚBLICOS

10.1. Conceito 309
10.2. Formas de prestação 310
    10.2.1. Prestação de forma direta ou centralizada 310
    10.2.2. Prestação de forma indireta ou descentralizada 310
        10.2.2.1. Descentralização por outorga 310
        10.2.2.2. Descentralização por delegação 311
10.3. Princípios dos serviços públicos 311
    10.3.1. Princípio da regularidade 311
    10.3.2. Princípio da continuidade 312
    10.3.3. Princípio da eficiência 312
    10.3.4. Princípio da segurança 312
    10.3.5. Princípio da atualidade 313
    10.3.6. Princípio da cortesia 313
    10.3.7. Princípio da generalidade 313
    10.3.8. Princípio da modicidade e da transparência tarifária 313
10.4. Classificação 313
    10.4.1. Próprios e impróprios 314
    10.4.2. Exclusivos e não exclusivos 314
    10.4.3. Administrativos, comerciais ou industriais e sociais 314
    10.4.4. Gerais (*uti universi*) e específicos (*uti singuli*) 315
10.5. Concessão, permissão e autorização de serviços públicos 315
    10.5.1. Concessão de serviços públicos 315
        10.5.1.1. As espécies de concessão de serviços públicos 315
            10.5.1.1.1. Concessão comum 315
            10.5.1.1.2. Concessão precedida de obra pública 316
            10.5.1.1.3. Concessão patrocinada 316
            10.5.1.1.4. Concessão administrativa 316
        10.5.1.2. Política tarifária 316
        10.5.1.3. A possibilidade de exclusividade 317
        10.5.1.4. As peculiaridades da licitação 317
        10.5.1.5. As peculiaridades do contrato de concessão 317
        10.5.1.6. Os meios alternativos de solução de controvérsias contratuais.. 318
        10.5.1.7. Subconcessão e contratação com terceiros 318
        10.5.1.8. Transferência da concessão e do controle societário 318
        10.5.1.9. A intervenção na concessão 319
        10.5.1.10. Extinção da concessão 319
            10.5.1.10.1. Advento do termo contratual 319
            10.5.1.10.2. Encampação 320

10.5.1.10.3. Caducidade	320
10.5.1.10.4. Rescisão	321
10.5.2. A permissão de serviços públicos	321
10.5.3. A autorização de serviços públicos	322
10.6. A Parceria Público-Privada (PPP)	322
10.6.1. A sociedade de propósito específico	322
10.6.2. Características da parceria público-privada	323
10.6.3. Vedações ao contrato de parceria público-privada	323
10.6.4. Diretrizes obrigatórias na celebração das parcerias público-privadas	323
10.6.5. Garantias do poder concedente à parceira privada	323
10.6.6. As modalidades de contraprestação do poder concedente	324
10.6.7. A licitação para PPP	324
10.6.8. Cláusulas essenciais nos contratos de PPP	324
10.7. O Programa de Parceria de Investimentos (PPI)	325
10.7.1 Contrato de parceria	325
10.7.2. Os objetivos do PPI	325
10.7.3. Os princípios do PPI	326
10.7.4. A liberação de empreendimentos do PPI	326
10.7.5. A prorrogação e a relicitação no âmbito do PPI	326
Resumo do Capítulo 10	327

Capítulo 11
BENS PÚBLICOS

11.1. Conceito	329
11.2. Espécies	329
11.2.1. Bens de uso comum do povo	329
11.2.2. Bens de uso especial	330
11.2.3. Bens dominicais	330
11.3. Prerrogativas dos bens públicos	330
11.3.1. Impenhorabilidade	330
11.3.2. Imprescritibilidade	331
11.3.3. Impossibilidade de constituir objeto de penhor, hipoteca ou anticrese	331
11.3.4. Alienação condicionada	331
11.3.4.1. Desafetação	331
11.3.4.2. Interesse público, avaliação prévia, autorização legislativa e licitação	332
11.4. Incorporação de bens ao patrimônio público	332
11.4.1. Doação	332
11.4.2. Compra	332
11.4.3. Desapropriação	332

11.4.4. Expropriação ou confisco 333
11.4.5. Permuta 333
11.4.6. Dação em pagamento 333
11.4.7. Direito hereditário 333
11.4.8. Apossamento administrativo ou desapropriação indireta 333
11.4.9. Usucapião 334
11.5. Utilização especial de bens públicos por particulares e por órgãos e entidades 334
11.5.1. Autorização de uso de bem público 334
11.5.2. Permissão de uso de bem público 334
11.5.3. Concessão administrativa de uso 334
11.5.4. Concessão de direito real de uso 334
11.5.5. Cessão de uso 335
11.5.6. Compartilhamento de bem público 335
11.6. Propriedade de bens constitucionalmente prevista 335
Resumo do Capítulo 11 337

Capítulo 12
INTERVENÇÃO DO ESTADO NA PROPRIEDADE

12.1. Fundamentos da intervenção 339
12.2. Modalidades de intervenção 339
  12.2.1. Modalidades restritivas 339
    12.2.1.1. Limitações administrativas 339
      12.2.1.1.1. Conceito 339
      12.2.1.1.2. Fundamento 339
      12.2.1.1.3. Objeto 340
      12.2.1.1.4. Instituição 340
      12.2.1.1.5. Indenização 340
    12.2.1.2. Requisição administrativa 341
      12.2.1.2.1. Conceito 341
      12.2.1.2.2. Fundamento 341
      12.2.1.2.3. Objeto 341
        12.2.1.2.3.1. Requisição de bens e serviços de um Ente federativo por outro 342
        12.2.1.2.3.2. Requisição de serviços 342
      12.2.1.2.4. Instituição 344
      12.2.1.2.5. Indenização 344
    12.2.1.3. Ocupação temporária 345
      12.2.1.3.1. Conceito 345
      12.2.1.3.2. Fundamento 345
      12.2.1.3.3. Objeto 346
      12.2.1.3.4. Instituição 346

12.2.1.3.5. Indenização	346
12.2.1.4. Servidão administrativa	347
12.2.1.4.1. Conceito	347
12.2.1.4.2. Fundamento	347
12.2.1.4.3. Objeto	347
12.2.1.4.4. Instituição	347
12.2.1.4.5. Indenização	348
12.2.1.5. Tombamento	348
12.2.1.5.1. Conceito	348
12.2.1.5.2. Fundamento	348
12.2.1.5.3. Objeto	349
12.2.1.5.4. Espécies	349
12.2.1.5.4.1. Quanto à manifestação de vontade	349
12.2.1.5.4.1.1. Tombamento voluntário	349
12.2.1.5.4.1.2. Tombamento compulsório	349
12.2.1.5.4.1.3. Tombamento de ofício	349
12.2.1.5.4.2. Quanto à eficácia do ato	349
12.2.1.5.4.2.1. Tombamento provisório	349
12.2.1.5.4.2.2. Tombamento definitivo	349
12.2.1.5.4.3. Quanto à abrangência do ato	350
12.2.1.5.4.3.1. Tombamento individual	350
12.2.1.5.4.3.2. Tombamento coletivo	350
12.2.1.5.4.3.3. Tombamento parcial	350
12.2.1.5.4.3.4. Tombamento integral	350
12.2.1.5.5. Instituição	350
12.2.1.5.6. Efeitos	350
12.2.1.5.7. Indenização	351
12.2.2. Modalidades supressivas	351
12.2.2.1. Expropriação	351
12.2.2.1.1. Conceito	351
12.2.2.1.2. Fundamento	351
12.2.2.1.3. Objeto	352
12.2.2.1.4. Instituição	352
12.2.2.1.5. Hipótese de afastamento	352
12.2.2.2. Desapropriação	353
12.2.2.2.1. Conceito	353
12.2.2.2.2. Natureza jurídica	353
12.2.2.2.3. Pressupostos	353
12.2.2.2.4. Objeto	354

12.2.2.2.4.1. Desapropriação do espaço aéreo e do subsolo 354
12.2.2.2.4.2. Desapropriação da propriedade intelectual 354
12.2.2.2.4.3. Desapropriação do capital social de pessoas jurídicas 354
12.2.2.2.4.4. Desapropriação de bens públicos 355
12.2.2.2.4.5. Desapropriação de bens por extensão 355
12.2.2.2.4.6. Desapropriação de bens por zona 355
12.2.2.2.5. Espécies 355
  12.2.2.2.5.1. Desapropriação ordinária 356
  12.2.2.2.5.2. Fases 356
  12.2.2.2.5.3. A fase declaratória 356
    12.2.2.2.5.3.1. Legitimidade 356
    12.2.2.2.5.3.2. Caducidade do decreto 357
    12.2.2.2.5.3.3. Efeitos do decreto 357
  12.2.2.2.5.4. A fase executória 357
    12.2.2.2.5.4.1. Legitimidade 357
  12.2.2.2.5.5. A desapropriação por acordo ou decisão arbitral... 358
  12.2.2.2.5.6. A desapropriação judicial 358
    12.2.2.2.5.6.1. A competência 358
    12.2.2.2.5.6.2. A contestação 358
    12.2.2.2.5.6.3. A imissão provisória na posse 359
    12.2.2.2.5.6.4. O levantamento do depósito 359
    12.2.2.2.5.6.5. A justa indenização 359
      12.2.2.2.5.6.5.1. O valor real do bem 360
      12.2.2.2.5.6.5.2. A atualização monetária 360
      12.2.2.2.5.6.5.3. Os juros compensatórios 360
      12.2.2.2.5.6.5.4. Os juros moratórios 364
      12.2.2.2.5.6.5.5. As custas processuais 364
      12.2.2.2.5.6.5.6. Os honorários periciais e advocatícios 364
      12.2.2.2.5.6.5.7. Direitos de terceiros 364
      12.2.2.2.5.6.5.8. A sub-rogação de ônus e direitos no valor da indenização 365
  12.2.2.2.5.7. Desapropriação sancionatória 365
    12.2.2.2.5.7.1. Desapropriação sancionatória urbana 366
    12.2.2.2.5.7.2. Desapropriação sancionatória agrária 367
  12.2.2.2.5.8. Desapropriação indireta 370
12.2.2.2.6. Adestinação, tredestinação e retrocessão 371
Resumo do Capítulo 12 372

Capítulo 13
INTERVENÇÃO DO ESTADO NA ORDEM ECONÔMICA

13.1. Fundamentos da ordem econômica	374
13.2. Princípios da ordem econômica	374
13.3. A liberdade econômica	375
13.4. Componentes da intervenção	376
13.5. Principais modalidades de intervenção	377
13.6. Principais formas de intervenção	377
13.7. Principais tipos de intervenção	377
13.8. Prevenção e repressão às infrações à ordem econômica	378
13.8.1. O Conselho Administrativo de Defesa Econômica – CADE	378
13.8.2. As infrações à ordem econômica	379
13.8.3. As sanções administrativas	381
13.8.4. Prescrição	383
13.8.5. A regulação sobre os atos de concentração econômica	384
13.8.5.1. A prática de *gun jumping* nos atos de concentração econômica	385
13.8.5.2. O processo administrativo de controle de atos de concentração econômica na Superintendência-Geral	387
13.8.5.3. O processo administrativo de controle de atos de concentração econômica no Tribunal Administrativo	388
13.8.6. O processo administrativo sancionador no âmbito do CADE	389
13.8.6.1. Medidas preventivas	389
13.8.6.2. O Termo de Compromisso de Cessação (TCC)	390
13.8.6.3. O acordo de leniência	391
13.8.6.4. O inquérito administrativo para apuração de infrações à ordem econômica	392
13.8.6.5. O processo administrativo para imposição de sanções administrativas por infrações à ordem econômica	393
13.8.6.6. Recursos administrativos	395
13.8.6.6.1. Embargos de declaração	395
13.8.6.6.2. Pedido de reapreciação	395
Resumo do Capítulo 13	396

Capítulo 14
CONTROLE DA ADMINISTRAÇÃO

14.1. Classificação quanto ao momento do controle	398
14.1.1. Controle prévio	398
14.1.2. Controle concomitante	398
14.1.3. Controle posterior	398
14.2. Classificação quanto às espécies de controle	398
14.2.1. Controle interno	398

14.2.2. Controle externo 399
14.2.3. Controle social 401
14.2.4. Controle judicial 406
    14.2.4.1. *Habeas data* 407
        14.2.4.1.1. Fundamento 407
        14.2.4.1.2. Legitimidade 407
        14.2.4.1.3. Cabimento 407
        14.2.4.1.4. Competência 408
            14.2.4.1.4.1. Competência originária 408
            14.2.4.1.4.2. Competência recursal ordinária 408
            14.2.4.1.4.3. Competência recursal especial e extraordinária 408
        14.2.4.1.5. Prioridade de tramitação processual 409
        14.2.4.1.6. Estruturação do *habeas data* 409
    14.2.4.2. Mandado de segurança 410
        14.2.4.2.1. Fundamento 410
        14.2.4.2.2. Legitimidade 410
        14.2.4.2.3. Cabimento 411
        14.2.4.2.4. Prazo decadencial 411
        14.2.4.2.5. Vedações 412
        14.2.4.2.6. Espécies 412
        14.2.4.2.7. Competência 413
            14.2.4.2.7.1. Competência originária 413
            14.2.4.2.7.2. Competência recursal ordinária 414
            14.2.4.2.7.3. Competência recursal ordinária 414
        14.2.4.2.8. Legitimidade recursal 414
        14.2.4.2.9. Sustentação oral nos tribunais 414
        14.2.4.2.10. Desistência do Mandado de Segurança 414
        14.2.4.2.11. Medida liminar 414
        14.2.4.2.12. Prioridade de tramitação processual 415
        14.2.4.2.13. Estruturação do mandado de segurança 415
    14.2.4.3. Ação popular 416
        14.2.4.3.1. Fundamento 416
        14.2.4.3.2. Legitimidade 416
        14.2.4.3.3. Cabimento 417
        14.2.4.3.4. Prazo prescricional 417
        14.2.4.3.5. Competência 417
        14.2.4.3.6. Medida liminar 417
        14.2.4.3.7. Custas e honorários 417
        14.2.4.3.8. Estruturação da ação popular 417
    14.2.4.4. Ação civil pública 419

14.2.4.4.1. Fundamento	419
14.2.4.4.2. Cabimento	419
14.2.4.4.3. Legitimidade	419
14.2.4.4.4. Prazo prescricional	420
14.2.4.4.5. Competência	420
14.2.4.4.6. Medida liminar	420
14.2.4.4.7. Custas e honorários	420
14.2.4.4.8. Sentença	420
14.2.4.4.9. Coisa julgada	421
14.2.4.4.10. Inquérito civil	421
14.2.4.4.11. Estruturação da ação civil pública	421
14.2.4.5. Ação de conhecimento	422
14.2.4.5.1. Fundamento	422
14.2.4.5.2. Cabimento	422
14.2.4.5.3. Requisitos da petição inicial	422
14.2.4.5.4. Competência	423
14.2.4.5.5. Tutela provisória	423
14.2.4.5.5.1. Tutela provisória de urgência	423
14.2.4.5.5.2. Tutela provisória de evidência	423
14.2.4.5.6. Estruturação da ação de conhecimento	424
14.2.4.6. Mandado de injunção	425
14.2.4.6.1. Fundamento	425
14.2.4.6.2. Cabimento	425
14.2.4.6.3. Legitimidade	425
14.2.4.6.4. Requisitos da petição inicial e providências judiciais	426
14.2.4.6.5. Competência	426
14.2.4.6.5.1. Competência originária do STF	426
14.2.4.6.5.2. Competência originária do STJ	426
14.2.4.6.5.3. Competência originária do TJ	427
14.2.4.6.5.4. Competência dos juízes federais	427
14.2.4.6.5.5. Competência dos juízes estaduais	427
14.2.4.6.6. Decisão	427
14.2.4.6.7. Estruturação do mandado de injunção	427
14.2.4.7. Reclamação	428
14.2.4.7.1. Fundamento	428
14.2.4.7.2. Cabimento	429
14.2.4.7.3. Legitimidade	429
14.2.4.7.4. Competência	429
14.2.4.7.5. Resposta escrita	429
14.2.4.7.6. Tutela provisória	429

14.2.4.7.7. Decisão	429
14.2.4.7.8. Estruturação da reclamação	430
Resumo do Capítulo 14	431

Capítulo 15
IMPROBIDADE ADMINISTRATIVA

15.1. Previsão normativa	432
15.2. Definição de ato de improbidade	432
15.3. Sujeito passivo do ato de improbidade	433
15.4. Sujeito ativo do ato de improbidade	433
15.5. Modalidades de improbidade	434
15.6. Sanções por atos de improbidade	435
15.7. Declaração de bens e decretação de indisponibilidade	437
15.8. Procedimento administrativo e inquérito cível	439
15.9. Acordo de não persecução cível	439
15.10. A ação de improbidade administrativa	440
15.10.1. Legitimidade à propositura da ação	441
15.10.2. Competência	441
15.10.3. Defesa do agente pela Advocacia Pública	441
15.10.4. Afastamento cautelar	441
15.10.5. Prescrição	441
15.10.6. O procedimento judicial da ação de improbidade administrativa	443
15.10.7. A comunicabilidade das esferas	446
15.11. Possibilidade de demissão administrativa por ato de improbidade	447
15.12. Perda do posto e da patente de oficial das forças armadas por ato de improbidade	447
Resumo do Capítulo 15	449

Capítulo 16
PRÁTICAS ANTICORRUPTIVAS

16.1. Sujeito passivo do ato lesivo à Administração Pública	450
16.2. Sujeito ativo do ato lesivo à Administração Pública	450
16.3. Os atos lesivos à Administração Pública nacional ou estrangeira	451
16.4. A responsabilidade da pessoa jurídica	451
16.4.1. A responsabilização administrativa	452
16.4.2. O acordo de leniência	453
16.4.3. O processo administrativo de responsabilização	454
16.4.3.1 A instauração do processo	454
16.4.3.2. A comissão processante	455
16.4.3.3. A instrução processual	455
16.4.3.4. A defesa	455

  16.4.3.5. O julgamento do processo administrativo 455
 16.4.2. A responsabilização civil.. 455
  16.4.2.1. O processo judicial de responsabilização 455
  16.4.2.2. A decretação de indisponibilidade dos bens 456
  16.4.2.3. A desconsideração da personalidade jurídica 456
 16.4.3. Prescriçãos 457
 16.4.4. Independência das esferas de apuração e responsabilização 457
Resumo do Capítulo 16 457

Referências 459

Capítulo 1
INTRODUÇÃO AO DIREITO ADMINISTRATIVO: ORIGEM, CONCEITO, OBJETO, FONTES E REGIME JURÍDICO ADMINISTRATIVO

1.1. ORIGEM DO DIREITO ADMINISTRATIVO

O direito administrativo possui seu berço no Estado de Direito francês, no início da idade contemporânea, com o advento da revolução Francesa, no final do século XVIII. É com a Constituição Francesa de 1791 que nascem conceitos como a *divisão dos Poderes* e o princípio da *legalidade*. Para tanto, é necessário que se compreenda a própria evolução dos modelos de Estado, das características das Constituições e da relação entre os Poderes estatais.

A evolução do direito administrativo acompanha a própria história das Constituições ao longo há história humana. Assim, ainda que se reconheça a presença de "Constituições Reais" desde a antiguidade, nesta obra serão abordadas as Constituições a partir dos Estados modernos, pois é a partir destes que as Constituições escritas passam a surgir com forma e conteúdo próprios, que concedem o significado técnico vislumbrado atualmente[1].

Foi na América do Norte, na Colônia de Virgínia, em 29 de junho de 1776, através de uma assembleia popular, que se registrou a aprovação da primeira Constituição com o nome e significado atribuídos pela contemporaneidade, a *Constitution of Virginia*[2]. Em 4 de julho de 1776, proclamou-se a Declaração de Independência das Colônias Inglesas da América e, em 17 de setembro de 1787, promulgou-se a atual Constituição Norte-Americana. A ordem jurídico-política dos Estados Unidos é o ponto de partida do Estado Constitucional e possui uma característica fundamental, pois representa o próprio ato de fundação daquele país[3].

A Constituição Estadunidense de 1787 consolidou, simbolicamente, a Revolução Americana, com o estabelecimento da independência das Colônias, a superação da monarquia e a instituição de um governo constitucional, calcado na divisão dos Poderes, na igualdade e na supremacia não meramente da lei, mas da Constituição[4].

Embora a Revolução Americana tenha tido papel relevante para a formação do Estado Constitucional, a Revolução Francesa, de 1789, fez triunfar o "Contrato

---
[1] DALLARI, Dalmo de Abreu. *Constituição e Constituinte*. São Paulo: Saraiva, 2010, p. 4.
[2] DALLARI, Dalmo de Abreu. *Constituição e Constituinte*. São Paulo: Saraiva, 2010, p. 4.
[3] AMAYA, Jorge Alejandro. *Control de constitucionalidad*. Buenos Aires: Astrea, 2015, p. 184.
[4] BARROSO, Luís Roberto. *Curso de Direito Constitucional Contemporâneo:* os conceitos fundamentais e a construção do novo modelo. São Paulo: Saraiva, 2009, p.17.

Social", com a ideia de que o Estado surgiu para servir ao homem, e não este àquele[5]. Assim, essa Revolução impôs a queda do absolutismo, dos resquícios ainda existentes do feudalismo e da "vontade divina", estabelecendo uma nova concepção de Estado, como um organismo formado para a sociedade[6], sendo considerado o berço do Direito Administrativo.

Sob os ideais de liberdade, igualdade e fraternidade, os franceses desencadearam a promulgação de uma Declaração de Direitos e a elaboração da primeira Constituição escrita da França, aprovada em 3 de setembro de 1791. O primeiro postulado relacionou-se estritamente à abstenção estatal, o segundo baseou-se na igualdade perante a lei, ou seja, em um sentido estritamente formal, e o terceiro, reconhecidamente retórico, cingiu-se a algumas normas de filantropia privada[7].

Assim, a atuação estatal francesa fundamentou-se na garantia da liberdade e da propriedade dos cidadãos, promovendo o bem geral, sob o manto de que todos (formalmente) são homens livres e iguais. Para que isso pudesse ocorrer, foi necessário submeter o Estado à lei (uma regra geral, surgida da deliberação de representantes do povo), que passou a ser a própria Constituição do Estado Francês, fundando a base para o Estado de Direito, fazendo surgir a noção de *legalidade*[8].

Isso ocorreu em razão do papel fundamental que a lei assumiu na garantia dos direitos individuais, de forma clara e neutra, revestindo-se, não na vontade do Estado, mas na vontade do povo, agora tomado pelo ideal de liberdade. Formou-se, então, a máxima de que a liberdade do indivíduo se constitui, regra geral, ilimitada, sendo-lhe permitido fazer tudo o que a lei não proíbe. Por outro lado, a liberdade do Estado para restringi-la é mínima (limitada), sendo-lhe permitido fazer apenas o que a lei lhe autoriza[9].

O absolutismo monárquico calcava-se no monopólio das funções estatais. Com o liberalismo, formou-se um arcabouço normativo que ocasionou a transferência dos poderes exercidos soberanamente pelo monarca, para um órgão colegiado, o parlamento[10].

Foi nesse contexto, que a *legalidade* se tornou o cerne do Estado de Direito (todos os seus princípios essenciais estão institucionalmente abarcados pelo conceito de lei), estruturada na representação popular, oriunda de um processo calcado na

---

[5] LEAL, Mônia Clarissa Hennig. *Jurisdição Constitucional Aberta:* Reflexões sobre a Legitimidade e os Limites da Jurisdição na Ordem Democrática. Uma Abordagem a Partir das Teorias Constitucionais Alemã e Norte-Americana. Rio de Janeiro: Lumen Juris, 2007, p. 7-8.

[6] BÖCKENFÖRDE, Ernest Wolfgang. *Estudios sobre el Estado de Derecho y la Democracia.* Trad. Rafael de Agapito Serrano. Madrid: Trotta, 2000, p. 19.

[7] AMAYA, Jorge Alejandro. *Control de constitucionalidad.* Buenos Aires: Astrea, 2015, p. 62.

[8] BÖCKENFÖRDE, Ernest Wolfgang. *Estudios sobre el Estado de Derecho y la Democracia.* Trad. Rafael de Agapito Serrano. Madrid: Trotta, 2000, p. 19-23.

[9] LEAL, Mônia Clarissa Hennig. *Jurisdição Constitucional Aberta:* Reflexões sobre a Legitimidade e os Limites da Jurisdição na Ordem Democrática. Uma Abordagem a Partir das Teorias Constitucionais Alemã e Norte-Americana. Rio de Janeiro: Lumen Juris, 2007. p. 8.

[10] AMAYA, Jorge Alejandro. *Democracia vs. Constitución. El poder del juez constitucional. Colección textos jurídicos.* Rosario: Fundación para el Desarrollo de las Ciencias Jurídicas, 2012. p. 127.

deliberação e na publicidade, o qual garantiu a extensão racional que o conteúdo da lei poderia humanamente atingir[11].

A lei, portanto, possuindo um conteúdo coerente e voluntarista, representou a consolidação das conquistas burguesas. Nesse cenário, do Estado de Direito Liberal, iniciou-se a fixação da ideia de supremacia constitucional, mesmo que de forma mínima (minimalismo constitucional), restringindo-se a estabelecer processos, competências e limitações ao poder estatal[12], pois uma das características desse modelo de Estado é o binômio minimalismo estatal/constitucional, que resulta na Constituição eminentemente jurídica.

Ao passo que a soberania do Rei cedeu lugar à supremacia da lei, por conseguinte, teve papel destacado a atuação do Poder Legislativo (representante da vontade geral e da soberania popular), que outorgou à burguesia (que já tinha o poder econômico) o sonhado poder político, permitindo ditar os rumos da sociedade por intermédio da lei. Sendo esta a vontade geral, e todos (formalmente) iguais perante ela, foi aplicada sem distinções, transcendendo-se os ideais de igualdade e segurança (jurídica), que a burguesia não possuía no período do Absolutismo[13].

O liberalismo elegeu o Parlamento como a instituição estatal central, partindo-se da premissa que este transvestia-se na formação mais adequada do conceito de representação. Isso porque os burgueses possuíam uma concepção epistemológica caracterizada pelo individualismo racionalista, com a concepção que um órgão coletivo abstrato e integrado por indivíduos racionais, homogêneos e iguais geraria uma racionalidade que garantiria condições ao livre desenvolvimento individual[14].

Desse modo, se a lei imperava e o objetivo do Estado era garantir a liberdade do indivíduo e a igualdade (formal), a atuação do Judiciário (mínima naquele período) pautou-se na interpretação lógica, quase que matemática, ambicionando-se atingir o maior grau de objetividade e certeza da norma (regra pura e abstrata), a qual estava desvinculada da moral e de qualquer outro conceito axiológico[15].

Assim sendo, o silogismo, naquele período, se tornou a marca da atuação jurisdicional na Europa, não havendo espaço à hermenêutica, predominando uma interpretação normativa simplesmente gramatical e pura, em nome da almejada segurança jurídica. Destarte, a atividade judicial estava submetida (engessada) às deliberações do Legislativo, tornando o juiz uma figura mecânica, a ponto de ser minimizado à "boca da lei"[16], com o exercício de um controle mínimo sobre os demais Poderes.

---

[11] BÖCKENFÖRDE, Ernest Wolfgang. *Estudios sobre el Estado de Derecho y la Democracia.* Trad. Rafael de Agapito Serrano. Madrid: Trotta, 2000, p. 23.

[12] MELLO, Cláudio Ari. *Democracia constitucional e direitos fundamentais.* Porto Alegre: Livraria do Advogado, 2004, p. 25.

[13] LEAL, Mônia Clarissa Hennig. *Jurisdição constitucional aberta:* reflexões sobre a legitimidade e os limites da jurisdição na ordem democrática. uma abordagem a partir das teorias constitucionais alemã e norte-americana. Rio de Janeiro: Lumen Juris, 2007, p. 17-18.

[14] AMAYA, Jorge Alejandro. *Democracia vs. Constitución:* el poder del juez constitucional. Colección textos jurídicos. Rosario: Fundación para el Desarrollo de las Ciencias Jurídicas, 2012. p. 128.

[15] BONAVIDES, Paulo. *Curso de direito constitucional.* 15. ed. São Paulo: Malheiros, 2004, p. 133.

[16] LEAL, Mônia Clarissa Hennig. *Jurisdição constitucional aberta:* reflexões sobre a legitimidade e os limites da jurisdição na ordem democrática. uma abordagem a partir das teorias constitucionais alemã e norte-americana. Rio de Janeiro: Lumen Juris, 2007, p. 25.

Essa era a concepção de Poder Judiciário na teoria de Montesquieu, um órgão estatal que tinha a função de administrar a justiça, separando-a do poder absoluto do monarca, dentro da concepção de *divisão dos poderes*, mas estritamente condicionado à produção do Poder Legislativo, quem era o único criador do Direito e recipiendário da soberania popular[17].

De modo parecido ao que ocorria com o Poder Judiciário no Estado de Direito Liberal, a Constituição era reduzida a um documento jurídico, sem qualquer conteúdo político, a qual, embora dotada de superioridade hierárquica, era vista como um sistema unitário, complexo e absoluto, pronto por si só, que dispensava qualquer apreciação que levasse em consideração fins e valores, o que fulminava qualquer influência do intérprete em relação ao resultado da interpretação[18].

Dito em outras palavras, por esse prisma, a Constituição era uma norma jurídica como as demais, possuindo apenas ascendência hierárquica maior. Assim, era norma posta, cabendo ao juiz exclusivamente anunciar aquilo que o constituinte já havia decidido, desencadeando um abismo entre ela (formal, vazia de sentido e conteúdo) e a Sociedade[19], sobretudo no que tange ao seu equilíbrio com os anseios vitais e inarredáveis da Constituição Real[20].

A liberdade (formal) do indivíduo não foi suficiente para reduzir as desigualdades sociais, uma vez que, materialmente, nem todos tinham as condições necessárias para o pleno desenvolvimento, o que fez com que surgisse o Estado Social, no qual se construiu uma Constituição não mais meramente jurídica (constitucionalismo liberal), mas política (constitucionalismo social), pois, além de manter a organização e as competências administrativas do Estado, organizou também a sociedade, principalmente frente às manifestações de determinados grupos sociais que rogavam por uma atuação mais proativa do Estado, a fim de corrigir as distorções advindas do liberalismo (e dos reflexos da Revolução Industrial).

Se o Estado Social surgiu para corrigir a distorção individualista criada pelo Estado Liberal, objetivando-se consolidar direitos coletivos e o bem-estar social, por conseguinte, isso passou a influenciar não apenas a Constituição – como se estabelecerá adiante – mas a própria relação entre os Poderes do Estado. Foi nesse momento que o protagonismo do Legislativo cedeu espaço à atuação do Executivo – o braço de execução das políticas sociais e econômicas e o principal destinatário do Direito Administrativo.

Destacam-se, no cenário do constitucionalismo social, apresentando, pela primeira vez, os traços comuns ao Estado Social, as Constituições do México, de 5 de fevereiro de 1917, e a de Weimar, de 11 de agosto de 1919, sem deixar de relevar importância à Constituição Russa[21], de 10 de julho de 1918.

---

[17] AMAYA, Jorge Alejandro. *Democracia vs. Constitución:* el poder del juez constitucional. Colección textos jurídicos. Rosario: Fundación para el Desarrollo de las Ciencias Jurídicas, 2012, p. 212.

[18] BONAVIDES, Paulo. *Curso de direito constitucional.* 15. ed. São Paulo: Malheiros, 2004, p. 134.

[19] Não se pode perder de vista que, no Estado Liberal, imperava a dicotomia "público-estatal" e "privado-sociedade", vistos como esferas completamente distintas.

[20] BONAVIDES, Paulo. *Curso de direito constitucional.* 15. ed. São Paulo: Malheiros, 2004, p. 135.

[21] Böckenförde (1993, p. 73) chega a dizer que os Direitos Fundamentais Sociais surgiram em forma de catálogo, pela primeira vez, na Declaração dos Direitos do Povo Trabalhador e Explorado da Rússia, de janeiro de 1918, que integrou, posteriormente, a Constituição Russa de Julho de 1918.

A Constituição mexicana estabeleceu, pela primeira vez, direitos voltados à coletividade, especialmente os relativos aos trabalhadores e de organização econômica. Merecem destaque temas como a proteção do Estado nas relações trabalhistas; a função social da propriedade; e direitos trabalhistas mínimos, dentre os quais, o salário mínimo, jornada de trabalho de oito horas, direitos de associação e greve, a participação dos trabalhadores nos lucros das empresas, a responsabilidade dos patrões nos acidentes de trabalho, indenização em caso de dispensa, além de juntas de resolução de controvérsias compostas por membros das empresas, dos trabalhadores e do Estado[22].

A implementação do Estado Social também passou por demonstrações de radicalização, a exemplo do que ocorreu com a Revolução Bolchevique, de 1917, que resultou na "Declaração dos Direitos do Povo Trabalhador e Explorado", cuja estrutura, como já dito, formaria a Constituição Soviética em julho de 1918, composta não só por um catálogo de direitos sociais, mas por princípios de organização política e econômica que consolidam, de forma extrema, esses direitos[23].

Seguindo o caminho dos Mexicanos e intentando superar o modelo soviético, coube à Assembleia de Weimar, especialmente à Friedrich Naumann, a tarefa de desenhar aquilo que se tornaria o símbolo do Constitucionalismo Social, a Constituição de Weimar de 1919, cuja composição se estatuiria no ponto de equilíbrio entre as Constituições Liberais, estritamente individualistas, e a Constituição Russa, eminentemente socialista[24].

Em outras palavras, significa dizer que essa Constituição buscava uma reconciliação entre sociedade e Estado (os quais seguiram caminhos apartados, afastados pelo Estado de Direito liberal, haja vista o Estado Absolutista que o antecedera), sem descuidar do perigo de se atingir o extremismo socialista em que "homem-massa" e Estado tornam-se algo único[25].

Assim, a Constituição de Weimar além de contemplar direitos sociais referentes às relações de trabalho, continha normas de seguridade frente aos acidentes de trabalho e velhice, e aquelas voltadas à preocupação com a vida saudável, destacando-se por estabelecer normas de caráter material à concretização dos direitos de segunda dimensão, uma vez que, em grande parte, são direitos prestacionais por parte do Estado[26].

---

[22] HERRERA, Carlos Miguel. Estado, Constituição e direitos sociais. Trad. Luciana Caplan. In: *Revista da Faculdade de Direito da Universidade de São Paulo*. v. 102. São Paulo: USP, 2007, p. 380-382.
[23] HERRERA, Carlos Miguel. Estado, Constituição e direitos sociais. Trad. Luciana Caplan. In: *Revista da Faculdade de Direito da Universidade de São Paulo*. v. 102. São Paulo: USP, 2007, p. 382-383.
[24] HERRERA, Carlos Miguel. Estado, Constituição e direitos sociais. Trad. Luciana Caplan. In: *Revista da Faculdade de Direito da Universidade de São Paulo*. v. 102. São Paulo: USP, 2007, p. 383.
[25] Neste ponto, importante demonstrar a crítica liberal que surgia à época, com a preocupação do extremismo, a exemplo do que aponta Ortega y Gasset (2007, p. 127): "Numa boa organização das coisas públicas a massa não atua por si mesma. Essa é sua missão. Veio ao mundo para ser dirigida, influída, representada, organizada – até para deixar de ser massa, ou, pelo menos, aspirar a isso. Mas não veio ao mundo para fazer tudo isso por si mesma". A obra original é de 1926.
[26] BÖCKENFÖRDE, Ernest Wolfgang. *Escritos sobre derechos fundamentales*. Trad. Juan Luis Requejo Pagés e Ignacio Vllaverde Menéndez. Aufi-Baden-Baden: Nomos Verlagsgesellschaft, 1993, p. 64.

É por esta catalogação de direitos que se pode dizer que a Constituição do Estado Social deixa de ser um mero documento jurídico, transformando-se em programa político de realização social, debatido e deliberado na esfera política. Coube a Herman Heller, destacado constitucionalista alemão, a transformação de uma democracia social em norma jurídica fundamental, com a inclusão de conteúdos de ordem social e econômica[27].

Significa dizer que a Constituição passou a reger-se sob os vetores da solidariedade social, somando-se às liberdades negativas, as positivas, próprias de um Estado intervencionista, com o escopo de garantir uma convivência digna, livre e igual aos membros da sociedade, com igualdade de oportunidade a todos[28].

Neste contexto, o Estado abandonou a neutralidade e a apoliticidade, chamando para si a responsabilidade de concretizar e garantir não apenas uma igualdade formal, mas também material entre os indivíduos, com destaque à prestação dos serviços sociais de saúde e educação, que passam a conferir à sociedade não apenas poderes de agir, mas também de exigir[29].

Ressalta-se, ainda, que, como legado, o Estado Social não beneficiou exclusivamente a classe trabalhadora, mas significou, também, o crescimento em estruturas básicas, que propiciaram o desenvolvimento industrial, como as usinas de energia, as estradas e os financiamentos. Iniciou-se, também, a democratização das relações sociais, que produziu o crescimento das demandas oriundas da sociedade civil (e o melhor aparelhamento estatal, aumentando-se, entretanto, a burocracia), pois o Estado, agora, não era meramente assistencialista, mas o concretizador de direitos próprios da cidadania[30].

Se o cidadão passou a ser o centro do interesse jurídico, político, social e econômico do Estado Social, isso refletiu na atuação jurisdicional. O juiz "boca da lei" cedeu espaço a um julgador que passou a interpretar a norma e, nesse contexto, dispôs de maior liberdade para construir sua decisão, não mais se admitindo um juiz preso à literalidade da norma, diante de inúmeras possibilidades, o que trouxe reflexos diretos ao Controle da Administração Pública[31].

Significa dizer que a tarefa do juiz no Estado Social não seria semelhante à sua atuação no Estado de Direito liberal, pois, enquanto neste modelo a preocupação era com os direitos fundamentais de liberdade e igualdade formal, autoaplicáveis, que envolviam, regra geral, abstenções do Estado, dificilmente deixando margem para interpretação, naquele modelo, o julgador estava diante de direitos que envolvem,

---

[27] SÀNCHEZ, Jordi. El Estado de Bienestar. In: BADIA, Miquel Caminal (ed.). *Manual de ciencia política*. 2. ed. 5. reimp. Madrid: Editorial Tecnos, 2005, p. 243.

[28] CITTADINO, Gisele. *Pluralismo, direito e justiça distributiva:* elementos da filosofia constitucional contemporânea. 3. ed. Rio de Janeiro: Lumen Juris, 2004, p. 17-18.

[29] LEAL, Mônia Clarissa Hennig. *Jurisdição constitucional aberta:* reflexões sobre a legitimidade e os limites da jurisdição na ordem democrática. Uma abordagem a partir das teorias constitucionais alemã e norte-americana. Rio de Janeiro: Lumen Juris, 2007, p. 33.

[30] STRECK, Lenio Luiz. *Jurisdição constitucional e hermenêutica:* uma nova crítica do Direito. Porto Alegre: Livraria do Advogado, 2002, p. 63.

[31] MOTA, Maurício. Paradigma contemporâneo do Estado Democrático de Direito: pós-positivismo e judicialização da política. In: MOTA, Maurício; MOTTA, Luiz Eduardo (org.). *O Estado democrático de direito em questão:* teorias críticas da judicialização da política. Rio de Janeiro: Elsevier, 2011, p. 33.

em maior parte, prestações, buscando-se a igualdade material, abrindo maior amplitude à interpretação.

Enquanto os direitos de primeira dimensão exigem condutas negativas ("não fazer") ao Estado, os direitos de segunda dimensão impõem condutas positivas (e, agora, há a possibilidade de "como fazer"). Exigindo-se do juiz, por exemplo, o direito à moradia, como esta poderia ser concretizada? Mediante a construção e distribuição de moradias à população, com a fixação de preços acessíveis? Ou através da concessão de subsídios por meio do livre mercado? Ou o Estado deve conceder moradia a todos os cidadãos? Ou apenas aos mais necessitados?[32].

O grande avanço que se apresentou, no período entre guerras, é a transformação da concepção de que a Constituição se tratava de um simples instrumento formal de governo, definindo competências e regulando procedimentos, para uma ideia de constituição programática, a qual elucidaria as tarefas e fins do Estado, iniciando-se a insculpir a compreensão material da Constituição[33].

Todavia, neste mesmo interstício, tomaram vulto, na Europa, os regimes nazista e fascista, que fulminaram na Segunda Guerra Mundial. É no contexto pós-Estados-autoritários-ditatoriais e como modo de enfrentamento (com a prevenção e repressão) às atrocidades cometidas nessa guerra, que se verifica a transição simbólica ao Estado Democrático de Direito, no qual almeja-se atribuir importância primordial à dignidade humana, à democracia e aos direitos fundamentais, buscando-se um conceito racional de igualdade[34], típico do regime Social-Democrático, notadamente na Alemanha, com destaque à sua "Lei Fundamental" de 1949.

Nas palavras de Grimm[35], a Lei Fundamental é uma Constituição feliz, dentre os inúmeros motivos, por lançar profundas raízes à sociedade, não sendo abalada em sua legitimidade, por possuir, essencialmente, conteúdo que não só funcionou juridicamente, mas serviu como fator de integração à sociedade, fundamentada em elementos como a dignidade humana, democracia, Estado de Direito, Estado Social e Estado federativo, com observância dos direitos humanos[36].

É sob esse viés que o sentido formal de democracia, destinada à organização política, com a direção do interesse da coletividade, o qual é transferido para os representantes que, de forma majoritária, os representam, passa a dividir espaço com o

---

[32] BÖCKENFÖRDE, Ernest Wolfgang. *Escritos sobre Derechos Fundamentales*. Trad. Juan Luis Requejo Pagés e Ignacio Vllaverde Menéndez. Aufl-Baden-Baden: Nomos Verlagsgesellschaft, 1993, p. 77.

[33] BERCOVICI, Gilberto. A problemática da constituição dirigente: algumas considerações sobre o caso brasileiro. *Revista de Informação Legislativa*, ano 36, n. 142. Brasília, 1999, p. 38.

[34] Maluf (2008, p. 298) destaca que o regime social-democrático concilia os postulados essenciais do individualismo e do socialismo, que fulminará em um conceito de suma importância à compreensão do Estado Democrático de Direito, que é o novo conceito de igualdade, a qual deve ser vista como: igualdade jurídica; igualdade de sufrágio; igualdade de oportunidade; e igualdade econômica.

[35] GRIMM, Dieter. *Constituição e política*. Trad. Geraldo de Carvalho. Belo Horizonte: Del Rey, 2006, p. 25.

[36] Complementam-se à ordem constitucional interna, os tratados internacionais que iniciaram-se a ser valorizados e perquiridos pela Alemanha, como se observa nas palavras de Brugger e Leal (2007, p. 130): "após a II Guerra Mundial, uma guerra na qual a Alemanha trouxe dor, sofrimento e injustiça a várias partes do mundo, a Europa e a comunidade mundial se engajaram no desenvolvimento de um amplo regime de tratados internacionais sobre direitos humanos, como forma de se complementarem e fortificarem os direitos constitucionais de ordem interna".

sentido substancial, calcado em um sistema representativo temporário e eletivo, regido por uma ordem constitucional, objetivando reconhecer e garantir os direitos fundamentais, tendo como centro a pessoa humana[37].

A preocupação com a democracia material ganha relevo, tendo em vista que a democracia formal, representada pela "vontade da maioria", nem sempre resultará na decisão "justa", o que transforma a democracia de uma solução em um problema, no momento em que a maioria – representada – poderá oprimir a minoria – não representada[38]. É nesse ambiente que a democracia constitucional, ou seja, submetida à Constituição, como ordem jurídica e política, passa a funcionar como ponto de equilíbrio social, constituindo-se em meio, e não em fim.

Fundindo-se os conceitos de democracia formal e material, se estabelece a democracia constitucional, um sistema pluripartidário em que todo o poder emana do povo e é exercido para si, por representantes eleitos periodicamente para mandatos temporários, exercendo funções públicas e baseando-se em uma Constituição escrita, que prevê os direitos fundamentais e os meios e garantias à sua concretização, observando o princípio da tripartição do poder estatal e a supremacia da lei, expressão da soberania popular[39].

O constitucionalismo que se harmoniza ao novo Estado despontado é o Constitucionalismo Democrático, caracterizado por textos constitucionais dotados de normas-princípios que estabelecem fundamentos e objetivos à Sociedade e ao Estado, visando à concretização dos direitos fundamentais e à dignidade da pessoa humana. É no contexto de "concretização de direitos" que as atenções convergem à atuação do Poder Judiciário, que passa a ser o protagonista na relação entre os Poderes, e exercer, cada vez mais, controle sobre os demais[40].

Com uma Constituição eminentemente principiológica, dotada de força normativa[41], interpretada por uma sociedade aberta e guardada por Tribunais Constitucionais dotados de prestígio[42], o Constitucionalismo do Estado Democrático de Direito ocasionou mudanças significativas no *modus operandi* social e significativo impacto no Direito Administrativo.

Por fim, dentre essas transformações, é possível destacar a força normativa dos princípios e a supervalorização que assumem no Direito; a relevância que ganham os métodos abertos de raciocínio jurídico (como a ponderação, tópica e argumentação)

---

[37] MALUF, Said. *Teoria Geral do Estado*. 28. ed. São Paulo: Saraiva, 2008, p. 291.
[38] BANDIERI, Luis María. Justicia Constitucional y Democracia: ¿Un mal casamiento? In: LEITE, George Salomão; SARLET, Ingo Wolfgang (org.). *Jurisdição constitucional, democracia e direitos fundamentais*: estudos em homenagem ao Ministro Gilmar Ferreira Mendes. Salvador: Juspodivm, 2012, p. 337-338.
[39] MALUF, Said. *Teoria Geral do Estado*. 28. ed. São Paulo: Saraiva, 2008, p. 293.
[40] LEAL, Mônia Clarissa Hennig. *Jurisdição constitucional aberta:* reflexões sobre a legitimidade e os limites da jurisdição na ordem democrática. uma abordagem a partir das teorias constitucionais alemã e norte-americana. Rio de Janeiro: Lumen Juris, 2007, p. 41.
[41] O Constitucionalismo Democrático passaria a despertar "a vontade de Constituição", que Hesse (1991, p. 28-29) aponta como pressuposto decisivo para a práxis constitucional, que, unida ao conteúdo desta Constituição, propiciará a "Força Normativa da Constituição".
[42] Häberle (2002, p. 13-14) enfatiza que, embora seja impensável uma interpretação da Constituição sem a participação ativa de todos os atores sociais (cidadão, órgãos estatais, grupos representativos e inúmeros outros que possam participar), cabe à jurisdição constitucional dar a última palavra sobre a interpretação constitucional.

em detrimento ao formalismo; o fenômeno da constitucionalização do direito administrativo, que passa a ser interpretado e compatibilizado à Constituição, principalmente no tocante aos direitos fundamentais; a reaproximação entre o direito e demais elementos axiológicos, como a moral; e a judicialização da política e das relações sociais, transferindo as decisões de relevância social da arena política à jurisdicional[43].

1.2. CONCEITO DE DIREITO ADMINISTRATIVO E ADMINISTRAÇÃO PÚBLICA

Se o conhecimento jurídico necessita "do conceito", por este ser "um esquema prévio, munido do qual o pensamento se dirige à realidade"[44], é necessário conceituar o Direito Administrativo, ainda que seu conceito universal contenha apenas uma essência que se encontra em toda a multiplicidade[45], diante de seu conteúdo, que é variável e heterogêneo[46].

A mutação do direito administrativo é constante e possível de ser observada, principalmente quando se analisa seu objeto de estudo ao longo do tempo. Como visto na seção anterior, a *escola clássica* do direito administrativo (a francesa) se cingia a estudar, compilar e interpretar silogisticamente a norma (existente, posta), sob de um determinado país, sem espaço para ampliação interpretativa além da letra da lei (*escola exegética ou legalista*)[47].

Posteriormente, foram surgindo outras escolas, como a *escola do serviço público*, para a qual o direito administrativo tinha o propósito de estudar a prestação de serviços pelo Estado como um todo; a *escola italiana*, a qual reduziu o estudo do direito administrativo à atuação típica Poder Executivo; a *escola do regime jurídico*, que cingiu o campo de estudo do direito administrativo ao conjunto de regras que disciplinam as relações entre a Administração e os administrados; a *escola do interesse público*, para o qual o direito administrativo era um conjunto de princípios que regulava as atividades do Estado para o atendimento do interesse público; a *escola do bem*

---

[43] SARMENTO, Daniel. Constitucionalismo: trajetória histórica e dilemas contemporâneos. In: LEITE, George Salomão; SARLET, Ingo Wolfgang (org.). *Jurisdição constitucional, democracia e direitos fundamentais:* estudos em homenagem ao Ministro Gilmar Ferreira Mendes. 2. ser. Salvador: Juspodivm, 2012, p. 113.

[44] DINIZ, Maria Helena. *Compêndio de introdução à ciência do Direito:* introdução à teoria geral do Direito, à filosofia do direito, à sociologia jurídica e à lógica jurídica: norma jurídica e aplicação do Direito. São Paulo: Saraiva, 2009, p. 241.

[45] A título exemplificativo, vejamos alguns conceitos: Para Di Pietro (2024, p. 90), o Direito Administrativo é "o ramo do direito público que tem por objeto os órgãos, agentes e pessoas jurídicas administrativas que integram a Administração Pública, a atividade jurídica não contenciosa que exerce e os bens e meios de que se utiliza para a consecução de seus fins, de natureza pública". Para Carvalho Filho (2023, p. 9), é "o ramo do direito público que tem por objeto os órgãos, agentes e pessoas jurídicas administrativas que integram a Administração Pública, a atividade jurídica não contenciosa que exerce e os bens e meios de que se utiliza para a consecução de seus fins, de natureza pública". Para Moreira Neto (2014, p. 45), é "o ramo do Direito Público que estuda os princípios, regras e institutos que regem as atividades jurídicas do Estado e de seus delegados, as relações de subordinação e de coordenação delas derivadas e os instrumentos garantidores da limitação e do controle de sua legalidade, legitimidade e moralidade, ao atuarem concreta, direta e imediatamente, na prossecução dos interesses públicos, excluídas as atividades de criação da norma legal e de sua aplicação judiciária contenciosa".

[46] DINIZ, Maria Helena. *Compêndio de introdução à ciência do Direito:* introdução à teoria geral do Direito, à filosofia do direito, à sociologia jurídica e à lógica jurídica: norma jurídica e aplicação do Direito. São Paulo: Saraiva, 2009, p. 241.

[47] SADDY, André. *Curso de direito administrativo*. 1. v. 2. ed. Rio de Janeiro: Editora CEEJ, 2023, p. 175.

público, para a qual o direito administrativo era o ramo destinado ao estudo específico dos bens públicos; a *escola dos interesses coletivos*, para a qual o direito administrativo era o ramo incumbido do estudo desses interesses; a *escola funcional*, para a qual o direito administrativo se destinava ao estudo da função administrativa; a *escola subjetiva*, que entende ser, o direito administrativo, o ramo voltado aos órgãos e entidades que exercem as atividades administrativas; e a *escola residual*, para a qual era objeto de estudo do direito administrativo aquilo que não se enquadrava na atividade legislativa e jurisdicional e que não fosse relacionado ao direito privado[48].

Assim, pode-se conceituar o Direito Administrativo sem desconsiderar as diferentes escolas pelas quais ele já foi e pode ser visto. Portanto, tem-se como *conceito de Direito Administrativo* o ramo autônomo do direito público que abrange as normas (regras e princípios) que regulam o exercício (típico ou atípico) da função administrativa pelas entidades, órgãos e agentes na busca do interesse público.

Primeiro, é um *ramo* do direito. A compartimentação do direito em ramos é uma prática metodológica com o propósito de estudá-lo, ensiná-lo e aplicá-lo de modo sistemático e que dificilmente será abandonada[49]. Segundo, é um ramo *autônomo*, uma vez que tem, como próprios, *objeto de estudo* (a Administração Pública), *método*, baseado em *critérios publicísticos*, trabalhados a partir do momento categorial, *institutos* (afetação, desafetação, desapropriação, dentre outros), bem como *princípios* gerais ou setoriais[50].

Ainda que se entenda pela impossibilidade de se fazer uma dicotomia perfeita entre o direito público e o direito privado[51] e que se compreenda que vivem em constante intersecção[52], o direito administrativo é um ramo do *direito público*, à medida que este pode ser visto como a categoria do direito que regula as relações em que o Estado é parte, seja na organização e atividade estatais (direito constitucional), nas suas relações com outros Estados (direito internacional) ou em suas relações com os particulares em condição de supremacia (direito administrativo, direito tributário, direito penal, por exemplo)[53].

A ordem jurídica (escrita ou não), que rege a conduta estatal no exercício da função administrativa, não constitui um amontoado de normas, mas um conjunto organizado e solidário, em forma de sistema, que se inter-relaciona com outros ramos,

---

[48] SADDY, André. *Curso de direito administrativo*. 1. v. 2. ed. Rio de Janeiro: Editora CEEJ, 2023, p. 175-176.

[49] DE CASTRO, Amilcar. A natureza da norma de direito internacional privado. *Revista da Faculdade Direito Universidade Federal Minas Gerais*, v. 2, 1950, p. 69.

[50] JÚNIOR, José Cretella. Fundamentos do direito administrativo. *Revista da Faculdade de Direito*, Universidade de São Paulo, v. 72, n. 1, 1977. p. 300.

[51] DINIZ, Maria Helena. *Compêndio de introdução à ciência do Direito:* introdução à teoria geral do Direito, à filosofia do direito, à sociologia jurídica e à lógica jurídica: norma jurídica e aplicação do Direito. São Paulo: Saraiva, 2009, p. 255.

[52] A respeito das intersecções entre o público e o privado, sugere-se que o leitor pesquise a importante contribuição de Jorge Renato dos Reis. Deixa-se de exemplificar, aqui, uma obra específica, tendo em vista a vasta produção do autor nesta temática específica.

[53] DINIZ, Maria Helena. *Compêndio de introdução à ciência do Direito:* introdução à teoria geral do Direito, à filosofia do direito, à sociologia jurídica e à lógica jurídica: norma jurídica e aplicação do Direito. São Paulo: Saraiva, 2009, p. 255.

como o Direito Constitucional, o Direito Tributário, o Direito Financeiro, o Direito Ambiental, o Direito Urbanístico, dentre outros.

Opta-se pelo emprego do termo *normas*, na acepção de que estas abarcam regras e princípios, tal qual trabalhado por Dworkin[54], sob a aura do pós-positivismo. Este surge calcado na concepção da supremacia da Constituição, na força normativa dos princípios e na eficácia dos direitos fundamentais, estreitando a relação entre direito, moral e política[55].

Nesse ambiente, os *princípios* são lançados (com a expressiva contribuição desse autor) à condição de verdadeira espécie normativa, juntamente com as *regras* apresentadas por Hart[56], constituindo-se legítimos pilares à sustentação lógica e axiológica do ordenamento jurídico, reforçando a ideia de direito como integridade[57].

Os princípios, ignorados por Hart passam a funcionar como um elo entre a moral e o ordenamento jurídico, proporcionando a necessária aproximação entre o direito e as questões práticas inerentes às sociedades contemporâneas. Em outras palavras, Dworkin lança mão dos princípios não apenas para encontrar uma forma de se chegar à decisão correta[58], mas para que o direito, como integridade, não se afaste da realidade social a que está inexoravelmente relacionado[59].

A *função administrativa* é exercida *tipicamente* pelo Poder Executivo e *atipicamente* pelo Legislativo e Judiciário. Assim, diferentemente de como a escola italiana via o objeto de estudo do Direito Administrativo, no atual contexto, é inconcebível compreender que, ao atuar como Administração Pública, os demais Poderes não estejam sob a égide desse ramo autônomo. Por outro lado, há de se compreender que nem sempre a atividade desempenhada por autoridades que desempenham a função administrativa é de administração pública (sentido objetivo), a exemplo os atos políticos típicos de Chefe de Estado, como a graça, o indulto, a extradição, dentre outros.

Para explicarmos a parte final de meu conceito de Direito Administrativo, torna-se necessário também trazermos o *conceito de Administração Pública*, o qual comporta duplo sentido (objetivo e subjetivo). Pelo prisma objetivo, pode ser vista como a

---

[54] A respeito, ver: DWORKIN, Ronald. *Uma questão de princípio*. Trad. Luís Carlos Borges. 1. ed. 2. tir. São Paulo: Martins Fontes, 2001. DWORKIN, Ronald. *Levando os direitos a sério*. Trad. Nelson Boeira. São Paulo: Martins Fontes, 2002. DWORKIN, Ronald. *O império do Direito*. Trad. Jefferson Luiz Camargo. 2. ed. São Paulo: Martins Fontes, 2007.

[55] LEAL, Mônia Clarissa Hennig; ALVES, Felipe Dalenogare. A (Im)possibilidade do exercício da discricionariedade judicial e o controle jurisdicional de políticas públicas: um estudo a partir da perspectiva das teorias do Direito de Hart e Dworkin em um contexto de judicialização e ativismo. In: VIEGAS, Carlos Athayde Valadares et al. (org.). *Ensaios críticos de direito público*. Belo Horizonte: Arraes Editores, 2015, p. 225.

[56] A respeito, ver: HART, Herbert Lionel Adolphus. *O conceito de direito*. Trad. A. Ribeiro Mendes. 2. ed. Lisboa: Fundação Calouste Gulbenkian, 1994.

[57] LEAL, Mônia Clarissa Hennig; ALVES, Felipe Dalenogare. A (Im)possibilidade do exercício da discricionariedade judicial e o controle jurisdicional de políticas públicas: um estudo a partir da perspectiva das teorias do Direito de Hart e Dworkin em um contexto de judicialização e ativismo. In: VIEGAS, Carlos Athayde Valadares et al. (org.). *Ensaios críticos de direito público*. Belo Horizonte: Arraes Editores, 2015, p. 225.

[58] Trabalharei as noções da decisão correta ao tratarmos do controle jurisdicional da Administração Pública, principalmente diante de conceitos jurídicos indeterminados, em que o administrador se encontra em uma zona de penumbra e deverá chegar a uma zona de certeza (positiva ou negativa).

[59] LEAL, Mônia Clarissa Hennig; ALVES, Felipe Dalenogare. A (Im)possibilidade do exercício da discricionariedade judicial e o controle jurisdicional de políticas públicas: um estudo a partir da perspectiva das teorias do Direito de Hart e Dworkin em um contexto de judicialização e ativismo. In: VIEGAS, Carlos Athayde Valadares et al. (org.). *Ensaios críticos de direito público*. Belo Horizonte: Arraes Editores, 2015, p. 225.

própria função administrativa (objeto), ou seja, a atividade exercida pelas *entidades (personificadas), órgãos (despersonificados)* e *agentes*, com o propósito de atender o *interesse público*[60]. Neste objeto da Administração pública, estariam compreendidas as atividades de *fomento, polícia administrativa, serviço público* e *intervenção*[61].

Por esse viés, historicamente, é possível vislumbrar uma evolução na Administração Pública brasileira, partindo-se da patrimonialista, passando pela burocrática e fulminando na gerencial, presente contemporaneamente.

A primeira perdurou durante o período colonial, o imperial e a Primeira República (aproximadamente de 1500 até 1930), concebida sob a relação exploratória entre a metrópole (Portugal) e a colônia (Brasil). Assim, esse modelo de Administração marcou-se principalmente pela dominação (existente pela aceitação dos súditos em relação aos soberanos) e pela apropriação (da coisa pública pelo particular, compreendidos os agentes públicos, grupos políticos e setores privados).

A segunda é marcada pela verticalização (não só entre os órgãos e agentes públicos, mas entre a Administração e o "administrado") e procedimentalização (com o estabelecimento de rotinas e fluxos processuais para o desempenho da função administrativa), perdurando no Brasil aproximadamente da década de 1930 até meados da década de 1990.

A Administração burocrática apresenta disfunções (*red tape*), a exemplo das apontadas por Merton (1970), dentre as quais é possível apontar a internalização e o elevado apego às normas; o excesso de formalização, rotinas e registros; a despersonalização dos relacionamentos, com estruturas funcionais hierarquizadas; a resistência às mudanças e inovação, com extrema conformação às rotinas; a extrema submissão à autoridade; a dificuldade no atendimento e constantes conflitos com o público; e a categorização como base do processo de tomada de decisão[62].

A terceira, gerencial (pós-burocrática), é caracterizada pela busca à eficiência, à eficácia e à competitividade, marcando-se pela horizontalização (entre os agentes públicos e entre a Administração e o cidadão – não mais administrado). Esse modelo atribui à Administração alguns papéis, dentre eles o catalisador[63], o de resultados[64] o de descentralizador[65] e o de empreendedor[66], mencionados por Osbone e Gaebler[67].

---

[60] DI PIETRO, Maria Sylvia Zanella. *Direito administrativo*. 36. ed. rev. atual. e ampl. Rio de Janeiro: Forense, 2024, p. 90.
[61] Di Pietro (2024, p. 86) considera apenas os três primeiros, aludindo que alguns autores consideram a intervenção como quarta modalidade de atuação. Também compreende assim, pois, quando o Estado intervém na propriedade ou na economia, estará atuando de modo autônomo e não como decorrência da atividade de fomento.
[62] MERTON, Robert K. *Sociologia*: teoria e estrutura. Trad. Miguel Maillet. São Paulo: Mestre Jou, 1970, p. 269-277.
[63] Esse papel prevê que a Administração não deve assumir, sozinha, a implementação de políticas públicas, mas em harmonia com a ação de diferentes atores sociais que também colaboram à solução de problemas coletivos.
[64] A função administrativa deve ser desempenhada com foco no controle de *outputs* e impactos de suas ações, adotando-se o cumprimento de metas e objetivos.
[65] A atividade administrativa deve ser desempenhada por processos deliberativos, tomados por distintos agentes, aproveitando-se o seu conhecimento e sua capacidade inovadora.
[66] A atividade da Administração também deve consistir em empreendimentos, com o fim de aumentar seus ganhos por meio de aplicações financeiras e ampliação da prestação de serviços.
[67] OSBORNE, David; GAEBLER, Ted. *Reinventando o governo*: como o espírito empreendedor está transformando o setor público. Trad. Sérgio Fernando Guarischi Bath e Ewandro Magalhães Junior. 5. ed. Brasília: MH Comunicação, 1995.

Por sua vez, pelo sentido subjetivo, pode ser vista como o conjunto de *Entidades*, *órgãos* e *agentes* que desempenham a função administrativa, ou seja, que integram a Administração Pública[68]. Por compreender que o conceito pelo viés subjetivo leva em consideração seus integrantes, compreendo que, embora apenas as Entidades possuam personalidade jurídica, o conceito também deve abranger os órgãos e agentes (os quais podem figurar, por exemplo, como autoridade coatora em um mandado de segurança, como réu em uma ação popular ou em uma ação civil pública).

1.3. CONCEITO DE GOVERNO E O DIREITO FUNDAMENTAL AO BOM GOVERNO

Seguindo-se os ensinamentos de Silva, governo pode ser visto como a "instrumentalidade política, o conjunto de órgão de expressão e realização da vontade coletiva no Estado". Para o autor, o conceito de governo não é de fácil concepção. No entanto, algumas questões são comuns a sua conceituação, como será abordado a seguir[69].

É possível dizer que **o governo é integrado pelos poderes Legislativo, Executivo e Judiciário,** bem como suas estruturas (a exemplo dos Ministérios, Comissões, serviços), as quais constituem a autoridade pública[70]. De igual modo, também pode-se dizer que o governo consiste "no quadro fundamental das leis, na organização e no procedimento por meio dos quais se dá efeito aos ensejos da população e daqueles que agem em nome dela"[71].

Diante disso, defendo a existência de um **direito fundamental ao bom governo,** extraído da Constituição Federal de 1988. O estabelecimento da fundamentalidade desse direito passa por uma pré-compreensão da noção de Constituição como aquisição evolutiva, traçada por Luhmann, ou seja, de que há transformações sociais que produzem uma nova necessidade de sentido à Constituição[72].

Significa dizer que, atualmente, a construção (planejada) da Constituição não deve ser vista como um processo único, ocorrido de uma só vez por ocasião da Constituinte, mas como uma constante reconstrução (replanejamento), através da interpretação constitucional[73].

Essa interpretação não se encontra, por sua vez, adstrita à jurisdição, em especial aos órgãos judicantes, devendo ser compartilhada, como um fenômeno pluralista, de

---

[68] Di Pietro (2024, p. 90) exclui de seu conceito subjetivo os agentes, mantendo apenas o conjunto de órgãos e pessoas jurídicas. Nitidamente, o conceito da autora é insculpido sob a teoria do órgão, que será explicada no próximo capítulo. Por sua vez, Carvalho Filho (2023, p. 9) refere como o conjunto de agentes, órgãos e pessoas jurídicas. O autor traça seu conceito sob o viés da teoria da representação.

[69] SILVA, Benedito. Estado, Governo e Administração. *Revista Faculdade Direito Universidade Federal Minas Gerais*, 1954, p. 104.

[70] SILVA, Benedito. Estado, Governo e Administração. *Revista Faculdade Direito Universidade Federal Minas Gerais*, 1954, p. 104.

[71] SILVA, Benedito. Estado, Governo e Administração. *Revista Faculdade Direito Universidade Federal Minas Gerais*, 1954, p. 104.

[72] LUHMANN, Niklas. *A constituição como aquisição evolutiva*. Trad. Menelick de Carvalho Netto. *Il futuro della costituzione*. Torino: Einaudi, 1996.

[73] LUHMANN, Niklas. *A constituição como aquisição evolutiva*. Trad. Menelick de Carvalho Netto. *Il futuro della costituzione*. Torino: Einaudi, 1996, p. 1.

que todos participem. Para tanto, ela pode e deve ser realizada pela sociedade[74], sob uma perspectiva "aberta"[75]. Por conseguinte, o conteúdo de determinação das normas constitucionais passa a ser mínimo, estimulando a sua abertura e tornando-as eminentemente "principiológicas", reforçando-se, por sua vez, o próprio papel interpretativo.

Ao se levar em conta os ensinamentos de Hesse, de que constitui imperativo à força normativa da Constituição que ela considere não apenas os interesses sociais, políticos e econômicos preponderantes, mas, essencialmente, congregue o estado espiritual de seu tempo, será por intermédio da abertura das normas constitucionais que isso se tornará possível, uma vez que, assim ocorrendo, se possibilitará a evolução do texto constitucional, constantemente adaptado à realidade de determinada comunidade[76].

É essa abertura dos dispositivos constitucionais que possibilitará a conjugação entre a Constituição "real" e a "jurídica". Isso porque, como aponta Hesse, embora se condicionem mutuamente, uma não depende da outra. Assim, a "Constituição Real" dependerá da eficácia produzida pela "Constituição Jurídica", sendo a sua interpretação o elo que fará a intermediação[77].

Nesse sentido, há de se afirmar que o processo de concretização da Constituição aberta é metódico, que parte do texto da norma[78], dando-se na medida em que se institui a necessidade, por parte do intérprete, de compreensão da norma além do seu teor literal, composto por dois aspectos em igual nível hierárquico: seu programa e seu domínio. Enquanto o primeiro se refere ao aspecto textual, ou seja, seu conteúdo semântico (a "ordem jurídica", tradicionalmente compreendida), o segundo condiz com a sua realidade social (âmbito de regulamentação), é o seu caráter empírico[79].

Em vista disso, Müller destaca que "Direito" e "realidade" não são grandezas que subsistem de forma independente. A concretização da norma só se dá com o equilíbrio entre os elementos "normativos" e os elementos "empíricos"[80]. Isso posto, a norma jurídica demonstra ser um modelo de ordem materialmente concretizado, pois há, de um lado, o esboço vinculante do ordenamento em linguagem e, de outro, a

---

[74] Häberle (2002, p. 37) destaca que "Povo não é apenas um referencial quantitativo que se manifesta no dia da eleição e que, enquanto tal, confere legitimidade democrática ao processo de decisão. Povo é também um elemento pluralista para a interpretação que se faz presente de forma legitimadora no processo constitucional: como partido político, como opinião científica, como grupo de interesse, como cidadão".

[75] HÄBERLE, Peter. *Hermenêutica Constitucional – A Sociedade Aberta dos intérpretes da Constituição*: contribuição para a interpretação pluralista e "procedimental" da Constituição. Trad. Gilmar Ferreira Mendes. 1. reimp. Porto Alegre: Sergio Antonio Fabris, 2002, p. 150.

[76] HESSE, Konrad. *A força normativa da Constituição*. Trad. Gilmar Ferreira Mendes. Porto Alegre: Sergio Antonio Fabris, 1991, p. 20.

[77] HESSE, Konrad. *A força normativa da Constituição*. Trad. Gilmar Ferreira Mendes. Porto Alegre: Sergio Antonio Fabris, 1991, p. 15-16.

[78] CANOTILHO, José Joaquim Gomes. *Direito Constitucional e Teoria da Constituição*. 4. ed. Lisboa: Almedina, 2000, p. 1185.

[79] MÜLLER, Friedrich. *Métodos de Trabalho do Direito Constitucional*. Trad. Peter Naumann. 2. ed. São Paulo: Max Limonad, 2000, p. 59.

[80] MÜLLER, Friedrich. *Métodos de Trabalho do Direito Constitucional*. Trad. Peter Naumann. 2. ed. São Paulo: Max Limonad, 2000, p. 58-59.

harmonia e a unidade dos fatores ordenantes e ordenados, que constituem a práxis do Direito.

A concretização da norma constitucional é tão importante (a fim de que não se torne mera promessa vazia, desprovida de conteúdo) que o autor propõe a substituição do termo "interpretação do texto da norma" pelo termo "concretização da norma". Para Müller, "enquanto forem indicados como 'métodos' da práxis e da ciência jurídica somente regras de interpretação, a estrutura da realização prática do Direito terá sido compreendida de forma equivocada". Assim, "a interpretação do teor literal da norma é um dos elementos mais importantes no processo de concretização, mas somente um elemento"[81] dela.

Decorrente desse processo interpretativo, sob a égide do princípio republicano da soberania popular e da representação, insculpidos no art. 1º, parágrafo único, da Constituição da República de 1988, a leitura do seu art. 14 não pode cingir-se ao texto da norma[82]. É deste dispositivo que se extrai o direito fundamental ao bom governo, afinal, se a soberania popular é exercida por seus representantes, surge um dever de bem representar, advindo da dimensão objetiva desse direito, como se verá a seguir.

Deve-se consignar que os direitos fundamentais não se limitam ao *status* de direitos subjetivos, constituindo-se também elementos valorativos (decisões da mais alta carga de valor, tomadas pelo constituinte), com caráter objetivo, irradiando sua eficácia sobre todo o ordenamento jurídico e servindo de diretrizes a serem observadas por todos os Poderes do Estado[83].

No dizer de Pérez Luño, por uma perspectiva objetiva axiológica, "corresponde aos direitos fundamentais um importante papel legitimador das formas constitucionais do Estado de Direito, já que constituem os pressupostos de consenso sobre os quais qualquer sociedade democrática deve ser construída"[84].

Ainda por intermédio de sua dimensão objetiva, os direitos fundamentais possuem a função "de sistematizar o conteúdo axiológico objetivo do ordenamento democrático, que a maioria dos cidadãos conferem consentimento e condicionam seu dever de obediência ao Direito", além de comportarem "a garantia essencial de um processo político livre e aberto, como elemento informador do funcionamento de qualquer sociedade pluralista"[85].

Defender que do art. 14 da Constituição Federal de 1988 decorre o direito ao bom governo significa atribuir ao direito fundamental à democracia representativa constante em seu texto, além de uma dimensão subjetiva, que autoriza o titular (povo) a reclamar condutas (omissivas ou comissivas) para sua concretização, uma dimensão

---

[81] MÜLLER, Friedrich. *Métodos de Trabalho do Direito Constitucional*. Trad. Peter Naumann. 2. ed. São Paulo: Max Limonad, 2000, p. 61.
[82] "Art. 14. A soberania popular será exercida pelo sufrágio universal e pelo voto direto e secreto, com valor igual para todos [...]".
[83] SARLET, Ingo Wolfgang. *A eficácia dos Direitos Fundamentais*. 8. ed. Porto Alegre: Livraria do Advogado, 2007, p. 168.
[84] PÉREZ LUÑO, Antonio Enrique. *Los Derechos Fundamentales*. 11. ed. Madrid: Tecnos, 2013, p. 17.
[85] PÉREZ LUÑO, Antonio Enrique. *Los Derechos Fundamentales*. 11. ed. Madrid: Tecnos, 2013, p. 17.

objetiva, que impõe um compromisso e respeito dos Poderes constituídos a esse mesmo direito.

Em decorrência, no exercício do mandato de representação do Poder, por força dessa dimensão objetiva, os agentes públicos assumem o dever de "agir sempre de modo a conferir a maior eficácia possível aos direitos fundamentais (prestar os serviços públicos necessários, exercer o poder de polícia e legislar para o fim de dar concretude aos comandos normativos constitucionais)"[86].

Também da dimensão objetiva decorre que os direitos fundamentais, como vetores de atuação do poder público, passam a pautar as ações deste, objetivando-se sua otimização. Para tanto, um agir em conformidade com o dever de honestidade, centrado no cidadão, torna-se indissociável do direito ao bom governo.

Isso porque, "na democracia, as instituições políticas não são de propriedade de políticos ou altos agentes públicos, mas são de domínio popular, são dos cidadãos, das pessoas de carne e osso"[87]. Desse modo, há de se dizer que, se as instituições públicas são da soberania popular, de onde emana o Poder do Estado (art. 1º, § 1º, da Constituição da República de 1988), torna-se cristalino que as medidas estatais, dentre as quais as legislativas, devem estar voltadas ao interesse geral e objetivo, para atender as necessidades coletivas[88].

Tem-se, portanto, que o conceito de bom governo é amplo e comporta uma dimensão jurídica, que se encontra vinculada a princípios, padrões, procedimentos e práticas que buscam garantir o adequado exercício do poder e da tomada de decisão por parte dos governantes, constituindo-se um princípio fundamental republicano, calcado nos valores que inspiram o próprio Estado Democrático de Direito, sendo, assim, à luz do direito público contemporâneo, um mecanismo de direção e atuação estatal[89].

Seguindo nessa linha, o Conselho de Direitos Humanos das Nações Unidas delineou, na Resolução n. 2.000/64, aprovada em 26 de abril de 2000, cinco atributos indispensáveis ao direito ao bom governo, sendo eles: 1) transparência; 2) responsabilidade; 3) *accountability*; 4) participação; e 5) respostas às demandas sociais[90].

A *transparência* se relaciona à abertura e à clareza nas ações e nas decisões do governo. Isso significa que as informações sobre políticas, procedimentos, gastos e outras atividades governamentais devem ser acessíveis e compreensíveis para todos

---

[86] CLÈVE, Clèmerson Merlin. A eficácia dos direitos fundamentais sociais. *Revista de Direito Constitucional e Internacional*, v. 54, São Paulo, Revista dos Tribunais, 2006, p. 4.

[87] RODRIGUEZ-ARANA, Jaime Muñoz. Sobre el derecho fundamental a la buena administración y la posición jurídica del ciudadano. *A&C Revista de Direito Administrativo & Constitucional*, n. 47, ano 12, p. 13-50, jan./mar. 2012, p. 30.

[88] RODRIGUEZ-ARANA, Jaime Muñoz. Sobre el derecho fundamental a la buena administración y la posición jurídica del ciudadano. *A&C Revista de Direito Administrativo & Constitucional*, n. 47, ano 12, p. 13-50, jan./mar. 2012, p. 30.

[89] CASTRO, Alberto. Buen gobierno, derechos humanos y tendencias innovadoras en el derecho público. In: CASTRO, Alberto (ed). *Buen gobierno y derechos humanos. Nuevas perspectivas en el derecho público para fortalecer la legitimidad democrática de la administración pública en el Perú*. Lima: PUCP, 2014, p. 19.

[90] Disponível em: http://ap.ohchr.org/documents/E/CHR/resolutions/E-CN_4-RES-2000-64.doc. Acesso em: 17 mar. 2024.

os cidadãos, permitindo que a sociedade monitore e avalie a conduta de seus governantes, promovendo confiança e integridade ao governo.

A *responsabilidade* refere-se à obrigação de governantes e agentes públicos de prestar contas por suas ações e decisões. Eles devem agir de acordo com a Constituição, as leis e os regulamentos, respeitando os direitos dos cidadãos e bem gerindo os recursos públicos. A responsabilidade é fundamental para assegurar que os líderes governem com eficiência, honestidade e em benefício do bem-estar público.

A *accountability* é a obrigação de responder pelas próprias ações e assumir as consequências das decisões tomadas. No contexto governamental, isso significa que os líderes e os gestores públicos devem ser responsabilizados por suas políticas e práticas, especialmente quando essas ações têm impacto significativo na sociedade. *Accountability* também inclui mecanismos de fiscalização e controle, como auditorias e processos que permitem identificar, corrigir e sancionar irregularidades e más práticas.

A *participação* condiz com o envolvimento ativo dos cidadãos nos processos de tomada de decisão. Isso pode ser feito por meio de consultas públicas, audiências, referendos e outros mecanismos que permitam à população expressar suas opiniões e influenciar as políticas públicas. A participação é crucial para a democracia, pois assegura que as decisões reflitam a vontade e os interesses da sociedade.

Por fim, *as respostas às demandas sociais* constituem a capacidade e a disposição do governo em atender a necessidades e expectativas da população. O governo deve ser sensível às mudanças nas demandas sociais e adaptar suas políticas e serviços para responder efetivamente a essas necessidades. Isso inclui a implementação de programas sociais, econômicos e ambientais que promovam o bem-estar e a justiça social, garantindo que todos os segmentos da sociedade sejam ouvidos e atendidos.

Estabelecida a fundamentalidade do direito ao bom governo, há de se reconhecer que ele contempla uma dimensão objetiva, a qual impõe ao Estado um dever de proteção (*Schutzpficht*) à sua efetivação. Assim, há um dever que reflete na necessidade de adoção de medidas legislativas, administrativas e judiciais necessárias, adequadas e proporcionais, que se localizem entre a proibição de proteção insuficiente (*Untermassverbot*) e a proibição de excesso (*Übermassverbot*) para sua proteção, principalmente no que tange à probidade administrativa.

1.4. FONTES DO DIREITO ADMINISTRATIVO

No que tange às fontes do Direito Administrativo, embora a Administração Pública se paute pelo princípio da estrita legalidade, há uma influência muito grande das fontes informais (aquelas produzidas fora do ambiente formal, oriundas da produção social e administrativa), não se restringindo apenas às formais (aquelas produzidas pelo Estado, por intermédio dos processos formais de produção do direito). Desse modo, é possível incluir entre as fontes do Direito Administrativo a *norma*, a *jurisprudência*, a *doutrina*, os *costumes* e a *praxis administrativa*.

A *norma*, integrada por regras e princípios, no âmbito do Direito Administrativo, deve compreender o ordenamento jurídico em seu sentido mais amplo, incluindo-se não apenas as normas constitucionais, convencionais e legais, mas também a produção regulamentar administrativa, a exemplo dos decretos, portarias, instruções etc. Deve-se observar que o fenômeno da "Constitucionalização do Direito Administrativo", ocorrido principalmente a partir da segunda metade da década de 1990, passou a incorporar a esse ramo os princípios constitucionais explícitos e implícitos, passando a conferir enorme relação entre o Direito Administrativo e o Direito Constitucional.

A *jurisprudência* (gênero) é formada pelas reiteradas decisões dos tribunais acerca de determinada matéria e constitui importante fonte do Direito Administrativo. No sistema brasileiro, a *jurisprudência judicial* (espécie) é enaltecida principalmente pela força vinculante das decisões definitivas de mérito proferidas pelo STF nas ADIs e nas ADCs, as quais produzirão eficácia contra todos e efeito vinculante relativamente aos demais órgãos do Poder Judiciário e à administração pública direta e indireta, nas esferas federal, estadual e municipal (art. 102, § 2º, da CF/1988), e às decisões que reconheçam repercussão geral.

No âmbito do Direito Administrativo, muito se menciona a "jurisprudência dos Tribunais de Contas". Embora estas Cortes não possuam caráter jurisdicional, ou seja, não integrem o Poder Judiciário, para nós, as reiteradas decisões dos órgãos de controle também podem ser vistas como *jurisprudência administrativa* (espécie).

Nossa posição pode ser vista na própria Lei de Introdução às Normas do Direito Brasileiro (LINDB), em seu art. 24, parágrafo único, inserido pela Lei n. 13.655/2018, que enaltece a previsão da "jurisprudência judicial ou administrativa" como fonte do Direito Administrativo.

A *doutrina*, compreendida pela produção advinda dos estudos acerca do Direito Administrativo, é considerada fonte material (não formal) do Direito Administrativo. Mesmo que a doutrina não vincule, possui o condão de influenciar o administrador, o juiz e o legislador.

Incluem-se entre as fontes doutrinárias as obras monográficas (como este livro) e coletivas (livros organizados por estudiosos, compostos por capítulos de diferentes autores da área), revistas especializadas (preferencialmente indexadas pela Capes – Coordenação de Aperfeiçoamento de Pessoal de Nível Superior – com classificação qualis), bem como artigos de opinião publicados em portais reconhecidos pela crítica jurídica.

Os *costumes* representam o comportamento estável do povo, compatível com determinado espaço geográfico, cultural e temporal, sendo importante fonte do direito administrativo nos países que adoram o sistema *common law*, como na Inglaterra e nos Estados Unidos da América. No sistema brasileiro, adepto do *civil law*, a meu ver, é a fonte que possui menor vinculação no Direito Administrativo.

A *praxis administrativa* pode ser vista como a necessidade de manutenção de uma uniformidade na atuação administrativa, objetivando-se segurança jurídica e tratamento isonômico. Significa dizer que a decisão administrativa legítima deve ser observada em casos futuros e análogos. Veja-se que a *praxis* administrativa se forma de uma constante atuação administrativa, que torna aquela conduta reiterada e uniforme em casos similares.

Não é incomum a Administração Pública se deparar com situações em que tenha que atuar, mesmo ante a ausência de lei ou norma infralegal que regule determinada conduta. Esse *modus operandi* se institucionaliza no cotidiano, a fim de garantir a execução da atividade administrativa, de forma que passa a ser conhecido e operacionalizado pelos agentes daquele órgão ou entidade.

De modo didático, a *praxis* administrativa pode ser traduzida no seguinte exemplo: um agente público recém-empossado se encontra em seus primeiros dias de exercício. A fim de aprender as atribuições funcionais, recebe as instruções de seus colegas de trabalho mais antigos. Após as orientações, pergunta: em qual norma estão previstas essas ações? A resposta é imediata: não há previsão em nenhuma norma específica, mas "sempre foi assim", desenvolva desse modo que dará certo.

Essa situação é muito comum nos atos materiais da Administração, ou seja, os atos concretos, revestidos em procedimentos administrativos. Por óbvio, as ações não podem ser expressamente contrárias à norma, o que tornaria a prática reiterada ilegal e passível de responsabilização.

A consolidação da *praxis* como fonte do Direito Administrativo também pode ser vista na atualização realizada pela Lei n. 13.655/2018 na LINDB, com a inserção do art. 24, o qual estabelece que a revisão de ato, contrato, ajuste, processo ou norma administrativa cuja produção já se houver completado, deverá considerar as "orientações gerais da época". Assim, é vedado que, com base em mudança posterior de orientação geral, incluindo-se a "prática administrativa reiterada e de amplo conhecimento público", se declarem inválidas situações plenamente constituídas.

1.5. O REGIME JURÍDICO ADMINISTRATIVO

A Administração Pública pode sujeitar-se tanto ao *regime jurídico de direito privado* (quando se encontra em situação de igualdade com o particular), a exemplo da sujeição a um contrato de aluguel na condição de locatária e da exploração econômica realizada pelas empresas públicas e sociedade de economia mista, quanto ao *regime jurídico de direito público* (quando se encontra em situação de supremacia sobre o particular), a exemplo de um contrato administrativo.

No caso de imóvel urbano, embora a Administração esteja sujeita, em regra, à licitação, ressalvadas as hipóteses de atendimento dos requisitos contidos no § 5º do art. 74 da Lei n. 14.133/2021, em que poderá inexigi-la, a locação sujeita-se ao *regime de direito privado* contido na Lei n. 8.245/1991 (Lei do Inquilinato). O mesmo não se aplica quando a Administração Pública direta, autárquica ou fundacional figure como assemelhada a um locador (casos de concessão administrativa de bens imóveis), situação em que estará sujeita ao regime de direito público, conforme previsto no art. 1º, parágrafo único, alínea "a", n. 1, da Lei do Inquilinato.

De igual modo, encontra-se sob a égide do *regime de direito privado*, os atos de gestão praticados pelas empresas públicas ou sociedades de economia mista que explorem atividade econômica, ou seja, atuem no mercado em regime concorrencial. No entanto, é necessário observar que, mesmo no caso dessas *empresas estatais*, às quais Constituição de 1988 estabeleceu, no art. 173, a "sujeição ao regime jurídico próprio das empresas privadas, inclusive quanto aos direitos e obrigações civis, comerciais, trabalhistas e tributários" e que elas "não poderão gozar de privilégios fiscais não extensivos às do setor privado", ocorrerão situações de *sujeição ao regime de direito público*[91].

É possível destacar duas hipóteses referentes ao exercício do poder de polícia e à imunidade. No primeiro caso, o STF, no paradigmático caso BH Trans, julgado em 23 de outubro de 2020, (RE) 633782, fixou tese de repercussão geral (Tema 532), no sentido de que "é constitucional a delegação do poder de polícia, por meio de lei, a pessoas jurídicas de direito privado integrantes da Administração Pública indireta de capital social majoritariamente público que prestem exclusivamente serviço público de atuação própria do Estado e em regime não concorrencial".

A BH Trans é sociedade de economia mista dependente e de capital fechado. Foi criada em 1991, mediante autorização concedida pela Lei Municipal n. 5.953, de Belo Horizonte, cujo capital social é composto de 98% de ações do Município de Belo Horizonte, Superintendência de Desenvolvimento da Capital (SUDECAP), autarquia municipal e 1% da Empresa de Informática e Informação do Município de Belo Horizonte S/A (PRODABEL), que é sociedade de economia mista dependente e de capital fechado[92].

Veja-se que, embora tenha sido instituída sob forma de Sociedade de Economia Mista, a Sociedade Anônima é de capital fechado, ou seja, não admite a participação de outras pessoas no capital social e é dependente, ou seja, recebe recursos do Município de Belo Horizonte para pagamento de despesas correntes ou de pessoal. Constitui, na prática, o que se denomina de *sociedade de economia mista autárquica*.

Entendo, ainda, que, embora a tese tenha se referido a "capital social majoritariamente público", é inegável que, se a estatal tiver o capital totalmente público, a exemplo de uma *empresa pública autárquica*, preenchendo-se todos os demais requisitos, poderá exercer o poder de polícia, inclusive no ciclo de sanção, o que será desenvolvido de modo aprofundado na seção própria ao poder de polícia.

No segundo caso, da imunidade tributária, o STF entende que, embora haja a vedação da concessão de privilégios fiscais não extensivos ao setor privado, essa não é absoluta, podendo ser relativizada às empresas públicas e sociedades de economia mista prestadoras de serviço público (*estatais autárquicas*)[93].

Outro exemplo típico do *regime de direito público* é a existência das denominadas cláusulas exorbitantes nos contratos administrativos, as quais conferem, nos limites e condições estabelecidas pelo art. 104 da Lei n. 14.133/2021, em relação a eles, que a Administração possa, unilateralmente, modificá-los, extingui-los, fiscalizar sua execução, aplicar sanções decorrentes de sua inexecução, bem como ocupar bens e utilizar pessoal e serviços vinculados ao objeto do contrato.

O contratado, no entanto, mesmo nas situações em que a Administração Pública inadimplir suas obrigações, não poderá, unilateralmente, extingui-los, devendo buscar a resolução do contrato (se houver interesse da Administração) de forma

---

[91] Nesse sentido, ver o entendimento do STF na ADI 1.642, rel. min. Eros Grau, j. 03/4/2008, Plenário, DJE de 19/09/2008 e no ARE 689.588 AgR, rel. min. Luiz Fux, j. 27/11/2012, 1ª T., *DJE* de 13/02/2012.

[92] Informações disponíveis no *site* da BH Trans: https://prefeitura.pbh.gov.br/bhtrans. Acesso em: 25 jul. 2023.

[93] Nesse sentido, ver o entendimento do STF no RE 220.906, voto do rel. min. Maurício Corrêa, j. 16/11/2000, Plenário, *DJ* de 14/11/2002, na ACO 765 QO, voto do red. do ac. min. Eros Grau, j. 01/06/2005, Plenário, *DJE* de 07/11/2008. E no RE 596.729 AgR, rel. min. Ricardo Lewandowski, j. 19/10/2010, 1ª Turma, *DJE* de 10/11/2010.

consensual (por acordo entre as partes, conciliação, mediação ou comitê de resolução de disputas) ou *judicial* (podendo, também, ocorrer por decisão arbitral, desde que existente cláusula compromissória ou compromisso arbitral), em conformidade com o estabelecido no art. 138 da Lei n. 14.133/2021.

O *regime de direito público* é, portanto, diferente do *regime de direito privado*. Enquanto neste a regra é de igualdade entre as partes (horizontalidade), naquele a regra é de supremacia da Administração Pública (verticalidade), a fim de que possa atender o interesse público, estritamente dentro dos limites constitucionais e legais impostos as suas prerrogativas.

O *regime jurídico administrativo* é decorrência do *regime de direito público* e é caracterizado por, ao mesmo tempo, **conferir prerrogativas** e **impor limitações** à Administração Pública, caracterizando, na esteira de Di Pietro, a "bipolaridade do direito administrativo"[94].

RESUMO DO CAPÍTULO 1

ORIGEM DO DIREITO ADMINISTRATIVO	Surge no contexto do Estado de Direito francês, após a Revolução Francesa, influenciado pela Constituição de 1791, com os princípios de divisão de poderes e legalidade.
EVOLUÇÃO HISTÓRICA	A evolução do Direito Administrativo acompanha os modelos de Estado e as Constituições. Inicia-se no Estado Liberal com a supremacia da lei e a igualdade formal, e desenvolve-se no Estado Social para promover direitos sociais e correções de desigualdades, chegando ao Estado Democrático de Direito com foco na dignidade humana e na democracia.
CONSTITUIÇÕES HISTÓRICAS RELEVANTES	Constituição de Virgínia de 1776, que introduziu os ideais constitucionais modernos.
	Constituição Francesa de 1791, berço do Direito Administrativo.
	Constituição Mexicana de 1917 e a de Weimar de 1919, que consolidam o Estado Social.
	Lei Fundamental Alemã de 1949, que promove a dignidade humana no Estado Democrático.
CONCEITO DE DIREITO ADMINISTRATIVO	É o ramo autônomo do direito público que regula a função administrativa para atender ao interesse público.
ADMINISTRAÇÃO PÚBLICA	Pode ser vista objetivamente (função administrativa para o interesse público) ou subjetivamente (entidades, órgãos e agentes que exercem essa função). Evoluiu de modelo patrimonialista para burocrático e atualmente gerencial.
CONCEITO DE GOVERNO	O governo é composto pelos Poderes Legislativo, Executivo e Judiciário, e realiza o **exercício das funções soberanas**, sendo a expressão de sua vontade política.
FONTES DO DIREITO ADMINISTRATIVO	Normas (regras e princípios) Jurisprudência Doutrina Costumes *Praxis* administrativa
	As normas abrangem tanto os preceitos constitucionais (inclusive os princípios implícitos) quanto regulamentações infralegais.

---

[94] DI PIETRO, Maria Sylvia Zanella. *Direito administrativo*. 36. ed. rev. atual. e ampl. Rio de Janeiro: Forense, 2024, p. 113.

REGIME JURÍDICO ADMINISTRATIVO	Combina o regime de direito privado (igualdade) e direito público (supremacia da Administração). Estabelece a Administração como superior ao particular quando age no interesse público. O regime jurídico administrativo também **garante o princípio da legalidade**, impondo limites ao poder estatal.
PRERROGATIVAS E LIMITAÇÕES DA ADMINISTRAÇÃO PÚBLICA	O regime jurídico administrativo impõe prerrogativas (ex.: cláusulas exorbitantes) e limitações (ex.: exigência de licitações) à Administração, com o objetivo de preservar o interesse público.

Capítulo 2
FUNÇÕES DO ESTADO E ORGANIZAÇÃO DA ADMINISTRAÇÃO PÚBLICA

2.1. FUNÇÕES ESTATAIS

Tenho que a *função administrativa* é a atividade exercida pela Administração Pública, objetivando atender o interesse público, podendo ser exercida, *tipicamente*, pelo Poder Executivo ou, *atipicamente*, pelo Poder Legislativo e Judiciário. Juntamente com ela, encontram-se as demais funções dos Poderes do Estado, a *função legislativa* e a *função jurisdicional*. Destaco, ainda, a existência de uma quarta, a *função política*.

A divisão dos Poderes não gera absoluta divisão das funções, mas, sim, a distribuição dessas três funções estatais, as quais devem ser desempenhadas de modo harmônico e independente, conforme previsto no art. 2º da Constituição Federal de 1988, em um sistema de freios e contrapesos. Assim, é possível visualizar que a *função típica* é aquela finalística do Poder, enquanto a *função atípica* é aquela estranha a sua finalidade.

2.1.1. Função legislativa

Tem-se, basicamente, que a *função legislativa* consiste na elaboração normativa, tendo como característica a produção de normas gerais, não concretas, inovando na ordem jurídica, por intermédio de normas primárias (leis ou atos equivalentes). Ela é exercida tipicamente pelo Legislativo, mas também atipicamente pelo Executivo (a exemplo da edição de Medida Provisória pelo Presidente da República, prevista no art. 62 da CF/88) e pelo Judiciário (a exemplo da aprovação de súmula vinculante à Administração Pública e ao Judiciário pelo Supremo Tribunal Federal, prevista no art. 103-A da CF/88).

2.1.2. Função jurisdicional

A *função jurisdicional*, por sua vez, consiste na aplicação coercitiva da lei, caracterizando-se por impor obrigações concretas, não produzindo inovações primárias, e pela inércia, ou seja, desempenhada mediante provocação, tendo como resultado final a situação de intangibilidade jurídica (coisa julgada). Ela é exercida tipicamente pelo Poder Judiciário, inclusive em seu próprio desfavor (no controle da função administrativa desempenhada atipicamente por ele) e atipicamente pelo Poder Legislativo, a exemplo do julgamento dos Ministros do Supremo Tribunal Federal, nos crimes de responsabilidade.

2.1.3. Função administrativa

A *função administrativa* consiste na execução da lei, produzindo atos com efeitos concretos, sendo caracterizada por não produzir inovações primárias e pela autoexecutoriedade, ou seja, seu exercício prescinde de provocação e será sempre passível de controle pelo Poder Judiciário. É exercida pela Administração Pública de todos os Poderes e órgãos independentes da União, Estados, Distrito Federal e Municípios, representando os interesses da coletividade, sempre privilegiando a coisa pública.

Assim, tenho que a *função administrativa* consiste no dever de o Estado, ou quem aja em seu nome, dar cumprimento, no caso concreto, aos comandos normativos, de maneira coletiva ou individual, para a realização dos fins públicos, sob o regime jurídico prevalente de direito público e mediante atos ou procedimentos passíveis de controle.

2.1.4. Função política

É importante mencionar, ainda, a *função política*[1], cuja existência e autonomia também defendo. No sistema presidencialista brasileiro, o Presidente da República exerce duplo papel: *Chefe de Governo*, exercendo a direção superior da Administração Pública Federal (art. 76 e art. 84, inciso II, da CF/88) e *Chefe de Estado*. Haverá determinados momentos em que essa autoridade estará desempenhando a *função política*, e não a *função administrativa*, pois não estará agindo como Chefe de Governo, mas como Chefe de Estado.

Assim, o Presidente da República, no desempenho da *função política*, estará praticando atos políticos, e não atos administrativos, a exemplo da celebração de tratados internacionais, da extradição, da concessão de graça ou indulto. Nessas situações, *entendo que os atos políticos não se submetem aos princípios da Administração Pública*, elencados no art. 37, *caput*, da Constituição Federal de 1988, porque não são exercidos em decorrência da função administrativa.

Não obstante, sustento que o exercício da *função política* se submete, tal qual as outras três funções estatais (legislativa, administrativa e jurisdicional) a princípios de Estado, dentre os quais destaco a supremacia e indisponibilidade do interesse público, os quais estão intimamente relacionados a outro princípio de Estado, o da finalidade. Embora o princípio da moralidade também seja princípio da Administração Pública, é princípio de Estado e vincula todas as funções estatais.

Veja a seguinte situação exemplificativa: um juiz, ao proferir uma decisão judicial para satisfazer interesse pessoal, viola o princípio da finalidade e da moralidade, tornando o ato judicial antijurídico e passível de invalidação. Do mesmo modo, o legislador que aprova uma lei única e exclusivamente com interesses pessoais, para benefício exclusivamente próprio ou de terceiro, viola o princípio da finalidade e da moralidade, tornando o ato legislativo antijurídico e passível de invalidação. Por sua vez, um Presidente da República que concede a graça com o propósito de manifestamente perdoar amigo pessoal, viola o princípio da finalidade e da moralidade, tornando o ato antijurídico e passível de responsabililização[2].

---

[1] A respeito, ver: MOREIRA NETO, Diogo de Figueiredo. *Curso de direito administrativo:* parte introdutória, parte geral e parte especial. 16. ed. rev. e atual. Rio de Janeiro: Forense, 2014, p. 22.
[2] Nesse sentido, já se posicionou o Plenário do STF, quando, por maioria, decidiu, em 10 de maio de 2023, por ocasião do julgamento das ADPFs n. 965, n. 966 e n. 967, pela inconstitucionalidade e consequente anulação do decreto de 21 de abril de 2022, editado pelo Presidente da República à época, que concedeu graça ao então Deputado Federal Daniel Lucio da Silveira, por compreender que o ato, embora político, violou o princípio da finalidade.

2.2. ORGANIZAÇÃO ADMINISTRATIVA

Para o desempenho da função administrativa, a Administração Pública é organizada por intermédio de *entidades* e *órgãos*, que integrarão a *Administração Direta* e a *Administração Indireta*. As primeiras são dodatas de personalidade jurídica própria, ou seja, possuem aptidão para adquirir direitos e contrair obrigações. Os segundos são despersonificados, ou seja, não possuem aptidão para, em nome próprio, adquirir direitos e contrair obrigações, o que não impede que intermedie relações entre a entidade a qual pertença e particulares, a exemplo da celebração de um contrato administrativo.

A *Administração Direta* constitui a estrutura central dos *entes estatais* (União, Estados, Distrito Federal e Municípios), enquanto a *Administração Indireta* é formada pela estrutura periférica destes, formada pelas *autarquias, fundações, empresas públicas* e *sociedades de economia mista*, como será visto a seguir.

2.2.1. Desconcentração e descentralização da função administrativa

A função administrativa pode ser analisada por um duplo viés: a *titularidade* e a *execução*. Enquanto a primeira relaciona-se à competência atribuída constitucional ou legalmente para o desempenho das atividades de normatização, regulação, coordenação e fiscalização da atividade objeto da função desempenhada, a segunda refere-se a sua materialização em concreto.

A titularidade e a execução poderão ser desempenhadas pela mesma pessoa jurídica (União, Estados, Distrito Federal, Municípios, Autarquias, Fundações, Empresas Públicas ou Sociedades de Economia Mista) ou por pessoas estranhas à Administração Pública, quando houver autorização constitucional ou legal para tanto.

Quando a função administrativa é executada dentro da mesma pessoa jurídica (seja da administração direta ou indireta), ela poderá ser *desconcentrada* nos diferentes órgãos dessa pessoa, que levará em conta critérios materiais ou territoriais.

A desconcentração poderá ocorrer por intermédio de lei, a exemplo da divisão de competências contemplada na Lei que organização a Presidência da República e os Ministérios, ou por Decreto do Executivo, conforme autorização constitucional expressa (art. 84, inciso VI, alínea "a"), desde que não implique criação ou extinção de órgãos públicos.

Por sua vez, quando a função administrativa é transferida de uma pessoa jurídica da Administração Direta para outra da Administração indireta ou a particulares, tem-se a *descentralização*.

2.2.1.1. Desconcentração material

A *desconcentração material*, também denominada de temática, leva em consideração a distribuição da função administrativa, dentro da mesma pessoa jurídica, por matérias ou temas. Como exemplo, pode-se destacar a divisão da função administrativa exercida pelo Poder Executivo Federal por intermédio dos Ministérios, de modo a especializá-la, através dos órgãos afetos a ela.

Desse modo, o órgão a tratar da saúde é o Ministério da Saúde, da educação é o Ministério da Educação, da defesa nacional é o Ministério da Defesa, da segurança pública é o Ministério da Segurança Pública. Por conseguinte, as atividades de normatização, regulação, coordenação e fiscalização, bem como execução, são, em regra, neles concentradas, diante de sua especialidade.

Do mesmo modo, quando uma entidade da administração indireta distribui a função administrativa em seus diferentes órgãos, a fim de observar a matéria tratada, está realizando a desconcentração material. Como exemplo, é possível mencionar a desconcentração da função administrativa dentro de uma Universidade Federal, constituída sob forma de autarquia, em seu Conselho Universitário, seu Conselho Curador, suas Comissões Superiores, sua Reitoria (a qual, por exemplo, poderá conter outros órgãos, como Pró-reitorias e Órgãos suplementares).

2.2.1.2. Desconcentração territorial

Além da desconcentração por matérias, é possível que a função administrativa também seja desconcentrada levando-se em conta fatores territoriais, de modo que possa ser exercida na integralidade geográfica de atuação da pessoa jurídica, denominada *desconcentração territorial*.

Como exemplo, é possível citar a divisão da polícia federal em 27 superintendências regionais, uma em cada Unidade Federativa, a fim de contemplar a coordenação regional de suas atividades; as inúmeras agências da Receita Estadual de um Estado da Federação, em regiões ou cidades, para que a população possa contar com atendimento aproximado; ou os vários postos de saúde ou escolas municipais em diferentes bairros, a fim de propiciar o desempenho da função administrativa sobre a integralidade do Ente Federativo.

2.2.1.3. Descentralização por outorga

A descentralização por outorga ocorre quando a atividade administrativa é transferida, por intermédio de lei, de uma pessoa da Administração Direta para outra pessoa da Administração Indireta, seja de direito público, seja de direito privado.

É necessário observar que, classicamente, a outorga (com a transferência da titularidade e da execução) era admitida apenas para pessoas jurídicas de direito público. Com o avançar do tempo, o STF, principalmente no caso BH Trans[3], compreendeu pela possibilidade de transferência da titularidade e da execução às pessoas jurídicas de direito privado integrantes da Administração Indireta, as denominadas *empresas estatais "autárquicas"*.

2.2.1.4. Descentralização por delegação

A Administração por delegação ocorre quando apenas a execução da atividade administrativa é transferida, mediante concessão, permissão ou autorização, à pessoa física ou jurídica não integrante da Administração Pública.

---

[3] O STF, no caso BH Trans, (RE) 633782, fixou tese de repercussão geral (Tema 532), no sentido de que "é constitucional a delegação do poder de polícia, por meio de lei, a pessoas jurídicas de direito privado integrantes da Administração Pública indireta de capital social majoritariamente público que prestem exclusivamente serviço público de atuação própria do Estado e em regime não concorrencial". Embora, ao fixar a tese de repercussão geral, o Supremo tenha empregado o termo "delegação", por se tratar de transferência da titularidade (poder de Polícia) e execução, por lei, entendo que se trata de outorga.

Nesse caso, a delegação ocorre por intermédio de contrato (concessão ou permissão) ou termo (autorização). Classicamente, havia uma ênfase à delegação por concessão ou permissão. Atualmente, o próprio STF passou a compreender pela possibilidade de delegação de serviços públicos por intermédio de simples autorização, a exemplo dos serviços interestaduais e internacionais de transporte terrestre coletivo de passageiros, o que dispensa, inclusive, a licitação prévia[4].

2.2.2. Administração Direta

A Administração Direta é composta pelas *entidades estatais* e pelos respectivos *órgãos* de todos os Poderes da União, Estados, Distrito Federal e Municípios. No âmbito da União, constitui-se na estrutura administrativa da Presidência da República e dos Ministérios, bem como nos órgãos do Judiciário, do Senado Federal e da Câmara dos Deputados.

Ainda, no âmbito da União, tem-se os órgãos independentes, como o Ministério Público da União, a Defensoria Pública da União, o Tribunal de Contas da União o Conselho Nacional de Justiça e o Conselho Nacional do Ministério Público, os quais decorrem diretamente da Constituição e não estão subordinados a nenhum outro.

No âmbito dos Estados e Distrito Federal, há a estrutura integrante do Executivo, do Legislativo e do Judiciário, sem desconsiderar seus respectivos órgãos independentes, como seu Ministério Público, Defensoria Pública e Tribunal de Contas.

Já, no plano local, a Administração Direta pode ser visualizada na estrutura orgânica da Prefeitura Municipal e da Câmara de Vereadores, ambos órgãos autônomos integrantes do Município.

É comum associar a Administração Direta apenas ao Poder Executivo. Todavia, tanto pelo prisma objetivo, quanto subjetivo, é possível visualizá-la em todos os Poderes e nos órgãos independentes. Em decorrência disso, se pode dizer, por exemplo, que, pelo conceito subjetivo de Administração Pública, o Tribunal de Contas da União integra a Administração Direta da União e o Ministério Público Estadual integra a Administração Direta do Estado.

No âmbito da Administração Direta, quem possui *personalidade jurídica*, são as *pessoas jurídicas*, reconhecidas como tal pelo art. 41 do Código Civil Brasileiro: União, Estados, Distrito-Federal, Territórios[5] e Municípios. Considero estes como *entidades estatais*[6], no sentido de caracterizá-los como sujeitos dotados de personalidade jurídica, conforme previsto no art. 1º, § 2º, inciso II, da Lei n. 9.784/1999 e no art. 6º,

---

[4] O entendimento do STF foi fixado por ocasião do julgamento das ADIs n. 5549 e n. 6270, em 29 de março de 2023, ao se analisar a constitucionalidade de dispositivos da Lei 12.996/2014, que passou a possibilitar a prestação do serviço por simples autorização.

[5] Os territórios, embora considerados pessoas jurídicas pelo art. 41 do Código Civil, integram a União, conforme expressamente previsto no art. 18, § 2º, da Constituição Federal de 1988. Como ser depreende do art. 1º, inciso I, da CF/88, os territórios não são considerados entes federativos. Para este autor, o território é uma entidade estatal, dotada de personalidade jurídica própria, integrado por órgãos estabelecidos por lei da União (art. 33 da CF/88).

[6] Meirelles (2016, p. 70) denomina a União, Estados, Distrito-Federal e Municípios como entidades estatais.

inciso II, da Lei n. 14.133/2021. A União possui soberania e autonomia política, administrativa e financeira, enquanto Estados, Distrito Federal e Municípios possuem apenas a autonomia[7].

Seus órgãos, no entanto, são *despersonificados*, ou seja, *não possuem aptidão geral para adquirir direitos e contrair obrigações*, fazendo-os por intermédio da pessoa jurídica a qual pertencem. Isso ficará claro na próxima seção, principalmente com o estudo da *teoria do órgão*.

2.2.2.1. Órgãos públicos

A concepção de órgão público está relacionada à *teoria do órgão*. Para buscar explicação à relação entre Estado e seus agentes, a doutrina geralmente utiliza três teorias: a *teoria do mandato*, a *teoria da representação* e a *teoria do órgão*[8].

Para a primeira, o agente público é mandatário da pessoa jurídica, ou seja, possui mandato por ela outorgado para representá-la. Essa teoria foi criticada principalmente por não elucidar como o Estado poderia outorgá-lo (sem possuir vontade própria)[9].

A segunda, por sua vez, estabeleceu a compreensão que o agente público é um representante legal do Estado, como uma espécie de tutor ou curador. Ela também foi criticada. Três seriam os motivos a ensejar as críticas: 1) por equiparar a pessoa jurídica a um incapaz; 2) por sustentar a ideia de que o Estado atribui representantes a si mesmo; e 3) por defender que a pessoa jurídica não responderia perante terceiros, quando o representante ou mandatário ultrapassasse os poderes da representação, uma vez que, sob o prisma dessa teoria, pessoa jurídica e representante são entes autônomos[10].

A *teoria do órgão*, por sua vez, sustenta que a pessoa jurídica manifesta a sua vontade por intermédio de seus órgãos. Assim, quando os agentes (que os integram) manifestam sua vontade, estão manifestando a do Estado, sob uma ideia de imputação, e não de representação (uma vez que o órgão é integrante do Estado, os atos de seus agentes são a este imputados)[11].

Essa teoria, inaugurada por Otto Gierke, em 1887, acabou substituindo as duas primeiras, calcando o entendimento de que "as pessoas jurídicas expressam a sua vontade através de seus próprios órgãos, titularizados por seus agentes (pessoas humanas), na forma de sua organização interna"[12].

---

[7] MEIRELLES, Hely Lopes. *Direito administrativo brasileiro*. 42. ed. São Paulo: Malheiros, 2016, p. 71
[8] SADDY, André. *Curso de direito administrativo*. 1. v. 2. ed. Rio de Janeiro: Editora CEEJ, 2023, p. 436-437.
[9] DI PIETRO, Maria Sylvia Zanella. *Direito administrativo*. 36. ed. rev. atual. e ampl. Rio de Janeiro: Forense, 2024, p. 705.
[10] DI PIETRO, Maria Sylvia Zanella. *Direito administrativo*. 36. ed. rev. atual. e ampl. Rio de Janeiro: Forense, 2024, p. 705.
[11] Di Pietro (2024, p. 705) explica que "enquanto a teoria da representação considera a existência da pessoa jurídica e do representante como dois entes autônomos, a teoria do órgão funde os dois elementos, para concluir que o órgão é parte integrante do Estado".
[12] MEIRELLES, Hely Lopes. *Direito administrativo brasileiro*. 42. ed. São Paulo: Malheiros, 2016, p. 71

2.2.2.1.1. Conceito

Pode-se conceituar *órgão público* como "centro de competência instituído para o desempenho de funções estatais, através de seus agentes, cuja atuação é imputada à pessoa jurídica a que pertencem"[13]. Esse conceito se coaduna com o previsto, por exemplo, no art. 1º, § 2º, inciso I, da Lei n. 9.784/1999 e no art. 6º, inciso I, da Lei n. 14.133/2021.

Assim, são divisões das *entidades estatais* (União, Estados, Distrito-Federal e Municípios) ou também chamados *centros especializados de competência*, pois objetivam especializar a função administrativa. Os órgãos também integram a estrutura das entidades autárquicas e fundacionais, a exemplo de uma Universidade Federal, que possui suas pró-reitorias, ou do Conselho Administrativo de Defesa Econômica – CADE, que possui seus órgãos dispostos conforme o art. 5º da Lei n. 12.529/2011.

2.2.2.1.2. Criação e extinção

Como regra, os órgãos públicos são criados e extintos por lei, uma vez que, conforme o art. 48, XI, da CF/1988, cabe ao Congresso Nacional, com a sanção do Presidente da República, dispor sobre todas as matérias de competência da União, especialmente sobre criação e extinção de Ministérios e órgãos da administração pública. A reserva legal encontra-se confirmada também pelo previsto no art. 84, inciso VI, alínea "a", e no art. 88, ambos da CF/88.

Desse modo, é possível que o chefe do Poder Executivo edite decreto dispondo sobre a organização e o funcionamento da Administração Federal, mas não crie ou extinga um órgão. No âmbito dos Poderes Legislativo e Judiciário, no entanto, é possível que seus órgãos sejam instituídos nos respectivos regimentos internos, conforme previsto no art. 51, incisos III e IV (Câmara dos Deputados)[14], art. 52, incisos XII e XIII (Senado Federal)[15], e art. 96, inciso I, alíneas "a" e "b" (Tribunais), todos da Constituição[16].

2.2.2.1.3. Transformação de órgão público em entidade

É possível que um órgão público, sem personalidade jurídica, seja transformado em entidade da Administração Indireta, com personalidade jurídica, constituindo-se uma autarquia, fundação, empresa pública ou sociedade de economia mista.

Para tanto, é necessária a edição de lei específica, nos termos do art. 37, inciso XIX, da CF/88. Como exemplo, é possível mencionar a transformação do então Departamento dos Correios e Telégrafos (DCT), órgão integrante do Ministério das

---

[13] MEIRELLES, Hely Lopes. *Direito administrativo brasileiro*. 42. ed. São Paulo: Malheiros, 2016, p. 71.

[14] O Regimento Interno da Câmara dos Deputados, aprovado pela Resolução n. 17/1989, dispõe sobre seus órgãos no título II, a partir do art. 14.

[15] O Regulamento Administrativo do Senado Federal, aprovado pelo Ato da Comissão Diretora n. 14/2022, dispõe seus órgãos na Parte II, a partir do art. 187.

[16] No que se refere aos órgãos do Poder Judiciário, há de se destacar algumas diferenças. O regimento interno é o instrumento que disporá sobre os órgãos jurisdicionais e administrativos da sua estrutura orgânica. Por sua vez, o art. 96, inciso I, alínea "d", da CF/88, estabelece que compete aos Tribunais propor a criação de novas varas judiciais. De igual modo, o art. 96, inciso II, alíneas "c" e "d", da CF/88, prevê como competência do STF propor ao Poder Legislativo a criação ou extinção dos tribunais inferiores e a alteração da organização e da divisão judiciárias. Assim, para esses órgãos jurisdicionais, impõe-se a reserva legal.

Comunicações, na Empresa Brasileira de Correios e Telégrafos (EBCT) pelo DL n. 509, de 20 de março de 1969.

Entendo que eventuais obrigações assumidas antes da transformação continuam sendo de responsabilidade da entidade estatal mãe, pois, à época dos fatos, quem detinha a personalidade jurídica do órgão era a União, Estados, Distrito Federal e Municípios. As obrigações contraídas após a transformação são de responsabilidade da entidade criada.

No que tange ao regime de pessoal, por sua vez, embora o STF tenha fixado o entendimento (inclusive em sede de repercussão geral – tema 24) de que não há direito adquirido a regime jurídico, o regime jurídico do quadro funcional à época da transformação continua sendo o mesmo, podendo ocorrer alteração aos novos admitidos aos cargos ou empregos públicos após a transformação.

2.2.2.1.4. Capacidade judiciária e representação judicial e extrajudicial

Os órgãos públicos, embora não possuam personalidade jurídica, poderão ter capacidade judiciária, estritamente na defesa de suas prerrogativas institucionais ou no cumprimento de suas competências constitucionais. A matéria já foi pacificada, inclusive resultando na Súmula 525 do Superior Tribunal de Justiça.

Como exemplo do primeiro caso, é possível imaginar o ajuizamento de um mandado de segurança pela Câmara de Vereadores (órgão sem personalidade jurídica), contra ato coator de um Prefeito Municipal que, mediante Decreto, determinou a dissolução do legislativo municipal. Nessa situação hipotética, surge o direito subjetivo ao órgão legislativo local de buscar, em juízo, a defesa de seu direito líquido e certo ao regular funcionamento.

Já, no segundo, é possível exemplificar com a titularidade do Ministério Público (órgão sem personalidade jurídica) para a promoção da ação penal pública (art. 129, inciso I, da CF/88) e o ajuizamento da ação civil pública (art. 129, inciso III, da CF/88).

No que tange à representação judicial e extrajudicial dos órgãos, em regra, compete à Advocacia-Geral da União (art. 131 da CF/88), às Procuradorias dos Estados e do Distrito Federal (art. 132 da CF/88) e, atinente aos Municípios, a Constituição Federal de 1988 não faz alusão (o CPC, no art. 75, inciso III, alude a representação pelo seu prefeito, procurador ou Associação de Representação de Municípios, quando expressamente autorizada).

Ainda, é necessário destacar a legitimidade da representação excepcional realizada por órgãos de representação judicial própria dos Poderes (a exemplo das Procuradorias do Legislativo e do Judiciário)[17] e dos órgãos independentes, a exemplo da defensoria pública[18], desde que a atuação em juízo seja para a defesa de sua autonomia, suas prerrogativas e sua independência frente aos demais Poderes ou órgãos independentes.

---

[17] O STF afirmou esse entendimento por ocasião do julgamento da ADI n. 6433-PR, de relatoria do Min. Gilmar Mendes, julgada em 31 de março de 2023.

[18] De igual modo, o STF, ao julgar o Agravo Regimental na Suspensão de Liminar n. 866, de relatoria do Min. Dias Toffoli, em 13 de setembro de 2019, firmou o entendimento de que a Defensoria Pública tem a garantia de estar em juízo para defesa de suas prerrogativas e funções institucionais, não se mostrando necessário, nessa hipótese, que sua representação judicial fique a cargo da Advocacia-Geral da União.

Por fim, é importante ressaltar que os Municípios não são obrigados a estruturar procuradorias próprias, podendo contratar profissionais privados para sua representação, uma vez que os arts. 131 e 132 da CF/88, que dispõem sobre as Advocacias Públicas (da União, Estados e Distrito Federal), não são de reprodução obrigatória pelos Municípios, tendo o Ente local autonomia para dispor sobre a forma e a organização de seu assessoramento jurídico[19].

No entanto, instituído um corpo próprio de advogados/procuradores pelo Ente local, ainda que possa levar qualquer outra nomenclatura, deve ser integrado por procuradores de carreira, com provimento de cargos mediante concurso público, ante a regra constitucional prevista no art. 37, II, da CF/88, salvo as situações excepcionais, às quais também seja possível a contratação de advogados externos pela União, Estados e Distrito Federal[20].

Destaco, para concluir esta seção, que, embora possa se questionar a validade da nomeação de advogado para cargo comissionado (não efetivo) de procurador municipal, a legitimidade dos atos consultivos e contenciosos por ele realizados é inquestionável, assim como seu exercício das atividades privativas da Advocacia previstas no art. 1º da Lei n. 8.906/94 (Estatuto da Advocacia). Logo, ainda que a nomeação venha a ser anulada posteriormente, todos os atos praticados permanecem legítimos, ante o preenchimento dos requisitos previstos no art. 4º desse Estatuto e incidência da *teoria do agente público de fato* (estudada no Capítulo 4 desta obra).

2.2.2.1.5. Classificação dos órgãos públicos

A doutrina classifica os órgãos públicos, sob diferentes perspectivas. Nesta obra, classifico sob dois vieses: quanto ao *âmbito de atuação* no exercício da função administrativa, à *posição* na estrutura organizacional da Administração Pública, à *estrutura administrativa*, à *composição* funcional e ao *desempenho da função administrativa*.

2.2.2.1.5.1. Classificação quanto ao âmbito de atuação

Quanto *ao âmbito de atuação*, o órgão público pode ter posição *central* ou *local*. O órgão é classificado como *central*, quando o exercício da função administrativa é exercida na integralidade do Ente Federativo. É considerado *local*, quando possui atuação limitada a uma parcela territorial do Ente Federativo.

Como exemplo de *órgãos centrais* do Executivo da União, é possível destacar os Ministérios, as Secretarias Nacionais, os Departamentos, os Comandos das Forças Armadas, a Controladoria-Geral da União, dentre outros. Já, como *órgãos locais* do Executivo Federal, é possível mencionar as Superintendências Regionais, os Comandos Militares Regionais das Forças Armadas e as Agências ou Delegacias Locais.

No âmbito dos Estados, é possível visualizar como *órgãos centrais* as Secretarias Estaduais, o Comando da Polícia Militar e a Chefia da Polícia Civil. Como *órgãos locais*, um Batalhão da Polícia Militar ou uma Delegacia de Polícia. No âmbito

---

[19] O STF reafirmou sua jurisprudência no RE n. 1.373.673 AgR, de relatoria do Min. Gilmar Mendes, julgado em 27 de março de 2023.
[20] Corrobora esse entendimento a decisão de mérito proferida pelo Plenário do STF em 9 de abril de 2024, ao julgar a ADI n. 6.331, de relatoria do Min. Luiz Fux.

municipal, uma Secretaria Municipal e o Comando da Guarda Municipal pode ser classificada como *órgãos centrais* e um posto de saúde de bairro ou um posto da Guarda Municipal de bairro como *órgãos locais*.

2.2.2.1.5.2. Classificação quanto à posição na estrutura organizacional da Administração Pública

Quanto à *posição na estrutura organizacional da Administração Pública*, o órgão público pode ser classificado como órgão *independente, autônomo, superior* ou *subalterno*.

O órgão é considerado *independente*, quando não está subordinado a nenhum dos Poderes do Estado. Sua independência é necessária para a manutenção do Estado Democrático de Direito e do sistema de freios e contrapesos, decorrendo diretamente da Constituição.

Como exemplo de órgãos independentes no âmbito federal, é possível destacar a Presidência da República, o Senado Federal, a Câmara dos Deputados, os Tribunais Superiores, o Ministério Público da União, a Defensoria Pública da União, o Tribunal de Contas da União, o Conselho Nacional de Justiça e o Conselho Nacional do Ministério Público.

No âmbito estadual, são órgãos independentes o governo do Estado, a Assembleia Legislativa, o Tribunal de Justiça do Estado, o Ministério Público estadual, a Defensoria Pública estadual e o Tribunal de Contas Estadual e, onde houver, a exemplo dos Estados da Bahia, Goiás e Pará, os Tribunais de Contas dos Municípios.

Nos Municípios, são órgãos independentes a Prefeitura Municipal, a Câmara Municipal e, nos Municípios de São Paulo e Rio de Janeiro, o Tribunal de Contas municipal.

O órgão é considerado *autônomo*, quando, embora subordinado a um órgão independente, possui autonomia técnica, financeira e administrativa. Nesta categoria, menciono, no âmbito federal, os Ministérios, a Advocacia-Geral da União e os Comandos das Forças Armadas. No tocante a estas, é importante ressaltar que o Comando da Marinha, do Exército e da Aeronáutica, embora, para fins de emprego operacional, se subordinam ao Ministro de Estado da Defesa, possuem estrutura própria, autonomia financeira e administrativa, na forma dos arts. 3º, 4º e 12 da LC n. 97/1999, sendo, portanto, órgãos autônomos[21].

No âmbito estadual, destaco as secretarias estaduais e a Procuradoria-Geral do Estado. No âmbito municipal, as secretarias municipais e, onde houver, a Procuradoria-Geral do Município.

O órgão é *superior*, quando exerce supervisão e controle sobre os demais, pertencentes a estrutura organizacional. Geralmente, os órgãos superiores estão subordinados diretamente aos órgãos autônomos e estão no segundo ou terceiro escalão

---

[21] A Constituição Federal de 1988 equipara os Comandantes das Forças Armadas a Ministros de Estado, em diversas situações, a exemplo da Competência privativa do Senado Federal para o processamento e julgamento por crimes de responsabilidade quando cometidos em conexão com o Presidente e Vice-Presidente da República (art. 52, inciso I); a competência originária do Supremo Tribunal Federal para processar e julgar os crimes comuns e de responsabilidade por eles cometidos (art. 102, inciso I, alínea "c"); e a competência originária do Superior Tribunal de Justiça para o processamento e julgamento dos mandados de segurança, *habeas data* e *habeas corpus* contra ato coator dessas autoridades (art. 105, inciso I, alíneas "b" e "c").

hierárquico. É possível mencionar aqui, no âmbito federal, as Secretarias Nacionais e os Departamentos, como o Departamento de Polícia Federal, o Departamento de Polícia Rodoviária Federal, o Departamento.

Por sua vez, o órgão *subalterno* é aquele de execução direta da função administrativa, localizados na base da pirâmide organizacional. No âmbito federal pode-se exemplificar com uma delegacia de polícia federal, uma delegacia de polícia rodoviária federal, uma agência da receita federal.

2.2.2.1.5.3. Classificação quanto à estrutura administrativa

Quanto à *estrutura*, um órgão pode ser *simples*, quando é unitário, ou seja, não possui nenhum outro órgão subordinado, a exemplo de uma delegacia de polícia federal (que embora possua repartições internas, não possui órgãos subordinados) ou *composto*, quando é integrado por outros órgãos subordinados, a exemplo do Departamento de Polícia Federal, que possui 27 superintendências regionais subordinadas.

Aqui, é fundamental diferençarmos divisão em *órgãos* de *repartições*. Em meu entender, *os órgãos subordinados* também devem constar na lei que organiza o órgão principal. Há nestes órgãos uma estruturação e um plano de cargos e funções próprios. A exemplo, cito a Presidência da República, a qual é composta, atualmente pela Lei n. 14.600/2023, pela Casa Civil, pela Secretaria-Geral, pela Secretaria de Relações Institucionais, pela Secretaria de Comunicação Social, pelo Gabinete Pessoal do Presidente da República, pelo Gabinete de Segurança Institucional, além dos órgãos de assessoramento e consulta.

O *órgão público*, embora não tenha personalidade jurídica própria e não constitua uma pessoa jurídica, possui inscrição no Cadastro Nacional de Pessoas Jurídicas – CNPJ. Este constitui extensão do cadastro da respectiva entidade.

A *repartição*, por sua vez, não constará obrigatoriamente na lei que cria o órgão, não possui plano de cargos e funções próprio, tampouco inscrição no CNPJ. É uma forma de organização e estruturação interna de organização do desempenho de competências administrativas.

2.2.2.1.5.4. Classificação quanto à composição funcional

No que tange à *formação*, faço uma singela diferenciação conceitual do que apresenta parte da doutrina. Entendo que um órgão é *pluripessoal* (ou colegiado) quando edita atos administrativos pluripessoais, a exemplo do Conselho Nacional do Meio Ambiente, quando emite uma resolução. Por sua vez, o órgão é *unipessoal*, quando edita atos administrativos singulares, a exemplo da Presidência da República, no que concerne aos Decretos do Presidente da República.

Sustento que, atualmente, é praticamente impossível um órgão público, no exercício da função administrativa, ser integrado exclusivamente por um único agente público. Não concordo, por exemplo, quando se fala que a Presidência da República é um órgão unipessoal, uma vez que essa não é composta exclusivamente pelo Presidente da República, mas possui um plano de cargos e funções que abrange inúmeros servidores com lotação direta naquele órgão[22].

2.2.2.1.5.5. Classificação quanto ao desempenho da função administrativa

Quanto ao desempenho da função administrativa, penso que os órgãos públicos podem ser classificados como órgãos *executivos, consultivos, controladores* e *de polícia administrativa*.

Órgão *executivo* é aquele que desempenha direta e unicamente a execução da função administrativa, a exemplo de uma escola municipal. Órgão *consultivo* é aquele que desempenha atividade de consultoria, como a Consultoria-Geral da União, órgão integrante da Advocacia-Geral da União (que desempenha atividade consultiva e contenciosa). Órgão de *controle* é aquele que desempenha o controle da atividade administrativa, como a Controladoria-Geral da União. Órgão de *polícia administrativa*, aquele que exercer o poder de polícia estatal, a exemplo do órgão de vigilância sanitária local.

2.2.3. Administração Indireta

A Administração Indireta desempenha a função administrativa de forma *descentralizada*, ou seja, recebe a titularidade e/ou a execução, por transferência do respectivo Ente federativo, sendo constituída pelas *autarquias* (inclusive as associações públicas), *fundações públicas* (de direito público ou de direito privado), *empresas públicas* e *sociedades de economia mista*.

Existem características comuns a essas entidades, como o fato de serem personificadas (possuem sua própria personalidade jurídica), possuírem patrimônio e receita próprios, além de autonomia administrativa e financeira.

São criadas ou autorizadas por lei, que definirá sua finalidade específica e o órgão da administração direta ao qual ficarão vinculadas, estritamente para o controle de finalidade. Sua extinção também ocorrerá por autorização legal, a qual deverá fixar os procedimentos sucessórios, no que tange aos bens, direitos e obrigações, geralmente atribuídos ao respectivo Ente federativo[23].

2.2.3.1. Autarquia

A autarquia pode ser conceituada como uma *pessoa jurídica de direito público*, dotada de *capital e patrimônio próprios*, exclusivamente público, com *capacidade financeira e administrativa*, criada para desempenhar a titularidade e a execução de função administrativa *típica de Estado*. Embora não tenham capacidade política, o que as impede, por exemplo, de editar leis, a depender da espécie, poderá desempenhar o poder normativo da Administração, editando atos secundários, a exemplo de regimentos, resoluções e provimentos[24].

---

[22] Atualmente, o Decreto n. 11.400, de 21 de janeiro de 2023, estrutura os cargos e funções do Gabinete pessoal do Presidente da República e da Assessoria Especial do Presidente da República.

[23] A título exemplificativo, menciono a Lei n. 8.029/1990, que autorizou o Poder Executivo a extinguir ou transformar diversas entidades da Administração Indireta Federal.

[24] A classificação da autarquia como Pessoa Jurídica de Direito Público encontra-se presente no art. 41, inciso IV, do Código Civil, bem como no art. 5º, inciso I, do DL n. 200/1967. Os bens e patrimônio são públicos, conforme previsto no art. 98 do Código Civil.

2.2.3.1.1. Criação, transformação e extinção

As autarquias são criadas, transformadas ou extintas por lei ordinária. Não há qualquer impedimento que ocorra por lei complementar, no entanto a exigência constitucional é, no mínimo, a edição daquela espécie normativa (art. 37, inciso XIX, da CF/88).

Essa entidade adquire personalidade jurídica com a entrada em vigor da lei de criação, dispensando qualquer registro complementar. A lei que criar a autarquia deverá indicar a qual órgão da administração direta ficará *vinculada* para fins exclusivamente de *controle de finalidade*. Essas entidades poderão ter a *novação* ou a *extinção* da personalidade jurídica também por intermédio de lei.

Na primeira situação, ocorrerá a *transformação* da autarquia em outra espécie de entidade da Administração Indireta, a exemplo de uma empresa pública ou sociedade de economia mista[25]. Defendo que, no caso da transformação, a sucessão dos bens, direitos e obrigações ficará a cargo na nova entidade. O regime do pessoal já existente permanecerá inalterado (estatutário). Por sua vez, caso seja transformada em entidade com personalidade jurídica de direito privado, o pessoal admitido após a novação da personalidade jurídica será celetista.

Já, no caso de extinção da autarquia, a sucessão dos bens, direitos e obrigações ficará a cargo do respectivo Ente federativo. O quadro de pessoal estatutário estável será aproveitado em outras entidades autárquicas ou em órgãos da administração direta do respectivo Ente.

2.2.3.1.2. Regime de bens e pessoal

O *regime dos bens* de uma autarquia é *público*, nos termos do art. 98 c/c art. 41, inciso IV, ambos do Código Civil. Assim, gozam das prerrogativas inerentes aos bens públicos, recaindo sobre estes, sejam de qual espécie for, a *impenhorabilidade* (art. 100 da CF/88), a *imprescritibilidade* (art. 183, § 3º, da CF/88 e art. 102 do CC) e a *alienação condicionada* (art. 76, incisos I e II, da Lei n. 14.133/2021).

Como regra, o quadro de pessoal *é estatutário*, seguindo o mesmo regime dos servidores públicos da Administração Direta, como ocorre na União, o qual é disciplinado pela Lei n. 8.112/1990.

É possível que, de 4 de junho de 1998 (data da edição da Emenda Constitucional n. 19, que retirou a obrigatoriedade do regime único na Administração direta, autárquica e fundacional) a 2 de agosto de 2007 (data em que foi deferida medida cautelar na ADI n. 2.135/DF para suspender a nova redação dada pela EC n. 19/1998 ao art. 39 da Constituição) tenham sido admitidos *empregados públicos às autarquias*, os quais permanecem sob o regime celetista, tendo em vista o efeito *ex nunc* atribuído à decisão.

Ainda, é necessário dizer que, em 6 de novembro de 2024, o STF julgou o mérito da ADI n. 2.135/DF, revogando a medida cautelar mencionada e compreendendo pela constitucionalidade da redação conferida pela EC n. 19/98. O Tribunal atribuiu

---

[25] Como exemplo, pode-se mencionar o Banco Nacional de Desenvolvimento Econômico e Social – BNDES, originalmente criado sob forma de autarquia (pela Lei n. 1.628/1952) e, posteriormente, transformado em Empresa Pública (pela Lei n. 5.662/1971).

efeitos *ex nunc* à sua decisão, tendo em vista o largo lapso temporal desde o deferimento da medida cautelar, fixando, ainda, a vedação da transmudação de regime dos atuais servidores, com o propósito de evitar tumultos administrativos e previdenciários. Portanto, a partir da data desse julgamento, *é possível que as autarquias passem a ter novos celetistas em seus quadros e não apenas estatutários*.

Os *Conselhos de Classe*, considerados entidades autárquicas corporativas, uma vez que são criados por lei para o exercício de atividade típica do Estado, qual seja o poder de polícia profissional, constituem espécie *sui generis* de pessoa jurídica de direito público não estatal, podendo admitir seu quadro de pessoal sob o *regime celetista*[26].

2.2.3.1.3. Imunidade tributária, prerrogativas processuais e responsabilidade civil

As autarquias gozam de *imunidade tributária*, exclusivamente no que tange aos impostos[27] sobre o patrimônio, renda e serviços, vinculados a suas finalidades essenciais ou às delas decorrentes[28], nos termos do art. 150, § 2º, da CF/88. Assim, não poderá um Município, por exemplo, instituir IPTU sobre bens imóveis finalísticos de uma Autarquia federal.

Para gozar de imunidade tributária, ainda que nas condições acima, é indispensável que as autarquias prestem inequívoco serviço público, não distribuam lucros ou resultados direta ou indiretamente a particulares, não tenham por objetivo principal conceder acréscimo patrimonial ao poder público (ausência de capacidade contributiva), além, obviamente, de não desempenhar atividade econômica[29].

As entidades autárquicas *possuem prerrogativas processuais próprias à fazenda pública*, como *prazo em dobro* para as manifestações processuais e intimação pessoal por intermédio da advocacia pública (arts. 183 e 269, § 3º, do CPC); *remessa necessária*, ou seja, a sentença proferida em desfavor das autarquias está sujeita ao duplo grau de jurisdição, não produzindo efeito senão depois de confirmada pelo tribunal (art. 496, inciso I, do CPC); *dispensa do preparo recursal* (art. 1.007, § 1º, do CPC); *insubmissão ao regime de execução patrimonial*, estando sujeita ao regime de precatórios para o pagamento de seus débitos judiciais (art. 100 da CF/88 e art. 910, § 1º, do CPC); Se for autarquia federal, terá *foro na Justiça Federal* (art. 109, inciso I, da CF/88 e art. 45 do CPC).

No que tange à *responsabilidade civil*, as autarquias respondem direta e objetivamente pelos danos causados pelos seus agentes, nos termos do art. 37, § 6º, da CF/88

---

[26] Nesse sentido já decidiu o STF, ao julgar, em 8 de setembro de 2020, a ADC n. ADC 36, de relatoria da Ministra Cármen Lúcia.

[27] O STF, no dia 9 de março de 2018, ao julgar o Agravo Regimental no Agravo Regimental no Recurso Extraordinário n. 831.381, de relatoria do Ministro Roberto Barroso, ao analisar a imunidade tributária recíproca, prevista no art. 150, VI, "a", da CF/88 – extensiva às autarquias e fundações públicas – compreendeu que aquela se aplica estritamente a impostos, não se estendendo, em consequência, a outras espécies tributárias, a exemplo das contribuições sociais.

[28] O STF, baseado em precedentes, por ocasião do julgamento do Recurso Extraordinário n. 635.012, em decisão do Ministro Dias Toffoli, no dia 7 de fevereiro de 2013, assentou o entendimento de que as autarquias estão sujeitas à comprovação da vinculação do bem tributado a uma finalidade pública.

[29] Esse foi o entendimento do Supremo Tribunal Federal, tanto ao julgar o Agravo Regimental no Recurso Extraordinário n. 399.307, de relatoria do Ministro Joaquim Barbosa, em 16 de março de 2010, quanto o Agravo Regimental no Recurso Extraordinário n. 672.187, de relatoria do Ministro Cézar Peluso, em 27 de março de 2012.

e art. 43 do CC. Assim, será necessária a demonstração tão somente dos elementos objetivos, quais sejam que a conduta tenha decorrido de um de seus agentes, nesta qualidade, que tenha ocorrido dano concreto e desproporcional e que haja nexo de causalidade entre esses.

Como regra, a responsabilidade civil objetiva decorrerá do risco administrativo, comportando, assim, hipóteses excludentes de responsabilidade (culpa exclusiva da vítima, caso fortuito ou força maior ou ato de terceiro) e causa atenuante de responsabilidade (culpa concorrente)[30].

Por fim, entendo que, embora a responsabilidade da autarquia seja direta, ou seja, por possuir personalidade jurídica própria, está apta a adquirir direitos e obrigações, a responsabilidade do Ente Federativo criador é subsidiária. Na prática, dificilmente ocorrerá necessidade de buscar a responsabilidade civil do Ente, uma vez que, ao se alocar na lei orçamentária o montante necessário para o pagamento da dívida pública, já se faz com o valor unificado (dívida da fazenda pública).

2.2.3.1.4. Classificação

A doutrina diverge à classificação das autarquias quanto à sua classificação[31]. Assim, proponho uma classificação adotando como critério a variação da *personalidade jurídica* e da *dotação do poder de polícia*.

2.2.3.1.4.1. Classificação quanto à personalidade jurídica

Quanto *à personalidade jurídica*, as autarquias podem ser *próprias* ou *impróprias*.

2.2.3.1.4.1.1. Autarquias próprias

As *próprias* são autarquias em sentido estrito, criadas como tal, seguindo o rito preconizado no art. 37, inciso XIX, da CF/1988 e art. 5º, inciso I, do DL n. 200/1967, ou seja, criada por lei, com personalidade jurídica de direito público, patrimônio e receita próprios, para executar atividades típicas da Administração Pública, que requeiram, para seu melhor funcionamento, gestão administrativa e financeira descentraliza. Como exemplo, é possível mencionar o DNIT – Departamento Nacional de Infraestrutura de transportes (criado pela Lei n. 10.233/2001), o CADE – Conselho Nacional de Defesa Econômica (criado pela Lei n. 12.529/2011), a ANVISA – Agência Nacional de Vigilância Sanitária (criada pela Lei n. 9.782/1999).

2.2.3.1.4.1.2. Autarquias impróprias

As segundas não são criadas como autarquias, recebendo equiparação, por, na prática, desempenharem atividades típicas da Administração Pública. Dentre as

---

[30] O STF já assentou entendimento, no sentido de que a responsabilidade civil das pessoas jurídicas de direito público e das pessoas jurídicas de direito privado prestadoras de serviço público, responsabilidade objetiva, com base no risco administrativo, admite pesquisa em torno da culpa da vítima, para o fim de abrandá-la ou mesmo excluí-la [AI 636.814 AgR, rel. min. Eros Grau, j. 22/05/2007, 2ª T.
[31] A título exemplificativo, quanto ao objeto, Carvalho Filho (2024, p. 384) classifica em autarquias assistenciais, previdenciárias, culturais, profissionais (ou corporativas), administrativas, de controle ou associativas. Di Pietro (2024, p. 580) classifica em econômicas, de crédito, industriais, de previdência e assistência, profissionais ou corporativas, culturais ou de ensino. Moreira Neto (2014, p. 282) classifica em autarquia de polícia administrativa, de serviços públicos, de ordenamento econômico, de ordenamento social e de fomento.

impróprias, é possível citar as *autarquias fundacionais* (fundações autárquicas), as *empresas autárquicas*, as *autarquias interfederativas* (associações públicas) e as *autarquias corporativas*.

2.2.3.1.4.1.2.1. Autarquias fundacionais (fundações autárquicas)

As *autarquias fundacionais* (fundações autárquicas) são as fundações públicas que, embora possam ter sido criadas sob o regime jurídico de direito privado, pela atividade desempenhada e estrutura organizacional, acabam sendo equiparadas às autarquias, recebendo o mesmo regramento destas no que se refere ao regime de bens, pessoal, imunidade tributária, prerrogativas processuais e responsabilidade civil[32]. Como exemplo, é possível mencionar a UFPel – Universidade Federal de Pelotas (criada pelo DL n. 750/1969), a UNIPAMPA – Fundação Universidade Federal do Pampa (criada pela Lei n. 11.640/2008) e a FUNAI – Fundação Nacional do Índio (criada pela Lei n. 5.371/1967).

2.2.3.1.4.1.2.2. Empresas autárquicas

As *empresas autárquicas* são empresas públicas ou sociedades de economia mista que, criadas por lei para prestarem serviços em regime não concorrencial, são compreendidas como autarquias de fato. Essas empresas autárquicas podem gozar de imunidade tributária e seus bens, embora privados, podem ter prerrogativas de públicos, como a impenhorabilidade, se essenciais para a prestação do serviço público, submetendo-se ao sistema de precatórios[33]. Um exemplo de empresa autárquica é a BH Trans, Sociedade de Economia Mista integrante da Administração Indireta do Município de Belo Horizonte, criada por lei, para prestar exclusivamente serviço público (atuação no trânsito municipal)[34].

2.2.3.1.4.1.2.3. Autarquias interfederativas (associações públicas)

As *autarquias interfederativas* (associações públicas) constam expressamente no art. 41, inciso IV, do Código C (alterado pela Lei n. 11.107/2005), como espécie autárquica, denominada Associação Pública. Constitui um consórcio público, com personalidade jurídica de direito público. Adquire personalidade jurídica com a entrada em vigor da última lei que ratificar o protocolo de intenções (este pode estabelecer que a Associação Pública irá adquirir personalidade jurídica quando uma parcela dos Entes consorciados ratificá-lo).

Ao adquirir personalidade jurídica, integrará a administração indireta de todos os Entes consorciados. A associação pública possui todas as características de uma autarquia, exceto o regime de pessoal, o qual será celetista por determinação expressa

---

[32] O STF deixou clara a diferenciação entre as fundações públicas de direito privado e as fundações públicas de direito público, as fundações autárquicas, por ocasião do julgamento do RE n. 716.378, de relatoria do Min. Dias Toffoli, julgado em 7 de agosto de 2019, ocasião em que se discutia a estabilidade dos quadros anteriores a 1988 (art. 19 dos ADCTs).

[33] O STF reafirmou esse entendimento, no caso da Empresa Paraibana de Abastecimento e Serviços Agrícolas (Empasa), Sociedade de Economia Mista estadual, por ocasião do julgamento da ADPF n. 844, de relatoria do Min. Edson Fachin, em 19 de agosto de 2022.

[34] Esse foi o entendimento do STF, justamente ao analisar a possibilidade do exercício do poder de polícia pela BH Trans, em 23 de outubro de 2020, por ocasião do julgamento do RE n. 633782 (Tema 532), de relatoria do Min. Luiz Fux.

do art. 6º, § 2º, da Lei n. 11.107/2005, alterado pela Lei n. 13.822/2019. Assim, é possível que haja servidores estatutários, do quadro próprio do consórcio, admitidos antes desta lei.

A autarquia interfederativa poderá, de acordo com o previsto no art. 2º, § 1º, da Lei n. 11.107/2005, firmar convênios, contratos, acordos de qualquer natureza, receber auxílios, contribuições e subvenções sociais ou econômicas de outras entidades e órgãos do governo; promover desapropriações e instituir servidões nos termos de declaração de utilidade ou necessidade pública, ou interesse social, realizada pelo Ente federativo consorciado.

O art. 2º, §§ 2º e 3º, da Lei n. 11.107/2005, ainda possibilita que a associação pública emita documentos de cobrança e exerça atividades de arrecadação de tarifas e outros preços públicos pela prestação de serviços ou pelo uso ou outorga de uso de bens públicos por eles administrados ou, mediante autorização específica, pelo Ente da Federação consorciado, e outorgue concessão, permissão ou autorização de obras ou serviços públicos mediante autorização prevista no contrato de consórcio público, que deverá indicar de forma específica o objeto e as condições a que deverá atender.

No que tange à responsabilidade civil, a associação pública, por ser pessoa jurídica de direito público, com personalidade jurídica própria, responde direta e objetivamente pelos danos causados. Os entes federativos consorciados respondem subsidiária e solidariamente pelas obrigações remanescentes contraídas pela autarquia interfederativa, garantindo-se o direito de regresso em face dos Entes beneficiados ou dos que deram causa à obrigação, na forma do art. 12, § 2º, da Lei n. 11.107/2005.

2.2.3.1.4.1.2.4. Autarquias corporativas (Conselhos de Classe)

As *autarquias corporativas* (Conselhos Profissionais ou Conselhos de Classe) são criadas por lei como *autarquias* ou outra *entidade indeterminada* para exercer o poder de polícia sobre as profissões regulamentadas. Exercem os ciclos decorrentes da ordem de polícia (normatização secundária à ordem de polícia, consentimento, fiscalização e sanção) da atividade profissional.

Como se sabe, o poder de polícia estatal é desenvolvido em quatro ciclos, sendo o primeiro a "ordem de polícia", que é a instituição, por lei em sentido estrito, do exercício policial sobre determinada atividade. É essa lei, a qual institui a autarquia corporativa que, com personalidade de direito público, normatizará (atos secundários complementares à ordem de polícia), consentirá e fiscalizará o exercício da atividade, bem como sancionará aqueles que a exercerem em desconformidade com a ordem.

A título exemplificativo, destaco o Conselho Federal (e Regionais) de Medicina (art. 1º da Lei n. 3.268/1957), os quais constituem "em seu conjunto uma *autarquia*, sendo cada um deles dotado de personalidade jurídica de direito público, com autonomia administrativa e financeira" e o Conselho Federal (e Seccionais) da Ordem dos Advogados do Brasil (art. 44 da Lei n. 8.906/1994), que, juntamente com os demais órgãos, constituem a "Ordem dos Advogados do Brasil (OAB), serviço público, dotada de personalidade jurídica e forma federativa", ou seja, uma *pessoa jurídica indeterminada*, considerada autarquia corporativa[35].

Embora equiparadas às autarquias, os Conselhos de Classe possuem algumas flexibilizações ao regime de direito público[36], a exemplo do quadro de pessoal que, embora esteja sujeito à concurso público, será celetista[37]. Também possuem prerrogativas processuais asseguradas ao lado das autarquias no Código de Processo Civil.

Há de se destacar que o STF entende que a Ordem dos Advogados do Brasil é uma autarquia corporativa *sui generis*, uma vez que exerce serviço público não estatal. Assim, na visão do Tribunal, a OAB é uma instituição que detém natureza jurídica própria, dotada de autonomia e independência, características indispensáveis ao cumprimento de seus deveres, conferindo-lhe o art. 133 da CF/1988 o mais alto grau de liberdade, o que lhe torna diferente dos demais conselhos de fiscalização profissionais.

Com isso, diferentemente das demais autarquias corporativas, a OAB está dispensada da realização de concurso público para ingresso em seus quadros[38] (os quais, para fins penais, são considerados agentes públicos por equiparação[39]), seus bens e valores arrecadados e geridos não são públicos, pois não têm natureza financeira estatal, não estando sujeita a controle do Tribunal de Contas da União, diferentemente dos demais Conselhos[40].

2.2.3.1.4.2. Classificação quanto à dotação do poder de polícia

No que tange à classificação das autarquias quanto à dotação do poder de polícia administrativa, a lei que a criar poderá atribuir atividades regulatórias, fiscalizatórias

---

[35] O *status* da OAB, como autarquia corporativa, ficou claro no julgamento do RE n. 595332 (Tema n. 258), em que o Supremo havia fixado, em sede de repercussão geral, entendimento de que as ações envolvendo a OAB deveriam tramitar na Justiça Federal, por ser ela autarquia federal (corporativa).

[36] Para o STJ, os conselhos de fiscalização profissionais também possuem natureza jurídica de autarquia, sujeitando-se, portanto, ao regime jurídico de direito público, especialmente no que tange à obrigatoriedade de licitação e concurso público para admissão de seu pessoal. O Tribunal já assentou esse entendimento por ocasião dos seguintes julgados: REsp 1757798/RJ, Rel. Min. Herman Benjamin, 2ª T., julgado em 27/11/2018; EDcl nos EDcl no AgInt no REsp 1727156/CE, Rel. Min. Francisco Falcão, 2ª T., julgado em 06/12/2018; AgInt no REsp 1649807/RJ, Rel. Min. Benedito Gonçalves, 1ª T., julgado em 05/04/2018; AgInt no REsp 1667851/RJ, Rel. Min. Regina Helena Costa, 1ª T., julgado em 22/08/2017; REsp 1435502/CE, Rel. Min. Og Fernandes, 2ª T., julgado em 22/04/2014; e HC 226276/RJ, Rel. Min. Laurita Vaz, 5ª T., julgado em 15/08/2013.

[37] Nesse sentido já decidiu o STF, ao julgar, em 8 de setembro de 2020, a ADC n. ADC 36, de relatoria da Ministra Cármen Lúcia.

[38] Esse foi o entendimento do STF, ao julgar a ADI n. 3026, em 8 de junho de 2006, de relatoria do Min. Eros Grau.

[39] O STJ compreende que os empregados da OAB são equiparados a agentes públicos para fins penais. Para tanto, destaca que "as conclusões do Supremo Tribunal Federal no julgamento da ADI 3.026/DF, no sentido de que a OAB não faz parte ou se sujeita à Administração Pública, não têm o condão de afastar o presente entendimento, alterando a condição de funcionário público por equiparação do empregado da OAB, pois a referida decisão não retirou a natureza pública do serviço prestado pela entidade, vinculado à sua finalidade institucional de administração da Justiça, relacionado ao exercício da advocacia". Assim, "o artigo 327, § 1º, do Código Penal equipara a funcionário público para fins penais aquele que 'exerce cargo, emprego ou função em entidade paraestatal, e quem trabalha para empresa prestadora de serviço contratada ou conveniada para a execução de atividade típica da Administração Pública, como neste caso da Ordem dos Advogados do Brasil" (AgRg no HC 750.133/GO, Rel. Min. Ribeiro Dantas, 5ª T, j. 14/05/2024).

[40] Assim decidiu o STF, por ocasião do julgamento do RE n. 1182189 (Tema 1054), em 24 de abril de 2023, de relatoria do Min. Edson Fachin, quando fixou tese de repercussão geral no sentido de que "O Conselho Federal e os Conselhos Seccionais da Ordem dos Advogados do Brasil não estão obrigados a prestar contas ao Tribunal de Contas da União nem a qualquer outra entidade externa".

e sancionatórias à entidade, de modo que ela possa desempenhar os ciclos do poder de polícia (normatização secundária à ordem de polícia, consentimento, fiscalização e sanção). Assim, é possível classificá-las em *autarquias desprovidas de poder de polícia* e *autarquias dotadas de poder de polícia*.

2.2.3.1.4.2.1. Autarquias desprovidas de poder de polícia

Dentre essas espécies de autarquias, desprovidas de poder de polícia, cito as *culturais e educacionais*, as *sociais e previdenciárias*, as de *fomento e serviços públicos* e as *agências executivas*. É importante destacar que, embora alguma dessas autarquias possa desempenhar algum dos ciclos do poder de polícia administrativa, essa não é sua atividade principal.

2.2.3.1.4.2.1.1. Autarquias culturais e educacionais

São criadas para desempenhar atividade cultural ou educacional, a exemplo das Universidades e dos Institutos Federais, das Universidades Estaduais e Municipais, do Instituto do Patrimônio Histórico e Artístico Nacional – Iphan (autarquia federal que responde pela preservação do Patrimônio Cultural Brasileiro)[41]. Pode-se mencionar aqui a Fundação Nacional de Artes – Funarte (autarquia fundacional), que atua no desenvolvimento de políticas públicas de fomento às artes visuais, à música, à dança, ao teatro e ao circo.

2.2.3.1.4.2.1.2. Autarquias sociais e previdenciárias

São criadas para atuação nas áreas se previdência ou assistência e desenvolvimento social, a exemplo do Instituto Nacional do Seguro Social – INSS, o qual atua na titularidade e execução da seguridade social, tendo como missão principal a gestão do Regime Geral de Previdência Social – RGPS e da Fundação Nacional dos Povos Indígenas – Funai (autarquia fundacional), que coordena e executa a política indigenista brasileira, objetivando proteger e promover os direitos dos povos indígenas no Brasil.

2.2.3.1.4.2.1.3. Autarquias de fomento e serviços públicos

São criadas para fomento setorial ou regional, na área econômica ou social, ou para exercer a titularidade (e, por vezes, a execução) de serviços públicos. Como exemplo das primeiras, é possível mencionar a Superintendência do Desenvolvimento do Nordeste – SUDENE, a qual objetiva promover o desenvolvimento inclusivo e sustentável, bem como a integração competitiva da base produtiva regional nordestina na economia nacional e internacional. Como exemplo da segunda, destaco o Departamento Nacional de Infraestrutura de Transportes – DNIT, o qual tem por propósito implementar a política formulada para a administração da infraestrutura do Sistema Federal de Viação, compreendendo sua operação, manutenção, restauração ou reposição, adequação de capacidade, bem como a ampliação mediante construção de novas vias e terminais.

---

[41] Como destacado no final da seção anterior, o Iphan é um exemplo de autarquia que, embora não possua como atividade principal o exercício do poder de polícia, o exerce no que tange àquilo que possa colocar em risco o patrimônio cultural brasileiro.

2.2.3.1.4.2.1.4. Agências executivas

São autarquias (e fundações públicas de direito público ou de direito privado) que, por iniciativa da Administração Direta, *celebram contrato de gestão* com seu órgão supervisor, cumprindo metas de desempenho, redução de custos e eficiência, visando a melhoria dos serviços que prestam, em troca de uma maior autonomia gerencial, orçamentária e financeira.

Trata-se apenas de uma *qualificação* dada por ato do Presidente da República (ou por Ministro de Estado mediante delegação), ou seja, já são entidades existentes, não são criadas especificamente para o fim de atuar como agência executiva.

Os requisitos para qualificação da autarquia ou fundação estão previstos no art. 51 da Lei n. 9.649/1998, devendo estas possuir um plano estratégico de reestruturação e de desenvolvimento institucional em andamento e ter celebrado Contrato de Gestão com o respectivo Ministério supervisor. No âmbito federal, o Decreto n. 2.487, de 2 de fevereiro de 1998, dispõe sobre a qualificação de autarquias e fundações como Agências Executivas.

O Poder Executivo deve editar medidas de organização administrativa específicas para as Agências Executivas, visando assegurar a sua autonomia de gestão, bem como a disponibilidade de recursos orçamentários e financeiros para o cumprimento dos objetivos e metas definidos nos Contratos de Gestão.

Há de se dizer que os planos estratégicos de reestruturação e de desenvolvimento institucional definirão as diretrizes, políticas e medidas voltadas à racionalização de estruturas e do quadro de servidores, a revisão dos processos de trabalho, o desenvolvimento dos recursos humanos e o fortalecimento da identidade institucional da Agência Executiva.

Os contratos de gestão das Agências Executivas serão celebrados com periodicidade mínima de um ano e estabelecerão os objetivos, metas e respectivos indicadores de desempenho da entidade, bem como os recursos necessários e os critérios e instrumentos para a avaliação do seu cumprimento. O Poder Executivo deve definir os critérios e procedimentos para a elaboração e o acompanhamento dos contratos de gestão e dos programas estratégicos de reestruturação e de desenvolvimento institucional das Agências Executivas.

No âmbito federal, é possível mencionar como exemplo de agência executiva o Instituto Nacional de Metrologia, Normatização e Qualidade Industrial (Inmetro), qualificado por intermédio do Decreto Presidencial s/n, de 29 de julho de 1998, publicado no Diário Oficial da União de 30 de julho de 1998.

Por fim, destaca-se que as agências executivas, obviamente que formalmente qualificadas como tal, na respectiva esfera federativa, possuem o dobro do valor da dispensa de licitação de pequeno valor, conforme previsto no art. 75, § 2º, da Lei n. 14.133/2021.

2.2.3.1.4.2.2. Autarquias dotadas de poder de polícia

Dentre as autarquias dotadas de poder de polícia, é possível classificar como as *corporativas* e as *reguladoras*. As primeiras destinam-se a exercer o poder de polícia profissional, já trabalhadas no *tópico n. 2.2.3.1.4.1.2.3. Autarquias Corporativas (Conselhos de Classe)*, uma vez que também se constituem, quanto à personalidade jurídica, autarquias impróprias. As segundas destinam-se a regular serviços públicos ou setores da iniciativa privada, a exemplo das *Agências Reguladoras*, do *Conselho Administrativo de Defesa Econômica (CADE)*, da *Autoridade Nacional de Proteção de Dados (ANPD)*, dentre outras.

2.2.3.1.4.2.2.1. Agências reguladoras

São *autarquias especiais* criadas por Lei, para o exercício da atividade regulatória de serviços públicos ou setores econômicos. Podem desempenhar todos os ciclos do poder de polícia, como: 1) *normatizar* a ordem de polícia, através de atos secundários, como suas resoluções; 2) *consentir* o exercício das atividades incluídas na área regulada; 3) *fiscalizar* o exercício da atividade regulada; e 4) *sancionar* administrativamente pelo exercício da atividade em desconformidade com a ordem de polícia e a normatização complementar.

São chamadas de autarquias especiais pela *ausência de tutela ou de subordinação hierárquica* aos órgãos ou autoridades da Administração Direta, pela *autonomia funcional, decisória, administrativa e financeira*, pela *investidura a termo* de seus dirigentes e *estabilidade* durante os mandatos (ou seja, não são exonerados *ad nutum*), além de outras características próprias que poderão ser conferidas por lei, que as diferem das autarquias ordinárias. O caráter especial dessas agências passou a ser previsto (de modo geral, no âmbito federal) no art. 3º da Lei n. 13.848/2019.

Essa lei apresenta um rol exemplificativo de agências reguladoras, dentre as quais elenca a Agência Nacional de Energia Elétrica (Aneel), a Agência Nacional do Petróleo, Gás Natural e Biocombustíveis (ANP), a Agência Nacional de Telecomunicações (Anatel), a Agência Nacional de Vigilância Sanitária (Anvisa), a Agência Nacional de Saúde Suplementar (ANS), a Agência Nacional de Águas (ANA), a Agência Nacional de Transportes Aquaviários (Antaq), a Agência Nacional de Transportes Terrestres (ANTT), a Agência Nacional do Cinema (Ancine), a Agência Nacional de Aviação Civil (Anac) e a Agência Nacional de Mineração (ANM).

O Presidente, Diretor-Presidente ou Diretor-Geral e os demais membros do Conselho Diretor ou da Diretoria Colegiada serão brasileiros, *indicados* pelo Presidente da República e por ele *nomeados*, após serem *aprovados* pelo Senado Federal. Os indicados devem ter reputação ilibada e notório conhecimento no campo de sua especialidade, devendo ter formação acadêmica compatível com o cargo para o qual foi indicado (*princípio da afinidade técnica*).

Além desses requisitos, por determinação expressa do art. 5º da Lei n. 9.986/2000, devem ter experiência profissional de, no mínimo, *dez anos*, no setor público ou privado, no campo de atividade da agência reguladora ou em área a ela conexa, em função de direção superior, *ou dez anos* de experiência como profissional liberal no campo de atividade da agência reguladora ou em área conexa *ou quatro anos* ocupando pelo menos um dos seguintes cargos: a) cargo de direção ou de chefia superior em empresa no campo de atividade da agência reguladora, entendendo-se como cargo de chefia superior aquele situado nos 2 (dois) níveis hierárquicos não estatutários mais altos da empresa; *ou* b) cargo em comissão ou função de confiança equivalente a DAS-4 ou superior, no setor público; *ou* cargo de docente ou de pesquisador no campo de atividade da agência reguladora ou em área conexa.

Mesmo que preencham os requisitos acima, é vedada a indicação para o Conselho Diretor ou Diretoria Colegiada, de quem esteja suscetível a conflitos de interesses.

Essa cautela objetiva evitar a infiltração de interesses dos setores regulados em quem regula, ou seja, nos membros da agência reguladora, denominada *teoria da captura*.

Dito de outro modo, a inserção de vedações legais busca evitar que ocorra "a captura do ente regulador quando grandes grupos de interesses ou empresas passam a influenciar as decisões e a atuação do regulador, levando este a atender mais aos interesses dos agentes econômicos (de onde vieram seus membros) do que os da sociedade, isto é, do que os interesses públicos"[42].

Assim, com o propósito de evitar a captura, é vedada a indicação de pessoa que esteja em qualquer das seguintes situações previstas no art. 8º-A da Lei n. 9.986/2000:

Situação I: de Ministro de Estado, Secretário Estadual ou Municipal, dirigente estatutário de partido político e titular de mandato no Poder Legislativo de qualquer Ente da federação, ainda que licenciados dos cargos (a vedação também é extensível aos parentes consanguíneos ou afins até o terceiro grau de quem ocupa essas posições, conforme previsão expressa do parágrafo único do art. 8º-A da Lei n. 9986/2000).

Situação II: tenha atuado, nos últimos 36 (trinta e seis) meses, como participante de estrutura decisória de partido político ou em trabalho vinculado a organização, estruturação e realização de campanha eleitoral;

Situação III: exerça cargo em organização sindical;

Situação IV: tenha participação, direta ou indireta, em empresa ou entidade que atue no setor sujeito à regulação exercida pela agência reguladora em que atuaria, ou que tenha matéria ou ato submetido à apreciação dessa agência reguladora;

Situação V: de pessoa que se enquadre nas hipóteses de inelegibilidade previstas no inciso I do *caput* do art. 1º da Lei Complementar n. 64/1990.

Situação VI: de membro de conselho ou de diretoria de associação, regional ou nacional, representativa de interesses patronais ou trabalhistas ligados às atividades reguladas pela respectiva agência.

As situações III e VI já foram questionadas no STF, por intermédio da ADI n. 6.276, de relatoria do Min. Edson Fachin, ajuizada pela Confederação Nacional do Transporte (CNT) e julgada em 17 de setembro de 2021. Naquela ocasião, por unanimidade, o Plenário do Tribunal entendeu serem constitucionais as vedações previstas nos incisos III e VII do art. 8º-A, inseridos pela Lei n. 13.848/2019, justamente para evitar a captura[43].

Os membros do Conselho Diretor ou da Diretoria Colegiada *são investidos a termo*, para *mandato* de *cinco anos*, *vedada a recondução*, exceto se ocorrer vacância no cargo de Presidente, Diretor-Presidente, Diretor-Geral, Diretor ou Conselheiro. Vagando esse cargo, ocorrerá a indicação de um sucessor, na forma descrita acima – indicação, aprovação e nomeação – para completar o prazo original de cinco anos ("mandato

---

[42] SADDY, André. *Curso de direito administrativo*. 1. v. 2. ed. Rio de Janeiro: Editora CEEJ, 2023, p. 580.

[43] É importante mencionar que, objetivando evitar a captura, também são impostas restrições semelhantes aos servidores de carreira que atuam nas agências reguladoras, as quais já foram questionadas no STF, por intermédio da ADI n. 6033, de relatoria do Min. Barroso, ajuizada pela União Nacional dos Servidores de Carreira das Agências Reguladoras Federais e julgada em 6 de março de 2023. Naquela ocasião o Plenário do tribunal compreendeu constitucional a vedação do exercício de outra atividade profissional ou de direção político-partidária pelos servidores.

tampão"). Sendo o prazo do "mandato tampão" igual ou inferior a dois anos, *poderá haver recondução*.

Aos membros do Conselho Diretor ou da Diretoria Colegiada (incluindo a presidência) é *assegurada a estabilidade* (garantia contra eventual exoneração *ad nutum*), só perdendo o mandato em caso de renúncia, condenação judicial transitada em julgado ou decorrente de decisão em processo administrativo disciplinar, bem como por infringência de quaisquer situações que configurem conflito de interesses (gerais), previstas na Lei n. 12.813/2013, ou específicas[44], descritas no art. 8º-B da Lei n. 9.986/2000.

Para o cumprimento de suas finalidades institucionais, as Agências Reguladoras devem estar em constante articulação com outras agências reguladoras (federais, estaduais e municipais), com órgãos e entidades integrantes do Sistema Brasileiro de Defesa da Concorrência (SBDC), do Sistema Nacional de Defesa do Consumidor (SNDC), bem como aqueles que atuam na defesa do meio ambiente[45].

Para tanto, poderão editar atos normativos conjuntos, cuja matéria seja afeta a mais de uma agência reguladora, atuar em colaboração com o Conselho Administrativo de Defesa Econômica (CADE), celebrar convênios e acordos de cooperação com órgãos e entidades integrantes do SNDC, de defesa do meio ambiente e outras agências reguladoras estaduais, distritais e municipais.

2.2.3.1.4.2.2.2. Conselho Administrativo de Defesa Econômica

O Conselho Administrativo de Defesa Econômica (CADE), é autarquia especial, sediada em Brasília, dotada de autonomia técnica e decisória, com jurisdição em todo o território nacional, vinculada ao Ministério da Justiça e Segurança Pública, integrando o Sistema Brasileiro de Defesa da Concorrência (SBDC). Foi criada pela Lei n. 12.529/2011, a qual também instituiu seus órgãos, sendo o *Tribunal Administrativo de Defesa Econômica*, a *Superintendência-Geral* e o *Departamento de Estudos Econômicos*.

O *Tribunal Administrativo (TA)* é o órgão judicante, tem como membros um Presidente e seis Conselheiros escolhidos dentre cidadãos com mais de 30 anos de idade, de notório saber jurídico ou econômico e reputação ilibada, nomeados pelo Presidente da República, depois de aprovados pelo Senado Federal. As competências do plenário do TA são elencadas no art. 9º da Lei n. 12.529/2011.

O mandato do Presidente e dos Conselheiros é para cargo de dedicação exclusiva, não se admitindo qualquer acumulação, salvo as constitucionalmente permitidas, e terá duração de quatro anos, não coincidentes, vedada a recondução. No caso de renúncia, morte, impedimento, falta ou perda de mandato do Presidente do Tribunal, assumirá o Conselheiro mais antigo no cargo ou o mais idoso, nessa ordem, até nova

---

[44] Dentre as situações específicas vedadas ao membro de do Conselho Diretor ou da Diretoria Colegiada encontram-se: I) receber, a qualquer título e sob qualquer pretexto, honorários, percentagens ou custas; II) exercer qualquer outra atividade profissional, ressalvado o exercício do magistério, havendo compatibilidade de horários; III) participar de sociedade simples ou empresária ou de empresa de qualquer espécie, na forma de controlador, diretor, administrador, gerente, membro de conselho de administração ou conselho fiscal, preposto ou mandatário; IV) emitir parecer sobre matéria de sua especialização, ainda que em tese, ou atuar como consultor de qualquer tipo de empresa; V) exercer atividade sindical; e VI) exercer atividade político-partidária.

[45] Essa previsão é expressamente prevista nos arts. 29 a 35 da Lei n. 13.848/2019.

nomeação, sem prejuízo de suas atribuições. Ocorrendo essas hipóteses, será realizada nova nomeação, para completar o mandato do substituído.

O art. 8º da Lei n. 12.529/2011 apresenta vedações expressas ao Presidente e aos Conselheiros, dentre elas receber, a qualquer título, e sob qualquer pretexto, honorários, percentagens ou custas; exercer profissão liberal; participar, na forma de controlador, diretor, administrador, gerente, preposto ou mandatário, de sociedade civil, empresarial ou empresas de qualquer espécie; emitir parecer sobre matéria de sua especialização, ainda que em tese, ou funcionar como consultor de qualquer tipo de empresa; manifestar, por qualquer meio de comunicação, opinião sobre processo pendente de julgamento, ou juízo depreciativo sobre despachos, votos ou sentenças de órgãos judiciais, ressalvada a crítica nos autos, em obras técnicas ou no exercício do magistério; e exercer atividade político-partidária.

É vedado, ainda, a esses agentes, por um período de 120 (cento e vinte) dias, contado da data em que deixar o cargo, representar qualquer pessoa, física ou jurídica, ou interesse perante o SBDC, ressalvada a defesa de direito próprio, sob pena de incorrer na prática do crime de advocacia administrativa. Por conseguinte, decorrente dessa "quarentena" e pelo mesmo período dela, continuam recebendo a mesma remuneração do cargo que ocupavam.

A perda de mandato do Presidente ou dos Conselheiros do Cade é regulada pelo art. 7º da Lei n. 12.529/2011 e só poderá ocorrer em virtude de decisão do Senado Federal, por provocação do Presidente da República, ou em razão de condenação penal irrecorrível por crime doloso ou por ato de improbidade administrativa, de processo administrativo disciplinar (que seguirá o rito da Lei n. 8.112/1990), por infringência a quaisquer das vedações expostas acima ou por falta a três reuniões ordinárias consecutivas (ou vinte intercaladas), ressalvados os afastamentos temporários autorizados pelo Plenário do TA. Constitui-se, portanto, uma garantia contra eventual exoneração *ad nutum*.

A *Superintendência-Geral (SG)* conta com um Superintendente-Geral, escolhido dentre cidadãos com mais de 30 anos de idade, notório saber jurídico ou econômico e reputação ilibada, nomeado pelo Presidente da República, depois de aprovado pelo Senado Federal, e dois Superintendentes-Adjuntos, os quais serão indicados pelo Superintendente-Geral.

O Superintendente-Geral terá mandato de dois anos, permitida a recondução para um único período subsequente, aplicando-se a ele as mesmas normas de impedimentos, perda de mandato, substituição e as vedações impostas ao Presidente e aos Conselheiros do Tribunal Administrativo.

Tanto os cargos de Superintendente-Geral quanto de seus adjuntos são de dedicação exclusiva, não se admitindo qualquer acumulação, salvo as constitucionalmente permitidas. As atribuições específicas desses agentes serão definidas em Resolução. As atribuições da SG se assemelham a um órgão que possui função acusatória e fiscalizatória (atuando, muitas vezes, como uma espécie de *custos legis*)[46].

---

[46] Embora exerça essas funções, a SG não se confunde com o *Ministério Público Federal (MPF) perante o CADE*, contando o CADE com um Procurador da República destacado, designado pelo Procurador-Geral da República, na forma do art. 20 da Lei n. 12.529/2011, a fim de que exerça o papel do MPF de modo aproximado à autarquia, na análise das

O *Departamento de Estudos Econômicos* é dirigido por um Economista-Chefe, nomeado conjuntamente pelo Superintendente-Geral e pelo Presidente do Tribunal Administrativo, dentre brasileiros de ilibada reputação e notório conhecimento econômico, a quem compete elaborar estudos e pareceres econômicos, de ofício ou por solicitação do Plenário, do Presidente, do Conselheiro-Relator ou do Superintendente-Geral, zelando pelo rigor e atualização técnica e científica das decisões do órgão. O Economista-Chefe poderá participar das reuniões do Tribunal, no entanto não terá direito a voto, conforme expressamente-previsto no art. 18, § 1º, da Lei n. 12.529/2011, aplicando-se a ele as mesmas normas de impedimento aplicáveis aos Conselheiros do Tribunal, exceto quanto ao comparecimento às sessões.

As infrações à ordem econômica, bem como os procedimentos administrativos instaurados para prevenção, apuração e repressão a essas infrações, dentre eles o procedimento preparatório de inquérito administrativo, o inquérito administrativo em sentido estrito, o processo administrativo para imposição de sanções administrativas, o processo administrativo para análise de ato de concentração econômica, o procedimento administrativo para apuração de ato de concentração econômica e o processo administrativo para imposição de sanções processuais incidentais serão estudados no capítulo próprio à Intervenção do Estado na Ordem Econômica.

2.2.3.1.4.2.2.3. Autoridade Nacional de Proteção de Dados

A Autoridade Nacional de Proteção de Dados (ANPD) foi criada pela Lei n. 13.709/2018, a Lei Geral de Proteção de Dados Pessoais (LGPD), constituindo uma autarquia especial, dotada de autonomia técnica e decisória, sediada no Distrito Federal, que tem por finalidade institucional zelar pela proteção dos dados pessoais, orientar, regulamentar e fiscalizar o cumprimento da LGPD.

A ANPD é integrada por um Conselho Diretor, composto por cinco diretores (incluído o Diretor-Presidente), os quais serão nomeados pelo Presidente da República, na forma do art. 55-D da Lei n. 13.709/2018, após aprovação do Senado Federal, dentre brasileiros que tenham reputação ilibada, nível superior de educação e elevado conceito no campo de especialidade dos cargos para os quais serão nomeados, para um mandato de quatro anos.

Esses agentes públicos somente perderão seus cargos em virtude de renúncia, condenação judicial transitada em julgado ou pena de demissão decorrente de processo administrativo disciplinar (PAD) instaurado pelo Ministro de Estado Chefe da Casa Civil, constituindo-se uma garantia prevista no art. 55-E da LGPD contra eventual exoneração *ad nutum*.

Mesmo após o exercício do cargo, os membros do Conselho Diretor continuam sujeitos à Lei de Conflito de Interesses (especificamente o art. 6º da Lei n. 12.813/2013), não podendo, sob pena de cometimento de improbidade administrativa, *a qualquer tempo*, divulgar ou fazer uso de informação privilegiada obtida em razão das atividades exercidas e, *no período de seis meses*, contado da data de término do mandato, salvo quando expressamente autorizado, conforme o caso, pela

---

condutas que configurem infrações à ordem econômica. Também funciona, junto ao CADE, uma *Procuradoria Federal Especializada*, extensão da Advocacia-Geral da União, com atribuições específicas previstas no art. 15 da Lei n. 12.529/2011.

Comissão de Ética Pública da Administração Federal ou pela Controladoria-Geral da União:

a) prestar, direta ou indiretamente, qualquer tipo de serviço a pessoa física ou jurídica com quem tenha estabelecido relacionamento relevante em razão do exercício do cargo;
b) aceitar cargo de administrador ou conselheiro ou estabelecer vínculo profissional com pessoa física ou jurídica que desempenhe atividade relacionada à área de competência do cargo;
c) celebrar com órgãos ou entidades do Poder Executivo federal contratos de serviço, consultoria, assessoramento ou atividades similares, vinculados, ainda que indiretamente, com as atividades desempenhadas na ANPD; e
d) intervir, direta ou indiretamente, em favor de interesse privado perante à ANPD ou outro órgão ou entidade em que tenha estabelecido relacionamento relevante em razão do exercício do cargo.

A ANPD também deve estar em constante interlocução com as agências reguladoras e com o CADE, com vistas a assegurar o cumprimento de suas atribuições com maior eficiência e promover o adequado funcionamento dos setores regulados, especificamente no que tange ao tratamento de dados pessoais. Há de se destacar, entretanto, que, por previsão expressa do art. 55-K da LGPD, a aplicação das sanções previstas nessa lei compete exclusivamente à ANPD e suas competências prevalecerão, no que se refere exclusivamente à proteção de dados pessoais, sobre as competências correlatas de outras entidades ou órgãos da administração pública, o que não impedirá, obviamente, a independência de apuração e respectivas sanções.

Dito de outro modo, se uma pessoa jurídica, pela mesma conduta, cometer violação à LGPD e infração à ordem econômica, poderá sofrer sanções aplicadas pela ANPD e pelo CADE, tendo em vista a independência da esfera de apurações administrativas sancionadoras e ausência se subsunção expressa.

Integram ainda a ANPD o Conselho Nacional de Proteção de Dados Pessoais e da Privacidade, a Corregedoria, a Ouvidoria, a Procuradoria Federal especializada e demais unidades administrativas e especializadas necessárias para o desempenho de suas funções institucionais.

Esse Conselho Nacional possui composição e competências previstas nos arts. 58-A e 58-B da LGPD, enquanto os demais órgãos possuem atribuições previstas no Regimento Interno da ANPD, aprovado pelo Decreto n. 10.474/2020.

A fiscalização e imposição de sanções administrativas perante à ANPD são reguladas pela Resolução CD/ANPD n. 1/2021, que institui o Regulamento do Processo de Fiscalização e do *Processo Administrativo Sancionador*. As sanções decorrentes de infração à LGPD são previstas no art. 52 da LGPD, podendo ser aplicadas, conforme parâmetros, critérios e metodologias previstos nos parágrafos desse artigo e nos arts. 53 e 54, as seguintes:

a) Advertência, com indicação de prazo para adoção de medidas corretivas.
b) Multa simples, de até dois por cento do faturamento da pessoa jurídica de direito privado, grupo ou conglomerado no Brasil no seu último exercício, excluídos

os tributos, limitada, no total, a R$ 50.000.000,00 (cinquenta milhões de reais) por infração.
c) *Multa diária*, observado o limite total de R$ 50.000.000,00 (cinquenta milhões de reais) por infração.
d) *Publicização da infração* após devidamente apurada e confirmada a sua ocorrência.
e) *Bloqueio* dos dados pessoais a que se refere a infração até a sua regularização.
f) *Eliminação* dos dados pessoais a que se refere a infração.
g) *Suspensão parcial do funcionamento do banco de dados* a que se refere a infração pelo período máximo de seis meses, prorrogável por igual período, até a regularização da atividade de tratamento pelo controlador.
h) *Suspensão do exercício da atividade de tratamento dos dados pessoais* a que se refere a infração pelo período máximo de seis meses, prorrogável por igual período.
i) *Proibição parcial ou total* do exercício de atividades relacionadas a tratamento de dados.

As sanções de advertência, publicização da infração, bloqueio e eliminação dos dados pessoais, suspensão parcial do funcionamento do banco de dados e do exercício da atividade de tratamento dos dados pessoais, além da proibição parcial ou total do exercício das atividades de tratamentos de dados (*"a"*, *"d"*, *"e"*, *"f"*, *"g"*, *"h"* e *"i"*) poderão também ser aplicadas às entidades e órgãos públicos, por previsão expressa do § 3º do art. 52 da LGPD.

Embora a LGPD não preveja prazo prescricional para a apuração das infrações no âmbito da ANPD, entendo que, por serem decorrentes do exercício do poder de polícia pela Administração Pública Federal, aplica-se o *prazo quinquenal* geral previsto na Lei n. 9.873/1999, exceto se a conduta, simultaneamente, constituir crime, situação em que esse prazo será o previsto na lei penal.

Assim, por força do art. 1º dessa Lei, prescreve em cinco anos a ação punitiva objetivando apurar infração à LGPD, contados da data da prática do ato ou, no caso de infração permanente ou continuada, do dia em que tiver cessado. Há, também, incidência da prescrição intercorrente no processo administrativo sancionador paralisado, pendente de julgamento ou de despacho por mais três anos, conforme expressamente previsto no art. 1º, § 1º, da Lei n. 9.873/1999.

O prazo quinquenal é *interrompido* pelas situações constantes no art. 2º da Lei n. 9.873/1999, quais sejam a *notificação ou citação* do arrolado, inclusive por meio de edital, para ver-se processar administrativamente, ou por *qualquer ato inequívoco*, que importe apuração do fato. Posteriormente, será *interrompido*, novamente, pela *decisão* administrativa sancionadora *recorrível*. Também *interrompe* a prescrição qualquer ato inequívoco que importe em manifestação expressa de tentativa de solução conciliatória no âmbito interno da ANPD.

2.2.3.2. Fundações públicas

As *fundações públicas* poderão constituir pessoas jurídicas de direito público ou de direito privado. A *fundação pública de direito público* constitui criação jurisprudencial, ou seja, o reconhecimento de que, embora autorizada a ser criada com personalidade jurídica de direito privado, por desempenhar atribuições e possuir estrutura organizacional típicos de Estado, é espécie de autarquia, sendo denominada *autarquia fundacional* ou *fundação autárquica*.

Isso porque, embora o art. 5º do DL n. 200/1967 estabeleça que Fundação Pública seja entidade dotada de personalidade jurídica de direito privado, o que também decorre da interpretação dada ao art. 37, inciso XIX, da CF/1988, o STF, ainda em 1984, compreendeu que "nem toda Fundação instituída pelo poder público é Fundação de Direito Privado. As Fundações, instituídas pelo poder público, que assumem a gestão de serviço estatal e se submetem a regime administrativo, nos Estados-membros, por leis estaduais, são Fundações de direito público, e, portanto, pessoas jurídicas de direito público. Tais fundações são espécie do gênero autarquia"[47].

Assim, compreendo que as fundações públicas de direito público *serão criadas e extintas por lei*, com personalidade publicista, razão pela qual não há registro de ato constitutivo no cartório de registro de pessoas jurídicas (como determina o art. 5º, § 3º, do DL n. 200/1967)[48] ou, se já criada com personalidade de direito privada, mas desempenhe função típica do Estado, receberá equiparação, a exemplo da Fundação Nacional do Índio – FUNAI e das Fundações Universitárias Federais, a exemplo da Fundação Universidade Federal do Pampa (UNIPAMPA) e Fundação Universidade Federal do Rio Grande (FURG), razão pela qual *possuirá todas as características e prerrogativas aplicáveis às autarquias*, estudadas na *seção n. 2.2.3.1*, principalmente no que tange ao regime de bens e pessoal (que poderá ser estatutário ou celetista), imunidade tributária, prerrogativas processuais e responsabilidade civil.

Por sua vez, as *fundações públicas de direito privado* são entidades sem fins lucrativos, *criadas em virtude de autorização legislativa*, para o desenvolvimento de atividades que não exijam execução por órgãos ou entidades de direito público, com autonomia administrativa e patrimônio próprio, possuindo *área de atuação definida em lei complementar*.

Em virtude de não possuírem fins lucrativos, essas fundações não exploram atividade econômica, realizando prestação de serviços administrativos. Seus *bens* são privados e o *regime de pessoal* é celetista. Possui imunidade tributária no que se refere ao patrimônio, à renda e aos serviços, vinculados a suas finalidades essenciais ou às delas decorrentes, por força do art. 150, § 2º, da CF/1988, *não possuem prerrogativas processuais*, e, por serem pessoas jurídicas prestadoras de serviços públicos, a *responsabilidade civil* é objetiva.

No entanto, a lei poderá criar exceções à essa regra. Como exemplo, é possível mencionar a Lei n. 6.855/1980, que autorizou a instituição da Fundação Habitacional do Exército – FHE. Embora seja uma fundação pública de direito privado, o art. 31 desta lei garante que o patrimônio, a renda e os serviços vinculados às finalidades essenciais, ou delas decorrentes, pela sua origem e natureza, gozam dos privilégios

---

[47] Exatamente nestes termos, entendeu o plenário do STF, ao julgar o RE n. 101126, de relatoria do Min. Moreira Alves, em 24 de outubro de 1984.

[48] A Comissão Nacional de Classificação do Instituto Brasileiro de Geografia e Estatística – IBGE, na última classificação (no ano de 2021), ao classificar a Fundação Pública de Direito Público Federal possui o mesmo entendimento. Disponível em: https://concla.ibge.gov.br/estrutura/natjur-estrutura/natureza-juridica-2021/33809-2021-113-9-fundacao-publica-de-direito-publico-federal. Acesso em: 26 set 2023.

próprios da Fazenda Pública, quanto à *imunidade tributária*, *prazos prescricionais*, *impenhorabilidade*, *foro*, *prazos* e *custas processuais*.

O Superior Tribunal de Justiça já se manifestou sobre o foro dessa fundação, na Justiça Federal, editando a Súmula 324, e quanto aos seus bens, compreendeu que esses gozam da impenhorabilidade, conforme a garantia assentada no dispositivo legal supramencionado[49].

2.2.3.3. Empresas públicas e sociedades de economia mista

As empresas públicas e sociedades de economia mista, pessoas jurídicas de direito privado, serão instituídas pelo Estado para *exploração de atividade econômica* ou *prestação de serviços públicos*, conforme previsto no art. 173 da CF/1988 e na Lei n. 13.303/2016.

2.2.3.3.1. Criação, transformação e extinção

As empresas públicas e sociedades de economia mista, bem como suas subsidiárias, são criadas, transformadas ou extintas mediante autorização legal, conforme expressamente previsto no art. 37, inciso XIX, da CF/88. Seu estatuto social será aprovado por Decreto e levado à registro na junta comercial.

É importante salientar, ainda, que, por força expressa do art. 13 da Lei n. 13.303/2016, a lei que autorizar sua criação deverá dispor sobre as diretrizes e restrições a serem consideradas na elaboração desse estatuto, em especial sobre a constituição e o funcionamento do Conselho de Administração; os requisitos específicos para o exercício do cargo de diretor; a avaliação de desempenho, individual e coletiva, de periodicidade anual, dos administradores e dos membros de comitês; a constituição e funcionamento do Conselho Fiscal, que exercerá suas atribuições de modo permanente; a constituição e funcionamento do Comitê de Auditoria Estatutário; o prazo de gestão dos membros do Conselho de Administração e dos indicados para o cargo de diretor; o prazo de gestão dos membros do Conselho Fiscal.

Esse artigo apresenta requisitos e peculiaridades específicas, como o número mínimo de diretores, de membros do conselho de administração, quesitos mínimos de avaliação, prazo de gestão dos membros do conselho de administração e do conselho fiscal, normas que considero ser específicas da União, sob pena de interferência na estrutura administrativa dos Estados, do Distrito Federal e dos Municípios.

Essas entidades adquirem personalidade jurídica com esse registro do ato constitutivo. As *empresas públicas* poderão ser constituídas sob *qualquer forma empresarial*, nos termos do art. 3º da Lei n. 13.303/2016. Desse modo, é possível que seja uma sociedade limitada, uma sociedade anônima ou uma sociedade comandita por ações.

Outro ponto importante a ser destacado é a possibilidade de instituição de uma *empresa pública interfederativa*, a qual foi inserida no parágrafo único do art. 3º da Lei n. 13.303/2016. Assim, desde que a maioria do capital votante permaneça em propriedade do Ente Federativo criador, será admitida, no capital social da empresa pública, a participação de outras pessoas jurídicas de direito público interno (como a

---

[49] REsp 1.802.320-SP, rel. min. Benedito Gonçalves, 1ª T., por unanimidade, julgado em 12/11/2019.

União, Estados, Distrito Federal, Municípios, Autarquias e Fundações Públicas de Direito Pública), bem como de entidades da administração indireta de qualquer desses Entes (como outra empresa pública ou sociedade de economia mista).

Como exemplo, menciono a possibilidade da União criar uma empresa pública e admitir como sócios no capital social minoritário outros Estados da Federação, Distrito Federal ou Municípios. De igual modo, é possível que um município institua uma empresa pública e outros entes municipais ingressem como sócios minoritários. As empresas públicas interfederativas são utilizadas comumente nos consórcios públicos de direito privado.

Por sua vez, a sociedade de economia mista será, necessariamente, uma sociedade anônima, por disposição expressa dos arts. 4º e 5º da Lei n. 13.303/2016, podendo constituir sociedade de economia mista com capital fechado. É possível, por exemplo, que ela seja constituída pela União, por outras empresas públicas ou sociedades de economia mista, sem ações a venda na bolsa.

Por conseguinte, como regra, o *capital social* da *empresa pública será estatal* (100% de entes ou entidades estatais) e da sociedade de economia mista *poderá ter a parte minoritária votante privada*. A lei que autorizar a criação dessas estatais deverá indicar a qual órgão da administração direta ficará *vinculada* para fins exclusivamente de *controle de finalidade*.

Essas entidades terão a *novação* ou a *extinção* da personalidade jurídica também por intermédio de lei. Na primeira situação, ocorrerá a *transformação* de uma empresa pública ou sociedade de economia mista em outra espécie de entidade da Administração Indireta, a exemplo de uma autarquia ou fundação[50] (estatização). No caso da sociedade de economia mista, defendo que só poderá ocorrer a transformação, após a indenização aos acionistas privados.

Sustento que, no caso da transformação, a sucessão dos bens, direitos e obrigações ficará a cargo na nova entidade. O regime do pessoal já existente permanecerá inalterado (celetista). Por sua vez, caso seja transformada em entidade com personalidade jurídica de direito público, o pessoal admitido após a novação da personalidade jurídica será estatutário.

No caso de *extinção*, a sucessão dos bens, direitos e obrigações ficará a cargo do respectivo Ente federativo. A lei de falência (Lei n. 11.101/2005) não se aplica às empresas públicas e sociedades de economia mista, por força expressa de seu art. 2º, inciso II. No entanto, eventuais penhoras para o adimplemento de obrigações, iniciadas antes da incorporação do patrimônio da estatal extinta, poderá recair sobre os bens da empresa. Após incorporado ao patrimônio do respectivo Ente federativo, eventual adimplemento de obrigações deverá seguir o regime de precatórios[51].

---

[50] Como exemplo, pode-se mencionar o Banco Nacional de Desenvolvimento Econômico e Social – BNDES, originalmente criado sob forma de autarquia (pela Lei n. 1.628/1952) e, posteriormente, transformado em Empresa Pública (pela Lei n. 5.662/1971).

[51] Esse entendimento já foi enfrentado pelo STF no caso da extinção da Rede Ferroviária Federal (RFFSA), inclusive em sede de repercussão geral, tendo o tribunal fixado a seguinte tese: É válida a penhora em bens de pessoa jurídica de direito privado, realizada anteriormente à sucessão desta pela União, não devendo a execução prosseguir mediante precatório (art. 100, *caput* e § 1º, da CF). [RE 693.112, rel. min. Gilmar Mendes, j. 09/02/2017, P, *DJE* de 25/05/2017, Tema 355, com mérito julgado.]

A lei que extinguir a estatal poderá prever que seu quadro de pessoal seja aproveitado em outras entidades da administração indireta ou em órgãos da administração direta do respectivo Ente, mantendo-se o regime original (celetista). Entendo que se trata de uma possibilidade, ou seja, uma opção política do legislador, diante da inexistência de estabilidade aos empregados públicos.

2.2.3.3.2. Regime de bens e pessoal

O *regime dos bens* das empresas públicas e da sociedade de economia mista é *privado*, nos termos do art. 98 do Código Civil. Assim, como regra, não gozam das prerrogativas inerentes aos bens públicos, como a *impenhorabilidade* e a *imprescritibilidade*.

No entanto, caso sejam prestadoras de serviços públicos e seus bens estejam afetados a uma finalidade pública, que possa comprometer a continuidade dessa prestação, embora privados, poderão gozar das prerrogativas de públicos, como a impossibilidade de penhora ou usucapião[52].

Ainda no que tange ao seu patrimônio, é importante ressaltar que às empresas públicas é vedado, por força do art. 11 da Lei n. 13.303/2016, lançar debêntures ou outros títulos ou valores mobiliários, conversíveis em ações, assim como emitir partes beneficiárias, proibição não aplicável às Sociedades de Economia Mistas.

O regime de pessoal *é celetista*, compostos por *empregados públicos*, nos termos do art. 173, § 1º, inciso III, da CF/1988. Assim, ainda que admitidos mediante concurso público de provas ou provas e títulos (art. 37, incisos I e II, da CF/1988), não gozam de estabilidade. No entanto, a fim de que sejam despedidos, há a necessidade de motivação formal, dispensando-se, porém, processo administrativo[53]. Há de se dizer que, embora celetistas, o que afasta a aplicação da norma estatutária aplicável aos servidores públicos da Administração direta, autárquica e fundacional pública do respectivo Ente, é possível que o Estatuto e Regulamentos internos dessas empresas preveja a aplicação de normas semelhantes às estatutárias, o que passa a vinculá-las, como o direito às licenças, afastamentos e remoções a pedido.

Ressalta-se que, como regra, os empregados públicos dessas estatais não estão submetidos ao teto remuneratório constitucional. Todavia, se as empresas públicas e sociedades de economia mistas forem *dependentes*, ou seja, se receberem recursos da União, dos Estados, do Distrito Federal ou dos Municípios para pagamento de despesas de pessoal ou de custeio em geral, incidirá sobre seu quadro de pessoal o teto, por força expressa do art. 37, § 9º, da CF/1988.

A nomeação dos membros do Conselho de Administração e para os cargos de diretor (incluindo-se o de Presidente, Diretor-Geral ou Diretor-Presidente) não

---

[52] O Superior Tribunal de Justiça já enfrentou a matéria, tendo pacificado esse entendimento, a exemplo do julgamento do AgInt no REsp 1719589/SP, Rel. Min. Luis Felipe Salomão, 4ª T., julgado em 06/11/2018.

[53] O STF, ao enfrentar a matéria, por ocasião do julgamento do RE 688267, de relatoria do Min. Alexandre de Moraes, no dia 28 de fevereiro de 2024, em sede de repercussão geral (Tema n. 1.022), fixou a seguinte tese: "As empresas públicas e as sociedades de economia mista, sejam elas prestadoras de serviço público ou exploradoras de atividade econômica, ainda que em regime concorrencial, têm o dever jurídico de motivar, em ato formal, a demissão de seus empregados concursados, não se exigindo processo administrativo. Tal motivação deve consistir em fundamento razoável, não se exigindo, porém, que se enquadre nas hipóteses de justa causa da legislação trabalhista".

necessariamente recairá sobre os empregados da empresa, tratando-se de cargos de livre nomeação, mediante o preenchimento de requisitos e a não incidência nos impedimentos constantes no art. 17, § 2º, da Lei n. 13.303/2016.

A indicação para os cargos citados deve recair sobre cidadão (nacional brasileiro com a plenitude dos direitos políticos) de reputação ilibada e notório conhecimento (com formação acadêmica compatível), que não incida em nenhuma das hipóteses de inelegibilidade previstas nas alíneas do inciso I do *caput* do art. 1º da LC n. 64/1990, e que atenda a um dos seguintes requisitos (alternativamente):

1) ter experiência profissional de, no mínimo, 10 anos, no setor público ou privado, na área de atuação da empresa pública ou da sociedade de economia mista ou em área conexa àquela para a qual forem indicados em função de direção superior; ou

2) quatro anos ocupando pelo menos um dos seguintes cargos: a) cargo de direção ou de chefia superior em empresa de porte ou objeto social semelhante ao da empresa pública ou da sociedade de economia mista, entendendo-se como cargo de chefia superior àquele situado nos dois níveis hierárquicos não estatutários mais altos da empresa; b) cargo em comissão ou função de confiança equivalente ao antigo DAS-4 ou superior, no setor público; ou c) cargo de docente ou de pesquisador em áreas de atuação da empresa pública ou da sociedade de economia mista; ou

3) quatro anos de experiência como profissional liberal em atividade direta ou indiretamente vinculada à área de atuação da empresa pública ou sociedade de economia mista.

Por autorização expressa do art. 17, § 5º, da Lei n. 13.303/2016, os requisitos acima poderão ser **dispensados** no caso de indicação de **empregado da empresa pública ou da sociedade de economia mista** para cargo de administrador ou como membro de comitê, desde que, cumulativamente, o empregado tenha ingressado na empresa pública ou na sociedade de economia mista por meio de concurso público de provas ou de provas e títulos; tenha mais de 10 anos de trabalho efetivo na empresa pública ou na sociedade de economia mista; e tenha ocupado cargo na gestão superior da empresa pública ou da sociedade de economia mista, comprovando sua capacidade para assumir as responsabilidades dos cargos de membro do Conselho de Administração ou Diretoria.

O art. 17, § 2º, da Lei n. 13.303/2016 apresenta impedimentos para esses cargos, os quais, inclusive, foram considerados constitucionais pelo STF por ocasião do julgamento da ADI n. 7.331, julgada em 9 de maio de 2024. Assim, são vedadas as seguintes indicações:

a) de representante do órgão regulador ao qual a empresa pública ou a sociedade de economia mista está sujeita, de Ministro de Estado, de Secretário de Estado, de Secretário Municipal, de titular de cargo, sem vínculo permanente com o serviço público, de natureza especial ou de direção e assessoramento superior na administração pública, de dirigente estatutário de partido político e de titular de mandato no Poder Legislativo de qualquer ente da federação, ainda que licenciados do cargo (vedação estendida aos parentes consanguíneos ou afins até o terceiro grau);

b) de pessoa que atuou, nos últimos 36 (trinta e seis) meses, como participante de estrutura decisória de partido político ou em trabalho vinculado a organização, estruturação e realização de campanha eleitoral;
c) de pessoa que exerça cargo em organização sindical;
d) de pessoa que tenha firmado contrato ou parceria, como fornecedor ou comprador, demandante ou ofertante, de bens ou serviços de qualquer natureza, com a pessoa político-administrativa controladora da empresa pública ou da sociedade de economia mista ou com a própria empresa ou sociedade em período inferior a 3 (três) anos antes da data de nomeação;
e) de pessoa que tenha ou possa ter qualquer forma de conflito de interesse com a pessoa político-administrativa controladora da empresa pública ou da sociedade de economia mista ou com a própria empresa ou sociedade.

Por fim, é importante ressaltar que a lei que autoriza a criação da empresa pública ou sociedade de economia mista pode estabelecer outros requisitos, além dos requisitos gerais destacados acima, desde que sejam necessários, adequados e proporcionais.

2.2.3.3.3. Imunidade tributária, prerrogativas processuais, responsabilidade civil e controle externo

As empresas públicas e sociedades de economia mista *não gozarão de imunidade tributária* se forem exploradoras de atividade econômica, nos termos do art. 173, § 2º, da CF/1988, o qual prevê que essas não poderão gozar de privilégios fiscais não extensivos às do setor privado. No entanto, se forem prestadoras de serviços públicos, poderão gozar de tais privilégios, referentes aos impostos incidentes sobre o patrimônio, renda e serviços, vinculados a suas finalidades essenciais ou às delas decorrentes, conforme entendimento já pacificado no âmbito do STF[54].

As empresas estatais prestadoras de serviço público, embora possuam imunidade tributária, *não gozam de prerrogativas processuais próprias à fazenda pública*, como *prazo em dobro* para as manifestações processuais, isenção de custas ou dispensa do preparo[55]. Não obstante, se for *empresa pública federal*, terá *foro na Justiça Federal* (art. 109, inciso I, da CF/88 e art. 45 do CPC).

Sendo *sociedade de economia mista federal*, terá foro na *justiça estadual*, tendo em vista sua competência residual, entendimento já fixado na Súmula 556 do STF. Entretanto, caso a União intervenha como assistente ou oponente, é possível o deslocamento da competência para a justiça federal (exceto os casos de recuperação judicial ou falência, bem como às sujeitas à justiça eleitoral e à justiça do trabalho), com fundamento no art. 45 do CPC e na Súmula 517 do STF.

---

[54] O Tribunal já pacificou a matéria, conforme os seguintes julgados: [RE 220.906, voto do rel. min. Maurício Corrêa, j. 16/11/2000], [RE 596.729 AgR, rel. min. Ricardo Lewandowski, j. 19/10/2010]; [ACO 765 QO, voto do rel. p/ o ac. min. Eros Grau, j. 01/06/2005] e [RE 596.729 AgR, rel. min. Ricardo Lewandowski, j. 19/10/2010].

[55] O STF possui o entendimento no sentido de que, embora o art. 173, § 2º, da CF/1988 não se aplique às empresas públicas prestadoras de serviços públicos, não se pode inferir que a Constituição tenha garantido a essas entidades a isenção de custas processuais ou o privilégio do prazo em dobro para a interposição de recursos [RE 596.729 AgR, rel. min. Ricardo Lewandowski, j. 19/10/2010, 1ª T.].

No que tange à *responsabilidade civil*, a espécie incidente dependerá do objeto da empresa estatal. As empresas públicas e sociedades de economia mista *prestadoras de serviços públicos respondem direta e objetivamente* pelos danos causados pelos seus agentes, nos termos do art. 37, § 6º, da CF/88. Assim, será necessária a demonstração tão somente dos elementos objetivos, quais sejam que a conduta tenha decorrido de um de seus agentes, nesta qualidade, que tenha ocorrido dano concreto e desproporcional e que haja nexo de causalidade entre esses.

Como regra, a responsabilidade civil objetiva decorrerá do risco administrativo, comportando, assim, hipóteses excludentes de responsabilidade (culpa exclusiva da vítima, caso fortuito ou força maior ou ato de terceiro) e causa atenuante de responsabilidade (culpa concorrente)[56]. O prazo prescricional incidente à responsabilidade civil das estatais *prestadoras de serviço público* é *quinquenal*, conforme o art. 1º-C da Lei n. 9.494/1997 e a jurisprudência do STF[57].

Se essas empresas forem *exploradoras de atividade econômica*, a responsabilidade civil será *direta* e *subjetiva*, ou seja, além da demonstração dos elementos objetivos acima, haverá a necessidade de comprovação, na conduta do agente, do elemento subjetivo, mediante dolo ou culpa. O prazo prescricional incidente à responsabilidade civil das estatais *exploradoras de atividade econômica* é *trienal*, conforme o art. 206, § 3º, do CC e a jurisprudência do STF[58].

Penso que, embora a responsabilidade da empresa seja direta, ou seja, por possuir personalidade jurídica própria, está apta a adquirir direitos e obrigações, a responsabilidade do Ente Federativo criador é subsidiária, caso o patrimônio daquela seja insuficiente para a reparação.

Por fim, no que condiz ao controle externo, conforme a jurisprudência do STF, é possível o controle dessas empresas pelo Tribunal de Contas, nos termos do art. 71, II, da CF/1988, já que se trata de uma sociedade instituída pelo Poder Público[59].

2.2.4. Empresas privadas com participação minoritária do Poder Público

É possível que o Estado participe de sociedade como sócio minoritário. Essas sociedades não serão consideradas sociedades de economia mista ou empresas públicas, tampouco integram a Administração Indireta. Saddy as denomina de empresas paradministrativas ou empresas público-privadas[60].

---

[56] O STF já assentou entendimento, no sentido de que a responsabilidade civil das pessoas jurídicas de direito público e das pessoas jurídicas de direito privado prestadoras de serviço público, responsabilidade objetiva, com base no risco administrativo, admite pesquisa em torno da culpa da vítima, para o fim de abrandá-la ou mesmo excluí-la [AI 636.814 AgR, rel. min. Eros Grau, j. 22/05/2007, 2ª T.].

[57] O Tribunal já enfrentou o tema, assentando que é constitucional a norma decorrente do art. 1º-C da Lei 9.494/1997, que fixa em cinco anos o prazo prescricional para as ações de indenização por danos causados por agentes de pessoas jurídicas de direito privado prestadoras de serviços públicos, reproduzindo a regra já estabelecida, para a União, os Estados e os Municípios, no art. 1º do Decreto n. 20.910/1932 [ADI 2.418, rel. min. Teori Zavascki, j. 04/05/2016. P].

[58] O Tribunal já enfrentou o tema, assentando que é constitucional a norma decorrente do art. 1º-C da Lei 9.494/1997, que fixa em cinco anos o prazo prescricional para as ações de indenização por danos causados por agentes de pessoas jurídicas de direito privado prestadoras de serviços públicos, reproduzindo a regra já estabelecida, para a União, os Estados e os Municípios, no art. 1º do Decreto n. 20.910/1932 [ADI 2.418, rel. min. Teori Zavascki, j. 04/05/2016. P].

[59] O STF já assentou este entendimento no MS n. 25092/DF, no RE n. 356209 AgR/GO, no MS n. 26117/DF, entre outros.

[60] SADDY, André. *Curso de direito administrativo*. 2. v. 2. ed. Rio de Janeiro: Editora CEEJ, 2023, p. 533.

Há de se dizer que, mesmo nas situações em que haja participação minoritária do Poder Público no capital social de uma Sociedade Anônima, é possível que esse exerça seu controle, uma vez que a propriedade da maioria do capital social votante não é condição indispensável para o controle da pessoa jurídica[61].

Isso porque, independente da proporção do capital social, nos termos do art. 116 da Lei n. 6.404/1976, entende-se por acionista controlador aquele que é titular de direitos de sócio que lhe assegurem, de modo permanente, a maioria dos votos nas deliberações da assembleia-geral e o poder de eleger a maioria dos administradores da companhia, bem como aquele que usa efetivamente seu poder para dirigir as atividades sociais e orientar o funcionamento dos órgãos da companhia[62].

Assim, mesmo nas situações em que o Poder Público tenha participação minoritária, em tese, é possível que este venha a exercer o controle da empresa. Para tanto, é necessário que esse celebre um acordo de acionistas, previsto no art. 118 da Lei n. 6.404/1976, com as finalidades previstas no art. 116 dessa mesma lei, quais sejam a possibilidade de poder dirigir as atividades sociais e orientar o funcionamento da companhia através da titularidade de direitos de sócio que assegurem, de modo permanente, a maioria de votos nas deliberações da assembleia-geral e o poder de eleger a maioria dos administradores[63].

Por fim, outro ponto importante a ser ressaltado é que a aquisição de participação acionária minoritária pelo Estado não confere à sociedade vantagem perante o poder público, concorrendo em paridade com as empresas privadas em licitações públicas, por exemplo, ainda que haja a previsão no acordo de acionistas[64].

2.2.5. Sociedades controladas direta ou indiretamente pelo Poder Público

Enquadram-se nessa categoria, expressa no art. 37, inciso XVII, da CF/1988, as sociedades privadas das quais o Poder Público possua o capital votante majoritário, mas que não sejam constituídas (legalmente) como Sociedade de Economia Mista. Veja-se, como exemplo, uma sociedade limitada de que o Estado tenha adquirido a maior parte das quotas sociais ou até uma sociedade anônima de que adquira a maior parte do capital social. Essa aquisição não só pode resultar de compra, mas até de execução fiscal ou por herança jacente (no Distrito Federal ou Municípios).

O Estado exerce o *controle direto* quando ele próprio (União, Estados, Distrito Federal e Municípios) detém a maior parte do capital social votante. Por sua vez, o

---

[61] NIEBUHR, Pedro de Menezes; DE ASSIS, Luiz Eduardo Altenburg. *O Estado como acionista minoritário nas Sociedades Privadas*, 26 jun 2020. Disponível em: https://www.mnadvocacia.com.br/o-estado-como-acionista-minoritario-nas-sociedades-privadas. Acesso em: 23 out. 2023.

[62] NIEBUHR, Pedro de Menezes; DE ASSIS, Luiz Eduardo Altenburg. *O Estado como acionista minoritário nas Sociedades Privadas*, 26 jun 2020. Disponível em: https://www.mnadvocacia.com.br/o-estado-como-acionista-minoritario-nas-sociedades-privadas. Acesso em: 23 out. 2023.

[63] NIEBUHR, Pedro de Menezes; DE ASSIS, Luiz Eduardo Altenburg. *O Estado como acionista minoritário nas Sociedades Privadas*, 26 jun 2020. Disponível em: https://www.mnadvocacia.com.br/o-estado-como-acionista-minoritario- nas--sociedades-privadas. Acesso em: 23 out. 2023.

[64] O TCU já enfrentou essa questão, fixando entendimento de que a participação acionária minoritária pelo Estado em empresa privada não confere à sociedade vantagem perante o poder público, não podendo esta ser contratada por dispensa de licitação em razão unicamente de per participação social do Ente contratante [Acórdão n. 1220/2016 – Plenário. rel. min. Bruno Dantas. Julgado em 18/05/2016].

controle indireto é exercido quando uma de suas empresas públicas ou sociedades de economia mista exerce o controle societário.

Ressalta-se que, nesta seção, se fala das empresas privadas com participação social do poder público. Essa advertência é importante porque também nas empresas públicas e nas sociedades de economia mista o Estado exerce o *controle direto* e, nas suas subsidiárias, exerce o *controle indireto*.

2.2.6. Entidades paraestatais (terceiro setor)

São entidades da sociedade civil, sem fins lucrativos, que desempenham atividades de interesse social mediante vínculo formal de parceria com o Estado, nas diversas esferas federativas[65].

Dentre os fundamentos de existência do Terceiro Setor, é possível destacar a *passagem de uma Administração Pública imperativa para uma Administração Pública consensual*, o que aproxima Estado e Sociedade, propiciando um ambiente de parcerias; o *princípio da subsidiariedade*, o qual confere primazia à sociedade à efetivação dos direitos sociais, econômicos, culturais e ambientais, conferindo um papel coadjuvante à atuação direta do Estado; e o *fomento*, o poder público como incentivador, principalmente financeiro, do exercício das atividades sociais pelas entidades da sociedade civil[66].

São características comuns às entidades paraestatais, serem *entidades privadas, sem fins lucrativos*, instituídas sob forma de fundações (privadas) ou associações civis, recebendo *qualificação jurídica diferenciada* pelo poder público, em diferentes esferas da federação[67].

Em suma, é possível dizer que elas são *criadas pela iniciativa privada, e não pelo Estado, não possuem finalidade lucrativa*, sendo prestadoras de serviços de relevância social, *não integram a Administração Pública* direta ou indireta e *possuem vínculo legal ou negocial com o Estado*, o que possibilita que *recebam benefícios públicos* (fomento)[68].

As entidades paraestatais possuem diferentes qualificações jurídicas, podendo, inclusive, variar de um Ente da federação para outro. Dessa forma, serão estudadas as *Organizações Sociais (OS)*, as *Organizações da Sociedade Civil de Interesse Público (OSCIP)* as *Organizações da Sociedade Civil (OSC)* em regime de parcerias, os *Serviços Sociais Autônomos (Sistema S)* e as *Fundações de Apoio (FA)*.

2.2.6.1. Organizações Sociais (OS)

Não integram a Administração Pública, pois pertencem à iniciativa privada, mas atuam ao lado do Estado, cooperando com ele no estabelecimento de parcerias com

---

[65] OLIVEIRA, Rafael Carvalho Rezende. *Curso de direito administrativo*. 11. ed. rev. atual. e ampl. Rio de Janeiro: Forense; São Paulo: Método, 2023. p. 213.
[66] OLIVEIRA, Rafael Carvalho Rezende. *Curso de direito administrativo*. 11. ed. rev. atual. e ampl. Rio de Janeiro: Forense; São Paulo: Método, 2023. p. 213.
[67] OLIVEIRA, Rafael Carvalho Rezende. *Curso de direito administrativo*. 11. ed. rev. atual. e ampl. Rio de Janeiro: Forense; São Paulo: Método, 2023. p. 214.
[68] OLIVEIRA, Rafael Carvalho Rezende. *Curso de direito administrativo*. 11. ed. rev. atual. e ampl. Rio de Janeiro: Forense; São Paulo: Método, 2023. p. 214.

o poder público. São pessoas jurídicas de direito privado *sem fins lucrativos* criadas por particulares para a execução de serviços públicos não exclusivos do Estado. Para fins de uniformização, nesta seção, serão trabalhadas as OS em âmbito federal, previstas na Lei n. 9.637/1998.

Essa Lei autoriza que prestem serviços de ensino, pesquisa científica, desenvolvimento tecnológico, proteção e preservação do meio ambiente, cultura e saúde. A *qualificação* das OS é *discricionária*, conforme decorre do art. 1º e art. 2º, inciso II, dessa lei, por Decreto do Presidente da República (na esfera federal). Por sua vez, a *desqualificação* está sujeita ao descumprimento das disposições contidas no contrato de gestão, após o devido processo administrativo, a ampla defesa e o contraditório, respondendo seus dirigentes, individual e solidariamente, pelos danos ou prejuízos decorrentes de sua ação ou omissão[69].

O instrumento que forma a parceria é o *contrato de gestão* (previsto nos arts. 5º a 7º da Lei n. 9.637/1998), o qual deve ser elaborado com observância dos princípios da legalidade, impessoalidade, moralidade, publicidade e economicidade, especificando o programa de trabalho proposto pela organização social, as metas a serem atingidas e os respectivos prazos de execução, bem como a previsão expressa dos critérios objetivos de avaliação de desempenho a serem utilizados, mediante indicadores de qualidade e produtividade. Esse contrato também deve estipular, necessariamente, os limites e critérios à despesa com remuneração e vantagens de qualquer natureza a serem percebidas por seus dirigentes e empregados, no exercício de suas funções[70].

A Lei n. 8.666/1993, em seu art. 24, inciso XXIV, previa a possibilidade de dispensa de licitação à celebração de contratos de prestação de serviços com as OS, qualificadas no âmbito das respectivas esferas de governo, *para atividades contempladas no contrato de gestão*). Por sua vez, a Lei n. 14.133/2021 não contempla dispositivo semelhante, todavia defendo que a dispensa poderá ocorrer com base no art. 75, inciso XV (para contratação de instituição brasileira que tenha por finalidade estatutária apoiar, captar e executar atividades de ensino, pesquisa, extensão, desenvolvimento institucional, científico e tecnológico e estímulo à inovação, inclusive para gerir administrativa e financeiramente essas atividades, ou para contratação de instituição dedicada à recuperação social da pessoa presa, desde que o contratado tenha inquestionável reputação ética e profissional e não tenha fins lucrativos).

As OS podem receber dotações orçamentárias, bens públicos, por intermédio de permissão de uso (dispensada a licitação), e servidores públicos cedidos pelo respectivo Ente. Os bens móveis públicos permitidos para uso poderão ser permutados por

---

[69] O STF já enfrentou o tema, em decisão monocrática da Min. Cármen Lúcia, no MS n. 38556-DF, em que o Centro Brasileiro de Pesquisa em Avaliação e Seleção e de Promoção de Eventos (Cebraspe), antigo Cespe/UnB, pedia a anulação do Decreto n. 11.062/2022, da Presidência da República, que o desqualificou como OS. Na decisão, a ministra assentou a natureza discricionária da qualificação, baseada em conveniência e oportunidade ao poder público, e a possibilidade de desqualificação, quando demonstrado o descumprimento do contrato de gestão, mediante processo administrativo com ampla defesa e contraditório.

[70] A submissão das OS aos princípios da Administração Pública já foi enfrentada em sede de controle concentrado no STF, tendo o tribunal firmado entendimento de que é constitucional o ato normativo que concretiza a aplicação dos princípios da Administração Pública (art. 37, *caput*, da CF/1988) às entidades qualificadas como organizações sociais. [ADPF 559, rel. min. Roberto Barroso, j. 13/06/2022, P].

outros de igual ou maior valor, condicionado a que os novos bens integrem o patrimônio público. Havendo a desqualificação da OS, os bens e valores entregues, bem como o pessoal cedido serão revertidos ao poder público.

São *requisitos específicos* para que as entidades privadas se habilitem à qualificação como organização social, além da aprovação discricionária pelo Ministro de Estado ou autoridade equivalente, conforme o art. 2º da Lei n. 9.637/1998, comprovar o registro de seu ato constitutivo, o qual deverá dispor sobre:

a) a natureza social de seus objetivos relativos à respectiva área de atuação;
b) a finalidade não lucrativa, com a obrigatoriedade de investimento de seus excedentes financeiros no desenvolvimento das próprias atividades;
c) a previsão expressa de a entidade ter, como órgãos de deliberação superior e de direção, um conselho de administração e uma diretoria definidos nos termos do estatuto, asseguradas àquele composição e atribuições normativas e de controle básicas previstas nesta Lei;
d) a previsão de participação, no órgão colegiado de deliberação superior, de representantes do Poder Público e de membros da comunidade, de notória capacidade profissional e idoneidade moral;
e) a composição e atribuições da diretoria;
f) a obrigatoriedade de publicação anual, no Diário Oficial da União, dos relatórios financeiros e do relatório de execução do contrato de gestão;
g) no caso de associação civil, a aceitação de novos associados, na forma do estatuto;
h) a proibição de distribuição de bens ou de parcela do patrimônio líquido em qualquer hipótese, inclusive em razão de desligamento, retirada ou falecimento de associado ou membro da entidade; e
i) a previsão de incorporação integral do patrimônio, dos legados ou das doações que lhe foram destinados, bem como dos excedentes financeiros decorrentes de suas atividades, em caso de extinção ou desqualificação, ao patrimônio de outra OS qualificada no âmbito da União, da mesma área de atuação, ou ao patrimônio da União, dos Estados, do DF ou dos Municípios, na proporção dos recursos e bens por estes alocados.

As OS *não estão sujeitas à Lei de Licitações e Contratos*, no entanto, por força do art. 17 Lei n. 9.637/1998, possuem 90 dias, contados da assinatura do contrato de gestão, para publicar *regulamento próprio* contendo os procedimentos que adotará para a contratação de obras e serviços, bem como para compras com emprego de recursos provenientes do Poder Público.

Ressalta-se que as OS estão sujeitas ao controle do Tribunal de Contas, sendo impositivo, na forma dos arts. 9º e 10 da Lei n. 9.637/1998, que os responsáveis pela fiscalização da execução do contrato de gestão, ao tomarem conhecimento de qualquer irregularidade ou ilegalidade na utilização de recursos ou bens de origem pública pela OS, cientifiquem o TCU, sob pena de responsabilidade solidária, e representem ao Ministério Público e à respectiva Advocacia Pública, para que esta requeira ao juízo competente a decretação da indisponibilidade dos bens da entidade e o sequestro dos bens dos seus dirigentes, bem como de agente público ou terceiro, que possam ter enriquecido ilicitamente ou causado dano ao erário.

Por fim, há de se dizer que, por previsão expressa do art. 2º, parágrafo único, da Lei n. 8.429/1992, no que se refere a recursos de origem pública, sujeita-se às sanções previstas na Lei de Improbidade Administrativa o particular, pessoa física ou jurídica, que celebra contrato de gestão com a administração pública. Assim, para fins de improbidade administrativa, *os dirigentes das OS são agentes públicos por equiparação.*

2.2.6.2. Organizações da Sociedade Civil de Interesse Público (OSCIP)

As OSCIP são previstas na Lei n. 9.790/1999, sendo qualificadas mediante *ato vinculado*, conforme previsto expressamente no art. 1º, § 1º, dessa Lei. São Organizações criadas pela sociedade civil, sem fins lucrativos, que estejam constituídas e se encontrem em funcionamento regular há, no mínimo, 3 (três) anos.

A qualificação como OSCIP, observado em qualquer caso o princípio da universalização dos serviços, no respectivo âmbito de atuação da entidade, de acordo com o previsto no art. 3º da Lei n. 9.790/1999, somente será conferida às pessoas jurídicas de direito privado, *sem fins lucrativos*, cujos objetivos sociais tenham pelo menos uma das finalidades abaixo:

a) promoção da assistência social;
b) promoção da cultura, defesa e conservação do patrimônio histórico e artístico;
c) promoção gratuita da educação, observando-se a forma complementar de participação das OSCIP;
d) promoção gratuita da saúde, observando-se a forma complementar de participação das OSCIP;
e) promoção da segurança alimentar e nutricional;
f) defesa, preservação e conservação do meio ambiente e promoção do desenvolvimento sustentável;
g) promoção do voluntariado;
h) promoção do desenvolvimento econômico e social e combate à pobreza;
i) experimentação, não lucrativa, de novos modelos sócio produtivos e de sistemas alternativos de produção, comércio, emprego e crédito;
j) promoção de direitos estabelecidos, construção de novos direitos e assessoria jurídica gratuita de interesse suplementar;
k) promoção da ética, da paz, da cidadania, dos direitos humanos, da democracia e de outros valores universais;
l) estudos e pesquisas, desenvolvimento de tecnologias alternativas, produção e divulgação de informações e conhecimentos técnicos e científicos que digam respeito às atividades mencionadas acima; e
m) estudos e pesquisas para o desenvolvimento, a disponibilização e a implementação de tecnologias voltadas à mobilidade de pessoas, por qualquer meio de transporte.

A dedicação a essas atividades configura-se mediante a execução direta de projetos, programas, planos de ações correlatas, por meio da doação de recursos físicos, humanos e financeiros, ou ainda pela prestação de serviços intermediários de apoio a outras organizações sem fins lucrativos e a órgãos ou entidades que atuem em áreas afins.

Além dos requisitos acima, o art. 4º da Lei n. 9.790/1999 estabelece, ainda, como requisitos de qualificação, que as interessadas sejam regidas por estatutos que contenham disposições expressas que as submetam aos princípios da legalidade, impessoalidade, moralidade, publicidade, economicidade e eficiência, bem como:

a) a adoção de práticas de gestão administrativa, necessárias e suficientes a coibir a obtenção, de forma individual ou coletiva, de benefícios ou vantagens pessoais, em decorrência da participação no respectivo processo decisório;

b) a constituição de conselho fiscal ou órgão equivalente, dotado de competência para opinar sobre os relatórios de desempenho financeiro e contábil, e sobre as operações patrimoniais realizadas, emitindo pareceres para os organismos superiores da entidade;

c) a previsão de que, em caso de dissolução da entidade, o respectivo patrimônio líquido será transferido a outra OSCIP, preferencialmente que tenha o mesmo objeto social da extinta;

d) a previsão de que, na hipótese OSCIP perder a qualificação, o respectivo acervo patrimonial disponível, adquirido com recursos públicos durante o período em que perdurou a qualificação, será transferido a outra OSCIP, preferencialmente que tenha o mesmo objeto social;

e) a possibilidade de se instituir remuneração para os dirigentes da entidade que atuem efetivamente na gestão executiva e para aqueles que a ela prestam serviços específicos, respeitados, em ambos os casos, os valores praticados pelo mercado, na região correspondente a sua área de atuação;

f) normas de prestação de contas a serem observadas pela entidade, que determinarão, no mínimo, a observância dos princípios fundamentais de contabilidade e das Normas Brasileiras de Contabilidade; a publicidade por qualquer meio eficaz, no encerramento do exercício fiscal, ao relatório de atividades e das demonstrações financeiras da entidade, colocando-os à disposição para exame de qualquer cidadão; a realização de auditoria, inclusive por auditores externos independentes, se for o caso, da aplicação dos eventuais recursos objeto do termo de parceria; e a prestação de contas de todos os recursos e bens de origem pública recebidos, na forma do parágrafo único do art. 70 da CF/1988, ao Tribunal de Contas.

Não são passíveis de qualificação como OSCIP, conforme o art. 2º da Lei n. 9.790/1999, ainda que se dediquem de qualquer forma às atividades descritas acima, as sociedades empresariais; os sindicatos, as associações de classe ou de representação de categoria profissional; as instituições religiosas ou voltadas para a disseminação de credos, cultos, práticas e visões devocionais e confessionais; as organizações partidárias e assemelhadas, inclusive suas fundações; as entidades de benefício mútuo destinadas a proporcionar bens ou serviços a um círculo restrito de associados ou sócios; as entidades e empresas que comercializam planos de saúde e assemelhados; as instituições hospitalares privadas não gratuitas e suas mantenedoras; as escolas privadas dedicadas ao ensino formal não gratuito e suas mantenedoras; *as organizações sociais (OS)*; as cooperativas; as fundações públicas; as fundações, sociedades civis ou associações de direito privado criadas por órgão público ou por fundações públicas; e as organizações creditícias que tenham quaisquer tipo de vinculação com o sistema financeiro nacional.

O instrumento que celebra a parceria com o poder público é o *termo de parceria*, previsto nos arts. 9º a 15-B da Lei n. 9.790/1999, o qual deve conter, como cláusulas essenciais, o objeto, as metas e dos resultados, os prazos de execução ou cronograma, os critérios objetivos de avaliação de desempenho, a previsão de receitas e despesas, o detalhamento das remunerações e benefícios de pessoal a serem pagos, a prestação de contas ao término de cada exercício e a publicação, na imprensa oficial, do alcance das atividades celebradas entre o órgão e a OSCIP e do extrato do termo de parceria.

As OSCIPS *não estão sujeitas à Lei de Licitações e Contratos*, no entanto, por força do art. 14 Lei n. 9.790/1999, possuem 30 dias, contados da assinatura do termo de parceria, para publicar *regulamento próprio* contendo os procedimentos que adotará para a contratação de obras e serviços, bem como para compras com emprego de recursos provenientes do Poder Público.

Ressalta-se que, assim como as OS, as OSCIPS também estão sujeitas ao controle do Tribunal de Contas, sendo impositivo, na forma dos arts. 12 e 13 da Lei n. 9.790/1999, que os responsáveis pela fiscalização da execução do termo de parceria, ao tomarem conhecimento de qualquer irregularidade ou ilegalidade na utilização de recursos ou bens de origem pública pela OSCIP, cientifiquem o TCU, sob pena de responsabilidade solidária, e representem ao Ministério Público e à respectiva Advocacia Pública, para que esta requeira ao juízo competente a decretação da indisponibilidade dos bens da entidade e o sequestro dos bens dos seus dirigentes, bem como de agente público ou terceiro, que possam ter enriquecido ilicitamente ou causado dano ao erário.

Por fim, há de se dizer que, por previsão expressa do art. 2º, parágrafo único, da Lei n. 8.429/92, no que se refere a recursos de origem pública, sujeita-se às sanções previstas na Lei de Improbidade Administrativa o particular, pessoa física ou jurídica, que celebra termo de parceria com a administração pública. Assim, para fins de improbidade administrativa, *os dirigentes das OSCIP são agentes públicos por equiparação*.

2.2.6.3. Organizações da Sociedade Civil sob regime de parcerias voluntárias (OSC)

O regime instituído pela Lei n. 13.019/2014 constitui-se nas denominadas parcerias entre a administração pública e as Organizações da Sociedade Civil (OSC), em regime de mútua cooperação, para a consecução de finalidades de interesse público e recíproco, mediante a execução de atividades ou de projetos previamente estabelecidos em planos de trabalho inseridos em *termos de colaboração*, *de fomento* ou em *acordos de cooperação*.

São consideradas OSC, para a celebração das parcerias voluntárias, atendendo-se aos requisitos do art. 2º, inciso I, da Lei n. 13.019/2014, as seguintes espécies:

a) entidade privada sem fins lucrativos que não distribua entre os seus sócios ou associados, conselheiros, diretores, empregados, doadores ou terceiros eventuais resultados, sobras, excedentes operacionais, brutos ou líquidos, dividendos, isenções de qualquer natureza, participações ou parcelas do seu patrimônio, auferidos mediante o exercício de suas atividades, e que os aplique integralmente na consecução do respectivo objeto social, de forma imediata ou por meio da constituição de fundo patrimonial ou fundo de reserva;

b) *as sociedades cooperativas* previstas na Lei n. 9.867/1999; as integradas por pessoas em situação de risco ou vulnerabilidade pessoal ou social; as alcançadas por programas e ações de combate à pobreza e de geração de trabalho e renda; as voltadas para fomento, educação e capacitação de trabalhadores rurais ou capacitação de agentes de assistência técnica e extensão rural; e as capacitadas para execução de atividades ou de projetos de interesse público e de cunho social;

c) *as organizações religiosas* que se dediquem a atividades ou a projetos de interesse público e de cunho social distintas das destinadas a fins exclusivamente religiosos.

A instrumentalização da parceria se dá por intermédio de *termo de colaboração* (adotado pela administração pública para consecução de planos de trabalho de sua iniciativa, que envolvam a transferência de recursos financeiros) ou de *termo de fomento* (adotado pela administração pública para consecução de planos de trabalho propostos por organizações da sociedade civil que envolvam a transferência de recursos financeiros) ou de *acordo de cooperação* (adotado pela administração pública para a consecução de finalidades de interesse público e recíproco que não envolvam a transferência de recursos financeiros).

Para a celebração de termo de colaboração ou de fomento (que envolvem transferência de recursos financeiros) é necessária, como regra geral, a realização de chamamento público, com procedimentos claros, objetivos e simplificados, que orientem os interessados e facilitem o acesso direto aos seus órgãos e instâncias decisórias, como determinado pelos arts. 23 e 24 da Lei n. 13.019/2014.

Essa lei apresenta hipóteses de *chamamento público dispensado (não haverá), dispensável (poderá haver)* e *inexigível (não haverá por inviabilidade de competição)*, situações excepcionais previstas, respectivamente, nos arts. 29, 30 e 31.

A primeira hipótese (vinculada e taxativa) ocorrerá quando os termos de colaboração ou de fomento *envolverem recursos decorrentes de emendas parlamentares* às leis orçamentárias anuais, exceto, em relação aos acordos de cooperação, quando o objeto envolver a celebração de comodato, doação de bens ou outra forma de compartilhamento de recurso patrimonial, hipótese em que o respectivo chamamento público não será dispensado.

A segunda hipótese (discricionária e taxativa) poderá ocorrer no caso de urgência decorrente de paralisação ou iminência de paralisação de atividades de relevante interesse público, pelo prazo de até 180 dias; nos casos de guerra, calamidade pública, grave perturbação da ordem pública ou ameaça à paz social; quando se tratar da realização de programa de proteção a pessoas ameaçadas ou em situação que possa comprometer a sua segurança; e no caso de atividades voltadas ou vinculadas a serviços de educação, saúde e assistência social, desde que executadas por OSC previamente credenciadas pelo órgão gestor da respectiva política.

A terceira hipótese (vinculada e exemplificativa) ocorrerá quando houver inviabilidade de competição entre as OSC, em razão da natureza singular do objeto da parceria ou se as metas somente puderem ser atingidas por uma entidade específica, especialmente quando o objeto constituir incumbência prevista em acordo, ato ou compromisso internacional, no qual sejam indicadas as instituições que utilizarão os recursos ou quando a parceria decorrer de transferência para OSC que esteja autorizada em lei na qual seja identificada expressamente a entidade beneficiária, inclusive quando se tratar da subvenção prevista no inciso I do § 3º do art. 12 da Lei n. 4.320/1964 (Lei Geral de Finanças Públicas), observado o disposto no art. 26 da LC n. 101/2000 (Lei de Responsabilidade Fiscal).

Para que as OSC celebrem qualquer das espécies de parcerias previstas na Lei n. 13.019/2014, seu art. 33 impõe uma série de *requisitos*, os quais devem ser estabelecidos em suas normas de organização interna, dentre os quais:

a) objetivos voltados à promoção de atividades e finalidades de relevância pública e social;
b) que, em caso de dissolução da entidade, o respectivo patrimônio líquido seja transferido a outra pessoa jurídica de igual natureza que preencha os requisitos da Lei n. 13.019/2014 e cujo objeto social seja, preferencialmente, o mesmo da entidade extinta;
c) escrituração de acordo com os princípios fundamentais de contabilidade e com as Normas Brasileiras de Contabilidade; e
d) possuir tempo mínimo de existência, com cadastro ativo, comprovados pelo registro no CNPJ, conforme, respectivamente, a parceria seja celebrada no âmbito dos Municípios (um ano), do Distrito Federal ou dos Estados (dois anos), e da União (três anos), admitida a redução desses prazos por ato específico de cada ente na hipótese de nenhuma organização atingi-los;
e) possuir experiência prévia na realização, com efetividade, do objeto da parceria ou de natureza semelhante; e
f) possuir instalações, condições materiais e capacidade técnica e operacional para o desenvolvimento das atividades ou projetos previstos na parceria e o cumprimento das metas estabelecidas.

Excepcionalmente, à celebração de acordo de cooperação, será exigido apenas o requisito da letra "a". Por sua vez, as organizações religiosas serão dispensadas, independentemente da espécie de parceria, dos requisitos mencionados nas letras "a" e "b", enquanto as sociedades cooperativas deverão atender às exigências previstas na legislação específica e ao requisito da letra "c", estando dispensadas, porém, dos requisitos previstos nas letras "a" e "b". Os requisitos das alíneas "d", "e" e "f" são exigíveis para todos os termos de colaboração e de fomento, independentemente da espécie de OSC, não havendo necessidade de demonstração de capacidade prévia para os requisitos da letra "f".

Ainda que haja o preenchimento dos requisitos acima, a Lei n. 13.019/2014 estabelece *impedimentos objetivos e subjetivos* à celebração da parceria. O primeiro, *de natureza objetiva*, é previsto no art. 40, vedando-se parcerias que tenham por objeto, envolvam ou incluam, direta ou indiretamente, delegação das funções de regulação, de fiscalização, de exercício do poder de polícia ou de outras atividades exclusivas de Estado.

Os impedimentos de *natureza subjetiva* encontram-se no art. 39 e aplicam-se a qualquer OSC, independentemente da modalidade de parceria, sendo os seguintes:

a) entidade que não esteja regularmente constituída ou, se estrangeira, não esteja autorizada a funcionar no território nacional, bem como aquela que tenha como dirigente membro de Poder, do Ministério Público ou dirigente de órgão ou entidade da administração pública da mesma esfera governamental na qual será celebrada a parceria, estendendo-se a vedação aos respectivos cônjuges ou companheiros, bem como parentes em linha reta, colateral ou por afinidade, até o segundo grau;

b) entidade que esteja omissa no dever de prestar contas de parceria anteriormente celebrada ou que tenha tido as contas rejeitadas pela administração pública nos últimos cinco anos, exceto se for sanada a irregularidade que motivou a rejeição e quitados os débitos eventualmente imputados, a decisão pela rejeição seja reconsiderada ou revista, bem como se a apreciação das contas estiver pendente de decisão sobre recurso com efeito suspensivo. Também há de se dizer que, para fins de aprovação das contas, não serão considerados débitos que decorram de atrasos na liberação de repasses pela administração pública ou que tenham sido objeto de parcelamento, se a entidade estiver em situação regular no parcelamento;

c) entidade que tenha sido punida, pelo período que durar a penalidade, com suspensão de participação em licitação (ou chamamento público) e impedimento de contratar (ou celebrar parceria) com a Administração Direta e Indireta do Ente Federativo sancionador; ou declaração de inidoneidade para licitar ou contratar (ou celebrar parcerias) com a Administração Pública;

d) entidade que tenha tido contas de parceria julgadas irregulares ou rejeitadas por Tribunal ou Conselho de Contas de qualquer esfera da Federação, em decisão irrecorrível, nos últimos 8 (oito) anos; ou que tenha entre seus dirigentes pessoa que tenha tido essas contas reprovadas, bem como julgada responsável por falta grave e inabilitada para o exercício de cargo em comissão ou função de confiança, enquanto durar a inabilitação ou considerada responsável por ato de improbidade, enquanto durarem os prazos estabelecidos nos incisos I, II e III do art. 12 da Lei n. 8.429/1992.

Por força expressa do art. 39, § 2º, da Lei n. 13.019/2014, em qualquer das hipóteses acima, persistirá o impedimento subjetivo para a celebração de parceria, enquanto não houver o ressarcimento do dano ao erário, pelo qual seja responsável a OSC ou seu dirigente.

No que tange ao *controle*, o instrumento de parceria deverá conter disposição que obrigue a OSC a permitir o livre acesso dos agentes da administração pública, do controle interno e do Tribunal de Contas correspondente, aos processos, documentos e informações relacionadas a sua execução, na forma do art. 42, inciso XV, da Lei n. 13.019/2014.

As OSC não se submetem à Lei de Licitações. Ponto importante a ser observado é que a redação original da Lei n. 13.019/2014 previa, no art. 34, inciso VIII, a previsão de que, para a celebração da parceria, as entidades interessadas deveriam apresentar um *regulamento de compras e contratações*, próprio ou de terceiro, aprovado pela administração pública celebrante, em que se estabelecesse, no mínimo, a observância dos princípios da legalidade, da moralidade, da boa-fé, da probidade, da impessoalidade, da economicidade, da eficiência, da isonomia, da publicidade, da razoabilidade e do julgamento objetivo e a busca permanente de qualidade e durabilidade.

Essa previsão foi revogada expressamente pela Lei n. 13.204/2015, juntamente com os arts. 43 e 44 que estabeleciam normas às contratações realizadas pelas OSC, quando empregados recursos públicos, o que, a meu ver, representou um retrocesso à gestão desses valores.

2.2.6.4. Serviços Sociais Autônomos (Sistema S)

Os Serviços Sociais Autônomos (Sistema S) são pessoas jurídicas de direito privado, integrantes da iniciativa privada, que foram criadas para desenvolver atividades de auxílio a determinadas categorias profissionais que não tenham finalidade lucrativa.

Assim, é uma *pessoa jurídica criada mediante previsão legal*, como entidade privada de serviço social e de formação profissional vinculada ao sistema sindical, fundamentada no art. 240 da CF/1988. Algumas entidades possuem assento constitucional, como o Serviço Nacional de Aprendizagem Rural (SENAR), o Serviço Nacional de Aprendizagem Industrial (SENAI) e ao Serviço Nacional de Aprendizagem do Comércio (SENAC), todos previstos no art. 62 dos ADCT da CF/1988.

Veja-se que, embora esse dispositivo constitucional preveja que a lei criará essas entidades, elas não integram a administração pública, seja direta ou indireta. Outras entidades do Sistema S, ainda que não sejam mencionadas constitucionalmente, foram criadas por atos normativos anteriores à Constituição, com a finalidade de fomentar o desenvolvimento de certas categorias profissionais e, por isso, interessa à Administração fomentá-las.

Como exemplo, menciona-se também o Serviço Social do Comércio (SESC), o Serviço Nacional de Aprendizagem do Cooperativismo (SESCOOP), o Serviço Social da Indústria (SESI), o Serviço Social do Transporte (SEST), o Serviço Nacional de Aprendizagem do Transporte (SENAT) e o Serviço Brasileiro de Apoio às Micro e Pequenas Empresas (SEBRAE).

Podem receber incentivos com dotações orçamentárias e titularizam contribuições parafiscais (tributos advindos do setor privado – as empresas, os quais incidem sobre a folha de salários das empresas pertencentes à categoria correspondente e se destinam a financiar atividades que visem ao aperfeiçoamento profissional e à melhoria do bem-estar social dos trabalhadores). Aspecto importante a ser destacado é que, quando o produto dessas contribuições ingressa nos cofres dessas entidades, perde o caráter de recurso público[71]. Não obstante, *estão sujeitas ao controle do*

---

[71] Assim decidiu o plenário do STF, ao julgar a ACO 1.953 AgR, rel. min. Ricardo Lewandowski, j. 18/12/2013, P.

Tribunal de Contas, no que tange à aplicação finalística dos recursos recebidos[72] e os dirigentes dessas entidades, que malversarem esses recursos *estarão sujeitos à Lei de Improbidade Administrativa*, como agentes públicos por equiparação[73].

Adquirem personalidade jurídica com a inscrição do seu ato constitutivo no **Registro Civil de Pessoas Jurídicas** (geralmente, sob forma de associação ou fundação). Não há regra que determine a forma jurídica do Serviço Social Autônomo. Podem assumir o formato de fundação ou associação ou o formato jurídico especial, insuscetível de perfeito enquadramento nas categorias previstas no Código Civil.

Assim, pode-se dizer que são regidos pelo Direito Privado com a incidência das normas de Direito Público previstas na lei autorizativa. São criadas por entidade civil, a corporação representativa de setor da economia, mediante autorização legal (geralmente a confederação sindical respectiva). Vinculam-se ao órgão da administração direta relacionado com suas atividades, para fins de controle finalístico e prestação de contas dos recursos públicos recebidos para sua manutenção, conforme expressamente previsto respectivamente na lei que autorizar a criação.

Seu patrimônio, além das contribuições parafiscais, é constituído por doações e legados. Em caso de extinção, deve ser revertido para as entidades instituidoras, na forma estabelecida no estatuto. Observa a legislação privada, inclusive no que se refere ao regime de pessoal (*regime celetista*), ao processo de compras de bens e serviços e de contabilidade e finanças com as derrogações impostas na lei autorizativa, quando houver.

Assim, *não estão obrigadas à realização de concurso público* para a seleção de pessoal, *tampouco estão sujeitas à Lei de Licitações*, sujeitando-se apenas à lei de regência e seus respectivos regulamentos próprios, conforme já decidido pelo STF ao julgar o RE n. 789.874 em 2014.

Possuem imunidade tributária, quando enquadrados nos casos contemplados no art. 150, inciso VI, alínea "c", da CF/1988, ou seja, quando não houve finalidade lucrativa[74]. *Não possuem prerrogativas processuais* (conforme decidido pelo STF no AI n. 841548/PR) e a competência para apreciar questões judiciais é da justiça estadual, conforme Súmula 516 desse Tribunal.

Por fim, há de se dizer que entendo ser possível que a Administração Pública *contrate as entidades do Sistema S, com dispensa de licitação*, com fundamento no art. 75, inciso XV, da Lei n. 14.133/2021, uma vez que se trata de instituição brasileira que tem por finalidade estatutária apoiar, captar e executar atividades de ensino, pesquisa, extensão, desenvolvimento institucional, científico e tecnológico e estímulo à inovação e não tem fins lucrativos.

---

[72] Esse entendimento ficou assentado, em sede de repercussão geral, pelo STF no julgamento do RE 789.874, rel. min. Teori Zavascki, j. 17/09/2014, P, *DJE* de 19/11/2014, Tema 569, com mérito julgado.

[73] O STJ já consolidou esse entendimento, tanto na primeira, como na segunda turma, a exemplo dos seguintes julgados: REsp 1930633/MG, rel. min. Herman Benjamin, 2ª Turma, julgado em 19/10/2021, *DJe* 17/12/2021, e REsp 1588251/RS, rel. min. Regina Helena Costa, 1ª Turma, julgado em 13/12/2018, *DJe* 19/12/2018.

[74] O STF enfrentou o tema, por ocasião do julgamento do AI 155.822 AgR, rel. min. Ilmar Galvão, j. 20/09/1994, 1ª T. Naquela ocasião, fixou entendimento de que a renda obtida pelo Sesc [Serviço Social do Comércio] na prestação de serviços de diversão pública, mediante a venda de ingressos de cinema ao público em geral, e aproveitada em suas finalidades assistenciais, estando abrangida na imunidade tributária prevista no art. 150, VI, "c", da CF/1988.

2.2.6.5. Fundações de Apoio (FA)

As Fundações de Apoio (FA) são fundações privadas, ou seja, não se confundem com as Fundações Públicas de Direito Público ou de Direito Privado, instituídas com o propósito de apoiar a Administração Pública, principalmente as Instituições Federais de Ensino Superior (IFES) e Instituições Científicas e Tecnológicas (ICTs), cuja relação entre estas e as FA são regidas pela Lei n. 8.958/1994.

Devem possuir estatutos cujas normas expressamente disponham sobre a observância dos *princípios da legalidade, impessoalidade, moralidade, publicidade, economicidade e eficiência*, e sujeitas à *fiscalização* pelo Ministério Público, à *legislação trabalhista* e ao *prévio credenciamento* no Ministério da Educação e no Ministério da Ciência e Tecnologia, renovável a cada 5 (cinco) anos, conforme previsão expressa do art. 2º da Lei n. 8.958/1994.

Essa lei, em seu art. 1º, permite que essas IFES ou ICTs celebrem *convênios* com as FA, bem como *contratos administrativos com dispensa de licitação* (com fundamento no art. 75, incisos XV ou XVI, da Lei n. 14.133/2021), vedada a subcontratação total do objeto desses instrumentos (convênio ou contrato), conforme determinado expressamente no art. 1º, § 4º, da Lei n. 8.958/1994.

No entanto, deve-se observar que não é cabível a utilização das FA para realizar atividades administrativas ou típicas da Administração Pública ou do quadro de pessoal, de competência das IFES ou ICTs, bem como aquelas passíveis de terceirização[75].

As fundações de apoio *não estão submetidas à Lei de Licitações e Contratos*, devendo, todavia, em cumprimento ao art. 3º da Lei n. 8.958/1994, na execução de convênios, contratos, acordos e demais ajustes que envolvam recursos provenientes do poder público, *adotar regulamento específico de aquisições e contratações de obras e serviços*.

As FA *não poderão*, por proibição expressa do art. 3º, § 2º, inciso II, da Lei n. 8.958/1994, *contratar sem a licitação prevista nesse regulamento*, pessoa jurídica que tenha como proprietário, sócio ou cotista, seu dirigente, servidor das IFES e demais ICTs apoiadas, bem como seu cônjuge, companheiro ou parente em linha reta ou colateral, por consanguinidade ou afinidade, até o terceiro grau.

Embora privadas e sujeitas à legislação trabalhista, como destacado acima, as FA *não poderão contratar* cônjuge, companheiro ou parente, em linha reta ou colateral, por consanguinidade ou afinidade, até o terceiro grau, de servidor das IFES e demais ICTs que atue na direção das respectivas fundações e ocupantes de cargos de direção superior das IFES e demais ICTs por elas apoiadas, conforme vedação do art. 3º, § 2º, inciso II, da Lei n. 8.958/1994.

É possível, de acordo com o art. 4º da Lei n. 8.958/1994, que as IFES e demais ICTs apoiadas autorizem, de acordo com as normas aprovadas pelo órgão de direção

---

[75] Esse entendimento foi firmado pelo Tribunal de Contas da União, no Acórdão 872/2011-Plenário, de relatoria do Min. José Jorge, julgado em 06/04/2011, no Acórdão n. 1061/2010-Segunda Câmara, também de relatoria do Min. José Jorge, julgado em 16/03/2010, no Acórdão n. 1508/2008-Plenário, de relatoria do Min. Aroldo Cedraz, julgado em 30/07/2008 e no Acórdão n. 631/2007-Segunda Câmara, também de relatoria do Min. Aroldo Cedraz, julgado em 03/04/2007.

superior competente e limites e condições previstos em regulamento, a participação de seus servidores nas atividades realizadas pelas FA, sem prejuízo de suas atribuições funcionais (é vedada a participação durante a jornada de trabalho a que estão sujeitos, excetuada a colaboração esporádica, remunerada ou não, em assuntos de sua especialidade).

Essa participação *não cria vínculo empregatício* de qualquer natureza, podendo as FA, para sua execução, conceder bolsas de ensino, de pesquisa e de extensão, de acordo com os parâmetros a serem fixados em regulamento, a esses servidores.

Por fim, destaca-se que as FA não poderão utilizar recursos em finalidade diversa da prevista nos projetos de ensino, pesquisa e extensão e de desenvolvimento institucional, científico e tecnológico e de estímulo à inovação, devendo *prestar contas dos recursos recebidos ao Tribunal de Contas da União* (na forma do art. 70, parágrafo único, da CF/1988) e submeter-se ao controle de gestão pelo órgão máximo das IFES e ICTs apoiadas, bem como controle finalístico pelos ministérios supervisores, de acordo com o art. 3º-A da Lei n. 8.958/1994.

RESUMO DO CAPÍTULO 2

FUNÇÕES ESTATAIS	Função administrativa		Atividade **exercida pela Administração Pública** para atender ao interesse público, podendo ser exercida tipicamente pelo Poder Executivo ou atipicamente pelos Poderes Legislativo e Judiciário.
	Função legislativa		Caracteriza-se pela **elaboração normativa**, com produção de normas gerais que inovam a ordem jurídica. Exercida tipicamente pelo Legislativo, mas também pode ser exercida atipicamente pelo Executivo (Medida Provisória) e pelo Judiciário (súmula vinculante).
	Função jurisdicional		Consiste na aplicação coercitiva da lei, **impondo obrigações concretas** e alcançando a coisa julgada. Exercida tipicamente pelo Judiciário e atipicamente pelo Legislativo em casos específicos (como nos crimes de responsabilidade).
	Função política		Atos **praticados pelo Chefe de Estado** (ex.: celebrar tratados internacionais, conceder graça ou indulto) que não se submetem diretamente aos princípios da Administração Pública, previstos no art. 37 da Constituição, mas seguem os princípios de Estado, a exemplo da supremacia e indisponibilidade do interesse público e da finalidade.
ORGANIZAÇÃO DA ADMINISTRAÇÃO PÚBLICA	Administração direta		União, Estados, Distrito Federal e Municípios.
			São responsáveis pela **execução direta** das atividades e serviços públicos essenciais, com centralização das funções administrativas nas suas estruturas internas.
	Administração indireta		Autarquias, fundações públicas, empresas públicas e sociedades de economia mista.
			Estrutura periférica do Estado, composta por entidades que possuem personalidade jurídica própria e autonomia administrativa, financeira e técnica.

Capítulo 2 • Funções do Estado e Organização da Administração Pública

DESCONCENTRAÇÃO E DESCENTRALIZAÇÃO DA FUNÇÃO ADMINISTRATIVA	Desconcentração material e territorial	A **desconcentração material** distribui funções por temas ou matérias dentro da mesma pessoa jurídica (ex.: Ministérios). A **desconcentração territorial** ocorre para descentralizar a execução administrativa em diferentes áreas de abrangência dentro de uma mesma pessoa jurídica (ex.: superintendências regionais).
	Descentralização por outorga e delegação	A descentralização por outorga **transfere a titularidade e execução de atividades** administrativas para entidades da Administração Indireta. A descentralização por delegação transfere apenas a execução, geralmente por concessão, permissão ou autorização.
ADMINISTRAÇÃO PÚBLICA DIRETA	Órgãos públicos	**Divisões das entidades** estatais (ex.: Ministérios, Secretarias). Órgãos públicos **não possuem personalidade jurídica própria**, mas exercem competências específicas dentro da Administração Direta. Criados e extintos por lei, possuem a competência para desempenhar funções estatais.
	Classificação dos órgãos públicos	Os órgãos podem ser centrais (atuação em todo o ente federativo) ou locais (atuação limitada a uma região); independentes, autônomos, superiores ou subalternos; simples (sem órgãos subordinados) ou compostos (com órgãos subordinados); e ainda executivos, consultivos, de controle ou de polícia administrativa.
ADMINISTRAÇÃO PÚBLICA INDIRETA	Autarquias	**Pessoas jurídicas de direito público**, com patrimônio próprio e autonomia, criadas para desempenhar funções administrativas com imunidade tributária e prerrogativas processuais.
		Ex.: DNIT, ANVISA, CADE.
	Fundações públicas	Entidades de direito público ou privado criadas para atividades de **interesse social**, como cultura, educação ou pesquisa científica. Possuem autonomia administrativa e financeira. Fundações públicas de direito público estão sujeitas ao regime jurídico administrativo, enquanto as de direito privado seguem regras híbridas, com elementos de direito público e privado.
		Ex.: Fundação Nacional de Saúde (FUNASA).
	Empresas públicas	Entidades de direito privado com 100% de capital público, criadas para **realizar atividades de interesse econômico ou prestar serviços públicos**. Atuam em regime concorrencial e são organizadas como empresas.
		Ex.: Correios, Caixa Econômica Federal.
	Sociedades de economia mista	Entidades de direito privado com participação majoritária do poder público em seu capital social, mas que podem incluir sócios privados. **Atuam no mercado**, sendo regidas predominantemente por normas de direito privado ou prestam serviços públicos, sendo regidas predominantemente por normas de direito público.
		Ex.: Petrobrás, Banco do Brasil.
	Agências reguladoras	Autarquias especiais criadas para regular serviços públicos ou setores econômicos. Dotadas de autonomia e estabilidade de seus dirigentes, **exercem atividades como normatização, fiscalização e sanção**. Essa autonomia é administrativa, técnica e financeira.
		Ex.: ANEEL, ANATEL.

Capítulo 3
PRINCÍPIOS DA ADMINISTRAÇÃO PÚBLICA

Os princípios, juntamente com as regras, constituem norma jurídica e regem a Administração Pública em toda sua atuação. Desse modo, integram o conceito de juridicidade, conceito mais amplo que o de legalidade.

Durante muito tempo, os princípios eram considerados axiológicos, desprovidos de *status* normativo, situação amoldada ao positivismo jurídico, com destaque para o pensamento de Hart[1]. Dworkin, por sua vez, realizou importante trabalho na atribuição de seu caráter como norma[2].

O pós-positivismo surge calcado na concepção da supremacia da Constituição, na força normativa dos princípios e na eficácia dos direitos fundamentais, estreitando a relação entre direito, moral e política. Nesse ambiente, os princípios são lançados (com a expressiva contribuição de Dworkin) à condição de verdadeiras espécies normativas, juntamente com as regras apresentadas por Hart, constituindo-se legítimos pilares à sustentação lógica e axiológica do ordenamento jurídico, reforçando a ideia de direito como integridade[3].

Os princípios, ignorados por Hart passam a funcionar como um elo entre a moral e o ordenamento jurídico, proporcionando a necessária aproximação entre o direito e as questões práticas inerentes às sociedades contemporâneas. Em outras palavras, Dworkin lança mão dos princípios para que o direito, como integridade, não se afaste da realidade social a que está inexoravelmente relacionado[4].

Hart, por sua vez, mesmo que reconhecesse que não se exclui completamente o conteúdo moral do direito, demonstrou uma preocupação em separá-los, dando importância ao direito positivado, ao deixar de lado a compreensão principiológica, fundamentando sua teoria na existência da denominada regra de conhecimento. Esta se constitui na aceitação, por parte da sociedade, de que dada regra jurídica existe em função de determinada prática social[5].

---

[1] HART, Herbert Lionel Adolphus. *O conceito de direito*. Trad. A. Ribeiro Mendes. 2. ed. Lisboa: Fundação Calouste Gulbenkian, 1994.

[2] DWORKIN, Ronald. *Uma questão de princípio*. Trad. Luís Carlos Borges. 1. ed. 2. tir. São Paulo: Martins Fontes, 2001.

[3] LEAL, Mônia Clarissa Hennig; ALVES, Felipe Dalenogare. A (im)possibilidade do exercício da discricionariedade judicial e o controle jurisdicional de políticas públicas: um estudo a partir da perspectiva das teorias do direito de Hart e Dworkin em um contexto de judicialização e ativismo. In: VIEGAS, Carlos Athayde Valadares et al. (org.). *Ensaios críticos de direito público*. Belo Horizonte: Arraes Editores, 2015, p. 225.

[4] LEAL, Mônia Clarissa Hennig; ALVES, Felipe Dalenogare. A (im)possibilidade do exercício da discricionariedade judicial e o controle jurisdicional de políticas públicas: um estudo a partir da perspectiva das teorias do direito de Hart e Dworkin em um contexto de judicialização e ativismo. In: VIEGAS, Carlos Athayde Valadares et al. (org.). *Ensaios críticos de direito público*. Belo Horizonte: Arraes Editores, 2015, p. 225.

[5] LEAL, Mônia Clarissa Hennig; ALVES, Felipe Dalenogare. A (im)possibilidade do exercício da discricionariedade judicial e o controle jurisdicional de políticas públicas: um estudo a partir da perspectiva das teorias do direito de Hart e Dworkin em um contexto de judicialização e ativismo. In: VIEGAS, Carlos Athayde Valadares et al. (org.). *Ensaios críticos de direito público*. Belo Horizonte: Arraes Editores, 2015, p. 225.

Ronald Dworkin, norte-americano, foi o substituto de Hart na Universidade de Oxford e o principal crítico de sua teoria, o que ensejou, inclusive, a publicação de um posfácio à obra "O conceito de direito". Embora tenha criticado duramente a teoria de seu antecessor, Dworkin afirmou por diversas vezes que a sua filosofia jurídica tinha a finalidade aberta de superar as limitações do positivismo, espaço dentro do qual Hart teria elaborado a mais bem acabada teoria, especialmente no âmbito do common Law[6].

A teoria proposta baseia-se principalmente na concepção de que os juízes, ao decidir, devem recorrer a modelos que não operam simplesmente com regras, mas somados aos princípios (aspectos morais e valorativos), os quais, na sua concepção, também compõem o direito[7].

Assim, a diferença entre regras e princípios é de natureza lógica. Ambos assinalam para decisões peculiares acerca da obrigação jurídica em situações específicas, distinguindo-se, entretanto, no que condiz à natureza da orientação que oferecem. As regras referem-se ao modo do tudo ou nada. Apresentados os fatos que uma regra regula, a regra é válida, e, nesta hipótese, a resposta que ela apresenta deve ser aceita, ou não é válida, e, assim, em nada contribui para a decisão[8].

Dworkin assegura que, quando houver um conflito entre princípios, o juiz deve realizar uma ponderação, considerando-se a força relativa individual, a cada um deles, aplicando-se o princípio mais adequado ao caso concreto, como uma espécie de razão que balizasse para um posicionamento em detrimento de outro, advertindo, porém, que esta não pode ser uma mensuração exata e a decisão que assinala a importância de determinado princípio ou política particular sobre os demais será, constantemente, objeto de controvérsia[9].

Na construção de sua teoria acerca dos princípios, Dworkin buscou explicitar a distinção entre os princípios e as diretrizes políticas. Para ele, os argumentos de princípio são destinados a estabelecer um direito individual, enquanto os argumentos de política são destinados a estabelecer um objetivo coletivo. Dito de outro modo, enquanto um princípio (*principle*) preceitua um direito e, por conseguinte, possui uma vindicação de justiça ou qualquer outra dimensão de moralidade, a diretriz política (*policy*) institui um objetivo, um propósito coletivo, a ser alcançado na sociedade[10].

Dworkin atribui o *status* de "trunfos" aos argumentos de princípio, de forma que, em uma colisão, estes devem prevalecer sobre os argumentos baseados em diretrizes políticas, pois "os direitos individuais são 'trunfos' que devem ser utilizados contra programas políticos fixados por decisões majoritárias precisamente porque

---

[6] PAULINI, Umberto. *Breves notas sobre a polêmica que medeia as construções teóricas de H.L.A. Hart e Ronald Dworkin*. Revista Eletrônica do CEJUR, v. 1, n. 1, Curitiba: UFPR, 2006, p. 171.
[7] LEAL, Mônia Clarissa Hennig. *Jurisdição constitucional aberta: reflexões sobre a legitimidade e os limites da jurisdição constitucional na ordem democrática – uma abordagem a partir das teorias constitucionais alemã e norte-americana*. Rio de Janeiro: Lumen Juris, 2007, p. 165.
[8] DWORKIN, Ronald. *Levando os direitos a sério*. Trad. Nelson Boeira. São Paulo: Martins Fontes, 2002, p. 39.
[9] DWORKIN, Ronald. *Levando os direitos a sério*. Trad. Nelson Boeira. São Paulo: Martins Fontes, 2002, p. 42.
[10] DWORKIN, Ronald. *Levando os direitos a sério*. Trad. Nelson Boeira. São Paulo: Martins Fontes, 2002, p. 141.

constituem princípios de direito que devem ser interpretados como comandos obrigatórios, e não como valores especialmente preferidos"[11].

Hart admite que, durante muito tempo, a mais conhecida das críticas de Dworkin à sua teoria foi a de que ela apresenta o direito como consistindo apenas de regras de tudo ou nada, ignorando uma espécie diferente de padrão, os princípios jurídicos[12]. Argumenta, porém, que não entende coerente a afirmação de Dworkin de que o direito engloba não apenas as regras de tudo ou nada, mas também os princípios, porque a distinção entre a regra e o princípio é uma questão de grau, uma vez que o sistema jurídico não contém apenas regras de tudo ou nada ou regras quase conclusivas[13].

Nesse ponto, importante se torna a crítica de Atienza, no sentido de que "a diferença entre regras e princípios não é simplesmente uma diferença de grau,mas sim de tipo qualitativo ou conceitual. As regras são normas que exigem umcumprimento pleno e, nessa medida, podem somente ser cumpridas ou descumpridas"[14].

Assim, "se uma regra é válida, então é obrigatório fazer precisamente o que ordena, nem mais nem menos. As regras contêm por isso determinações no campo do possível fática e juridicamente. A forma característica de aplicação das regras é, por isso, a subsunção". Por outro lado, os princípios são "normas que ordenam que se realize algo na maior medida possível, em relação às possibilidades jurídicas e fáticas"[15].

Os princípios constituem, portanto, norma jurídica e de observância obrigatória para a Administração, que, se desrespeitados, constituirá ato antijurídico, que poderá sofrer controle de legalidade (juridicidade) pelo Poder Judiciário. A seguir, serão apresentados diferentes espécies de princípios aplicáveis à Administração Pública.

3.1. PRINCÍPIOS FUNDAMENTAIS DE ESTADO

São os que estão expressos na Constituição Federal explícita ou implicitamente e vinculam todo o Estado, seja nos atos legislativos, administrativos, judiciais ou políticos (típicos de Chefe de Estado).

3.1.1. Princípio da supremacia do interesse público

É o princípio que determina privilégios jurídicos e um patamar de superioridade do interesse público sobre o particular. É fundamento, por exemplo, para a realização de uma desapropriação ou a edição de uma lei que imponha limitações administrativas ao direito de propriedade do particular.

---

[11] CITTADINO, Gisele. *Pluralismo, direito e justiça distributiva: elementos da filosofia constitucional contemporânea.* 3. ed. Rio de Janeiro: Lumen Juris, 2004, p. 182.

[12] HART, Herbert Lionel Adolphus. *O conceito de direito.* Trad. A. Ribeiro Mendes. 2. ed. Lisboa: Fundação Calouste Gulbenkian, 1994, p. 321.

[13] HART, Herbert Lionel Adolphus. *O conceito de direito.* Trad. A. Ribeiro Mendes. 2. ed. Lisboa: Fundação Calouste Gulbenkian, 1994, p. 324-325.

[14] ATIENZA, Manuel. *Las razones del derecho: teorías de la argumentación jurídica.* 2. reimp. Madrid: Centro de Estudios Constitucionales, 1997, p. 204.

[15] ATIENZA, Manuel. *Las razones del derecho: teorías de la argumentación jurídica.* 2. reimp. Madrid: Centro de Estudios Constitucionales, 1997, p. 204.

3.1.2. Princípio da indisponibilidade do interesse público

O interesse público não pode ser livremente disposto pelo administrador, que, necessariamente, deve atuar nos limites da lei. Esse princípio, justamente por ser princípio, não é absoluto, e não pode ser invocado para sustentar a impossibilidade da Administração transigir, a exemplo das hipóteses legais que possibilitam que essa se valha da mediação, conciliação ou arbitragem, bem como disponha de seus próprios bens, atendendo condições legalmente estabelecidas pelo legislador[16].

3.1.3. Princípio da segurança jurídica

Esse princípio busca conferir previsibilidade no emprego do Poder, constituindo-se, na visão do STF, como elemento constitutivo do próprio Estado de Direito, como observado no julgamento do MS 24.268 e do MS 22.357, ambos de relatoria do Min. Gilmar Mendes.

A Lei de Introdução às Normas ao Direito Brasileiro (LINDB), ao ser alterada pela Lei n. 13.655/2018, a qual inseriu normas de direito público, passou a prever dispositivos objetivando a garantia desse princípio, como seus arts. 23 e 24.

3.1.4. Princípio republicano

É pautado pelo espaço público, no qual são caracterizados e identificados os interesses públicos. Moreira Neto destaca que o princípio republicano é o que torna o espaço público distinto do privado, "no qual são identificados e caracterizados certos interesses, também qualificados como públicos, porque transcendem os interesses individuais e coletivos dos membros da sociedade"[17].

3.1.5. Princípio democrático

É pautado pela supremacia da vontade popular, manifestada pelos representantes democraticamente eleitos ou diretamente, por meio dos instrumentos constitucionalmente previstos, a exemplo do plebiscito, referendo e da possibilidade de propositura de lei de iniciativa popular.

Pressupõe igualdade política e vincula todos os Poderes, como já afirmado pelo STF, ao julgar, em 2015, a ADI n. 4.650, de relatoria do Min. Luiz Fux, no qual o STF assentou a inconstitucionalidade de doações por pessoas jurídicas a partidos políticos.

---

[16] A título exemplificativo, o STF já enfrentou o tema, ao analisar a validade da Administração transacionar, vindo a dispor de seu próprio patrimônio. Àquela ocasião, assentou-se o entendimento de que, "em regra, os bens e o interesse público são indisponíveis, porque pertencem à coletividade. E, por isso, o administrador, mero gestor da coisa pública, não tem disponibilidade sobre os interesses confiados à sua guarda e realização. Todavia, há casos em que o princípio da indisponibilidade do interesse público deve ser atenuado, mormente quando se tem em vista que a solução adotada pela administração é a que melhor atenderá à ultimação deste interesse" [RE 253.885, rel. min. Ellen Gracie, j. 04/06/2002, 1ª T.].

[17] MOREIRA NETO, Diogo de Figueiredo. *Curso de direito administrativo:* parte introdutória, parte geral e parte especial. 16. ed. rev. e atual. Rio de Janeiro: Forense, 2014, p 82.

3.1.6. Princípio da cidadania

O cidadão é identificado como protagonista político do Estado, como destinatário das ações estatais e sujeito de direitos, e não mais como mero administrado[18]. É fundamento republicano, previsto no art. 1º, inciso II, da CF/1988.

3.1.7. Princípio da finalidade

O princípio da finalidade orienta todos os Poderes do Estado, seja nos atos legislativos, administrativos, judiciais ou políticos. Assim, não pode o agente agir com propósito diferente daquele almejado pela norma, a fim de alcançar objetivos pessoais.

Com base nisso, por exemplo, o STF anulou, no ano de 2023, o ato político de graça, concedido pelo Chefe de Estado brasileiro a um deputado federal condenado pela Corte à pena restritiva de liberdade, por ocasião das ADPFs n. 964, n. 965, n. 966 e n. 967, de relatoria da Min. Rosa Weber.

3.1.8. Princípio da dignidade da pessoa humana

A supremacia do homem sobre suas próprias criações (a exemplo do Estado)[19], o qual está relacionado à preservação de seus direitos fundamentais e à concretização de um mínimo existencial. É fundamento republicano previsto no art. 1º, inciso III, da CF/1988.

Nesse sentido, por exemplo, a teoria da reserva do possível não pode servir de fundamento, pelo poder público, com o objetivo frustrar a implementação de políticas públicas constitucionais, por afrontar o mínimo existencial, que objetiva garantir condições adequadas de existência digna, com a plena fruição de direitos sociais básicos, como já decidido pelo STF no ARE 639.337 AgR, de relatoria do Min. Celso de Mello, julgado em 2011.

Com o propósito de garantir a dignidade da pessoa humana, a Emenda Constitucional n. 114/2021 inseriu o parágrafo único no art. 6º da CF/1988, prevendo uma renda básica familiar a todo brasileiro em situação de vulnerabilidade social, através de programa permanente de transferência de renda.

3.1.9. Princípio da proporcionalidade

Representa o equilíbrio entre os meios e os fins, sendo aferido através da necessidade da medida estatal adotada, de sua adequação e proporcionalidade em sentido estrito. Além de já ser previsto no art. 2º da Lei n. 9.784/1999 para a Administração Federal, passou a ser previsto no art. 20, parágrafo único, da LINDB às decisões administrativas, judiciais e de controle, em todos os Entes Federativos.

No âmbito dos direitos fundamentais, com o reconhecimento de sua dimensão objetiva, desenvolveu-se a teoria do *dever de proteção* do Estado (*Schutzpflicht*). Por essa perspectiva, este não apenas tem a obrigação de não violar os direitos dos particulares, mas tomar as medidas necessárias (ações e serviços correspondentes)

---

[18] MOREIRA NETO, Diogo de Figueiredo. *Curso de direito administrativo:* parte introdutória, parte geral e parte especial. 16. ed. rev. e atual. Rio de Janeiro: Forense, 2014, p 82.

[19] MOREIRA NETO, Diogo de Figueiredo. *Curso de direito administrativo:* parte introdutória, parte geral e parte especial. 16. ed. rev. e atual. Rio de Janeiro: Forense, 2014, p 82.

objetivando a sua proteção, em um contexto de máxima efetivação dos direitos fundamentais[20].

Para tanto, o princípio da proporcionalidade demonstra-se importante fundamento e parâmetro à proteção desses direitos, a fim de analisar se as medidas adotadas pelo Poder público se encontram apropriadas à concretização eficiente do direito, atentando-se às noções de *proibição de proteção insuficiente* (*Untermassverbot*) e *proibição de excesso* (*Übermassverbot*)[21].

A primeira se aproxima da concepção de aquém, ou seja, a medida estatal adotada não pode ser insuficiente a ponto de colocar em risco a efetivação do direito com a eficácia que se espera. A segunda condiz com a visão de além, não podendo ser onerosa demasiadamente a ponto de violar outros direitos fundamentais, inclusive de terceiros[22].

A proporcionalidade é o princípio que atua entre essa escala (proibição de proteção insuficiente e proibição de excesso) e deve ser observada por todos os Poderes quando se estiver diante da proteção de direitos fundamentais.

3.2. PRINCÍPIOS FUNDAMENTAIS DA ADMINISTRAÇÃO PÚBLICA

São princípios aplicáveis à Administração Pública que, ora estão expressamente previstos na Constituição Federal de 1988, ora encontram-se implícitos no texto Constitucional, e que regem toda a sua atuação.

3.2.1. Princípio da legalidade (juridicidade)

Segundo o princípio da legalidade, todos os atos da Administração devem de estar em conformidade com o direito, sendo também denominado *princípio da juridicidade*.

Esse princípio impõe que a Administração observe não só as regras, mas também os princípios. Em seu sentido amplo, impõe também a observância aos regulamentos e demais normas administrativas editadas pela própria Administração.

Assim, o princípio da juridicidade impõe que as condutas se pautem sob os auspícios da legalidade, da legitimidade e da moralidade[23]. Significa dizer que não se pode reduzir o princípio da legalidade ao atendimento exclusivamente da lei, tampouco coroá-lo como o rei dos princípios, desconsiderando os demais, de igual peso. Não há

---

[20] ALVES, Felipe Dalanogare; GAERTNER, Bruna Tamiris. O dever de proteção do estado na efetivação dos direitos fundamentais sociais: o direito à saúde e a proporcionalidade entre a proibição de proteção insuficiente e a proibição de excesso. In: *Anais do Seminário Nacional Demandas Sociais e Políticas Públicas na Sociedade Contemporânea*. Santa Cruz do Sul: EdUNISC, 2015, p. 3.

[21] ALVES, Felipe Dalanogare; GAERTNER, Bruna Tamiris. O dever de proteção do estado na efetivação dos direitos fundamentais sociais: o direito à saúde e a proporcionalidade entre a proibição de proteção insuficiente e a proibição de excesso. In: *Anais do Seminário Nacional Demandas Sociais e Políticas Públicas na Sociedade Contemporânea*. Santa Cruz do Sul: EdUNISC, 2015, p. 3.

[22] ALVES, Felipe Dalanogare; GAERTNER, Bruna Tamiris. O dever de proteção do estado na efetivação dos direitos fundamentais sociais: o direito à saúde e a proporcionalidade entre a proibição de proteção insuficiente e a proibição de excesso. In: *Anais do Seminário Nacional Demandas Sociais e Políticas Públicas na Sociedade Contemporânea*. Santa Cruz do Sul: EdUNISC, 2015, p. 3.

[23] MOREIRA NETO, Diogo de Figueiredo. *Curso de direito administrativo:* parte introdutória, parte geral e parte especial. 16. ed. rev. e atual. Rio de Janeiro: Forense, 2014, p. 84.

dúvidas de que, em um Estado Democrático de Direito, o princípio da legalidade tem papel relevante, uma vez que limita o poder do Estado. No entanto, é apenas mais um dentre tantos outros princípios.

Dito em outras palavras, "a legalidade é valioso princípio, mas princípio entre outros de igual hierarquia alojados no texto constitucional. Daí se exige a 'atuação conforme a lei e o Direito'"[24]. Isso porque, "pensar o Direito Administrativo exclusivamente como mero conjunto de regras legais seria subestimar, de forma ruidosa, a complexidade do fenômeno jurídico-administrativo".

Assim, sob o prisma do *princípio da juridicidade*, defendo que nem sempre a Administração poderá fazer o que a lei, abstratamente, determinar, se, em determinado caso concreto houver violação a outros princípios constitucionais, bem como, nem sempre, ela poderá deixar de agir diante da inexistência de determinação ou autorização legal, se, concretamente, esta omissão violar normas constitucionais.

3.2.2. Princípio da impessoalidade

O princípio da impessoalidade está intrinsicamente relacionado ao princípio da finalidade. O princípio da impessoalidade deve ser abordado sob duas acepções. A primeira traduz que o princípio da impessoalidade surge do dever da Administração nortear suas ações visando, sempre, o interesse público, e não interesses pessoais. A segunda, por sua vez, refere-se à ideia de que as ações administrativas não devem ser pessoalizadas, ou seja, veda-se a promoção pessoal do agente público, bem como limita-se sua responsabilização.

Impessoalidade relativa aos destinatários: por esse prisma, a Administração só pode praticar atos impessoais se eles **propiciarem o bem comum** (o interesse público). Assim, o administrador não pode beneficiar ou prejudicar o destinatário de seu ato, a fim de obter proveito próprio ou de outrem, o que caracterizaria desvio de finalidade.

Impessoalidade relativa aos agentes públicos: por este viés, os atos se originam da Administração, não importando quem os tenha praticado. Diante disso, a impessoalidade veda *a promoção pessoal de agentes públicos* (art. 37, § 6º, da CF/1998). Por outro lado, ao agir de modo impessoal, em nome da Administração, *eventuais danos causados a terceiros serão imputados diretamente à Administração*, ressalvado o direito regressivo desta contra o agente causador do dano, se este agir com dolo ou culpa (art. 37, § 6º, da CF/1988).

3.2.3. Princípio da moralidade

O princípio da moralidade está diretamente relacionado com os próprios atos dos cidadãos comuns em seu convívio com a comunidade, ligando-se à moral e à ética administrativa, estando esta última sempre presente na vida do administrador público, sendo mais rigorosa que a ética comum.

Por exemplo, **comete ato imoral o Prefeito Municipal que empregar a sua verba de representação em negócios alheios à sua condição de Administrador**

---

[24] FREITAS, Juarez. *O controle dos atos administrativos e os princípios fundamentais*. 4. ed. rev. e amp. São Paulo: Malheiros, 2009. p. 72.

Público, pois é sabido que o administrador público tem que ser honesto, tem que ter probidade e que todo ato administrativo, além de ser legal, tem que ser moral, sob pena de nulidade.

Nos casos de improbidade administrativa, os governantes podem ter suspensos os seus direitos políticos, além da perda do cargo para a Administração, seguindo-se o ressarcimento dos bens e a nulidade do ato ilicitamente praticado. Há um sistema de fiscalização ou mecanismo de controle de todos os atos administrativos praticados. Por exemplo, o Congresso Nacional exerce esse controle através de uma fiscalização contábil externa ou interna sobre toda a Administração Pública.

O principal instrumento à disposição do cidadão para o controle de atos administrativos contrários à moralidade administrativa é a ação popular, prevista no art. 5º, LXXIII, da CF/1988 e regulada pela Lei n. 4.717/1965. Não se pode deixar de mencionar também a possibilidade de responsabilização pelos atos ímprobos, previstos na Lei n. 8.429/1992.

3.2.4. Princípio da publicidade

É a divulgação oficial do ato da Administração para a ciência do público em geral, com efeito de iniciar a sua atuação externa, ou seja, de gerar efeitos jurídicos. Esses efeitos jurídicos podem ser de direitos e de obrigações.

Por exemplo, o Prefeito Municipal, com o objetivo de preencher determinada vaga existente na sua Administração, nomeia alguém para o cargo de Procurador Municipal. No entanto, para que esse ato de nomeação tenha validade, ele deve ser publicado. E após a sua publicação, o nomeado terá 30 dias para tomar posse. Esse princípio da publicidade é uma generalidade. **Todos os atos da Administração têm que ser públicos.**

Por outro lado, embora os processos administrativos devam ser públicos, a publicidade se restringe somente aos seus atos intermediários, ou seja, a determinadas fases processuais. A publicidade dos atos administrativos sofre **as seguintes exceções**:

Nos casos de segurança do Estado ou da Sociedade: seja ela de origem militar, econômica, cultural etc. Nessas situações, os atos não são tornados públicos. Por exemplo, os órgãos de espionagem não fazem publicidade de seus atos.

Nos casos de investigação policial: o Inquérito Policial é extremamente sigiloso (só a ação penal que é pública), ressalvando-se, obviamente, o amplo acesso aos investigados e aos seus defensores, de tudo aquilo que já foi documentado.

Nos casos dos atos internos da Administração Pública: nestes, por não haver interesse da coletividade, não há razão para serem públicos.

Por outro lado, a Publicidade, ao mesmo tempo que inicia os atos, também possibilita àqueles que deles tomam conhecimento de utilizarem os remédios constitucionais contra eles. Assim, com base em diversos incisos do art. 5º da CF/1988, o interessado poderá se utilizar:

Do direito de petição.

Do mandado de segurança (remédio heroico contra atos ilegais envoltos de abuso de poder, não passíveis de habeas data);

Da ação popular.

Do *habeas data*.

Do *habeas corpus*.

A publicidade dos atos administrativos é feita tanto na esfera federal (através do Diário Oficial Federal) como na estadual (através do Diário Oficial Estadual) ou municipal (através do Diário Oficial do Município). Nos Municípios, se não houver o Diário Oficial Municipal, a publicidade poderá ser feita através dos jornais de grande circulação ou afixada em locais conhecidos e determinados pela Administração.

Observação 1: Em caso de concurso público, a Administração Pública tem o dever de intimar o candidato, pessoalmente, quando há o decurso de tempo razoável entre a homologação do resultado e a data da nomeação, em atendimento aos princípios constitucionais da publicidade e da razoabilidade.

Observação 2: A Lei de Acesso à Informação (Lei n. 12.527/2011) estabelece que qualquer interessado poderá apresentar pedido de acesso a informações aos órgãos públicos integrantes da administração direta dos Poderes Executivo, Legislativo e Judiciário, além das Cortes de Contas e do Ministério Público, bem como às autarquias, às fundações públicas, às empresas públicas, às sociedades de economia mista e demais entidades controladas direta ou indiretamente pela União, Estados, Distrito Federal e Municípios, por qualquer meio legítimo, devendo o pedido conter a identificação do requerente e a especificação da informação requerida.

Para o acesso a informações de interesse público, a identificação do requerente não pode conter exigências que inviabilizem a solicitação, devendo o poder público viabilizar alternativa de encaminhamento de pedidos de acesso por meio de seus sítios oficiais na internet, sendo vedadas quaisquer exigências relativas aos motivos determinantes da solicitação de informações de interesse público.

O serviço de busca e fornecimento da informação é gratuito, salvo nas hipóteses de reprodução de documentos pelo órgão ou entidade pública consultada, situação em que poderá ser cobrado exclusivamente o valor necessário ao ressarcimento do custo dos serviços e dos materiais utilizados. Porém, estará isento de ressarcir os custos todo aquele cuja situação econômica não lhe permita fazê-lo sem prejuízo do sustento próprio ou da família, declarada nos termos da Lei n. 7.115/1983.

O órgão ou entidade pública deverá autorizar ou conceder o acesso imediato à informação disponível. Não sendo possível conceder o acesso imediato, o órgão ou entidade que receber o pedido deverá, em prazo não superior a 20 (vinte) dias: I – comunicar a data, local e modo para se realizar a consulta, efetuar a reprodução ou obter a certidão; II – indicar as razões de fato ou de direito da recusa, total ou parcial, do acesso pretendido; ou III – comunicar que não possui a informação, indicar, se for do seu conhecimento, o órgão ou a entidade que a detém, ou, ainda, remeter o requerimento a esse órgão ou entidade, cientificando o interessado da remessa de seu pedido de informação. Esse prazo poderá ser prorrogado por mais 10 (dez) dias, mediante justificativa expressa, da qual será cientificado o requerente.

A publicidade deve ter objetivo educativo, informativo e de interesse social, não podendo ser utilizados símbolos, imagens etc. que caracterizem a promoção pessoal do Agente Administrativo por violar também o princípio da impessoalidade (conforme exposto acima).

Por fim, é importante tratar, ainda, no que tange ao princípio, sobre **a Lei Geral de Proteção de Dados (LGPD) – Lei n. 13.709/2018**, pois esta traz algumas questões referentes ao tratamento de dados pessoais pela Administração Pública.

A LGPD restringe, em seu art. 7º, que o tratamento de dados pessoais somente poderá ser realizado mediante o fornecimento de consentimento pelo titular, para o cumprimento de obrigação legal ou regulatória pelo controlador ou *pela administração pública*, para o tratamento e uso compartilhado de dados necessários à execução de políticas públicas previstas em leis e regulamentos ou respaldadas em contratos, convênios ou instrumentos congêneres, observadas as imposições sobre o tratamento de dados pelo Poder Público, previstas nos arts. 23 e seguintes da LGPD.

Assim, a LGPD prevê que o tratamento de dados pessoais pelas pessoas jurídicas de direito público deverá ser realizado para o atendimento de sua finalidade pública, na persecução do interesse público, com o objetivo de executar as competências legais ou cumprir as atribuições legais do serviço público, desde que: a) sejam informadas as hipóteses em que, no exercício de suas competências, realizam o tratamento de dados pessoais, fornecendo informações claras e atualizadas sobre a previsão legal, a finalidade, os procedimentos e as práticas utilizadas para a execução dessas atividades, em veículos de fácil acesso, preferencialmente em seus sítios eletrônicos; e b) seja indicado um encarregado quando realizarem operações de tratamento de dados pessoais.

Há de se dizer também que, para fins de aplicação da LGPD, os serviços notariais e de registro exercidos em caráter privado, por delegação do Poder Público, terão o mesmo tratamento dispensado às pessoas jurídicas de direito público. Ainda, no que tange ao compartilhamento de dados, os órgãos notariais e de registro devem fornecer acesso aos dados por meio eletrônico para a administração pública, pressupondo a finalidade pública do compartilhamento, obviamente.

Por sua vez, as empresas públicas e as sociedades de economia mista que atuam em regime de concorrência terão o mesmo tratamento dispensado às pessoas jurídicas de direito privado particulares. Todavia, as empresas públicas e as sociedades de economia mista, quando estiverem operacionalizando políticas públicas e estritamente no âmbito da execução delas, terão o mesmo tratamento dispensado aos órgãos e às entidades do Poder Público.

No âmbito do poder público, conforme previsto no art. 25 da LGPD, os dados deverão ser mantidos em formato interoperável e estruturado para o uso compartilhado, com vistas à execução de políticas públicas, à prestação de serviços públicos, à descentralização da atividade pública e à disseminação e ao acesso das informações pelo público em geral.

Este uso compartilhado de dados pessoais pelo Poder Público deve atender a finalidades específicas de execução de políticas públicas e atribuição legal pelos órgãos e pelas entidades públicas, respeitados os princípios de proteção de dados pessoais elencados no art. 6º da LGPD.

Como regra geral, é vedado ao Poder Público transferir a entidades privadas dados pessoais constantes de bases de dados a que tenha acesso, exceto nas hipóteses de: a) execução descentralizada de atividade pública que exija a transferência, exclusivamente para esse fim específico e determinado, observado o disposto na LAI; b) nos casos em que os dados forem acessíveis publicamente; c) quando houver previsão legal ou a transferência for respaldada em contratos, convênios ou instrumentos congêneres (estes instrumentos devem ser comunicados à autoridade nacional – órgão da administração pública responsável por zelar, implementar e fiscalizar o cumprimento da LGPD em todo o território nacional); ou d) na hipótese de a transferência dos dados objetivar exclusivamente a prevenção de fraudes e irregularidades, ou proteger e resguardar a segurança e a integridade do titular dos dados, desde que vedado o tratamento para outras finalidades.

O uso compartilhado ou disponibilização de dados pessoais de pessoa jurídica de direito público a pessoa de direito privado será informado à autoridade nacional e dependerá de consentimento do titular, exceto nas hipóteses de dispensa de consentimento previstas na LGPD, nos casos de uso compartilhado de dados em que será dada publicidade ou nas exceções constantes do § 1º do art. 26 da LGPD.

Por fim, é importante referir sobre a responsabilidade, pois, de acordo com o art. 31 da LGPD, quando houver infração a esta Lei em decorrência do tratamento de dados pessoais por órgãos públicos, a autoridade nacional poderá enviar informe com medidas cabíveis para fazer cessar a violação, podendo, também, solicitar a agentes do Poder Público a publicação de relatórios de impacto à proteção de dados pessoais e sugerir a adoção de padrões e de boas práticas para os tratamentos de dados pessoais pelo Poder Público.

3.2.5. Princípio da eficiência

O princípio da eficiência foi inserido no art. 37 pela EC n. 19/1998, decorrente da reforma administrativa ocorrida em meados da década de 1990, que objetivou implementar o modelo de administração pública gerencial, cuja uma de suas características é a gestão por resultados.

Assim, é possível dizer que, dentre as finalidades do princípio da eficiência, está a racionalização da máquina administrativa e o aperfeiçoamento à prestação do serviço público, com a otimização dos recursos humanos e financeiros disponíveis, ou seja, a busca pela adequação entre os meios que a Administração possui e aos resultados que precisa entregar à sociedade, produzindo o melhor com o menor dispêndio possível.

3.2.6. Princípio da legitimidade

Informa a relação entre a vontade geral do povo e suas expressões políticas, administrativas e judiciais. Assim, se consubstancia na "fidelidade ao atendimento dos interesses públicos primários, que há de ser toda a justificação da ação do Estado"[25].

Essa aderência "se constitui no próprio núcleo do conceito de legitimidade, sendo esta a fidelidade da ação dos Poderes Públicos à vontade do povo democraticamente manifestada"[26].

Desse princípio, decorre, por exemplo, o *princípio da legitimidade da despesa*, o qual impõe que toda a despesa realizada pela Administração Pública deve ser

---

[25] MOREIRA NETO, Diogo de Figueiredo. *Curso de direito administrativo:* parte introdutória, parte geral e parte especial. 16. ed. rev. e atual. Rio de Janeiro: Forense, 2014, p. 86.

[26] MOREIRA NETO, Diogo de Figueiredo. *Curso de direito administrativo:* parte introdutória, parte geral e parte especial. 16. ed. rev. e atual. Rio de Janeiro: Forense, 2014, p. 86.

legítima, ou seja, deve estar em conformidade com a legislação vigente e os princípios que a regem. Isso significa que os recursos públicos só podem ser utilizados para fins que sejam legais, éticos e moralmente aceitáveis.

A legitimidade da despesa assegura que o dinheiro público seja gasto de maneira transparente, responsável e direcionada ao interesse público, evitando abusos e desvios. Esse princípio é essencial para garantir a confiança dos cidadãos na Administração Pública e assegurar que os recursos arrecadados pela sociedade sejam utilizados de forma eficiente e eficaz, promovendo o bem-estar e o desenvolvimento social.

3.2.7. Princípio da igualdade

Igualdade de todos perante a lei e vedação à discriminação de qualquer natureza, salvo aquelas constitucionalmente previstas, a fim de garantir-se a igualdade material, pois "na esmagadora maioria dos casos, é impossível (materialmente) satisfazer de modo equivalente a todos os sujeitos"[27].

Assim, busca-se o estabelecimento de políticas sociais e econômicas que diminuam as desigualdades sociais e regionais, o que se constitui objetivo fundamental da república, previsto no art. 3º, inciso III, da CF/1988.

3.2.8. Princípio da realidade

As ações deverão ter condições objetivas de serem efetivamente cumpridas em favor da sociedade a que se destinam[28]. A LINDB passou a contemplar dispositivos que aproximem decisões (administrativas, de controle e judiciais) à realidade, principalmente com a necessidade de motivação que demonstre a necessidade e a adequação da medida imposta ou da invalidação de ato, contrato, ajuste, processo ou norma administrativa, inclusive em face das possíveis alternativas (art. 20, parágrafo único).

Nesse sentido, decisões que invalidem ato, contrato, ajuste, processo ou norma administrativa, deverá indicar as condições para que a regularização ocorra de modo proporcional e equânime e sem prejuízo aos interesses gerais, não se podendo impor aos sujeitos atingidos ônus ou perdas que, em função das peculiaridades do caso, sejam anormais ou excessivos (art. 21, parágrafo único).

3.2.9. Princípio da responsabilidade

Diversas competências para agir são atribuídas aos órgãos, entes ou agentes do Estado, sendo que cada uma delas gera uma responsabilidade. Por outro lado, há ainda "a responsabilidade específica de não deixar de agir", ou seja, de não se omitir, o que transforma um "poder de agir" em "dever de agir"[29].

---

[27] JUSTEN FILHO, Marçal. *Curso de direito administrativo*. 14. ed. Rio de Janeiro: Forense, 2023, p. 69.
[28] MOREIRA NETO, Diogo de Figueiredo. *Curso de direito administrativo:* parte introdutória, parte geral e parte especial. 16. ed. rev. e atual. Rio de Janeiro: Forense, 2014, p. 88.
[29] MOREIRA NETO, Diogo de Figueiredo. *Curso de direito administrativo:* parte introdutória, parte geral e parte especial. 16. ed. rev. e atual. Rio de Janeiro: Forense, 2014, p. 88.

3.2.10. Princípio da responsividade

É a reação governamental, que deve ser a normalmente esperada e exigida, ante a enunciação da vontade dos governados, que impõe transparência, para o consequente controle social[30].

O STF, ao julgar o MS 33.340/DF, de relatoria do Min. Luiz Fux, em 2015, destacou o dever de transparência na gestão da coisa pública, valores a serem prestigiados em nossa República contemporânea, de modo a viabilizar o pleno controle de legitimidade e responsividade dos que exercem o poder.

3.2.11. Princípio da sindicabilidade

É a possibilidade jurídica de submissão de qualquer lesão de direito ou ameaça de lesão a algum tipo de controle[31]. No sistema brasileiro, a esfera inafastável de controle é do Poder Judiciário (art. 5º, inciso XXXV, da CF/1988), ainda que a própria Constituição estabeleça condições, a exemplo do esgotamento da via administrativa desportiva (ou sua inércia) nas ações relativas à disciplina e às competições desportivas (art. 217, §§ 1º e 2º, da CF/1988).

3.2.12. Princípio da sancionabilidade

É a possibilidade de aplicação de sanções administrativas decorrentes dos poderes sancionadores da Administração (Poder de Polícia e Poder Disciplinar).

3.2.13. Princípio do devido processo legal

Submissão estrita às exigências formais de obediência à rigorosa sequência dos atos que devam ser praticados pelo Estado, constitucionalmente inafastável, sempre que atinjam a liberdade ou os bens de uma pessoa. É direito fundamental do indivíduo, previsto no art. 5º, inciso LIV, da CF/1988.

3.2.14. Princípio da motivação

Enunciar as razões de fato e de direito que autorizam ou determinam a prática de um ato jurídico. Constitui uma exposição circunstanciada, que deve expor, faticamente, a necessidade e a adequação da medida, prevista no art. 20, parágrafo único, da LINDB e, para a Administração Federal, no art. 2º da Lei n. 9.784/1999. A ausência da motivação aos atos que a lei determine como obrigatória, a exemplo, no âmbito federal, das situações exemplificativas descritas no art. 50 da Lei n. 9.784/1999, ocasionará vício de forma, que os tornarão ilegais.

3.2.15. Princípio da desconcentração

É a repartição do exercício da função estatal em diferentes órgãos previstos constitucional ou legalmente. Essa desconcentração leva em conta critérios materiais (temática de atuação de cada órgão) e territoriais (área geográfica de abrangência de cada órgão). Tem por finalidade racionalizar e especializar a função administrativa, estando intimamente ligado à ideia de especialidade, a qual determina que cada

---

[30] MOREIRA NETO, Diogo de Figueiredo. *Curso de direito administrativo:* parte introdutória, parte geral e parte especial. 16. ed. rev. e atual. Rio de Janeiro: Forense, 2014, p. 89.

[31] MOREIRA NETO, Diogo de Figueiredo. *Curso de direito administrativo:* parte introdutória, parte geral e parte especial. 16. ed. rev. e atual. Rio de Janeiro: Forense, 2014, p. 90.

Capítulo 3 • Princípios da Administração Pública

órgão ou agente possua um campo ou setor de administração que lhe é próprio, visando os fins nele especificados.

3.2.16. Princípio da economicidade

É o princípio relacionado com o aspecto financeiro da Administração Pública, no sentido de economia por ocasião do gasto público.

3.2.17. Princípio da autotutela

É o dever de a Administração Pública controlar seus próprios atos quanto à legalidade e à adequação ao interesse público. É legitimado pelo art. 53 da Lei n. 9.784/1999 e pela Súmula 473 do STF.

3.3. PRINCÍPIOS SETORIAIS DO DIREITO ADMINISTRATIVO

São princípios que informam de forma específica, dentro de determinados temas do direito administrativo, a atuação da Administração, a exemplo dos princípios do serviço público, princípios do processo administrativo, princípios às licitações e contratos.

A título exemplificativo, a Lei n. 9.987/1995, em seu art. 6º, § 1º, elenca os princípios dos serviços públicos, dentre os quais, o princípio da *"regularidade, da continuidade, da eficiência, da segurança, da atualidade, da generalidade, da cortesia na sua prestação e da modicidade das tarifas"*.

A Lei n. 9.784/1999, em seu art. 2º, estabelece princípios do processo administrativo federal, dentre os quais *"os princípios da legalidade, finalidade, motivação, razoabilidade, proporcionalidade, moralidade, ampla defesa, contraditório, segurança jurídica, interesse público e eficiência"*.

Por sua vez, em matéria de licitações e contratos, os princípios aplicáveis estão no art. 5º da Lei n. 14.133/2021, devendo-se observar *"os princípios da legalidade, da impessoalidade, da moralidade, da publicidade, da eficiência, do interesse público, da probidade administrativa, da igualdade, do planejamento, da transparência, da eficácia, da segregação de funções, da motivação, da vinculação ao edital, do julgamento objetivo, da segurança jurídica, da razoabilidade, da competitividade, da proporcionalidade, da celeridade, da economicidade e do desenvolvimento nacional sustentável, assim como as disposições da LINDB"*.

Em razão disso são denominados princípios setoriais do Direito Administrativo, constituindo-se em princípios explícitos e implícitos, que estarão presentes em cada área temática desse ramo.

RESUMO DO CAPÍTULO 3

PRINCÍPIOS COMO NORMA JURÍDICA	Os princípios e regras formam a **norma jurídica**, que rege a Administração Pública, abrangida pelo conceito de juridicidade e não de mera legalidade.
PRINCÍPIO DA SUPREMACIA DO INTERESSE PÚBLICO	O **interesse público prevalece sobre o particular**, legitimando a desapropriação, edição de leis restritivas, entre outros.
PRINCÍPIO DA INDISPONIBILIDADE DO INTERESSE PÚBLICO	O administrador deve atuar nos **limites da lei**, não podendo dispor livremente do interesse público.

PRINCÍPIO DA SEGURANÇA JURÍDICA	Busca a **previsibilidade nas ações do Estado** e é sustentado por normas como as da LINDB. A segurança jurídica também inclui a proteção da confiança legítima dos administrados, não se restringindo apenas à previsibilidade das ações do Estado.
PRINCÍPIO REPUBLICANO	Baseado na **distinção entre o público e o privado**, garantindo que os interesses públicos transcendam interesses individuais.
PRINCÍPIO DEMOCRÁTICO	Fundamenta-se na **vontade popular** e é exercido por representantes eleitos ou por instrumentos como o plebiscito.
PRINCÍPIO DA CIDADANIA	Reconhece o cidadão como **protagonista político**, titular de direitos e destinatário das ações do Estado.
PRINCÍPIO DA FINALIDADE	Orienta que os atos estatais devem sempre buscar os **objetivos almejados pela norma**, evitando desvios de finalidade.
PRINCÍPIO DA DIGNIDADE DA PESSOA HUMANA	A **dignidade humana é central** e deve guiar as políticas públicas, buscando garantir um mínimo existencial para todos.
PRINCÍPIO DA PROPORCIONALIDADE	Impõe um **equilíbrio entre meios e fins**, garantindo que as medidas estatais não sejam insuficientes nem excessivas. A proporcionalidade envolve três subprincípios: *adequação, necessidade e proporcionalidade em sentido estrito*.
PRINCÍPIO DA LEGALIDADE (JURIDICIDADE)	A Administração deve atuar em conformidade com o direito, **observando tanto regras quanto princípios**.
PRINCÍPIO DA IMPESSOALIDADE	A Administração deve buscar o **interesse público** sem favorecimentos pessoais e garantir a neutralidade de seus atos.
PRINCÍPIO DA MORALIDADE	Estabelece a necessidade de ética e probidade nos atos administrativos, possibilitando controle social e judicial.
PRINCÍPIO DA PUBLICIDADE	Garante a **transparência dos atos administrativos**, com exceções para segurança nacional e sigilo processual.
PRINCÍPIO DA EFICIÊNCIA	Inserido pela EC n. 19/1998, busca **otimizar os recursos e a qualidade dos serviços** públicos oferecidos.
PRINCÍPIO DA IGUALDADE	Prevê a **igualdade formal perante a lei** e fomenta políticas que busquem uma igualdade material entre os cidadãos.
PRINCÍPIO DA MOTIVAÇÃO	Exige que os atos administrativos sejam fundamentados, esclarecendo as **razões de fato e de direito** para sua prática.
PRINCÍPIO DA AUTOTUTELA	Autoriza a Administração a **rever seus próprios atos** quanto à legalidade e à adequação ao interesse público. A autotutela permite à Administração anular seus atos ilegais e revogar atos inconvenientes ou inoportunos, sem a necessidade de recorrer ao Judiciário.
PRINCÍPIOS SETORIAIS	São **princípios específicos para setores do Direito Administrativo**, como licitações, serviços públicos e processo administrativo. Aplicam-se a áreas específicas, complementando os princípios gerais e orientando práticas conforme as características de cada setor.

Capítulo 4
AGENTES PÚBLICOS

4.1. CONCEITO E ESPÉCIES

São todas as pessoas, vinculadas ou não ao Estado, que prestam serviço a ele, de forma permanente ou precária.

Agente público é gênero e pode ser classificado nas seguintes espécies:

4.1.1. Agentes políticos

São os que ocupam os cargos principais na estrutura constitucional, como membro de Poder, em situação de representar a vontade política do Estado (ex.: Presidente da República, Deputados, Senadores, Ministros dos Tribunais Superiores).

4.1.2. Agentes administrativos

São os servidores públicos em geral (que podem ser efetivos, exclusivamente comissionados ou temporários), além dos empregados públicos e dos militares.

4.1.2.1. Servidores efetivos

Ocupam cargo público e, portanto, estão submetidos ao regime estatutário de cada Ente Federativo. No caso da União, são regidos pela Lei n. 8.112/1990. São empossados no cargo mediante aprovação em concurso público e adquirem estabilidade após o atendimento aos requisitos constitucionais, quais sejam aprovação no estágio probatório e na avaliação especial de desempenho.

Os atos de admissão e aposentadoria dos servidores efetivos são apreciados pelo Tribunal de Contas, no caso da União, pelo TCU, conforme previsão expressa do art. 71, inciso III, da CF/1988. Como regra geral, seu regime de previdência é próprio, podendo ser celetista naqueles entes que não haviam o instituído ou que preencham os requisitos para migração ao Regime Geral de Previdência, conforme previsto no § 22 do art. 40 da CF/1988.

Os servidores efetivos também podem ocupar cargo em comissão, conforme previsão legal. Há cargos comissionados, cujo provimento se dá exclusivamente por servidores públicos. As funções de confiança também são exercidas exclusivamente pelos servidores efetivos.

4.1.2.2. Servidores exclusivamente comissionados

Ocupam exclusivamente cargo em comissão, de livre nomeação e exoneração. Os atos de admissão dos comissionados são dispensados de apreciação pelo Tribunal de Contas, conforme previsão do art. 71, inciso III, da CF/1988. Aplica-se aos servidores comissionados o estatuto dos servidores efetivos àquilo que couber. No caso da União, são regidos pela Lei n. 8.112/1990. Por sua vez, quanto à aposentadoria, são submetidos ao Regime Geral de Previdência.

Não há necessidade de provimento por concurso público, uma vez que podem ser nomeados e exonerados a qualquer tempo, bastando o preenchimento dos requisitos gerais constantes no art. 5º da Lei n. 8.112/1990, consistente na nacionalidade brasileira, no gozo dos direitos políticos, na quitação com as obrigações militares e eleitorais, no nível de escolaridade exigido para o exercício do cargo, na idade mínima de 18 anos[1] e na aptidão física e mental.

4.1.2.3. Servidores temporários

São contratados com fundamento no art. 37, inciso IX, da CF/1988, para determinado tempo, nas hipóteses de excepcional interesse público. O recrutamento do pessoal contratado não se dá por concurso público, sendo comum a utilização do processo seletivo simplificado.

No âmbito federal, a Lei n. 8.745/1993 dispõe sobre essa contratação, estabelecendo, no art. 3º a obrigatoriedade do processo seletivo simplificado e no art. 2º as atividades consideradas de excepcional interesse público.

O prazo de duração dos contratos e prorrogações varia de acordo com a atividade excepcional, sendo previsto no art. 4º da Lei n. 8.745/1993. O regime de aposentadoria é o geral, aplicando-se disposições específicas do Estatuto dos Servidores Públicos.

4.1.2.4. Empregados públicos

Ocupam emprego público, sujeitos ao regime celetista, após aprovação em concurso público, nas pessoas jurídicas de direito privado (e nas associações públicas, pessoas jurídicas de direito público, conforme previsão expressa do art. 6º, § 2º, da Lei n. 11.107/2005). Sujeitam-se ao regime geral de previdência e, se empregados das empresas públicas e sociedades de economia mista, só estão sujeitos ao teto remuneratório constitucional se estas forem dependentes (receberem recursos dos Entes federativos para pagamento de despesas de pessoal ou de custeio em geral).

No período de 5 de junho de 1998, data da publicação da Emenda Constitucional n. 19, que alterou o art. 39 da Constituição Federal de 1988, foi possível a admissão de empregados públicos na administração direta, autárquica e fundacional pública.

Essa possibilidade foi suspensa cautelarmente pelo Supremo Tribunal Federal, no dia 2 de agosto de 2007, ao apreciar o pedido liminar na ADI n. 2.135/DF. Assim, de 1988 até 1998, não havia a possibilidade do regime celetista na Administração Direta, Autárquica e Fundacional Pública. De 1988 até 2007, houve a possibilidade e empregados públicos foram admitidos, os quais, no âmbito federal, são regidos pela Lei n. 9.962/2000. De 2007 até o dia 6 de novembro de 2024, não houve a possibilidade de admissão de agentes pelo regime celetista.

Isso porque, em 6 de novembro de 2024, o STF julgou o mérito da ADI n. 2.135/DF, revogando a medida cautelar mencionada acima e compreendendo pela constitucionalidade da redação conferida pela EC n. 19/1998. O Tribunal atribuiu efeitos

---

[1] Para o STJ, a idade mínima de 18 anos pode ser afastada, a depender da complexidade das atribuições do cargo e se já houver emancipação. Nesse sentido, o tribunal decidiu no REsp 1462659/RS, rel. min. Herman Benjamin, 2ª T., julgado em 01/12/2015, *DJe* 04/02/2016.

ex nunc à sua decisão, tendo em vista o largo lapso temporal desde o deferimento da medida cautelar, fixando, ainda, a vedação da transmudação de regime dos atuais servidores, com o propósito de evitar tumultos administrativos e previdenciários. Portanto, a partir da data desse julgamento, *é possível que a Administração direta, autárquica e fundacional pública também passem a ter novos celetistas em seus quadros e não apenas estatutários.*

Por fim, tema importante acerca dos empregados públicos é a competência para processar e julgar as ações envolvendo seus direitos. Pelo menos, três temas importantes já foram enfrentados pelo STF em sede de repercussão geral. O primeiro trata da apreciação do direito de greve (tema 544), ocasião em que, ao julgar o RE n. 846.854, o Tribunal fixou tese no sentido de que "A justiça comum, federal ou estadual, é competente para julgar a abusividade de greve de servidores públicos celetistas da Administração pública direta, autarquias e fundações públicas". Assim, caberá à justiça do trabalho a apreciação de eventual abusividade no caso de greve dos empregados públicos das empresas públicas e das sociedades de economia mista.

O segundo refere à competência para analisar direito de natureza administrativa de empregados públicos (tema 1.143). O STF, ao apreciar o RE n. 1288440, também em sede de repercussão geral, firmou tese no sentido de que "a justiça comum é competente para julgar ação ajuizada por servidor celetista contra o Poder Público, em que se pleiteia parcela de natureza administrativa", ou seja, aquelas não previstas na CLT, mas em leis específicas dos Entes federativos, a exemplo de eventuais quinquênios e outros adicionais remuneratórios.

O terceiro, por sua vez, é atinente à competência da Justiça do Trabalho para processar e julgar ações envolvendo verbas trabalhistas, ou seja, previstas na CLT, de empregados convertidos em servidores públicos após a CF/1988 (Tema 928). Assim, ao julgar o ARE 1001075, o STF editou tese de repercussão geral, assentando que "compete à Justiça do Trabalho processar e julgar ações relativas às verbas trabalhistas referentes ao período em que o servidor mantinha vínculo celetista com a Administração, antes da transposição para o regime estatutário".

4.1.2.5. Militares

Constituem uma espécie singular de agentes públicos. Até a Emenda Constitucional n. 18, de 5 de fevereiro de 1988, eram denominados *servidores públicos militares*. Essa emenda alterou a redação constitucional para denominá-los de *militares*, conforme previsão expressa do art. 142, § 3º, e art. 42, ambos da CF/1988.

São regidos pelas disposições constitucionais (no âmbito da União, constantes no art. 142, e, no âmbito dos Estados e do DF, no art. 42) e pelos Estatutos Específicos (da União, dos Estados e do DF).

No âmbito da União, o Estatuto dos Militares é a Lei n. 6.880/1980, regulando a situação, obrigações, deveres, direitos e prerrogativas dos membros das Forças Armadas, os quais, em razão de sua destinação constitucional, formam uma categoria especial de servidores da Pátria.

A CF/1988 arredou a aplicabilidade de determinados direitos fundamentais aos militares (individuais ou de cidadania), o fazendo expressamente, como nas situações em que afastou a garantia do indivíduo só ser preso em caso de flagrante delito ou ordem judicial (art. 5º, inciso LXI), o direito ao sufrágio universal os militares em serviço militar obrigatório (art. 14, § 2º), a filiação partidária (art. 142, § 3º, inciso V) ou o direito à sindicalização e à greve (art. 142, § 3º, inciso IV)[2].

O Estatuto dos Militares (da União) não prevê expressamente o regime de dedicação exclusiva a essa classe, mas de *disponibilidade permanente*, a qual decorre dos arts. 5º e 31, inciso I, Lei n. 6.880/1980. Assim, embora, no ano de 2019, tenha sido instituído, pelo art. 8º da Lei n. 13.954/19, um "adicional de compensação por disponibilidade militar", em razão da disponibilidade permanente e da dedicação exclusiva, a lei não os conceitua[3].

Trata-se, portanto, de conceitos jurídicos indeterminados, cujo conteúdo, na ausência de regulamentação, será traçado pelo intérprete. Ao se afastar da zona de penumbra em busca de uma zona de certeza positiva, compreende-se que *disponibilidade permanente e dedicação exclusiva pressupõem a primazia da atividade militar sobre qualquer outra, de modo incondicional, de forma que o militar esteja permanentemente disponível para emprego*[4].

Essa interpretação é compatível com o próprio art. 3º da Lei n. 11.890/2008, que trata da dedicação exclusiva aos integrantes das carreiras e ocupantes de cargos na Administração Federal, a qual é caracterizada pelo "impedimento de exercer outra atividade, pública ou privada, potencialmente causadora de conflito de interesses, nos termos da Lei n. 12.813, de 16 de maio de 2013". O mesmo artigo, em seu § 1º, prevê que "na hipótese em que o exercício de outra atividade não configure conflito de interesses, o servidor deverá observar o cumprimento da jornada do cargo, o horário de funcionamento do órgão ou da entidade e o dever de disponibilidade ao serviço público"[5].

Isso posto, é possível aos militares o exercício de atividade não defesa em lei, em sentido estrito, a exemplo da docência na iniciativa privada, *desde que se confira primazia incondicional à atividade militar, devendo eventuais desvios ser objeto de apuração caso a caso*[6].

4.1.3. Agentes por colaboração

São particulares que colaboram com o poder público voluntária ou compulsoriamente, ou também por delegação (a exemplo dos tabeliães e cartorários), não sendo

---

[2] Parecer n. 00620/2023/CONJUR-MD/CGU/AGU, de 21 de setembro de 2023, de lavra da Dra. Carolina Saraiva De Figueiredo Cardoso, que versa sobre a possibilidade do exercício da docência na iniciativa privada pelos militares, aprovado pelo Ministério da Defesa, com uniformização de tese.
[3] Parecer n. 00620/2023/CONJUR-MD/CGU/AGU, de 21 de setembro de 2023, de lavra da Dra. Carolina Saraiva De Figueiredo Cardoso, que versa sobre a possibilidade do exercício da docência na iniciativa privada pelos militares, aprovado pelo Ministério da Defesa, com uniformização de tese.
[4] Parecer n. 00620/2023/CONJUR-MD/CGU/AGU, de 21 de setembro de 2023, de lavra da Dra. Carolina Saraiva De Figueiredo Cardoso, que versa sobre a possibilidade do exercício da docência na iniciativa privada pelos militares, aprovado pelo Ministério da Defesa, com uniformização de tese.
[5] Parecer n. 00620/2023/CONJUR-MD/CGU/AGU, de 21 de setembro de 2023, de lavra da Dra. Carolina Saraiva De Figueiredo Cardoso, que versa sobre a possibilidade do exercício da docência na iniciativa privada pelos militares, aprovado pelo Ministério da Defesa, com uniformização de tese.
[6] Parecer n. 00620/2023/CONJUR-MD/CGU/AGU, de 21 de setembro de 2023, de lavra da Dra. Carolina Saraiva De Figueiredo Cardoso, que versa sobre a possibilidade do exercício da docência na iniciativa privada pelos militares, aprovado pelo Ministério da Defesa, com uniformização de tese.

servidores públicos. Equiparam-se a agentes públicos para fins penais e para responsabilidade por atos de improbidade.

4.1.3.1. Agente por colaboração voluntária

Colaboram com o poder público pessoas que, em situação de emergência, assumem funções públicas, passam a ser agentes públicos de fato, a exemplo daqueles que exercem trabalho voluntário na administração pública.

4.1.3.2. Agente por colaboração compulsória

São aquelas pessoas requisitadas compulsoriamente, para o exercício de função pública, como os jurados e mesários eleitorais.

4.1.3.3. Agente por delegação

Pessoas para as quais foram atribuídos serviços públicos, como os concessionários, permissionários e autorizatários, dentre os quais citam-se os tabeliães e registradores.

4.1.4. Agente público de fato

Aquele que desempenha atividade pública com base na presunção de legitimidade de sua situação funcional. **Os atos praticados por agentes de fato podem ser convalidados (gerando efeitos a terceiros)**, a fim de se evitarem prejuízos para a Administração ou a terceiros de boa-fé.

Como exemplo, pode-se citar alguém aprovado em concurso público, colocado no exercício de suas atividades funcionais, e que, tempos depois, percebe-se que não foi, formalmente, nomeado, nem assinou o termo de posse. Ainda que ilegítima a investidura, o agente de fato tem direito à percepção de sua remuneração porque agiu de boa-fé e as verbas recebidas têm caráter alimentar, sob pena de enriquecimento sem causa da Administração Pública.

De igual forma, exemplifico a situação de um advogado nomeado para cargo comissionado de procurador municipal, que tenha emitido pareceres e praticado atos privativos da advocacia em processos judiciais, que, futuramente, tenha sua nomeação anulada ante o entendimento de que este cargo deveria ser provido mediante concurso público. Todos os atos praticados permanecem legítimos, mediante a incidência da teoria do agente público de fato.

4.2. CARGO PÚBLICO, FUNÇÃO PÚBLICA E EMPREGO PÚBLICO

A função administrativa é exercida por quem ocupa um cargo público, desempenha uma função pública ou ocupa um emprego público, conforme será visto a seguir.

4.2.1. Cargo público

É o conjunto de atribuições e responsabilidades cometidas a um servidor (acessíveis a todos os brasileiros que preencham os requisitos previstos em lei). É criado e extinto por lei (art. 48, inciso X, da CF/1988), exceto se estiverem vagos, hipótese em que é possível a extinção por decreto (art. 84, inciso VI, "b", da CF/1988).

Quanto à natureza do vínculo, são classificados em *cargo em comissão*, aquele com vínculo precário, ocupado transitoriamente com base no critério de confiança; *cargo efetivo*, com vínculo permanente, sem transitoriedade, provido após aprovação em concurso público; *cargo vitalício*, também preenchido em caráter permanente, sendo que seu ocupante só pode ser desligado por processo judicial ou por processo administrativo em situações excepcionais, assegurada a ampla defesa, a exemplo dos membros da magistratura e do Ministério Público.

Quanto à estrutura progressiva, classificam-se em *cargo de carreira*, aquele que faz parte de um conjunto de cargos com a mesma denominação, escalonados em razão das atribuições e da responsabilidade, e *cargo isolado*, aquele que não integra carreira nenhuma.

4.2.2. Função pública

A expressão *função pública* compreende: atribuição, encargo, poderes, deveres e direitos atribuídos aos órgãos, aos cargos e também aos agentes públicos.

Os cargos públicos são ocupados e as funções são exercidas. Todo cargo implica a existência de função, porém nem toda função pressupõe um cargo. A título exemplificativo, podem-se mencionar os contratados temporariamente, para situações de excepcional interesse público, com base no art. 37, inciso IX, da CF/1988, os quais exercem função, mas não ocupam cargo.

4.2.3. Emprego público

Diz respeito à possibilidade do exercício da função pública por contrato de trabalho regido pela CLT (Consolidação das Leis do Trabalho), ou seja, ocupa emprego público quem, por meio de contratação, sob regência da CLT, após aprovação em concurso público, exerce a função pública.

Difere-se o emprego público, portanto, do cargo público, pelo fato de ter o primeiro vínculo contratual regulamentado pela CLT e o segundo ter um vínculo estatutário regido pelo Estatuto dos Servidores Públicos.

Em regra, os empregos públicos são existentes nas Fundações Públicas de Direito Privado, nas Empresas Públicas, nas Sociedades de Economia mista e nos Consórcios Públicos (tanto de direito público, quanto de direito privado, conforme o art. 6º, § 2º, da Lei n. 11.107/2005).

4.2.4. Acessibilidade aos cargos e empregos públicos

Os cargos e empregos públicos são acessíveis a todos os brasileiros (natos e naturalizados) e aos estrangeiros, nos termos da lei, com exceção dos cargos privativos de brasileiros natos previstos no art. 12, § 3º, da CF/1988.

O art. 37, inciso I, é norma de eficácia contida, gera efeitos imediatos e admite lei posterior que restrinja sua eficácia, portanto, enquanto não vier a lei, o acesso para estrangeiros será livre, uma vez que a lei poderá ser federal, estadual ou municipal, a depender do Ente Federativo.

A Constituição Federal, no art. 207, § 1º, e a Lei n. 8.112/1990, em seu art. 5º, § 3º, preveem que as universidades e instituições de pesquisa científica e tecnológica federais poderão prover seus cargos com professores, técnicos e cientistas estrangeiros, de acordo com as normas e os procedimentos do Estatuto dos Servidores Públicos Federais.

O STF, ao julgar o RE n. 1177699, com repercussão geral (Tema 1032), finalizado na sessão virtual encerrada em 24 de março de 2023, fixou tese de repercussão geral no sentido de que o candidato estrangeiro tem direito líquido e certo à nomeação em concurso público para provimento desses cargos, exceto se a restrição da nacionalidade estiver expressa no edital com o exclusivo objetivo de preservar o interesse público.

4.2.4.1. Concurso público

O concurso público é a regra geral para o provimento de cargo efetivo (sob o regime estatutário) e emprego público (sob o regime celetista), devendo ser de provas ou de provas e títulos, de acordo com a natureza e a complexidade do cargo ou emprego, na forma do art. 37, inciso II, da CF/1988.

A Lei n. 14.965, de 9 de setembro de 2024, dispõe sobre as normas gerais relativas a concursos públicos, aplicáveis a todos os Entes federativos, o que não impede que os Entes subnacionais adotem normas próprias que com ela não conflitem. O objetivo principal da lei é garantir a transparência, a segurança jurídica e a isonomia no processo de seleção de candidatos a cargos e empregos públicos, buscando conferir uma uniformidade nacional.

É importante salientar que ela não se aplica diretamente aos concursos públicos destinados à magistratura, ao Ministério Público, à Defensoria Pública e aos membros das Forças Armadas (podendo, indubitavelmente, ser aplicada de modo subsidiário, naquilo que não conflitar com as respectivas leis da categoria).

Ademais, a lei exclui os concursos realizados por empresas públicas e sociedades de economia mista que não recebam recursos da União, dos Estados, do Distrito Federal ou dos Municípios para pagamento de despesas de pessoal ou custeio em geral. Também ficam fora do escopo da Lei Geral os concursos regidos por leis específicas que estabeleçam normas próprias, desde que estas não contrariem as disposições constitucionais ou a própria Lei n. 14.965/2024. Essas exclusões garantem a aplicação de regras apropriadas às particularidades de cada área e entidade, mantendo a coerência com as normas constitucionais e legais vigentes.

Ela estabelece requisitos mínimos para os editais, assegurando que todos os concursos públicos sigam as mesmas diretrizes básicas, além de vedar qualquer forma de discriminação, respeitando as políticas afirmativas de diversidade.

De acordo com o art. 7º da Lei n. 14.965/2024, o edital de concursos públicos deve conter diversos elementos essenciais para garantir a transparência e a clareza do processo seletivo. São estes, no mínimo, o seguinte:

Identificação do órgão ou entidade: informações completas sobre a entidade responsável pela realização do concurso.

Finalidade do concurso: objetivos e finalidades para os quais o concurso está sendo realizado.

Descrição dos cargos ou empregos: detalhamento dos cargos ou empregos públicos ofertados, incluindo número de vagas, atribuições, requisitos e local de trabalho.

Requisitos para investidura: condições que os candidatos devem cumprir para serem investidos nos cargos ou empregos.

Etapas do concurso: descrição detalhada das fases do concurso, como provas objetivas, discursivas, títulos, exames médicos, psicológicos, entre outros.

Critérios de avaliação e classificação: métodos utilizados para avaliar e classificar os candidatos em cada etapa do concurso.

Conteúdo programático: temas e assuntos que serão abordados nas provas, incluindo bibliografia recomendada.

Regras de provas *online*: instruções e requisitos específicos para a realização de provas online, garantindo segurança e igualdade.

Prazo de validade do concurso: período durante o qual o concurso será válido para a convocação dos candidatos aprovados.

Local e horário das inscrições: informações sobre como, onde e quando os candidatos podem se inscrever no concurso.

Taxas de inscrição: valores e instruções para o pagamento das taxas de inscrição, se houver.

Direitos e deveres dos candidatos: regras e orientações sobre a participação dos candidatos no concurso.

Recursos e reclamações: procedimentos para a interposição de recursos e apresentação de reclamações durante o concurso.

Normas e instruções complementares: qualquer outra informação relevante que complemente as normas do concurso.

Esses elementos ajudam a assegurar que o concurso seja conduzido de maneira justa e transparente, proporcionando igualdade de condições para todos os candidatos.

A avaliação por provas ou por provas e títulos, conforme estabelecido pela Lei n. 14.965/2024, é uma etapa essencial nos concursos públicos para garantir a seleção justa e imparcial de candidatos. Essa avaliação é composta por provas objetivas e, em alguns casos, por provas discursivas e até orais, que visam avaliar os conhecimentos específicos dos candidatos nas áreas de atuação dos cargos em disputa. Além das provas, pode-se incluir uma fase de títulos, onde a experiência profissional e as qualificações acadêmicas dos candidatos são analisadas e pontuadas de acordo com critérios previamente definidos no edital[7].

As provas devem ser aplicadas de maneira a assegurar a igualdade de condições para todos os participantes, com medidas de acessibilidade para candidatos com deficiência. Os critérios de correção das provas e a atribuição de pontos aos títulos apresentados devem ser transparentes e detalhados no edital, garantindo-se que os candidatos tenham pleno conhecimento das regras e possam preparar-se adequadamente para o processo seletivo.

---

[7] Ressalta-se que a prova de títulos não pode possuir caráter eliminatório, prestando-se tão somente a classificar os candidatos, conforme o previsto no art. 10 da Lei n. 14.965/2024 e ao já decidido pelo STF por ocasião do julgamento do MS n. 32.074, de relatoria do Min. Luiz Fux, em 2 de setembro de 2014.

Além disso, a lei inova ao permitir a realização de provas *online*, desde que sejam garantidas a segurança e a autenticidade do processo, ampliando o acesso e modernizando as etapas dos concursos públicos.

4.2.4.1.1. Requisitos à acessibilidade aos cargos públicos

Ainda que o art. 37, inciso I, da CF/1988 preveja a possibilidade de que a lei[8] preveja os *requisitos à acessibilidade*, como limite de idade, peso, altura, estes devem ser *necessários* e *adequados* ao exercício das funções inerentes à natureza do cargo, conforme já fixado pelo STF na Súmula 683.

4.2.4.1.1.1. Exame psicotécnico

A título de exemplo, de medidas restritivas, encontra-se o *exame psicotécnico*, o qual pode constituir etapa de concurso público, desde que exista previsão em lei e no respectivo edital, conforme assentado pelo STF na Súmula Vinculante 44 do STF. Por outro lado, por constituir etapa eliminatória, não pode o Poder Judiciário proferir decisão em favor de candidato, de modo que substitua a comissão do concurso ou suprima essa fase do concurso[9].

4.2.4.1.1.2. Tatuagem corporal

Outro exemplo é a restrição em virtude de *tatuagem corporal*. Como regra, os editais de concurso público não podem estabelecer restrição a pessoas com tatuagem, salvo situações excepcionais em razão de conteúdo que viole valores constitucionais, entendimento já assentado pelo STF em sede de repercussão geral (Tema n. 838), no RE n. 898.450, de relatoria do Min. Luiz Fux, julgado em 17 de agosto de 2016.

4.2.4.1.1.3. Condenação criminal

De igual modo, pode-se citar a realização de concurso público por *condenados criminalmente*. O STF pacificou o entendimento pela possibilidade, por ocasião do julgamento do RE n. 1282553, com repercussão geral (Tema 1190), de relatoria do ministro Alexandre de Moraes, julgado em 4 de outubro de 2023. Nesse julgamento, fixou-se tese no sentido de que a suspensão dos direitos políticos em virtude de condenação criminal transitada em julgado enquanto durarem seus efeitos não impede a nomeação e posse de candidato aprovado em concurso público, desde que não incompatível com a infração penal praticada.

Esse entendimento almejou respeitar o princípio da dignidade da pessoa humana e do valor social do trabalho, bem como firmar o entendimento do dever estatal em proporcionar as condições necessárias para harmônica integração social do condenado, objetivo principal da execução penal. Não obstante, o início do efetivo exercício das funções ficará condicionado ao regime da pena ou à decisão judicial do Juízo de Execuções, que analisará a compatibilidade de horários.

---

[8] O STF já fixou o entendimento, na Súmula 14, de que "não é admissível, por ato administrativo, restringir, em razão da idade, inscrição em concurso para cargo público".

[9] O STF já fixou o entendimento de que, "no caso de declaração de nulidade de exame psicotécnico previsto em lei e em edital, é indispensável a realização de nova avaliação, com critérios objetivos, para prosseguimento no certame" [RE 1.133.146 RG, rel. min. Luiz Fux, j. 20-9-2018, P, *DJE* de 26-9-2018, Tema 1.009, com mérito julgado].

4.2.4.1.1.4. Não violação à maternidade

Não é possível ao Poder Judiciário suprimir a etapa referente ao *exame físico*, cabendo, entretanto, a remarcação em situações excepcionais. Uma delas, já enfrentada pelo STF em sede de repercussão geral (Tema n. 973), diz respeito à candidata gestante[10], a qual tem direito à proteção à vida, à saúde e à maternidade. Assim, assentou-se a tese de que "é constitucional a remarcação do teste de aptidão física de candidata que esteja grávida à época de sua realização, independentemente da previsão expressa em edital do concurso público".

Essa tese também se aplica aos *exames médicos* realizadas por candidatas gestantes, não sendo lícito à Administração considerar a candidata inapta para prosseguir no concurso, única e exclusivamente em razão de sua gestação, o que viola o princípio da isonomia e os direitos fundamentais da mulher, dentre eles a já mencionada proteção à maternidade[11].

É garantido também o *direito à amamentação*, previsto na Lei n. 13.872/2019, a passou a estabelecer o direito de as mães amamentarem seus filhos durante a realização de concursos públicos na administração pública direta e indireta dos Poderes da União.

Embora a lei seja específica à Administração Federal, *defendo* sua *aplicabilidade supletiva aos Estados e Municípios*, na ausência de lei local garantindo esse direito.

Assim, é assegurado à mãe o direito de amamentar seus filhos de até 6 meses de idade durante a realização de provas ou de etapas avaliativas em concursos públicos na administração pública direta e indireta dos Poderes da União, mediante prévia solicitação à instituição.

Terá o direito a mãe cujo filho tiver até seis meses de idade no dia da realização de prova ou de etapa avaliativa de concurso público e a prova da idade será feita mediante declaração no ato de inscrição para o concurso e apresentação da respectiva certidão de nascimento durante sua realização.

Deferida a solicitação, a mãe deverá, no dia da prova ou da etapa avaliativa, indicar uma pessoa acompanhante que será a responsável pela guarda da criança durante o período necessário e só terá acesso ao local das provas até o horário estabelecido para fechamento dos portões, ficando com a criança em sala reservada para essa finalidade, próxima ao local de aplicação das provas.

A mãe terá o direito de proceder à amamentação, devidamente acompanhada por fiscal, a cada intervalo de duas horas, por até 30 minutos, por filho, sendo que o tempo despendido na amamentação será compensado durante a realização da prova, em igual período.

4.2.4.1.2. Validade do concurso público

O prazo de validade do concurso público é de até dois anos, admitida uma prorrogação por igual período. Assim, caso o prazo prorrogável seja de um ano, o

---

[10] Decisão tomada pelo Supremo por ocasião do julgamento do RE n. 1.058.333, rel. min. Luiz Fux, j. 21/11/2018, P, *DJE* de 27/07/2020, Tema 973.

[11] Este entendimento é corroborado pelo STF, como pode se visualizar no RE 1.357.064 AgR, rel. min. Alexandre de Moraes, j. 02/03/2022, 1ª T., *DJE* de 08/03/2022.

improrrogável também será de um ano. A prorrogação, por óbvio, deve ocorrer antes de findar o prazo prorrogável, sob pena de nulidade das futuras nomeações[12].

Embora, nos termos do art. 37, inciso IV, da CF/1988, não vede que a Administração proceda a novo concurso público para provimento de cargo ao qual haja concurso dentro do prazo de validade, durante o prazo improrrogável previsto no edital de convocação, o candidato aprovado no concurso público anterior, dentro do número de vagas, será convocado com prioridade sobre os novos concursados.

Nesse sentido é a jurisprudência do STF, inclusive em sede de repercussão geral, ou, seja, a abertura de novo concurso para o mesmo cargo, durante o prazo de validade do certame anterior, não gera automaticamente o direito à nomeação dos candidatos aprovados fora das vagas previstas no edital, ressalvadas as hipóteses de preterição arbitrária e imotivada por parte da administração[13].

Não obstante, no caso da Administração Federal, sustento que a abertura de novo concurso, enquanto houver candidato aprovado em concurso anterior com prazo de validade não expirado, é ilegal, por afronta à vedação expressa no art. 11, § 2º, da Lei n. 8.112/1990.

Havendo, por decisão judicial ou administrativa devidamente fundamentada, a suspensão excepcional do prazo de validade do concurso, será possível a dilação pelo tempo correspondente, em atendimento ao princípio da razoável duração do processo, da segurança jurídica e da proteção da confiança legítima[14]. Ordinariamente, não é possível ocorrer a nomeação após a expiração do prazo de validade do concurso público[15], mesmo de candidatos aprovados dentro do número de vagas[16].

4.2.4.1.3. Critérios de desempate no concurso público

Embora o art. 7º, X, da Lei n. 14.965/2024 estabeleça que o edital deve conter os critérios de desempate, a lei não os enumera. Assim, os principais critérios utilizados geralmente são: a maior idade, especialmente para candidatos que se enquadrem no Estatuto do Idoso; o maior número de acertos nas questões de conhecimentos específicos; o maior número de acertos nas questões de conhecimento geral; e o maior tempo de experiência profissional na área do cargo em disputa (sendo inconstitucional a fixação de tempo de serviço público em um determinado ente federativo como critério de desempate)[17].

---

[12] Nosso entendimento é corroborado pelo STF, que já firmou entendimento no sentido de que o ato do poder público que, após ultrapassado o primeiro prazo de validade de concurso público, institui novo período de eficácia do certame ofende o art. 37, III, da CF/1988, ocasionando a nulidade das nomeações realizadas com fundamento em tal ato [RE 352.258, rel. min. Ellen Gracie, j. 27/04/2004, 2ª T., DJ de 14/05/2004].

[13] Entendimento firmado no RE 598.099, rel. min. Gilmar Mendes, j. 10/08/2011, P, DJE de 03/10/2011, Tema 161, com mérito julgado.

[14] Assim já decidiu o STF em concurso público realizado pelo TJMT, por ocasião do julgamento do MS n. 30.891 AgR, rel. min. Gilmar Mendes, j. 22/09/2017, 2ª T., DJE de 04/10/2017.

[15] ARE 899.816 AgR, rel. min. Dias Toffoli, j. 07/03/2017, 2ª T., DJE de 24/03/2017.

[16] Este entendimento também é válido para os concursos ao ingresso da atividade notarial e de registro, sendo que, expirado o prazo de validade do concurso, não é mais possível a outorga de delegação a candidato aprovado no certame. [MS 28.044 ED, rel. min. Ricardo Lewandowski, j. 27/10/2011, P, DJE de 12/12/2011.]

[17] O STF já apreciou essa previsão, em 27 de novembro de 2020, quando julgou procedente a ADI n. 5.358, para invalidar norma do Pará que estabelecia o tempo de serviço público no Ente como critério de desempate.

Esses critérios são estabelecidos para garantir que, em caso de empate, a decisão seja baseada em fatores objetivos e relevantes para a função pública, contribuindo para a seleção dos candidatos mais aptos e qualificados.

4.2.4.1.4. Direito subjetivo à nomeação do aprovado

O candidato aprovado dentro do número de vagas previsto no edital do concurso público possui direito subjetivo à nomeação, não se aplicando esse entendimento aos candidatos aprovados fora do número de vagas e àqueles aprovados para cadastro reserva[18].

Embora seja dever da Administração promover a nomeação desses candidatos, dentro do prazo de validade do concurso, é a Administração que define o momento conveniente e oportuno à nomeação e poderá haver excepcionalidades[19].

O STF, ao julgar o RE n. 598.099, de relatoria do Min. Gilmar Mendes, julgado em 10 de agosto de 2011, compreendeu pela possibilidade excepcional de não nomeação dos candidatos dentro do número de vagas. Para isso, a decisão deve ser motivada com base nos seguintes elementos:

a) *Superveniência:* os eventuais fatos ensejadores de uma situação excepcional devem ser necessariamente posteriores à publicação do edital do certame público[20];

b) *Imprevisibilidade:* a situação deve ser determinada por circunstâncias extraordinárias, imprevisíveis à época da publicação do edital[21];

c) *Gravidade:* os acontecimentos extraordinários e imprevisíveis devem ser extremamente graves, implicando onerosidade excessiva, dificuldade ou mesmo impossibilidade de cumprimento efetivo das regras do edital[22];

d) *Necessidade:* a solução drástica e excepcional de não cumprimento do dever de nomeação deve ser extremamente necessária, de forma que a administração somente pode adotar tal medida quando absolutamente não existirem outros meios menos gravosos para lidar com a situação excepcional e imprevisível[23].

No entanto, a contratação precária para o exercício de atribuições de cargo efetivo durante o prazo de validade do concurso público respectivo traduz preterição dos candidatos aprovados e confere a esses últimos direito subjetivo à nomeação[24].

É importante destacar que, nas situações em que o candidato foi aprovado no concurso público para cadastro reserva ou fora das vagas previstas no edital, a preterição estará configurada se essa contratação precária for realizada dentro do prazo de validade do concurso.

---

[18] RE 598.099, rel. min. Gilmar Mendes, j. 10/08/2011, P, *DJE* de 03/10/2011, Tema 161, com mérito julgado.
[19] RE 598.099, rel. min. Gilmar Mendes, j. 10/08/2011, P, *DJE* de 03/10/2011, Tema 161, com mérito julgado.
[20] RE 598.099, rel. min. Gilmar Mendes, j. 10/08/2011, P, *DJE* de 03/10/2011, Tema 161, com mérito julgado.
[21] RE 598.099, rel. min. Gilmar Mendes, j. 10/08/2011, P, *DJE* de 03/10/2011, Tema 161, com mérito julgado.
[22] RE 598.099, rel. min. Gilmar Mendes, j. 10/08/2011, P, *DJE* de 03/10/2011, Tema 161, com mérito julgado.
[23] RE 598.099, rel. min. Gilmar Mendes, j. 10/08/2011, P, *DJE* de 03/10/2011, Tema 161, com mérito julgado.
[24] Entendimento firmando pelo STF no RE 733.596 AgR, rel. min. Luiz Fux, j. 11/02/2014, 1ª T., *DJE* de 26/02/2014.

Significa dizer que, caso a Administração não convoque candidatos aprovados nessa situação (cadastro reserva ou aprovados fora do número de vagas), dentro do prazo de validade, e, após a expiração desse prazo, realize uma contratação temporária, não estará caracterizada a preterição que enseje a busca judicial pela nomeação[25].

4.2.4.1.5. Inaplicabilidade da teoria do fato consumado

O § 2º do art. 37 da CF/1988 prevê que a não observância da prévia aprovação em concurso público (formal e material), além da nomeação fora do prazo de validade, implicará a nulidade do ato e a punição da autoridade responsável.

Assim, não haverá aplicação da teoria do fato consumado às situações de nomeação resultante de fraude em concurso público ou decorrente de decisão judicial de caráter precário (liminar ou tutela provisória)[26].

O STJ já possui entendimento consolidado, no sentido de que as situações flagrantemente inconstitucionais não se submetem ao prazo decadencial de 5 anos previsto no art. 54 da Lei n. 9.784/1999, não havendo que se falar em convalidação pelo mero decurso do tempo em situações fraudulentas[27].

4.2.5. Provimento

Ato que designa uma pessoa para titularizar um cargo público, podendo ser *derivado* ou *inicial*.

4.2.5.1. Provimento inicial

Aquele que independe de relações anteriores do indivíduo com a Administração Pública. Dá-se, em regra, por concurso público, com a exceção do cargo em comissão e a contratação por tempo determinado. É ato complexo, em razão de passar por várias etapas: concurso, nomeação, posse e entrada em exercício. Só se aperfeiçoa com o efetivo exercício de suas funções.

São requisitos gerais para investidura no cargo público (rol não exaustivo), constantes no art. 5º da Lei n. 8.112/1990, a serem comprovados na posse[28], a nacionalidade brasileira, a quitação das obrigações militares e eleitorais, a idade mínima de 18

---

[25] Esse entendimento encontra-se em compatibilidade com o Tema 683, com repercussão geral reconhecida pelo STF, por ocasião do julgamento do RE 766304, em 02/05/2024, ocasião em que foi fixada a seguinte tese de repercussão geral: "Ação judicial visando ao reconhecimento do direito à nomeação de candidato aprovado fora das vagas previstas no edital (cadastro de reserva) deve ter por causa de pedir preterição ocorrida na vigência do certame".

[26] O STF, ao julgar o RE n. 608.482, rel. min. Teori Zavascki, j. 07/08/2014, P, *DJE* de 30/10/2014, Tema 476, com mérito julgado, entendeu que "não é compatível com o regime constitucional de acesso aos cargos públicos a manutenção no cargo, sob fundamento de fato consumado, de candidato não aprovado que nele tomou posse em decorrência de execução provisória de medida liminar ou outro provimento judicial de natureza precária, supervenientemente revogado ou modificado".

[27] O entendimento do STJ pode ser visualizado nos seguintes julgados: REsp 1799759/ES, rel. min. Herman Benjamin, 2ª T., julgado em 23/04/2019, *DJe* 29/05/2019. MS 20033/DF, rel. min. Gurgel De Faria, Primeira Seção, julgado em 27/03/2019, *DJe* 01/04/2019. RMS 51398/MG, rel. min. Napoleão Nunes Maia Filho, 1ª T., julgado em 21/03/2019, *DJe* 28/03/2019. REsp 1647347/RO, rel. min. Francisco Falcão, 2ª T., julgado em 11/12/2018, *DJe* 17/12/2018. AgInt no REsp 1538992/ES, rel. min. Sérgio Kukina, 1ª T., julgado em 06/11/2018, *DJe* 13/11/2018. RMS 56774/PA, rel. min. Mauro Campbell Marques, 2ª T., julgado em 22/05/2018, *DJe* 29/05/2018.

[28] Esses requisitos, conforme a jurisprudência consolidada do STJ, devem ser cumpridos no momento da posse no cargo e não da inscrição no concurso público (Súmula 266 do STJ).

anos[29], a aptidão física e mental, o gozo dos direitos políticos e demais condições legalmente impostas ao provimento do cargo.

Ainda que esses requisitos sejam gerais e que possam existir outros específicos, previstos na lei, devem atender aos princípios da proporcionalidade e razoabilidade, que delimitam o exercício do poder discricionário no seu estabelecimento. A exemplo, pode verificar-se o julgado no RE n. 898450, em que o STF decidiu pela inconstitucionalidade da proibição de tatuagens em concursos públicos.

4.2.5.2. Provimento derivado

Aquele que se verifica quando ocorre a titularização de um cargo por um indivíduo que já se encontra na estrutura da Administração; não depende de concurso público, sendo possível, entretanto, a previsão de concurso interno.

Embora possa haver a realização de concurso interno, a Administração deve respeitar a Súmula Vinculante n. 43, a qual prevê que "é inconstitucional toda modalidade de provimento que propicie ao servidor investir-se, sem prévia aprovação em concurso público destinado ao seu provimento, em cargo que não integra a carreira na qual anteriormente investido". Assim, o concurso interno é admissível como requisito para *continuidade da carreira* e não *mudança de carreira*. É possível visualizar uma modalidade *vertical* (implica ascensão funcional) e algumas modalidades *horizontais* de provimento derivado (não implicam elevação, mas alteração funcional).

4.2.5.2.1. Promoção

A *modalidade vertical* tem como principal exemplo a *promoção*, que se caracteriza como a passagem de um cargo para outro, implicando ascensão funcional, dentro da mesma carreira.

Geralmente ocorre por *níveis*, dentro de *classes*, atendendo critérios de *merecimento* e *antiguidade*. Os planos de carreira são estabelecidos por lei e variam em cada Ente federativo, mas é comum a existência de cargos de provimento inicial, intermediário e final.

4.2.5.2.2. Readaptação

É prevista constitucionalmente, no art. 37, § 13, sendo uma garantia ao servidor público titular de cargo efetivo. Assim, ele poderá ser readaptado para exercício de cargo cujas atribuições e responsabilidades sejam compatíveis com a limitação que tenha sofrido em sua capacidade física ou mental, enquanto permanecer nesta condição, desde que possua a habilitação e o nível de escolaridade exigidos para o cargo de destino, mantida a remuneração do cargo de origem.

4.2.5.2.3. Reintegração

É o provimento derivado, que consiste no retorno ao serviço ativo do servidor que estava dele desligado, podendo ocorrer por *decisão administrativa* ou *judicial* que invalide o ato de desligamento. Por se tratar de anulação de ato administrativo,

---

[29] Para o STJ, a idade mínima de 18 anos pode ser afastada, a depender da complexidade das atribuições do cargo e se já houver emancipação. Nesse sentido, o tribunal decidiu no REsp 1462659/RS, rel. min. Herman Benjamin, 2ª T., julgado em 01/12/2015, *DJe* 04/02/2016.

possui efeito retroativo (*ex tunc*), o que garante o pagamento integral dos vencimentos e vantagens do tempo em que esteve afastado. Defendo ser possível a *reintegração ficta*, situação em que, *post mortem*, principalmente em decorrência de processo de revisão, a Administração reintegra o *de cujus* para fins patrimoniais, a exemplo dos previdenciários e pagamentos retroativos[30].

Por força constitucional, caso venha ocorrer a reintegração de servidor estável, não havendo vaga, o eventual ocupante, se estável, será reconduzido ao cargo de origem, sem direito a indenização, aproveitado em outro cargo ou posto em disponibilidade com remuneração proporcional ao tempo de serviço, na forma do art. 41, § 2º, da CF/1988.

4.2.5.2.4. Recondução

O servidor estável retorna ao cargo anteriormente ocupado em decorrência de inabilitação em estágio probatório relativo a outro cargo ou de reintegração do anterior ocupante.

Cada Ente federativo possui previsão variável à recondução. A primeira hipótese, de inabilitação em estágio probatório, é prevista no art. 29 da Lei n. 8.112/1990, não estando presente em muitos Estatutos estaduais ou municipais.

4.2.5.2.5. Reversão

Ocorre com o retorno do inativo (aposentado) ao mesmo cargo ou ao cargo resultante de sua transformação ou simplesmente ao serviço, como excedente (na terminologia da lei), se o antigo cargo estiver provido, quando, por junta médica oficial, forem declarados insubsistentes os motivos da aposentadoria ou quando, mediante requerimento do aposentado, a Administração entender que há conveniência e oportunidade.

Para a reversão a pedido, além da existência de cargo vago, é necessário que a aposentadoria tenha sido voluntária, que se trate de servidor estável quando passou para a inatividade e que a aposentadoria tenha ocorrido nos cinco anos anteriores à solicitação, na forma do art. 25 da Lei n. 8.112/1990.

4.2.5.2.6. Aproveitamento

É o retorno obrigatório à atividade do servidor em disponibilidade, em cargo de atribuições e remuneração compatíveis com o anteriormente ocupado, ou decorrente da reintegração de outro servidor, quando estável, de acordo com o art. 41, § 2º, da CF/1988. Será tornado sem efeito o aproveitamento e cassada a disponibilidade se o servidor não entrar em exercício no prazo legal, salvo doença comprovada por junta médica oficial.

4.2.6. Disponibilidade

O servidor estável, tendo o cargo declarado extinto ou desnecessário, ficará aguardando seu aproveitamento com remuneração proporcional ao tempo de serviço. O mesmo ocorre com o servidor estável, quando reintegrado outro servidor no cargo

---

[30] Corrobora este entendimento, o julgado da 5ª T. do STJ, no AgRg no Ag 1331358/SP, de relatoria da Min. Laurita Vaz, julgado em 18/11/2011.

de origem, se não houver vaga imediata. A disponibilidade não tem por finalidade sancionar disciplinarmente servidores públicos.

4.2.7. Desinvestidura

A *desinvestidura* do cargo público ocorrerá por meio de *demissão*, em virtude de processo administrativo disciplinar com ampla defesa e contraditório, mesmo nos casos de servidor não estável, de *decisão judicial* que decrete a *perda da função pública* ou de *exoneração*, a qual pode ser a *pedido* do interessado ou *de ofício* exclusivamente nos cargos em comissão (sem necessidade de motivação) ou durante o estágio probatório por insuficiência de desempenho (motivada).

A desinvestidura de emprego público ocorrerá por meio da *dispensa*, sendo que esta deve ser motivada, conforme a jurisprudência do Supremo Tribunal Federal[31].

4.2.8. Vacância

A vacância é a abertura de um cargo anteriormente preenchido, em virtude de exoneração, demissão, promoção, readaptação, aposentadoria, posse em outro cargo inacumulável ou falecimento.

4.2.9. Remoção

A remoção é o deslocamento do indivíduo de um cargo para outro, sem ascensão funcional, dentro do mesmo órgão, com ou sem mudança de sede, podendo ocorrer a pedido ou de ofício.

A remoção *de ofício* ocorre no interesse da Administração, a fim de atender o interesse público, com a realocação de quadros, diante da necessidade. Como exemplo, imagine determinado órgão do Estado do Rio Grande do Sul, que esteja com o efetivo completo, e outro no Estado do Rio Grande do Norte, que esteja com insuficiência de efetivo. A fim de manter o reequilíbrio e atender o princípio da continuidade e da eficiência, a Administração poderá remover servidores lotados naquele Estado para Esse.

Por sua vez, a remoção *a pedido* pode ocorrer de duas formas: *a critério da Administração*, quando o servidor requerer por um motivo qualquer e a Administração entender que a remoção é conveniente e oportuna, e *independentemente do interesse da administração*.

A remoção a pedido, independentemente de conveniência e oportunidade, ocorrerá em três hipóteses, na forma do art. 36 da Lei n. 8.112/1990: *1)* para acompanhar cônjuge ou companheiro, também servidor público civil ou militar, de qualquer dos Poderes da União, dos Estados, do Distrito Federal e dos Municípios, que foi *deslocado no interesse da Administração (ex officio)*; *2)* por motivo de saúde do servidor, cônjuge, companheiro ou dependente que viva às suas expensas e conste do seu assentamento funcional, condicionada à comprovação por junta médica oficial; ou *3)* em virtude de processo seletivo promovido, na hipótese em que o número de

---

[31] Embora o tema ainda esteja em discussão no STF, este já enfrentou a matéria, em sede de repercussão geral (Tema 131), fixando a seguinte tese: "A Empresa Brasileira de Correios e Telégrafos – ECT tem o dever jurídico de motivar, em ato formal, a demissão de seus empregados" [RE n. 589.998/PI, rel. min. Ricardo Lewandowski, julg. 20 mar. 2013].

interessados for superior ao número de vagas, de acordo com normas preestabelecidas pelo órgão ou entidade em que aqueles estejam lotados.

4.2.10. Acumulação de cargos e empregos públicos

O art. 37, incisos XVI e XVIII, da CF/1988, em regra, proíbem a acumulação remunerada de cargos, empregos e funções, na administração direta, nas autarquias, nas fundações, nas empresas públicas, nas sociedades de economia mista (inclusive nas suas subsidiárias) e nas sociedades controladas, direta ou indiretamente, pelo poder público.

Excepcionalmente, quando houver compatibilidade de horários, é possível a cumulação de dois cargos de professor, de um cargo de professor com outro técnico ou científico ou de dois cargos ou empregos privativos de profissionais de saúde, com profissões regulamentadas.

Não é possível a cumulação tríplice de cargos, assim, por conseguinte, também não é possível a tríplice percepção pecuniária, seja de remunerações, proventos ou vencimentos[32]. Por outro lado, nos casos acima, em que a Constituição Federal autoriza a acumulação de cargos, o teto remuneratório é considerado em relação à remuneração de cada um deles e não ao somatório[33].

É necessário dizer, ainda, que as hipóteses excepcionais de acumulação de cargos públicos previstas na Constituição Federal sujeitam-se, unicamente, à existência de compatibilidade de horários, verificada no caso concreto, ainda que haja norma infraconstitucional que limite a jornada semanal[34].

Por fim, ressalta-se que outros cargos possuem possibilidade de cumulação expressamente previstas na Constituição Federal, a exemplo da possibilidade (se houver compatibilidade de horários) de cumulação de cargo efetivo com o cargo eletivo de vereador (art. 38, inciso III, da CF/1988), de magistrado com professor (art. 95, parágrafo único, inciso I, da CF/1988), de membro do Ministério Público com professor (art. 128, § 5º, inciso II, alínea "d", da CF/1988).

4.2.11. Situações de conflito de interesses

No âmbito federal, a Lei n. 12.813, de 16 de maio de 2013, trata das situações de conflito de interesses no exercício de cargo ou emprego do Poder Executivo, bem como impedimentos posteriores ao exercício do cargo ou emprego.

A situação caracterizadora de conflito de interesses é aquela gerada pela colisão entre interesses públicos e privados, capaz de comprometer o interesse coletivo ou influenciar, de maneira imprópria, o desempenho da função pública.

Sujeitam-se a essa Lei, conforme determinação expressa de seu art. 2º, os ministros de Estado, os ocupantes de cargo ou emprego de natureza especial ou equivalentes, bem como os ocupantes de cargos ou empregos de presidente, vice-presidente e

---

[32] Esse entendimento foi fixado pelo STF em sede de repercussão geral, por ocasião do julgamento do ARE 848.993 RG, voto do rel. min. Gilmar Mendes, j. 06/10/2016, P, *DJE* de 23/03/2017, Tema 921, com mérito julgado.

[33] Entendimento fixado em sede de repercussão geral pelo STF, no julgamento do RE 612.975 e RE 602.043, rel. min. Marco Aurélio, j. 27/04/2017, P, *DJE* de 08/09/2017, Tema 377 e Tema 384, com mérito julgado.

[34] Entendimento fixado em sede de repercussão geral, no julgamento do ARE n. 1.246.685, rel. min. Dias Toffoli, j. 19/03/2020, P, *DJE* de 28/04/2020, Tema 1.081, com mérito julgado e reafirmação de jurisprudência.

diretor, ou equivalentes, de autarquias, fundações públicas, empresas públicas ou sociedades de economia mista.

Os ocupantes de cargo comissionado executivo (CCE 15 e 17 e equivalentes – antigos DAS, níveis 5 e 6), bem como os ocupantes de cargos ou empregos cujo exercício proporcione acesso à informação privilegiada[35] com potencial de trazer vantagem econômica ou financeira ao agente público ou para terceiro, também se sujeitam às vedações impostas pela Lei de Conflito de Interesses.

Para tanto, a Lei n. 12.813/2013 elenca, a meu ver, taxativamente, situações que configuram conflito de interesses durante e após o exercício de cargo ou emprego.

As situações que configuram conflito de interesses durante o exercício dos cargos ou empregos mencionados anteriormente e aplicáveis a qualquer agente público do Poder Executivo Federal (por determinação expressa do art. 10, da Lei n. 12.813/2013), ainda que esteja em gozo de licença ou afastamento, são previstas no art. 5º dessa lei, sendo as seguintes:

a) divulgar ou fazer uso de informação privilegiada, em proveito próprio ou de terceiro, obtida em razão das atividades exercidas;

b) exercer atividade que implique a prestação de serviços ou a manutenção de relação de negócio com pessoa física ou jurídica que tenha interesse em decisão do agente público ou de colegiado do qual este participe;

c) exercer, direta ou indiretamente, atividade que em razão da sua natureza seja incompatível com as atribuições do cargo ou emprego, considerando-se como tal, inclusive, a atividade desenvolvida em áreas ou matérias correlatas;

d) atuar, ainda que informalmente, como procurador, consultor, assessor ou intermediário de interesses privados nos órgãos ou entidades da administração pública direta ou indireta de qualquer dos Poderes da União, dos Estados, do Distrito Federal e dos Municípios;

e) praticar ato em benefício de interesse de pessoa jurídica de que participe o agente público, seu cônjuge, companheiro ou parentes, consanguíneos ou afins, em linha reta ou colateral, até o terceiro grau, e que possa ser por ele beneficiada ou influir em seus atos de gestão;

f) receber presente de quem tenha interesse em decisão do agente público ou de colegiado do qual este participe fora dos limites e condições estabelecidos em regulamento[36]; e

g) prestar serviços, ainda que eventuais, a empresa cuja atividade seja controlada, fiscalizada ou regulada pelo ente ao qual o agente público está vinculado.

Por sua vez, as situações que configuram conflito de interesses após o exercício dos cargos ou empregos mencionados anteriormente são previstas no art. 6º da Lei n. 12.813/2013, sendo as seguintes:

---

[35] Nos termos do art. 3º, inciso II, da Lei n. 12.813/2013, considera-se informação privilegiada a que diz respeito a assuntos sigilosos ou aquela relevante ao processo de decisão no âmbito do Poder Executivo federal que tenha repercussão econômica ou financeira e que não seja de amplo conhecimento público.

[36] As condições são estabelecidas no Decreto n. 10.889, de 9 de dezembro de 2021.

a) a qualquer tempo, divulgar ou fazer uso de informação privilegiada obtida em razão das atividades exercidas[37]; e

b) no período de 6 meses, contado da data da dispensa, exoneração, destituição, demissão ou aposentadoria, salvo quando expressamente autorizado, conforme o caso, pela Comissão de Ética Pública ou pela Controladoria-Geral da União:

1) prestar, direta ou indiretamente, qualquer tipo de serviço a pessoa física ou jurídica com quem tenha estabelecido relacionamento relevante em razão do exercício do cargo ou emprego;

2) aceitar cargo de administrador ou conselheiro ou estabelecer vínculo profissional com pessoa física ou jurídica que desempenhe atividade relacionada à área de competência do cargo ou emprego ocupado;

3) celebrar com órgãos ou entidades do Poder Executivo federal contratos de serviço, consultoria, assessoramento ou atividades similares, vinculados, ainda que indiretamente, ao órgão ou entidade em que tenha ocupado o cargo ou emprego; ou

4) intervir, direta ou indiretamente, em favor de interesse privado perante órgão ou entidade em que haja ocupado cargo ou emprego ou com o qual tenha estabelecido relacionamento relevante em razão do exercício do cargo ou emprego.

Por fim, destaco os reflexos sancionadores decorrentes das situações que ensejam conflito de interesses, os quais, além da esfera penal, poderão resultar em sanções disciplinares e por improbidade administrativa.

A infração dolosa a qualquer das disposições acima, durante ou após ou exercício do cargo, configura ato de improbidade administrativa por infração a princípios da administração pública, conforme aplicação combinada do art. 12 da Lei n. 12.813/2013 com os arts. 1º, § 1º, e 11 da Lei n. 8.429/1992, quando não caracterizado ato de improbidade que tenha importado em enriquecimento ilícito ou prejuízo ao erário.

Sem prejuízo das sanções decorrentes da improbidade administrativa, o agente público que se encontrar em situação de conflito de interesses também está sujeito à aplicação da penalidade disciplinar de demissão ou destituição do cargo em comissão ou função de confiança, prevista na Lei n. 8.112/1990, conforme expressamente prevê o art. 12 da Lei n. 12.813/2013.

4.3. PRINCIPAIS DIREITOS DOS SERVIDORES PÚBLICOS

Os principais direitos dos servidores públicos estão previstos na Constituição Federal de 1988, especialmente nos arts. 37 a 41, e nos estatutos próprios. Nesta obra, serão trabalhados principalmente os direitos constitucionais e aqueles previstos na Lei n. 8.112/1990.

---

[37] Esta situação é aplicável a qualquer agente público do Poder Executivo Federal (por determinação expressa do art. 10 da Lei n. 12.813/2013).

4.3.1. Estabilidade

A estabilidade é a garantia conferida ao servidor ocupante de cargo efetivo que lhe assegura a permanência no serviço público atendidas às exigências estabelecidas pela Constituição, dentre elas o decurso de três anos de efetivo exercício no cargo e avaliação especial de desempenho por comissão instituída para essa finalidade.

No âmbito federal, o estágio probatório é regulado pelo art. 20 da Lei n. 8.112/1990. Assim, esse é iniciado no momento em que o servidor entra em exercício até completar três anos, período durante o qual a sua aptidão e capacidade serão objeto de avaliação para o desempenho do cargo. Dentre os fatores objeto de avaliação, destacam-se a *assiduidade*, a *disciplina*, a *capacidade de iniciativa*, a *produtividade* e a *responsabilidade*.

O servidor não aprovado no estágio probatório *será exonerado*[38] ou, se estável, *reconduzido* ao cargo anteriormente ocupado, conforme previsão expressa do art. 20, § 2º, da Lei n. 8.112/1990. Sustento que a recondução ocorrerá se o cargo de origem for federal e independentemente se a reprovação no estágio probatório tenha ocorrido em cargo na administração federal, estadual, distrital ou municipal.

Cada estatuto prevê restrições ao servidor em estágio probatório, principalmente para o exercício de cargos comissionados e função de confiança, bem como gozo de licenças e afastamentos, bem como as hipóteses de suspensão do prazo de três anos.

Preenchidos os requisitos e adquirida a estabilidade, o servidor só perderá o cargo nas hipóteses previstas no art. 41, § 1º, da CF/1988, quais sejam, em virtude de sentença judicial transitada em julgado, mediante processo administrativo em que lhe seja assegurada ampla defesa ou por meio de avaliação periódica de desempenho, na forma de lei complementar, assegurada ampla defesa, e na hipótese de excesso de despesas de pessoal, prevista no art. 169, § 4º, da CF/1988.

Por fim, ressalta-se que *estabilidade é diferente de vitaliciedade*, esta é a garantia vitalícia de permanência no cargo e é prevista constitucionalmente aos membros da Magistratura e do Ministério Público, após dois anos de exercício no cargo, conforme previsto, respectivamente, no art. 95, inciso I, e art. 128, § 5º, inciso I, alínea "a", ambos da CF/1988.

4.3.2. Tempo de serviço

No âmbito da União, conforme previsão expressa do art. 100 da Lei n. 8.112/1990, o tempo de serviço público federal, inclusive o prestado às Forças Armadas (FA), é contado para todos os efeitos (em operações de guerra, esse tempo prestado às FA é contado em dobro).

São computadas como tempo de efetivo serviço as ausências relativas a 1 (um) dia, para doação de sangue, pelo período comprovadamente necessário para alistamento ou recadastramento eleitoral, limitado, em qualquer caso, a 2 (dois) dias, 8 (oito) dias consecutivos em razão de casamento e falecimento do cônjuge,

---

[38] A jurisprudência do STF firmou-se no sentido de que o ato de exoneração do servidor é meramente declaratório, podendo ocorrer após o prazo de três anos fixados para o estágio probatório, desde que as avaliações de desempenho sejam efetuadas dentro do prazo constitucional [RE 805.491 AgR, rel. min. Dias Toffoli, j. 23/02/2016, 2ª T., *DJE* de 29/04/2016].

companheiro, pais, madrasta ou padrasto, filhos, enteados, menor sob guarda ou tutela e irmãos.

Além dessas ausências, o art. 102 da Lei n. 8.112/1990 ainda prevê que é direito do servidor o cômputo como efetivo tempo de serviço os afastamentos em virtude de férias, de exercício de cargo em comissão ou equivalente, em órgão ou entidade dos Poderes da União, dos Estados, Municípios e Distrito Federal, de exercício de cargo ou função de governo ou administração, em qualquer parte do território nacional, por nomeação do Presidente da República, de participação em programa de treinamento regularmente instituído ou em programa de pós-graduação *stricto sensu* no País, júri e outros serviços obrigatórios por lei, missão ou estudo no exterior, quando autorizado o afastamento.

Algumas licenças são computadas integralmente ou com limitações, como efetivo tempo de serviço, dentre elas a licença-gestante, à adotante e à paternidade, em sua integralidade; a licença para tratamento da própria saúde, até o limite de 24 meses, cumulativo ao longo do tempo de serviço público prestado à União, em cargo de provimento efetivo; a licença por motivo de acidente em serviço ou doença profissional; a licença para capacitação; a licença por convocação para o serviço militar.

O deslocamento para a nova sede em virtude de remoção, conhecido como trânsito, bem como a participação em competição desportiva nacional ou convocação para integrar representação desportiva nacional, no País ou no exterior, além do afastamento para servir em organismo internacional de que o Brasil participe ou com o qual coopere também são computados como efetivo tempo de serviço.

Também é computado como efetivo serviço o tempo desempenhado em mandato eletivo federal, estadual, municipal ou do Distrito Federal, exceto para promoção por merecimento[39], assim como a licença para o desempenho de mandato classista ou participação de gerência ou administração em sociedade cooperativa constituída por servidores para prestar serviços a seus membros, a qual também é contada como efetivo tempo de serviço, exceto para promoção por merecimento.

Algumas situações, entretanto, por força expressa do art. 103 da Lei n. 8.112/1990, são contadas apenas para efeito de aposentadoria e disponibilidade (não servindo para promoção, por exemplo), como o tempo de serviço público prestado aos Estados, Municípios e Distrito Federal, a licença para tratamento de saúde de pessoa da família do servidor, com remuneração, que exceder a 30 dias em período de 12 meses, a licença para atividade política, o tempo de serviço em atividade privada, vinculada à Previdência Social (averbação), o tempo de serviço relativo a tiro de guerra, o tempo de licença para tratamento da própria saúde que exceder o prazo de 24 meses cumulativos.

Cabe ressaltar, ainda, que é vedada a contagem cumulativa de tempo de serviço prestado concomitantemente em mais de um cargo ou função de órgão ou entidades dos Poderes da União, Estado, Distrito Federal e Município, autarquia, fundação pública, sociedade de economia mista e empresa pública.

---

[39] O tempo correspondente ao desempenho de mandato eletivo federal, estadual, municipal ou distrital, anterior ao ingresso no serviço público federal, é contato exclusivamente para fins de aposentadoria e disponibilidade, conforme determinado pelo art. 103, inciso IV, da Lei n. 8.112/1990.

Por fim, aponto que é inconstitucional a fixação de tempo de serviço público em um determinado ente federativo como critério de desempate em concursos públicos. O STF já apreciou essa previsão, em 27 de novembro de 2020, quando julgou procedente a ADI n. 5.358, para invalidar norma do Pará que estabelecia esse critério de desempate.

4.3.3. Remuneração

Há o *sistema de remuneração*, que compreende o vencimento, consistente em um valor fixo, acrescido de uma parcela variável, composta de diversas vantagens pecuniárias e o *sistema de subsídio*, que constitui uma parcela única, sem a percepção de outras vantagens. Enquanto o primeiro é utilizado, como regra, aos servidores públicos efetivos, o segundo aplica-se aos membros de Poder, cargos eletivos e comissionados, bem como aos agentes de segurança pública, conforme determinado pelo art. 144, § 9º, da CF/1988.

O sistema remuneratório dos servidores públicos é variável, a depender do Ente Federativo. Em razão disso, nesta obra, será trabalhado o federal, previsto na Lei n. 8.112/1990. A título de remuneração, além do *vencimento básico*, poderão ser pagas ao servidor as vantagens previstas no art. 49 desse estatuto, dentre as quais as *gratificações* e os *adicionais* (que se incorporam ao vencimento ou provento, exclusivamente nos casos e condições indicados em lei), além das *indenizações* (que não se incorporam ao vencimento ou provento para qualquer efeito e não são contabilizadas para fins do teto remuneratório constitucional).

4.3.3.1. Vencimento básico

O vencimento básico, por força do art. 37, inciso X, é fixado ou alterado por lei de iniciativa de cada um dos Poderes. Este vencimento básico pode ser inferior ao salário mínimo, conforme a Súmula Vinculante 16. O que não pode ser inferior a esse é a *remuneração* do servidor, que engloba o vencimento básico, as gratificações e os adicionais ou o *subsídio* (que consiste em parcela única).

Caso a remuneração fique abaixo do salário-mínimo, o servidor deverá receber um abono, denominado em muitos Entes federativos, de "complemento ao salário mínimo". O STF, ao julgar, em 5 de agosto de 2022, o RE n. 964659, com repercussão geral (Tema 900), reassentou esse entendimento, inclusive nas situações em que haja redução da jornada de trabalho[40].

4.3.3.2. Gratificações e adicionais

Além do vencimento básico serão deferidos aos servidores a retribuição pelo exercício de função de direção, chefia e assessoramento, a gratificação natalina; o adicional pelo exercício de atividades insalubres, perigosas ou penosas; o adicional pela prestação de serviço extraordinário; o adicional noturno; o adicional de férias; outros, relativos ao local ou à natureza do trabalho e a gratificação por encargo de curso ou concurso.

---

[40] A tese de repercussão geral ficada é no sentido de que "é defeso o pagamento de remuneração em valor inferior ao salário mínimo ao servidor público, ainda que labore em jornada reduzida de trabalho".

4.3.3.2.1. Retribuição pelo exercício de função de direção, chefia e assessoramento

É prevista no art. 62 da Lei n. 8.112/1990 e é devida ao servidor ocupante de cargo efetivo investido em função de direção, chefia ou assessoramento, cargo de provimento em comissão ou de Natureza Especial.

As funções de confiança são exercidas exclusivamente por servidores ocupantes de cargos efetivos. Além disso, existem cargos comissionados que, por força de lei, devem ser providos exclusivamente por servidores efetivos, o que não impede também a nomeação desses servidores para cargos comissionados de livre nomeação e exoneração, a critério da autoridade nomeante.

4.3.3.2.2. Gratificação natalina

A gratificação natalina, também conhecida como 13º salário, é prevista no art. 63 da Lei n. 8.112/1990 e corresponde a 1/12 (um doze avos) *da remuneração* a que o servidor fizer jus no mês de dezembro, por mês de exercício no respectivo ano (a fração igual ou superior a 15 dias será considerada como mês integral)[41].

Embora seu cálculo considere a *remuneração*, ou seja, o vencimento base e as vantagens fixas, a gratificação natalina não será considerada para cálculo de qualquer outra vantagem pecuniária.

4.3.3.2.3. Adicionais de insalubridade, periculosidade ou penosidade

Os servidores que trabalhem com habitualidade em locais insalubres ou em contato permanente com substâncias tóxicas, radioativas ou com risco de vida, fazem jus a um *adicional de insalubridade* ou *periculosidade* sobre o vencimento do cargo efetivo, na forma do art. 68 da Lei n. 8.112/1990, o qual cessará com a eliminação das condições ou dos riscos que deram causa a sua concessão.

O *adicional de penosidade*, por sua vez, é previsto no art. 71 da Lei n. 8.112/1990, sendo devido aos servidores em exercício em zonas de fronteira ou em localidades cujas condições de vida o justifiquem, nos termos, condições e limites fixados em regulamento[42].

Ainda que haja o pagamento desses adicionais, é dever da Administração que promova controle permanente da atividade dos servidores em operações ou locais considerados penosos, insalubres ou perigosos[43].

Embora o § 1º do art. 68 da Lei n. 8.112/1190 preveja que o servidor que fizer jus aos adicionais de insalubridade e de periculosidade deverá optar por um deles,

---

[41] No caso de servidor desligado, perceberá sua gratificação natalina proporcionalmente aos meses de exercício, calculada sobre a remuneração do mês de desligamento, conforme determinação expressa do art. 65 da Lei n. 8.112/1990.

[42] O pagamento do adicional de penosidade está previsto na Lei n. 12.855/2013, sob a denominação de indenização, aos servidores públicos federais situados em localidades estratégicas, vinculadas à prevenção, controle, fiscalização e repressão de delitos transfronteiriços. Essa lei dirige-se especificamente aos servidores lotados nas delegacias e postos do Polícia Federal e da Polícia Rodoviária Federal e aqueles que trabalham em unidades da Receita Federal, do Ministério da Agricultura e do Ministério do Trabalho e Emprego.

[43] No caso de servidora gestante ou lactante, a proteção é ainda maior, uma vez que o art. 69, parágrafo único, determina seu afastamento, enquanto durar a gestação e a lactação, das operações e locais previstos neste artigo, exercendo suas atividades em local salubre e em serviço não penoso e não perigoso.

entendo que esta previsão legal *é inconvencional* e deve ser afastada, através do *controle de convencionalidade*.

É possível perceber a preocupação do Constituinte brasileiro com a vida, a saúde e a dignidade do trabalhador[44]. Essa cautela e a correspondente proteção podem ser vistas pela própria redação da norma Constitucional, que proíbe o "trabalho noturno, perigoso ou insalubre a menores de dezoito e de qualquer trabalho a menores de dezesseis anos, salvo na condição de aprendiz, a partir de quatorze anos" (art. 7º, inciso XXXIII, da Constituição de 1988) e estabelece um "adicional de remuneração para as atividades penosas, insalubres ou perigosas, na forma da lei" (art. 7º, inciso XXIII, da Constituição de 1988).

Diante disso, percebe-se que a proteção ao trabalhador se dá tanto na proibição (aos menores de 18 anos), quanto na compensação pecuniária aos trabalhadores que são submetidos ao trabalho nestas condições, que desencadeará, por conseguinte, um efeito direto e outro indireto. O primeiro se relaciona à percepção, por parte do trabalhador, de um adicional remuneratório pelo desgaste (físico e emocional) sofrido. O segundo condiz à diminuição de trabalhadores expostos a estas condições, diante da obrigatoriedade do pagamento do adicional (segundo a lógica de que se há custos, diminui-se o trabalho penoso, perigoso e insalubre).

Observa-se que o bem jurídico diretamente tutelado pelo *adicional de insalubridade* é a saúde e a própria dignidade humana, enquanto o bem jurídico protegido pelo *adicional de periculosidade* é a própria vida do trabalhador. Tamanha a proteção dispensada, que o Brasil assinou, ratificou e promulgou a convenção n. 148, da Organização Internacional do Trabalho (OIT), sobre a Proteção dos Trabalhadores Contra os Riscos Profissionais Devidos à Contaminação do Ar, ao Ruído e às Vibrações no Local de Trabalho (promulgada pelo Decreto n. 93.413 de 15/10/86, com vigência nacional a partir de 14 de janeiro de 1983), e a n. 155, também da OIT, sobre Segurança e Saúde dos Trabalhadores e o Meio Ambiente de Trabalho, (promulgada pelo Decreto n. 1.254 de 29/09/1994, com vigência nacional a partir de 18 de maio de 1993).

A dignidade humana está intimamente ligada aos direitos sociais, com destaque aos direitos relacionados ao trabalho, compreendido como elemento dignificante do ser humano. A proteção a esta dignidade ganha relevo, contudo, nas relações de trabalho, caracterizadas por subordinação contínua e pessoal a um empregador (mesmo que este seja o Estado), o que evidencia sua hipossuficiência na relação contratual, ensejando a sua devida proteção pelo Estado[45].

Na contramão da proteção que deve ser dispensada pelo Estado, tanto pelo expresso na Constituição da República, quanto pela adesão às referidas convenções internacionais, encontra-se o art. 68, § 1º, da Lei n. 8.112/1990, os quais não percebem simultaneamente ambos os adicionais, mesmo desenvolvendo trabalho em condições insalubres e perigosas.

---

[44] O art. 7º, inciso XXII, da Constituição de 1988, estabelece a redução dos riscos inerentes ao trabalho, por meio de normas de saúde, higiene e segurança.

[45] MINORI, Alan Fernandes; PONTES, Rosa Oliveira de. A dignidade humana e o emprego: uma breve avaliação da Convenção n. 158 da Organização Internacional do Trabalho. In: CECATO, Maria Aurea Baroni et al. *Estado, jurisdição e novos atores sociais*. São Paulo: Conceito Editorial, 2010, p. 275-275.

Nesse sentido, sustento como necessária a realização de um *controle difuso de convencionalidade*, o qual deve ser aplicado internamente pelos juízes e tribunais nacionais, dentro de sua respectiva competência e em conformidade com os procedimentos previstos na ordem jurídica, confrontando-se a norma pátria às convenções internacionais de que seu Estado seja parte. Isso porque a inobservância às normas convencionais ou à interpretação dada a estas pelos respectivos Tribunais Internacionais responsáveis pela sua guarda acarretará a responsabilização estatal[46].

No Brasil, a posição hierárquica dos tratados internacionais que versem sobre direitos humanos, que antes dividia monistas e dualistas, foi assentada pela Constituição Federal (Emenda Constitucional n. 45/2004). Mesmo assim, o debate continuou, referente aos tratados ratificados pelo Estado brasileiro em momento anterior à vigência da emenda, sem o coro especial, a exemplo da Convenção Americana sobre Direitos Humanos (Pacto de San José da Costa Rica) e, de igual modo, as Convenções n. 148 e n. 155 da OIT.

O Supremo Tribunal Federal brasileiro atribuiu a esses instrumentos o *status* de supralegalidade. Tratou-se do julgamento, pelo plenário, do Recurso Extraordinário n. 466.343/SP, ocorrido em 3 de dezembro de 2008, de relatoria do Ministro Cezar Peluso. A controvérsia centrava no *status* assumido pelo Pacto de San Jose da Costa Rica no ordenamento jurídico pátrio, pois havia sido incorporado antes da promulgação da Emenda Constitucional n. 45/2004.

Para o Ministro Gilmar Mendes, o primeiro a enfrentar e introduzir o debate acerca da controvérsia, a introdução do § 3º ao art. 5º da Constituição não deixa outra interpretação senão "uma declaração eloquente de que os tratados já ratificados pelo Brasil, anteriormente à mudança constitucional, e não submetidos ao processo legislativo especial de aprovação no Congresso Nacional, não podem ser comparados às normas constitucionais"[47].

Assim, Gilmar Mendes introduziu sua tese no sentido de que "parece mais consistente a interpretação que atribui a característica de *supralegalidade* aos tratados e convenções de direitos humanos" aprovados sem o coro especial, sendo este o *status* atribuído ao Pacto de San José da Costa Rica[48]. O ministro alerta, entretanto, que o legislador constitucional não fica impedido de submetê-lo, "além de outros tratados de direitos humanos, ao procedimento especial de aprovação previsto no art. 5º, § 3º, da Constituição, tal como definido pela EC n. 45/2004, conferindo-lhes *status* de emenda constitucional"[49].

---

[46] ALCALÁ, Humberto Nogueira. Los desafíos del control de convencionalidad del *corpus iuris* interamericano para las jurisdicciones nacionales. *Boletín Mexicano de Derecho Comparado*. v. 45. n. 135. Ciudad de Mexico: Instituto de Investigaciones Jurídicas de la UNAM, 2012, p. 1170.

[47] RE n. 466.343/SP, rel. min. Cezar Peluso, Plenário, Julgado em 3 dez. 2018.

[48] De acordo com o ministro, "essa tese pugna pelo argumento de que os tratados sobre direitos humanos seriam infraconstitucionais, porém, diante de seu caráter especial em relação aos demais atos normativos internacionais, também seriam dotados de um atributo de supralegalidade. Em outros termos, os tratados sobre direitos humanos não poderiam afrontar a supremacia da Constituição, mas teriam lugar especial reservado no ordenamento jurídico. Equipará-los à legislação ordinária seria subestimar o seu valor especial no contexto do sistema de proteção dos direitos da pessoa humana" (STF, RE n. 466.343/SP, 2008).

[49] RE n. 466.343/SP. Rel. Min. Cezar Peluso. Plenário. Julgado em 3 de dezembro de 2018.

Assentou-se, com esse julgamento, que, silenciando a Constituição acerca da posição normativa dos tratados internacionais de direitos humanos aprovados antes da Emenda Constitucional n. 45, devido a sua importância (e só!), seu caráter é de supralegalidade, criando-se judicialmente uma posição hierárquica no ordenamento jurídico.

Ainda que no Tribunal Superior do Trabalho o tema não tenha se pacificado e o entendimento exposto no vanguardista Recurso de Revista n. TST-RR-1072--72.2011.5.02.0384[50], julgado em 29 de setembro de 2014, de relatoria do Ministro Cláudio Brandão, possa até ter sido superado, em sede doutrinária defendo a inconvencionalidade da vedação à percepção simultânea desses adicionais[51].

O entendimento do TST naquele julgado foi no sentido de que "a possibilidade da cumulação dos adicionais se justifica em virtude da origem dos direitos serem diversos", não havendo *bis in idem*. O Ministro relator destacou que, "no caso da insalubridade, o bem tutelado é a saúde do obreiro, haja vista as condições nocivas presentes no meio ambiente de trabalho". Por sua vez, "a periculosidade, traduz situação de perigo iminente que, uma vez ocorrida, pode ceifar a vida do trabalhador, sendo este o bem a que se visa proteger"[52].

Diante do compromisso internacional assumido pelo Estado brasileiro por ocasião da ratificação das Convenções n. 148 e n. 155 da Organização Internacional do Trabalho (OIT), os ministros aplicaram, pela primeira vez naquele Tribunal, *o controle de convencionalidade*, afirmando ser a norma legal que veda a percepção simultânea dos adicionais *incompatível com as normas convencionais* – art. 8º, item 3, da Convenção n. 148 da OIT e art. 11, alínea "b", da Convenção n. 155 da OIT[53].

Diante disso, concluo que o *art. 68, § 1º, da Lei n. 8.112/1990 é inconvencional*, por violar normas supralegais, tornando-se com elas incompatível, devendo ser afastado pelo Poder Judiciário, através do controle de convencionalidade, *permitindo-se a percepção simultânea de ambos os adicionais (insalubridade e periculosidade)*.

4.3.3.2.4. Adicional por serviço extraordinário

O serviço extraordinário, também conhecido como "hora extra", é previsto no art. 73 da Lei n. 8.112/1990 e será remunerado com acréscimo de 50% em relação à hora normal de trabalho. Como o próprio nome menciona, destina-se a atender situações

---

[50] EMENTA: RECURSO DE REVISTA. CUMULAÇÃO DOS ADICIONAIS DE INSALUBRIDADE E PERICULOSIDADE. POSSIBILIDADE. PREVALÊNCIA DAS NORMAS CONSTITUCIONAIS E SUPRALEGAIS SOBRE A CLT. JURISPRUDÊNCIA CONSOLIDADA DO STF QUANTO AO EFEITO PARALISANTE DAS NORMAS INTERNAS EM DESCOMPASSO COM OS TRATADOS INTERNACIONAIS DE DIREITOS HUMANOS. INCOMPATIBILIDADE MATERIAL. CONVENÇÕES Nos. 148 E 155 DA OIT. NORMAS DE DIREITO SOCIAL. CONTROLE DE CONVENCIONALIDADE. NOVA FORMA DE VERIFICAÇÃO DE COMPATIBILIDADE DAS NORMAS INTEGRANTES DO ORDENAMENTO JURÍDICO [...].

[51] A respeito, ver: LEAL, Mônia Clarissa Hennig; ALVES, Felipe Dalenogare. O Estado brasileiro e o dever de proteção ao trabalhador: o controle de convencionalidade aplicado pelo Tribunal Superior do Trabalho brasileiro como instrumento de concretização dos direitos fundamentais no case Ivanildo Bandeira vs. Amsted Maxion. In: MAIA, Luciano Mariz; LIRA, Yulgan (org.). *Controle de convencionalidade*: temas aprofundados. Salvador: Juspodivm, 2018.

[52] Recurso de Revista n. 1072-72.2011.5.02.0384. rel. min. Cláudio Brandão. 7ª T. do TST. Julgamento em: 24 set. 2014.

[53] Recurso de Revista n. 1072-72.2011.5.02.0384. rel. min. Cláudio Brandão. 7ª T. do TST. Julgamento em: 24 set. 2014.

excepcionais e temporárias, respeitado o limite máximo de 2 (duas) horas por jornada.

4.3.3.2.5. Adicional noturno

O serviço noturno, prestado em horário compreendido entre 22 horas de um dia e cinco horas do dia seguinte, terá o valor-hora acrescido de 25%, computando-se cada hora como cinquenta e dois minutos e 30 segundos, na forma do art. 75 da Lei n. 8.112/1990. Caso se trate de horas extras em período noturno, esse acréscimo também incidirá sobre a remuneração a elas correspondente.

4.3.3.2.6. Adicional de férias

Independentemente de requerimento, será pago ao servidor, por ocasião das férias, um adicional correspondente a 1/3 da *remuneração* do período das férias, conforme previsão do art. 76 da Lei n. 8.112/1990, o qual também incidirá sobre a vantagem de retribuição pelo exercício de função de direção, chefia ou assessoramento, caso a exerça ou ocupe cargo em comissão.

4.3.3.2.7. Gratificação por encargo de curso ou concurso

A gratificação por encargo de curso ou concurso é devida, por força do art. 76-A da Lei n. 8.112/1990, ao servidor que, *em caráter eventual*, atuar como *instrutor* em curso de formação, de desenvolvimento ou de treinamento regularmente instituído no âmbito da administração pública federal ou participar como *membro* de banca examinadora ou de comissão para exames orais, análise curricular, correção de provas discursivas, elaboração de questões de provas ou julgamento de recursos intentados por candidatos.

De igual modo, a gratificação é devida ao servidor que participar da logística de preparação e realização de concurso público envolvendo atividades de planejamento, coordenação, supervisão, execução e avaliação de resultado, quando tais atividades não estiverem incluídas entre as suas atribuições permanentes, bem como àquele que participar da aplicação, fiscalizar ou avaliar provas de exame vestibular ou de concurso público, o que envolve também as atividades de supervisão dessas atividades.

Os critérios de concessão e os limites da gratificação devem observar parâmetros legais, dentre os quais que o valor seja calculado em horas (observadas a natureza e a complexidade da atividade exercida) e que a retribuição não seja superior a 120 horas de trabalho anuais, salvo situação excepcional devidamente justificada e previamente aprovada pela autoridade máxima do órgão ou entidade, a qual poderá autorizar um acréscimo de até 120 horas de trabalho anuais.

Essa gratificação só será paga se as atividades forem exercidas sem prejuízo das atribuições do cargo, devendo ser objeto de compensação de carga horária quando desempenhadas durante a jornada de trabalho, e não se incorpora à remuneração do servidor para qualquer efeito (inclusive para base de cálculo para quaisquer outras vantagens, aposentadoria ou pensão).

4.3.3.3. Indenizações

Dentre as *indenizações* devidas ao servidor, encontram-se a *ajuda de custo*, as *diárias*, o *transporte* e o *auxílio-moradia*.

4.3.3.3.1. Ajuda de custo

A *ajuda de custo*, conforme o art. 53 da Lei n. 8.112/1990, destina-se a compensar as despesas de instalação do servidor que, no interesse do serviço (*ex officio* e não a pedido), passar a ter exercício em nova sede, com mudança de domicílio em caráter permanente[54]. No entanto, caso o servidor não se apresente, injustificadamente, na nova sede no prazo de 30 dias, ficará obrigado a restituí-la. Também, correm por conta da administração as despesas de transporte do servidor e de sua família, compreendendo passagem, bagagem e bens pessoais[55].

A ajuda de custo é calculada sobre a remuneração do servidor, não podendo exceder a importância correspondente a três meses e não podendo ser concedida ao que se afastar do cargo ou reassumi-lo em virtude de mandato eletivo. Por outro lado, será concedida ajuda de custo àquele que, mesmo não sendo servidor da União, for nomeado para cargo em comissão, com mudança de domicílio.

4.3.3.3.2. Diárias

As *diárias* são concedidas ao servidor que, a serviço, afastar-se da sede em caráter eventual ou transitório para outro ponto do território nacional ou para o exterior, juntamente às passagens, destinadas a indenizar as parcelas de despesas extraordinária com pousada, alimentação e locomoção urbana, conforme regulamentação específica.

Serão devidas por dia de afastamento, sendo pela metade quando o deslocamento não exigir pernoite fora da sede, ou quando a União custear, por meio diverso, as despesas extraordinárias cobertas por diárias.

Ponto importante é que, nos casos em que o deslocamento da sede constituir exigência permanente do cargo, o servidor não fará jus a diárias, bem como quando se deslocar dentro da mesma região metropolitana, aglomeração urbana ou microrregião, constituídas por municípios limítrofes e regularmente instituídas, ou em áreas de controle integrado mantidas com países limítrofes, cuja jurisdição e competência dos órgãos, entidades e servidores brasileiros considera-se estendida.

Destaca-se, por fim, referente às diárias, que o servidor que receber diárias e não se afastar da sede, por qualquer motivo, fica obrigado a restituí-las integralmente, no prazo de cinco dias, por força expressa do art. 59 da Lei n. 8.112/1990. De igual modo, na hipótese de o servidor retornar à sede em prazo menor do que o previsto para o seu afastamento restituirá as diárias recebidas em excesso, nesse mesmo prazo.

4.3.3.3.3. Transporte

A *indenização de transporte*, por sua vez, prevista no art. 60 da Lei n. 8.112/1990, é devida ao servidor que realizar despesas com a utilização de meio próprio de

---

[54] É vedado o duplo pagamento de indenização, a qualquer tempo, no caso de o cônjuge ou companheiro que detenha também a condição de servidor, vier a ter exercício na mesma sede.

[55] De igual forma, o art. 53, § 2º, prevê que à família do servidor que falecer na nova sede são assegurados ajuda de custo e transporte para a localidade de origem, dentro do prazo de 1 (um) ano, contado do óbito.

locomoção para a execução de serviços externos, por força das atribuições próprias do cargo, conforme regulamentação específica.

4.3.3.3.4. Auxílio-moradia

Por sua vez, o art. 60-A da Lei n. 8.112/1990 prevê o *auxílio-moradia*, o qual consiste no ressarcimento das despesas comprovadamente realizadas pelo servidor que tenha se mudado do local de residência para *ocupar cargo em comissão* ou *função de confiança* de nível 4, 5 ou 6, bem como *cargo de natureza especial* ou de *Ministro de Estado*[56], com aluguel de moradia ou com meio de hospedagem administrado por empresa hoteleira, não abrangendo o servidor cujo deslocamento tenha sido por força de alteração de lotação ou nomeação para cargo efetivo.

Não obstante, para que haja a concessão do auxílio-moradia ao servidor, é necessário o preenchimento simultâneo de uma série de requisitos legais, como **1)** que nenhuma outra pessoa que resida com ele receba auxílio-moradia; **2)** que inexista imóvel funcional disponível para seu uso e que seu cônjuge ou companheiro não ocupe um; **3)** que ambos não sejam ou tenham sido proprietários, promitentes compradores, cessionários ou promitentes cessionários de imóvel na sede em exercício das funções nos 12 meses que antecederem a sua nomeação[57]; **4)** que o Município de lotação não componha região metropolitana, aglomeração urbana ou microrregião, constituídas por municípios limítrofes e regularmente instituídas, em relação ao local de sua residência ou domicílio; **5)** que não tenha sido domiciliado ou residido no Município de lotação, nos últimos 12 meses, desconsiderando-se prazo inferior a 60 dias dentro desse período e o que tenha passado durante a ocupação de outro cargo em comissão ou função de confiança de nível 4, 5 ou 6, bem como cargo de natureza especial ou de Ministro de Estado.

O valor mensal do auxílio-moradia é limitado a 25% (vinte e cinco por cento) do subsídio do cargo em comissão, função comissionada ou cargo de Ministro de Estado ocupado. No entanto, independentemente do valor desse subsídio, é garantido um piso a todos os que preencherem os requisitos acima, consistente no ressarcimento de até R$ 1.800,00[58].

Observação 1: Em caso de recebimento de valores indevidos por servidor público, **de boa-fé**, deve-se analisar o caso concreto, considerando-se o tempo decorrido para verificar a possibilidade de aplicação do princípio da segurança das relações jurídicas, que, tendo em conta a boa-fé dos servidores e o recebimento do benefício financeiro há longos anos, pode levar à manutenção das verbas em favor dos beneficiários, porquanto já incorporadas ao seu patrimônio. Esta é a previsão contida no art. 54 da Lei do Processo Administrativo Federal:

---

[56] Importante observar que é vedado o pagamento do auxílio-moradia ao servidor que, inicialmente, tenha se deslocado para ocupar cargos diferentes dos níveis 4, 5 e 6, cargo de natureza especial ou de Ministro de Estado, mas que, posteriormente, venha a ser nomeado para um desses cargos.

[57] Por força expressa do art. 60-6, inciso III, da Lei n. 8.112/1990, inclui-se neste requisito também a hipótese de lote edificado sem averbação de construção.

[58] Por previsão expressa do Art. 60-E da Lei n. 8.112/1990, no caso de falecimento, exoneração, colocação de imóvel funcional à disposição do servidor ou aquisição de imóvel, o auxílio-moradia continuará sendo pago por um mês.

Art. 54. O direito da Administração de anular os atos administrativos de que decorram efeitos favoráveis para os destinatários decai em cinco anos, contados da data em que foram praticados, salvo comprovada má-fé.

§ 1º No caso de efeitos patrimoniais contínuos, o prazo de decadência contar-se-á da percepção do primeiro pagamento.

§ 2º Considera-se exercício do direito de anular qualquer medida de autoridade administrativa que importe impugnação à validade do ato.

Observação 2: É assegurado constitucionalmente ao servidor público civil o direito de greve, que será exercido nos termos de Lei Complementar (no âmbito federal até a presente data a referida LC ainda não foi editada). Assim, o STF, ao julgar Mandados de Injunção (MIs) 670, 708 e 712, em 25-10-2007, determinou a aplicação da Lei Geral de Greve (Lei n. 7.783/1989) até a edição da Lei Complementar. Por conseguinte, ainda que tenha o direito de greve, este deve ser exercido atentando-se aos requisitos legais, principalmente quanto à manutenção dos serviços essenciais (que, caso não atendida, poderá ensejar a ilegalidade da greve e a perda da remuneração dos dias não trabalhados por parte dos servidores). Por fim, destaca-se que a análise da abusividade do direito de greve caberá à Justiça Federal, conforme tese de repercussão geral já fixada pelo STF, em 1º-8-2017, ao julgar o RE n. 846854, no qual assentou-se o entendimento de que "a Justiça comum, Federal e estadual, é competente para julgar a abusividade de greve de servidores públicos celetistas da administração direta, autarquias e fundações públicas". Competência também indiscutível aos servidores estatutários.

4.3.3.4. Teto remuneratório constitucional

O art. 37, inciso XI, da CF/1988, com as sucessivas interpretações atribuídas pelo STF estabelece que a *remuneração* e o *subsídio* dos ocupantes de cargos, funções e empregos *públicos* da administração direta, autárquica e fundacional, dos membros de qualquer dos Poderes da União, dos Estados, do Distrito Federal e dos Municípios, dos detentores de mandato eletivo e dos demais agentes políticos e os proventos, pensões ou outra espécie remuneratória, percebidos cumulativamente ou não, incluídas as vantagens pessoais ou de qualquer outra natureza, não poderão exceder o subsídio mensal, em espécie, dos *Ministros do Supremo Tribunal Federal* (*teto nacional*).

Por sua vez, a Lei n. 8.112/1990, no art. 42, estabelece um *subteto aos servidores da União*, fixando que nenhum deles poderá perceber, mensalmente, a título de remuneração, importância superior à soma dos valores percebidos como subsídio, em espécie, a qualquer título, no âmbito dos respectivos Poderes, pelos Ministros de Estado (servidores do Executivo), por membros do Congresso Nacional (servidores da Câmara dos Deputados e do Senado Federal) e Ministros do Supremo Tribunal Federal (Servidores do Poder Judiciário da União).

No âmbito dos Estados e do Distrito Federal, o teto é o subsídio mensal do Governador (servidores do Executivo Estadual), dos Deputados Estaduais e Distritais (servidores do Legislativo Estadual) e dos Desembargadores do Tribunal de Justiça (aos juízes e servidores do Judiciário Estadual).

O teto do Governador é só o Nacional, qual seja, os subsídios de Ministro do STF. Por sua vez, o teto dos Deputados Estaduais é de até 75% dos Deputados Federais, por força expressa do art. 27, § 2º, da CF/1988.

Importante observar que a *limitação a 90,25%* dos subsídios de um Ministro do STF à magistratura estadual, constante no art. 37, inciso XI, por inserção da EC n. 41/2003, *foi reconhecida como inconstitucional*, por ocasião do julgamento das ADIs n. 3.854 e n. 4.014, de relatoria do Min. Gilmar Mendes, julgadas em 7 de dezembro de 2020, aplicando-se, assim, como teto aos desembargadores e juízes estaduais *o subsídio mensal de Ministro do STF (teto nacional)*.

O fundamento da decisão baseou-se na violação ao princípio da isonomia entre a magistratura federal e a estadual. Assim, uma vez que o STF atribuiu interpretação conforme ao dispositivo, a fim de afastar a limitação de 90,25% *exclusivamente à magistratura estadual*, penso que ela permanece aos membros do Ministério Público Estadual, aos Procuradores Estaduais[59] e Municipais[60], bem como aos Defensores Públicos Estaduais.

No âmbito dos Municípios, o teto para os servidores do Legislativo e do Executivo é o subsídio do *Prefeito* (exceto aos procuradores municipais). O prefeito encontra-se sujeito exclusivamente ao teto nacional (subsídio de Ministro do STF), uma vez que, embora o § 12, do art. 37, tenha tentado buscar um teto remuneratório do âmbito dos Estados[61], o STF, ao deferir a Medida Cautelar na ADI 6.221, julgada em 20 de dezembro de 2019, entendeu que a possibilidade desse subteto (nos Estados) é aplicável exclusivamente às Administrações Estaduais.

O teto dos *vereadores*, por sua vez, é limitado pelo art. 29, inciso VI, da CF/1988, a depender da população do município, variando de 20% a 75% do subsídio de um deputado estadual.

Existem exceções à aplicabilidade do teto remuneratório constitucional. Uma delas refere-se à não incidência sobre as verbas de caráter indenizatório previstas em lei, conforme ressalvado pelo art. 37, § 11, da CF/1988. Outra é atinente ao quadro de pessoal das empresas públicas e sociedades de economia mista (e suas subsidiárias) não dependentes, o qual não está sujeito ao teto, exceto se essas entidades receberem recursos do respectivo Ente federativo para pagamento de despesas de pessoal ou de custeio em geral, na forma do art. 37, § 9º, da CF/1988.

Para os cargos cumuláveis constitucionalmente, o teto constitucional incidirá isoladamente sobre os valores correspondentes a cada um e não ao somatório. Assim

---

[59] Submete-se ao teto constitucional, os honorários sucumbenciais devidos aos advogados públicos (federais, estaduais e municipais), conforme decidido pelo STF na ADI 6.159 e na ADI 6.162, rel. min. Roberto Barroso, j. 24-8-2020, P, *DJE* de 25-11-2020.

[60] O STF fixou, em 28 de fevereiro de 2019, ao julgar o RE 663696, a seguinte tese de repercussão geral: "A expressão 'procuradores' contida na parte final do inciso XI, do art. 37 da Constituição da República compreende os procuradores municipais, uma vez que estes se inserem nas funções essenciais à Justiça, estando, portanto, submetidos ao teto de 90,25% do subsídio mensal em espécie dos ministros do Supremo Tribunal Federal".

[61] O art. 37, § 12, da CF/1988, estabelece que: "para os fins do disposto no inciso XI do *caput* deste artigo, fica facultado aos Estados e ao Distrito Federal fixar, em seu âmbito, mediante emenda às respectivas Constituições e Lei Orgânica, como limite único, o subsídio mensal dos Desembargadores do respectivo Tribunal de Justiça, limitado a noventa inteiros e vinte e cinco centésimos por cento do subsídio mensal dos Ministros do Supremo Tribunal Federal, não se aplicando o disposto neste parágrafo aos subsídios dos Deputados Estaduais e Distritais e dos Vereadores".

decidiu o STF, no dia 27 de abril de 2017, por ocasião do julgamento do REs n. 602043 e n. 612975.7

4.3.4. Férias

As férias, *ordinárias* ou *radiológicas*, constituem afastamento total do serviço e somente poderão ser interrompidas por motivo de calamidade pública, comoção interna, convocação para júri, serviço militar ou eleitoral, ou por necessidade do serviço declarada pela autoridade máxima do órgão ou entidade, hipóteses previstas no art. 80 da Lei n. 8.112/1990 e presentes na maioria dos Estatutos dos servidores públicos estaduais e municipais. Havendo interrupção, o período restante deverá ser gozado de uma só vez.

4.3.4.1. Férias ordinárias

As férias ordinárias correspondem ao período de 30 dias, após completado o período aquisitivo de 12 meses de exercício no cargo público. Caso haja alteração de cargo, sem desligamento do vínculo, o período aquisitivo não é interrompido, a exemplo de alteração de cargo por promoção, readaptação ou recondução.

As férias podem ser acumuladas, até o máximo de dois períodos concessivos, no caso de necessidade do serviço, ressalvadas as hipóteses em que haja legislação específica prevendo modo diverso, e poderão ser parceladas em até três subperíodos, desde que haja requerimento do servidor e interesse para a Administração Pública (não pode ser parcelada *ex officio*).

No caso de servidor desligado de cargo efetivo ou em comissão, haverá o direito à indenização (com base na remuneração do mês de publicação do ato de desligamento) relativa ao período das férias a que já tiver direito e ao incompleto, na proporção de um 12 avos por mês de efetivo exercício ou fração superior a 14 dias.

4.3.4.2. Férias radiológicas

O art. 72 da Lei n. 8.112/1990 determina à Administração que os locais de trabalho e os servidores que operam com Raios X ou substâncias radioativas devem ser mantidos sob controle permanente (com exames médicos a cada seis meses), de modo que as doses de radiação ionizante não ultrapassem o nível máximo previsto na legislação própria.

Não obstante esse dever imposto à Administração, o art. 79 prevê que o servidor que opera direta e permanentemente com Raios X ou substâncias radioativas gozará 20 dias consecutivos de férias, por semestre de atividade profissional, proibida em qualquer hipótese a acumulação.

Assim, as férias ordinárias são substituídas pelas denominadas férias radiológicas, perfazendo um período de 40 dias, o qual deve, necessariamente, der gozado semestralmente em duas parcelas de 20 dias.

4.3.5. Licenças e afastamentos

Assim como os demais direitos dos servidores públicos, cada Estatuto define as licenças e os afastamentos aplicáveis. No entanto, é comum que as Leis locais reproduzam ou se aproximem das previstas no art. 81 da Lei n. 8.112/1990, quais sejam as *licenças* por motivo de doença em pessoa da família, por motivo de afastamento do cônjuge ou companheiro, para o serviço militar, para atividade política, para capacitação, para tratar de interesses particulares e para desempenho de mandato classista e os *afastamentos* para servir a outro órgão ou entidade, para exercício de mandato eletivo, para estudo ou missão no exterior e para participação em Programa de Pós-Graduação *stricto sensu* (mestrado e doutorado) no país.

Entendo que se trata de um rol taxativo, salvo se o respectivo estatuto fizer menção expressa à possibilidade de se estabelecer em atos secundários (delegação hierárquica) outras licenças ou afastamentos, a exemplo de alguma licença que possa ser prevista em decreto (fundamentado nessa autorização legislativa), ou outras licenças ou afastamentos previstos em leis específicas, destinadas a determinadas categorias.

No entanto, ainda que haja essa previsão em lei específica, com previsão de licença ou afastamento a determinada categoria, há de se fazer uma análise concreta, a fim de verificar sua constitucionalidade, ante eventual possibilidade de afronta ao princípio da isonomia.

4.3.5.1. Licença por motivo de doença em pessoa da família

Mediante perícia médica oficial, poderá ser concedida licença ao servidor por motivo de doença do cônjuge ou companheiro, dos pais, dos filhos, do padrasto ou madrasta e enteado, ou dependente que viva a suas expensas e conste do seu assentamento funcional.

Para a concessão da licença é imprescindível que a assistência direta do servidor seja indispensável impossível de ser prestada simultaneamente com o exercício do cargo ou mediante compensação de horário.

O período máximo para a concessão dessa licença, já incluídas eventuais prorrogações (que também dependem de perícia médica oficial) é de 12 meses (contados da data de deferimento da primeira licença), com ou sem remuneração, a depender do prazo de afastamento. Assim, é possível que seja concedida uma primeira, por até 60 dias, consecutivos ou não, com remuneração. Após esse período, a concessão de nova licença e prorrogações deverão ocorrer por até 90 dias, consecutivos ou não, e ocorrerá sem remuneração.

4.3.5.2. Licença por motivo de afastamento do cônjuge

Poderá ser concedida licença, por prazo indeterminado e sem remuneração, ao servidor para acompanhar cônjuge ou companheiro que foi deslocado para outro ponto do território nacional, para o exterior ou para o exercício de mandato eletivo dos Poderes Executivo e Legislativo.

Ponto de extrema relevância é a possibilidade, ao menos aos servidores federais, do denominado *exercício provisório*, que precede a concessão dessa licença. Significa dizer que, havendo deslocamento de servidor cujo cônjuge ou companheiro também seja servidor público ou militar de qualquer dos Poderes da União, dos Estados, do Distrito Federal e dos Municípios, poderá haver exercício provisório em órgão ou entidade da Administração Federal direta, autárquica ou fundacional, desde que para o exercício de atividade compatível com o seu cargo.

Esse exercício provisório depende de conveniência e oportunidade de ambas as Administrações, não constituindo direito subjetivo ao requerente, pois o ônus remuneratório se dará para a Administração de origem, além de depender da existência de vaga (no órgão ou entidade de destino) compatível com as atribuições do cargo de origem.

4.3.5.3. Licença para o Serviço Militar

Ao servidor convocado para o serviço militar será concedida licença, na forma e condições previstas na legislação do serviço militar. Assim, o art. 60 da Lei n. 4.375/1964 (Lei do Serviço Militar) estabelece que os servidores públicos de qualquer ente federativo que tiverem que se afastar do cargo para cumprir o serviço militar obrigatório possuem a garantia de retorno ao cargo no prazo de até 30 (trinta) dias após esse período.

Em regra, o serviço militar obrigatório possui o período de 12 meses, podendo, excepcionalmente, ter seu término antecipado ou estendido. A garantia da licença não abrange o período de prorrogação voluntária do tempo de serviço militar, restringindo-se apenas ao obrigatório.

Como, em regra, a idade mínima estabelecida como requisito para os cargos públicos é de 18 anos, mesma idade em que é prestado o serviço militar obrigatório, essa situação é muito comum aos médicos, dentistas, farmacêuticos e veterinários (MFDV), os quais possuem direito assegurado ao adiamento do serviço militar enquanto não concluírem o curso de formação. Assim, muitos, ao concluírem o curso, já estão aprovados em concurso público, aguardando a nomeação e, ao mesmo tempo, com o serviço militar obrigatório a cumprir. Tomam posse, gozam da referida licença, e retornam ao cargo público de origem.

4.3.5.4. Licença para atividade política

O servidor terá direito a licença, sem remuneração, durante o período que mediar entre a sua escolha em convenção partidária, como candidato a cargo eletivo, e a véspera do registro de sua candidatura perante a Justiça Eleitoral.

Caso o servidor seja candidato a cargo eletivo na localidade onde desempenha suas funções e exerça cargo de direção, chefia, assessoramento, arrecadação ou fiscalização, deverá ser afastado, com remuneração, a partir do dia imediato ao do registro de sua candidatura perante a Justiça Eleitoral, até o décimo dia seguinte ao do pleito.

A partir do registro da candidatura e até o décimo dia seguinte ao da eleição, o servidor fará jus à licença, assegurados os vencimentos do cargo efetivo, somente pelo período de três meses, conforme garantia expressa do art. 86, da Lei n. 8.112/1990, a qual poderá ser aplicada supletivamente na ausência de norma local específica à matéria.

4.3.5.5. Licença para capacitação

Após cada quinquênio de efetivo exercício, o servidor poderá, no interesse da Administração, afastar-se do exercício do cargo efetivo, com a respectiva remuneração, por até três meses (não cumuláveis), para participar de curso de capacitação profissional, conforme garantido pelo art. 87 da Lei n. 8.112/1990.

Aos servidores estaduais e municipais é indispensável a previsão dessa licença nos estatutos próprios. No âmbito federal, ela substituiu a licença especial, ainda prevista para muitos servidores municipais e estaduais.

4.3.5.6. Licença para tratar de interesses particulares

A critério da Administração, poderão ser concedidas ao servidor ocupante de cargo efetivo, desde que não esteja em estágio probatório, licenças para o trato de assuntos particulares pelo prazo de até três anos consecutivos, sem remuneração, a qual poderá ser interrompida, a qualquer tempo, a pedido do servidor ou no interesse da Administração, na forma do art. 91 da Lei n. 8.112/1990.

4.3.5.7. Licença para o desempenho de mandato classista

É assegurado ao servidor, nas condições do art. 92 da Lei n. 8.112/1990, o direito à licença, sem remuneração, durante o período do mandato (podendo ser renovada se houver reeleição), para o desempenho de mandato em confederação, federação, associação de classe de âmbito nacional, sindicato representativo da categoria ou entidade fiscalizadora da profissão ou, ainda, para participar de gerência ou administração em sociedade cooperativa constituída por servidores públicos para prestar serviços a seus membros.

No entanto, há de se observar o quantitativo máximo de servidores, que fica restrito a dois servidores para entidades com até 5.000 associados, quatro servidores, para entidades com 5.001 a 30.000 associados, e oito servidores para entidades com mais de 30.000 associados, desde que essas entidades estejam devidamente cadastradas no órgão competente.

4.3.6. Eletividade

O servidor público pode, atendidos os requisitos legais a todos impostos, candidatar-se a cargo eletivo. Se eleito, aplicam-se as seguintes regras: *a) mandato eletivo federal, estadual e distrital*: ficará afastado do cargo, emprego ou função, recebendo o subsídio do cargo efeito; *b) prefeito:* ficará afastado do cargo, emprego ou função, sendo-lhe facultado optar pela remuneração do cargo anterior ou pelo subsídio do cargo eletivo; *c) vereador:* havendo compatibilidade de horário, perceberá as vantagens de seu cargo, emprego ou função sem prejuízo da remuneração do cargo eletivo; não sendo compatível, terá que optar pela remuneração do cargo anterior ou pelo subsídio do novo cargo.

4.3.7. Aposentadoria

O regime próprio de previdência social dos servidores titulares de cargos efetivos terá caráter contributivo e solidário, mediante contribuição do respectivo ente federativo, de servidores ativos, de aposentados e de pensionistas, observados critérios que preservem o equilíbrio financeiro e atuarial.

O servidor abrangido por regime próprio de previdência social será aposentado nas seguintes hipóteses:

Aposentadoria por incapacidade permanente para o trabalho, no cargo em que estiver investido, quando insuscetível de readaptação, hipótese em que será obrigatória a realização de avaliações periódicas para verificação da continuidade das condições que ensejaram a concessão da aposentadoria, na forma de lei do respectivo ente federativo.

Aposentadoria compulsória, com proventos proporcionais ao tempo de contribuição, aos 70 ou 75 anos de idade, na forma de lei complementar. *Observação:* A LC n. 152/2015 dispõe sobre a aposentadoria compulsória por idade, com proventos proporcionais no âmbito da União, dos Estados, do Distrito Federal e dos Municípios, dos agentes públicos aos quais se aplica o inciso II do § 1º do art. 40 da CF/1988. Conforme a lei, serão aposentados compulsoriamente, com proventos proporcionais ao tempo de contribuição, aos 75 anos de idade: I – os servidores titulares de cargos efetivos da União, dos Estados, do Distrito Federal e dos Municípios, incluídas suas autarquias e fundações; II – os membros do Poder Judiciário; III – os membros do Ministério Público; IV – os membros das Defensorias Públicas; V – os membros dos Tribunais e dos Conselhos de Contas. A Lei Complementar prevê, ainda, que aos servidores do Serviço Exterior Brasileiro, regidos pela Lei n. 11.440/2006, a aposentadoria compulsória aos 75 anos será aplicada progressivamente à razão de um ano adicional de limite para aposentadoria compulsória ao fim de cada dois anos, a partir da vigência da Lei Complementar, até o limite de 75 anos. Com a reforma da previdência, ocorrida em 2019, o art. 201, § 16, da CF/1988 passou a incluir na hipótese de aposentadoria compulsória também os empregados dos consórcios públicos, das empresas públicas, das sociedades de economia mista e das suas subsidiárias, observado o cumprimento do tempo mínimo de contribuição, ao atingir a idade de 75 anos, na forma estabelecida em lei.

Aposentadoria voluntária, no âmbito da União, aos 62 anos de idade, se mulher, e aos 65 anos de idade, se homem, e, no âmbito dos Estados, do Distrito Federal e dos Municípios, na idade mínima estabelecida mediante emenda às respectivas Constituições e Leis Orgânicas, observados o tempo de contribuição e os demais requisitos estabelecidos em lei complementar do respectivo ente federativo.

Os proventos de aposentadoria e as pensões, por ocasião de sua concessão, não poderão exceder a remuneração do respectivo servidor, no cargo efetivo em que se deu a aposentadoria ou que serviu de referência para a concessão da pensão.

É vedada a adoção de requisitos ou critérios diferenciados para concessão de benefícios em regime próprio de previdência social, ressalvadas as seguintes hipóteses, em que, por lei complementar do respectivo ente federativo, poderão ser estabelecidos: a) idade e tempo de contribuição diferenciados para aposentadoria de servidores com deficiência, previamente submetidos a avaliação biopsicossocial realizada por equipe multiprofissional e interdisciplinar; b) idade e tempo de contribuição diferenciados para aposentadoria de ocupantes do cargo de agente penitenciário, de agente socioeducativo ou de policiais (incluídos os da Câmara dos Deputados e do Senado Federal); c) idade e tempo de contribuição diferenciados para aposentadoria de servidores cujas atividades sejam exercidas com efetiva exposição a agentes químicos, físicos e biológicos prejudiciais à saúde, ou associação desses agentes, vedada a caracterização por categoria profissional ou ocupação. Há de se ressaltar também que os ocupantes do cargo de professor terão idade mínima reduzida em cinco anos em relação às idades para a aposentadoria voluntária, desde que comprovem tempo de efetivo exercício das funções de magistério na educação infantil e no ensino fundamental e médio fixado em lei complementar do respectivo ente federativo.

Ressalvadas as aposentadorias decorrentes dos cargos acumuláveis na forma da Constituição, é vedada a percepção de mais de uma aposentadoria à conta de regime próprio de previdência social, aplicando-se outras vedações, regras e condições para a acumulação de benefícios previdenciários estabelecidas no Regime Geral de Previdência Social.

É assegurado o reajustamento dos benefícios para preservar-lhes, em caráter permanente, o valor real, conforme critérios estabelecidos em lei.

O tempo de contribuição federal, estadual, distrital ou municipal será contado para fins de aposentadoria e o tempo de serviço correspondente será contado para fins de disponibilidade, sendo que a lei não poderá estabelecer qualquer forma de contagem de tempo de contribuição fictício.

Aplica-se ao agente público ocupante, exclusivamente, de cargo em comissão declarado em lei de livre nomeação e exoneração, de outro cargo temporário, inclusive mandato eletivo, ou de emprego público, o Regime Geral de Previdência Social.

A União, os Estados, o Distrito Federal e os Municípios instituirão, por lei de iniciativa do respectivo Poder Executivo, regime de previdência complementar para servidores públicos ocupantes de cargo efetivo, observado o limite máximo dos benefícios do Regime Geral de Previdência Social para o valor das aposentadorias e das pensões em regime próprio de previdência social. O regime de previdência complementar oferecerá plano de benefícios somente na modalidade contribuição definida, observará o disposto no art. 202 da CF/1988 e será efetivado por intermédio de entidade fechada de previdência complementar ou de entidade aberta de previdência complementar. Por fim, deve-se dizer que somente mediante sua prévia e expressa opção, o Regime Complementar poderá ser aplicado ao servidor que tiver ingressado no serviço público até a data da publicação do ato de instituição do correspondente regime de previdência complementar.

Observados os critérios a serem estabelecidos em lei do respectivo ente federativo, o servidor titular de cargo efetivo que tenha completado as exigências para a aposentadoria voluntária e que opte por permanecer em atividade poderá fazer jus a um *abono de permanência* equivalente, no máximo, ao valor da sua contribuição previdenciária, até completar a idade para aposentadoria compulsória.

É vedada a existência de mais de um regime próprio de previdência social e de mais de um órgão ou entidade gestora desse regime em cada ente federativo, abrangidos todos os poderes, órgãos e entidades autárquicas e fundacionais, que serão responsáveis pelo seu financiamento, observados os critérios, os parâmetros e a natureza jurídica definidos em lei complementar da União.

4.4. REGIME DISCIPLINAR

Os servidores públicos estão sujeitos ao poder disciplinar da Administração, sujeitando-se ao regime de deveres e proibições previsto em cada Estatuto dos Entes Federativos. Para darmos uniformização à obra, esta obra se baseará na Lei n. 8.112/1990.

4.4.1. Obrigatoriedade e esferas de apuração disciplinar

A autoridade que tiver ciência de irregularidade no serviço público é obrigada a promover a sua apuração imediata, mediante *sindicância* ou *processo administrativo disciplinar*[62].

As denúncias sobre irregularidades serão objeto de apuração, desde que contenham a identificação e o endereço do denunciante e sejam formuladas por escrito, confirmada a autenticidade (se o fato narrado não configurar evidente infração disciplinar ou ilícito penal, a denúncia será arquivada, por falta de objeto).

O STJ (Súmula 611) entende que, desde que devidamente motivada e com amparo em investigação ou sindicância, é permitida a instauração de processo administrativo disciplinar com base em denúncia anônima (apócrifa), em face do poder-dever de autotutela imposto à Administração.

A apuração de conduta funcional poderá ocorrer na esfera penal, civil e administrativa (independentemente entre si). Porém, se, na esfera penal, o servidor for absolvido por negativa de autoria ou inexistência do fato, esta decisão vincula as demais esferas, na forma do art. 126 da Lei n. 8.112/1990.

4.4.2. Sindicância

Trata-se de uma apuração prévia (o prazo para conclusão não excederá 30 dias, podendo ser prorrogado por igual período, a critério da autoridade superior), podendo ser usada para infrações leves, sendo que dela pode resultar o arquivamento do processo, a aplicação de penalidade de advertência ou a suspensão de até 30 dias ou na instauração de processo administrativo disciplinar (PAD). Geralmente, é conduzida de forma monocrática por um sindicante e pode ser *investigatória* ou *contraditória*.

A primeira ocorre quando há um fato a ser apurado e não existe indícios de autoria. Assim, não há, ao menos na fase de instauração, alguém que possa ter direito afetado, para que seja concedida a ampla defesa e o contraditório. Dela não poderá resultar em sanção, apenas em instauração de uma PAD (se ao final concluir pela existência de indícios de autoria) ou arquivamento.

A segunda ocorrerá quando, desde a instauração, há indícios de autoria. Assim, o sindicado terá direito ao contraditório e à ampla defesa, participando de toda a fase instrutória da sindicância, podendo produzir provas em seu favor. É da sindicância contraditória que poderá resultar a aplicação de advertência de até 30 dias. Caso, no curso do processo, seja constatada a possibilidade de aplicação de penalidade mais gravosa, a sindicância deverá ser encerrada e o PAD instaurado.

---

[62] Em regra, a instauração de processo administrativo disciplinar contra servidor efetivo cedido dar-se-á no órgão em que tenha sido praticada a suposta irregularidade (cessionário), devendo o julgamento e a eventual aplicação de sanção ocorrer no órgão ao qual o servidor efetivo estiver vinculado (cedente). Esse é o entendimento consolidado do STJ, que decorre dos seguintes julgados: MS 17590/DF, rel. min. Regina Helena Costa, Primeira Seção, julgado em 11/12/2019, DJe 13/12/2019. MS 23464/DF, rel. min. Mauro Campbell Marques, Primeira Seção, julgado em 11/12/2019, DJe 13/12/2019. RMS 61229/DF, rel. min. Sérgio Kukina, 1ª T., julgado em 05/11/2019, DJe 29/11/2019. MS 19994/DF, rel. min. Benedito Gonçalves, Primeira Seção, julgado em 23/05/2018, DJe 29/06/2018. MS 20679/DF, rel. min. Herman Benjamin, Primeira Seção, julgado em 08/02/2017, DJe 26/04/2017. MS 21991/DF, rel. min. Humberto Martins, Rel. p/ Acórdão Ministro João Otávio De Noronha, Corte Especial, julgado em 16/11/2016, DJe 03/03/2017.

4.4.3. Processo Administrativo Disciplinar Ordinário (PAD)

É o instrumento destinado a apurar responsabilidade de servidor por infração praticada no exercício de suas atribuições ou que tenha relação com as atribuições do cargo em que se encontre investido (obrigatório nos casos de eventual imposição de suspensão por mais de 30 dias, demissão, cassação de aposentadoria ou disponibilidade, ou destituição de cargo de comissão).

É conduzido por comissão, independente e imparcial[63], composta de **três servidores estáveis**[64] designados pela autoridade competente, que indicará, entre eles, o seu presidente, que deverá ser ocupante de cargo efetivo superior ou de mesmo nível, ou ter nível de escolaridade igual ou superior ao do indiciado[65] (sendo impedido de participar da comissão, sindicância ou de inquérito cônjuge, companheiro ou parente do acusado, consanguíneo ou afim, em linha reta ou colateral, até o terceiro grau).

O STJ já firmou tese jurisprudencial, no sentido de que, na composição de comissão de processo administrativo disciplinar, é possível a designação de servidores lotados em órgão diverso daquele em que atua o servidor investigado, não existindo óbice nas legislações que disciplinam a apuração das infrações funcionais[66].

É possível a designação de comissão temporária (*ad hoc*) para a condução do PAD, já que a existência de comissão permanente para a apuração de faltas funcionais só é exigida para os casos determinados em lei, o que não ocorre com a Lei n. 8.112/1990, conforme já decidido pelo STJ por ocasião do julgamento, em 10 de maio de 2017, do MS n. 16927/DF, de relatoria da Min. Regina Helena Costa.

A Comissão terá como secretário um servidor designado pelo seu presidente, podendo a indicação recair em um de seus membros e o prazo para a conclusão do PAD não excederá 60 dias, contados da data de publicação do ato que constituir a

---

[63] O STJ tem entendimento de que as alegações de imparcialidade e de suspeição de membro da comissão processante devem estar fundadas em provas, não bastando meras conjecturas ou suposições desprovidas de qualquer comprovação. MS 17796/DF, rel. min. Napoleão Nunes Maia Filho, Rel. p/ Acórdão Ministra Assusete Magalhães, Primeira Seção, julgado em 25/09/2019, DJe 19/11/2019. MS 21787/DF, rel. min. Napoleão Nunes Maia Filho, Primeira Seção, julgado em 11/09/2019, DJe 16/09/2019. MS 17815/DF, rel. min. Regina Helena Costa, Primeira Seção, julgado em 28/11/2018, DJe 06/02/2019. MS 22828/DF, rel. min. Gurgel De Faria, Primeira Seção, julgado em 13/09/2017, DJe 21/09/2017. MS 18370/DF, rel. min. Herman Benjamin, Primeira Seção, julgado em 08/02/2017, DJe 01/08/2017. MS 15298/DF, rel. min. OG Fernandes, Primeira Seção, julgado em 22/02/2017, DJe 02/03/2017.

[64] É possível a substituição de sindicante ou membros da comissão processante no curso do processo, desde que respeitados, quanto aos membros designados, os requisitos legais impostos à composição da comissão, conforme já decidido pelo STJ nos seguintes julgados: MS 17796/DF, rel. min. Napoleão Nunes Maia Filho, Rel. p/ Acórdão Ministra Assusete Magalhães, Primeira Seção, julgado em 25/09/2019, DJe 19/11/2019. MS 21787/DF, rel. min. Napoleão Nunes Maia Filho, Primeira Seção, julgado em 11/09/2019, DJe 16/09/2019. MS 17815/DF, rel. min. Regina Helena Costa, Primeira Seção, julgado em 28/11/2018, DJe 06/02/2019. MS 22828/DF, rel. min. Gurgel De Faria, Primeira Seção, julgado em 13/09/2017, DJe 21/09/2017. MS 18370/DF, rel. min. Herman Benjamin, Primeira Seção, julgado em 08/02/2017, DJe 01/08/2017. MS 15298/DF, rel. min. OG Fernandes, Primeira Seção, julgado em 22/02/2017, DJe 02/03/2017.

[65] A ausência de requisitos legais de sindicante ou membro da Comissão Processante enseja nulidade total dos atos por eles praticados. RMS 8.959/PB – 6ª T. do STJ.

[66] O entendimento pode ser visualizado nos seguintes julgados: MS 17796/DF, rel. min. Napoleão Nunes Maia Filho, Rel. p/ Acórdão Ministra Assusete Magalhães, Primeira Seção, julgado em 25/09/2019, DJe 19/11/2019. MS 17330/DF, rel. min. Humberto Martins, Primeira Seção, julgado em 25/03/2015, DJe 06/04/2015. MS 18800/DF, rel. min. Eliana Calmon, Primeira Seção, julgado em 11/09/2013, DJe 20/11/2013. MS 17053/DF, rel. min. Mauro Campbell Marques, Primeira Seção, julgado em 11/09/2013, DJe 18/09/2013.

comissão, admitida a sua prorrogação por igual prazo, quando as circunstâncias o exigirem.

O prazo de conclusão, entretanto, constitui prazo impróprio e o STJ entende que o excesso de prazo para a conclusão do processo administrativo disciplinar só causa nulidade se houver demonstração de prejuízo à defesa, conforme seu entendimento já sumulado (Súmula n. 592)[67].

Como medida cautelar e a fim de que o servidor não venha a influir na apuração da irregularidade, a autoridade instauradora do PAD poderá determinar o seu afastamento do exercício do cargo, pelo prazo de até 60 dias (prorrogável uma única vez por igual período), sem prejuízo da remuneração.

O PAD é desenvolvido em três fases, quais sejam, a *instauração*, o *inquérito administrativo* (subdividido em instrução, defesa e relatório) e o *julgamento*.

1. *A instauração*, com a publicação do ato que constituir a comissão (O STJ – Súmula 641 – entende que a portaria de instauração do processo administrativo disciplinar prescinde da exposição detalhada dos fatos a serem apurados).

2. *O Inquérito administrativo*, que compreende *instrução*, *defesa* e o *relatório*. Os autos da sindicância integrarão o processo disciplinar, como peça informativa da instrução[68] (na hipótese de o relatório da sindicância concluir que a infração está capitulada como ilícito penal, a autoridade competente encaminhará cópia dos autos ao Ministério Público, independentemente da imediata instauração do PAD).

Na fase do inquérito, a comissão promoverá a *instrução* processual, como a tomada de depoimentos (testemunhas[69] e acusado), acareações (em caso de depoimentos divergentes)[70], investigações e diligências cabíveis, objetivando a coleta de prova,

---

[67] Não obstante, embora não ocasione a nulidade do PAD, a inobservância de prazo razoável para a conclusão de processo administrativo disciplinar poderá constituir motivo à concessão de aposentadoria ao servidor investigado, conforme já decidiu o STJ nos seguintes julgados: RMS 60493/PR, rel. min. Herman Benjamin, 2ª T., julgado em 19/09/2019, DJe 11/10/2019. AgInt no AREsp 1061958/SP, rel. min. Gurgel De Faria, 1ª T., julgado em 21/03/2019, DJe 03/04/2019. AgInt no REsp 1656605/RS, rel. min. Francisco Falcão, 2ª T., julgado em 15/03/2018, DJe 21/03/2018. AgInt no RMS 54459/GO, rel. min. Regina Helena Costa, 1ª T., julgado em 08/02/2018, DJe 21/02/2018. AgInt no REsp 1658130/SC, rel. min. Mauro Campbell Marques, Segunda Turma, julgado em 05/10/2017, DJe 11/10/2017. AgRg no REsp 1177994/DF, rel. min. Nefi Cordeiro, 6ª T., julgado em 22/09/2015, DJe 19/10/2015.

[68] Importante salientar que, instaurado o PAD, fica superado o exame de eventuais irregularidades ocorridas durante a sindicância, conforme já decidido pelo STJ, nos seguintes julgados: RMS 037871/SC, rel. min. Herman Benjamin, 2ª T., julgado em 07/03/2013, DJe 20/03/2013. MC 021602/ES, rel. min. Benedito Gonçalves, 1ª T., julgado em 03/09/2013, publicado em 09/09/2013.

[69] A não realização da oitiva de testemunha não constitui cerceamento de defesa no PAD quando há o esgotamento das diligências para sua intimação ou ainda, quando intimada, a testemunha tenha deixado de comparecer à audiência. MS 21298/DF, rel. min. Napoleão Nunes Maia Filho, Primeira Seção, julgado em 26/09/2018, DJe 03/10/2018. AgRg no RMS 23529/SP, rel. min. Nefi Cordeiro, 6ª T., julgado em 04/08/2015, DJe 20/08/2015. MS 17330/DF, rel. min. Humberto Martins, Primeira Seção, julgado em 25/03/2015, DJe 06/04/2015. MS 17355/DF, rel. min. Benedito Gonçalves, Primeira Seção, julgado em 12/03/2014, DJe 19/03/2014. RMS 18923/PR, rel. min. Teori Albino Zavascki, 1ª T., julgado em 27/03/2007, DJ 12/04/2007. MS 7981/DF, rel. min. Jorge Scartezzini, Terceira Seção, julgado em 23/10/2002, DJ 17/02/2003.

[70] A acareação entre os acusados, prevista no § 1º do art. 159 da Lei n. 8.112/1990, não é obrigatória, competindo à comissão processante decidir sobre a necessidade de sua realização quando os depoimentos forem colidentes e a comissão não dispuser de outros meios para a apuração dos fatos. AgInt no MS 24045/DF, rel. min. Benedito Gonçalves, Primeira Seção, julgado em 24/04/2019, DJe 30/04/2019. MS 22828/DF, rel. min. Gurgel De Faria, Primeira Seção, julgado em 13/09/2017, DJe 21/09/2017. MS 14217/DF, rel. min. Rogerio Schietti Cruz, Terceira Seção, julgado em 09/12/2015, DJe 16/12/2015. MS 12064/DF, rel. min. Nefi Cordeiro, Terceira Seção, julgado em 24/06/2015,

recorrendo, quando necessário, a técnicos e peritos, de modo a permitir a completa elucidação dos fatos (é assegurado ao servidor o direito de acompanhar o PAD pessoalmente ou por intermédio de procurador[71], arrolar e reinquirir testemunhas, produzir provas e contraprovas e formular quesitos, quando se tratar de prova pericial – que poderão ser denegadas se consideradas impertinentes ou protelatórias ou dispensáveis – no caso de perícias).

É possível, durante a instrução processual, o uso da prova emprestada. O STJ (Súmula 591) entende ser lícita a prova emprestada no PAD, desde que devidamente autorizada pelo juízo competente e respeitados o contraditório e a ampla defesa.

Tipificada a infração disciplinar, será formulado o indiciamento do servidor, com a especificação dos fatos a ele imputados e das respectivas provas, sendo-lhe facultado apresentar *defesa* escrita e vistas do processo em um prazo de 10 dias (havendo dois ou mais indiciados, o prazo será comum e de 20 dias – podendo ser prorrogado pelo dobro, para diligências reputadas indispensáveis).

Apreciada a defesa, a comissão elaborará *relatório* minucioso (sempre conclusivo quanto à inocência ou à responsabilidade do servidor), no qual resumirá as peças principais dos autos e mencionará as provas em que se baseou para formar a sua convicção (reconhecida a responsabilidade do servidor, a comissão indicará o dispositivo legal ou regulamentar transgredido, bem como as circunstâncias agravantes ou atenuantes).

3. O julgamento, após após a elaboração do relatório da comissão, com a remessa do processo à autoridade que determinou a sua instauração, para solução. No prazo de 20 dias, contados do recebimento do processo, a autoridade julgadora proferirá a sua decisão (*prazo impróprio*).

Se a penalidade a ser aplicada exceder a alçada da autoridade instauradora do processo, este será encaminhado à autoridade competente, que decidirá em igual prazo (havendo mais de um indiciado e diversidade de sanções, o julgamento caberá à autoridade competente para a imposição da pena mais grave).

Reconhecida pela comissão a inocência do servidor, a autoridade instauradora do processo determinará o seu arquivamento, salvo se flagrantemente contrária à prova dos autos.

O julgamento acatará o relatório da comissão, salvo quando contrário às provas dos autos (quando o relatório da comissão contrariar as provas dos autos, a autoridade julgadora poderá, motivadamente, agravar – *reformatio in pejus* – a penalidade proposta, abrandá-la ou isentar o servidor de responsabilidade)[72].

DJe 01/07/2015. MS 17053/DF, rel. min. Mauro Campbell Marques, Primeira Seção, julgado em 11/09/2013, *DJe* 18/09/2013.

[71] A falta de intimação de advogado constituído para a oitiva de testemunhas não gera nulidade do PAD se intimado o servidor investigado. MS 10239/DF, rel. min. Antonio Saldanha Palheiro, Terceira Seção, julgado em 14/11/2018, *DJe* 23/11/2018. MS 13955/DF, rel. min. Maria Thereza De Assis Moura, Terceira Seção, julgado em 22/06/2011, *DJe* 01/08/2011.

[72] Este entendimento já se consolidou no âmbito do STJ, como pode ser observado nos seguintes julgados: MS 015826/DF, rel. min. Humberto Martins, Primeira Seção, julgado em 22/05/2013, *DJe* 31/05/2013. MS 017479/DF, rel. min. Herman Benjamin, Primeira Seção, julgado em 28/11/2012, *DJe* 05/06/2013. RMS 028169/PE, rel. min. Napoleão Nunes Maia Filho, Quinta Turma, julgado em 26/10/2010, *DJe* 29/11/2010. MS 014212/DF, rel. min. Arnaldo Esteves Lima, Terceira Seção, julgado em 28/04/2010, *DJe* 07/05/2010.

A decisão somente terá eficácia com sua publicação, devendo dela ser dada ciência ao acusado. É importante ressaltar, todavia, que o STJ possui o entendimento de que é dispensada a intimação pessoal do servidor representado por advogado, sendo suficiente a publicação da decisão proferida no PAD no Diário Oficial[73].

4.4.4. Processo Administrativo Disciplinar Sumário (PAD)

É conduzido por dois servidores estáveis, seguindo-se o rito previsto no art. 133 e seguintes da Lei n. 8.112/1990 e aplicando-se subsidiariamente as disposições dos títulos IV e V da mesma lei. Destina-se tanto às hipóteses de acumulação ilegal de cargo quanto às hipóteses de abandono do cargo.

O prazo para a conclusão do processo administrativo disciplinar submetido ao rito sumário *não excederá 30 dias*, contados da data de publicação do ato que constituir a comissão, admitida a sua prorrogação por *até 15 dias*, quando as circunstâncias o exigirem.

Assim, detectada a qualquer tempo a acumulação ilegal de cargos, empregos ou funções públicas, a autoridade que tiver ciência de irregularidade no serviço público notificará o servidor, por intermédio de sua chefia imediata, para apresentar opção de cargo no prazo improrrogável de dez dias, contados da data da ciência e, na hipótese de omissão, adotará procedimento sumário para a sua apuração e regularização imediata, cujo processo administrativo disciplinar se desenvolverá nas seguintes fases:

1. Instauração, com a publicação do ato que constituir a comissão, a ser composta por dois servidores estáveis, e simultaneamente indicar a autoria e a materialidade da transgressão objeto da apuração.

A indicação da autoria dar-se-á pelo nome e matrícula do servidor, e a materialidade, pela descrição dos cargos, empregos ou funções públicas em situação de acumulação ilegal, dos órgãos ou entidades de vinculação, das datas de ingresso, do horário de trabalho e do correspondente regime jurídico;

2. Instrução sumária, que compreende *indiciação, defesa* e *relatório*.

a) Indiciação: a comissão lavrará, até três dias após a publicação do ato que a constituiu, termo de indiciação em que serão transcritas as informações sobre a autoria e a materialidade, bem como promoverá a citação pessoal do servidor indiciado, ou por intermédio de sua chefia imediata.

b) Defesa: feita a citação com a indiciação, iniciará a contagem do prazo de cinco dias, para o indiciado apresentar defesa escrita, assegurando-o vista do processo na repartição, observado o seguinte: achando-se o indiciado em lugar incerto e não sabido, será citado por edital, publicado no Diário Oficial da União e em jornal de grande circulação na localidade do último domicílio conhecido, para apresentar defesa (hipótese em que o prazo para defesa será de 15 dias a partir da última publicação do

---

[73] O entendimento do STJ pode ser visto nos seguintes julgados: AgInt no MS 24961/DF, rel. min. OG Fernandes, Primeira Seção, julgado em 26/06/2019, *DJe* 01/07/2019. MS 9699/DF, rel. min. Antonio Saldanha Palheiro, Terceira Seção, julgado em 28/11/2018, *DJe* 11/12/2018. RMS 54297/DF, rel. min. Herman Benjamin, 2ª T., julgado em 03/10/2017, *DJe* 11/10/2017. AgInt no MS 19073/DF, rel. min. Napoleão Nunes Maia Filho, Primeira Seção, julgado em 24/08/2016, *DJe* 31/08/2016. RMS 26679/SP, rel. min. Nefi Cordeiro, 6ª T., julgado em 18/08/2015, *DJe* 03/09/2015. AgRg no RMS 27633/MG, rel. min. Rogerio Schietti Cruz, 6ª T., julgado em 28/04/2015, *DJe* 07/05/2015.

edital). Considerar-se-á revel o indiciado que, regularmente citado, não apresentar defesa no prazo legal.

A opção pelo servidor até o último dia de prazo para defesa configurará sua boa-fé, hipótese em que se converterá automaticamente em pedido de exoneração do outro cargo.

c) Relatório: apresentada a defesa, a comissão elaborará relatório conclusivo quanto à inocência ou à responsabilidade do servidor, em que resumirá as peças principais dos autos, opinará sobre a licitude da acumulação em exame, indicará o respectivo dispositivo legal e remeterá o processo à autoridade instauradora, para julgamento.

3. Julgamento, que se dará no prazo de cinco dias, contados do recebimento do processo; a autoridade julgadora proferirá a sua decisão, observando-se a competência para aplicação da penalidade de demissão, uma vez que, caracterizada a acumulação ilegal e provada a má-fé, aplicar-se-á a pena de demissão, destituição ou cassação de aposentadoria ou disponibilidade em relação aos cargos, empregos ou funções públicas em regime de acumulação ilegal, hipótese em que os órgãos ou entidades de vinculação serão comunicados.

4.4.5. Infrações e sanções administrativas

Cada Estatuto prevê as infrações e sanções administrativas aplicáveis aos seus servidores. No âmbito federal, as sanções estão previstas no art. 127 da Lei n. 8.112/1990, e consistem em advertência, suspensão de até 90 dias, demissão, cassação de aposentadoria ou disponibilidade, destituição de cargo em comissão ou de função comissionada.

A *advertência* é a sanção mais branda, será aplicada por escrito, nas situações que não justifiquem a imposição de penalidade mais grave e será aplicada quando o servidor praticar alguma das seguintes infrações:

a) ausentar-se do serviço durante o expediente, sem prévia autorização do chefe imediato;
b) retirar, sem prévia anuência da autoridade competente, qualquer documento ou objeto da repartição;
c) recusar fé a documentos públicos;
d) opor resistência injustificada ao andamento de documento e processo ou execução de serviço;
e) promover manifestação de apreço ou desapreço no recinto da repartição;
f) cometer a pessoa estranha à repartição, fora dos casos previstos em lei, o desempenho de atribuição que seja de sua responsabilidade ou de seu subordinado;
g) coagir ou aliciar subordinados no sentido de filiarem-se a associação profissional ou sindical, ou a partido político;
h) manter sob sua chefia imediata, em cargo ou função de confiança, cônjuge, companheiro ou parente até o segundo grau civil; e
i) recusar-se a atualizar seus dados cadastrais quando solicitado.

Em todas as infrações acima, caso as circunstâncias do caso exijam, é possível a aplicação de sanção mais grave, como uma suspensão ou até uma demissão.

A *suspensão* será aplicada em caso de reincidência das faltas punidas com advertência e de violação das demais proibições que não tipifiquem infração sujeita a penalidade de demissão, não podendo exceder de 90 dias.

Será punido com suspensão de até 15 dias o servidor que, injustificadamente, recusar-se a ser submetido a inspeção médica determinada pela autoridade competente, cessando os efeitos da penalidade uma vez cumprida a determinação.

Quando houver conveniência para o serviço, a suspensão poderá ser convertida em *multa*, na base de 50% por dia de vencimento ou remuneração, ficando o servidor obrigado a permanecer em serviço.

A advertência e a suspensão terão seus registros cancelados, após o decurso de três e cinco anos de efetivo exercício, respectivamente, se o servidor não houver, nesse período, praticado nova infração disciplinar (não há efeitos retroativos).

A demissão é aplicada às infrações de natureza grave, constituindo a única reprimenda cabível às infrações previstas no art. 132 da Lei n. 8.112/1990, ou seja, nas seguintes situações a Administração não dispõe de discricionariedade para aplicação de sanção mais branda[74]:

a) crime contra a administração pública;
b) abandono de cargo;
c) inassiduidade habitual;
d) improbidade administrativa[75];
e) incontinência pública e conduta escandalosa, na repartição;
f) insubordinação grave em serviço;
g) ofensa física, em serviço, a servidor ou a particular, salvo em legítima defesa própria ou de outrem;
h) aplicação irregular de dinheiros públicos;
i) revelação de segredo do qual se apropriou em razão do cargo;
j) lesão aos cofres públicos e dilapidação do patrimônio nacional;
k) corrupção;
l) acumulação ilegal de cargos, empregos ou funções públicas;
m) valer-se do cargo para lograr proveito pessoal ou de outrem, em detrimento da dignidade da função pública;
n) participar de gerência ou administração de sociedade privada, personificada ou não personificada, exercer o comércio, exceto na qualidade de acionista, cotista ou comanditário;

---

[74] Esse é o entendimento do STJ fixado na Súmula 650: A autoridade administrativa não dispõe de discricionariedade para aplicar ao servidor pena diversa de demissão quando caraterizadas as hipóteses previstas no art. 132 da Lei n. 8.112/1990.

[75] Conforme o STJ (Súmula 651), é possível a autoridade administrativa aplicar a servidor público a pena de demissão em razão da prática de improbidade administrativa, independentemente de prévia condenação, por autoridade judicial, à perda da função pública.

o) atuar, como procurador ou intermediário, junto a repartições públicas, salvo quando se tratar de benefícios previdenciários ou assistenciais de parentes até o segundo grau, e de cônjuge ou companheiro;

p) receber propina, comissão, presente ou vantagem de qualquer espécie, em razão de suas atribuições;

q) aceitar comissão, emprego ou pensão de estado estrangeiro;

r) praticar usura sob qualquer de suas formas;

s) proceder de forma desidiosa; e

t) utilizar pessoal ou recursos materiais da repartição em serviços ou atividades particulares.

A *destituição de cargo em comissão* exercido por não ocupante de cargo efetivo será aplicada nos casos de infração sujeita às penalidades de *suspensão* e de *demissão*. Caso o servidor tenha sido exonerado a pedido e se conclua, após o devido processo legal, ampla defesa e contraditório, que houve infração passível de suspensão ou demissão, a exoneração deverá ser convertida em destituição de cargo em comissão.

Tanto a *demissão* quanto a *destituição de cargo em comissão*, nas hipóteses de improbidade administrativa, aplicação irregular de dinheiros públicos, lesão aos cofres públicos e dilapidação do patrimônio nacional, bem como corrupção, implicarão a indisponibilidade dos bens e o ressarcimento ao erário, sem prejuízo da ação penal cabível.

Por sua vez, a *demissão* ou a *destituição de cargo em comissão*, por valer-se do cargo para lograr proveito pessoal ou de outrem, em detrimento da dignidade da função pública e atuar, como procurador ou intermediário, junto a repartições públicas, salvo quando se tratar de benefícios previdenciários ou assistenciais de parentes até o segundo grau, e de cônjuge ou companheiro, incompatibiliza o ex-servidor para nova investidura em cargo público federal, pelo prazo de 5 (cinco) anos.

O art. 137, parágrafo único, da Lei n. 8.112/1990, prevê a *demissão a bem do serviço público*. Assim, pelo dispositivo, não poderá retornar ao serviço público federal o servidor que for *demitido* ou *destituído do cargo em comissão* por ter cometido crime contra a administração pública, improbidade administrativa, aplicação irregular de dinheiros públicos, lesão aos cofres públicos e dilapidação do patrimônio nacional, além de corrupção.

O STF, entretanto, ao julgar a ADI n. 2.974, em 7 de dezembro de 2020, compreendeu que *a demissão a bem do serviço público*, banindo o indivíduo *perpetuamente* do serviço público, *é inconstitucional*, diante da vedação constitucional à pena de caráter perpétuo prevista no art. 5º, inciso XLVII, alínea "b", da CF/1988. Assim, até que sobrevenha nova lei alterando o texto do parágrafo único do art. 137 da Lei n. 8.112/1990, prevendo um prazo fixo, aplica-se o prazo de cinco anos ao retorno ao serviço público, previsto no *caput* desse artigo.

A *cassação da aposentadoria* ou da *disponibilidade* do servidor será aplicada quando o servidor houver praticado, na atividade, falta punível com a demissão[76]. O STF, ao julgar a ADPF n. 418, de relatoria do Min. Alexandre de Moraes, em 15 de abril de 2020, compreendeu pela constitucionalidade da sanção.

Caso haja a aplicação da sanção, o servidor deverá averbar o tempo de contribuição no Regime Geral de Previdência, passando a preencher os requisitos deste regime para poder se aposentar.

4.4.6. Competência disciplinar

A Lei n. 8.112/1990 estabelece, em seu art. 141, a seguinte competência para a aplicação das sanções disciplinares:

Pelo Presidente da República, pelos Presidentes das Casas do Poder Legislativo e dos Tribunais Federais e pelo Procurador-Geral da República, quando se tratar de *demissão* e *cassação de aposentadoria ou disponibilidade* de servidor vinculado ao respectivo Poder, órgão ou entidade.

Pelas autoridades administrativas de hierarquia imediatamente inferior às autoridades acima mencionadas, quando se tratar de *suspensão superior a 30 dias*.

Pelo chefe da repartição e outras autoridades na forma dos respectivos regimentos ou regulamentos, nos casos de *advertência* ou de *suspensão de até 30 dias*.

Pela autoridade que houver feito a nomeação, quando se tratar de *destituição de cargo em comissão*.

Não se trata de competência exclusiva. Assim, no âmbito do Poder Executivo Federal, o Presidente da República delegou essa competência para os Ministros de Estado, por intermédio do Decreto n. 11.123, de 7 de julho de 2022.

Originariamente, pela norma legal, sendo a punição aplicada pelo Presidente da República, o único recurso cabível era a reconsideração. No entanto, como houve a delegação de competência para os Ministros de Estado, o STJ firmou jurisprudência de que é cabível recurso disciplinar ao Presidente da República[77], garantindo-se o duplo grau de jurisdição e vedando-se a delegação da decisão de recursos administrativos, conforme previsto no art. 13, inciso II, da Lei n. 9.784/1999.

4.4.6.1. Competência disciplinar sobre militar em exercício de cargo ou função comissionados civis

Tema de grande controvérsia jurídica é a competência disciplinar para apurar eventual infração disciplinar (e a consequente aplicação de sanção) a *militar* (da ativa ou da reserva remunerada) que ocupe cargo ou exerça função comissionada de natureza civil.

No âmbito federal, o assunto foi objeto da Nota Técnica n. 436/2024/CGUNE/DICOR/CRG, da Controladoria-Geral da União, fixando-se entendimento no sentido de

---

[76] Por força expressa do art. 32 da Lei n. 8.112/1990, será tornado sem efeito o aproveitamento (de servidor que aguardava aproveitamento em outro cargo) e cassada a disponibilidade se o servidor não entrar em exercício no prazo legal, salvo doença comprovada por junta médica oficial.

[77] Apenas a título exemplificativo, menciona-se o AgInt no MS 28285/DF, de relatoria da Min. Assusete Magalhães, julgado pela Primeira Seção do STJ em 18 de abril de 2023.

que "autoridades de órgãos e entidades civis do Poder Executivo Federal não possuem competência para apurar as condutas irregulares praticadas por *militares da ativa* que ocupem cargos ou funções comissionados civis, devendo apenas comunicar tais fatos às autoridades da Força Armada a que pertencer o agente público".

De outro lado, essa Nota Técnica entende que "as autoridades de órgãos e entidades civis do Poder Executivo Federal possuem competência para apurar as condutas de *militares da reserva remunerada* ocupantes de cargos comissionados de natureza civil".

Em que pese a referida Nota levar em consideração o disposto no art. 13 do Decreto n. 10.171/2019, compreendo, doutrinariamente, que esse diploma regulamentar merece reparo, pois o regime a ser aplicado, no caso de cometimento de infração disciplinar *exclusivamente relacionada ao exercício do cargo ou função comissionados civis*, é o regime da Lei n. 8.112/1990.

Isso porque essa lei é a norma disciplinar específica aos ocupantes de cargos e funções comissionados civis, prevendo infrações disciplinares intrinsecamente relacionadas ao mister civil que, muitas vezes, sequer encontram correspondência nos regulamentos disciplinares militares.

De igual modo, há de se dizer que é essa lei civil que prevê as sanções administrativas compatíveis com a atividade de natureza civil comissionada desempenhada pelo militar, dentre elas a *destituição do cargo ou da função comissionados*, com previsão expressa no art. 127, V e VI, da Lei n. 8.112/1990. *Não há correspondência sequer aproximada a essas penalidades nos regulamentos disciplinares militares.*

Assim, firmo o entendimento no sentido de que *o regime disciplinar aplicável ao militar da ativa ou da reserva em exercício de cargo ou função comissionados de natureza civil é o da Lei n. 8.112/1990.* Por conseguinte, a competência à apuração de infração disciplinar, bem como à aplicação da correspondente sanção, relacionada exclusivamente ao exercício comissionado *deve ser exercida pela autoridade civil, e não a militar.*

Não obstante, entendo que, também havendo, na mesma conduta, transgressão disciplinar de natureza militar, a apuração e a aplicação da respectiva sanção com base no regulamento disciplinar da respectiva Força devem ocorrer pela autoridade militar competente, seguindo-se o processo administrativo disciplinar militar próprio, não configurando, a meu ver, *bis in idem*, ante a especialidade e a independência dessas esferas administrativas disciplinares.

Desse modo, a título exemplificativo, imagine um militar do Exército, da ativa, que, no exercício de um cargo comissionado de natureza civil, na mesma conduta, *revele segredo do qual se apropriou em razão do cargo civil e dê conhecimento de atos, documentos, dados e assuntos militares a quem deles não deveria ter dado ciência.*

Esse militar, ao mesmo tempo, cometeu a *infração disciplinar civil prevista no art. 132, IX, da Lei n. 8.112/1990*, estando passível de ser apenado com a sanção de *destituição do cargo comissionado*, na forma do art. 135 c/c art. 127, V, daquela lei, e a *infração disciplinar militar prevista no número 61, do Anexo I, do Regulamento Disciplinar do Exército – RDE*, sujeito à punição com advertência, repreensão, detenção ou prisão disciplinares, licenciamento ou exclusão a bem da disciplina.

Na conduta descrita acima, existem infrações de naturezas diferentes, que devem ser tratadas pelo regime disciplinar civil e militar, os quais tutelam bens jurídicos distintos, apuradas por meio dos correspondentes processos disciplinares (que são diferentes) e punidas pela respectiva autoridade (civil e militar) competente.

4.4.7. Prescrição disciplinar

No âmbito federal, o prazo prescricional da ação disciplinar estatal está previsto no art. 142 da Lei n. 8.112/1990. Desse modo, incide a prescrição sobre o direito estatal de punir em:

a) em cinco anos, quanto às infrações puníveis com *demissão, cassação de aposentadoria* ou *disponibilidade* e *destituição de cargo em comissão*, contados da data em que o fato se tornou conhecido;

b) em dois anos, quanto à *suspensão*, contados data em que o fato se tornou conhecido;

c) em 180 dias, quanto à *advertência*, contados data em que o fato se tornou conhecido.

No entanto, caso a infração disciplinar também esteja prevista em lei como crime, o prazo prescricional será o da lei penal. Assim, ocorrerão duas situações: Primeira, havendo sentença penal condenatória transitada em julgado, deve ser computado pela pena em concreto aplicada na esfera penal[78]. Segunda, enquanto não houver sentença penal condenatória transitada em julgado, a prescrição do poder disciplinar reger-se-á pelo prazo previsto na lei penal para pena cominada em abstrato[79].

Em 2019, o STJ editou a Súmula 635, segundo a qual os prazos prescricionais previstos nesse art. 142 da Lei n. 8.112/1990 têm início na data em que a autoridade competente para a abertura do PAD toma conhecimento do fato, são interrompidos com o primeiro ato de instauração válido da sindicância de caráter punitivo (contraditória) ou do processo disciplinar e voltam a correr após decorridos 140 dias da interrupção.

O prazo de 140 dias leva em consideração o prazo máximo para conclusão e julgamento do PAD a partir de sua instauração (prazo de conclusão de 60 dias, prorrogável por igual período, previsto no art. 152 e o prazo de 20 dias para decisão, previsto no art. 167, ambos da Lei n. 8.112/1990).

---

[78] Este entendimento já é tese no STJ, firmada a partir dos seguintes julgados: RMS 032285/RS, rel. min. Mauro Campbell Marques, 2ª T., julgado em 08/11/2011, DJe 17/11/2011. MS 014320/DF, rel. min. Napoleão Nunes Maia Filho, Terceira Seção, julgado em 28/04/2010, DJe 14/05/2010. MS 010078/DF, rel. min. Arnaldo Esteves Lima, Terceira Seção, julgado em 24/08/2005, DJ 26/09/2005.

[79] Este entendimento também já é tese do STJ, fixada a partir dos seguintes julgados: EDcl no RMS 021641/SP, rel. min. Og Fernandes, Sexta Turma, julgado em 02/05/2013, DJe 14/05/2013. MS 016075/DF, rel. min. Benedito Gonçalves, Primeira Seção, julgado em 29/02/2012, DJe 21/03/2012. MS 016567/DF, rel. min. Mauro Campbell Marques, Primeira Seção, julgado em 09/11/2011, DJe 18/11/2011. AgRg no REsp 1243282/SP, rel. min. Herman Benjamin, 2ª T., julgado em 28/06/2011, DJe 01/09/2011.

Agora, é de se observar que o deferimento de decisão judicial que determine à autoridade administrativa que se abstenha de concluir o PAD suspende o curso do prazo prescricional da pretensão punitiva administrativa[80].

A prescrição é matéria de ordem pública também na esfera administrativa e deve ser declarada de ofício, com fundamento no art. 112 da Lei n. 8.112/1990 e sua correspondência nos Estatutos estaduais e municipais. Não havendo norma local que discipline a prescrição, deve-se aplicar a Lei n. 8.112/1990 de modo supletivo[81].

4.4.8. Recursos disciplinares

Das decisões administrativas, cabem *embargos de declaração*, *pedido de reconsideração* e *recurso hierárquico*, conforme a seguir.

4.4.8.1. Embargos de declaração

Os embargos de declaração não estão previstos expressamente na maior parte das leis que regem o processo administrativo, seja na lei geral, seja na lei especial disciplinar. Decorre do direito constitucional de petição do cidadão, previsto no art. 5º, inciso XXXIII, da CF/1988.

Além do direito constitucional de petição, o cidadão possui direito de opor embargos de declaração, em decorrência do previsto no art. 2º da Lei n. 9.784/1999, a exemplo do dever de a Administração atuar conforme a lei e o direito; atuar segundo padrões éticos de probidade, decoro e boa-fé; indicar os pressupostos de fato e de direito que determinarem a decisão; observar as formalidades essenciais à garantia dos direitos dos administrados e adotar formas simples, suficientes para propiciar adequado grau de certeza, segurança e respeito aos direitos dos administrados.

Assim, sempre que a autoridade administrativa proferir uma decisão, mesmo que no curso do PAD ou Sindicância, que contenha omissão, contradição, obscuridade ou erro material, o cidadão terá o direito de embargá-la a fim de que seja sanada a dúvida ou omissão contida no ato administrativo.

Ademais, o art. 15 do Código de Processo Civil prevê que, na ausência de normas que regulem processos administrativos, as disposições do CPC lhes serão aplicadas supletiva e subsidiariamente. Em consequência, *defendo o cabimento dos embargos de declaração* contra todas as decisões administrativas, com fundamento no art. 1.022 do CPC, *a ser interposto no prazo de cinco dias contados da ciência da decisão*, com fundamento no art. 1.023 também do CPC.

---

[80] Este entendimento é corroborado pelos seguintes julgados do STJ: AgRg no RMS 48667/SP, rel. min. Herman Benjamin, 2ª T., julgado em 02/02/2016, *DJe* 20/05/2016. MS 11323/DF, rel. min. Ericson Maranho (Desembargador Convocado Do TJ/SP), Terceira Seção, julgado em 24/06/2015, *DJe* 04/08/2015. MS 13116/DF, rel. min. Moura Ribeiro, Terceira Seção, julgado em 13/11/2013, *DJe* 21/11/2013. EDcl no MS 17873/DF, rel. min. Mauro Campbell Marques, Primeira Seção, julgado em 28/08/2013, *DJe* 09/09/2013. MS 7989/DF, rel. min. Alderita Ramos De Oliveira (Desembargadora Convocada Do TJ/PE), Terceira Seção, julgado em 12/06/2013, *DJe* 19/06/2013.

[81] Este entendimento é corroborado pelo STJ, que já possui tese firmada no sentido de que a Lei n. 8.112/1990 pode ser aplicada de modo supletivo aos procedimentos administrativos disciplinares estaduais, nas hipóteses em que existam lacunas nas leis locais que regem os servidores públicos. RMS 60493/PR, rel. min. Herman Benjamin, 2ª T., julgado em 19/09/2019, *DJe* 11/10/2019. AgInt no RMS 54617/SP, rel. min. Mauro Campbell Marques, 2ª T., julgado em 06/03/2018, *DJe* 12/03/2018. AgRg no RMS 26095/BA, rel. min. Antonio Saldanha Palheiro, 6ª T., julgado em 06/09/2016, *DJe* 19/09/2016.

4.4.8.2. Pedido de reconsideração

Cabe pedido de reconsideração à autoridade que houver expedido o ato ou proferido a primeira decisão, não podendo ser renovado, com fundamento no art. 106 da Lei n. 8.112/1990 ou sua correspondência nos Estatutos Estaduais e Municipais, constituindo uma retratação pela própria autoridade.

O prazo para interposição do pedido de reconsideração é de 30 dias contados da publicação ou da ciência pelo interessado, com fundamento no art. 108 da Lei n. 8.112/1990. Havendo a oposição de embargos de declaração, o prazo é contado a partir da nova decisão administrativa, uma vez que esta será a decisão atacada.

A autoridade administrativa terá até cinco dias para despachar o pedido de reconsideração, com a possibilidade de atribuir efeito suspensivo, na forma do art. 109 da Lei n. 8.112/1990, proferindo a decisão de mérito em até 30 dias, na forma do art. 106, parágrafo único, dessa mesma lei.

É relevante que, no pedido de reconsideração, sejam levantados fatos novos, que não eram conhecidos ou que não foram considerados anteriormente pela autoridade administrativa.

4.4.8.3. Recurso hierárquico

O recurso hierárquico encontra fundamento no art. 107 da Lei n. 8.112/1990 e em sua correspondência nos Estatutos estaduais e municipais, sendo cabível contra a decisão que indeferiu o pedido de reconsideração e contra as decisões sobre os recursos sucessivamente interpostos.

Por previsão expressa do art. 57 da Lei n. 9.784/1999, não havendo disposição legal diferente, o recurso administrativo tramitará no máximo por três instâncias administrativas. Assim, na primeira instância estará a autoridade que proferiu a primeira decisão e apreciou o pedido de reconsideração de ato, na segunda instância a autoridade imediatamente superior a essa e na terceira instância a autoridade superior a essa intermediária.

A título exemplificativo, imagine que o ato punitivo tenha sido aplicado pelo Diretor da Polícia Federal e que este não tenha reconsiderado sua decisão. O recurso hierárquico será apreciado, em segunda instância, pelo Secretário Nacional de Segurança Pública e, se indeferido, em terceira e última instância, pelo Ministro de Estado correspondente.

Para tanto, o recurso hierárquico será dirigido à autoridade imediatamente superior à que tiver expedido o ato ou proferido a decisão, e, sucessivamente, em escala ascendente, às demais autoridades, sempre encaminhado, todavia, por intermédio da autoridade a que estiver imediatamente subordinado o recorrente.

O prazo para interposição é de 30 dias, a contar da publicação ou da ciência, pelo interessado, da decisão recorrida. Analogicamente, entendo que o prazo para o despacho de admissibilidade é de cinco dias e a decisão final deve ser proferida em 30 dias, embora se trate de prazo impróprio.

É possível que, verificada ilegalidade ou incongruência entre as provas constantes nos autos e a punição aplicada, a autoridade competente para decidir o recurso agrave a punição anteriormente aplicada, em decorrência do poder hierárquico da

Administração e seu dever de autotutela, sendo viável, portanto a denominada *reformatio in pejus*[82].

4.4.9. Revisão disciplinar

O processo disciplinar poderá ser revisto, a qualquer tempo, a pedido ou de ofício, quando se aduzirem fatos novos ou circunstâncias suscetíveis de justificar a inocência do punido ou a inadequação da penalidade aplicada, com fundamento no art. 174 da Lei n. 8.112/1990 e sua correspondência nas leis locais.

A revisão disciplinar decorre do princípio da verdade real e da autotutela, ou seja, a Administração tem o dever de buscar efetivamente a verdade dos fatos, de modo imparcial, promovendo decisões de acordo com os fatos e com o direito, ainda que, para isso, tenha que rever seus próprios atos.

O instituto é tão importante, pois, além de ter o propósito de garantir a verdade real, almeja resgatar a honra subjetiva e até reparar materialmente eventuais injustiças cometidas pela Administração. Para tanto, a Lei n. 8.112/1990, no § 1º do art. 174, garante que, em caso de falecimento, ausência ou desaparecimento do servidor, qualquer pessoa da família poderá requerer a revisão do processo.

Daí decorre o instituto da *reintegração ficta*, pois de nada serviria um processo de revisão disciplinar, se não houvesse todos os efeitos patrimoniais decorrentes de eventual anulação disciplinar, a exemplo de uma demissão. Defendo que, em caso de falecimento do servidor demitido, havendo revisão que ocasione a anulação da demissão, essa opera efeitos retroativos (*ex tunc*), devendo a administração declarar sua reintegração ficta, para os fins pecuniários previstos no art. 28 da Lei n. 8.112/1990 (e sua correspondência nas leis locais), bem como promover a habilitação à pensão, caso preenchidos os requisitos legais pelos sucessores[83].

Por óbvio que a simples alegação de injustiça da penalidade não constitui fundamento à revisão, que requer elementos novos, ainda não apreciados no processo disciplinar originário, cabendo o ônus da prova ao requerente.

O pedido de revisão deverá ser endereçado ao Ministro de Estado ou autoridade equivalente, conforme previsão expressa do art. 177 da Lei n. 8.112/1990, autoridade que, se deferir a instauração do processo revisional, o encaminhará ao dirigente do órgão ou entidade onde se originou o processo disciplinar, para a instrução processual, uma vez que esse processo constituirá apenso do processo sancionador originário.

Esse processo será conduzido pela denominada comissão revisora, que será designada pela autoridade da origem, a qual produzirá as provas e promoverá a inquirição das testemunhas indicadas pelo requerente na petição revisional.

A comissão revisora terá o prazo de 60 dias para concluir os trabalhos, podendo haver prorrogação caso haja fundamentação adequada relacionado à busca da verdade dos fatos. Aplicam-se aos seus trabalhos, no que couber, as normas e procedimentos próprios da comissão do PAD.

---

[82] Esse entendimento é corroborado pelo STF e pode ser contatado no AG.REG. no RE com AG n. 641.054/RJ, de relatoria do Min. Luiz Fux.

[83] Corrobora este entendimento, o julgado da 5ª T. do STJ, no AgRg no Ag 1331358/SP, de relatoria da Min. Laurita Vaz, julgado em 18/11/2011.

O julgamento da revisão disciplinar caberá à mesma autoridade administrativa que proferiu a punição originária, devendo proferir decisão no prazo de 20 dias contados do recebimento do processo, o que não impede que requeira a realização das diligências que entender necessárias, a cargo da comissão. Essa autoridade não poderá agravar a punição anteriormente imposta.

Julgada procedente a revisão, aplicam-se os efeitos do art. 182 da Lei n. 8.112/1990, anulando-se a penalidade aplicada, com o restabelecimento de todos os direitos do servidor, exceto em relação à destituição do cargo em comissão, que será convertida em exoneração.

4.4.10. Controle judicial

A Constituição Federal de 1988, em seu art. 5º, inciso XXXV, consagra o princípio da inafastabilidade de apreciação jurisdicional. Significa dizer que apenas o Poder Judiciário faz coisa julgada, pois é defeso à lei excluir de apreciação judicial, lesão ou ameaça a direito. Assim, o processo administrativo disciplinar e as sanções disciplinares dele decorrentes poderão ser revistas pela autoridade judiciária.

No controle judicial dos processos e atos disciplinares, o juiz exercerá o controle de legalidade, baseado na norma (como já visto, composta por regras e princípios). Assim, é defeso à autoridade judicial que exerça o denominado *controle de mérito*, analisando a *conveniência* e *oportunidade* do ato administrativo.

Isso não impede, entretanto, que o juiz, ao verificar infração aos princípios da razoabilidade ou proporcionalidade, por exemplo, anule o ato administrativo, pois realizará controle de legalidade (com base em princípios). É vedado a ele substituir o administrador, o que lhe impõe a devolução da matéria para nova apreciação administrativa (se o *jus puniendi* administrativo já não estiver prescrito).

A título exemplificativo, imagine a seguinte situação: um servidor público ocupante do cargo de guarda noturno faltou, pela primeira vez, ao plantão para o qual estava escalado, a fim de assistir a um jogo de seu clube futebolístico do coração. O agente jamais havia sido punido disciplinarmente por qualquer infração em quase 20 anos de serviço público. Ao julgar sua conduta, a autoridade administrativa poderia aplicar uma advertência, uma suspensão de 1 a 90 dias e uma demissão, sendo esta a sanção aplicada.

Ao ingressar com a ação judicial buscando a anulação da punição, o servidor alegou infração ao princípio da proporcionalidade, uma vez que a falta a um dia de serviço não corresponderia proporcionalmente à demissão, mas a outra sanção compatível.

O juiz, ao analisar o pedido, estará restrito à Súmula 665 do STJ, a qual prevê que "o controle jurisdicional do processo administrativo disciplinar restringe-se ao exame da regularidade do procedimento e da legalidade do ato, à luz dos princípios do contraditório, da ampla defesa e do devido processo legal, não sendo possível incursão no mérito administrativo, ressalvadas as hipóteses de flagrante ilegalidade, teratologia[84] ou manifesta desproporcionalidade da sanção aplicada".

---

[84] Considera-se decisão administrativa teratológica aquela juridicamente absurda, aberrante, produzida com dolo ou erro grosseiro, com desprezo à ordem jurídica.

Por conseguinte, poderá anular o ato punitivo, por manifesta desproporcionalidade. No entanto, não poderá substituir a punição por outra ou determinar ao administrador que aplique uma advertência ou suspensão, cabendo a este, dentro de critérios proporcionais, optar, dentre as disponíveis, por outra sanção.

Por fim, é necessário destacar que o prazo decadencial para ajuizamento de mandado de segurança para anular sanção disciplinar é de 120 dias contados da publicação ou cientificação pessoal do ato impugnado. Por sua vez, o prazo prescricional para ajuizamento de ação anulatória (ação de conhecimento, pelo procedimento comum do CPC) é de 5 anos contados da publicação ou cientificação pessoal do ato impugnado, conforme já firmado na jurisprudência do STJ (a exemplo do REsp n. 613.317/PE).

RESUMO DO CAPÍTULO 4

CONCEITO DE AGENTES PÚBLICOS	Agentes públicos são todas as pessoas que **prestam serviços ao Estado**, de forma permanente ou temporária, representando a vontade do Estado.
CLASSIFICAÇÃO DOS AGENTES PÚBLICOS	**Agentes políticos:** ocupam os cargos de liderança na estrutura constitucional.
	Agentes administrativos: servidores efetivos, comissionados e temporários.
	Agentes por colaboração: colaboram voluntariamente ou compulsoriamente.
	Agentes de fato: exercem função pública de forma legítima, mesmo com alguma irregularidade.
AGENTES POLÍTICOS	Principais ocupantes de **cargos eletivos** ou de confiança constitucional, como o Presidente, Ministros e Parlamentares. Representam a vontade política do Estado.
AGENTES ADMINISTRATIVOS	Incluem **servidores públicos** (efetivos e comissionados), **empregados públicos e militares**.
	Podem ser efetivos, de livre nomeação (comissionados) ou temporários.
	Empregados públicos são regidos pela CLT, enquanto servidores estatutários (efetivos e comissionados) são regidos por estatuto específico.
AGENTES POR COLABORAÇÃO	São indivíduos que colaboram com o Estado de forma **voluntária ou obrigatória**, como jurados e mesários eleitorais.
AGENTES DE FATO	Exercem funções públicas com **presunção de legitimidade**, apesar de eventual irregularidade formal. Agem como se fossem agentes legítimos.
TIPOS DE SERVIDORES	**Servidores efetivos:** possuem cargos permanentes e ingresso por concurso.
	Servidores comissionados: de livre nomeação e exoneração, sem concurso.
	Servidores temporários: contratados para atender necessidades excepcionais.
NATUREZA JURÍDICA	Os agentes públicos têm natureza jurídica variada, podendo estar sujeitos **ao regime estatutário ou ao regime geral de previdência**, dependendo de sua classificação.
REGIME JURÍDICO DOS SERVIDORES	Servidores efetivos e comissionados são regidos por leis específicas que estabelecem suas obrigações, direitos e regime previdenciário.

Capítulo 5
PROCESSO ADMINISTRATIVO

5.1. CONCEITO DE PROCESSO ADMINISTRATIVO

É a sequência da documentação e das providências necessárias, constituídas por atos e procedimentos, para a obtenção de determinado ato final, podendo ser instaurado de ofício pela Administração ou a requerimento do interessado (há contraditório).

O *processo administrativo* é instrumento formal, que, pera ser regular, deve ser formalmente instaurado mediante autuação pela autoridade competente. Se difere do *procedimento administrativo*, uma vez que este é ato material, a ocorrer no curso do processo e do ato administrativo, o qual possui caráter decisório.

A título de exemplo, é possível visualizar, como *procedimento administrativo*, a notificação feita pelo encarregado de determinado processo, para que este apresente eventuais provas que pretenda produzir. Por sua vez, a decisão do encarregado que indeferir essa produção constitui *ato administrativo*. É por isso que sustento ser o processo administrativo *um conjunto ordenado de atos e procedimentos*.

5.2. FINALIDADES DO PROCESSO ADMINISTRATIVO

O processo administrativo possui propósitos intrínsecos, dentre as quais, podem ser visualizados o de *garantia* (garantia jurídica aos interessados – particulares e servidores, uma vez que tutela seus direitos, os quais poderão ser afetados, concretizando-se, assim, o devido processo legal, a ampla defesa e o contraditório), de *subsídio à tomada de decisão administrativa* (ampliam-se os pressupostos objetivos da tomada de decisão – o interessado é ouvido, apresentam-se informações, argumentos e provas), de *legitimidade ao exercício do poder* (a imperatividade, atributo do poder administrativo, encontra paridade e imparcialidade no processo, com as garantias processuais ao interessado) e o de *sistematização da atuação administrativa* (organização racional da edição de muitos atos administrativos).

5.3. ESPÉCIES DE PROCESSO ADMINISTRATIVO

Dentre as espécies de processo administrativo, é possível visualizar o *vinculado*, quando existe lei determinando a sequência dos atos e procedimentos, a exemplo do processo licitatório ou o processo administrativo disciplinar, e o *discricionário*, nos casos em que não há previsão legal de rito, seguindo apenas a *praxis* administrativa, constante numa sequência ordenada de atos e procedimentos, a exemplo dos processos de mero expediente da Administração.

5.4. TIPOS DE PROCESSO ADMINISTRATIVO

Os processos administrativos geralmente são classificados a depender do *objeto*, do *alcance* e do *interessado*.

Referente ao *objeto*, pode ser classificado como de *mero expediente*, tido como aqueles rotineiros da Administração, a exemplo do um processo administrativo de concessão de férias a um servidor ou *especial*, quando tem um propósito específico previsto em lei, a exemplo do processo licitatório e do processo administrativo disciplinar.

Quanto ao alcance, pode ser *interno*, tido como aqueles que envolvem assuntos da própria Administração, a exemplo desse processo de concessão de férias a um servidor ou *externo*, quando abrangem particulares que poderão ter um direito afetado, a exemplo de um processo de concessão de licença para construir.

Por sua vez, quanto ao interessado, pode ser *de interesse público*, quando dizem respeito à coletividade, a exemplo de um processo de estudo de viabilidade para a instituição de uma praça pública ou *de interesse particular*, quando diz respeito a uma pessoa específica, a exemplo do processo de concessão de férias a um servidor.

É possível, ainda, classificá-los, quanto ao *propósito*, podendo ser um *processo administrativo litigioso*, quando envolve controvérsias ou conflito de interesses, a exemplo de um processo administrativo de tombamento; um *processo administrativo de gestão*, quando se objetiva a concretização de atos inerentes à vida administrativa, a exemplo de um processo licitatório ou de concurso público; *processo administrativo de outorga*, tido como aquele que se destina à concessão de licença ou autorização, a exemplo de um processo administrativo para conceder licença para conduzir veículo automotor; *processo administrativo de controle*, tido como aqueles instaurados no âmbito dos órgãos de controle, a exemplo de uma tomada ou prestação de contas; *processo administrativo revisional*, que se prestam a rever atos administrativos, que fulminarão na anulação ou revogação de ato administrativo, a exemplo do processo de revisão disciplinar; e o *processo administrativo sancionador*, que objetiva impor sanções administrativas, que poderá ser interno, quando relacionado aos servidores públicos, a exemplo de um PAD, ou externo, quando relacionados a particulares com vínculo especial (legal ou contratual) com a administração, a exemplo de um processo de responsabilização por inadimplência contratual (Lei n. 14.133/2021).

5.5. PRINCÍPIOS DO PROCESSO ADMINISTRATIVO

Os princípios do processo administrativo decorrem das garantias e direitos fundamentais previstos no art. 5º da CF/1988, a exemplo do princípio do devido processo legal (art. 5º, inciso LIV), da ampla defesa (art. 5º, inciso LV), do contraditório (art. 5º, inciso LV), da vedação à ilicitude das provas (art. 5º, inciso LVI), do juiz natural (art. 5º, inciso LIII) e das leis de processo administrativo, a exemplo dos princípios constantes no art. 2º da Lei n. 9.784/1999 (Lei do Processo Administrativo Federal) e os doutrinários, dentre os quais destacam-se os abordados abaixo.

a) *Legalidade objetiva:* o processo administrativo deve apoiar-se em norma legal geral ou específica (o STJ tem entendimento de que, em nome do princípio da segurança jurídica, na ausência de lei local sobre processo administrativo, Estados e Municípios devem aplicar a Lei n. 9.784/1999 – Súmula 633).

b) *Oficialidade:* o processo administrativo pode ser impulsionado de ofício pela Administração, seja para instaurá-lo, seja para continuá-lo em caso de desistência do interessado, quando presente o interesse público.

c) *Formalismo moderado:* o processo administrativo deverá garantir a ampla defesa e o contraditório, e dar primazia à verdade real, ou seja, preferência ao conteúdo em relação à forma. Assim, eventuais irregularidades formais só ensejarão nulidade de trouxerem prejuízo à defesa.

d) *Verdade real:* a Administração, justamente por ser imparcial, tem o dever de buscar constantemente a verdade dos fatos, a qual deve ser materializada no processo por todos os meios de prova não defesas em lei. É o princípio da verdade real que impõe à Administração a instauração de processos revisionais, quando surgirem fatos novos que levem à necessidade de anular ou revogar seus atos.

e) *Ampla defesa:* é a possibilidade do interessado produzir todos os meios de prova na defesa de seus interesses, como a possibilidade de arrolar testemunhas, requerer perícias, solicitar documentos, ser ouvido, apresentar defesa escrita, dentre outros. Embora a Súmula Vinculante 5 reconheça que a ausência de defesa técnica no âmbito administrativo não ofende a Constituição, caso o interessado constitua defesa técnica, esta poderá exercer todos os seus direitos e prerrogativas processuais e profissionais.

f) *Contraditório:* toda a prova produzida deve ser submetida ao contraditório, ou seja, a parte possui o direito de se manifestar a respeito, ainda que seja em sede de alegações finais. É em virtude desse princípio que, caso a Administração produza prova nova após a apresentação de defesa escrita (alegações finais), esta deve ser novamente concedida ao interessado, a fim de que se manifeste sobre a prova superveniente.

g) *Publicidade:* como regra, todos os processos administrativos são de acesso público, podendo, a Administração, restringir o acesso, exclusivamente nas hipóteses relativas à intimidade do interessado, segurança do Estado ou da Sociedade, todas previstas na Lei n. 12.527/2011 (Lei de Acesso à Informação – LAI).

h) *Motivação:* é o princípio que impõe à Administração o dever de realizar a exposição circunstanciada das razões de fato e de direito que levaram à decisão, principalmente com a necessidade e a adequação da medida, inclusive quando houver a possibilidade de diversas alternativas, como determinado pelo art. 20, parágrafo único, da LINDB.

i) *Razoabilidade:* é o princípio que impõe à Administração que suas ações ou abstenções sejam necessárias ao caso concreto, evitando-se assim medidas desnecessárias que onerem o interessado.

j) *Proporcionalidade:* é o princípio que determina que a Administração sopese o meio e o fim, adotando aquele que for necessário, adequado e proporcional à finalidade almejada. Assim, para que a decisão administrativa seja legítima é indispensável que a motivação demonstre que a medida era necessária, que, dentre as alternativas possíveis, era a adequada, e que, na sua extensão, foi aplicada de modo estritamente proporcional.

k) *Razoável duração do processo ou celeridade processual:* é o princípio que determina que a Administração profira suas decisões em um prazo adequado, objetivando a celeridade à conclusão processual, sem ações ou omissões que objetivem procrastiná-lo.

5.6. PRINCIPAIS DEFINIÇÕES

Dentre as principais definições encontradas no âmbito do processo administrativo, é possível destacar as seguintes:

a) *Órgão:* é a unidade de atuação integrante da estrutura da Administração direta e da estrutura da Administração indireta desprovido de personalidade jurídica.

b) *Entidade:* unidade de atuação dotada de personalidade jurídica, a exemplo da União, dos Estados, do Distrito Federal, dos Municípios, das Autarquias (inclusive as associações públicas), da Fundações, das Empresas Públicas e das Sociedades de Economia Mista.

c) *Autoridade competente:* o agente público dotado de poder de decisão conferido pela lei ou por ato formal de delegação.

d) *Interessado:* pessoas físicas ou jurídicas que o iniciem como titulares de direitos ou interesses individuais ou no exercício do direito de representação; aqueles que, sem terem iniciado o processo, têm direitos ou interesses que possam ser afetados pela decisão a ser adotada; as organizações e associações representativas, no tocante a direitos e interesses coletivos; e as pessoas ou as associações legalmente constituídas quanto a direitos ou interesses difusos. No processo administrativo sancionador, é comum a utilização do termo *acusado* e, na sindicância, a utilização do termo *sindicado*.

e) *Encarregado:* agente público responsável pela condução do processo, o qual promoverá os atos instrutórios, de garantia, e elaborará relatório final, a fim de subsidiar a decisão da autoridade competente. Na sindicância, é comum a utilização do termo *sindicante*.

f) *Recorrente:* pessoa física ou jurídica que possui legitimidade para recorrer da decisão administrativa, dentre os quais os titulares de direitos e interesses que forem parte no processo; aqueles cujos direitos ou interesses forem indiretamente afetados pela decisão recorrida; as organizações e associações representativas, no tocante a direitos e interesses coletivos; e os cidadãos ou associações, quanto a direitos ou interesses difusos.

5.7. COMPETÊNCIA PARA OS ATOS PROCESSUAIS

A competência é irrenunciável e se exerce pelos órgãos administrativos a que foi atribuída como própria, salvo os casos de *delegação* e *avocação* legalmente admitidos.

Assim, um órgão administrativo e seu titular poderão, se não houver impedimento legal, *delegar* parte da sua competência a outros órgãos ou titulares, ainda que estes não lhe sejam hierarquicamente subordinados, quando for conveniente, em razão de circunstâncias de índole técnica, social, econômica, jurídica ou territorial (inclusive os órgãos colegiados, os quais poderão aplicar a delegação de competência aos respectivos presidentes). A delegação deve ser sempre publicada e poderá ser revogada a qualquer tempo (também com a devida publicação).

Quando a transferência da competência ocorre *verticalmente* (órgão ou autoridade superior para órgão ou autoridade inferior), denomina-se *delegação de competência*. Quando ocorre *horizontalmente* (órgão ou autoridade em mesmo nível), denomina-se redistribuição de competência e *dependerá de aceite do delegatário*. Não havendo consenso, o órgão ou autoridade que pretende delegar suscitará a redistribuição de competência à autoridade superior, a qual decidirá pela sua pertinência ou não.

No entanto, algumas matérias não comportam delegação por vedação expressa do art. 13 da Lei n. 9.784/1999 e sua correspondência nas leis de processo administrativo locais, quando houver, quais sejam *a edição de atos de caráter normativo, a decisão de recursos administrativos* e *as matérias de competência exclusiva do órgão ou autoridade*. Quanto a essas, é necessário destacar que só existirá competência exclusiva se a lei expressamente assim prever. Não havendo menção expressa, a competência não será exclusiva. Como exemplo, pode-se destacar a competência (expressamente exclusiva) para aplicação da sanção de declaração de inidoneidade.

Assim como poderá haver a delegação de competência, o art. 15 da Lei n. 9.784/1999 permite a *avocação* de competência, situação em que a autoridade superior chama para si a competência originária de um subordinado. Essa só será permitida em caráter excepcional e por motivos relevantes devidamente justificados, passando a autoridade avocante responder individualmente pelo ato.

5.8. O DEVER DE DECIDIR E OS EFEITOS DO SILÊNCIO ADMINISTRATIVO

Sendo a competência irrenunciável, a Administração tem o dever de explicitamente emitir decisão nos processos administrativos e sobre solicitações ou reclamações, em matéria de sua competência, nos termos do art. 48 da Lei n. 9.784/1999.

Assim, estabelece o art. 49 dessa Lei que, concluída a instrução de processo administrativo, a Administração tem o prazo de até 30 dias para decidir, salvo prorrogação por igual período expressamente motivada[1].

Ainda no que tange à decisão administrativa, a Lei n. 14.210/2021 alterou a Lei n. 9.784/1999, instituindo a "decisão coordenada", nos arts. 49-A e seguintes.

Desse modo, as decisões administrativas que exijam a participação de três ou mais setores, órgãos ou entidades poderão ser tomadas mediante decisão coordenada, sempre que for justificável pela relevância da matéria e houver discordância que prejudique a celeridade do processo administrativo decisório.

A decisão coordenada possui natureza interinstitucional ou intersetorial, tomada de forma compartilhada com a finalidade de simplificar o processo administrativo, mediante participação concomitante de todas as autoridades e agentes decisórios e dos responsáveis pela instrução técnico-jurídica, observada a natureza do objeto e a compatibilidade do procedimento e de sua formalização com a legislação pertinente.

Não obstante, a decisão coordenada não exclui a responsabilidade originária de cada órgão ou autoridade envolvida e não se aplica aos processos administrativos de

---

[1] O STJ já definiu que o prazo previsto no art. 49 da Lei n. 9.784/1999 é impróprio, visto que ausente qualquer penalidade ante o seu descumprimento, como se observa nos seguintes julgados: REsp 1682605/CE, rel. min. Herman Benjamin, 2ª T., julgado em 03/10/2017, *DJe* 16/10/2017. AgRg no AREsp 588898/RJ, rel. min. Mauro Campbell Marques, 2ª T., julgado em 03/02/2015, *DJe* 06/02/2015.

licitação, aos relacionados ao poder sancionador ou aos que envolvam autoridades de Poderes distintos.

Embora a Administração tenha o dever de decidir, o *silêncio administrativo não produz qualquer efeito*, não implicando ação ou abstenção tácita. Entretanto, esse silêncio, quando deliberado, ultrapassando o prazo necessário e adequado à decisão, configura *abuso de poder* por parte da autoridade competente, podendo esta ser compelida a proferir decisão, o que poderá ser buscado por meio do mandado de segurança, ainda que exista possibilidade de recurso com efeito suspensivo (Súmula 429 do STF).

5.9. IMPEDIMENTOS E SUSPEIÇÕES

O agente público que incorrer em impedimento deve comunicar o fato à autoridade competente, abstendo-se de atuar, sendo que a omissão do dever de comunicar o impedimento constitui falta grave, para efeitos disciplinares, e, no âmbito federal, até ato de improbidade administrativa previsto no art. 5º da Lei n. 12.813/2013 (que dispõe sobre o conflito de interesses na Administração Federal).

É *impedido* de atuar em processo administrativo o agente público que tenha *interesse direto ou indireto* na matéria, tenha participado ou venha a participar como *perito*, *testemunha*[2] ou *representante*, ou se tais situações ocorrem quanto ao cônjuge, companheiro ou parente e afins até o terceiro grau, ou *esteja litigando judicial ou administrativamente* com o interessado ou o respectivo cônjuge ou companheiro.

Pode ser arguida a suspeição de autoridade ou servidor que tenha amizade íntima ou inimizade notória com algum dos interessados ou com os respectivos cônjuges, companheiros, parentes e afins até o terceiro grau. O indeferimento de alegação de suspeição poderá ser objeto de recurso, sem efeito suspensivo[3].

5.10. FASES DO PROCESSO ADMINISTRATIVO

Cada fase do processo administrativo representa um conjunto de atos e procedimentos, sendo que a nomenclatura é variável a depender da norma que o rege. Em decorrência disso, serão consideradas as fases do processo administrativo federal, previstas na Lei n. 9.784/1999. Assim, o processo administrativo é desenvolvido nas seguintes fases:

---

[2] É importante ressaltar que, para o STJ, a simples oitiva de membro da comissão processante, de autoridade julgadora ou de autoridade instauradora como *testemunha ou como informante* no bojo de *outro processo administrativo* ou até mesmo penal que envolva o investigado não enseja, por si só, o reconhecimento da quebra da imparcialidade. MS 22928/DF, rel. min. Mauro Campbell Marques, Primeira Seção, julgado em 13/06/2018, *DJe* 19/06/2018. AgInt no MS 21962/DF, rel. min. Benedito Gonçalves, Primeira Seção, julgado em 13/09/2017, *DJe* 22/09/2017. MS 12684/DF, rel. min. OG Fernandes, Terceira Seção, julgado em 28/03/2012, *DJe* 03/09/2012.

[3] O STJ tem entendimento de que as alegações de imparcialidade e de suspeição de membro da comissão processante devem estar fundadas em provas, não bastando meras conjecturas ou suposições desprovidas de qualquer comprovação. MS 17796/DF, rel. min. Napoleão Nunes Maia Filho, Rel. p/ Acórdão Ministra Assusete Magalhães, Primeira Seção, julgado em 25/09/2019, *DJe* 19/11/2019. MS 21787/DF, rel. min. Napoleão Nunes Maia Filho, Primeira Seção, julgado em 11/09/2019, *DJe* 16/09/2019. MS 17815/DF, rel. min. Regina Helena Costa, Primeira Seção, julgado em 28/11/2018, *DJe* 06/02/2019. MS 22828/DF, rel. min. Gurgel De Faria, Primeira Seção, julgado em 13/09/2017, *DJe* 21/09/2017. MS 18370/DF, rel. min. Herman Benjamin, Primeira Seção, julgado em 08/02/2017, *DJe* 01/08/2017. MS 15298/DF, rel. min. OG Fernandes, Primeira Seção, julgado em 22/02/2017, *DJe* 02/03/2017.

a) Instauração: ato da autoridade competente, geralmente uma Portaria, que instaura o competente processo administrativo e designa o encarregado ou a comissão processante, só obtendo eficácia com a publicação.

b) Instrução: fase de produção probatória, momento em que são realizadas as diligências e produções de prova pelo encarregado ou comissão, de seu interesse ou requeridas pelo interessado, como oitiva de testemunhas, produção pericial, juntada de documentos, além da oitiva pessoal do interessado. Nessa fase, poderá ser indeferida a produção de provas julgadas irrelevantes, impertinentes ou protelatórias, desde que haja a devida motivação.

c) Defesa (alegações finais): momento que, findada a instrução processual, o interessado poderá apreciar a prova produzida e exercer o contraditório, se manifestando sobre cada uma delas, para que o encarregado ou comissão possa apreciar ao elaborar o relatório, bem como a autoridade competente para decidir.

d) Relatório: peça conclusiva, elaborada pelo encarregado ou pela comissão processante, na qual será realizada a exposição circunstanciada das diligências realizadas, bem como as provas indicativas da culpabilidade ou constituição/desconstituição do direito pleiteado, devendo, ao final, ser conclusivo com a indicação de decisão à autoridade competente.

e) Decisão: é o ato da autoridade competente que dará solução ao processo administrativo, que, em regra, não pode contrariar o relatório, só possuindo eficácia a partir da publicação. Caso o relatório contrarie a prova dos autos, a autoridade competente para decidir poderá determinar seu retorno ao encarregado ou comissão para a produção de diligências. Também é possível que a autoridade anule atos eivados de vício, em atenção ao princípio da autotutela, promovendo o chamado despacho saneador ou discorde do parecer do encarregado ou da comissão, decidindo diretamente de modo diverso, mediante a fundamentação adequada.

f) Recurso: proferida a decisão, o recorrente poderá interpor recurso único, o qual será apreciado pela própria autoridade que proferiu a decisão que, se não a reconsiderar encaminhará, em caráter de recurso hierárquico, à autoridade superior. Esta, se não o prover, o encaminhará para o terceiro grau hierárquico, se não houver previsão legal diversa, conforme determina expressamente o art. 57 da Lei n. 9.784/1999.

5.11. A FORMA, O TEMPO E O LUGAR DOS ATOS PROCESSUAIS

Os atos do processo administrativo não dependem de forma determinada, salvo quando a lei expressamente a exigir. No entanto, devem ser produzidos por escrito, contendo o local e data de realização, bem como assinatura do agente responsável.

O processo deverá ter suas peças ordenadas em sequência cronológica, seja no processo convencional (físico) ou eletrônico, constituindo uma sequência ordenada de atos e procedimentos.

Os atos que exijam a presença do interessado devem realizar-se em dias úteis, no horário normal de funcionamento da repartição na qual tramitar o processo, e, preferencialmente na sede dessa, o que não impede sua realização por videoconferência, quando impossibilitado o interessado de comparecer e não houver oposição, ato que deverá ser degravado e juntado aos autos do processo eletrônico ou dele constar ata, que deverá por todos os presentes ser assinada.

O interessado deve ser notificado com antecedência mínima de três dias úteis acerca das diligências e atos aos quais tem direito de acompanhar ou produzir, como a sua oitiva pessoal, a de testemunhas ou a formulação de quesitos periciais, atos que, inexistindo disposição específica, devem ser praticados no prazo de cinco dias, salvo motivo de força maior devidamente justificado.

Por fim, deve ser observada a prioridade de tramitação processual específica para situações previstas no art. 69-A da Lei n. 9.784/1999, em qualquer órgão ou instância, quando figurar como parte ou interessado pessoa com idade igual ou superior a 60 anos; pessoa com deficiência ou com tuberculose ativa, esclerose múltipla, neoplasia maligna, hanseníase, paralisia irreversível e incapacitante, cardiopatia grave, doença de Parkinson, espondiloartrose anquilosante, nefropatia grave, hepatopatia grave, estados avançados da doença de Paget (osteíte deformante), contaminação por radiação, síndrome de imunodeficiência adquirida, ou outra doença grave, com base em conclusão da medicina especializada, mesmo que a doença tenha sido contraída após o início do processo.

Para a obtenção do benefício, é importante ressaltar que o interessado deverá requerer e juntar prova de sua condição à autoridade competente para a tramitação processual. Deferida a prioridade, os autos receberão identificação própria que evidencie o regime de tramitação prioritária.

5.12. A COMUNICAÇÃO DOS ATOS

O interessado deverá ser intimado, com antecedência mínima de três dias úteis, para a efetivação de diligências, as quais tem o direito de acompanhar, bem como ter ciência de decisão proferida por autoridade competente.

Essa intimação deverá conter alguns elementos mínimos, como a identificação do intimado e o nome do órgão ou entidade administrativa, a finalidade da intimação, a data, hora e local em que deve comparecer, se o intimado deve comparecer pessoalmente, ou fazer-se representar, a informação da continuidade do processo independentemente do seu comparecimento, além da indicação dos fatos e fundamentos legais pertinentes.

Essa intimação pode ser efetuada por ciência no processo, por via postal com aviso de recebimento ou por qualquer outro meio que assegure a certeza da ciência do interessado, inclusive meios eletrônicos. No caso de interessados indeterminados, desconhecidos ou com domicílio indefinido, a intimação deve ser efetuada por meio de publicação oficial.

As intimações serão nulas quando feitas sem observância das prescrições legais[4], mas o comparecimento do administrado supre sua falta ou irregularidade, assim como o desatendimento da intimação não importa o reconhecimento da verdade dos fatos, nem a renúncia a direito pelo administrado (comparecendo o interessado no curso do processo, será garantido o direito à ampla defesa e ao contraditório).

---

[4] Ponto importante a ser destacado é que a falta de intimação de advogado constituído para a oitiva de testemunhas não gera nulidade se intimado o servidor interessado. MS 10239/DF, rel. min. Antonio Saldanha Palheiro, Terceira Seção, julgado em 14/11/2018, *DJe* 23/11/2018. MS 13955/DF, rel. min. Maria Thereza De Assis Moura, Terceira Seção, julgado em 22/06/2011, *DJe* 01/08/2011.

Por fim, ressalta-se que sempre será objeto de intimação do interessado os atos do processo que resultem imposição de deveres, ônus, sanções ou restrição ao exercício de direitos e atividades.

5.13. DECADÊNCIA À ATUAÇÃO ADMINISTRATIVA

O art. 54 da Lei n. 9.784/99 prevê que o *direito da Administração de anular* os atos administrativos de que decorram efeitos favoráveis para os destinatários *decai em cinco anos*, contados da data em que foram praticados, salvo comprovada má-fé. No caso de efeitos patrimoniais contínuos, o prazo de *decadência* contar-se-á da percepção do primeiro pagamento.

O § 2º do art. 54 da Lei n. 9.784/1999 define que se considera exercício do direito de anular *qualquer medida de autoridade administrativa* que importe *impugnação à validade do ato*. No entanto, essa medida deve ser *iniciada e concluída dentro do prazo decadencial de cinco anos*. Não basta, por exemplo, a Administração tomar a primeira medida objetivando a anulação, um dia antes de findar esse prazo.

Nesse sentido, o MS n. 28.953-DF, julgado em 28 de fevereiro de 2012, pela Primeira Turma do STF, de relatoria da Min. Cármen Lúcia, é elucidativo, principalmente no voto apresentado pelo Min. Luiz Fux, que corrobora o entendimento da relatora, no sentido de que "a Administração tem cinco anos para *concluir e anular o ato administrativo*, e *não para iniciar o procedimento administrativo*. Em cinco anos tem que estar anulado o ato administrativo, sob pena de incorrer em decadência".

Por se tratar de prazo decadencial e diante da ausência de previsão legal diversa, esse prazo de cinco anos é insuscetível de suspensão ou de interrupção[5] e se aplica tanto aos atos nulos quanto anuláveis[6].

No entanto, as situações flagrantemente inconstitucionais não se submetem ao prazo decadencial de cinco anos, não havendo que se falar em convalidação pelo mero decurso do tempo[7], a exemplo do ato de nomeação de candidato aprovado em concurso público mediante fraude.

---

[5] Esse entendimento é corroborado pelo STJ, como se observa nos seguintes julgados: AgInt no AgRg no REsp 1580246/RS, rel. min. Herman Benjamin, 2ª T., julgado em 21/02/2017, DJe 18/04/2017. AgRg nos EDcl no REsp 1409018/SP, rel. min. Humberto Martins, 2ª T., julgado em 05/03/2015, DJe 11/03/2015. REsp 1103105/RJ, rel. min. OG Fernandes, 6ª T., julgado em 03/05/2012, DJe 16/05/2012. REsp 1148460/PR, rel. min. Castro Meira, 2ª T., julgado em 19/10/2010, DJe 28/10/2010.

[6] O STJ já possui entendimento consolidado no sentido de incidir o prazo decadencial tanto se a Administração estiver diante de atos nulos, quanto anuláveis. AgInt no REsp 1749059/RJ, rel. min. Herman Benjamin, 2ª T., julgado em 28/03/2019, DJe 28/05/2019. AgRg no AgRg no AREsp 676880/SC, rel. min. Napoleão Nunes Maia Filho, 1ª T., julgado em 06/12/2018, DJe 19/12/2018. AgInt nos EDcl no REsp 1624449/RS, rel. min. Mauro Campbell Marques, Segunda Turma, julgado em 21/03/2018, DJe 27/03/2018. AgInt no REsp 1248807/MS, rel. min. Assusete Magalhães, 2ª T., julgado em 22/09/2016, DJe 07/10/2016. AgRg no REsp 1366119/SC, rel. min. Humberto Martins, 2ª T., julgado em 15/05/2014, DJe 12/08/2014.

[7] REsp 1799759/ES, rel. min. Herman Benjamin, 2ª T., julgado em 23/04/2019, DJe 29/05/2019. MS 20033/DF, rel. min. Gurgel De Faria, Primeira Seção, julgado em 27/03/2019, DJe 01/04/2019. RMS 51398/MG, rel. min. Napoleão Nunes Maia Filho, 1ª T., julgado em 21/03/2019, DJe 28/03/2019. REsp 1647347/RO, rel. min. Francisco Falcão, 2ª T., julgado em 11/12/2018, DJe 17/12/2018. AgInt no REsp 1538992/ES, rel. min. Sérgio Kukina, 1ª T., julgado em 06/11/2018, DJe 13/11/2018. RMS 56774/PA, rel. min. Mauro Campbell Marques, 2ª T., julgado em 22/05/2018, DJe 29/05/2018.

Ressalta-se que o prazo decadencial de cinco anos previsto no art. 54 da Lei n. 9.784/1999, para a revisão de atos administrativos no âmbito da administração pública federal, pode ser aplicado, de forma subsidiária, aos Estados e Municípios, se inexistente norma local e específica que regule a matéria, nos termos da Súmula 633 do STJ.

Esse prazo (de cinco anos) consolidou-se como um prazo nacional. Com base nisso, a fim de garantir a igualdade no tratamento das relações entre Administração e cidadãos, o STF, em 12 de maio de 2021, ao julgar a ADI n. 6019, de relatoria do Min. Barroso, *declarou inconstitucional o prazo de 10 anos para anulação de atos administrativos no Estado de São Paulo*, previsto na lei de processo administrativo daquele Estado. Assim, ainda que os Estados, o Distrito Federal e os Municípios possam estabelecer o prazo em suas leis locais, ele não poderá diferir do tradicional e já consolidado prazo de cinco anos.

5.14. MEDIDAS ACAUTELADORAS NO PROCESSO ADMINISTRATIVO

O art. 45 da Lei n. 9.784/1999 prevê que, em caso de risco iminente, a Administração Pública poderá motivadamente adotar providências acauteladoras sem a prévia manifestação do interessado. Independentemente de previsão na lei do processo administrativo federal e eventuais correspondências em leis locais, sustento que elas decorrem do "dever geral de cautela".

Entendo se tratar de um "dever geral" e não "poder geral", como é usual na doutrina brasileira[8]. Para a compreensão, é necessário estabelecer as bases nas quais fundamento que se trata de um dever, e não de um poder da administração.

Quando se fala do "poder geral de cautela administrativa", é comum o direito administrativo se socorrer no direito processual, o que, etimologicamente, não está incorreto, para fins comparativos ao "poder geral de cautela judicial". Este é compreendido como o exercício jurisdicional em situações não previstas pelo legislador, ou seja, àquelas em que o magistrado necessita adotar uma medida provisória e urgente, mas se encontra em uma situação de atipicidade cautelar – não há uma cautelar típica ou nominada expressa[9].

No âmbito do direito administrativo, não se pode olvidar que o administrador se encontra vinculado à legalidade, que deve ser vista em sentido amplo, ou seja, o direito (juridicidade). Assim, quando estiver diante de qualquer ação ou omissão que possa violar direito, impõe-se-lhe o dever de proteção (*Schutzpflichten*), decorrente da dimensão objetiva desenvolvida na teoria dos direitos fundamentais[10].

---

[8] Ver: CABRAL, Flávio Garcia. Os pilares do poder cautelar administrativo. *A&C – Revista de Direito Administrativo & Constitucional*, Belo Horizonte, ano 18, n. 73, p. 115-139, jul./set. 2018.

[9] Ver: CABRAL, Flávio Garcia. Os pilares do poder cautelar administrativo. *A&C – Revista de Direito Administrativo & Constitucional*, Belo Horizonte, ano 18, n. 73, p. 115-139, jul./set. 2018, p. 117.

[10] A respeito, veja as bases epistemológicas construídas sobre o direito fundamental ao bom governo e o dever de proteção. In: ALVES, Felipe Dalenogare; LEAL, Mônia Clarissa Hennig. O direito fundamental ao bom governo e o dever de proteção estatal: uma análise das competências federativas à implementação de políticas de prevenção e repressão aos atos de malversação do patrimônio público. *Revista de Direitos e Garantias Fundamentais*, 21(2), 2020, p. 11-46. Disponível em: https://doi.org/10.18759/rdgf.v21i2.1487. Acesso em: 18 nov. 2023.

Em decorrência, compreendo que a cautela administrativa passa a ser um dever ao administrador, o qual deve ser exercido, de ofício, atendendo-se ao juízo de proporcionalidade entre a vedação à proteção insuficiente (*Untermassverbot*) e a proibição de excesso (*Übermassverbot*). Dito de outro modo, estando diante de situação urgente, que possa ocasionar dano a direito juridicamente previsto ao particular, ainda que não haja a previsão de medida cautelar administrativa típica, o agente público encontra-se compelido a adotar as medidas necessárias, adequadas e proporcionais para cessar a ação ou omissão potencialmente lesiva.

Há quem compreenda, ainda, que esse dever inarredável decorre da própria feição de direito fundamental conferida à cautela administrativa, a exemplo de Garcia de Enterría, quem compreende que o conteúdo desse direito é formado não só pelo dever de suspensão de atos administrativos, mas também de adoção de medidas positivas protetivas, diante de situações que possam trazer algum dano ao indivíduo[11].

A existência de um direito fundamental à tutela cautelar administrativa também é defendida por López Olvera, à medida que se insere na gama de princípios supranacionais e constitucionais que também se aplicam ao processo administrativo, tais como a tutela efetiva e o acesso à justiça, previstos em grande parte das Constituições Nacionais e nos Tratados Internacionais sobre Direitos Humanos, como a Convenção Americana sobre os Direitos Humanos – CADH, que, em seu art. 25, prevê a existência de mecanismos efetivos contra atos que possam representar violação aos direitos e garantias nela previstos[12].

Efetivamente, em que pese a relevância dos argumentos acima, não consigo visualizar a cautela administrativa, em si, como um direito fundamental, mas como um instrumento de efetivação do dever de proteção estatal aos direitos fundamentais[13]. Ela é, portanto, um dever ao administrador e não uma faculdade, quando este estiver diante de situação que contenha dois pressupostos básicos: o *periculum in mora* e *fumus boni iuris*.

O primeiro consiste na possibilidade de se causar dano irreparável ou de difícil reparação a direito de pessoa natural ou jurídica, caso a administração não adote a medida cautelar. O segundo, na probabilidade de que haja fundamento jurídico à demanda em análise, fundada na mínima plausibilidade jurídica, suficiente, ao menos, para levantar a dúvida em um primeiro exame, por parte da autoridade administrativa.

As medidas cautelares administrativas possuem algumas características, dentre elas a instrumentalidade, a precariedade[14] e a incidentalidade. A primeira se

---

[11] GARCÍA DE ENTERRÍA, Eduardo. *La batalla por las medidas cautelares*. 2. ed. Madrid: Civitas, 1995. p. 15

[12] LÓPEZ OLVERA, Miguel Alejandro. La tutela cautelar en el proceso administrativo en Mexico. *A&C Revista de Direito Administrativo & Constitucional*. Belo Horizonte, ano 7. n. 30, p. 29-62, out./dez. 2007, p. 38.

[13] Para fins informativos, indica-se a fundamentação realizada por Cabral (2018, p. 128-133), baseada na "Teoria dos Poderes Implícitos", utilizada essencialmente para a solidificação das medidas cautelares pelos Tribunais de Contas. Basicamente, por esta teoria, ao prever direitos e obrigações constitucionais, implicitamente, o constituinte conferiu poderes (medidas necessárias) para, materialmente, efetivá-los. CABRAL, Flávio Garcia. Os pilares do poder cautelar administrativo. *A&C – Revista de Direito Administrativo & Constitucional*, Belo Horizonte, ano 18, n. 73, p. 115-139, jul./set. 2018.

[14] Cabral (2022) utiliza o termo "provisoriedade", o mesmo adotado pelo legislador no Código de Processo Civil de 2015, ao tratar das "tutelas provisórias". Do mesmo modo, Jalvo (2007, p. 30) utiliza o termo "*provisionalidad*", refe-

relaciona ao que já foi dito anteriormente, por ocasião de nossa crítica, quando referi que não vejo a cautela administrativa como "direito fundamental", mas como instrumento de proteção (dever estatal) a um direito. Dito de outro modo, a medida cautelar não é o propósito principal, mas uma forma de se garantir a eficácia da decisão administrativa final, ante a presença de perigo de dano e da probabilidade do direito[15].

A segunda condiz com o caráter temporário da medida cautelar, ou seja, trata-se de uma decisão precária, que poderá ser revista pela administração, durante ou ao final do processo, caso os elementos inicialmente aferidos (*periculum in mora* e *fumus boni iuris*) deixem de existir ou não se confirmem ao final[16].

A terceira refere ao caráter processual, ou seja, a medida cautelar deve ser adotada, em regra, no âmbito do processo administrativo em que se discute o pleito principal[17]. Excepcionalmente, entendo que poderá ser concedida antes mesmo da instauração do processo administrativo, de forma antecedente. Como exemplo, veja-se a concessão do afastamento temporário em virtude das situações legais de luto, em que a administração concede, de imediato, o afastamento, tomando as medidas procedimentais administrativas posteriormente, com a apresentação da certidão de óbito, por ocasião do retorno do servidor.

A partir disso, é necessário estudar quais são as medidas cautelares que podem ser adotadas pelo administrador. É possível categorizá-las em duas espécies: medidas com efeito suspensivo e medidas com efeito antecipatório[18].

A primeira atribui o efeito paralisante ao ato potencialmente lesivo, ou seja, a administração, de ofício ou mediante provocação, suspende a prática ou a execução de um ato ou procedimento administrativo, até uma decisão ulterior, quando formará um juízo cognitivo que permita afastar a dúvida sobre o perigo de dano ou má aplicação do direito.

A segunda, por sua vez, consiste em ação antecipatória pela administração, a qual editará um ato administrativo, com *status* provisório, a fim de salvaguardar direito de pessoa natural ou jurídica, o qual, posteriormente, poderá ser revisto ou ratificado, diante de sua precariedade. A título de exemplo, veja a concessão cautelar de uma

---

rindo-se ao caráter "transitório" das medidas. Utilizo o termo "precariedade", tendo em vista sua utilização frequente no âmbito da administração pública, referindo-se às decisões de caráter precário, ou seja, aquelas temporárias, que poderão se confirmar, em definitivo, futuramente, ou serem revistas pela própria administração. CABRAL, Flávio Garcia. Medidas cautelares administrativas. *Enciclopédia jurídica da PUC-SP*. Celso Fernandes Campilongo, Alvaro de Azevedo Gonzaga e André Luiz Freire (coord.). Tomo: Direito administrativo e constitucional. Vidal Serrano Nunes Jr., Maurício Zockun, Carolina Zancaner Zockun, André Luiz Freire (coord. de tomo). 2. ed. São Paulo: Pontifícia Universidade Católica de São Paulo, 2022. Disponível em: https://enciclopediajuridica.pucsp.br/verbete/543/edicao-2/medidas-cautelares-administrativas-. Acesso em: 13 jul. 2022.

[15] JALVO, Belén Marina. *Medidas provisionales en la actividad administrativa*. Madrid: Lex Nova, 2007, p. 20-21.
[16] JALVO, Belén Marina. *Medidas provisionales en la actividad administrativa*. Madrid: Lex Nova, 2007, p. 30.
[17] JALVO, Belén Marina. *Medidas provisionales en la actividad administrativa*. Madrid: Lex Nova, 2007, p. 31.
[18] Caso se busque uma fundamentação principiológica às medidas cautelares (suspensivas ou antecipatórias), ambas encontram bases no princípio da precaução. Este impõe à administração pública a "obrigação de adotar medidas antecipatórias e proporcionais mesmo nos casos de incerteza quanto à produção de danos fundamentadamente temidos". FREITAS, Juarez. *Discricionariedade administrativa e o direito fundamental à boa administração pública*. São Paulo: Malheiros, 2007, p. 99.

licença para tratar de saúde de pessoa da família, concedida precariamente a um servidor, a partir do fato gerador (em caráter antecedente), e confirmada ao final de um processo administrativo, que instrumentalizará os elementos necessários à sua concessão, como a perícia médica oficial.

Tanto nas medidas suspensivas quanto nas antecipatórias, há de se imperar o dever (presumido) de lealdade e boa-fé do beneficiário da medida. No âmbito federal, este pressuposto é previsto no art. 4º, inciso II, da Lei n. 9.784/1999, o que se somará aos requisitos do "perigo da demora" e da "fumaça do bom direito".

Ainda que eu entenda que *o dever geral de cautela deva ser exercido independente de previsão específica*, ou seja, impondo-se à administração o dever de medidas cautelares atípicas, no âmbito federal, é possível se extrair ao menos dois dispositivos que objetivam tutelar direito, em momentos distintos, diante de eventual possibilidade de dano.

O primeiro, antes da decisão administrativa, que é o art. 45 da Lei n. 9.784/1999, já mencionado no início desta seção, o qual prevê que "em caso de risco iminente, a administração pública poderá motivadamente adotar providências acauteladoras sem a prévia manifestação do interessado".

O dispositivo deve ser interpretado no sentido de comportar uma *dupla garantia*: a primeira, de ordem objetiva, para a administração, que, diante de eventual risco ao interesse público, adotará medidas cautelares que o resguardem, sejam elas suspensivas ou antecipatórias. A segunda, subjetiva, para o particular, que, diante do perigo de dano e da probabilidade do direito, poderá requerer a adoção dessas medidas, de modo a resguardar seu direito.

O segundo é o art. 61, parágrafo único, da Lei n. 9.784/1999, após a decisão administrativa, consistente no efeito suspensivo ao recurso administrativo, prevendo-se que "havendo justo receio de prejuízo de difícil ou incerta reparação decorrente da execução, a autoridade recorrida ou a imediatamente superior poderá, de ofício ou a pedido, dar efeito suspensivo ao recurso".

Há de se ter em mente que a suspensão dos efeitos do ato administrativo não importa invalidação, mas paralisação, os quais voltarão a surtir tão logo haja a revogação da medida. Ainda que em juízo de cognição sumária, havendo perigo de dano e o mínimo de probabilidade de provimento recursal, a autoridade, *diante do dever geral de cautela, deve conferir o efeito suspensivo à decisão administrativa*.

5.15. REVISÃO PROCESSUAL

Os processos administrativos **de que resultem sanções** poderão ser revistos, a qualquer tempo, a pedido ou de ofício, quando surgirem fatos novos ou circunstâncias relevantes suscetíveis de justificar a inadequação da sanção aplicada – da revisão do processo não poderá resultar agravamento da sanção – proibição da *reformatio in pejus* na **revisão**).

Para aprofundamento do tema, recomenda-se a leitura do tópico referente à revisão disciplinar, já trabalhada no capítulo anterior.

RESUMO DO CAPÍTULO 5

CONCEITO DE PROCESSO ADMINISTRATIVO	É a sequência de **atos e procedimentos** necessários para a obtenção de um ato final, podendo ser instaurado pela Administração ou a pedido do interessado.
FINALIDADES DO PROCESSO ADMINISTRATIVO	Visa **garantir direitos dos interessados, subsidiar decisões, legitimar o poder e sistematizar a atuação** administrativa.
ESPÉCIES DE PROCESSO ADMINISTRATIVO	**Vinculado:** segue determinação legal específica. A Administração tem pouca ou nenhuma margem de liberdade.
	Discricionário: depende de prática administrativa sem rito fixo. Há liberdade para decidir o melhor modo de agir, dentro dos limites legais.
TIPOS DE PROCESSO ADMINISTRATIVO	Classificados por **objeto, alcance, interessado e propósito** (ex.: expediente, externo/interno, litigioso, de outorga, de controle).
PRINCÍPIOS DO PROCESSO ADMINISTRATIVO	Fundamentam-se nos direitos constitucionais e leis processuais, incluindo **legalidade, oficialidade, formalismo moderado, verdade real, ampla defesa**, entre outros.
COMPETÊNCIA PARA ATOS PROCESSUAIS	A competência é **irrenunciável e delegável em alguns casos**; também pode ser avocada pela autoridade superior.
DEVER DE DECIDIR E EFEITOS DO SILÊNCIO ADMINISTRATIVO	A Administração deve decidir **explicitamente**. O silêncio não implica decisão tácita e, quando deliberado, pode caracterizar abuso de poder.
IMPEDIMENTOS E SUSPEIÇÕES	Impedimentos ocorrem em **conflitos de interesse**; suspeições envolvem **relações pessoais** com interessados no processo.
FASES DO PROCESSO ADMINISTRATIVO	Instalação, instrução, defesa, relatório, decisão e recurso.
	Cada fase reúne atos para desenvolvimento e resolução do processo.
FORMA, TEMPO E LUGAR DOS ATOS PROCESSUAIS	Atos devem ser produzidos **por escrito e organizados cronologicamente**, cumpridos em dias úteis, respeitando prazo e local adequado.
COMUNICAÇÃO DOS ATOS	Intimações devem ser feitas com antecedência, podendo ser por **via postal, eletrônica ou publicação oficial para desconhecidos**.
DECADÊNCIA PARA ATUAÇÃO ADMINISTRATIVA	Prazo de **cinco anos** para anular atos com efeitos favoráveis ao destinatário, salvo má-fé. Decadência não se aplica a inconstitucionalidades flagrantes. A contagem do prazo decadencial se inicia a partir da ciência do ato pela Administração.
MEDIDAS ACAUTELADORAS	Dever de adotar medidas para **proteção contra danos iminentes** (ex.: suspensão de atos), com caráter precário e incidental.
REVISÃO PROCESSUAL	Possibilidade de **revisar sanções com base em novos fatos ou circunstâncias**, sem agravamento da sanção.

Capítulo 6
RESPONSABILIDADE CIVIL DO ESTADO

6.1. EVOLUÇÃO HISTÓRICA

Ao longo da evolução do Direito Administrativo, é possível observar uma evolução histórica da responsabilidade civil estatal, partindo da *irresponsabilidade do Estado*, passando para a *teoria da responsabilidade com culpa*, avançando pela *teoria da culpa administrativa*, até chegarmos na *responsabilidade objetiva*[1].

6.1.1. A irresponsabilidade do Estado

Na metade do século XIX, a teoria dominante no continente europeu era a de que o Estado não tinha qualquer responsabilidade pelos danos decorrentes da conduta de seus agentes. Naquele período inicial do Estado Liberal, este tinha limitada atuação, como visto no primeiro capítulo desta obra, baseado em uma ideia de abstenção nas relações entre os particulares, sendo a doutrina de sua irresponsabilidade associada à ideia de omissão estatal e ainda de resquícios do absolutismo[2].

A teoria da irresponsabilidade não prevaleceu por muito tempo, uma vez que se aproximava mais da ideia do Estado Absolutista, que se buscava superar com a noção de Estado de Direito. Assim, a ideia fracassada da irresponsabilidade do Estado foi substituída pela de que deveriam ser a ele atribuídos os direitos e deveres comuns às pessoas jurídicas[3].

Assim, a partir da evolução do Estado de Direito, o direito positivo passou a admitir a responsabilização civil do Estado pelos danos provenientes da conduta de seus agentes, podendo variar aspectos específicos e de menor importância no que toca à responsabilidade destes, ao montante da reparação ou à forma processual de proteção do direito[4].

No Brasil, essa teoria jamais vigorou, pois, em que pese não constar expressamente a responsabilidade estatal nas Constituições de 1824 e 1891, que previam somente a responsabilidade pessoal dos agentes públicos, a responsabilidade do Estado sempre foi reconhecida pela legislação ordinária, pela doutrina e pela jurisprudência[5].

---

[1] Nesta seção, referente à evolução histórica da responsabilidade civil do Estado, serão preponderantemente empregados os conceitos constantes em: CARVALHO FILHO, José dos Santos. *Manual de direito administrativo*. 37. ed. Barueri: Atlas, 2023, p. 463-465.
[2] CARVALHO FILHO, José dos Santos. *Manual de direito administrativo*. 37. ed. Barueri: Atlas, 2023, p. 463.
[3] CARVALHO FILHO, José dos Santos. *Manual de direito administrativo*. 37. ed. Barueri: Atlas, 2023, p. 463.
[4] CARVALHO FILHO, José dos Santos. *Manual de direito administrativo*. 37. ed. Barueri: Atlas, 2023, p.
[5] OLIVEIRA, Rafael Carvalho Rezende. *Curso de Direito Administrativo*. 11. ed. rev. atual. e ampl. Rio de Janeiro: Forense; São Paulo: Método, 2023. p. 859.

6.1.2. A teoria da responsabilidade com culpa

Com a superação da teoria da irresponsabilidade estatal, surgiu a teoria da responsabilidade do Estado no caso de ação culposa de seus agentes, a qual baseou-se na doutrina civilista da culpa. Naquele momento, buscou-se diferençar os *atos de império* (imperativos, decorrentes do Estado Soberano e, portanto, impostos) dos *atos de gestão* (negociais, próximos aos atos de direito privado)[6].

Se o dano fosse proveniente de um ato de gestão, o Estado poderia ser civilmente responsabilizado, aproximando-se das normas do direito privado, no entanto, se decorresse de um ato de império, não incidiria responsabilização, aproximando-se das normas publicistas à época, baseadas na supremacia do Estado. Estava-se, em verdade, diante de uma teoria da irresponsabilidade mitigada, o que era agravado pela dificuldade à distinção de quais atos eram de gestão e quais eram de império[7].

Outra dificuldade era que o Estado só seria responsabilizado se houvesse a identificação do agente público e a demonstração da sua culpa, o que dificultava, a reparação dos danos, principalmente diante da complexa organização administrativa[8].

6.1.3. A teoria da culpa administrativa

A dificuldade da distinção entre os atos de gestão e os atos de império, bem como a identificação do agente causador do ano, desencadeou o desenvolvimento da teoria da culpa administrativa, eis que não era mais necessária a distinção dos atos de império e de gestão. Além disso, não mais era necessário apontar o agente causador do dano, apenas o mau funcionamento do serviço, consagrando a denominada culpa anônima ou falta do serviço[9].

Para a responsabilização do Estado, era necessária a demonstração, por parte do particular (a quem cabia o ônus da prova), da falta do serviço, a qual seria caracterizada pela inexistência do serviço, pelo seu mau funcionamento ou pelo seu retardamento. Em qualquer dessas formas, a falta do serviço implicava o reconhecimento da existência de culpa, ainda que atribuída ao serviço da Administração. Além disso, era necessário que se comprovasse que o dano se originava da falta do serviço, ou seja, o nexo de causalidade[10].

Por conseguinte, a título de exemplo, caso um agente público deixasse a tampa de um bueiro aberta após uma manutenção e um particular viesse a cair e sofrer dano, não haveria a necessidade de identificação do agente que deixou o bueiro descoberto, apenas que ele assim estava e que o dano resultou dessa queda.

6.1.4. A teoria da responsabilidade objetiva

A partir da doutrina da responsabilidade com culpa e da teoria da culpa administrativa (teorias da responsabilidade subjetiva), passou-se a desenvolver e se consagrar a teoria da responsabilidade objetiva do Estado, a qual dispensa a verificação

---

[6] CARVALHO FILHO, José dos Santos. *Manual de direito administrativo*. 37. ed. Barueri: Atlas, 2023, p. 464.
[7] CARVALHO FILHO, José dos Santos. *Manual de direito administrativo*. 37. ed. Barueri: Atlas, 2023, p. 464.
[8] OLIVEIRA, Rafael Carvalho Rezende. *Curso de direito administrativo*. 11. ed. rev. atual. e ampl. Rio de Janeiro: Forense; São Paulo: Método, 2023. p. 858.
[9] CARVALHO FILHO, José dos Santos. *Manual de direito administrativo*. 37. ed. Barueri: Atlas, 2023, p. 464.
[10] CARVALHO FILHO, José dos Santos. *Manual de direito administrativo*. 37. ed. Barueri: Atlas, 2023, p. 464.

do elemento subjetivo culpa, incidindo tanto em relação às condutas lícitas quanto ilícitas, bastando a demonstração do nexo de causalidade entre a conduta do Estado e o dano[11].

Assim, a responsabilidade objetiva constituiu importante evolução, uma vez que o particular estava dispensado de provar alguns elementos que dificultam a responsabilização estatal, a exemplo da espécie do ato, da identificação do agente, da culpa deste na conduta estatal ou a falta do serviço[12].

A responsabilidade objetiva fundamentou-se na percepção de que o Estado tem maior poder e prerrogativas não conferidos ao particular, constituindo o sujeito jurídica, política e economicamente mais poderoso. Desse modo, sendo ele a parte em situação de vulnerabilidade, o Estado teria que arcar com um risco natural decorrente de suas numerosas atividades. Assim, à medida que possui maior poder, corresponde também um risco maior, de onde surge a teoria do risco administrativo[13].

Verifica-se, diante disso, que os fundamentos que geraram a responsabilidade objetiva do Estado calcaram-se na justiça social, buscando reduzir as dificuldades e os empecilhos impostos ao indivíduo para buscar a responsabilização desse, quando lesados por condutas de seus agentes[14].

O Código Civil de 1916, em seu art. 15, inseriu a responsabilidade subjetiva do Estado. Essa passou a ser subjetiva e solidária entre Estado e agente causador do dano no art. 171 da Constituição de 1934 e no art. 158 da Constituição de 1937. A responsabilidade objetiva das pessoas jurídicas de direito público é inaugurada no art. 194 da Constituição de 1946, sendo mantida no art. 105 da Constituição de 1967 e no art. 107 da Emenda Constitucional n. 1 de 1969, sendo consagrada no art. 37, § 6º, da Constituição de 1988, o qual amplia essa espécie de responsabilidade às pessoas jurídicas de direito privado prestadoras de serviços públicos[15].

6.2. CONCEITO

É a obrigação imposta ao poder público de compor os danos ocasionados a terceiros, por atos praticados pelos seus agentes, no exercício das suas funções, com fundamento no art. 37, § 6º, da CF/1988, tratando-se de responsabilidade civil de natureza extracontratual.

Esse dispositivo constitucional prevê que as pessoas jurídicas de direito público, bem como as de direito privado prestadoras de serviços públicos, a exemplo das concessionárias, permissionárias e autorizatárias, responderão pelos danos que seus agentes, nessa qualidade, causarem a terceiros, assegurado o direito de regresso contra o responsável nos casos de dolo ou culpa.

Embora o dispositivo constitucional refira-se aos danos causados "a terceiros", descabe ao intérprete fazer distinções quanto ao vocábulo, devendo o Estado

---

[11] CARVALHO FILHO, José dos Santos. *Manual de direito administrativo*. 37. ed. Barueri: Atlas, 2023, p. 464.
[12] CARVALHO FILHO, José dos Santos. *Manual de direito administrativo*. 37. ed. Barueri: Atlas, 2023, p. 465.
[13] CARVALHO FILHO, José dos Santos. *Manual de direito administrativo*. 37. ed. Barueri: Atlas, 2023, p. 465.
[14] CARVALHO FILHO, José dos Santos. *Manual de direito administrativo*. 37. ed. Barueri: Atlas, 2023, p. 466.
[15] OLIVEIRA, Rafael Carvalho Rezende. *Curso de direito administrativo*. 11. ed. rev. atual. e ampl. Rio de Janeiro: Forense; São Paulo: Método, 2023. p. 859.

responder pelos danos causados por seus agentes qualquer que seja a vítima, inclusive se esta for servidor público integrante da mesma pessoa jurídica[16].

A responsabilidade civil é imputada à pessoa jurídica, e não ao agente causador do dano, o qual responderá apenas regressivamente perante a pessoa jurídica de vinculação, cabendo a essa a demonstração de que esse agiu com culpa ou dolo[17]. Trata-se a aplicação da denominada *teoria da dupla garantia*, ou seja, o § 6º do art. 37 comporta uma garantia ao particular lesado, que poderá demandar o poder público, tendo, assim, maior chance de sucesso na obtenção da indenização e ao agente público que, agindo em nome do Estado, apenas perante ele responderá, na via regressiva e se ficar demonstrada sua culpa ou dolo[18].

6.3. A RESPONSABILIDADE CIVIL DO ESTADO NO SISTEMA BRASILEIRO

A responsabilidade civil do Estado, contida no art. 37, § 6º, é *objetiva* para as *ações* e *omissões*, conforme será visto a seguir a seguir. Como regra, aplica-se pela teoria do *risco administrativo* e, excepcionalmente, a *teoria do risco integral*.

Parte da doutrina e da jurisprudência entende que a responsabilidade civil do Estado pelas suas condutas omissivas é subjetiva, ou seja, há necessidade de se demonstrar a culpa das pessoas jurídicas de direito público ou de direito privado prestadora de serviços públicos[19].

No entanto, compreendo que a responsabilidade civil dessas pessoas *é objetiva* tanto para suas *condutas comissivas*, *quanto omissivas*, desde que demonstrada a conduta estatal, a existência de dano concreto e desproporcional e o nexo de causalidade entre ambos.

Esse entendimento é corroborado pela atual jurisprudência do Supremo Tribunal, a exemplo de quando se posicionou pela responsabilidade civil do Estado no caso de morte de detento no interior de estabelecimento prisional (RE n. 841.526), anulação de concurso por indícios de fraude (RE 662.405) e na hipótese de responsabilização do Estado decorrentes do comércio por fogos de artifício (RE 136.861).

Há, portanto, uma clara mudança jurisprudencial no Supremo Tribunal Federal (plenário), que, outrora, compreendia que a responsabilidade civil do Estado era subjetiva para as condutas omissivas e, atualmente, é objetiva. Essa mudança fica clara no seguinte trecho do acórdão proferido pelo plenário do STF ao julgar o RE n. 136861: "Nesse mesmo sentido, julgados desta Corte Suprema evoluíram para assentar que nos casos de omissão de um agir esperado do Estado, de modo a

---

[16] Esse entendimento é corroborado pelo STF nos seguintes julgados: AI n. 473.381 AgR, rel. min. Carlos Velloso, j. 20-9-2005, 2ª T., *DJ* de 28-10-2005 e RE n. 435.444 AgR, rel. min. Roberto Barroso, j. 18-3-2014, 1ª T., *DJe* de 9-6-2014.

[17] O STF, ao julgar o RE n. 1.027.633, de Relatoria do Marco Aurélio, em 14 de agosto de 2019, fixou tese de repercussão geral (Tema n. 940), no sentido de que "a teor do disposto no artigo 37, § 6º, da Constituição Federal, a ação por danos causados por agente público deve ser ajuizada contra o Estado ou a pessoa jurídica privada prestadora de serviço público, sendo parte ilegítima passiva o autor do ato".

[18] A teoria da dupla garantia foi aplicada pelo STF, por ocasião do RE n. 327.904, de relatoria do Min. Ayres Britto, julgado em 16 de agosto de 2016.

[19] MELLO, Celso Antônio Bandeira de. *Curso de direito administrativo*. 28. ed. São Paulo: Malheiros, 2011, p. 1021-1024. No mesmo sentido: CARVALHO FILHO, José dos Santos. *Manual de direito administrativo*. 37. ed. Barueri: Atlas, 2023, p. 478.

concretizar-se um dano ao particular, a imputação de responsabilidade independia da demonstração de culpa ou dolo do agente púbico".

Por fim, firmando meu entendimento pela responsabilidade objetiva tanto para as condutas comissivas, quanto omissivas, destaco o seguinte trecho do acórdão resultante do julgamento do RE n. 136861, o qual destaca que "essa tendência à objetivação da responsabilidade civil estatal é consentânea com as características inerentes à sociedade contemporânea, na qual o incremento das atividades que envolvem a criação de riscos aos indivíduos e à própria coletividade acarreta a necessidade de minimização e afastamento das consequências negativas geradas a partir desse agir".

6.3.1. Responsabilidade civil objetiva

A Administração responde com base no conceito de nexo de causalidade, que consiste na relação de causa e efeito existente entre o fato ocorrido e as consequências dele resultantes. Exemplo: disparo de arma de fogo, por engano, realizado por policial em serviço.

Assim, para configurar a responsabilidade objetiva, é necessária a presença dos *três elementos objetivos*, dentre eles a *conduta estatal*, a ocorrência de *dano concreto e desproporcional* e o *nexo de causalidade* entre ambos. Não se exige, na responsabilidade objetiva, a comprovação do elemento subjetivo do agente que age em nome do Estado. Portanto, não há se falar em culpa ou dolo estatal. A responsabilidade objetiva pode ser aplicada, excepcionalmente, pela teoria do *risco integral* e, como regra, pela teoria do *risco administrativo*.

6.3.1.1. Responsabilidade civil objetiva pela teoria do risco integral

Na responsabilidade civil objetiva pela teoria do risco integral, o Estado responde integralmente, quando ocorrer danos a terceiros, não se admitindo a invocação pelo Estado das causas excludentes de responsabilidade, como a culpa exclusiva da vítima, caso fortuito ou força maior, ou ato de terceiro.

No direito brasileiro, admite-se a responsabilidade civil pela teoria do risco integral em três hipóteses: *dano nuclear, queda de aeronave de matrícula brasileira por ato de guerra ou terrorista* e *dano ambiental causado pelo Estado*.

6.3.1.1.1. Responsabilidade civil por danos nucleares

O art. 21, XXIII, alínea "c", da CF/1988, estabelece que a responsabilidade civil por danos nucleares independe da existência de culpa. As usinas que operam com reator nuclear deverão ter sua localização definida em lei federal, sem o que não poderão ser instaladas.

Parte da doutrina classifica a responsabilização por essa espécie de dano como objetiva pela teoria do risco integral[20]; outra parte compreende tratar-se de responsabilidade objetiva peculiar, cujo regime jurídico se localiza em um patamar intermediário entre o risco integral e o risco administrativo, tendo em alguns aspectos

---

[20] A exemplo, ver: OLIVEIRA, Rafael Carvalho Rezende. *Curso de direito administrativo*. 11. ed. rev. atual. e ampl. Rio de Janeiro: Forense; São Paulo: Método, 2023. p. 862.

características próprias[21]. Entendo se tratar de responsabilidade civil pela *teoria do risco integral mitigado*.

A responsabilidade civil por dano nuclear é tratada no direito brasileiro pela Lei n. 6.453/1977 e pelo Decreto n. 911/1993, o qual promulgou a Convenção de Viena sobre Responsabilidade Civil por Danos Nucleares.

O art. 4º da Lei n. 6.453/1977, que reproduz o art. II da norma convencional, estabelece que será exclusiva do operador da instalação nuclear, independentemente da existência de culpa, a responsabilidade civil pela reparação de dano nuclear causado por acidente nuclear, nas seguintes circunstâncias:

a) ocorrido na instalação nuclear;
b) provocado por material nuclear procedente de instalação nuclear, quando o acidente ocorrer antes que o operador da instalação nuclear a que se destina tenha assumido, por contrato escrito, a responsabilidade por acidentes nucleares causados pelo material ou, na falta de contrato, antes que o operador da outra instalação nuclear haja assumido efetivamente o encargo do material;
c) provocado por material nuclear enviado à instalação nuclear, quando o acidente ocorrer depois que a responsabilidade por acidente provocado pelo material lhe houver sido transferida, por contrato escrito, pelo operador da outra instalação nuclear ou, na falta de contrato, depois que o operador da instalação nuclear houver assumido efetivamente o encargo do material a ele enviado.

Penso que há uma *mitigação na teoria do risco integral*, uma vez que há a incidência de duas excludentes de responsabilidade, dentre as quais a *culpa exclusiva da vítima* e *caso fortuito* ou *força maior*.

O art. 6º da Lei n. 6.453/1977, o qual também reproduz a norma convencional, prevê que, uma vez provado que o dano resultou exclusivamente por culpa da vítima, o operador será exonerado, *apenas em relação a ela*, da obrigação de indenizar. Veja-se que há uma mitigação do risco integral, admitindo-se, excepcionalmente, a excludente de responsabilidade, ainda que *exclusivamente em relação à vítima*, não aos demais atingidos.

Há mitigação do risco integral também, ao se admitir a excludente de responsabilidade civil em situações específicas de caso fortuito ou força maior previstas no art. 8º da Lei n. 6.453/1977, o qual também reproduz a norma convencional, nos casos de dano resultante de acidente nuclear causado diretamente por *conflito armado*, *hostilidades*, *guerra civil*, *insurreição* ou *excepcional fato da natureza*.

Assim, compreendo que, por ser atividade excepcional desempenhada pelo Estado ou seus operadores, cujo tratamento dispensado, em nível constitucional, é diferenciado à responsabilidade civil ordinária (art. 21, XXIII, alínea "c", da CF/1988), trata-se de *responsabilidade civil objetiva pela teoria do risco integral mitigado*, diante da existência excepcional de hipóteses limitadas e específicas de causas excludentes de responsabilidade.

---

[21] A exemplo, ver: NOHARA, Irene Patrícia. *Direito administrativo*. 7. ed. rev., atual. e ampl. São Paulo: Atlas, 2017, p. 877.

6.3.1.1.2. Responsabilidade civil por queda de aeronave de matrícula brasileira decorrente de ato de guerra, atentado terrorista ou eventos correlatos

De acordo com o previsto na Lei n. 10.744/2003 e no Decreto n. 5.035/2004, a União assumirá as despesas de responsabilidade civil perante terceiros na hipótese da ocorrência de danos a bens e pessoas, passageiros ou não, provocados por *atentados terroristas, atos de guerra* ou *eventos correlatos*, ocorridos no Brasil ou no exterior, contra aeronaves de matrícula brasileira e operadas por empresas brasileiras de transporte aéreo público, excluídas as empresas de táxi aéreo.

A Lei n. 10.744/2003 foi convertida da Medida Provisória n. 126, de 31 de julho de 2003, editada sob os fundamentos de relevância e urgência, diante da crise no sistema aéreo brasileiro, pela necessidade de cobertura de eventuais valores indenizatórios por ato de guerra ou terrorista, advindos pelo atentado ocorrido nos Estados Unidos da América no dia 11 de setembro de 2001[22].

Essa assunção de responsabilidade objetivou oferecer uma solução à insuficiência da cobertura que passou a ser disponibilizada pelo mercado segurador no que se refere a esses riscos, impedindo, assim, a interrupção do transporte aéreo regular de passageiros do país, assegurando a continuidade de um serviço público essencial, conforme dispõe o art. 21, inciso XII, alínea "c", da CF/88[23].

Entende-se por *atos de guerra*, nos termos do art. 1º, § 3º, da Lei n. 10.744/2003, qualquer guerra, invasão, atos inimigos estrangeiros, hostilidades com ou sem guerra declarada, guerra civil, rebelião, revolução, insurreição, lei marcial, poder militar ou usurpado ou tentativas para usurpação do poder.

Entende-se por *ato terrorista*, conforme o art. 1º, § 4º, da Lei n. 10.744/2003, qualquer ato de uma ou mais pessoas, sendo ou não agentes de um poder soberano, com fins políticos ou terroristas, seja a perda ou dano dele resultante acidental ou intencional.

Por sua vez, os *eventos correlatos*, conforme o § 5º do art. 1º da Lei n. 10.744/2003, incluem greves, tumultos, comoções civis, distúrbios trabalhistas, ato malicioso, ato de sabotagem, confisco, nacionalização, apreensão, sujeição, detenção, apropriação, sequestro ou qualquer apreensão ilegal ou exercício indevido de controle da aeronave ou da tripulação em voo por parte de qualquer pessoa ou pessoas a bordo da aeronave sem consentimento do explorador.

Caberá ao Ministro de Estado da Defesa, ouvidos o Estado-Maior Conjunto das Forças Armadas e o Conselho Militar de Defesa (arts. 3º-A e 9º da LC n. 97/1999), atestar, mediante Portaria, que a despesa assumida pela União decorre de atentados terroristas, atos de guerra ou eventos correlatos, ou seja, *o nexo de causalidade entre o dano e esses atos*.

A União ficará sub-rogada, nos termos do art. 6º da Lei n. 10.744/2003, em todos os direitos decorrentes dos pagamentos efetuados, contra aqueles que, por ato, fato ou omissão tenham causado os prejuízos pagos pela União ou tenham para eles

---

[22] A exposição de motivos da Medida Provisória pode ser acessada aqui: https://www.planalto.gov.br/ccivil_03/Exm/2003/EMI97-MF-MD-03.htm. Acesso em: 16 nov 2023.

[23] Argumentação constante na exposição de motivos da Medida Provisória.

concorrido, obrigando-se a empresa aérea ou o beneficiário a fornecer os meios necessários ao exercício dessa sub-rogação.

Nessa espécie de responsabilidade civil a União atuará efetivamente como uma seguradora, bastando a demonstração pela área técnica (Ministério da Defesa) de que os danos foram provenientes de ato de guerra, atentado terrorista ou eventos correlatos, e a cobertura assumida limita-se ao equivalente, em Reais, a US$ 1,000,000,000.00 (um bilhão de dólares dos Estados Unidos da América). Não há, portanto, causa excludente de responsabilidade civil, *constituindo espécie típica de incidência da teoria do risco integral*.

6.3.1.1.3. Responsabilidade civil por danos ambientais

No que tange aos danos ambientais, todos os poluidores respondem objetivamente pela teoria do risco integral, conforme o previsto no art. 14, § 1º, da Lei n. 6.938/1981. Assim, o entendimento já pacífico no STJ (REsp n. 1175907/MG) é de que a responsabilização por essa espécie de dano é objetiva pela teoria do risco integral, não incidindo causas excludentes ou atenuantes de responsabilidade, *apenas sendo necessária a demonstração da conduta estatal comissiva ou omissiva, do dano e do nexo de causalidade entre ambos*.

O Estado, para ser responsabilizado deve ser poluidor ou contribuir para a ocorrência do dano ambiental, o que poderá ocorrer com a negligência no seu dever de fiscalização. Assim, conforme a Súmula 652 do STJ, "a responsabilidade civil da Administração Pública por danos ao meio ambiente, decorrente de sua omissão no dever de fiscalização, é de *caráter solidário*, mas de *execução subsidiária*".

Por conseguinte, negligenciando no dever de fiscalização, embora responda solidariamente com o causador do dano, somente indenizará, efetivamente, se este não possuir patrimônio suficiente para arcar com o ônus indenizatório.

Por fim, é importante destacar que o STF, ao julgar o RE n. 654.833, em 20 de abril de 2020, fixou tese de repercussão geral, estabelecendo que "é imprescritível a pretensão de reparação civil de dano ambiental".

6.3.1.2. Responsabilidade civil pela teoria do risco administrativo

Na teoria do risco administrativo, *admitem-se causas excludentes e atenuantes* da responsabilidade civil do Estado. Quem responde é a pessoa jurídica, de direito público ou privado de vinculação do agente causador do dano.

O prejudicado *deve acionar a pessoa jurídica, e não o agente causador do dano*. Esse entendimento consagrou a teoria da dupla garantia outrora inaugurada no STF[24].

Assim, em 14 de agosto de 2019, o STF, ao julgar o RE n. 1027633/SP, fixou tese de repercussão geral no sentido de que "a teor do disposto no artigo 37, parágrafo 6º, da Constituição Federal, a ação por danos causados por agente público deve ser ajuizada contra o Estado ou a pessoa jurídica de direito privado, prestadora de serviço

---

[24] A teoria da dupla garantia foi aplicada pelo STF, por ocasião do RE n. 327.904, de relatoria do Min. Ayres Britto, julgado em 16 de agosto de 2016.

público, sendo parte ilegítima o autor do ato, assegurado o direito de regresso contra o responsável nos casos de dolo ou culpa".

A teoria da responsabilidade objetiva é aplicável às pessoas jurídicas de direito privado tanto pelos danos causados aos usuários, quanto aos não usuários do serviço público.

De acordo com a jurisprudência atual e consolidada do STF, não se pode interpretar restritivamente o alcance do art. 37, § 6º, da CF/1988, sobretudo porque a Constituição, interpretada à luz do princípio da isonomia, não permite que se faça qualquer distinção entre os chamados "terceiros", ou seja, entre usuários e não usuários do serviço público, haja vista que todos eles, de igual modo, podem sofrer dano em razão da ação administrativa do Estado, seja ela realizada diretamente, seja por meio de pessoa jurídica de direito privado. A jurisprudência adota, portanto, na matéria, a teoria do risco administrativo (RE 591.874).

Entendo que a responsabilidade civil das prestadoras de serviço público, em relação às condutas omissivas é também objetiva. Isso porque o art. 37, § 6º, da CF/1988, deve ser aplicado conjuntamente com o art. 25 da Lei n. 8.987/1995, que prevê que a Concessionária responderá integralmente pelos danos causados.

Essas pessoas respondem pelos danos que seus agentes, nessa qualidade, causarem a terceiros, sendo necessária a demonstração dos *três elementos objetivos da responsabilidade civil*, dentre eles a *conduta estatal*, a ocorrência de *dano concreto e desproporcional* e o *nexo de causalidade* entre ambos.

Como dito, o risco administrativo admite *causas excludentes* de responsabilidade, quais sejam *caso fortuito ou força maior, conduta exclusiva da vítima* e *ato de terceiro*. Em todas elas restará quebrado o liame do nexo de causalidade indispensável à responsabilização do Estado. Por sua vez, a *culpa concorrente* entre a vítima e a pessoa jurídica de direito público ou de direito privado prestadora de serviço público constituirá *causa atenuante* de responsabilidade[25].

Com a evolução jurisprudencial acerca da responsabilidade civil objetiva do Estado, pela teoria do risco administrativo, inúmeras situações foram surgindo, que merecem o estudo compartimentado, como será realizado a seguir.

6.3.1.2.1. Responsabilidade civil do Estado por morte de detento

O art. 5º, inciso XLIX, da CF/1988 estabelece que o preso possui direito à integridade física e moral. Assim, a partir de seu encarceramento, encontra-se sob custódia do Estado, o qual passa a deter o *dever de proteção* (*Schutzpflicht*) a esse direito.

No âmbito da tutela dos direitos fundamentais, com o reconhecimento de sua dimensão objetiva, desenvolveu-se a teoria do *dever de proteção* do Estado. Por essa perspectiva, este não apenas tem a obrigação de não violar os direitos dos particulares, mas tomar as medidas necessárias (ações e serviços correspondentes)

---

[25] Conforme o STF, "a responsabilidade objetiva, inclusive a das pessoas jurídicas de direito público e de direito privado a que alude o art. 37, § 6º, da atual Constituição, *é excluída ou atenuada* quando a causa do dano decorre *exclusivamente da ação da vítima*, ou quando há concorrência de causas, em função, no primeiro caso, da ausência do nexo de causalidade na ocorrência do dano para determinar a responsabilidade daquelas pessoas jurídicas, ou, no segundo caso, da *causalidade concorrente* para a verificação do dano. [RE 209.137, rel. min. Moreira Alves, j. 08/09/1998, 1ª T., *DJ* de 05/02/1999.]

objetivando a sua proteção, em um contexto de máxima efetivação dos direitos fundamentais[26].

Para tanto, o princípio da proporcionalidade demonstra-se importante fundamento e parâmetro à proteção desses direitos, a fim de analisar se as medidas adotadas pelo Poder público se encontram apropriadas à concretização eficiente do direito, atentando-se às noções de *proibição de proteção insuficiente* (*Untermassverbot*) e *proibição de excesso* (*Übermassverbot*)[27].

A primeira se aproxima da concepção de aquém, ou seja, a medida estatal adotada não pode ser insuficiente a ponto de colocar em risco a efetivação do direito com a eficácia que se espera. A segunda condiz com a visão de além, não podendo ser onerosa demasiadamente a ponto de violar outros direitos fundamentais, inclusive de terceiros[28].

A proporcionalidade é o princípio que atua entre essa escala (proibição de proteção insuficiente e proibição de excesso) e deve ser observada por todos os Poderes quando se estiver diante da proteção de direitos fundamentais.

Em virtude disso, em caso de dano ocorrido à vida ou à integridade física de detento, seja por ato de terceiro (outro detento) ou por conduta própria (suicídio)[29], o Estado *falhou nesse dever de proteção*, uma vez que não tomou as medidas necessárias e adequadas (proporcionais) para que o fato não ocorresse.

Meu entendimento é corroborado pelo STF, que, ao julgar o RE n. 841.526, em 30 de março de 2016, assentou tese de repercussão geral no sentido de que, "em caso de inobservância do seu dever específico de proteção previsto no art. 5º, XLIX, da CF, o Estado é responsável pela morte do detento".

Esse entendimento é aplicável não apenas aos detentos, mas a todos que estejam sob custódia estatal, a exemplo dos internados em hospitais públicos ou alunos de escolas públicas.

6.3.1.2.2. Responsabilidade civil do Estado pelas situações do sistema carcerário

O STF, ao julgar o RE n. 580.252, em sede de repercussão geral (Tema 365), em 16 de fevereiro de 2017, firmou entendimento pela responsabilidade civil do Estado, inclusive por danos morais, decorrente das condições do sistema carcerário.

---

[26] ALVES, Felipe Dalanogare; GAERTNER, Bruna Tamiris. O dever de proteção do estado na efetivação dos direitos fundamentais sociais: o direito à saúde e a proporcionalidade entre a proibição de proteção insuficiente e a proibição de excesso. In: *Anais do Seminário Nacional Demandas Sociais e Políticas Públicas na Sociedade Contemporânea*. Santa Cruz do Sul: EdUNISC, 2015, p. 3.

[27] ALVES, Felipe Dalanogare; GAERTNER, Bruna Tamiris. O dever de proteção do estado na efetivação dos direitos fundamentais sociais: o direito à saúde e a proporcionalidade entre a proibição de proteção insuficiente e a proibição de excesso. In: *Anais do Seminário Nacional Demandas Sociais e Políticas Públicas na Sociedade Contemporânea*. Santa Cruz do Sul: EdUNISC, 2015, p. 3.

[28] ALVES, Felipe Dalanogare; GAERTNER, Bruna Tamiris. O dever de proteção do estado na efetivação dos direitos fundamentais sociais: o direito à saúde e a proporcionalidade entre a proibição de proteção insuficiente e a proibição de excesso. In: *Anais do Seminário Nacional Demandas Sociais e Políticas Públicas na Sociedade Contemporânea*. Santa Cruz do Sul: EdUNISC, 2015, p. 3.

[29] A título exemplificativo, especificamente sobre a responsabilidade objetiva do Estado, em virtude de suicídio, ver os seguintes julgados do STJ: REsp 1549522/RJ, rel. min. Herman Benjamin, 2ª T., julgado em 03/09/2015, *DJe* 10/11/2015; REsp 1435687/MG, rel. min. Humberto Martins, Segunda Turma, julgado em 07/05/2015, *DJe* 19/05/2015; AgRg no Ag 1307100/PR, rel. min. Sérgio Kukina, 1ª T., julgado em 21/10/2014, *DJe* 24/10/2014.

Entendeu o Tribunal que o art. 37, § 6º, da CF/1988 é autoaplicável e, uma vez demonstrada a ocorrência de dano e o nexo causal com a atuação da Administração, surge o dever de indenizar por parte do Estado. Isso porque este é responsável pela guarda e segurança das pessoas submetidas a encarceramento, enquanto permanecerem detidas[30].

Assim, surge o dever estatal de mantê-las em condições carcerárias com mínimos padrões de humanidade estabelecidos em lei, bem como, se for o caso, ressarcir danos que daí decorrerem. Assim, fixou tese de repercussão geral, no sentido de é dever do Estado manter em seus presídios os padrões mínimos de humanidade previstos no ordenamento jurídico, sendo, portanto, de sua responsabilidade, nos termos do art. 37, § 6º, da Constituição, a obrigação de ressarcir os danos, inclusive morais, comprovadamente causados aos detentos em decorrência da falta ou insuficiência dessas condições legais de encarceramento[31].

6.3.1.2.3. Responsabilidade civil do Estado por dano causado por foragido do sistema carcerário

Nos termos do art. 37, § 6º, da CF/1988, não se caracteriza a responsabilidade civil objetiva do Estado por danos decorrentes de crime praticado por pessoa foragida do sistema prisional, quando não demonstrado o nexo causal direto entre o momento da fuga e a conduta praticada.

Dito de outro modo, se o dano ocorrer no momento da fuga, o Estado poderá ser responsabilizado. Caso ocorra depois de decorrido lapso temporal que não mais caracterize o momento da fuga, o Estado não indenizará. Assim decidiu o STF, ao julgar o RE n. 608.880, em 8 de setembro de 2020, em sede de repercussão geral (Tema n. 362)[32].

6.3.1.2.4. Responsabilidade civil do Estado por dano a jornalista em cobertura de tumultos

O STF, ao julgar o RE n. 1.209.429, em 10 de junho de 2021, em sede de repercussão geral (Tema 1055), fixou tese no sentido de que a responsabilidade civil do Estado é objetiva em relação a profissional da imprensa ferido por agentes policiais durante cobertura jornalística, em manifestações em que haja tumulto ou conflitos entre policiais e manifestantes.

Aplica-se a teoria do risco administrativo, cabendo a excludente de responsabilidade da culpa exclusiva da vítima, nas hipóteses em que esse profissional de imprensa descumprir ostensiva e clara advertência sobre acesso a áreas delimitadas, em que haja grave risco à sua integridade física.

6.3.1.2.5. Responsabilidade civil do Estado por dano causado por notários e registradores

A CF/1988, em seu art. 236, estabelece que "os serviços notariais e de registro são exercidos em caráter privado, por delegação do Poder Público". Veja-se que se

---

[30] RE 580.252, red. do ac. min. Gilmar Mendes, j. 16/02/2017, P, *DJe* de 11/09/2017, Tema 365, com mérito julgado.
[31] RE 580.252, red. do ac. min. Gilmar Mendes, j. 16/02/2017, P, *DJe* de 11-9-2017, Tema 365, com mérito julgado.
[32] Esse também já era o entendimento consolidado no STJ, para quem "O Estado não responde civilmente por atos ilícitos praticados por foragidos do sistema penitenciário, salvo quando os danos decorrem direta ou imediatamente do ato de fuga", que pode ser constatado nos seguintes julgados: AgRg no AREsp 173291/PR, rel. min. Castro Meira, 2ª T., julgado em 07/08/2012, *DJe* 21/08/2012; REsp 980844/RS, rel. min. Luiz Fux, 1ª T., julgado em 19/03/2009, *DJe* 22/04/2009; REsp 719738/RS, rel. min. Teori Albino Zavascki, 1ª T., julgado em 16/09/2008, *DJe* 22/09/2008.

aproximam das pessoas jurídicas de direito público prestadoras de serviço público, às quais o art. 37, § 6º, da CF/1988, atribui responsabilidade civil objetiva.

Ademais, o § 1º desse artigo prevê que a lei disciplinará a responsabilidade civil e criminal *dos notários, dos oficiais de registro e de seus prepostos*, o que é, de fato, regulado pela Lei n. 8.935/1994. Esta, em seu art. 22, estabelece que "*os notários e oficiais de registro são civilmente responsáveis* por todos os prejuízos que causarem a terceiros, *por culpa ou dolo*, pessoalmente, pelos substitutos que designarem ou escreventes que autorizarem, assegurado o direito de regresso".

Percebe-se que a lei não trata, em si, da responsabilidade do cartório, uma vez que este não possui personalidade jurídica própria[33], tratando-se de *responsabilidade pessoal do agente*. A pessoalidade no exercício das funções é clara na redação do § 3º do art. 236 da CF/1988, o qual prevê que "o ingresso na atividade notarial e de registro depende de concurso público de provas e títulos".

O art. 22 da Lei n. 8.935/1994 trata da responsabilidade civil pessoal subjetiva do agente em si (notários e registradores), dando-os tratamento semelhante ao agente público causador de dano, constante na parte *in fini* do art. 37, § 6º, da CF/1988, uma vez que a pessoa jurídica de vinculação é o próprio Estado da Federação e não uma pessoa jurídica de direito privado (cartório).

É com base nisso que o STF, ao julgar o RE n. 842846, em 27 de fevereiro de 2017, decidiu em sede de repercussão geral que "o Estado responde, objetivamente, pelos atos dos tabeliães e registradores oficiais que, no exercício de suas funções, causem dano a terceiros, assentado o dever de regresso contra o responsável, nos casos de dolo ou culpa, sob pena de improbidade administrativa".

Percebe-se que o STF equiparou as pessoas naturais, tabeliães e registradores, aos agentes públicos, o que, de acordo com o Direito posto atualmente, é o adequado. No entanto, penso que o tratamento conferido aos cartórios deveria ser semelhante ao dispensado às pessoas jurídicas de direito privado prestadoras de serviço público. Assim, haveria a necessidade de alteração na redação constitucional e da lei de regência, de modo que, ao assumir a delegação, esses profissionais constituíssem uma pessoa jurídica de direito privado, a qual teria personalidade jurídica própria e responderia primária e objetivamente pelos danos causados por esses agentes.

Por sua vez, os profissionais responderiam perante o cartório regressivamente e subjetivamente, enquanto o Estado responderia subsidiariamente, na insuficiência de patrimônio por parte daquele, por ser o titular do serviço.

6.3.1.2.6. Responsabilidade civil do Estado por dano proveniente de anulação de concurso público por indícios de fraude

O Estado responde subsidiariamente por danos materiais causados a candidatos em concurso público organizado por pessoa jurídica de direito privado, quando os exames são cancelados por indícios de fraude. Assim, a pessoa jurídica de direito

---

[33] O STJ, ao julgar o REsp n. 1468987, em 2 de fevereiro de 2015, firmou entendimento no sentido de que "Os serviços de registros públicos, cartórios e notariais não detêm personalidade jurídica, de modo que quem responde pelos atos decorrentes dos serviços notariais é o titular do cartório. Logo, o tabelionato não possui legitimidade para figurar como polo ativo".

privado contratada para a execução do concurso responde de forma primária e objetiva por danos causados a terceiros, visto possuir personalidade jurídica, patrimônio e capacidade próprios[34].

O cancelamento de provas de concurso público em virtude de indícios de fraude gera a responsabilidade direta da entidade privada organizadora do certame de restituir aos candidatos as despesas com taxa de inscrição e deslocamento para cidades diversas daquelas em que mantenham domicílio. Ao Estado, cabe somente a responsabilidade subsidiária, no caso de a instituição privada organizadora não possuir patrimônio suficiente para o ônus indenizatório[35].

6.3.1.2.7. Responsabilidade civil do Estado por dano proveniente de disparo de arma funcional por agente em período de folga

O Estado responde objetivamente, com base na teoria do risco administrativo, por dano ocasionado por disparo de arma de fogo funcional realizado por agente estatal em horário de folga. Assim, estando presente a conduta estatal (independentemente de sua licitude funcional ou violação a regulamentos disciplinares), o dano concreto e desproporcional e a relação de causa e efeito entre ambos, o Estado indenizará, salvo se ocorrer a incidência das hipóteses de excludentes de responsabilidade[36].

6.3.1.2.8. Responsabilidade civil do Estado por dano decorrente de disparo de arma de fogo em operações de segurança pública

A responsabilidade civil do Estado por morte ou ferimento decorrente de disparo de arma de fogo em operações de segurança pública é tema que foi enfrentado pelo STF, por ocasião do julgamento do ARE n. 1385315, de relatoria do Min. Edson Fachin, no dia 11 de abril de 2024, em sede de repercussão geral (Tema 1.237). Na ocasião, o Supremo fixou tese no sentido de que "(i) o Estado é responsável, na esfera cível, por morte ou ferimento decorrente de operações de segurança pública, nos termos da Teoria do Risco Administrativo; (ii) É ônus probatório do ente federativo demonstrar eventuais excludentes de responsabilidade civil; (iii) A perícia inconclusiva sobre a origem de disparo fatal durante operações policiais e militares não é suficiente, por si só, para afastar a responsabilidade civil do Estado, por constituir elemento indiciário".

Embora concorde com o entendimento do STF, de que a espécie adotada à responsabilidade civil do Estado pelos danos causados pelos seus agentes **é a objetiva**, pela **teoria do risco administrativo**, entendo que incumbe ao demandante (autor da ação indenizatória) a demonstração da presença dos três elementos objetivos, quais sejam: a conduta, o dano e o nexo de causalidade.

Ainda que seja dispensada a comprovação do elemento subjetivo (culpa ou dolo), penso ser imprescindível a demonstração, pelo autor, da **conduta estatal** (disparo

---

[34] Entendimento do STF, consolidado em sede de repercussão geral: RE 662.405, rel. min. Luiz Fux, j. 29-6-2020, P, *DJe* de 13/08/2020 Tema 512, com mérito julgado.

[35] RE 662.405, rel. min. Luiz Fux, j. 29/06/2020, P, *DJe* de 13/08/2020 Tema 512, com mérito julgado.

[36] Corroboram esse entendimento os seguintes julgados do STF: RE 418.023 AgR, rel. min. Eros Grau, j. 09/09/2008, 2ª T., *DJe* de 17/10/2008; ARE 751.186 AgR, rel. min. Celso de Mello, j. 2-12-2014, 2ª T., *DJe* de 17-12-2014; e RE 213.525 AgR, rel. min. Ellen Gracie, j. 09/12/2008, 2ª T., *DJe* de 06/02/2009.

ocasionado **por agente do Estado**), **de dano concreto e desproporcional** (resultado morte ou ferimento) e o **nexo causal** (*causa mortis* decorrente do projétil oriundo de armamento empregado por agente estatal).

Minha posição é que, nas situações em que o laudo balístico for inconclusivo quanto à origem do disparo, não se pode atribuir ao Estado (e por consequência à sociedade como um todo) o ônus indenizatório, sob pena de atribuir primazia ao individualismo em detrimento da coletividade. Dito de outro modo, não se pode transformar o Estado em um segurador universal, como se os recursos públicos fossem infinitos, transferindo-se à sociedade brasileira o custo de **um dano não comprovadamente cometido por um agente estatal**.

Embora a posição do STF, nessas situações, tenha sido em sentido diverso, ao se transformar o Estado em um segurador universal, **nos casos em que não houver prova conclusiva da origem do disparo**, corre-se o risco de subverter-se o propósito da responsabilidade civil do Estado e a destinação dos recursos públicos. Assim, não me parece proporcional conferir ônus indenizatório a ser custeado pela sociedade, **quando não houver prova conclusiva** de que a *causa mortis* decorreu de disparo efetuado por agente do Estado.

Por outro lado, conforme o atual entendimento do STF, havendo a comprovação, por parte do Estado, daquilo que já é seu ônus (as causas excludentes de responsabilidade), como caso fortuito, força maior e, principalmente, a culpa exclusiva da vítima, estará afastado o dever de indenizar.

6.3.1.2.9. Responsabilidade civil do Estado por atos lícitos

A Constituição, ao prever a responsabilidade civil do Estado pelos danos que os seus agentes causarem, não exige a ilicitude da conduta, tampouco a culpa estatal. Não é, contudo, qualquer dano causado pelo exercício regular das funções públicas que deve ser indenizado.

Significa dizer que apenas os danos anormais e específicos, isto é, aqueles que excederem o limite da proporcionalidade e colocarem o lesado em situação de desigualdade aos demais membros da coletividade, ensejarão a reparação correspondente.

Como exemplo, mencionam-se as limitações administrativas, as quais são a todos impostas e decorrem do poder de polícia. Como regra, por se tratar de abstenções gerais, não geram o dever de indenizar. No entanto, se, em determinado caso, o particular demonstrar que sofreu dano concreto e desproporcional, a ponto de esvaziar seu direito de propriedade, colocando-o em situação de desigualdade aos demais membros do corpo social, surgirá a ele o direito à indenização.

A responsabilização do Estado pelos atos lícitos decorre da própria natureza da responsabilidade civil objetiva, ou seja, se não há necessidade de perquirição do elemento subjetivo (culpa ou dolo), bastará a demonstração da conduta (pouco importando se foi lícita ou ilícita), da existência do dano concreto e desproporcional e do nexo de causalidade entre ambos[37].

---

[37] Este entendimento é corroborada pelo STF, o qual possui jurisprudência no sentido de que "para a configuração da responsabilidade objetiva do Estado, não é necessário que o ato praticado seja ilícito". [RE 456.302 AgR, rel. min. Sepúlveda Pertence, j. 06/02/2007, 1ª T., *DJ* de 16/03/2007].

6.3.1.2.10. Responsabilidade civil do Estado por atos legislativos

Em relação aos atos legislativos, a regra é impossibilidade de responsabilidade, pois o Poder Legislativo atua no exercício da soberania, podendo alterar, revogar, criar ou extinguir situações, sem qualquer limitação que não decorra da Constituição Federal. Ainda, o Legislativo edita normas gerais e abstratas dirigidas a toda a coletividade.

Não obstante, sustento ser possível a responsabilização excepcional, nas situações de *leis de efeito concreto*, a exemplo de uma lei que esvazie a propriedade de determinado indivíduo, bem como nas situações de *lei declarada inconstitucional* em sede de controle concentrado de constitucionalidade, cujo efeito (*ex tunc*) ocasione dano concreto e desproporcional[38].

6.3.1.2.11. Responsabilidade civil do Estado por atos jurisdicionais

Em relação aos atos praticados pelo Poder Judiciário, a regra é que só incide responsabilidade civil do Estado nas situações previstas no art. 5º, inciso LXXV, da CF/1988, o qual prevê que "o Estado indenizará o condenado por erro judiciário, assim como o que ficar preso além do tempo fixado na sentença", a qual será objetiva[39]. Fora dessas hipóteses, não haverá responsabilização.

O STF possui entendimento no sentido de que, excetuada as hipóteses acima, o Estado não tem responsabilidade civil pelos atos jurisdicionais praticados[40]. Para o tribunal, os magistrados enquadram-se na espécie agente político, investidos para o exercício de atribuições constitucionais, sendo dotados de plena liberdade funcional no desempenho de suas funções, com prerrogativas próprias e legislação específica[41].

6.3.1.2.12. Responsabilidade civil das prestadoras de serviços públicos

As pessoas jurídicas de direito privado prestadoras de serviços públicos respondem objetivamente pelos danos que os seus agentes, nesta qualidade, causarem a terceiros, na forma do art. 37, § 6º, da CF/1988.

Essa responsabilidade é objetiva e primária, conforme reforçado pelo art. 25 da Lei n. 8.987/1995, que tratadas concessões e permissões, o qual prevê que cabendo à prestadora responder por *todos os prejuízos causados ao poder concedente*, aos

---

[38] A respeito, ver o seguinte julgado do STJ, oriundo do Estado do Rio Grande do Sul: REsp 571.645, 2ª T., rel. min. João Otávio de Noronha, *DJ* 30/10/2006.

[39] O STF possui o entendimento consolidado de que a regra geral é a irresponsabilidade civil do Estado por atos de jurisdição. Nos casos do art. 5º, inciso LXXV, da CF/1988, o Tribunal entende que a indenização é uma garantia individual e, manifestamente, não a submete à exigência de dolo ou culpa do magistrado. O art. 5º, LXXV, da Constituição: é uma garantia, um mínimo, que nem impede a lei, nem impede eventuais construções doutrinárias que venham a reconhecer a responsabilidade do Estado em hipóteses que não a de erro judiciário *stricto sensu*, mas de evidente falta objetiva do serviço público da Justiça. [RE 505.393, rel. min. Sepúlveda Pertence, j. 26-6-2007, 1ª T., *DJ* de 05/10/2007].

[40] O entendimento do tribunal é que salvo essas situações constitucionalmente previstas, a responsabilidade objetiva do Estado não se aplica aos atos de juízes [RE 553.637 ED, rel. min. Ellen Gracie, j. 04/08/2009, 2ª T., *DJe* de 25/09/2009].

[41] Esse entendimento pode ser contatado nos seguintes julgados: RE 228.977, rel. min. Néri da Silveira, j. 05/03/2002, 2ª T., *DJ* de 12/04/2002, RE 518.278 AgR, rel. min. Eros Grau, j. 31/03/2009, 2ª T., *DJe* de 24/04/2009.

usuários ou a terceiros, sem que a fiscalização exercida pelo órgão competente exclua ou atenue essa responsabilidade.

Essa responsabilidade é objetiva tanto a usuários, quanto não usuários do serviço, a exemplo de um pedestre que venha a ser atropelado na faixa de segurança por um ônibus de uma concessionária. A inequívoca presença do nexo de causalidade entre a conduta de agente da prestadora de serviço público e o dano causado ao terceiro não usuário do serviço público é condição suficiente para estabelecer sua responsabilidade objetiva[42].

A responsabilidade do poder concedente, por sua vez, é subsidiária, só vindo a responder na insuficiência de patrimônio para o ônus indenizatório por parte da concessionária[43].

6.3.1.2.13. Responsabilidade civil das executoras de contratos administrativos

A Lei n. 8.666/1993, em seu art. 70, previa que o contratado era responsável pelos danos causados diretamente à Administração ou a terceiros, *decorrentes de sua culpa ou dolo na execução do contrato*, não excluindo ou reduzindo essa responsabilidade a fiscalização ou o acompanhamento pelo órgão interessado. Se estava, naquela ocasião, diante de clara opção do legislador pela responsabilidade subjetiva.

Por sua vez, a Lei n. 14.133/2021, em seu art. 120, passou a estabelecer que "o contratado será responsável pelos danos causados diretamente à Administração ou a terceiros em razão da execução do contrato, e não excluirá nem reduzirá essa responsabilidade a fiscalização ou o acompanhamento pelo contratante". Veja-se que houve a supressão na necessidade de verificação do elemento subjetivo, culpa ou dolo.

Entendo que a supressão realizada pelo legislador torna a responsabilidade da contratada administrativa objetiva, ou seja, torna-se desnecessário demonstrar sua culpa ou dolo. A responsabilidade objetiva *só decorre de lei ou da atividade desempenhada*. Assim, não teria lógica, o Estado responder objetivamente por um dano ocasionado a um terceiro pelo risco administrativo e sua contratada não responder diante desse mesmo risco.

A título exemplificativo, veja-se o seguinte exemplo: Se um jardineiro integrante dos quadros de pessoal de um município (servidor efetivo), ao cortar a grama de um passeio público, fizer saltar uma pedra, atingindo o olho de um transeunte, causando a perda da visão, o Município responderá objetivamente, pela teoria do risco administrativo. No entanto, se esse jardineiro fosse um empregado de uma empresa contratada pelo Município para executar o mesmo serviço, essa, à luz da então Lei n. 8.666/1993, essa só responderia se ficasse demonstrado elemento subjetivo (dolo ou culpa).

Diante disso, pergunta-se: o risco administrativo é modificado em virtude da execução do serviço ocorrer por um agente estatal ou um agente de uma empresa

---
[42] Nesse sentido, o STJ já fixou tese de repercussão geral, ao julgar o RE 591.874, rel. min. Ricardo Lewandowski, j. 26/08/2009, P, *DJe* de 18/12/2009, Tema 130, com mérito julgado.
[43] Esse entendimento fica claro no acórdão resultante do RE 662.405, rel. min. Luiz Fux, j. 29/06/2020, P, *DJe* de 13/08/2020, Tema 512, com mérito julgado.

contratada? Parece-me que não. Assim, a meu ver, a alteração legislativa que resultou na atual redação do art. 121 apenas confirma, diante da teoria do risco administrativo, que essas contratadas *respondem objetivamente perante a Administração e terceiros*.

Além de responderem objetivamente, compreendo que sua *responsabilidade é primária*, ou seja, elas devem ser demandadas diretamente, respondendo o contratante (poder público), subsidiariamente, na ausência de patrimônio ao ônus indenizatório.

Esse entendimento foi adotado pelo STF no julgamento do RE n. 662.405, de relatoria do min. Luiz Fux, julgado em 29 de junho de 2020, inclusive em sede de repercussão geral. Naquela ocasião, o Tribunal analisou a responsabilidade civil das empresas contratadas (via contrato administrativo) para a organização de concurso público, decidindo que, em caso de cancelamento dos exames em virtude de fraude, o Estado responde subsidiariamente por danos causados, na eventual insuficiência de seu patrimônio.

6.4. PRAZO PRESCRICIONAL À RESPONSABILIZAÇÃO CIVIL DO ESTADO

A ação de reparação de danos para se obter indenização do Estado deverá ser proposta dentro do *prazo de cinco anos*, contado a partir do fato danoso, conforme previsto no art. 1º do Decreto n. 20.910/1932, recepcionado pela Constituição Federal de 1988 como Lei.

O mesmo *prazo quinquenal* é aplicável às pessoas jurídicas de direito privado prestadoras de serviço público, nos termos do art. 1º-C da Lei n. 9.494/1997. Esse dispositivo teve sua constitucionalidade assentada pelo STF, por ocasião do julgamento da ADI n. 2.418, de relatoria do Min. Teori Zavascki, julgada em 4 de maio de 2016.

6.5. RESPONSABILIDADE CIVIL REGRESSIVA CONTRA O AGENTE CAUSADOR DO DANO

Conforme a parte final do § 6º do art. 37 da CF/1988, é ressalvado o direito de regresso da pessoa jurídica de direito público ou de direito privado prestadora de serviço público contra o agente causador do dano em caso de *dolo ou culpa*. Trata-se, portanto, de responsabilidade subjetiva. Assim, ao Estado restará o ônus de demonstrar, na via regressiva[44], o elemento *subjetivo*.

O art. 37, § 6º, da CF/1988, comporta também uma garantia ao agente público, o que levou o STF trabalhar a *teoria da dupla garantia*, ou seja, além de constituir uma garantia ao particular lesado (que poderá demandar o poder público, tendo, assim, maior chance de sucesso na obtenção da indenização) carrega uma àquele que,

---

[44] O STF, ao julgar o RE n. 1.027.633, de Relatoria do Marco Aurélio, em 14 de agosto de 2019, fixou tese de repercussão geral (Tema n. 940), no sentido de que "a teor do disposto no artigo 37, § 6º, da Constituição Federal, a ação por danos causados por agente público deve ser ajuizada contra o Estado ou a pessoa jurídica privada prestadora de serviço público, sendo parte ilegítima passiva o autor do ato".

agindo em nome do Estado, apenas perante ele responderá, na via regressiva e se ficar demonstrada sua culpa ou dolo[45].

O ressarcimento do valor depreendido pela Administração poderá ocorrer administrativamente ou judicialmente. No âmbito federal, o art. 46 da Lei n. 8.112/1990 prevê a possibilidade de desconto em folha às reposições e indenizações ao erário, dentro do limite de 10% da remuneração, provento ou pensão, a cada parcela. O STJ entende que, para que esse seja viabilizado, é necessária a concordância expressa do servidor, do contrário, é imprescindível o ajuizamento de ação judicial[46].

6.5.1. Responsabilidade civil do agente por decisões ou opiniões técnicas

Em se tratando de decisão ou opinião técnica, o agente responderá civilmente perante a Administração, tão somente nas situações em que ficar configurado o *dolo ou erro grosseiro*, conforme expressamente previsto no art. 28 da LINDB, o que configura uma mitigação da culpa[47] prevista no art. 37, § 6º, da CF/1988.

O *conceito de erro grosseiro é fático-jurídico*, ou seja, só pode ser verificado no caso concreto, diante das circunstâncias que o cercam. Determinada conduta que poderia configurar erro grosseiro no passado, pode não caracterizar hoje, assim como pode ser reconhecida como erro grosseiro nos Estados Unidos, mas não no Brasil. Não há um rol pronto e acabado de condutas que caracterizam erro grosseiro.

O erro grosseiro se aproxima da *culpa inexcusável*, ou seja, aquela perceptível pelo homem médio, que exige um grau mínimo de diligência à área técnica. A título exemplificativo, seria como um Advogado emitir um parecer permitindo uma contratação direta fora das hipóteses previstas em lei, para os casos de dispensa ou inexigibilidade de licitação.

O Decreto n. 9.830/2019 regulamenta a responsabilização por opinião ou decisão técnica, a partir do art. 12, estabelecendo, além da responsabilidade por dolo direto, o eventual. Define como *erro grosseiro* aquele *manifesto, evidente e inescusável* praticado com *culpa grave*, caracterizado por **ação** ou *omissão* com *elevado grau* de *negligência, imprudência* ou *imperícia*.

Os §§ 2º e 3º desse art. 12 reforçam a natureza subjetiva da responsabilidade do agente público, estabelecendo a *necessidade de comprovação*, nos autos do processo de responsabilização, de situação ou circunstância fática capaz de caracterizar o *dolo ou erro grosseiro*, *não bastando o mero nexo de causalidade* entre a *conduta* e o *resultado danoso*.

---

[45] A teoria da dupla garantia foi aplicada pelo STF, por ocasião do RE n. 327.904, de relatoria do Min. Ayres Britto, julgado em 16 de agosto de 2016.

[46] Nesse sentido, o MS n. 14432/DF, de relatoria da Min. Laurita Vaz, Terceira Seção, julgado em 13/08/2014.

[47] Encontra-se em tramitação no STF a ADI n. 6421, de relatoria do Min. Barroso, ainda pendente da totalidade de votos dos Ministros, mas que sinaliza pela constitucionalidade da mitigação realizada pelo art. 28 à culpa em casos de decisão ou opinião técnica. Em voto já apresentado, o Min. Relator reconhece a constitucionalidade do dispositivo e propõe a seguinte tese de julgamento: 1. Compete ao legislador ordinário dimensionar o conceito de culpa previsto no art. 37, § 6º, da CF, respeitado o princípio da proporcionalidade, em especial na sua vertente de vedação à proteção insuficiente; 2. Estão abrangidas pela ideia de erro grosseiro as noções de imprudência, negligência e imperícia, quando efetivamente graves.

Ainda, o regulamento determina que a complexidade da matéria e das atribuições exercidas pelo agente público *devem consideradas na aferição do elemento subjetivo* e que o montante do dano ao erário, ainda que expressivo, *não poderá*, por si só, *ser elemento capaz de caracterizar* o dolo ou o erro grosseiro.

Há, ainda, uma ressalva quanto à responsabilização da autoridade que adotou a opinião técnica eivada de dolo ou erro grosseiro como razão de decidir. Assim, a responsabilização do agente consultivo não se estende automaticamente àquela, salvo se houver conluio entre ambos ou se estiverem presentes elementos suficientes para o consulente aferir o dolo ou o erro grosseiro constante na opinião técnica.

Diante disso, no âmbito do Poder Executivo federal, *o direito de regresso* previsto no § 6º do art. 37 da CF/1988 *somente será exercido* na hipótese de o agente público *ter agido com dolo ou erro grosseiro* em suas *decisões ou opiniões técnicas* e com observância aos princípios constitucionais da proporcionalidade e da razoabilidade.

6.5.2. Prazo prescricional para a ação regressiva contra o agente causador do dano

No âmbito federal, a Lei n. 4.619/1965 trata da ação regressiva, a ser promovida pela Advocacia-Geral da União contra o agente causador do dano. O art. 2º dessa lei fixa o *prazo indicativo (impróprio)* de 60 dias para o ajuizamento, a partir do trânsito em julgado da condenação imposta à União.

Não obstante, o ajuizamento da ação poderá ocorrer dentro do prazo prescricional, contados do trânsito em julgado da ação que condenou a Administração a indenizar o particular, e não do efetivo pagamento, pela Fazenda Pública, da indenização[48].

O STF, ao enfrentar o tema (n. 666), em sede de repercussão geral, por ocasião do julgamento do RE n. 669.069/MG, em 3 de fevereiro de 2016, fixou tese no sentido de que "é prescritível a ação de reparação de danos à Fazenda Pública decorrente de ilícito civil", não estabelecendo, entretanto, o prazo prescricional, por compreender ser matéria infraconstitucional. Os ministros debateram entre o prazo quinquenal e trienal, mas decidiram apenas por fixar o entendimento de que a ação é prescritível.

Embora seja possível defender que o prazo prescricional para a ação regressiva seja o *trienal* do art. 206, § 3º, V, do Código Civil, uma vez que o agente estará na condição de particular e não como Fazenda Pública, não é esse o entendimento do Superior Tribunal de Justiça, o qual *aplica o prazo quinquenal reverso* do Decreto n. 20.910/1932, em atenção ao princípio da isonomia[49].

---

[48] Nesse sentido, os seguintes julgados do STJ: AgInt no AREsp n. 1.827.571/SP, rel. min. Francisco Falcão, 2ª T., julgado em 29/08/2022, *DJe* de 31/08/2022, AgInt no AREsp 1.139.513/MS, rel. min. Assusete Magalhães, 2ª T., julgado em 07/11/2017, *DJe* 14/11/2017; e AgRg no REsp 1.014.923/GO, rel. min. Sérgio Kukina, 1ª T., julgado em 20/11/2014, *DJe* 25/11/2014.

[49] Prazo considerado pelo STJ, por exemplo, no AgInt no AREsp n. 1.827.571/SP, rel. min. Francisco Falcão, 2ª T., julgado em 29/08/2022, *DJe* de 31/08/2022 e no REsp n. 1.318.938/MG, rel. min. Og Fernandes, 2ª T., julgado em 26/11/2019, *DJe* de 29/11/2019.

RESUMO DO CAPÍTULO 6

EVOLUÇÃO HISTÓRICA	Irresponsabilidade do Estado	O Estado inicialmente **não era responsabilizado** pelos danos causados por seus agentes, com base em uma visão de Estado Liberal.
	Responsabilidade com culpa	O Estado passou a ser responsabilizado em **atos de gestão** (não atos de império) e somente quando havia **prova de culpa do agente**.
	Culpa administrativa	Introduziu a ideia de "culpa anônima" ou "falta do serviço", **não exigindo identificação do agente causador**, mas demonstrando mau funcionamento ou inexistência do serviço. Essa responsabilidade ocorre quando há falha na prestação do serviço, como omissão ou inadequação, sem necessidade de identificação direta do agente responsável.
	Responsabilidade objetiva	Consagração da **responsabilidade objetiva**, na qual o Estado responde sem precisar provar culpa, fundamentando-se na teoria do risco administrativo.
A RESPONSABILIDADE CIVIL DO ESTADO NO SISTEMA BRASILEIRO	Responsabilidade civil do Estado	Obrigação do Estado de indenizar danos causados por atos de seus agentes, com base no **art. 37, § 6º, da CF/1988**. A responsabilidade é objetiva e de natureza extracontratual, englobando **atos comissivos e omissivos**.
	Teoria do risco administrativo	Responsabilidade objetiva do Estado, **com possibilidade de excludentes**, como caso fortuito, culpa exclusiva da vítima ou ato de terceiro.
	Teoria do risco integral	O Estado responde integralmente pelos danos em casos específicos (dano nuclear, ambiental, queda de aeronave), **sem excludentes de responsabilidade**.
	Responsabilidade regressiva	O Estado pode acionar o agente causador para reembolso em caso **de dolo ou culpa comprovada**.
RESPONSABILIDADE CIVIL OBJETIVA PELA TEORIA DO RISCO INTEGRAL	Responsabilidade por danos nucleares	Objetiva pelo risco integral, admitindo excludentes específicas de **caso fortuito ou força maior em conflitos armados**.
	Responsabilidade por queda de aeronave	Lei n. 6.453/1977 e Decreto n. 911/1993. União responde objetivamente em caso de danos, somente por **ato terrorista ou de guerra contra aeronaves brasileiras**.
	Responsabilidade por danos ambientais	Risco integral, sem excludentes, aplicável a **todos os poluidores**, incluindo o Estado em caso de omissão no dever de fiscalização.

RESPONSABILIDADE CIVIL PELA TEORIA DO RISCO ADMINISTRATIVO	Responsabilidade por morte de detento	O Estado é responsável objetivamente por **mortes de detentos**, com dever de proteção e máxima efetivação dos direitos fundamentais.
	Responsabilidade por dano a jornalista	O Estado responde objetivamente por **danos a jornalistas em cobertura de tumultos**, salvo excludente de culpa exclusiva do profissional em áreas de risco.
	Responsabilidade por ato de notários	O Estado responde objetivamente por **atos de notários e registradores no exercício de funções delegadas**, com direito de regresso em caso de dolo ou culpa.
	Responsabilidade por concurso fraudado	O Estado responde **subsidiariamente por danos a candidatos em concursos fraudados**, quando organizados por terceiros.
	Responsabilidade por disparo de agente	O Estado responde **objetivamente por disparos acidentais de arma funcional**, mesmo fora de serviço, salvo excludentes de responsabilidade.
	Responsabilidade por atos legislativos	Em geral, **não há responsabilidade civil do Estado por atos legislativos**, salvo em casos de leis de efeito concreto ou de leis declaradas inconstitucionais com dano concreto e desproporcional.
	Responsabilidade por atos jurisdicionais	O Estado responde somente em casos **de erro judiciário ou prisão indevida**, com base no art. 5º, LXXV, da CF/1988.
PRAZO PRESCRICIONAL		Prazo de **cinco anos para ação de reparação civil** contra o Estado.
AÇÃO REGRESSIVA CONTRA AGENTE		O Estado pode ajuizar ação contra agente causador com **prazo prescricional quinquenal**, necessitando comprovação de dolo ou erro grosseiro.

Capítulo 7
PODERES ADMINISTRATIVOS

7.1. CONCEITO

Os poderes administrativos surgem como instrumentos por meio dos quais o poder público exercerá a função administrativa, tornando-se um poder-dever, uma vez que é irrenunciável. Todo o ato administrativo emana de algum dos poderes da Administração.

7.2. CARACTERÍSTICAS

Dentre as principais características dos poderes administrativos, pode-se destacar que: 1) constitui, ao mesmo tempo um dever, pois é irrenunciável; 2) não é ilimitado, uma vez que deve obedecer aos limites das normas de competência, sob pena de inconstitucionalidade; 3) ensejará responsabilização, se o administrador os exercer além dos limites permitidos por lei (ação) ou se não os exercer quando deveria tê-los exercido (omissão).

7.3. ESPÉCIES

7.3.1. Poder vinculado

Decorre da observância da estrita legalidade e se caracteriza quando o administrador possui um único comportamento possível a ser tomado diante de casos concretos, sem nenhuma liberdade para realização de um juízo de conveniência e oportunidade (mérito administrativo).

O poder vinculado gerará atos vinculados, os quais não comportam revogação, justamente por não comportar opção em fazer ou não fazer. O ato que deixar de atender a qualquer determinação contida na lei será nulo ou anulável, por estar desvinculado do seu tipo padrão, podendo ser anulado pela própria Administração ou pelo Poder Judiciário.

O exercício do poder vinculado é marcado por comandos legais imperativos, dentre os quais destacam-se verbos imperativos como "será", "deverá", "fará", "concederá".

7.3.2. Poder discricionário

Nesse poder, o administrador também está subordinado à lei, diferenciando-se do vinculado, entretanto, porque há liberdade para atuar de acordo com um juízo de mérito, de tal forma que, havendo duas alternativas, o agente pode optar qual delas, dentro dos parâmetros de conveniência e oportunidade, melhor preserva o interesse público.

Entendo que a conveniência e a oportunidade não podem estar dissociadas da necessidade e adequação da escolha, que deve, portanto, ser proporcional, sob pena de sofrer controle de legalidade (com fundamento no princípio da proporcionalidade).

O Administrador, por segurança, deve sempre buscar motivar os atos decorrentes do poder discricionário, expondo as razões de fato e de direito que levam, dentre as alternativas possíveis, sua decisão ao caminho eleito. Essa motivação deve elencar o porquê, no seu juízo de conveniência e oportunidade, a decisão tomada é necessária e a mais adequada.

Discricionariedade é diferente de arbitrariedade: *discricionariedade* é a liberdade conferida pelo legislador para o administrador atuar dentro dos limites do direito, enquanto *arbitrariedade* é a atuação do administrador além (fora) dos limites do direito. O ato arbitrário é sempre ilegítimo e, portanto, inválido.

É possível o controle jurisdicional do poder discricionário, no que tange à sua juridicidade, ou seja, a conformidade com o Direito, denominado classicamente como controle de legalidade. O Poder Judiciário, no entanto, não realiza o controle de mérito (conveniência e oportunidade).

No controle do Poder Discricionário, caso o juiz compreenda que o administrador violou o princípio da proporcionalidade, por exemplo, não poderá substituir a escolha administrativa, apenas promover a anulação do ato e a devolução da matéria.

A título de exemplo, imagine o seguinte caso concreto: Determinado servidor público municipal atua como guarda noturno e estava escalado para o plantão numa quarta-feira. Jamais havia faltado ao serviço ao decorrer de seus mais de 20 anos no exercício da função pública, tampouco sofrido qualquer sanção disciplinar. Naquele dia fatídico, optou por assistir à final de importante campeonato de futebol, a fim de torcer para seu Clube do coração, o Grêmio, em detrimento do plantão.

Alguns dias depois, foi instaurado PAD que fulminou na sua demissão. Inconformado, intentou ação anulatória. Concluso ao juiz, este verificou que, dentre as opções disponíveis à autoridade julgadora, esta poderia aplicar a advertência, uma suspensão de até 90 dias e a demissão. Assim, concluiu que a aplicação da sanção disciplinar, embora fosse necessária, não era a adequada, pois um dia de falta ao serviço não poderia corresponder à demissão, vindo a anular, por violar o princípio da proporcionalidade.

O controle de juridicidade exercido pelo Poder Judiciário se limita à anulação. Até esse momento, o juiz não realizou controle de mérito (conveniência e oportunidade), mas controle de legalidade (que se baseia em regras e princípios, no caso, o da proporcionalidade). Desse modo, devolverá a apreciação da matéria ao administrador, que poderá aplicar qualquer outra que entenda sem adequada. Assim, este poderá aplicar uma advertência, uma suspensão de 1 dia, de 10 dias, exceto a demissão.

Caso o juiz anulasse a punição disciplinar e determinasse a aplicação de outra ou ele mesmo substituísse a punição, se estaria diante do controle de mérito, o que é defeso à autoridade judicial.

O poder discricionário é controlável pelo poder judiciário, em virtude do princípio da inafastabilidade de apreciação jurisdicional, consagrado no art. 5º, inciso XXXV, da CF/1988.

7.3.3. Poder regulamentar ou normativo

O *poder regulamentar* e o *normativo* não são sinônimos, pois possuem singelas diferenças. O poder regulamentar é próprio do Chefe do Executivo, nas três esferas federativas, exercendo-o através de decreto regulamentar. No âmbito federal, é exercido pelo Presidente da República, com base no art. 84, inciso IV, da CF/1988, por meio de decreto.

Este é o denominado decreto regulamentar, o qual não pode inovar na ordem jurídica, apenas elucidando e amoldando a lei, para sua fiel execução. Se criar norma primária, invade competência do Congresso Nacional e por este poderá ser sustado, na forma do art. 49, inciso V, da CF/1988.

A Constituição brasileira permite ainda, de modo excepcional, o denominado decreto autônomo, o qual funciona como norma primária (que decorre diretamente da Constituição, sem mediação da lei). Essa hipótese é verificada nas situações do art. 84, inciso VI, alíneas "a" (organização da Administração Pública sem criação ou extinção de órgãos públicos, nem aumento de despesas) e "b" (extinção de cargos públicos, quando vagos).

Nessas situações, o Chefe do Executivo desempenha o Poder Regulamentar e o Poder Normativo ao mesmo tempo. Daí dizer-se que essa autoridade desempenha ambos os Poderes. No entanto, o Poder Normativo não é sua exclusividade, como o regulamentar é, uma vez que também pode ser desempenhado por outros órgãos e entidades.

Assim, embora só o Chefe do Executivo desempenhe o Poder Regulamentar, o Poder Normativo é desempenhado pelas agências reguladoras, ao editarem suas resoluções e pelos Conselhos, a exemplo do Conselho do Meio Ambiente – CONAMA, quando edita suas resoluções. Trata-se de ato decorrente não do poder regulamentar, mas do poder normativo.

7.3.4. Poder hierárquico

É o poder conferido ao administrador para distribuir e escalonar as funções dos seus órgãos, ordenar e reaver a atuação de seus agentes, estabelecendo uma relação de hierarquia e subordinação.

É do poder hierárquico, por exemplo, que decorre a possibilidade de uma autoridade superior delegar competência ao subordinado ou avocar competência originariamente distribuída a este. Também decorre do poder hierárquico a possibilidade de uma autoridade superior anular ato ilegal de subordinado ou revogá-lo se compreender contrário ao interesse público.

É desse poder que decorre a noção de órgãos superiores e órgãos subalternos, bem como cargos de níveis superiores, intermediários e iniciais. A hierarquia pressupõe disciplina, pois sem a obediência ao escalonamento vertical, não haverá efetividade ao poder hierárquico.

7.3.5. Poder disciplinar

É o poder conferido à Administração que lhe permite sancionar a prática de infrações de seus agentes e de particulares que com ela possuam vínculo especial (legal ou contratual).

As sanções administrativas impostas através de sindicância ou PAD decorrem do poder disciplinar. De igual modo, quando há um vínculo especial, através de lei ou contrato, entre particulares e a Administração, que permita a aplicação de sanções, estas decorrem do poder disciplinar, a exemplo das sanções impostas por inadimplemento contratual (contrato administrativo celebrado com base na Lei n. 14.133/2021) ou aquelas aplicadas aos estudantes de Universidades Públicas (que possuem um vínculo legal e regimental com a Administração).

Há de se ter uma atenção especial, uma vez que o Poder de Polícia também permite a aplicação de sanções aos particulares, a exemplo do Poder de Polícia Profissional, exercido pelas entidades de classe. Essas decorrem do ciclo sancionador do Poder de Polícia, e não do Poder Disciplinar, que será visto na seção a seguir.

7.3.6. Poder de polícia

O poder de polícia é instituído por lei, tem conceituação e ciclos próprios, bem como competência e características que serão explicadas a seguir.

7.3.6.1. Conceito do poder de polícia

É o poder conferido por lei ao administrador, que lhe permite limitar ou disciplinar direito, interesse ou liberdade, bem como regular a prática ou abstenção de atos, objetivando-se o interesse público e o convívio social, referindo-se a atividades relacionadas à segurança, à higiene, à ordem e à tranquilidade pública, aos costumes, ao mercado, bem comum, e às demais que o Estado entenda necessário e adequado estabelecer, por meio de lei, consentimento ao exercício[1].

É daí que se afirma que o poder de polícia é discricionário. No sentido de que o Estado pode ou não o instituir. Entretanto, após instituí-lo, passa a ser vinculado, sob a ideia de poder-dever. Explico: No Brasil, o Estado poderia ou não ter instituído poder de polícia para o exercício profissional da Advocacia. Optou-se por instituir. A partir disso, não há discricionariedade em exercer ou não esse Poder, passando ele a ser vinculado.

Em seu *sentido amplo*, compreende-se que o poder de polícia abrange toda a atividade estatal que condiciona a liberdade e a propriedade, com a finalidade de adequá-las aos interesses coletivos. Nesse sentido, abarca as atividades administrativas e a edição de leis pelo Poder Legislativo.

Por um viés em *sentido estrito*, o poder de polícia não inclui atividades legislativas, apenas as administrativas de regulamentação e de execução das leis (normas primárias de polícia).

Compreendemo-nos pela perspectiva ampla, no sentido de contemplar também as atividades do Poder Legislativo, onde, efetivamente, ele nasce, uma vez que, sem a ordem de polícia (lei), sequer se falará em poder de polícia. Assim, o poder de polícia se desenvolve em quatro ciclos, quais sejam a ordem de polícia, o consentimento, a fiscalização e a sanção, que serão vistos a seguir.

---

[1] A noção legal de Poder de Polícia consta no art. 78 do Código Tributário Nacional.

7.3.6.2. Ciclos do poder de polícia

O ciclo da ordem: é o estabelecimento da legislação regulatória do Poder de Polícia. Este, para existir, deve decorrer da Constituição ou de ato primário (lei em sentido formal), uma vez que ninguém será obrigado a fazer ou deixar de fazer alguma coisa senão em virtude de lei, como consagrado no art. 5º, inciso II, da CF/1988.

A ordem de polícia (lei) deverá estabelecer a submissão do objeto ao exercício do Poder de Polícia, os requisitos para consentimento, as condições para o desenvolvimento do objeto e a manutenção do consentimento, como se dará e quem realizará a fiscalização do objeto consentido, bem como quais são as sanções e quem as aplicará.

A Administração participará desse ciclo de modo secundário, com a edição de atos normativos, principalmente através dos conselhos profissionais (a exemplo do Conselho Federal de Medicina), das agências reguladoras (a exemplo da Agência Nacional de Aviação Civil) e dos conselhos temáticos (a exemplo do Conselho Nacional do Meio Ambiente, o Conselho Nacional de Trânsito, dentre outros). Essa participação secundária não pode inovar na área jurídica, bastando-se a regulamentar a norma policial primária.

O ciclo do consentimento: o Estado consente o exercício do objeto do poder de polícia. A ordem de polícia (lei) poderá definir se o consentimento será vinculado, através de licença, ou discricionário, através de autorização.

Até o julgamento pelo STF, do paradigmático caso BH Trans, em 23 de outubro de 2020, o RE n. 633782, em que o Supremo fixou tese de repercussão geral no sentido de que "é constitucional a delegação do poder de polícia, por meio de lei, a pessoas jurídicas de direito privado integrantes da Administração Pública indireta de capital social majoritariamente público que prestem exclusivamente serviço público de atuação própria do Estado e em regime não concorrencial", entendia-se que apenas os atos materiais a esse ciclo poderiam ser desempenhados por pessoa jurídica de direito privado.

A título de exemplo, imagine o consentimento para a atividade de trânsito (que se submete ao poder de polícia). Quando o particular busca sua licença para conduzir veículo automotor terrestre (popularmente conhecida como Carteira Nacional de Habilitação – CNH), ocorrerão duas participações (para os atos materiais e para o ato decisório). Os primeiros são executados pelos Centros de Formação de Condutores, pessoas jurídicas de direito privado, que não integram a Administração. O segundo é realizado por um agente público que integra uma pessoa jurídica de direito público (órgão, autarquia ou fundação pública de direito público).

A partir dessa decisão do STF, é possível que o ato decisório também seja realizado por um agente de uma empresa pública ou sociedade de economia mista (pessoas jurídicas de direito privado integrantes da Administração Indireta), se atendidas as condições descritas na tese acima.

O ciclo da fiscalização: obtido o consentimento estatal, estará o particular sujeito à fiscalização do desempenho da atividade, nas condições previstas na legislação (na ordem de polícia). Essa fiscalização poderá ser realizada pelo mesmo órgão ou entidade que realiza o consentimento e que também aplica as sanções, a exemplo dos conselhos profissionais.

De igual modo ao consentimento, esse ciclo poderá ser desempenhado por pessoa jurídica de direito privado integrante da administração pública, desde que preenchidos os requisitos da tese apontada no tópico referente ao consentimento.

O ciclo da sanção: constatado o descumprimento da norma estabelecida no ciclo da ordem de polícia, por intermédio da fiscalização, o particular estará sujeito às sanções administrativas estabelecidas na legislação policial.

De igual modo aos ciclos anteriores, até o paradigmático caso BH Trans, o STF entendia que se tratava de ciclo exclusivo de pessoas jurídicas de direito público. Após esse caso, é possível que se realize por pessoa jurídica de direito privado integrante da Administração Pública, nas condições da tese descrita acima.

Assim, deve-se destacar que, atualmente, o poder de polícia **pode ser delegado tanto a pessoas jurídicas de direito público** (a exemplo de uma autarquia, fundação pública de direito público ou uma associação pública, criadas para esse fim, dotadas do *ius imperii* estatal) quanto de direito privado integrantes da administração indireta, desde que estas prestem exclusivamente serviço público de atuação própria do Estado e em regime não concorrencial.

A título ilustrativo, veja o seguinte caso: No Brasil, decidiu-se (discricionariamente) por instituir poder de polícia ao exercício profissional da Advocacia. Assim, estabeleceu-se o *ciclo da ordem* (previsão em lei – Estatuto da OAB, das condições e dos requisitos para o exercício da atividade, de quem realizará o consentimento – OAB, a fiscalização – OAB e aplicará as sanções cabíveis em caso de descumprimento da ordem de polícia, bem como quem as aplicará – OAB).

Esse poder de polícia profissional é exercido pelo Conselho Federal e Seccionais da Ordem dos Advogados do Brasil, autarquia corporativista instituída pela ordem de polícia (Estatuto da OAB).

Assim, aquele que desejar desenvolver a advocacia deverá preencher os requisitos (previstos no Estatuto da OAB) e procurar essa autarquia para obter o consentimento (licença para o exercício profissional da Advocacia, popularmente chamada de Carteira da OAB). Trata-se de licença (ato vinculado), pois, preenchidos os requisitos legais (bacharelado em direito, aprovação no exame de Ordem, idoneidade moral e prestação do juramento), o Estado, por meio de sua autarquia – OAB, não poderá denegá-la.

Obtido o consentimento, estará sujeito à fiscalização do exercício profissional, que se dará pela própria autarquia – OAB, a fim de se verificar o atendimento às condições impostas na ordem de polícia (Estatuto da OAB) e legislação secundária (produzida pela própria OAB).

Caso se constate, na fiscalização, que o profissional está descumprimento as condições previstas na ordem de polícia, a ele poderão ser aplicadas – pela OAB – as sanções previstas na ordem de polícia, dentre as quais a cassação da licença, que o ato que a extingue pelo descumprimento das condições impostas para sua manutenção.

No exemplo acima, é possível visualizar todos os ciclos do poder de polícia aplicável à advocacia e que é semelhante às demais atividades profissionais sujeitas ao poder de polícia. A OAB, tal qual os demais conselhos profissionais, exerce a normatização secundária do ciclo da *ordem* e exerce a plenitude do ciclo do *consentimento*, da *fiscalização* e *sanção*.

7.3.6.3. Atributos do poder de polícia

O ato administrativo decorrente do exercício do poder de polícia, em regra, goza do atributo da imperatividade e da coercibilidade, por meio do qual a Administração pode impor unilateralmente obrigações válidas (sem necessidade de recorrer ao Poder Judiciário) e utilizar dos meios coercitivos ao seu exercício, a exemplo de apreensões e interdições.

Para tanto, é necessário que a atuação estatal esteja prevista em lei. Os principais exemplos são as demolições de construções em área de risco ou aquelas que possam trazer iminente perigo à coletividade, apreensões de produtos que coloquem em risco a vida e saúde das pessoas, bem como interdição de estabelecimentos que não atendam as condicionantes legais.

7.3.6.4. Competência para o exercício do poder de polícia

Cada ente federativo possui competência para legislar sobre poder de polícia, conforme suas atribuições constitucionalmente previstas. Assim, a *União* tem competência para dispor sobre as matérias dos arts. 22 e 24 da CF/1988, os *Estados* do art. 25, § 1º, da CF/1988, o *Distrito Federal* do art. 30 da CF/1988 e dos *Municípios* do art. 32, § 1º, da CF/1988.

Como as competências dos entes federativos são diferentes, é possível que cada ente federativo estabeleça sua correspondente taxa para o exercício do poder de polícia prevista no art. 145, inciso II, da CF/1988. A título de exemplo, o STF, ao julgar a ADI n. 2.658, de relatoria do Min. Dias Toffoli, em 18 de dezembro de 2019, compreendeu ser constitucional a taxa instituída pela Anvisa, para seu poder de polícia sobre as farmácias (controle dos fármacos) e a instituída pelos Municípios, para seu poder de polícia sanitária (controle da situação sanitária da farmácia).

Assim, em grande medida, a competência para o exercício do poder de polícia é concorrente, atuando cada ente federativo na sua esfera de competências legislativas e executivas.

7.3.6.5. Formas de atuação do poder de polícia

Dentre as formas de atuação de poder de polícia, é possível demonstrar alguns exemplos, dentre os quais destacam-se o consentimento para a realização de atividades controladas (como regra, de competência da União); o consentimento para localização e funcionamento de atividades empresariais (de competência dos Municípios); o consentimento para o exercício de atividade que possa oferecer poluição sonora, visual e atmosférica (de competência dos Municípios); o consentimento para a importação, produção e comercialização de medicamentos (competência da União); o consentimento para atividade que possa comprometer a livre concorrência (competência da União); o consentimento para o exercício de atividade de trânsito (competência concorrente); o consentimento para o exercício de atividade de risco ao meio ambiente (competência concorrente); o consentimento para o exercício de atividades profissionais regulamentadas (competência da União); o consentimento para o exercício de atividade mortuária (competência municipal), dentre outros.

Para tanto, são denominadas as mais variadas polícias administrativas, dentre as quais é possível encontrar a polícia sanitária (vigilância sanitária e epidemiológica), a polícia de pesos e medidas (padrões métricos e de qualidade), a polícia edilícia (edificações), a polícia de trânsito e circulação (garantia de segurança e ordem viária), a polícia ambiental (defesa da flora e fauna), a polícia de diversões públicas (defesa de valores sociais) e a polícia mortuária (controle da atividade fúnebre).

7.3.6.6. Prazo prescricional para o exercício do poder de polícia

A Lei n. 9.873/1999, em seu art. 1º, estabelece o prazo prescricional *de cinco anos* para a ação punitiva da Administração Pública Federal, direta ou indireta, no exercício do poder de polícia. Porém, caso o fato objeto da ação punitiva da administração também constitua crime, devem ser aplicados os prazos de prescrição prescritos na lei penal (art. 1º, § 2º, da Lei n. 9.873/1999).

Ainda é necessário destacar que interrompem a prescrição: a) as notificações ou citação do acusado ou indiciado, inclusive por edital; b) qualquer ato inequívoco que importe em apuração do fato; e c) decisão condenatória administrativa recorrível.

7.4. ABUSO DE PODER

É o fenômeno que se verifica sempre que uma autoridade ou um agente público, embora competente para a prática de um ato, ultrapassa os limites das suas atribuições, se desvie das finalidades legalmente previstas ou se omita ao exercício do poder-dever que o compete.

O *abuso de poder* pode ocorrer por *excesso de poder*, quando o agente ultrapassa os limites do poder lhe conferidos por lei; por *desvio de poder*, quando desvia a finalidade almejada pela lei e *por omissão*, quando deixa de exercer poder-dever lhe conferido por lei (omissão).

Ocorrendo abuso de poder por qualquer das modalidades acima, haverá possibilidade de controle pelo Poder Judiciário, especialmente pela via do mandado de segurança, ação constitucional cabível para o controle dos atos editados com abuso de poder.

7.5. PODERES IMPLÍCITOS

A *teoria dos poderes implícitos* tem origem nos Estados Unidos da América, inaugurada em 1819, no caso estadunidense McCULLOCH *vs.* MARYLAND, e sustenta que, quando a Constituição atribui determinada competência a um órgão ou entidade, confere-lhe também, implicitamente, os meios necessários à consecução das atribuições que lhe foram atribuídas[2].

No direito brasileiro, a teoria dos poderes implícitos começou a ser aplicada "por meio do instituto da reclamação, que tinha a função de assegurar o efetivo cumprimento das suas decisões". Essa aplicação fundamentou-se no argumento de que "seria inócua a instituição expressa da eficácia cogente das decisões judiciais pela Constituição se não houvesse um meio, ainda que implícito, para se fazerem valer essas mesmas decisões"[3].

---

[2] BRASIL. Supremo Tribunal Federal (Primeira Turma). *Agravo Regimental na Reclamação nº 27843*. Relator: Ministro Luiz Fux. Julgado em 17 set 2018.

[3] BRASIL. Supremo Tribunal Federal (Primeira Turma). *Agravo Regimental na Reclamação nº 27843*. Relator: Ministro Luiz Fux. Julgado em 17 set 2018.

Posteriormente, o STF passou a admitir a teoria dos Poderes Implícitos em distintas ocasiões, a exemplo das medidas adotadas pelo Tribunal de Contas da União, a exemplo da possibilidade do exercício do poder-dever geral de cautela (MS 24510, MS AgR 25481, MS 33092, MS AgR 35038 e MS 35506), as decretações de indisponibilidade de bens (MS 24379 e MS 30788) e a desconsideração da personalidade jurídica (MS 35506, MS AgR 35555 e MS AgR 36569).

A teoria também foi reconhecida pelo STF (ADI 6875) para assentar a autonomia funcional e administrativa da Defensoria Pública, no sentido de assegurar-se ao órgão competências genéricas implícitas, que possibilitem o pleno e efetivo exercício de sua missão constitucional, ressalvadas as situações que exijam autorização judicial (reserva de jurisdição).

RESUMO DO CAPÍTULO 7

CONCEITO E CARACTERÍSTICAS	Conceito	Os poderes administrativos surgem como **instrumentos pelo qual o poder público exerce a função administrativa**.
	Características	Constitui também um dever, sendo irrenunciável.
		Não é ilimitado, **devendo obedecer às normas de competência**.
		Responsabiliza o administrador em caso de **ação ou omissão indevida**.
ESPÉCIES	Poder vinculado	Poder caracterizado pela **falta de liberdade para escolha**, devendo o administrador agir conforme a lei, gerando atos que não comportam revogação, apenas nulidade. Atos vinculados, quando legais, **não são passíveis de revogação por conveniência ou oportunidade**, mas somente por nulidade em casos de ilegalidade.
	Poder discricionário	Caracteriza-se pela **liberdade de escolha** (dentro dos limites legais) para avaliar a conveniência e a oportunidade, devendo ser motivado. Controle jurisdicional é permitido sobre a juridicidade, **não sobre o mérito**.
	Poder regulamentar ou normativo	Exercido pelo Chefe do Executivo, **por meio de decreto, para fiel execução das leis**. Excepcionalmente, permite o decreto autônomo.
	Poder hierárquico	Permite distribuir funções, **ordenar e rever a atuação de agentes subordinados**, sendo a base da delegação e avocação de competência.
	Poder disciplinar	Confere **sanção a infrações de agentes ou particulares** com vínculo especial com a administração (ex.: contrato administrativo).
	Poder de polícia	Permite **limitar direitos ou atividades particulares** visando o interesse público, com base na lei e atuando nos ciclos: ordem, consentimento, fiscalização e sanção.

PODER DE POLÍCIA	Atributos do poder de polícia	**Imperatividade e coercibilidade** para impor obrigações e utilizar meios coercitivos. O poder de polícia também possui o atributo da **autoexecutoriedade**, permitindo que a Administração execute suas decisões diretamente, sem necessidade de intervenção judicial prévia, em certas situações.
	Competência para exercício	Cada ente federativo possui competência conforme as atribuições constitucionais, podendo instituir **taxas específicas de poder de polícia**.
	Formas de atuação	Atuação se dá por meio de **consentimento, fiscalização e sanções** nas mais diversas áreas: sanitária, ambiental, trânsito etc.
	Prazo prescricional	Prazo de **cinco anos** para ação punitiva, interrompido por notificação, ato de apuração ou decisão administrativa.
ABUSO DE PODER		Quando o agente **ultrapassa os limites do poder, desvia a finalidade ou omite-se** no exercício do poder-dever.

Capítulo 8
ATOS ADMINISTRATIVOS

8.1. CONCEITO DE ATO ADMINISTRATIVO

É uma espécie de ato jurídico, consistente na manifestação unilateral de vontade da Administração, que, agindo nessa qualidade, tenha por fim imediato adquirir, resguardar, transferir, conceder, modificar, extinguir e declarar direitos ou impor obrigações a ela mesma ou aos particulares.

Assim, tenho que ato administrativo se diferencia de *procedimento administrativo*, de *contrato administrativo* e de *processo administrativo*, pelas razões que serão expostas abaixo.

O *procedimento administrativo* consiste na execução material de uma medida da Administração, desprovida de qualquer poder decisório, a exemplo de abrir (rasgar) um envelope contendo a documentação de habilitação de uma licitante. Habilitar ou inabilitar esta licitante em virtude do conteúdo da documentação apresentada é ato administrativo, eis que dotado de poder decisório. Ambos estão previstos na Lei de Licitações e Contratos.

O *contrato administrativo* é marcado por uma dupla manifestação de vontade, em que ambos (Administração e Particular) assumem obrigações recíprocas, com direitos e obrigações, não consistindo em ato, mas em contrato, caracterizado como um ajuste com o propósito de obter um fim de interesse da Administração.

O *processo administrativo*, por sua vez, constitui um conjunto ordenado de atos e procedimentos (e, em alguns casos, até contrato, a exemplo do processo licitatório). É por intermédio do processo que a Administração instrumentaliza os elementos necessários para a realização de um ato administrativo final.

Diante disso, pode-se dizer que há vários atos da Administração (gênero), a exemplo dos atos materiais (procedimentos administrativos), dos atos de gestão comercial, mas nem todos eles constituem atos administrativos em sentido estrito, justamente por não possuírem os elementos conceituais apresentados acima.

8.2. REQUISITOS DE VALIDADE OU ELEMENTOS DO ATO ADMINISTRATIVO

Os requisitos de validade, também conhecidos como elementos do ato administrativo, são encontrados no art. 2º, da Lei n. 4.717/1965 (Lei da Ação Popular), consistentes na *competência*, *forma*, *motivo*, *objeto* e *finalidade*.

8.2.1. Competência

A *competência* é a prerrogativa para a edição de um ato, relacionada à esfera de atuação do agente. É irrenunciável e se exerce pelos órgãos administrativos a que foi atribuída como própria, salvo os casos de *delegação* e *avocação* legalmente admitidos.

Assim, um órgão administrativo e seu titular poderão, se não houver impedimento legal, *delegar* parte da sua competência a outros órgãos ou titulares, ainda que estes não lhe sejam hierarquicamente subordinados, quando for conveniente, em razão de circunstâncias de índole técnica, social, econômica, jurídica ou territorial (inclusive os órgãos colegiados, os quais poderão aplicar a delegação de competência aos respectivos presidentes). A delegação deve ser sempre publicada e poderá ser revogada a qualquer tempo (também com a devida publicação).

Quando a transferência da competência ocorre *verticalmente* (órgão ou autoridade superior para órgão ou autoridade inferior), denomina-se *delegação de competência*. Quando ocorre *horizontalmente* (órgão ou autoridade em mesmo nível), denomina-se redistribuição de competência e *dependerá de aceite do delegatário*. Não havendo consenso, o órgão ou autoridade que pretende delegar suscitará a redistribuição de competência à autoridade superior, a qual decidirá pela sua pertinência ou não.

No entanto, algumas matérias não comportam delegação por vedação expressa do art. 13 da Lei n. 9.784/1999 e sua correspondência nas leis de processo administrativo locais, quando houver, quais sejam *a edição de atos de caráter normativo, a decisão de recursos administrativos* e *as matérias de competência exclusiva do órgão ou autoridade*. Quanto a essas, é necessário destacar que só existirá competência exclusiva se a lei expressamente assim prever. Não havendo menção expressa, a competência não será exclusiva. Como exemplo, pode-se destacar a competência (expressamente exclusiva) para aplicação da sanção de declaração de inidoneidade.

Assim como poderá haver a delegação de competência, o art. 15 da Lei n. 9.784/1999 permite a *avocação* de competência, situação em que a autoridade superior chama para si a competência originária de um subordinado. Essa só será permitida em caráter excepcional e por motivos relevantes devidamente justificados, passando a autoridade avocante responder individualmente pelo ato.

O art. 2º, parágrafo único, alínea "a", da Lei n. 4.717/65 prevê que a incompetência fica caracterizada quando o ato não se incluir nas atribuições legais do agente que o praticou. Não obstante, caso apresente *vício de competência*, o ato administrativo *é anulável*, uma vez que *comporta convalidação* pela autoridade legalmente competente, desde que não acarretarem lesão ao interesse público nem prejuízo a terceiros, na forma do art. 55 da Lei n. 9.784/1999, que consistirá na *ratificação*.

No entanto, caso o ato seja visto como ilegal ou contrário ao interesse público pela autoridade superior, esta *poderá não o convalidar, anulando-o* por vício de competência.

8.2.2. Forma

Como regra, os atos administrativos não dependem de forma determinada senão quando a lei expressamente a exigir. Como regra, são realizados de forma escrita e adquirem eficácia com a publicação.

No entanto, é possível a manifestação unilateral de vontade da administração que limite direito seja manifestada de forma gestual, sonora ou até eletromecânica (a exemplo da ordem de parada com a mão ou silvo de apito emitida por um agente de trânsito ou a emitida pelo semáforo, que limitam o direito de ir e vir – liberdade de locomoção).

O art. 2º, parágrafo único, alínea "a", da Lei n. 4.717/65 prevê que o vício de forma consiste na omissão ou na observância incompleta ou irregular de formalidades indispensáveis à existência ou seriedade do ato.

Um ato administrativo que, por força de lei, deva ser motivado, com a exposição circunstanciada das razões de fato e de direito que levaram à sua edição, e assim não o foi, (ausência de motivação) *apresenta vício de forma* e não de motivo.

Não obstante, caso apresente *vício de forma*, o ato administrativo *é anulável*, uma vez que *comporta convalidação*, desde que não acarretarem lesão ao interesse público nem prejuízo a terceiros, na forma do art. 55 da Lei n. 9.784/1999 e possam ser *convertidos* no ato originariamente previsto. Não havendo possibilidade de *conversão*, devendo ser *anulados*.

8.2.3. Objeto

O objeto é o ato por si, ou seja, o cerne do ato, seu propósito específico. O objeto deve ser lícito, determinado ou determinável, como qualquer ato jurídico. A título de exemplo, imagine o ato de concessão de férias. Qual o objeto? As férias. Ato de requisição administrativa de uma ambulância. Qual o objeto? O uso da ambulância diante do iminente perigo público.

Por sua vez, o ato que contenha *vício de objeto será nulo*, sem *possibilidade de convalidação*. A ilegalidade do objeto ocorre quando o resultado do ato importa em violação de lei, regulamento ou outro ato normativo, conforme estabelecido no art. 2º, parágrafo único, alínea "c", da Lei n. 4.717/1965.

8.2.4. Motivo

Motivo são as razões de fato e de direito que levaram à edição do ato. Assim, é necessário haver as razões de fato e de direito que levaram à sua edição. Esses motivos devem ser verídicos e legais, passando a vincular a atividade administrativa.

O art. 2º, parágrafo único, alínea "d", da Lei n. 4.717/1965, expõe que a inexistência dos motivos se verifica quando a matéria de fato ou de direito, em que se fundamenta o ato, é materialmente inexistente ou juridicamente inadequada ao resultado obtido. O *ato eivado de vício e motivo é nulo, não comportando convalidação*. O *motivo* juntamente com o *objeto* constitui o mérito administrativo.

8.2.4.1. Teoria dos motivos determinantes

É aquela que vincula o administrador no momento da execução do ato aos motivos alegados para a sua edição. Sustento que, por segurança, todos os atos administrativos precisam ser motivados, demonstrando-se os motivos que determinam e condicionam a execução do ato.

Mesmo no ato vinculado, haverá uma situação fática que fará com que o Administrador faça incidir a norma, mesmo que esta só ofereça uma opção. A ausência da exposição circunstanciada dos motivos (motivação) ocasiona, na maioria dos casos, responsabilização do decisor, pois, tempos depois de praticado o ato, não há qualquer registro das razões de fato e de direito (motivos) que o levaram a editar.

Assim, pela teoria dos motivos determinantes, se estes forem falsos ou deixarem de subsistir antes ou durante a execução do ato, este deve cessar imediatamente, sob pena de ser considerado ilegal.

A título exemplificativo, imagine o seguinte: a autoridade competente não necessita motivar a exoneração de um ocupante de cargo de livre nomeação e exoneração. No entanto, motivou, baseando-se nas constantes faltas dele ao serviço. Esse motivo passou a vincular a edição do ato. Assim, caso o ocupante demonstre que jamais faltou ao serviço, esse ato será nulo por violar a teoria dos motivos determinantes.

Outra situação exemplificativa é a seguinte: imagine que um agente público no exercício da função tenha realizado a requisição administrativa do veículo de um transeunte, para socorrer um terceiro, diante de um iminente perigo público. Assim, o conduziu até a emergência de um hospital, o deixando sob os cuidados médicos. A partir desse momento, cessou o motivo determinante da requisição (iminente perigo público), o que acarreta a necessidade de restituição do bem. Entretanto, o agente resolve aproveitar o veículo para levar seu filho à escola e fazer algumas compras no mercado. Esse uso passar a ser ilícito por violação à teoria dos motivos determinantes.

8.2.5. Finalidade

A finalidade é o fim almejado pelo legislador ao prever legalmente o ato, sempre almejando o interesse público. Quando o administrador se afasta desse fim, almejando atender interesse pessoal, viola a finalidade, infringindo o princípio da impessoalidade e configurando *desvio de poder*, uma das hipóteses de *abuso de poder*.

O art. 2º, parágrafo único, alínea "e", da Lei n. 4.717/1965, prevê que o desvio de finalidade se verifica quando o agente pratica o ato visando a fim diverso daquele previsto, explícita ou implicitamente, na regra de competência. Assim, evidenciado o desvio de finalidade, *o ato será nulo, não comportando convalidação*.

8.3. ATRIBUTOS DO ATO ADMINISTRATIVO

Os atos administrativos gozam de atributos (características), próprios do regime de direito público, dentre os quais destacam-se a *presunção de legitimidade (veracidade e legalidade)*, a *autoexecutoriedade*, a *imperatividade*, a *coercibilidade* e a *tipicidade*.

8.3.1. Presunção de legitimidade

Os atos administrativos são presumidamente legítimos, ou seja, há uma presunção relativa (*juris tantum*) de que são verídicos (fatos) e legais (direito), cabendo a quem alega a ilegitimidade a prova desconstitutiva.

É a presunção de legitimidade do ato administrativo que preserva seus efeitos até que seja reconhecido (pela própria administração ou pelo Poder Judiciário como ilegal). Isso não impede que o ato possa ter, cautelarmente, seus efeitos suspensos (paralisados) pela própria administração ou pelo Judiciário, quando houver verossimilhança nas alegações de ilegitimidade e perigo de dano.

Assim, a título exemplificativo, quando o particular busca a invalidação de um ato administrativo, demonstrando de plano a fumaça do bom direito e o perigo da demora, o juiz poderá determinar a paralisação desse ato, ou seja, a suspensão, mas não a anulação. Esta poderá ocorrer como efeito da sentença, após o decorrer do processo, se ficar, nos autos desse, evidenciada a ilegitimidade (inveracidade dos fatos ou ilegalidade na aplicação do Direito).

8.3.2. Autoexecutoriedade

Este atributo está relacionado à possibilidade de a Administração impor sua manifestação unilateral de vontade sem a necessidade de determinação ou autorização judicial.

Como regra, a autoexecutoriedade é intrínseca aos atos administrativos e decorre do próprio exercício da função pública. Assim, a reserva de jurisdição será expressa pela lei, ou seja, estarão condicionadas à intervenção judicial aquelas medidas que a lei assim determinar. Do contrário, a Administração atuará livremente na perquirição do interesse público.

A título exemplificativo, destaco duas espécies de intervenção do Estado na propriedade: a desapropriação e o tombamento. Na primeira, intentado acordo sem sucesso com o proprietário, a lei determina que seja ajuizada a ação de desapropriação (art. 10-A, § 3º, do DL n. 3.365/1941). Na segunda, se estudarmos o DL n. 25/1937, será perceptível que não há reserva de jurisdição, ou seja, o tombamento é autoexecutável.

Por óbvio que a autoexecutoriedade não dispensa o devido processo legal, a ampla defesa e o contraditório, como determinado constitucionalmente. No entanto, se estiver a Administração, diante de risco iminente, poderá motivadamente adotar providências acauteladoras sem a prévia manifestação do interessado. No âmbito federal, tais medidas são previstas no art. 45 da Lei n. 9.784/1999, embora eu entenda que decorram do "dever geral de cautela", como exposto no tópico das medidas acauteladoras trabalhado no capítulo do processo administrativo.

8.3.3. Imperatividade

A imperatividade está presente nos chamados atos de império, ou seja, aqueles de imposição unilateral de vontade da administração. Não é atributo dos atos negociais, tido como aqueles em que o particular procura a Administração para obter determinado consentimento.

É esse atributo que permite à Administração impor ações ou abstenções aos particulares, queira este ou não. Veja, como exemplo, o ato administrativo consistente na ordem de parada, emitido de forma eletromecânica, pelo semáforo. Queira o particular ou não, este deverá parar, pois é imperativo.

A imperatividade não se confunde com o atributo da coercibilidade, uma vez que a primeira está relacionada ao poder de imposição da manifestação unilateral de vontade da Administração, enquanto a segunda está ligada à possibilidade do emprego dos meios coercitivos legalmente previstos a essa imposição.

8.3.4. Coercibilidade

A coercibilidade é o atributo que permite que a Administração possa se utilizar dos meios coercitivos para efetivar a imperatividade, ou seja, sua imposição perante os particulares.

Os meios coercitivos são aqueles previstos em lei, podendo até abranger o uso moderado da força. Devem ser exercidos atendendo-se a parâmetros de necessidade e adequação, ou seja, à proporcionalidade.

A título exemplificativo, imagine um médico plantonista, agente público municipal, que esteja acompanhando um paciente em uma ambulância que sofreu pane. Diante da iminência do perigo à vida desse paciente, o médico requisita uma ambulância privada, que passava vazia pelo local. O motorista se opõe ao uso do veículo para transportar o paciente em estado quase fatal.

Nessa situação, o médico, que se encontra no exercício da função pública, poderá utilizar-se da coercibilidade para impor a requisição administrativa, fazendo uso, inclusive, do uso moderado da força para retirar o motorista do veículo. Eventual indenização por danos materiais e morais eventualmente sofridos ficará a cargo da municipalidade, ao final, diante da comprovação pelo particular. O médico, nessa situação, dificilmente responderá regressivamente perante a Administração, salvo pelo excesso doloso ou culposo que venha a cometer (desvio da proporcionalidade).

8.3.5. Tipicidade

Este atributo está relacionado ao fato de que todo o agir da Administração é típico, ou seja, decorre de um comando legal determinante ou autorizativo. Assim, os atos administrativos sempre são editados sob um fundamento jurídico, baseado na Constituição ou nas Leis.

Ainda que a Administração haja atipicamente, ou seja, sem um fundamento legal específico (lei em sentido estrito), deverá buscar o atendimento a comandos constitucionais, ainda que em princípios implícitos consagrados pela doutrina e pela jurisprudência.

8.4. CLASSIFICAÇÃO DOS ATOS ADMINISTRATIVOS

Os atos administrativos podem receber distintas classificação, a depender do critério empregado. Assim, é possível classificá-los *quanto aos destinatários*, ao *grau de liberdade*, ao *objeto* e à *formação*.

8.4.1. Classificação quanto aos destinatários

Quanto aos destinatários, os atos podem ser:

a) *gerais:* quando atingem a coletividade como um todo, sem um destinatário específico, a exemplo de um decreto regulamentar a uma lei de caráter geral e abstrato;
b) *individuais:* quando se referem a uma situação concreta, como destinatário específico, a exemplo de um decreto de desapropriação ou uma portaria de nomeação de um servidor público.

8.4.2. Classificação quanto ao grau de liberdade

Quanto ao grau de liberdade, os atos podem ser:

a) *vinculados:* é aquele que estabelece um único comportamento possível de ser adotado pela Administração diante de um caso concreto, não há margem de liberdade ao administrador para tomar uma entre várias decisões, a exemplo do ato de aposentadoria compulsória de um servidor;
b) *discricionários:* prevê mais de um comportamento possível de ser tomado pelo administrador em um caso concreto, há margem de liberdade para que ele possa atuar com base em um juízo de conveniência e oportunidade, porém sempre dentro dos limites da lei, a exemplo da possibilidade de conceder ou não uma licença para o servidor tratar de assunto particular.

8.4.3. Classificação quanto ao objeto

Quanto ao objeto, os atos podem ser:

a) *atos de império:* aqueles dotados de imperatividade, que a Administração se utiliza da supremacia sobre o administrado, impondo obrigações de ordem unilateral, a exemplo da requisição administrativa;

b) *atos de gestão:* aqueles praticados pela Administração sem se valer da sua supremacia sobre os destinatários. São fundamentalmente regidos pelo direito privado. A administração se afasta de suas prerrogativas, colocando-se em pé de igualdade com os particulares, geralmente praticados pelas empresas públicas e pelas sociedades de economia mista, a exemplo da venda de suas ações na bolsa de valores.

8.4.4. Classificação quanto à manifestação de vontade

Quanto à manifestação de vontade, os atos podem ser:

a) *atos imperativos:* aqueles praticados pela Administração independentemente da vontade do particular, dotados de imperatividade, a exemplo de um decreto de desapropriação;

b) *atos negociais:* aqueles que não são impostos pela Administração, mas que dependem de seu consentimento, quando procurada pelos particulares, a exemplo da licença para conduzir veículo automotor terrestre ou uma licença para construir.

8.4.5. Classificação quanto à formação

Quanto à formação, os atos administrativos podem ser:

a) *simples:* é o que resulta de uma única manifestação de vontade, praticada por um único agente público, a exemplo do ato de nomeação de um Ministro de Estado;

b) *composto:* é aquele que resulta de mais de uma manifestação de vontade expedidas por agentes diferentes simultaneamente, geralmente dentro do mesmo órgão ou Poder, a exemplo de uma Portaria interministerial;

c) *complexo:* é aquele que, para se aperfeiçoar, depende de mais de uma manifestação de vontade, porém, essas manifestações de vontade devem ser produzidas por mais de um órgão e em momentos diferentes, a exemplo da aposentadoria de um servidor público (que só se aperfeiçoa com a ratificação pelo Tribunal de Contas).

8.4.6. Classificação quanto à composição decisória

Quanto à composição decisória, os atos podem ser:

a) *unipessoais:* aqueles que emanam de uma única autoridade, decididos monocraticamente, a exemplo do ato de desclassificação de uma proposta promovido pelo pregoeiro;

b) *pluripessoais:* aqueles que emanam de um colegiado, como uma comissão ou conselho, a exemplo do ato de desclassificação de uma proposta promovido pela comissão de contratação.

8.5. ESPÉCIES DE ATOS ADMINISTRATIVOS

Os atos administrativos são divididos em diferentes espécies, que variam na doutrina. Ainda que possa existir alguma lacuna, adoto as espécies abaixo.

8.5.1. Atos normativos

São aqueles que contêm um comando geral, visando a correta aplicação da lei e dos atos subsequentes, com melhor detalhamento e especificação do que essas normas previram. Os atos administrativos normativos não podem inovar na ordem jurídica, sob pena de serem sustados pelo Congresso Nacional, na forma do art. 49, inciso V, da CF/1988, ou serem anulados pelo Poder Judiciário.

Em vista disso, constituem atos secundários (a exemplo dos decretos) ou até terciários (a exemplo das portarias ministeriais). A única situação prevista pela Constituição para que um ato administrativo possua caráter primário é prevista no art. 84, inciso VI, da CF/1988, norma que permite o Presidente da República dispor, mediante decreto, sobre a organização da Administração Pública (desde que não crie ou extinga órgãos públicos, nem aumente despesas) ou a extinção de cargos públicos vagos.

Por sua vez, é comum a lei (ato primário) delegar a regulamentação para ato secundário (decreto). No entanto, excepcionalmente, é possível que a lei delegue diretamente para ato terciário (portaria). A título de exemplo, é possível mencionar a previsão do § 2º do art. 1º da Lei n. 14.133/2021, o qual prevê que "as contratações realizadas no âmbito das repartições públicas sediadas no exterior obedecerão às peculiaridades locais e aos princípios básicos estabelecidos nesta Lei, *na forma de regulamentação específica a ser editada por ministro de Estado".*

Assim, cito como exemplos de atos administrativos normativos os *decretos*, as *portarias normativas*, os *regimentos* e as *resoluções*.

Os *decretos* constituem atos exclusivos do Chefe do Executivo, a exemplo de um decreto que objetiva regulamentar a lei de licitações e contratos.

As *portarias normativas* visam disciplinar a aplicação da lei e dos decretos, a exemplo de uma portaria ministerial que disciplinar a aplicação de uma lei e um decreto no âmbito de determinado Ministério.

Os *regimentos* possuem força normativa interna e visam reger o funcionamento dos órgãos, com a atribuição e elucidação de competências internas, a exemplo de um regimento de terminado Ministério.

As *resoluções* são atos normativos expedidos por órgãos colegiados, podendo constituir ato secundário, conforme delegação normativa decorrente de lei, a exemplo de uma resolução expedida por uma agência reguladora (resoluções da ANAC) e dos conselhos temáticos (resoluções no CONAMA).

8.5.2. Atos ordinatórios

Visam a disciplinar o funcionamento da Administração e a conduta funcional dos seus agentes, fundamentando-se no poder hierárquico. Como exemplo, é possível mencionar as *instruções*, as *circulares*, as *portarias instrumentais*, os *ofícios* e os *despachos*.

As *instruções* são orientações detalhadas emitidas pelas autoridades superiores aos subalternos para a uniformização de condutas no exercício da função administrativa, e exemplo de uma instrução geral ou reguladora, que verse sobre a instrução e fluxo de um processo de aposentadoria de um servidor.

As *circulares* são ordens escritas, uniformes e coletivas expedidas por uma autoridade superior a seus subordinados, a exemplo de uma circular que regule o uso de trajes nas diferentes repartições internas de um Ministério.

As *portarias instrumentais* são atos emanados pelas autoridades competentes designando subordinado para alguma atribuição ou determinando a realização de atos gerais ou especiais, a exemplo de uma portaria de designação para um agente público compor um grupo de trabalho ou conduzir uma sindicância.

Os *ofícios* são comunicações oficiais realizadas pela Administração a terceiros, a exemplo de um ofício expedido a um particular, informando o deferimento ou indeferimento de eventual pedido administrativo formulado.

Os *despachos* administrativos podem possuir duplo caráter: instrumental e decisório. Os *despachos instrumentais* são atos de fluxo da Administração, de comunicação interna, com prestação de informações ou remessas de documentação, podendo também ser denominados em alguns lugares como *parte* (principalmente na administração militar). Já os *despachos decisórios* são atos pelos quais a Administração decide a concessão, modificação ou supressão de direito, bem como impõe obrigações ou sanções.

8.5.3. Atos negociais

São atos que manifestam o consentimento da Administração aos particulares, para o exercício de determinadas atividades, gozo de determinados direitos ou dispensa de certas obrigações, nas condições previamente impostas por ela, a exemplo das *licenças*, *autorizações*, *aprovações*, *vistos*, *dispensas* e *renúncias*.

As *licenças* são atos vinculados e permanentes (não precários) em que a Administração consente ao cidadão a possibilidade de realizar determinada atividade, nas condições por ela impostas. Embora não seja ato precário, poderá ser extinta com a cassação, caso haja o descumprimento das condições previamente estabelecidas. Como exemplo menciona-se a licença para conduzir veículo automotor terrestre (popularmente conhecida como Carteira Nacional de Habilitação).

As *autorizações* são atos discricionários e precários em que a Administração concede ao cidadão a faculdade de exercer uma atividade, se compreender que há conveniência e oportunidade, comportando revogação, caso sua manutenção se torne inconveniente e inoportuna. A título de exemplo, pode-se mencionar a autorização para colocação de mesas e cadeiras por um bar em determinado passeio público. Caso, com o decorrer do tempo, o bar passe a impedir o trânsito de pedestres, causar perturbações aos transeuntes, a Administração poderá compreender que sua manutenção se tornou inconveniente e inoportuna, promovendo a revogação.

As *aprovações* são análises realizadas pela administração, para atividades que estejam legalmente previstas e que dela dependam para sua execução. A exemplo, pode-se destacar a aprovação de um projeto arquitetônico em área sob controle dos órgãos de proteção ao patrimônio histórico e artístico.

Os *vistos* são declarações de consentimento emitidos pela Administração, para o exercício de determinada atividade ou gozo de determinado direito. Como exemplo menciona-se a concessão de visto para um estudante estrangeiro poder estudar durante determinado período no país.

As *dispensas* são atos administrativos que eximem o particular do cumprimento de determinada obrigação até então exigida pela lei, a exemplo da dispensa de prestação do serviço militar, para a qual é emitido o Certificado de Dispensa de Incorporação (CDI).

As *renúncias* são atos administrativos pelos quais o Poder Público extingue um direito próprio em favor do particular, liberando definitivamente a pessoa obrigada perante a Administração Pública. A sua principal característica é a irreversibilidade depois de consumada. Como exemplo menciona-se a renúncia fiscal.

8.5.4. Atos enunciativos

São aqueles que a Administração se limita a certificar ou atestar um fato, bem como emitir uma opinião acerca de determinado tema, a exemplo das *certidões*, dos *atestados* e dos *pareceres ou notas técnicas*.

As *certidões* são manifestações escritas sobre a veracidade de atos constantes em processo, livros ou documentos que se encontrem na repartição pública. Como exemplo pode-se mencionar uma certidão de veracidade dos assentamentos funcionais de um servidor público.

Os *atestados* são atos pelos quais a Administração Pública manifesta a veracidade de um fato ou uma situação de que tenha conhecimento, a exemplo de um atestado de comparecimento a uma consulta, emitido por um médico público.

Os *pareceres* ou *notas técnicas* são manifestações de órgãos técnicos sobre assuntos submetidos à sua consideração, a exemplo de um parecer jurídico emitido pelo respectivo órgão consultivo.

8.5.5. Atos sancionadores

São aqueles que contêm uma sanção imposta pelo poder público em razão da prática de uma infração de natureza administrativa, imposta de forma unilateral, após a observância do devido processo legal, com ampla defesa e contraditório. Decorrem do poder disciplinar ou do poder de polícia da Administração, a exemplo da imposição de uma advertência ou multa.

8.5.6. Atos acauteladores

São aqueles que decorrem do dever geral de cautela da Administração Pública, diante de risco iminente, e que podem ser tomados sem a prévia manifestação do interessado. Como exemplo pode-se mencionar a suspensão cautelar do exercício profissional ou a suspensão cautelar das atividades de determinada empresa.

8.6. FORMAS DE EXTINÇÃO DO ATO ADMINISTRATIVO

O ato administrativo pode ser extinto pela anulação, pela revogação, pela cassação, pela caducidade ou pela contraposição.

8.6.1. Anulação

A *anulação* pressupõe ilegalidade do ato, ou seja, de que ele foi praticado em desconformidade com o direito. Poderá ser realizada pela própria Administração Pública, com fundamento no princípio da autotutela, ou pelo Poder Judiciário, com fundamento no princípio de inafastabilidade de apreciação jurisdicional. Havendo possibilidade de convalidação, diante de eventual vício de competência ou forma, o ato deverá ser convalidado e não anulado, preservando-se a manifestação de vontade da Administração.

A anulação tem efeitos *ex tunc*, ou seja, retroagem à prática do ato, uma vez que este, por ter sido legal, não produziu efeitos. No entanto, em determinadas situações, o legislador tem admitido uma espécie de modulação de efeitos, com a preservação de situações já consagradas, ainda que seja até a completa regularização.

Como exemplo, é possível mencionar o art. 21 da LINDB, o qual não só estabelece que "a decisão que, nas esferas administrativa, controladora ou judicial, decretar a invalidação de ato, contrato, ajuste, processo ou norma administrativa deverá indicar de modo expresso suas consequências jurídicas e administrativas", mas determina que essa decisão deverá "indicar as condições para que a regularização ocorra de modo proporcional e equânime e sem prejuízo aos interesses gerais, não se podendo impor aos sujeitos atingidos ônus ou perdas que, em função das peculiaridades do caso, sejam anormais ou excessivos".

Há a determinação legal, no art. 23 da LINDB, para o estabelecimento de um regime de transição, quando indispensável para que o novo dever ou condicionamento de direito seja cumprido de modo proporcional, equânime, eficiente e sem prejuízo aos interesses gerais, nas situações em que se estabelecer interpretação ou orientação nova sobre norma de conteúdo indeterminado, impondo novo dever ou novo condicionamento de direito.

Com o propósito de afirmar o princípio da segurança jurídica e da proteção à confiança, o legislador estabeleceu um limite à anulação dos atos administrativos, com base em aplicação retroativa de nova interpretação. Trata-se do comando previsto no art. 24 da LINDB, aplicável para as decisões anulatórias proferidas pela própria Administração (de todos os Entes Federativos) e pelo Poder Judiciário.

Assim, fixou que a revisão, nas esferas administrativa, controladora ou judicial, quanto à validade de ato, contrato, ajuste, processo ou norma administrativa cuja produção já se houver completado, *levará em conta as orientações gerais da época*, sendo *vedado* que, com base em mudança posterior de orientação geral, se *declarem inválidas situações plenamente constituídas*.

Para tanto, estabeleceu o que são as orientações gerais, tendo-as como as interpretações e especificações contidas em atos públicos de caráter geral ou em jurisprudência judicial ou administrativa majoritária, bem como as adotadas por prática administrativa reiterada e de amplo conhecimento público (a *praxis* administrativa).

Situação semelhante tem se observado na anulação dos contratos administrativos, com a redação dos arts. 147 e 148 da Lei n. 14.133/2021, que será estudada em seção própria, no capítulo de licitações e contratos.

Por fim, defendo que, diante de anulação de ato administrativo para a qual o particular não concorreu ou contribuiu, havendo comprovação de dano concreto e desproporcional, a Administração tem o dever de indenizar, com base no art. 37, § 6º, da CF/1988, cabendo o direito de regresso contra o responsável, desde que configurado o elemento subjetivo dolo ou erro grosseiro.

8.6.2. Revogação

A revogação é a extinção do ato administrativo pela própria administração, baseada em razões de conveniência e oportunidade (o ato é válido, porém, não mais conveniente e oportuno). Por ter sido legítimo, preserva todos os efeitos produzidos até a data de sua revogação, razão pela qual esta não possui efeitos retroativos, ou seja, possui efeitos *ex nunc*.

Embora a revogação seja discricionária, é indispensável que seja motivada, com as razões de fato e de direito que levam à administração compreender que ela é necessária e adequada para atender o interesse público. Ressalta-se que não podem ser revogados os atos vinculados, tampouco aqueles que já exauriram seus efeitos.

Entendo que, a fim de garantir o princípio da segurança jurídica e da proteção à confiança, mesmo na revogação, deve incidir o art. 23 da LINDB, o qual determina que a decisão administrativa que imponha novo dever ou novo condicionamento de direito deverá prever regime de transição quando indispensável para que o novo dever ou condicionamento de direito seja cumprido de modo proporcional, equânime e eficiente e sem prejuízo aos interesses gerais.

A título de exemplo, imagine um servidor público que tenha requerido licença para tratar de interesse particular pelo período de dois anos e a administração tenha concedido. Com isso, realizou investimentos e ações para cursar mestrado no exterior, vendendo seus pertences e entregando a casa alugada que possuía no Brasil. No novo país, firmou contrato de aluguel, realizou matrícula e pagou adiantado seus estudos.

Decorridos três meses da concessão da licença (que era de dois anos), a Administração resolve revogá-la por ter se tornado inconveniente e inoportuna, diante da ocorrência de elevado número de aposentadorias de servidores públicos. Como isso, no dia seguinte, o servidor já teria que entrar em exercício novamente, sob pena de ter início a contagem do prazo para abandono do cargo.

Veja-se que, embora a Administração possa revogar a concessão dessa licença por razões de interesse público, baseadas em conveniência e oportunidade, nesse caso concreto, há um novo condicionamento de direito, o que faz imperar um regime de transição, para que a decisão seja cumprida de modo proporcional, equânime e eficiente e sem prejuízo aos interesses gerais.

8.6.3. Cassação

É a extinção do ato administrativo que ocorre quando o cidadão deixa de preencher condição necessária à manutenção da atividade consentida pela Administração, devendo ser prevista na lei que rege seu exercício.

Deve ocorrer mediante o estabelecimento do devido processo legal, com ampla defesa e contraditório, podendo ser precedida por suspensão cautelar durante o curso do processo. Como exemplo, pode-se mencionar a cassação da licença para o exercício profissional da medicina ou da advocacia, bem como a cassação da licença para conduzir veículo automotor terrestre (CNH).

8.6.4. Caducidade

É a extinção do ato administrativo em razão da superveniência de norma legal com a qual ele passa conflitar. Assim, ocorrerá a caducidade tácita do ato administrativo.

Defendo que os atos editados com a finalidade de regulamentar determinada lei não caducam pela simples superveniência de outra norma que revogue a anterior, mantendo sua a eficácia. Assim, a título ilustrativo, sustento que os regulamentos editados à luz da Lei n. 8.666/1993 que em nada conflitarem com a Lei n. 14.133/2021 continuam eficazes, podendo ser utilizados pela Administração, afastando-se pontualmente eventual dispositivo conflitante.

8.6.5. Contraposição

É a extinção do ato administrativo, em razão da expedição de um segundo, cujos efeitos são contrapostos ao do ato inicial, razão pela qual ocorre a extinção tácita do ato.

Enquanto a caducidade decorre do conflito de um ato administrativo anterior com uma lei posterior, a contraposição resulta do conflito de um ato administrativo anterior com outro posterior.

8.6.6. Conversão

A conversão é a extinção de um ato pela sua transformação em outro, resultante da convalidação por vício de forma ou por determinação legal. O ato convertido é automaticamente extinto. A título de exemplo, pode-se mencionar a conversão do ato de destituição de um servidor do cargo em comissão que ocupava em exoneração, decorrente de um processo de revisão disciplinar, no qual tenha demonstrado sua inocência.

RESUMO DO CAPÍTULO 8

	CONCEITO		Manifestação unilateral da Administração para adquirir, transferir, modificar ou extinguir direitos e obrigações a si mesma ou a terceiros.
REQUISITOS DE VALIDADE		O que são	Cada requisito determina a **validade do ato.**
		Competência	Prerrogativa do agente público.
			Irrenunciável, com **possibilidade de delegação e avocação** em casos excepcionais.
			A delegação deve observar os limites legais e a **avocação** só ocorre para atender situações justificadas e de interesse público, não se aplicando a competências exclusivas.
		Forma	Em geral, **escrita e publicada**.
			Outras formas possíveis incluem gestos e sinais para instruções de trânsito.
		Objeto	Finalidade **específica e lícita do ato**.
			A ilegalidade do objeto torna o ato nulo.

REQUISITOS DE VALIDADE	Motivo	Fatores de fato e de direito que justificam o ato.
		Devem ser **verdadeiros e legais**, com base na Teoria dos Motivos Determinantes.
	Finalidade	Alvo do **interesse público** que justifica o ato, e qualquer desvio dessa finalidade acarreta nulidade.
ATRIBUTOS		Presunção de **legitimidade, autoexecutoriedade, imperatividade, coercibilidade e tipicidade** que conferem eficácia ao ato.
CLASSIFICAÇÃO DOS ATOS		Classificados por **destinatários** (gerais ou individuais).
		Grau de **liberdade** (vinculados ou discricionários).
		Objeto (império ou gestão).
		Formação (simples, composto ou complexo).
ESPÉCIES DE ATOS		Incluem atos normativos, ordinatórios, negociais, enunciativos, sancionadores e acauteladores.
FORMAS DE EXTINÇÃO	Anulação	**Extinção de ato ilegal** pela própria Administração ou pelo Judiciário com efeitos retroativos. Ocorre em razão de ilegalidade e tem efeitos *ex tunc* (retroativos).
	Revogação	**Extinção de ato válido** por falta de conveniência ou oportunidade, sem efeitos retroativos. Só pode ser aplicada em atos **discricionários** e **válidos**.
	Cassação	Ocorre **quando o particular descumpre condição essencial para manter o ato**. Exige contraditório e ampla defesa.
	Caducidade	Extinção por **surgimento de norma posterior conflitante**, causando obsolescência do ato original.
	Contraposição	Extinção pela **emissão de novo ato** que se opõe ao anterior. Deve ser realizada **pela mesma autoridade ou por uma autoridade de competência equivalente ou superior** para extinguir o ato anterior.
	Conversão	Transformação de um **ato inválido em válido** por meio de convalidação ou adequação.

Capítulo 9
LICITAÇÕES E CONTRATOS[1]

9.1. CONCEITO

A licitação pode ser conceituada como um processo administrativo, composto por atos e procedimentos, que objetive assegurar a seleção da proposta apta a gerar o resultado de contratação mais vantajoso, evitando-se contratações com sobrepreço e preços manifestamente inexequíveis, bem como promover a justa competição, com o tratamento isonômico aos licitantes, e incentivar a inovação e o desenvolvimento nacional sustentável.

9.2. NORMATIZAÇÃO APLICÁVEL

Em matéria de licitações e contratos, compete à União editar normas gerais à Administração Direta, autárquica e fundacional, bem como às empresas públicas e sociedades de economia mista de todos os Poderes em todos os níveis federativos, conforme competência estabelecida no art. 22, inciso XXVII, da CF/1988.

Assim, tem-se a Lei n. 14.133/2021 (LLC), como lei geral de licitações e contratos a todos os Entes federativos. Embora seja considerada norma de caráter geral, há dispositivos específicos que se aplicam exclusivamente à União, os quais devem ser interpretados restritivamente.

Não obstante, quase a totalidade dessas disposições aplicam-se a todos os Entes Federativos, sendo de observância obrigatória. Aos entes locais, cabe a edição de normas complementares, não conflitantes com a lei geral.

O caráter (geral ou especial) de vários dispositivos da Lei n. 14.133/2021 tem gerado discussão, a exemplo do art. 8º (que trata sobre requisitos do agente de contratação). Trata-se de norma geral, aplicável a todos os Entes federativos, ou norma específica à União? Até que ponto o legislador da União pode tratar dessa matéria sem invadir a competência legislativa dos Estados, do Distrito Federal e dos Municípios.

É imperioso compreender que o legislador da LLC partiu de uma interpretação ampliativa do conceito de "norma geral". Como dito acima, a CF/1988, em seu art. 22, inciso XXVII, estabelece que é competência privativa da União legislar sobre "normas gerais de licitação e contratação, em todas as modalidades, para as administrações públicas diretas, autárquicas e fundacionais da União, Estados, Distrito Federal e Municípios".

---

[1] Para aprofundamento específico na área, principalmente aos profissionais que atuam exclusivamente com Licitações e Contratos, recomendamos a utilização conjunta deste livro com o *Manual de Licitações e Contratos*, de minha autoria e da Professora Marilene Carneiro Matos, também publicado pelo Grupo GEN, no selo Saraiva Jur: ALVES, Felipe Dalenogare; MATOS, Marilene Carneiro. *Manual de Licitações e Contratos Administrativos*. São Paulo: Saraiva Jur, 2025.

A Lei n. 8.666/1993 era caracterizada por constituir um conjunto de normas predominantemente procedimentais, ou seja, mecanizadas, em grande parte relacionadas diretamente aos procedimentos licitatórios e contratuais em si, da espécie "agente público, abra o envelope... devolva o envelope".

A Lei n. 14.133/2021, por outro turno, ultrapassa esse paradigma (meramente procedimental) e apresenta uma nova concepção de "norma geral", com muitos dispositivos relacionados à governança pública, transparência, como, por exemplo, a instituição de linhas de defesa, aspectos procedimentais nos Tribunais de Contas quando este estiver analisando matéria afeta às licitações e contratações, restrição à aquisição de bens de luxo, critérios a serem observados à invalidação (até judicial) de um contrato administrativo, dentre outros.

Dito de outro modo, na Lei n. 14.133/2021, o legislador compreendeu como "norma geral" vários aspectos relacionados à conjuntura de licitações e contratos. Diferentemente do legislador nonagenário, o atual não tratou como norma geral só aquelas relacionadas aos procedimentos licitatórios e contratuais ("a obra"), mas tudo aquilo, com licitações e contratos, relacionado ("o conjunto da obra").

As empresas estatais (empresas públicas e sociedades de economia mista) estão sujeitas à Lei n. 13.303/2016, que, em seu art. 28 e seguintes, tratam das normas a elas aplicáveis sobre licitações e contratos, tratando-se, portanto, de norma especial.

Embora a Lei n. 14.133/2021 estabeleça que, em seu art. 1º, § 1º, que essas estatais (bem como suas subsidiárias) por ela não são abrangidas, continuando regidas pela Lei n. 13.303/2016, o dispositivo não é de todo verdadeiro. Isso porque a teoria do direito nos ensina que, na ausência de disposição específica na norma especial, é possível a aplicação das disposições contidas em norma geral.

Por conseguinte, embora a Lei n. 13.303/2016 tenha aplicação principal (especial) a essas empresas, na ausência de disposição específica nesta lei, essas entidades poderão se socorrer à norma geral. Isso tem ocorrido, a exemplo da utilização do procedimento auxiliar do credenciamento, uso que, inclusive, já teve chancela do Tribunal de Contas da União[2].

Além dessa lei especial, tem-se outras normativas especiais que devem ser aplicadas de modo principal, com aplicação subsidiária da Lei n. 14.133/2021, a exemplo da Lei Complementar n. 182/2021 (que institui uma modalidade especial à contratação de testes de soluções inovadoras desenvolvidas ou a serem desenvolvidas por *startups*), a Lei n. 12.232/2010 (que dispõe sobre as normas para licitação e contratação de serviços de publicidade prestados por intermédio de agências de propaganda), a Lei n. 8.987/1995 (que versa sobre a licitação e contratação de permissionárias e concessionárias de serviços públicos), a Lei n. 11.079/2004 (a qual institui normas gerais para licitação e contratação de parceria público-privada) e a Lei n. 14.981/2024 (que dispõe sobre medidas excepcionais para a aquisição de bens e a contratação de obras e de serviços, inclusive de engenharia, destinados ao enfrentamento de impactos decorrentes de estado de calamidade pública).

---

[2] A título de exemplo, veja o Acórdão 5495/2022, Segunda Câmara, de relatoria do Min. Bruno Dantas, julgado em 13/09/2022, e o Acórdão 533/2022, Plenário, de relatoria do Min. Antonio Anastasia, julgado em 16/03/2022.

Por fim, é necessário destacar que, não obstante a revogação da Lei n. 8.666/1993, esta continua regendo a execução contratual daqueles contratos com base nela celebrados, em virtude do administrador ter optado pelo seu regime, por ocasião da instauração do processo licitatório, como previsto no art. 191, parágrafo único, da Lei n. 14.133/2021.

9.3. O MARCO NORMATIVO LICITATÓRIO E CONTRATUAL ESTABELECIDO PELA LEI N. 14.133/2021

Como dito acima, a Lei n. 14.133/2021 estabelece normas gerais de licitação e contratação para as administrações públicas diretas, autárquicas e fundacionais da União, dos Estados, do Distrito Federal e dos Municípios, revogando a Lei n. 8.666/1993 (Lei Geral de Licitações e Contratos), a Lei n. 10.520/2002 (Lei que estabeleceu a modalidade pregão) e a parte da Lei n. 12.462/2011, que tratava sobre o Regime Diferenciado de Contratações (RDC).

Embora tenha entrado em vigor na data da publicação, em 1º de abril de 2021, ou seja, **sem qualquer** *vacatio legis*, a Lei n. 14.133/2021 não revogou imediatamente essas leis, promovendo o que denomino de *modulação da eficácia normativa*. Isso porque ambos os marcos normativos continuaram convivendo harmonicamente, durante um período de prova, justamente para que o administrador pudesse se adequar à nova normativa.

Assim, inicialmente, o art. 193 da Lei n. 14.133/2021 revogou imediatamente os arts. 89 a 108 da Lei n. 8.666/1993, que tratavam da parte penal e processual penal, extinguindo os dispositivos processuais e transferindo os tipos penais para o Código Penal, em um capítulo próprio sobre os crimes licitatórios, onde deveriam estar, bem como estabeleceu que, decorridos dois anos de sua vigência, ficariam revogadas as demais normas do antigo marco normativo de licitações e contratos (a integralidade da Lei n. 8.666/1993 e da Lei n. 10.520/2002, bem como os arts. 1º a 47 da Lei n. 12.462/2011).

No entanto, ao se aproximar da data derradeira (1º de abril de 2023), tendo em vista a baixíssima utilização da Lei n. 14.133/2021, houve um movimento político capitaneado principalmente pela Frente Nacional de Prefeitos, pugnando pela dilação do prazo de vigência do ordenamento anterior, o que foi atendido pelo Presidente da República, com a edição da Medida Provisória n. 1.167/2023, a qual prolongou a vida das antigas leis até o dia 30 de dezembro de 2023.

Essa medida provisória teve a vigência expirada e não foi apreciada pelo Congresso Nacional, o que fez com que, no interstício de sua vigência, fossem inseridas na Lei Complementar n. 198/2023 (que tratava sobre o Fundo de Participação dos Municípios) disposições a ela semelhantes, a fim de que houvesse a aprovação do Congresso Nacional, uma vez que essa Lei Complementar já estava em estado avançado de tramitação.

Assim, essa Lei Complementar confirmou a sobrevida derradeira do regime normativo anterior até o dia 30 de dezembro de 2023, estabelecendo que até esta data o legislador poderia optar por um ou outro regime, o qual regulará não apenas a licitação ou a contratação direta, mas também os contratos delas resultantes.

9.4. PRINCIPAIS DISPOSIÇÕES REGULADAS PELA LEI N. 14.133/2021

A Lei n. 14.133/2021 está estruturada em cinco títulos, compostos de capítulos, seções e subseções, entre os quais seleciono os pontos mais importantes, para apresentarmos nesta obra. Percebe-se que a Lei n. 14.133/2021 é muito mais abrangente e trata de assuntos até então não tratados pela Lei n. 8.666/1993.

Em verdade, muitas disposições não estavam nesta lei geral, mas se encontravam na revogada Lei do Pregão, nas disposições revogadas da Lei do RDC, bem como na Lei das Estatais. Serão abordadas, então, de forma sintética, as principais inovações trazidas pela Lei n. 14.133/2021.

9.4.1. Disposições preliminares da Lei n. 14.133/2021

Essas disposições estão contidas no Título I da Lei n. 14.133/2021 e estruturam a compreensão de todo o marco normativo, estabelecendo questões como os destinatários da licitação, as contratações realizadas no exterior, o objeto da licitação, o tratamento diferenciado às Microempresas e Empresas de Pequeno Porte, os princípios da licitação e da contratação pública, as principais definições e as disposições aplicáveis aos agentes públicos que desempenham funções essenciais à sua execução, como será visto a seguir.

9.4.1.1. Destinatários da licitação

No *Título I*, ao tratar das disposições preliminares e estabelecer o âmbito de aplicação da LLC em seu *Capítulo I*, destaca-se que não são abrangidas pela Lei n. 14.133/2021 as empresas públicas, as sociedades de economia mista e as suas subsidiárias, que continuarão a ser regidas pela Lei n. 13.303/2016 (art. 1º, § 1º). Como já explicado acima, as estatais seguem sua legislação especial, o que não impedirá a aplicação da Lei n. 14.133/2021 de modo supletivo, por se tratar de norma geral.

Assim, a Lei n. 14.133/2021 é de observância obrigatória à Administração direta, autárquica e fundacional de todos os Poderes, de todos os Entes da Federação, inclusive quando empregados recursos dos Fundos Especiais.

9.4.1.2. Contratações públicas realizadas no exterior

As contratações realizadas no âmbito das repartições públicas sediadas no exterior obedecerão às peculiaridades locais e aos princípios básicos estabelecidos na Lei n. 14.133/2021, na forma de regulamentação específica a ser editada por Ministro de Estado, conforme determina o art. 1º, § 2º. Entendo ser ato de competência de cada Ministro de Estado para seus respectivos órgãos[3].

A Lei n. 14.133/2021 manteve os princípios da legislação anterior (Lei n. 8.666/1993), mas direcionou a competência para regulamentar essas contratações aos ministros de Estado, refletindo práticas já observadas anteriormente no que tange à regulamentação dessas contratações. Foi um acerto do legislador, pois ninguém melhor para compreender as peculiaridades materiais (técnicas) e territoriais (locais) do que as Pastas diretamente envolvidas.

---

[3] A título exemplificativo, no âmbito do Ministério da Defesa, a Portaria GM-MD n. 5.175, de 15 de dezembro de 2021, regulamenta as compras realizadas pelo Comando da Marinha, do Exército e da Aeronáutica no exterior.

Percebe-se que o legislador realizou uma degradação do grau hierárquico legislativo de segundo grau (via portaria ministerial e não decreto presidencial), situação pouco comum no sistema jurídico brasileiro[4]. Como já mencionado, a possibilidade de regulamentação por ministro de Estado, trazida pela Lei n. 14.133/2021, permite uma regulamentação mais adequada às particularidades das atividades realizadas no âmbito de cada um dos Ministérios, potencializando os esforços dos agentes públicos que representam o interesse nacional em solo estrangeiro.

Como exemplo de repartições brasileiras sediadas no exterior, menciono as representações do Ministério das Relações Exteriores, do Ministério da Defesa, das Forças Armadas, da Polícia Federal e da Agência Brasileira de Inteligência. Assim, com a delegação para que cada Ministro regulamente a matéria, os normativos permitem que os interesses brasileiros possam ser representados sem desconsiderar as peculiaridades locais, especialmente quanto à soberania e prevalência do direito adotado no país estrangeiro, buscando a contratação mais vantajosa para o país[5].

9.4.1.3. Objeto das licitações realizadas pela Lei n. 14.133/2021

A Lei n. 14.133/2021 aplica-se à alienação e concessão de direito real de uso de bens; compra, inclusive por encomenda; locação; concessão e permissão de uso de bens públicos; prestação de serviços, inclusive os técnico-profissionais especializados; obras e serviços de arquitetura e engenharia; e contratações de tecnologia da informação e de comunicação, o que constituem destinatários objetivos da licitação previstos no art. 2º dessa Lei.

As licitações para a contratação de serviços de publicidade prestados por intermédio de agências de propaganda continuam regidas primariamente pela Lei n. 12.232/2010, a licitação e contratação de permissionárias e concessionárias de serviços públicos continuam regidas pela Lei n. 8.987/1995 e a licitação e contratação de parceria público-privada continuam sujeitas à Lei n. 11.079/2004, com aplicação subsidiária da Lei n. 14.133/2021.

9.4.1.4. Tratamento favorecido às ME e EPP

O tratamento diferenciado às Microempresas (ME) e Empresas de Pequeno Porte (EPP), o que também abrange os Microempreendedores individuais (ME), é expresso no art. 4º da Lei n. 14.133/2021. Assim, são aplicáveis às licitações e contratos, as disposições constantes nos arts. 42 a 49 da LC n. 123/2006.

---

[4] O princípio da degradação do grau hierárquico, trabalhado pelo professor português José Joaquim Gomes Canotilho, refere-se à transferência de competências normativas de uma autoridade superior para uma inferior. Esse fenômeno ocorre quando o legislador delega a responsabilidade de criar normas específicas a outros órgãos ou entidades, que não são o Poder Legislativo, para complementar ou detalhar a legislação existente. Canotilho argumenta que essa delegação é necessária para lidar com questões de alta complexidade técnica, às quais especialistas e técnicos podem fornecer regulamentações mais apropriadas (CANOTILHO, José Joaquim Gomes. *Direito constitucional e teoria da Constituição*. 4. ed. Coimbra: Almedina, 2000, p. 837).

[5] A respeito das contratações realizadas pelas repartições estrangeiras no exterior, ver: ALVES, Felipe Dalenogare; SILVA, Jader Esteves. As aquisições realizadas pelas repartições públicas brasileiras no exterior. *Portal Migalhas*. 4 dez. 2024. Disponível em: https://www.migalhas.com.br/depeso/420816/aquisicoes-realizadas-por-reparticoes--publicas-brasileiras-no-exterior. Acesso em: 16 dez. 2024.

As disposições contidas no Estatuto das Micro e Pequenas Empresas objetivam atender ao tratamento favorecido constitucionalmente previsto no art. 179 da CF/1988, almejando promover justiça social e o desenvolvimento nacional sustentável. Para isso, o art. 47 da LC n. 123/2006, estabelece que, nas contratações públicas da Administração direta e indireta, autárquica e fundacional, federal, estadual e municipal, deverá ser concedido tratamento diferenciado e simplificado para as ME e EPP, objetivando a promoção do desenvolvimento econômico e social no âmbito municipal e regional, a ampliação da eficiência das políticas públicas e o incentivo à inovação tecnológica.

O tratamento previsto na LC n. 123/2006 *é piso*, podendo, conforme defendo, *ser ampliado*, pelas normas estaduais ou municipais, na busca tratamento mais favorável a essas ME e EPP, conforme previsto expressamente no parágrafo único do art. 47 dessa LC. Em razão disso, muitos Municípios já têm previsto em normas locais a prioridade de contratação às ME e EPP sediadas local ou regionalmente nas *licitações exclusivas, nas subcontratações e na cota às ME e EPP*, que serão tratadas abaixo, o que compreendo *ser constitucional e atender aos ditames dessa Lei Complementar*.

Isso porque o art. 48, ao tratar das licitações exclusivas e das cotas às ME e EPP, não se desprende do art. 47. Pelo contrário, estabelece justamente as *normas de piso* para atender o tratamento diferenciado conferido por este dispositivo, dentre elas a realização de *processo licitatório exclusivo às ME e EPP* nos itens de contratação cujo valor seja de até R$ 80.000,00; a *exigência de subcontratação de ME e EPP* nos processos licitatórios destinados à contratação de obras e serviços; e o estabelecimento de *cota de até 25% do objeto* para a contratação de ME e EPP nos certames à aquisição de bens de natureza divisível.

Se essas são normas de piso e o parágrafo único do art. 47 da LC n. 123/2006 permite que os Entes locais confiram tratamento mais benéfico, sustento ser possível que, nos benefícios elencados acima, esses Entes fixem, por meio de lei, preferência de contratação àquelas sediadas no Estado ou no respectivo Município, nos *processos licitatórios exclusivos às ME e EPP*, na *subcontratação das ME e EPP* e na *cota de até 25% do objeto*, desde que respeitada a variação de até 10% do preço acima da melhor proposta apresentada pelas empresas não sediadas, conforme previsão do art. 48, § 3º, dessa LC.

Defendo que essa regionalização das compras públicas também pode ser feita *às dispensas de pequeno valor*, previstas nos incisos I e II do art. 75 da Lei n. 14.133/2021, às quais deverão ser realizadas preferencialmente com as ME e EPP, na forma do art. 49, inciso IV, da LC n. 123/2006.

As licitações exclusivas, a subcontratação e a cota de até 25% às ME e EPP podem ser afastadas se não houver um mínimo de três fornecedores competitivos enquadrados como ME e EPP sediados local ou regionalmente e capazes de cumprir as exigências estabelecidas no edital ou se o tratamento diferenciado e simplificado não for vantajoso à Administração ou representar prejuízo ao conjunto ou complexo do objeto a ser contratado, hipóteses previstas no art. 49 da LC n. 123/2006.

Além dos benefícios expostos acima, as ME e EPPs gozam de outros, como a relativização dos requisitos de habilitação na licitação e a preferência de adjudicação em caso de empate real ou ficto.

Nos termos do art. 42 da LC n. 123/2006, nas licitações públicas, a comprovação de regularidade fiscal e trabalhista das ME e das EPP somente será exigida para efeito de assinatura do contrato. Não obstante, por força do art. 43 dessa Lei, durante o certame, mesmo que a documentação apresente alguma restrição, elas deverão apresentá-la.

Havendo alguma restrição na comprovação da regularidade fiscal e trabalhista, será assegurado o prazo de cinco dias úteis, cujo termo inicial corresponderá ao momento em que o proponente for declarado vencedor do certame, prorrogável por igual período, a critério da administração pública, para regularização da documentação, para pagamento ou parcelamento do débito e para emissão de eventuais certidões negativas ou positivas com efeito de certidão negativa.

Não ocorrendo essa regularização, decairá o direito da ME ou da EPP em ser contratada, sem prejuízo das sanções administrativas previstas na Lei n. 14.133/2021, facultando-se à Administração convocar os licitantes remanescentes, na ordem de classificação, para a assinatura do contrato.

A LC n. 123/2006, nos arts. 44 e 45, garante ainda que, nas licitações, será assegurada, como critério de desempate, preferência de contratação para as microempresas e empresas de pequeno porte, tanto na hipótese de *empate real*, quanto *empate ficto*.

Na primeira situação, é o empate em *igualdade formal de situação*, a exemplo de uma microempresa cotar um bem a 100 reais e uma empresa de grande porte (ou ME e EPP impossibilitada de usufruir dos benefícios) cotar o mesmo bem a 100 reais. Na segunda, trata-se de empate em *igualdade material de situação*, caso em que as propostas apresentadas pelas ME e EPP até 10% (dez por cento na concorrência ou no diálogo competitivo) ou até 5% (cinco por cento no pregão) superiores à proposta mais bem classificada apresentada por uma empresa de grande porte (ou ME e EPP impossibilitada de usufruir dos benefícios) serão consideradas *fictamente empatadas*.

Ocorrendo o empate real ou ficto, a ME ou EPP mais bem classificada poderá apresentar proposta de preço inferior àquela considerada vencedora do certame, situação em que será adjudicado em seu favor o objeto licitado. Caso essa não apresente proposta com preço inferior, devem ser convocadas as ME e EPP remanescentes, para o exercício do mesmo direito.

Não havendo nenhuma ME ou EPP que supere o preço da proposta originária, o objeto licitado será adjudicado em favor desta. Também é importante ressaltar que, se a proposta originariamente classificada em primeiro lugar tiver sido apresentada por uma ME ou EPP em gozo dos benefícios, não haverá de se falar em empate ficto.

Falo em ME ou EPP no gozo dos benefícios porque a Lei n. 14.133/2021, no art. 4º, § 1º, prevê que as disposições constantes na LC n. 123/2006 não são aplicáveis no caso de licitação à *aquisição de bens ou contratação de serviços* em geral, *ao item* cujo valor estimado for superior à receita bruta máxima admitida para fins de enquadramento como EPP (receita bruta superior a R$ 4.800.000,00) e, no caso de *contratação de obras e serviços de engenharia*, *às licitações* cujo valor estimado for superior a essa receita bruta máxima.

O § 2º do art. 4º da Lei n. 14.133/2021 também limita o tratamento diferenciado às ME e às EPP que, *no ano-calendário de realização da licitação* (entendo ser o ano da publicação do edital), ainda não tenham celebrado contratos com a Administração Pública, cujos valores somados extrapolem essa receita bruta máxima de R$ 4.800.000,00, devendo o órgão ou entidade exigir do licitante declaração de observância desse limite na licitação.

Assim, as ME e EPP não poderão gozar dos benefícios da Lei n. 14.133/2021, em duas situações: *1ª)* no caso de já ter ultrapassado a receita bruta superior a R$ 4.800.000,00, ainda que, formalmente, perante a Receita Federal, ainda continuem enquadradas como ME ou EPP; *2ª)* se já celebraram contratos com a Administração Pública que, somados (incluindo-se os contratos com órgãos e entidades de todos os Entes federativos), ultrapassem a receita bruta superior a R$ 4.800.000,00.

Na segunda situação, penso que deve se tratar de efetiva contratação, ou seja, aquela realizada por contrato ou, no caso de registro de preços, por emissão da nota de empenho. Assim, valores registrados (por SRP) e ainda não empenhados não podem ser somados nesse teto.

Também, por força do § 3º do art. 4º da Lei n. 14.133/2021, nas contratações com prazo de vigência superior a 1 (um) ano, será considerado o valor anual do contrato na aplicação desse limite e não ao somatório global.

9.4.1.5. Princípios da licitação e da contratação

No *Capítulo II*, ao tratar dos princípios, a Lei n. 14.133/2021, no art. 5º, apresenta alguns novos, que não se encontravam no art. 3º da Lei n. 8.666/1993, mas que eram aplicáveis na *praxis* administrativa, juntamente com outros que nesta já constavam.

O atual rol consagra os princípios da legalidade, da impessoalidade, da moralidade, da publicidade, da eficiência, do interesse público, da probidade administrativa, da igualdade, do planejamento, da transparência, da eficácia, da segregação de funções, da motivação, da vinculação ao edital, do julgamento objetivo, da segurança jurídica, da razoabilidade, da competitividade, da proporcionalidade, da celeridade, da economicidade e do desenvolvimento nacional sustentável, assim como a observância às disposições da LINDB.

9.3.1.5.1. Princípio da legalidade, da vinculação ao edital e do julgamento objetivo

O *princípio da legalidade* diz respeito a que, na condução de todas as etapas da licitação e da contratação pública, a Administração deve buscar pelo fiel atendimento à norma, composta por regras e princípios.

O processo licitatório é extremamente vinculado, deixando pouca margem de atuação ao administrador, razão pela qual este não pode se desvincular da norma primária estabelecida pelo legislador. Não obstante, a Lei n. 14.133/2021 estabelece uma extensa gama de normas carentes de conteúdo, as quais remetem à regulamentação por parte dos Entes federativos.

Assim, ao estabelecer a regulamentação, esses poderão utilizar determinada margem de apreciação, exercendo a criatividade, desde que não inovem na ordem jurídica e não contrariem a lei geral.

Na execução licitatória e contratual, por sua vez, além das leis e dos regulamentos editados pela própria Administração, aos quais, ao editá-los, passa a se vincular e não pode descumpri-los, essa também se encontra vinculada ao edital.

Trata-se do princípio da *vinculação ao edital*. Na Lei n. 8.666/1993 era denominado de princípio da vinculação ao ato convocatório, pois existiam dois, o edital e a carta-convite. Com a extinção desta, houve também a readequação ao nome.

Esse princípio estabelece que a Administração, ao publicá-lo, passa a ele se vincular, não podendo se afastar das disposições por ela própria estabelecidas. Qualquer alteração posterior que possa influenciar na ampla competitividade ou na igualdade de condições entre os participantes deve ensejar sua reformulação e a nova publicação.

A título de exemplo, imagine que a Administração tenha estipulado no edital determinado requisito de habilitação. Muitas empresas interessadas analisaram o edital e, percebendo que não o preenchiam, deixaram de participar. Posteriormente, na fase de habilitação, percebendo que muitas licitantes participantes não o preenchiam, a Administração liberou estas de apresentar a documentação pertinente.

Nessa situação, além da violação ao princípio da vinculação ao edital, violou-se o princípio da igualdade e da competitividade, uma vez que várias outras empresas deixaram de participar do certame em virtude da exigência editalícia, as quais, se tivessem conhecimento de que, na fase de licitação, a Administração se desvincularia do edital, teriam participado também.

O princípio da vinculação ao edital permite flexibilizações excepcionais, principalmente no que se refere à forma. Significa dizer que, aplicado conjuntamente ao princípio do formalismo moderado, em determinadas situações, a Administração, motivadamente, poderá dar primazia à realidade sem ferir aquele princípio.

Como exemplo menciona-se a possibilidade de substituição de uma certidão negativa da Receita Federal vencida, que tenha sido juntada erroneamente por uma licitante e só verificada no momento da habilitação. Nessa situação, é possível que o agente ou comissão de contratação abra diligência, para que ela a substitua por outra que demonstre que, na data do certame, estava em condição regular perante o fisco.

Por fim, o *princípio do julgamento objetivo* encontra-se intimamente ligado ao princípio da legalidade e da vinculação do edital. Como dito, o processo licitatório é extremamente vinculado, havendo raras situações de apreciação subjetiva pelo administrador. Assim, os critérios de julgamento da licitação devem ser objetivos, ou seja, aqueles estabelecidos pelo legislador, quais sejam o menor preço ou maior desconto, melhor técnica ou conteúdo artístico, técnica e preço, maior lance ou melhor retorno econômico. Não há possibilidade de criação de um novo ou a combinação desses critérios objetivos de julgamento.

9.4.1.5.2. Princípio da impessoalidade, da igualdade e da competitividade

O *princípio da impessoalidade* está associado à finalidade do atendimento ao interesse público. Assim, a atuação do administrador deve pautar-se na busca do atendimento à finalidade pública, e não a seus interesses pessoais.

Desse modo, embora tenha preferência pessoal por determinada marca, se esta não for a selecionada por meio do processo licitatório, nada poderá fazer, pois esta é sua vontade pessoal, não aquela que melhor atendeu aos ditames para atingir o interesse público (resultado de contratação mais vantajoso selecionado por critérios objetivos de julgamento).

De igual forma, não pode adotar condutas que busquem prejudicar ou beneficiar determinados concorrentes, trazendo satisfação pessoal a si ou a outrem, o que também viola o princípio da igualdade.

O *princípio da igualdade* é o que garante equidade de tratamento a todos os concorrentes, não podendo se estabelecer condições que os desequilibrem e os deixem em situação diferenciada de condições.

É necessário observar que a igualdade não só possui um prisma formal, ou seja, *todos são iguais perante a lei*, mas também um prisma material, no sentido de que *todos são iguais por meio da lei*, efetivando-se, assim, o princípio da isonomia. Por conseguinte, o constituinte e o próprio legislador são legitimados a conferir tratamento diferenciado a determinados grupos e seguimentos, a exemplo daquele conferido às micro e pequenas empresas.

Esses princípios, ao fim e ao cabo, colaboram à efetivação do *princípio da competitividade*, o qual impõe ao administrador que se utilize o mínimo de previsões restritivas que possam desequilibrar a igualdade de concorrência entre os participantes, obtendo o máximo de potenciais competidores no certame.

Cláusulas desnecessárias e inadequadas ao objeto que se almeja, que possam afastar eventuais participantes da licitação, são vedadas justamente por afrontar o princípio da competitividade.

9.4.1.5.3. Princípio da publicidade e da transparência

O *princípio da publicidade* impõe que, como regra, todos os atos da Administração são públicos, exceto as situações legalmente previstas, como aquela concernente à intimidade, à segurança do Estado ou da Sociedade.

Esse princípio comporta algumas relativizações previstas no art. 13 da Lei n. 14.133/2021, especialmente quanto ao objeto (nos casos previstos na Lei de Acesso à Informação – LAI) ou ao orçamento da Administração, nas condições previstas no art. 24 da Lei n. 14.133/2021.

Por sua vez, o *princípio da transparência* impõe ações concretas à Administração, que efetive a publicidade perante o cidadão. A Lei n. 14.133/2021 busca a máxima transparência, principalmente com a instituição do Portal Nacional de Contratações Públicas – PNCP, o qual concentra obrigatoriamente a divulgação de todas as licitações realizadas pela Administração de todos os Entes Federativos e outras funcionalidades, como o sistema de acompanhamento de obras. Não obstante o papel do PNCP, há também a previsão dos *sites* oficiais dos órgãos e entidades, os quais deverão conter seção apropriada às suas licitações e contratações.

9.4.1.5.4. Princípio do interesse público, da moralidade e da probidade administrativa

O *princípio do interesse público* está associado à finalidade e à legitimidade. Ou seja, o administrador só atenderá ao interesse público, se buscar o atendimento da finalidade legitimamente estabelecida pelo legislador.

Todo o poder emana do povo, que o exerce por seus representantes democraticamente eleitos. Por conseguinte, o interesse do povo é o interesse buscado pela lei, o público. Quando o administrador deixa de lado a finalidade almejada pela lei, para atender seus propósitos pessoais, deixa de atender ao interesse público, buscando a efetivação de seu interesse pessoal.

Com isso, fere também o *princípio da moralidade*, o qual lhe impõe que atue conforme os padrões morais socialmente impostos e compatíveis ao contexto histórico, social e cultural no qual desenvolve sua Administração.

Como exemplo, pode-se mencionar a vedação à aquisição de artigos de luxo inaugurada no art. 20 da Lei n. 14.133/2021, a qual tem, nitidamente, o propósito de atender ao princípio da moralidade nas aquisições públicas.

Esse princípio não pode der confundido com o princípio da *probidade administrativa*. Nem toda a conduta eivada de imoralidade constituirá improbidade. Isso porque a improbidade administrativa é sinônimo de desonestidade. Muitas condutas do administrador podem ser imorais, mas não ser desonestas.

Assim, o princípio da probidade tutela a honestidade, de modo que é vedado ao administrador enriquecer ilicitamente, causar dano ao erário ou violar princípios da Administração Pública, com o propósito específico de acarretar benefício próprio ou de outrem em desfavor da Administração.

9.4.1.5.5. Princípio do planejamento, da eficiência, da eficácia, da celeridade e da economicidade

A Lei n. 14.133/2021 preocupou-se com o *princípio do planejamento* aplicado às contratações públicas. Para tanto, instituiu inúmeras ferramentas que devem ser elaboradas na fase preparatória da licitação, inerentes não só ao procedimento de licitação, mas à fase contratual.

Dentre eles, merecem destaque o Plano de Contratações Anual – PCA, que deve consolidar as demandas ordinárias da Administração, de modo que possa realizar as contratações de modo planejado, atendendo-se as suas necessidades sem sustos e improvisos, o Estudo Técnico Preliminar, que deve verificar a melhor alternativa a atender o interesse público à futura contratação, e o mapa de riscos, o qual deve evidenciar os riscos relacionados à licitação e à gestão contratual.

Esse princípio é essencial para a efetivação de outro, o *princípio da eficiência*. Este é mandamento de otimização que determina que a Administração racionalize, adequando a medida entre os meios disponíveis e os fins almejados. À luz da Lei n. 14.133/2021, esse princípio é indispensável, por exemplo, para a adequada alocação de pessoal ao desempenho das funções essenciais à execução da lei. Esse princípio impõe que a Administração faça mais, melhor e com menos recursos materiais e humanos.

Por sua vez o *princípio da eficácia* está relacionado ao resultado de contratação. Enquanto a Lei n. 8.666/93 trazia ao conceito de vantajosidade a ideia de seleção da proposta mais vantajosa, a Lei n. 14.133/2021 inaugura a vantajosidade associada ao resultado de contratação mais vantajoso, ou seja, buscando atender exatamente o princípio da eficácia.

Diante disso, de nada adianta selecionar uma proposta que não vá ser exequível ou que apresente um bem que, comprovadamente, possui durabilidade inferior ou custo de manutenção elevadíssimo. De nada adianta selecionar uma empresa que abandone a obra inacabada ou que venha a falir durante a execução do contrato. Esses fortuitos demonstrarão que o princípio da eficácia não foi atendido, ou seja, de que o resultado de contratação foi ineficaz.

O *princípio da celeridade*, por sua vez, impõe que a Administração, de modo eficiente, atue sem demora, de forma a buscar a rápida solução à necessidade pública, o que impõe uma atuação eficiente. Para tanto, a título exemplificativo, a Lei n. 14.133/2021 instituiu, como regra, a obrigatoriedade de licitações eletrônicas.

Por fim, o *princípio da economicidade* é o princípio que determina que a Administração busque o preço justo pelo resultado de contratação mais vantajoso. Desse modo, devem ser afastado o sobrepreço e o superfaturamento, uma vez que ambos violam o princípio da economicidade e possuem o potencial de causar prejuízo ao erário, em momentos, situações e *animus* diferentes.

O primeiro ocorre quando o valor orçado para a licitação ou o contratado pela Administração é expressivamente superior aos preços referenciais de mercado, seja de apenas um item, se a licitação ou a contratação for por preços unitários de serviço, seja do valor global do objeto, se a licitação ou a contratação for por tarefa, empreitada por preço global ou empreitada integral, semi-integrada ou integrada.

Nessa situação, não, necessariamente, ocorrerá locupletamento por parte de um agente público. Na maior parte vezes, a falha que leva ao sobrepreço se dá na fase preparatória, com uma pesquisa de preços que não condiz com a realidade.

É importante observar que, para a aferição do sobrepreço, os parâmetros referenciais sejam congruentes com a realidade vivenciada pela Administração. Por exemplo: o valor pago pela Administração para alugar um imóvel em Santiago jamais poderá ser utilizado para aferir sobrepreço no aluguel em Brasília.

O superfaturamento, por sua vez, constitui um dano causado ao erário, que se caracteriza, entre outras situações, por: a) medição de quantidades superiores às efetivamente executadas ou fornecidas; b) deficiência na execução de obras e de serviços de engenharia que resulte em diminuição da sua qualidade, vida útil ou segurança; c) alterações no orçamento de obras e de serviços de engenharia que causem desequilíbrio econômico-financeiro do contrato em favor do contratado; e d) outras alterações de cláusulas financeiras que gerem recebimentos contratuais antecipados, distorção do cronograma físico-financeiro, prorrogação injustificada do prazo contratual com custos adicionais para a Administração ou reajuste irregular de preços.

Embora não seja fator preponderante para a caracterização, a presença do dolo ou fraude, bem como o locupletamento por parte de agentes públicos, é comumente encontrada no superfaturamento.

9.4.1.5.6. Princípio da segurança jurídica e a observância às disposições da LINDB

O *princípio da segurança jurídica* é aquele impõe condutas uniformes e estáveis à Administração, do modo a garantir a isonomia entre os particulares. Assim, não pode a Administração decidir hoje, de uma forma, amanhã de outra e depois de amanhã de um terceiro modo, em casos análogos e da mesma forma.

O art. 5º da Lei n. 15.133/2021 refere ainda que deverão ser *observadas as disposições da LINDB*. Significa dizer que tanto o Administrador, quanto os órgãos de controle, além do Judiciário, estão vinculados às suas normas de direito público previstas nos arts. 20 a 30. Elas objetivam racionalizar as decisões, com observância de suas consequências práticas, bem como garantir a segurança jurídica e a proteção da confiança.

Como exemplo, é possível mencionar o art. 21 da LINDB, o qual não só estabelece que "a decisão que, nas esferas administrativa, controladora ou judicial, decretar a invalidação de ato, contrato, ajuste, processo ou norma administrativa deverá indicar de modo expresso suas consequências jurídicas e administrativas", mas determina que essa decisão deverá "indicar as condições para que a regularização ocorra de modo proporcional e equânime e sem prejuízo aos interesses gerais, não se podendo impor aos sujeitos atingidos ônus ou perdas que, em função das peculiaridades do caso, sejam anormais ou excessivos".

Há, ainda, a determinação legal, no art. 23 da LINDB, para o estabelecimento de um regime de transição, quando indispensável para que o novo dever ou condicionamento de direito seja cumprido de modo proporcional, equânime, eficiente e sem prejuízo aos interesses gerais, nas situações em que se estabelecer interpretação ou orientação nova sobre norma de conteúdo indeterminado, impondo novo dever ou novo condicionamento de direito.

Com o propósito de afirmar o princípio da segurança jurídica e da proteção à confiança, o legislador estabeleceu um limite à aplicação retroativa de nova interpretação. Trata-se do comando previsto no art. 24 da LINDB, aplicável para as decisões anulatórias proferidas pela própria Administração (de todos os Entes Federativos) e pelo Poder Judiciário.

Assim, fixou que a revisão, nas esferas administrativa, controladora ou judicial, quanto à validade de ato, contrato, ajuste, processo ou norma administrativa cuja produção já se houver completado *levará em conta as orientações gerais da época*, sendo *vedado* que, com base em mudança posterior de orientação geral, se *declarem inválidas situações plenamente constituídas*.

Para tanto, estabeleceu o que são as orientações gerais, tendo-as como as interpretações e especificações contidas em atos públicos de caráter geral ou em jurisprudência judicial ou administrativa majoritária, bem como as adotadas por prática administrativa reiterada e de amplo conhecimento público (a *praxis administrativa*).

Situação semelhante tem se observado na anulação dos contratos administrativos, com a redação dos arts. 147 e 148 da Lei n. 14.133/2021, que será estudada em seção própria.

Por fim, ressalto a necessidade de observância do art. 28 da LINDB, no que se refere à responsabilização do agente público por suas decisões ou opiniões técnicas. Defendo que as decisões e opiniões em matéria de licitações e contratos são técnicas, mitigando assim a culpa para sua gradação inexcusável, ou seja, o erro grosseiro (crasso).

Por conseguinte, nessa área, entendo que o agente público somente poderá ser responsabilizado se comprovado, em processo de responsabilização, seu dolo (direto ou eventual) ou o erro grosseiro.

9.4.1.5.7. Princípio da razoabilidade, da proporcionalidade, da motivação

O *princípio da razoabilidade* está associado à necessidade da medida, ou seja, para aferir se houve o atendimento a esse princípio, deve ser realizada a pergunta: a medida é necessária? (sem se adentrar ao campo da adequação).

A título de exemplo, imagine o seguinte: é necessário que determinado Município ao licitar a construção de uma ponte de 1.000 metros exija a apresentação de qualificação técnica que demonstre que as licitantes possuem experiência anterior em obras dessa natureza? Parece-me que sim, ou seja, a medida é necessária. Assim, é razoável.

O *princípio da proporcionalidade*, por sua vez, ultrapassa o campo da necessidade e adentra à adequação (entre meios e fins) da medida, o que levará à aferição se é a proporcional (em sentido estrito). Agora, imagine que, julgando necessária a exigência da qualificação técnica descrita acima, o Administrador tenha exigido que a experiência anterior tenha sido na construção de pontes de 10.000 metros, ou seja, 10 vezes superior ao objeto da contratação. Embora a exigência posse ter sido vista, inicialmente, como necessária, torna-se inadequada, violando o princípio da proporcionalidade e sendo considerada desproporcional.

O *princípio da motivação*, por sua vez, está relacionado à indispensabilidade de a Administração realizar a exposição circunstanciada das razões de fato e de direito que levaram à decisão que compreendeu necessária e adequada, inclusive, diante de diferentes alternativas possíveis. A motivação também está prevista no parágrafo único do art. 20 da LINDB.

9.4.1.5.8. Princípio do desenvolvimento nacional sustentável

O *princípio do desenvolvimento nacional sustentável* é aquele que impõe que a administração deve utilizar seu potencial como compradora pública, para almejá-lo em todas as suas dimensões: econômica, ambiental, social e cultural.

Dimensão econômica à medida de incentivar e promover a economia nacional, com políticas de fomento aos bens e serviços produzidos no país ou por empresas brasileiras, especialmente as micro e pequenas empresas.

Ambiental atinente à necessidade de preservação do meio ambiente, com a realização de estudos de impacto ambiental, bem como correta destinação dos rejeitos de obras e serviços, bem como a busca da solução ambientalmente sustentável ao atendimento do interesse público.

Social relacionada à capacidade de promover políticas de inclusão de grupos em situação de vulnerabilidade social, a exemplo das políticas de inclusão no mercado de trabalho, das mulheres vítimas de violência doméstica ou os egressos do sistema prisional.

Cultural no sentido de se preservar os bens de valor histórico e cultural, também com a análise de impacto à cultura local, principalmente diante de grandes empreendimentos, a exemplo da construção de um parque de ampla visitação turística, ao lado de uma comunidade indígena isolada.

9.4.1.5.9. Princípio da segregação de funções

O *princípio da segregação de funções*, objetiva compartimentar a atuação em licitações e contratos, de modo que haja a mitigação de riscos relativos à integridade do processo licitatório e da execução contratual, com a distribuição das funções essenciais à execução da lei sobre diferentes agentes públicos.

O que se tem como realidade na maior parte da Administração Pública, especialmente no âmbito dos pequenos municípios, é a mitigação desse princípio ou, algumas vezes, sequer sua aplicação, uma vez que não há estrutura de pessoal suficiente para que seja atendido.

A Lei n. 14.133/2021, a meu ver, traz um enorme rol de figuras essenciais à sua execução, dentre os quais, no mínimo, é possível elencar a autoridade máxima do órgão ou entidade (geralmente o ordenador de despesas), o requisitante, o agente de contratação, o pregoeiro, o agente designado para o leilão, os membros da comissão de contratação, os membros da equipe de apoio, o fiscal de contrato, o gestor de contratos, o servidor ou comissão responsável pelo recebimento definitivo do objeto, o membro do controle interno e o membro da advocacia pública.

Levando-se em consideração que, no mesmo processo, esses agentes não exercerão essas funções simultaneamente, tem-se a necessidade de, no mínimo, um ordenador de despesas, um requisitante, um agente de contratação (que também pode ser o mesmo agente designado para o leilão ou pregoeiro), uma comissão de contratação (com, no mínimo, mais dois membros, que também poderão atuar como membro de equipe de apoio, pois o terceiro poderá ser o próprio agente de contratação ou pregoeiro), um fiscal de contrato, um gestor de contratos, um agente responsável pelo recebimento definitivo, um membro de controle interno e um advogado público.

Veja que a estrutura mínima para conduzir um processo licitatório da sua instauração até o recebimento definitivo do objeto é de dez agentes públicos, sem contar com os responsáveis pela elaboração dos instrumentos de planejamento e da fase preparatória, como o Plano de Contratações Anual, o Estudo Técnico Preliminar, o Termo de Referência, o Projeto Básico e o Projeto Executivo, que, conforme estabelecidos na Lei n. 14.133/2021, não serão viabilizados (do modo efetivo) sem a atuação de uma equipe interdisciplinar, composta por profissionais de diferentes áreas do saber.

Desse modo, como princípio que é, a segregação de funções não é absoluta, ou seja, não é regra (sob a ideia de tudo ou nada), é princípio que deve ser buscado incansavelmente pela Administração e compatibilizado com todos os demais, de modo que seu atendimento dependerá da realidade de cada órgão ou entidade, dentro da disponibilidade dos recursos humanos existentes.

9.4.1.6. Principais definições da Lei n. 14.133/2021

Ao tratar das definições, no *Capítulo III*, o novo marco normativo aprimora alguns conceitos existentes na Lei n. 8.666/1993 e na Lei n. 10.520/2002, e traz outros novos, dentre os quais, serão trabalhados os conceitos a seguir.

9.4.1.6.1. Bens e serviços comuns

São aqueles cujos padrões de desempenho e qualidade podem ser objetivamente definidos pelo edital, por meio de especificações usuais de mercado, incluindo-se os serviços comuns de engenharia.

9.4.1.6.2. Serviços e fornecimentos contínuos

São serviços contratados e compras realizadas pela Administração Pública para a manutenção da atividade administrativa, decorrentes de necessidades permanentes ou prolongadas.

9.4.1.6.3. Serviços contínuos com regime de dedicação exclusiva de mão de obra

Para ser considerado serviço contínuo com regime de dedicação exclusiva de mão de obra, o modelo de execução contratual exige, entre outros requisitos, que os empregados do contratado fiquem à disposição nas dependências do contratante para a prestação dos serviços; o contratado não compartilhe os recursos humanos e materiais disponíveis de uma contratação para execução simultânea de outros contratos; e o contratado possibilite a fiscalização pelo contratante quanto à distribuição, controle e supervisão dos recursos humanos alocados aos seus contratos.

À fiscalização dessa espécie contratual, o art. 50 da Lei n. 14.133/2021 possibilita que a Administração exija do contratado a apresentação (sob pena de multa) da comprovação do cumprimento das obrigações trabalhistas e com o FGTS em relação aos empregados diretamente envolvidos na execução do contrato, em especial quanto ao registro de ponto; recibo de pagamento de salários, adicionais, horas extras, repouso semanal remunerado e décimo terceiro salário; comprovante de depósito do FGTS; recibo de concessão e pagamento de férias e do respectivo adicional; recibo de quitação de obrigações trabalhistas e previdenciárias dos empregados dispensados até a data da extinção do contrato; recibo de pagamento de vale-transporte e vale-alimentação, na forma prevista em norma coletiva.

Essa exigência, juntamente com as cautelas previstas no art. 121, § 3º, da Lei n. 14.133/21, é uma das ferramentas que poderão ser utilizadas para que a Administração afaste sua falha na fiscalização do cumprimento das obrigações do contratado, evitando, assim, a responsabilidade solidária pelos encargos previdenciários e subsidiária pelos encargos trabalhistas, conforme previsto no § 2º desse mesmo artigo.

9.4.1.6.4. Serviços não contínuos ou contratados por escopo

Impõem ao contratado o dever de realizar a prestação de um serviço específico em período predeterminado, podendo ser prorrogado, desde que justificadamente, pelo prazo necessário à conclusão do objeto.

9.4.1.6.5. Obra

A Lei n. 14.133/2021 estabeleceu critérios *objetivos* e *subjetivos* à conceituação de obra. Inicialmente, como *critérios objetivos*, o legislador estabeleceu, no art. 6º, inciso XII, que, para ser obra, *o objeto* deve implicar intervenção no meio ambiente, por meio de um conjunto harmônico de ações que, agregadas, formam um todo que a) inova o espaço físico da natureza ou b) acarreta alteração substancial das características originais de bem imóvel.

Como *critério subjetivo*, fixou que, para ser obra, a atividade deve ser estabelecida, por força de lei, como *privativa das profissões de arquiteto e engenheiro*. Assim, a meu ver, só será considerada obra, se houver o preenchimento concomitante desses requisitos (*objetivos e subjetivo*).

9.4.1.6.6. Serviço de engenharia

Não havendo o preenchimento simultâneo descrito no conceito de obra, a atividade será absorvida pelo *conceito residual de serviço de engenharia*, por não se enquadrar no conceito de obra, em conformidade com o estabelecido no art. 6º, inciso XXI, da Lei n. 14.133/2021, e ser uma atividade destinada a obter determinada utilidade, intelectual ou material, de interesse para a Administração, que poderá ser realizada por um técnico especializado.

Imagine este exemplo: Uma edificação simples, de um pavimento, sem fundação complexa, de 60 m², que implique intervenção no meio ambiente, por meio de um conjunto harmônico de ações que, agregadas, formam um todo que inova o espaço físico da natureza, é considerada obra?

A meu ver não, uma vez que, embora preencha os *requisitos objetivos de obra*, *não preenche o subjetivo*, pois não é privativa de arquiteto ou engenheiro, podendo ser de responsabilidade de um técnico especializado, como um técnico em edificações, o que, sob meu olhar, torna essa construção *um serviço de engenharia*.

Assim, é possível dizer que, à luz da Lei n. 14.133/2021, nem toda a "construção" será sinônimo de obra, podendo ser considerada serviço de engenharia.

O serviço de engenharia pode ser classificado em *serviço comum de engenharia*, sendo todo serviço de engenharia que tem por objeto ações, objetivamente padronizáveis em termos de desempenho e qualidade, de manutenção, de adequação e de adaptação de bens móveis e imóveis, com preservação das características originais dos bens ou *serviço especial de engenharia*, tido como aquele que, por sua alta heterogeneidade ou complexidade, não pode se enquadrar na definição de serviço comum (descrito com especificações usuais do mercado, objetivamente padronizáveis).

9.4.1.7. Agentes públicos atuantes em licitações e contratos

No *Capítulo V* do primeiro título, a Lei n. 14.133/2021 apresenta uma de suas principais inovações, ao privilegiar a condução do processo pelo "agente de contratação", como regra, e, excepcionalmente, pela "comissão de contratação", termo que substitui a antiga "comissão de licitação", além de estabelecer requisitos para a atuação na área. Por sua vez, no pregão, o agente de contratação será designado "pregoeiro", como já ocorria.

9.4.1.7.1. Requisitos gerais e específicos aos agentes atuantes em licitações e contratos

No que tange à previsão de que o agente de contratação seja agente com vínculo permanente, é imprescindível partir de uma análise geral à específica. O art. 7º da Lei n. 14.133/2021 estabelece *requisitos gerais* aos agentes públicos que labutam em licitações e contratos, em todas as etapas de licitação ou contratação. Dentre eles, a exigência de que "sejam, *preferencialmente*, servidor efetivo ou empregado público dos quadros permanentes da Administração Pública".

Trata-se de *regra geral* aplicável, por exemplo, aos membros da equipe de planejamento, da equipe de apoio, da comissão de contratação, ao gestor e fiscal de contrato, ao membro do controle interno e ao parecerista. É, como visto, *uma preferência, não uma obrigatoriedade*.

Não obstante, entendo que, mesmo sendo uma preferência, o administrador, ao afastá-la, deve motivar. Em nossa concepção, sempre que o legislador trouxer uma preferência legalmente instituída e o administrador não a seguir, deve fundamentar as razões de fato e de direito que o levaram a se afastar da primazia legal, ou seja, elaborar uma exposição circunstanciada do porquê não está empregando servidores efetivos ou empregados dos quadros permanentes. É necessário ter em mente que a motivação dos atos administrativos sempre trará segurança jurídica ao gestor.

Por sua vez, *alguns dispositivos* ao longo da Lei n. 14.133/2021 *afastam a flexibilidade da regra geral* e trazem *exceções*, a exemplo do art. 8º do art. 32, § 1º, inciso XI, e do art. 37, § 1º, inciso I. Nessas situações, o legislador não estabeleceu uma preferência, *mas uma obrigatoriedade de emprego de agentes públicos com vínculo permanente* com a Administração. São, portanto, *dispositivos especiais* que se afastam da generalidade contida no art. 7º.

A primeira hipótese especial é a do *agente de contratação*. Na Lei n. 14.133/2021, as licitações serão, ordinariamente, conduzidas monocraticamente por um agente, auxiliado por uma equipe de apoio. Na sua definição, o legislador já instituiu, no art. 6º, inciso LX, que se trata de "pessoa designada pela autoridade competente, *entre servidores efetivos ou empregados públicos dos quadros permanentes* da Administração Pública, para tomar decisões, acompanhar o trâmite da licitação, dar impulso ao procedimento licitatório e executar quaisquer outras atividades necessárias ao bom andamento do certame até a homologação".

A mesma intenção restritiva ao exercício dessa função essencial é repetida no art. 8º da Lei n. 14.133/2021, o qual, de modo redundante, reforça a opção do legislador geral, ao estabelecer que "a licitação será conduzida por agente de contratação, pessoa designada pela autoridade competente, *entre servidores efetivos ou empregados públicos dos quadros permanentes* da Administração Pública, para tomar decisões, acompanhar o trâmite da licitação, dar impulso ao procedimento licitatório e executar quaisquer outras atividades necessárias ao bom andamento do certame até a homologação".

Defendo que esse requisito específico é extensível ao pregoeiro, uma vez que não constitui função diferente, mas designação (nomenclatura). Isso é perceptível no § 5º do mesmo art. 8º: "em licitação na modalidade pregão, o *agente responsável* pela condução do certame será *designado* pregoeiro". Sendo didático, assim como o leiloeiro conduz o leilão, o padeiro é responsável pela confecção do pão, o açougueiro pelo corte da carne, o "pregoeiro" é o condutor do pregão. Os requisitos são os mesmos do agente de contratação (gerais, do art. 7º, e específico do *caput* do art. 8º).

Esse requisito específico (do art. 8º) *não é aplicável*, como regra geral, *à comissão de contratação*, como se depreende do § 2º do art. 8º, o qual prevê que "em licitação que envolva bens ou serviços especiais, desde que observados os requisitos estabelecidos no art. 7º, o agente de contratação poderá ser substituído por comissão de contratação formada por, no mínimo, 3 (três) membros".

Para os membros dessa comissão, como regra, *basta o preenchimento dos requisitos gerais do art. 7º*, ou seja, a **preferência** pelo vínculo permanente. Como dito, trata-se de uma regra geral, pois, para o diálogo competitivo, mais uma vez, o legislador excepcionou, uma vez que o art. 32, § 1º, inciso XI, determina que a licitação, nesta modalidade, seja conduzida "por comissão de contratação composta de pelo menos *3 (três) servidores efetivos ou empregados públicos pertencentes aos quadros permanentes* da Administração, admitida a contratação de profissionais para assessoramento técnico da comissão".

De igual singularidade, quando o administrador optar pelo critério de julgamento *melhor técnica* ou *conteúdo artístico* e empregar agentes públicos à *banca julgadora*, esta deverá ser composta por *agentes com vínculo permanente*, conforme previsão expressa no art. 37, § 1º, inciso I. Trata-se de excepcionalidades aos requisitos gerais, ou seja, exceções pontuais e pensadas pelo legislador geral.

Um aspecto que tem gerado discussão, principalmente em torno do art. 8º, relaciona-se ao caráter dessa norma (se é geral, aplicável a todos os Entes da federação ou se é específica, aplicável apenas à União). Como já dito anteriormente neste capítulo, é necessário ter a concepção de que, na Lei n. 14.133/2021, o legislador compreendeu como "norma geral" vários aspectos relacionados à conjuntura de licitações e contratos, dentre eles os requisitos aos agentes que atuarão na condução.

Dito de outro modo, o legislador não tratou como norma geral só aquelas relacionadas aos procedimentos licitatórios e contratuais ("a obra"), mas tudo aquilo, com licitações e contratos, relacionado ("o conjunto da obra"). Embora o Poder Judiciário possa ter entendimento futuro divergente, penso que a União em nada invadiu a esfera de competência legislativa dos demais Entes federativos. Tal qual o legislador da Lei n. 14.133/2021, adoto o entendimento ampliativo de norma geral, no sentido de que esta abrange o conjunto da obra, no qual estão inseridos os requisitos para quem lida com a matéria.

Partindo dessa premissa, uma leitura do art. 8º (e não uma interpretação) poderia levar a uma concepção de que se trata de dispositivo aplicado especificamente à União. A meu ver e com todo o respeito a quem pensa diferente, tal posição não se sustenta, pois o art. 8º não se encontra "boiando" sozinho em um oceano. Diferente da leitura de uma lei, para a interpretação, devem ser seguidos métodos hermenêuticos, dentre eles o sistemático.

Ao se interpretar a Lei n. 14.133/2021, verifica-se que se trata de norma geral, pela simples aplicação sistemática do art. 176, inciso I, o qual determina que os Municípios com até 20.000 habitantes terão o prazo de seis anos, contado da data de publicação da Lei n. 14.133/21, para o cumprimento dos requisitos estabelecidos no art. 7º e no *caput* do art. 8º.

Como é possível dizer, diante da clareza contida no art. 176, que o *caput* do art. 8º é aplicável exclusivamente à União? A discussão sobre a constitucionalidade ou não do requisito trazido pelo art. 8º deve ser objeto de debate em um outro momento, na via judicial, pelo Poder Judiciário (seja por ocasião do controle difuso, seja concentrado). Como dito, sob nossa concepção, nada há de inconstitucional.

Embora seja uma opção dura do legislador geral, é necessário que haja deferência a ela e que se busque a compreensão de suas razões. Quis ele profissionalizar a área, dando estabilidade ao exercício das funções essenciais à lei (diante da instabilidade ocasionadas às livres nomeações e exonerações comuns aos cargos de vínculo precário).

É comum uma renovação significativa de quadros com vínculo precário, por ocasião da mudança dos mandatários, o que ocasiona (em maior ou menor nível) a descontinuidade da atividade, além de constantes gastos públicos com nova qualificação a estes agentes.

Tanto é assim que o legislador da LLC estabeleceu, no art. 173, que "os tribunais de contas deverão, por meio de suas escolas de contas, promover eventos de capacitação *para os servidores efetivos e empregados públicos designados para o desempenho das funções essenciais à execução desta lei*, incluídos cursos presenciais e a distância, redes de aprendizagem, seminários e congressos sobre contratações públicas".

Dentre as razões adotadas pelo legislador, é possível vislumbrar também a intenção de conferir *segurança funcional ao agente de contratação*. Se este é responsável por "tomar decisões, acompanhar o trâmite da licitação, dar impulso ao procedimento licitatório e executar quaisquer outras atividades necessárias ao bom andamento do certame até a homologação", como se vislumbra no já citado art. 6º, inciso LX, da Lei n. 14.133/2021, e sendo a área de licitações e contratos relativamente sensível, pensou ele em conferir maior autonomia a esse agente, o que se vislumbra com maior efetividade nos *cargos com vínculo permanente* em detrimento aos cargos com vínculo precário.

Ainda no que tange à utilização de cargos com vínculo precário para o agente de contratação, é necessário compreender a interpretação constitucional atribuída pelo STF, ao julgar o RE n. 1041210, ocasião em que o tribunal consolidou sua jurisprudência, inclusive em sede de repercussão geral, fixando os seguintes requisitos cumulativos:

1) A criação de cargos em comissão somente se justifica para o exercício de funções de direção, chefia e assessoramento, não se prestando ao desempenho de atividades burocráticas, técnicas ou operacionais; *2)* tal criação deve pressupor a necessária relação de confiança entre a autoridade nomeante e o servidor nomeado; *3)* o número de cargos comissionados criados deve guardar proporcionalidade com a necessidade que eles visam suprir e com o número de servidores ocupantes de cargos efetivos no ente federativo que os criar; e *4)* as atribuições dos cargos em comissão devem estar descritas, de forma clara e objetiva, na própria lei que os instituir.

À luz da Lei n. 14.133/2021, as atribuições legais do agente de contratação não se relacionam ao exercício de funções de chefia, direção e assessoramento, havendo, portanto, vedação constitucional a que esse agente possua vínculo precário, exercendo cargo exclusivamente de livre nomeação e exoneração, uma vez que não estariam preenchidos os requisitos da tese fixada.

9.4.1.7.2. Possibilidade de utilização da comissão de contratação para obras e serviços de engenharia

Como visto acima, o art. 8º da Lei n. 14.133/2021 prevê que, como regra, a licitação será conduzida singularmente por um agente de contratação, auxiliado por uma equipe de apoio, que editará ato unipessoal (a exemplo da classificação/desclassificação das propostas ou habilitação/inabilitação das licitantes).

No entanto, o § 2º desse artigo prevê que, em licitação que envolva bens ou serviços especiais, desde que observados os requisitos gerais estabelecidos no art. 7º, o agente de contratação poderá ser substituído por comissão de contratação formada por, no mínimo, três membros, que, como regra, responderão solidariamente por todos os atos por ela praticados, editando-se, por conseguinte, ato pluripessoal (decisão colegiada).

Entendo, que, embora o art. 8º, § 2º, estabeleça a possibilidade de utilização da comissão de contratação para bens e serviços especiais, essa poderá conduzir licitação à aquisição de bens e serviços comuns, bem como obras e serviços de engenharia, quando a complexidade do caso justificar.

A decisão colegiada sempre conferirá maior legitimidade à tomada de decisão em relação à decisão unipessoal. Apenas a título de analogia, imagine um relator que esteja diante de uma decisão complexa. Esse sempre poderá submetê-la à apreciação do respectivo colegiado, para que seja tomada de modo conjunto. De igual modo, se a autoridade administrativa compreender que há complexidade para que o recebimento definitivo do objeto seja realizado monocraticamente por um agente, sempre poderá designar uma comissão para o recebimento.

A designação de um colegiado (teto) para substituir o agente singular (piso) confere maior legitimidade e segurança para uma decisão democrática. Essa prática tem sido adotada no âmbito da Administração, com a instituição de diversos colegiados, como os comitês, comissões e conselhos.

Penso, ainda, que é possível, em disposição interna, a previsão também de uma equipe de apoio para assessorar a comissão de contratação, prática que, a meu ver, em nada fere a norma geral.

São essas algumas das razões que nos fazem compreender pela possibilidade de utilização da comissão de contratação também nas hipóteses de obras e serviços de engenharia e não apenas nas situações de bens e serviços especiais.

9.4.1.7.3. Possibilidade de contratação de profissionais especializados para auxiliar os agentes públicos

O art. 8º, § 4º, da Lei n. 14.133/2021 prevê que, em licitação que envolva bens ou serviços especiais cujo objeto não seja rotineiramente contratado pela Administração, poderá ser contratado, por prazo determinado, serviço de empresa ou de profissional especializado para assessorar os agentes públicos responsáveis pela condução da licitação.

Sustento que, nos casos de obras e serviços de engenharia em que também houver complexidade técnica, mediante a fundamentação adequada, com as razões de fato e de direito, também é possível que a Administração contrate o assessoramento de empresa ou profissional especializado.

9.4.1.7.4. Defesa judicial e extrajudicial dos agentes atuantes em licitações e contratos

O art. 10 da Lei n. 14.133/2021 estabelece que, se as autoridades competentes e os servidores públicos que tiverem participado dos procedimentos relacionados às licitações e aos contratos, precisarem defender-se nas esferas administrativa, controladora ou judicial em razão de ato praticado com estrita observância de orientação constante em parecer jurídico elaborado pelo órgão consultivo, a advocacia pública promoverá, a critério do agente público, sua representação judicial ou extrajudicial, inclusive na hipótese de o agente público não mais ocupar o cargo, emprego ou função em que foi praticado o ato questionado.

Não haverá a promoção da defesa pelo poder público, quando constarem nos autos do processo administrativo ou judicial provas da prática de atos ilícitos dolosos.

Compreendo que esse dispositivo constitui uma *garantia aos agentes públicos federais*, tratando-se de norma *específica da União*, a exemplo do que já compreendeu o STF, ao julgar a ADI n. 7042, de relatoria do Min. Alexandre de Moraes, em 31 de agosto de 2022, com inserção semelhante promovida pela Lei n. 14.230/2021 na Lei n. 8.429/92 (Lei de Improbidade Administrativa).

Naquele julgamento, o Supremo entendeu que "a previsão de obrigatoriedade de atuação da assessoria jurídica na defesa judicial do administrador público afronta a autonomia dos Estados-Membros e desvirtua a conformação constitucional da Advocacia Pública delineada pelo art. 131 e 132 da Constituição Federal, ressalvada a possibilidade de os órgãos da Advocacia Pública autorizarem a realização dessa representação judicial, nos termos de legislação específica".

Assim, entendeu o Supremo que a União não pode invadir a competência dos demais Entes federativos disporem sobre sua advocacia pública. Ademais, a defesa dos agentes, por parte dos entes locais, poderá ocorrer de distintas maneiras, por eles definidos, a exemplo da utilização de credenciamento para a contratação de advogados privados, para essa finalidade específica ou até a previsão legal de indenização a posterior das despesas judiciais em caso de improcedência das ações.

Apenas a título de exemplo, o STF, ao julgar o RE n. 1410012, em 27 de outubro de 2023, manteve a validade de uma lei do Estado do Rio de Janeiro que autoriza o ressarcimento a servidor ou autoridade pública que precise contratar advogado para defendê-lo em demandas administrativas ou judiciais decorrentes da função pública.

Prevaleceu, nesse julgamento, o entendimento de que o objetivo da norma é proteger pessoalmente agentes públicos que se tornem réus em processos que muitas vezes visam à intimidação do exercício de sua função. Trata-se de um auxílio financeiro à defesa de pessoas que tenham praticado atos legítimos no exercício da função pública.

No caso específico da Lei fluminense, permite-se o custeio apenas de causas relacionadas com a função, sobre atos previamente validados pela Procuradoria-Geral do Estado e que não estejam relacionados à omissão do servidor ou da autoridade. Em caso de condenação, os valores terão de ser restituídos aos cofres públicos, resguardando-se a moralidade administrativa e a impessoalidade na utilização do benefício.

Defendo, portanto, que *os Entes federativos devem garantir a defesa de seus agentes que atuem regularmente no exercício das funções*. No entanto, a forma como disporão deve ficar a critério daqueles, dentro das inúmeras possibilidades de efetivá-la.

9.4.2. Principais disposições aplicáveis às licitações

O *Título II* passa a trabalhar especificamente o tema referente às licitações. Dentre as principais disposições que serão trabalhadas nesta obra, estão as referentes às modalidades de licitação e às fases da licitação.

9.4.2.1. Modalidades de licitação

A Lei n. 14.133/2021 extinguiu algumas das modalidades previstas na Lei n. 8.666/1993, como o convite e a tomada de preços, e criou uma nova, o diálogo competitivo. Elas estão previstas no art. 28 e são as seguintes: pregão; concorrência; concurso; leilão; e o diálogo competitivo.

Além dessas modalidades, a Administração pode servir-se dos procedimentos auxiliares, como o credenciamento e o Sistema de Registro de Preços, que serão trabalhados em tópico próprio neste capítulo da obra.

9.4.2.1.1. Pregão

O pregão é a modalidade de licitação *obrigatória* para aquisição de *bens e serviços comuns*, cujo critério de julgamento poderá ser o de *menor preço* ou o de *maior desconto*.

O pregão seguirá o rito procedimental comum previsto no faseamento da próxima seção do capítulo (divulgação do edital, apresentação das propostas e lances, julgamento, habilitação, recursos e encerramento), adotando-se o pregão sempre que o objeto possuir *padrões de desempenho e qualidade que possam ser objetivamente definidos pelo edital, por meio de especificações usuais de mercado.*

Por vedação expressa do art. 29, parágrafo único, o pregão não se aplica às contratações de serviços técnicos especializados de natureza predominantemente intelectual e de obras e serviços de engenharia, exceto os *serviços comuns de engenharia* previstos na alínea "a" do inciso XXI do art. 6º da Lei n. 14.133/2021.

O pregão também pode ser utilizado para a contratação de leiloeiro oficial, utilizando necessariamente o critério de julgamento de maior desconto para as comissões a serem cobradas, utilizados como parâmetro máximo os percentuais definidos na lei que regula a referida profissão e observados os valores dos bens a serem leiloados, conforme previsão expressa do art. 31, § 1º, da Lei n. 14.133/2021.

O agente condutor do pregão *será designado pregoeiro* e será auxiliado por uma equipe de apoio, devendo preencher todos os requisitos dos arts. 7º e 8º da Lei n. 14.133/2021.

O pregoeiro proferia atos monocráticos (classificação ou desclassificação da proposta, habilitação ou inabilitação das empresas ou reconsideração de suas decisões), razão pela qual responderá individualmente pelos atos que praticar, salvo quando induzido a erro pela atuação da equipe de apoio, na forma do art. 8º, § 1º, da Lei n. 14.133/2021.

9.4.2.1.2. Concorrência

A concorrência é modalidade de licitação para contratação de *bens e serviços especiais* e de *obras e serviços comuns e especiais de engenharia*, cujo critério de julgamento poderá ser: a) menor preço ou maior desconto; b) melhor técnica ou conteúdo artístico; c) técnica e preço; ou d) maior retorno econômico. Os *serviços comuns de engenharia* poderão ser licitados tanto por *pregão*, quanto *concorrência*.

Assim como o pregão, seguirá o rito procedimental comum previsto no faseamento da próxima seção do capítulo (divulgação do edital, apresentação das propostas e lances, julgamento, habilitação, recursos e encerramento), conforme determinado no art. 29 da Lei n. 14.133/2021.

A concorrência, assim como o pregão, será realizada preferencialmente eletrônica e, quando utilizados os critérios de julgamento menor preço ou maior desconto, obrigatoriamente terá oferta de lances.

Como regra, a concorrência será conduzida por agente de contratação, que será auxiliado por uma equipe de apoio e deve preencher os requisitos dos arts. 7º e 8º da Lei n. 14.133/2021.

Defendo a possibilidade da concorrência poder ser conduzida por comissão de contratação não só nas licitações para aquisição de bens e serviços especiais, mas também nos casos de obras e serviços de engenharia, conforme exposição realizada no tópico anterior, sobre os agentes públicos atuantes em licitações e contratos.

9.4.2.1.3. Concurso

O *concurso* é a modalidade de licitação para escolha de *trabalho técnico, científico ou artístico*, cujo critério de julgamento será o de *melhor técnica ou conteúdo artístico*, e para concessão de prêmio ou remuneração ao vencedor.

O concurso observará as regras e condições previstas em edital, que deverá indicar a qualificação exigida dos participantes, as diretrizes e formas de apresentação do trabalho e as condições de realização e o prêmio ou remuneração a ser concedida ao vencedor.

Nos concursos destinados à elaboração de projeto, o vencedor deverá ceder à Administração Pública todos os direitos patrimoniais relativos ao projeto e autorizar sua execução conforme juízo de conveniência e oportunidade das autoridades competentes.

O concurso será julgado pela banca prevista no art. 37, inciso II, da Lei n. 14.133/2021, a qual atribuirá notas a quesitos de natureza qualitativa de acordo com orientações e limites definidos em edital, considerados a demonstração de conhecimento do objeto, a metodologia e o programa de trabalho, a qualificação das equipes técnicas e a relação dos produtos que serão entregues.

Essa banca terá no mínimo três membros e poderá ser composta de servidores efetivos ou empregados públicos pertencentes aos quadros permanentes da Administração Pública ou de profissionais contratados por conhecimento técnico, experiência ou renome na avaliação dos quesitos especificados em edital, desde que seus trabalhos sejam supervisionados agentes públicos que atendam aos requisitos do art. 7º da Lei n. 14.133/2021.

9.4.2.1.4. Leilão

O *leilão* é modalidade de licitação para alienação de bens imóveis ou de bens móveis inservíveis ou legalmente apreendidos a quem oferecer o maior lance. O art. 31 da Lei n. 14.133/2021 mantém a possibilidade de o leilão ser cometido a leiloeiro oficial ou a servidor designado pela autoridade competente da Administração.

Se a Administração optar pela realização de leilão por intermédio de leiloeiro oficial, a Administração deverá selecioná-lo mediante credenciamento ou pregão e adotar o critério de julgamento de maior desconto para as comissões a serem cobradas, utilizando como parâmetro máximo os percentuais definidos na lei que regula a referida profissão e observados os valores dos bens a serem leiloados.

O leilão deverá der precedido da divulgação do edital em sítio eletrônico oficial, que conterá, no mínimo, os requisitos do art. 31, § 2º, da Lei n. 14.133/2021, dentre eles a descrição do bem, com suas características, e, no caso de imóvel, sua situação e suas divisas, com remissão à matrícula e aos registros, bem como a especificação de eventuais ônus, gravames ou pendências existentes; o valor pelo qual o bem foi avaliado, o preço mínimo pelo qual poderá ser alienado, as condições de pagamento e, se for o caso, a comissão do leiloeiro designado; a indicação do lugar onde estiverem os móveis, os veículos e os semoventes; e o sítio da internet e o período em que ocorrerá o leilão, salvo se excepcionalmente for realizado sob a forma presencial por comprovada inviabilidade técnica ou desvantagem para a Administração, hipótese em que serão indicados o local, o dia e a hora de sua realização.

Além da divulgação no sítio eletrônico oficial, o edital do leilão será afixado em local de ampla circulação de pessoas na sede da Administração e poderá, ainda, ser divulgado por outros meios necessários para ampliar a publicidade e a competitividade da licitação.

O leilão não exigirá registro cadastral prévio, não terá fase de habilitação e deverá ser homologado assim que concluída a fase de lances, superada a fase recursal e efetivado o pagamento pelo licitante vencedor, na forma definida no edital.

9.4.2.1.5. Diálogo competitivo

O *diálogo competitivo* é a modalidade de licitação para contratação de obras, serviços e compras em que a Administração Pública realiza diálogos com licitantes previamente selecionados mediante critérios objetivos, com o intuito de desenvolver uma ou mais alternativas capazes de atender às suas necessidades, devendo os licitantes apresentar proposta final após o encerramento dos diálogos.

O art. 32 restringe, entretanto, a utilização da modalidade, sendo utilizada apenas em algumas situações, como as contratações em que a Administração vise a contratar objeto que envolva inovação tecnológica ou técnica, em que seja impossível o órgão ou entidade ter sua necessidade satisfeita sem a adaptação de soluções disponíveis no mercado e quando for impossível as especificações técnicas serem definidas com precisão suficiente pela Administração.

Também poderá ser utilizado o diálogo competitivo nas situações em que a Administração verifique a necessidade de definir e identificar os meios e as alternativas que possam satisfazer suas necessidades, com destaque a aspectos como a solução técnica mais adequada, os requisitos técnicos aptos a concretizar a solução já definida e a estrutura jurídica ou financeira do contrato.

Os trabalhos do diálogo competitivo serão desenvolvidos atendendo-se às seguintes disposições em sequência:

1º a Administração apresentará, por ocasião da divulgação do edital em sítio eletrônico oficial, suas necessidades e as exigências já definidas e estabelecerá prazo mínimo de 25 dias úteis para manifestação de interesse de participação na licitação;

2º os critérios empregados para pré-seleção dos licitantes deverão ser previstos em edital, e serão admitidos todos os interessados que preencherem os requisitos objetivos estabelecidos;

3º selecionados os interessados que preencheram as condições previstas no edital, a administração iniciará a fase de diálogo. A divulgação de informações de modo discriminatório que possa implicar vantagem para algum licitante será vedada e a Administração não poderá revelar a outros licitantes as soluções propostas ou as informações sigilosas comunicadas por um licitante sem o seu consentimento. As reuniões com os licitantes pré-selecionados serão registradas em ata e gravadas mediante utilização de recursos tecnológicos de áudio e vídeo.

4º a fase de diálogo poderá ser mantida até que a Administração, em decisão fundamentada, identifique a solução ou as soluções que atendam às suas necessidades. O edital poderá prever a realização de fases sucessivas, caso em que cada fase poderá restringir as soluções ou as propostas a serem discutidas.

5º Assim que identificar a solução que atenda às suas necessidades, a Administração deverá declarar que o diálogo foi concluído, juntar aos autos do processo licitatório os registros e as gravações da fase de diálogo.

6º Iniciar a fase competitiva, com a divulgação de edital contendo a especificação da solução que atenda às suas necessidades e os critérios objetivos a serem utilizados para seleção da proposta mais vantajosa e abrir prazo, não inferior a 60 dias úteis, para todos os licitantes que participaram da fase de diálogo apresentarem suas propostas, que deverão conter os elementos necessários para a realização do projeto. A Administração poderá solicitar esclarecimentos ou ajustes às propostas apresentadas, desde que não impliquem discriminação nem distorçam a concorrência entre as propostas.

7º A Administração definirá a proposta vencedora de acordo com critérios divulgados no início da fase competitiva, assegurada a contratação mais vantajosa como resultado.

Essa é a sequência de atos que deverá ocorrer no diálogo competitivo, o qual, necessariamente, será conduzido por comissão de contratação composta de pelo menos três servidores efetivos ou empregados públicos pertencentes aos quadros permanentes da Administração, admitida a contratação de profissionais para assessoramento técnico da comissão, conforme expressamente previsto no art. 32, § 1º, inciso XI, da Lei n. 14.133/2021.

9.4.2.2. Fases do processo licitatório

Ao tratar do processo licitatório, a Lei n. 14.133/2021 condensa as fases da licitação já consagradas no pregão e no RDC, prevendo, no art. 17, que serão observadas as seguintes fases, em sequência: 1ª) preparatória; 2ª) de divulgação do edital de licitação; 3ª) de apresentação de propostas e lances, quando for o caso; 4ª) de julgamento; 5ª) de habilitação; 6ª) recursal; e 7ª) de encerramento.

Assim como já ocorria no RDC, a inversão de fases se transformou na regra, sendo que, excepcionalmente, como prevê o art. 17, § 1º, da Lei n. 14.133/2021, a fase de habilitação poderá, mediante ato motivado com explicitação dos benefícios decorrentes, anteceder as fases de apresentação de propostas e lances e a de julgamento, desde que expressamente previsto no edital de licitação.

9.4.2.2.1. A fase preparatória

A partir do art. 18 da Lei n. 14.133/2021 é trabalhada a fase preparatória, na prática, também chamada de fase interna da licitação. Esta é caracterizada pelo planejamento e deve compatibilizar-se com o plano de contratações anual, sempre que elaborado, e com as leis orçamentárias, bem como abordar todas as considerações técnicas, mercadológicas e de gestão que podem interferir na contratação.

Nessa fase, é elaborado o Plano de Contratações Anual (PCA), artefato que condensa as necessidades históricas da Administração, que vão auxiliar a definir suas demandas ordinárias e frequentes. Embora a LLC tenha tentado dispensar sua elaboração, penso que esse Plano é a ferramenta que promove o alinhamento das contratações ao planejamento estratégico do órgão, o que não é opção, mas dever imposto no parágrafo único do art. 11 à Administração[6].

A partir disso, as demandas são oficializadas através do Documento de Formalização da Demanda – DFD, também conhecido como requisição ou pedido. Esse documento deverá conter a especificação da necessidade, bem como um despacho autorizando-se a instauração do processo administrativo de contratação.

Autorizada a instauração desse processo, deverá ser elaborado o Estudo Técnico Preliminar – ETP, instrumento por meio do qual a Administração vai definir a melhor alternativa a suprir sua necessidade, bem como a forma de contratação (se ocorrerá por contratação direta, se ocorrerá licitação, se será por intermédio de um procedimento auxiliar, a exemplo do registro de preços ou do credenciamento), atendendo-se aos requisitos do art. 18 da Lei n. 14.133/2021.

Elaborado esse ETP conclusivo quanto à melhor alternativa para atender a necessidade administrativa, deverão ser elaborados a pesquisa de preços, que será executada em conformidade com o art. 23 da Lei n. 14.133/2021, e o mapa de riscos, o qual deverá prever os riscos inerentes à licitação (como a possibilidade de uma licitação deserta) e à gestão contratual (a exemplo da inexecução contratual por insuficiência financeira da contratada), na forma do art. 18, inciso X, da Lei n. 14.133/2021.

Esses artefatos darão suporte para a elaboração do termo de referência ou do projeto básico e executivo. O termo de referência é comumente utilizado para bens e serviços comuns, enquanto o projeto básico para obras e serviços de engenharia. Já o projeto executivo pode ser dispensado, de acordo com o art. 18, § 3º, se demonstrada no ETP a inexistência de prejuízo para a aferição dos padrões de desempenho e qualidade almejados.

Elaborados esses artefatos, se passará para a elaboração do edital da licitação, o qual deverá conter o objeto da licitação e as regras relativas à convocação, ao julgamento, à habilitação, aos recursos e às penalidades da licitação, à fiscalização e à gestão do contrato, à entrega do objeto e às condições de pagamento, além de seus anexos, dentre os quais a minuta do futuro contrato, em conformidade com o art. 25 da Lei n. 14.133/2021.

Ao final da fase preparatória, o processo licitatório seguirá para o órgão de assessoramento jurídico da Administração, que realizará controle prévio de legalidade mediante análise jurídica da contratação. Na elaboração do parecer, esse órgão deverá *apreciar* o processo licitatório conforme critérios objetivos prévios de atribuição de prioridade e *redigir* sua manifestação em linguagem simples e compreensível e de forma clara e objetiva, com apreciação de todos os elementos indispensáveis à contratação e com exposição dos pressupostos de fato e de direito levados em consideração na análise jurídica.

Embora o Presidente da República tenha vetado o § 2º do art. 53, o parecer jurídico continua sendo obrigatório e não vinculante, uma vez que, desaprovando a continuidade da contratação, no todo ou em parte, poderá ser motivadamente rejeitado pela autoridade máxima do órgão ou entidade.

---

[6] A respeito da indispensabilidade do ETP, ver: ALVES, Felipe Dalenogare; MATOS, Marilene Carneiro. *Manual de Licitações e Contratos Administrativos*. São Paulo: Saraiva Jur, 2025.

O órgão de assessoramento jurídico da Administração também realizará, por força do art. 53, § 4º, controle prévio de legalidade de contratações diretas, acordos, termos de cooperação, convênios, ajustes, adesões a atas de registro de preços, outros instrumentos congêneres e de seus termos aditivos.

Será dispensável a análise jurídica nas hipóteses previamente definidas em ato da autoridade jurídica máxima competente, que deverá considerar o baixo valor, a baixa complexidade da contratação, a entrega imediata do bem ou a utilização de minutas de editais e instrumentos de contrato, convênio ou outros ajustes previamente padronizados pelo órgão de assessoramento jurídico.

9.4.2.2.2. A fase de divulgação do edital de licitação

Aprovado o edital pelo órgão de assessoramento jurídico e pela autoridade competente (ordenador de despesas), será dada publicidade ao edital de licitação, mediante divulgação e manutenção do *inteiro teor do edital e de seus anexos* no Portal Nacional de Contratações Públicas (PNCP), por parte da Administração direta, autárquica e fundacional de todos os Entes federativos, conforme determina o art. 54 da Lei n. 14.133/2021.

Além da publicação do inteiro teor do edital e seus anexos no PNCP, é obrigatória a publicação de *extrato do edital* no *Diário Oficial da União*, do Estado, do Distrito Federal ou do Município, ou, no caso de consórcio público, do ente de maior nível entre eles, bem como em *jornal diário de grande circulação*.

Entendo que, no caso dos consórcios envolvendo União ou Estados, a publicação em Diário Oficial poderá ser apenas um destes (o de maior nível). Nas situações de consórcio intermunicipal (compostos apenas por municípios) ou interestadual (compostos apenas por Estados), a publicação deverá ocorrer no Diário Oficial de todos.

Além da divulgação do *inteiro teor do edital e de seus anexos no PNCP* e do *extrato do edital no Diário Oficial e em jornal de grande circulação*, é facultada a *divulgação adicional e a manutenção do inteiro teor do edital e de seus anexos em sítio eletrônico oficial* do Ente federativo do órgão ou entidade responsável pela licitação ou, no caso de consórcio público, do Ente de maior nível entre eles (se forem entes de mesmo nível federativo, no sítio oficial de todos), admitida, ainda, a divulgação direta a interessados devidamente cadastrados para esse fim.

Os prazos mínimos entre a divulgação do edital e a data da sessão pública de apresentação de propostas e lances deve respeitar o interstício mínimo previsto no art. 55 da Lei n. 14.133/2021, que são os seguintes:

1. *para aquisição de bens:* a) oito dias úteis, quando adotados os critérios de julgamento de menor preço ou de maior desconto; e b) 15 dias úteis, nas hipóteses não abrangidas pela letra "a".
2. *para serviços e obras:* a) 10 dias úteis, quando adotados os critérios de julgamento de menor preço ou de maior desconto, no caso de serviços comuns e de obras e serviços comuns de engenharia; b) 25 dias úteis, quando adotados os critérios de julgamento de menor preço ou de maior desconto, no caso de serviços especiais e de obras e serviços especiais de engenharia; c) 60 dias úteis, quando o regime de execução for de contratação integrada; e d) 35 dias úteis, quando o regime de execução for o de contratação semi-integrada ou nas hipóteses não abrangidas pelas letras "a", "b" e "c".
3. *para licitação em que se adote o critério de julgamento de maior lance*: 15 dias úteis.

4. *para licitação em que se adote o critério de julgamento de técnica e preço ou de melhor técnica ou conteúdo artístico:* 35 dias úteis.

Esses prazos poderão, mediante decisão fundamentada, ser reduzidos até a metade nas licitações realizadas pelo Ministério da Saúde, no âmbito do Sistema Único de Saúde (SUS), conforme exceção prevista pelo legislador no art. 55, § 2º, da Lei n. 14.133/2021.

Ressalta-se, ainda, que eventuais modificações no edital implicarão nova divulgação na mesma forma de sua divulgação inicial, além do cumprimento dos mesmos prazos dos atos e procedimentos originais, exceto quando a alteração não comprometer a formulação das propostas.

É necessário dizer que, após a homologação do processo licitatório, devem ser disponibilizados, obrigatoriamente, no PNCP e, se o órgão ou entidade responsável pela licitação entender cabível, também no respectivo sítio eletrônico, os documentos elaborados na fase preparatória que porventura não tenham integrado o edital e seus anexos, conforme determinação expressa do art. 54, § 3º, da Lei n. 14.133/2021.

Isso não impede que, se o órgão ou entidade compreender indispensável, se divulgue os instrumentos elaborados na fase preparatória juntamente com o edital, a exemplo do Estudo Técnica Preliminar (ETP). A divulgação do ETP junto com o edital não é obrigatória pela LLC, mas amplia a efetividade do princípio da transparência e publicidade, além de possibilitar o controle social, principalmente sobre o estudo das alternativas disponíveis no mercado à solução do problema da Administração.

9.4.2.2.3. A fase de apresentação das propostas e lances

No dia e hora designados para a abertura da sessão pública de apresentação de propostas e lances (quando for o caso), os licitantes comparecerão munidos da proposta e dos documentos que o habilitem como representante da licitante.

De acordo com a determinação expressa do art. 17, § 2º, da Lei n. 14.133/2021, as licitações serão realizadas preferencialmente sob a forma eletrônica, admitida a utilização da forma presencial, desde que motivada, devendo a sessão pública ser registrada em ata e gravada em áudio e vídeo.

Ocorrendo na forma eletrônica, os licitantes poderão cadastrar no respetivo portal de compras a sua proposta e a documentação de habilitação no prazo de divulgação do edital até o momento da sessão pública.

Para essa fase, poderão ser utilizados os modos de disputa previstos no art. 56 da Lei n. 14.133/2021 de modo isolado ou conjunto, sendo eles, o *aberto*, hipótese em que os licitantes apresentarão suas propostas por meio de lances públicos e sucessivos, crescentes ou decrescentes, e o *fechado*, hipótese em que as propostas permanecerão em sigilo até a data e hora designadas para sua divulgação.

É *vedada*, no entanto, a utilização isolada do modo de disputa *fechado*, quando utilizados os critérios de julgamento de menor preço ou de maior desconto, assim como é defesa a utilização do modo de disputa *aberto*, quando adotado o critério de julgamento de técnica e preço.

O edital poderá estabelecer o intervalo mínimo de diferença de valores entre os lances, que incidirá tanto em relação aos lances intermediários quanto em relação à proposta que cobrir a melhor oferta.

Por fim, ressalta-se que, na forma do art. 58 da Lei n. 14.133/2021, poderá ser exigida a denominada *garantia de proposta*, consistente na comprovação do recolhimento de quantia prevista no edital, como requisito de pré-habilitação, que deverá ser apresentada juntamente com a proposta.

A garantia de proposta não poderá ser superior a 1% do valor estimado para a contratação e será devolvida aos licitantes no prazo de 10 dias úteis, contado da assinatura do contrato ou da data em que for declarada fracassada a licitação.

Caberá ao licitante a escolha da modalidade de garantia, dentre a possibilidade de *caução em dinheiro ou em títulos da dívida pública* emitidos sob a forma escritural, mediante registro em sistema centralizado de liquidação e de custódia autorizado pelo Banco Central do Brasil, e avaliados por seus valores econômicos, conforme definido pelo Ministério da Economia, *seguro-garantia* ou *fiança bancária* emitida por banco ou instituição financeira devidamente autorizada a operar no País pelo Banco Central do Brasil ou *título de capitalização* custeado por pagamento único, com resgate pelo valor total.

Implicará a execução do valor integral da garantia de proposta a recusa em assinar o contrato ou a não apresentação dos documentos para a contratação[7].

9.4.2.2.4. A fase de julgamento das propostas

As propostas serão julgadas conforme os critérios objetivos de julgamento definidos no edital, levando-se em consideração sua conformidade material com o exigido no edital.

9.4.2.2.4.1. Critérios objetivos de julgamento das propostas

Os critérios objetivos de julgamentos das propostas, previstos na Lei n. 14.133/2021, podem ser menor preço ou maior desconto, melhor técnica ou conteúdo artístico, técnica e preço, maior lance (no caso do leilão) ou maior retorno econômico, os quais não poderão ser combinados.

9.4.2.2.4.1.1. Critérios de julgamento menor preço ou maior desconto

O julgamento por *menor preço ou maior desconto* e, quando couber, por técnica e preço considerará o *menor dispêndio para a Administração*, atendidos os parâmetros mínimos de qualidade definidos no edital de licitação.

Por conseguinte, na forma do art. 34, § 1º, da Lei n. 14.133/2021, os custos indiretos, relacionados com as despesas de manutenção, utilização, reposição, depreciação e impacto ambiental do objeto licitado, entre outros fatores vinculados ao seu ciclo de vida, poderão ser considerados para a *definição do menor dispêndio*, sempre que objetivamente mensuráveis, conforme disposto em regulamento do Ente federativo.

O julgamento por *maior desconto* terá como referência o preço global fixado no edital de licitação, utilizando-se tabela de preços, e o desconto será estendido aos eventuais termos aditivos.

---

[7] A respeito da discussão envolvendo o momento adequado de apresentação da garantia de proposta e os fatores que levam a sua execução, ver: ALVES, Felipe Dalenogare; SILVA, Jader Esteves da. A garantia de proposta na LLCA: a apresentação e a execução. *Portal Migalhas.* Publicado em: 30 dez. 2024. Disponível em: https://www.migalhas.com.br/depeso/422267/a-garantia-de-proposta-na-llca-a-apresentacao-e-a- execucao. Acesso em: 1º jan. 2025.

9.4.2.2.4.1.2. Critérios de julgamento melhor técnica ou conteúdo artístico e técnica e preço

Por sua vez, o julgamento por *melhor técnica ou conteúdo artístico* considerará exclusivamente as propostas técnicas ou artísticas apresentadas pelos licitantes, e o edital deverá definir o prêmio ou a remuneração que será atribuída aos vencedores, podendo ser utilizado para a contratação de projetos e trabalhos de natureza técnica, científica ou artística, seguindo-se o procedimento previsto nos arts. 37 e 38 da Lei n. 14.133/2021.

Quando empregado o julgamento por *técnica e preço*, será considerada a maior pontuação obtida a partir da ponderação, segundo fatores objetivos previstos no edital, das notas atribuídas aos aspectos de técnica e de preço da proposta, na forma detalhada nos arts. 36, 37 e 38 da Lei n. 14.133/2021.

9.4.2.2.4.1.3. Critério de julgamento maior retorno econômico

O julgamento por *maior retorno econômico* é previsto no art. 39 da Lei n. 14.133/2021, sendo utilizado *exclusivamente para a celebração de contrato de eficiência*, considerará a maior economia para a Administração, e a remuneração deverá ser fixada em percentual que incidirá de forma proporcional à economia efetivamente obtida na execução do contrato.

Quando empregado esse critério de julgamento, os licitantes apresentarão *sua proposta de trabalho*, que deverá contemplar *a)* as obras, os serviços ou os bens, com os respectivos prazos de realização ou fornecimento e *b)* a economia que se estima gerar, expressa em unidade de medida associada à obra, ao bem ou ao serviço e em unidade monetária; e *sua proposta de preço*, que corresponderá a percentual sobre a economia que se estima gerar durante determinado período, expressa em unidade monetária.

O retorno econômico será o resultado da economia que se estima gerar com a execução da proposta de trabalho, deduzida a proposta de preço. Para tanto, o edital deverá prever parâmetros objetivos de mensuração da economia gerada com a execução do contrato, que servirá de base de cálculo para a remuneração devida ao contratado.

Nos casos em que não for gerada a economia prevista no contrato de eficiência, o contratado sofrerá as consequências previstas no art. 39, § 4º, da Lei n. 14.133/2021, consistente no desconto da remuneração do contratado equivalente à diferença entre a economia contratada e a efetivamente obtida e, se a diferença entre a economia contratada e a efetivamente obtida for superior ao limite máximo estabelecido no contrato, o contratado sujeitar-se-á, ainda, a outras sanções cabíveis.

9.4.2.2.4.1.4. Critério de julgamento maior lance

O critério de julgamento maior lance é utilizado exclusivamente no leilão, conforme previsto no art. 6º, inciso XL, e no art. 33, inciso V, consistindo na apresentação de lances crescentes e sucessivos. A Lei n. 14.133/2021 não permite sua utilização para outras modalidades de licitação.

9.4.2.2.4.2. *Critérios para desclassificação das propostas*

Assim, utilizando-se dos critérios de julgamento acima, a Administração poderá promover a desclassificação das propostas, nas hipóteses previstas no art. 59 da Lei

n. 14.133/2021, quais sejam aquelas que contiverem vícios insanáveis; não obedecerem às especificações técnicas pormenorizadas no edital; apresentarem preços inexequíveis ou permanecerem acima do orçamento estimado para a contratação; não tiverem sua exequibilidade demonstrada, quando exigido pela Administração; apresentarem desconformidade com quaisquer outras exigências do edital, desde que insanável.

A verificação da conformidade (aceitação) das propostas poderá ser feita exclusivamente em relação à proposta mais bem classificada, o que colabora para a celeridade processual.

É recomendável à Administração que, antes de desclassificar eventual proposta por inexequibilidade, promova diligências necessárias para aferi-la, cabendo à licitante interessada a sua demonstração.

No caso de obras e serviços de engenharia e arquitetura, para efeito de avaliação da exequibilidade e de sobrepreço, serão considerados o preço global, os quantitativos e os preços unitários tidos como relevantes, observado o critério de aceitabilidade de preços unitário e global a ser fixado no edital, conforme as especificidades do mercado correspondente.

Embora o art. 59, § 4º, da Lei n. 14.133/2021, estabeleça que, no caso de obras e serviços de engenharia, serão consideradas inexequíveis as propostas cujos valores forem inferiores a 75% (setenta e cinco por cento) do valor orçado pela Administração, é recomendável que a Administração abra diligência e oportunize à licitante demonstrar a exequibilidade.

9.4.2.2.4.3. Critérios para o desempate das propostas

Havendo empate entre duas ou mais propostas, após a utilização do critério de desempate real ou ficto previsto na Lei Complementar n. 123/2006, aplicável às Micro e Pequenas Empresas, conforme explicado em seção própria neste capítulo da obra, serão utilizados os critérios de desempate previstos no art. 60 da Lei n. 14.133/2021, nesta ordem:

Primeiro: disputa final, hipótese em que os licitantes empatados poderão apresentar nova proposta em ato contínuo à classificação;

Segundo: avaliação do desempenho contratual prévio dos licitantes, para a qual deverão preferencialmente ser utilizados registros cadastrais para efeito de atesto de cumprimento de obrigações previstos na Lei n. 14.133/2021;

Terceiro: desenvolvimento pelo licitante de ações de equidade entre homens e mulheres no ambiente de trabalho, conforme regulamento de cada Ente Federativo (no caso da União, este critério está regulamentado no Decreto n. 11.430/2023, podendo ser utilizado pelos Estados e municípios, como todos os outros regulamentos federais, conforme previsão do art. 187 da Lei n. 14.133/2021); e

Quarto: desenvolvimento pelo licitante de programa de integridade (*compliance* anticorrupção), conforme orientações dos órgãos de controle[8].

Após a aplicação sucessiva desses critérios, e persistindo o empate, em igualdade de condições, será assegurada preferência, sucessivamente, aos bens e serviços produzidos ou prestados por:

Primeiro: empresas estabelecidas no território do Estado ou do Distrito Federal do órgão ou entidade da Administração Pública estadual ou distrital licitante ou, no caso de licitação realizada por órgão ou entidade de Município, no território do Estado em que este se localize;

Segundo: empresas brasileiras;

Terceiro: empresas que invistam em pesquisa e no desenvolvimento de tecnologia no País; e

Quarto: empresas que comprovem a prática de mitigação de impactos sobre o meio ambiente, consistente nas mudanças e substituições tecnológicas que reduzam o uso de recursos e as emissões por unidade de produção, bem como a implementação de medidas que reduzam as emissões de gases de efeito estufa e aumentem os sumidouros.

9.4.2.2.4.4. A negociação da proposta

Por fim, destaca-se que, definido o resultado do julgamento, o agente ou a comissão de contratação poderá negociar condições mais vantajosas com o primeiro colocado, na forma do art. 61 da Lei n. 14.133/2021, o que também poderá ser feito com os demais licitantes, segundo a ordem de classificação, quando o primeiro colocado, mesmo após a negociação, for desclassificado em razão de sua proposta permanecer acima do preço máximo definido pela Administração. Depois de concluída, a negociação terá seu resultado divulgado a todos os licitantes e anexado aos autos do processo licitatório.

9.4.2.2.5. A fase de habilitação das licitantes

A habilitação é a fase da licitação prevista no art. 62 e seguintes da Lei n. 14.133/2021, em que se verifica o conjunto de informações e documentos necessários e suficientes para demonstrar a capacidade do licitante de realizar o objeto da licitação, dividindo-se na *habilitação jurídica*; *técnica*; *fiscal, social e trabalhista*; bem como *econômico-financeira*.

9.4.2.2.5.1. A habilitação jurídica

A *habilitação jurídica* visa a demonstrar a capacidade de o licitante exercer direitos e assumir obrigações, e a documentação a ser apresentada por ele limita-se à comprovação de existência jurídica da pessoa e, quando cabível, de autorização para o exercício da atividade a ser contratada.

---

[8] O Decreto n. 12.304, de 9 de dezembro de 2024, regulamenta a aplicação pela Administração Pública direta, autárquica e fundacional dessas orientações para estabelecimento dos parâmetros e avaliação dos programas de integridade.

9.4.2.2.5.2. A habilitação técnica

A *qualificação técnico-profissional (do corpo técnico)* e técnico-operacional *(da licitante)* consistirá na apresentação da documentação relativamente a:

a) apresentação de profissional, devidamente registrado no conselho profissional competente, quando for o caso, detentor de atestado de responsabilidade técnica por execução de obra ou serviço de características semelhantes, para fins de contratação;

b) certidões ou atestados, regularmente emitidos pelo conselho profissional competente, quando for o caso, que demonstrem capacidade operacional na execução de serviços similares de complexidade tecnológica e operacional equivalente ou superior, bem como os atestados emitidos pela própria Administração Pública (documento comprobatório da avaliação realizada, com menção ao seu desempenho na execução contratual, baseado em indicadores objetivamente definidos e aferidos);

c) indicação do pessoal técnico, das instalações e do aparelhamento adequados e disponíveis para a realização do objeto da licitação, bem como da qualificação de cada membro da equipe técnica que se responsabilizará pelos trabalhos;

d) prova do atendimento de requisitos previstos em lei especial, bem como registro ou inscrição na entidade profissional competente, quando for o caso;

e) declaração de que o licitante tomou conhecimento de todas as informações e das condições locais para o cumprimento das obrigações objeto da licitação.

Todas as disposições detalhadas, referentes a esses requisitos de habilitação, principalmente quanto aos atestados e certidões, bem como aos limites impostos à Administração para sua exigência, estão detalhados nos §§ 1º a 12, do art. 67, da Lei n. 14.133/2021, os quais recomendo o estudo.

9.4.2.2.5.3. As habilitações fiscal, social e trabalhista

Por sua vez, as *habilitações fiscal, social e trabalhista* serão aferidas mediante a verificação da inscrição no CPF ou no CNPJ; a inscrição no cadastro de contribuintes estadual e/ou municipal, se houver, relativo ao domicílio ou sede do licitante, pertinente ao seu ramo de atividade e compatível com o objeto contratual; a regularidade perante a Fazenda federal, estadual e/ou municipal do domicílio ou sede do licitante, ou outra equivalente, na forma da lei; a regularidade relativa à Seguridade Social e ao FGTS, que demonstre cumprimento dos encargos sociais instituídos por lei; a regularidade perante a Justiça do Trabalho; e o cumprimento do disposto no inciso XXXIII do art. 7º da Constituição Federal, demonstrado por declaração do licitante.

Essa documentação poderá ser substituída ou suprida, no todo ou em parte, por outros meios hábeis a comprovar a regularidade do licitante, inclusive por meio eletrônico.

O art. 63, inciso III, determina que a documentação relativa à regularidade fiscal somente será exigida em momento posterior ao julgamento das propostas, mesmo na hipótese de inversão de fases, e apenas do licitante mais bem classificado.

9.4.2.2.5.4. A habilitação econômico-financeira

A habilitação econômico-financeira visa a demonstrar a aptidão econômica do licitante para cumprir as obrigações decorrentes do futuro contrato, devendo ser comprovada de forma objetiva, por coeficientes e índices econômicos previstos no edital e em conformidade com o art. 69 da Lei n. 14.133/2021, devidamente justificados no processo licitatório.

Para tanto, poderá ser exigida estritamente a documentação relativa à apresentação de *certidão negativa de feitos sobre falência* expedida pelo distribuidor da sede do licitante e ao *balanço patrimonial*, com a demonstração de resultado de exercício e demais demonstrações contábeis dos dois últimos exercícios sociais (caso a pessoa jurídica ter sido constituída há menos de dois anos, esses documentos limitar-se-ão ao último exercício).

Caso as empresas tenham sido criadas no exercício financeiro da licitação, deverão atender a todas as exigências da habilitação e ficarão autorizadas pelo art. 65, § 1º, da Lei n. 14.133/2021, a substituir os demonstrativos contábeis pelo balanço de abertura.

A critério da Administração, também poderá ser exigida declaração, assinada por profissional habilitado da área contábil, que ateste o atendimento pelo licitante dos índices econômicos previstos no edital, bem como a relação dos compromissos assumidos pelo licitante que importem em diminuição de sua capacidade econômico-financeira, excluídas parcelas já executadas de contratos firmados.

É vedado à Administração, para fins de habilitação econômico-financeira, exigir valores mínimos de faturamento anterior e ou de índices de rentabilidade ou lucratividade, bem como índices e valores não usualmente adotados para a avaliação de situação econômico-financeira suficiente para o cumprimento das obrigações decorrentes da licitação.

Por fim, destaca-se que a Administração, nas compras para entrega futura e na execução de obras e serviços, poderá estabelecer no edital a exigência de capital mínimo ou de patrimônio líquido mínimo equivalente a até 10% (dez por cento) do valor estimado da contratação.

9.4.2.2.5.5. Declarações complementares

O art. 63 da Lei n. 14.133/2021 prevê que, na fase de habilitação, poderá ser exigida dos licitantes a *declaração de que atendem aos requisitos de habilitação* e o declarante responderá pela veracidade das informações prestadas, na forma da lei, e a *declaração de que cumpre as exigências de reserva de cargos* para pessoa com deficiência e para reabilitado da Previdência Social, previstas em lei e em outras normas específicas.

Além dessas, é possível que sejam exigidas, desde que constante no edital, as previstas no art. 63, §§ 1º e 2º, da Lei n. 14.133/2021, consistentes na *declaração de que suas propostas econômicas compreendem a integralidade dos custos para atendimento integral das verbas trabalhistas* e na *declaração de que conhece o local e as condições de realização da obra ou serviço*, assegurado a ele o direito de realização de vistoria prévia.

Por fim, é possível exigir, ainda, na forma do art. 4º, § 2º, da Lei n. 14.233/2021, a *declaração de enquadramento como Microempresa ou Empresa de Pequeno Porte*, para fins do gozo do tratamento favorecido da LC n. 123/2006.

9.4.2.2.5.6. A comprovação documental na habilitação

A documentação relativa à habilitação poderá ser comprovada mediante a apresentação em original, por cópia ou por qualquer outro meio expressamente admitido pela Administração, bem como substituída por registro cadastral emitido por órgão ou entidade pública, desde que previsto no edital e que o registro tenha sido feito em obediência ao disposto na Lei n. 14.133/2021.

As empresas estrangeiras que não funcionem no país deverão apresentar documentos equivalentes, na forma de regulamento emitido pelo Poder Executivo federal.

Por fim, há de se destacar que o art. 63, inciso II, da Lei n. 14.133/2021, estabelece que será exigida a apresentação dos documentos de habilitação apenas pelo licitante vencedor, exceto quando a fase de habilitação anteceder a de julgamento.

9.4.2.2.5.7. As hipóteses de dispensa da documentação de habilitação

O art. 70 da Lei n. 14.133/2021 prevê a possibilidade de dispensa total ou parcial da documentação de habilitação, *1) nas contratações para entrega imediata, 2)* nas contratações em valores inferiores a 1/4 do limite para dispensa de licitação para compras em geral e *3)* nas contratações de produto para pesquisa e desenvolvimento até o valor de R$ 300.000,00 (atualizados anualmente por Decreto do Presidente da República, conforme determinado pelo art. 182 também dessa lei).

9.4.2.2.5.8. Hipóteses de substituição da documentação

O art. 64 da Lei n. 14.133/2021 estabelece que, após a entrega dos documentos para habilitação, não será permitida a substituição ou a apresentação de novos documentos, salvo em sede de diligência, para complementação de informações acerca dos documentos já apresentados pelos licitantes e desde que necessária para apurar fatos existentes à época da abertura do certame ou atualização de documentos cuja validade tenha expirado após a data de recebimento das propostas.

O § 1º desse artigo prevê que, na análise dos documentos de habilitação, o agente ou a comissão de contratação poderá sanar erros ou falhas que não alterem a substância dos documentos e sua validade jurídica, mediante despacho fundamentado registrado e acessível a todos, atribuindo-lhes eficácia para fins de habilitação e classificação.

Diante disso, o TCU, ao proferir o Acórdão 1211/2021-Plenário, compreendeu que a vedação à inclusão de novo documento, prevista no art. 64 da Lei n. 14.133/2021, não alcança documento ausente, comprobatório de condição atendida pelo licitante quando apresentou sua proposta, que não foi juntado com os demais comprovantes de habilitação e da proposta, por equívoco ou falha, o qual deverá ser solicitado e avaliado pelo agente ou comissão de contratação, que poderá deferir a juntada desse documento.

9.4.2.2.6. A fase recursal

Dos atos da Administração durante a licitação, são cabíveis recurso, no prazo de três dias úteis, contado da data de intimação ou de lavratura da ata, em face do *julgamento das propostas* ou da *habilitação ou inabilitação de licitante*, conforme previsão do art. 165 da Lei n. 14.133/2021.

Nessas situações, a licitante deverá apresentar imediatamente *a intenção de recorrer*, sob pena de preclusão, tão logo tenha a proposta desclassificada e/ou tenha sido inabilitada, bem como não concorde com a classificação de outra proposta ou com a habilitação de outra empresa.

As razões recursais deverão ser dirigidas ao agente ou comissão de contratação que tiver classificado/desclassificado a proposta ou habilitado/inabilitado a empresa, no prazo de três dias úteis, que será iniciado na data de intimação ou de lavratura da ata de habilitação ou inabilitação (ainda que o recurso seja contra o julgamento das propostas) à semelhança de como era no Pregão da Lei n. 10.520/2002, dando-se a apreciação em fase única[9].

Recebidas as razões recursais, o agente ou comissão de contratação abrirá o mesmo prazo de três dias úteis, contado da data de intimação pessoal ou da divulgação da interposição do recurso, para que as demais licitantes apresentem suas contrarrazões. Para tanto, será também assegurado às demais licitantes vista dos elementos indispensáveis à defesa de seus interesses.

Decorrido esse prazo, o agente ou comissão de contratação fará a apreciação das razões e eventuais contrarrazões apresentadas, proferindo decisão de reconsideração no prazo de três dias úteis. Se não reconsiderar, encaminhará o recurso com a sua motivação à autoridade superior, a qual deverá proferir sua decisão no prazo máximo de dez dias úteis, contado do recebimento dos autos.

O recurso terá efeito suspensivo do ato ou da decisão recorrida até que sobrevenha decisão final da autoridade competente, conforme expressamente previsto no art. 168 da Lei n. 14.133/2021, e seu acolhimento implicará invalidação apenas de ato insuscetível de aproveitamento.

Na elaboração da decisão, tanto o agente ou comissão de contratação, quanto a autoridade superior, possuem a garantia prevista no art. 168, parágrafo único, da Lei n. 14.133/2021, de serem auxiliados pelo órgão de assessoramento jurídico, que deverá dirimir dúvidas e subsidiá-los com as informações necessárias.

9.4.2.2.7. A fase de encerramento

Encerradas as fases de julgamento e habilitação, e exauridos os recursos administrativos, o processo licitatório será encaminhado à autoridade superior, que poderá promover despacho saneador, adjudicar e homologar a licitação, revogá-la ou anulá-la.

---

[9] A respeito da fase recursal em caso de inversão de fases, ou seja, quando a habilitação anteceder a fase de julgamento das propostas, ver o seguinte capítulo de livro: ALVES, Felipe Dalenogare. O dever de cautela administrativa aplicado ao processo licitatório em que houver inversão de fases à luz da Nova Lei de Licitações e Contratos. In: MATOS, Marilene Carneiro; ALVES, Felipe Dalenogare; AMORIM, Rafael Amorim de. *Nova Lei de licitações e contratos*: Lei n. 14.133/2021: debates, perspectivas e desafios. Brasília: Edições Câmara, 2023.

9.4.2.2.8. O despacho saneador

O despacho saneador decorre do princípio da autotutela e é previsto no art. 71, inciso I, da Lei n. 14.133/2021 e consiste na determinação de retorno dos autos ao agente ou comissão de contratação para o saneamento de irregularidades (correção de vícios sanáveis).

O despacho saneador deve ser promovido sempre que verificada a existência de vícios sanáveis, uma vez que a anulação só deverá ocorrer se atendidos os requisitos do art. 71, inciso III, e art. 147, ambos da Lei n. 14.133/2021.

9.4.2.2.9. A adjudicação e a homologação da licitação

Verificada a conformidade do processo licitatório, a autoridade competente (geralmente o ordenador de despesas) irá adjudicar o objeto e homologar a licitação.

O princípio da adjudicação compulsória não obriga a administração a contratar o objeto da licitação, uma vez que poderão ocorrer fatos supervenientes que impeçam a contratação. Nessa situação, *não poderá ocorrer a revogação da licitação, uma vez que essa já exauriu seus efeitos*. Apenas a administração irá realizar decisão circunstanciada, motivando as razões pelas quais deixa de convocar o licitante vencedor para a assinatura do contrato, aplicando-se os efeitos da decadência do direito de contratar à Administração, nos termos do art. 90, *caput*, e § 3º, da Lei n. 14.133/2021.

Caso se demonstre fraude na atuação da Administração ou o surgimento da necessidade do objeto licitado, *nasce o direito subjetivo à contratação da licitante vencedora da licitação*.

9.4.2.2.10. A revogação e a anulação da licitação

Caso, na verificação da conformidade da licitação, a autoridade competente verifique a licitação se tornou inconveniente e inoportuna para o atendimento do interesse público, poderá *revogá-la*. Por força expressa do art. 71, § 2º, da Lei n. 14.133/2021, o motivo determinante à revogação deverá ser resultante de fato superveniente devidamente comprovado.

A revogação da licitação pode ocorrer até sua homologação. Após a homologação, *não é possível revogá-la*, uma vez que já houve o exaurimento de seus efeitos. Assim, caso haja a superveniência de ato impeditivo à contratação, no período entre a homologação e a assinatura do contrato, a administração deve motivar as razões pelas quais não convocará o licitante vencedor, sem, todavia, revogar a licitação já homologada. Serão aplicados os efeitos da decadência à Administração, previstos no art. 90, *caput*, e § 3º, da Lei n. 14.133/2021.

Caso a superveniência impeditiva ocorra após a assinatura do contrato, não é a licitação que deverá ser revogada, mas o contrato rescindido, com base em caso fortuito ou força maior, regularmente comprovados, impeditivos da execução do contrato ou razões de interesse público, justificadas pela autoridade máxima do órgão ou da entidade contratante, hipóteses previstas no art. 137, incisos V e VIII, da Lei n. 14.133/2021, o que não desonerará a Administração de indenizar o contratado por todos os prejuízos comprovados e aqueles legalmente previstos.

Por sua vez, a anulação da licitação ocorrerá se a autoridade, ao verificar a conformidade do processo ou por provação de terceiros, como uma decisão judicial ou de um órgão de controle, constatar a presença de ilegalidade insanável. Para tanto, deverá realizar a análise de todos os pressupostos do art. 147 da Lei n. 14.133/2021.

Ao pronunciar a nulidade, a autoridade indicará expressamente os atos com vícios insanáveis, tornando sem efeito todos os subsequentes que deles dependam, e dará ensejo à apuração de responsabilidade de quem lhes tenha dado causa.

Tanto a revogação quanto a anulação devem ser precedidas de manifestação ampla defesa e contraditório pelos interessados, na forma do art. 71, § 3º, da Lei n. 14.133/2021, o que também se aplica aos casos de contratação direta e procedimentos auxiliares.

Além dessa manifestação defensiva antes da decisão que concluir pela revogação ou anulação, caberá recurso administrativo, o qual deverá ser interposto no prazo de três dias úteis, contado da data de intimação da decisão, conforme o art. 165, inciso I, alínea "d", da Lei n. 14.133/2021.

O recurso será dirigido à autoridade que tiver proferido a decisão recorrida, que, se não a reconsiderar no prazo de três dias úteis, o encaminhará, com sua motivação, à autoridade superior, a qual deverá proferir sua decisão no prazo máximo de dez dias úteis, contado do recebimento dos autos.

Caso a decisão de anulação ou revogação já tenha sido tomada pela última autoridade superior do órgão ou entidade, a exemplo de um Prefeito, o recurso terá caráter único de reconsideração de ato, na forma do art. 165, inciso II, da Lei n. 14.133/2021.

9.4.3. Principais disposições referentes aos contratos administrativos

Nesta seção, serão trabalhadas as principais disposições referentes aos contratos administrativos, como as prerrogativas da Administração, a formalização dos contratos, as garantias, a alocação de riscos, a duração contratual, a execução e fiscalização contratual, a alteração contratual, o recebimento do objeto, o pagamento, a extinção contratual, a anulação contratual e as esferas de responsabilização da contratada.

9.4.3.1. As prerrogativas contratuais da Administração

Os contratos administrativos regulam-se pelas suas cláusulas e pelos preceitos de direito público, e a eles serão aplicados, supletivamente, os princípios da teoria geral dos contratos e as disposições de direito privado.

Administração possui prerrogativas em relação aos contratados, denominadas de cláusulas exorbitantes, as quais, em um contrato de direito privado, seriam consideradas nulas, por desequilibrar a relação contratual.

Assim, em decorrência desse regime jurídico dos contratos administrativos (de direito público), a Lei n. 14.133/2021, em seu art. 104, confere à Administração as prerrogativas de:

a) modificá-los, unilateralmente, para melhor adequação às finalidades de interesse público, respeitados os direitos do contratado, dentre os quais ter o reequilíbrio econômico-financeiro do contrato, para que se mantenha o equilíbrio contratual;
b) extingui-los, unilateralmente, nos casos especificados nesta Lei;
c) fiscalizar sua execução;
d) aplicar sanções motivadas pela inexecução total ou parcial do ajuste; e

e) ocupar provisoriamente bens móveis e imóveis e utilizar pessoal e serviços vinculados ao objeto do contrato nas hipóteses de risco à prestação de serviços essenciais ou necessidade de acautelar apuração administrativa de faltas contratuais pelo contratado, inclusive após extinção do contrato.

9.4.3.2. A formalização dos contratos

Como regra geral, os contratos e seus aditamentos terão forma escrita e serão juntados ao processo que tiver dado origem à contratação, divulgados e mantidos à disposição do público em sítio eletrônico oficial, como determina o art. 91 da Lei n. 14.133/2021. Todavia, o § 1º deste artigo admite a manutenção em sigilo de contratos e de termos aditivos quando imprescindível à segurança da sociedade e do Estado, nos termos da Lei de Acesso à Informação.

9.4.3.2.1. A excepcionalidade do contrato verbal

A Lei n. 14.133/2021 mantém a possibilidade de realização, excepcional, de contrato verbal, prevendo, no art. 95, § 2º, que é nulo e de nenhum efeito o contrato verbal com a Administração, salvo o de pequenas compras ou prestação de serviços de pronto pagamento, assim entendidas aquelas de valor não superior a R$ 10.000,00 (valor que deve ser atualizado anualmente, em 1º de janeiro, conforme determina o art. 182 da Lei n. 14.133/2021).

9.4.3.2.2. As cláusulas necessárias do contrato administrativo

Tendo em vista que as partes se vinculam às cláusulas contratuais e à Lei n. 14.133/2021, embora o art. 92 estabeleça um rol de cláusulas necessárias nos contratos administrativos, a ausência de alguma delas não ensejará qualquer nulidade contratual e, sendo possível a autoaplicação da disposição diretamente da lei, poderá ser aplicada à relação contratual, independente de previsão contratual. Assim, integram o rol de cláusulas indispensáveis aos contratos administrativos as seguintes:

a) o objeto e seus elementos característicos;
b) a vinculação ao edital de licitação e à proposta do licitante vencedor ou ao ato que tiver autorizado a contratação direta e à respectiva proposta;
c) a legislação aplicável à execução do contrato, inclusive quanto aos casos omissos;
d) o regime de execução ou a forma de fornecimento;
e) o preço e as condições de pagamento, os critérios, a data-base e a periodicidade do reajustamento de preços e os critérios de atualização monetária entre a data do adimplemento das obrigações e a do efetivo pagamento;
f) os critérios e a periodicidade da medição, quando for o caso, e o prazo para liquidação e para pagamento;
g) os prazos de início das etapas de execução, conclusão, entrega, observação e recebimento definitivo, quando for o caso;
h) o crédito pelo qual correrá a despesa, com a indicação da classificação funcional programática e da categoria econômica;
i) a matriz de risco, quando for o caso;

j) o prazo para resposta ao pedido de repactuação de preços, quando for o caso;
k) o prazo para resposta ao pedido de restabelecimento do equilíbrio econômico-financeiro, quando for o caso;
l) as garantias oferecidas para assegurar sua plena execução, quando exigidas, inclusive as que forem oferecidas pelo contratado no caso de antecipação de valores a título de pagamento;
m) o prazo de garantia mínima do objeto, observados os prazos mínimos estabelecidos na Lei n. 14.133/2021 e nas normas técnicas aplicáveis, e as condições de manutenção e assistência técnica, quando for o caso;
n) os direitos e as responsabilidades das partes, as penalidades cabíveis e os valores das multas e suas bases de cálculo;
o) as condições de importação e a data e a taxa de câmbio para conversão, quando for o caso;
p) a obrigação do contratado de manter, durante toda a execução do contrato, em compatibilidade com as obrigações por ele assumidas, todas as condições exigidas para a habilitação na licitação, ou para a qualificação, na contratação direta;
q) a obrigação de o contratado cumprir as exigências de reserva de cargos prevista em lei, bem como em outras normas específicas, para pessoa com deficiência, para reabilitado da Previdência Social e para aprendiz;
r) o modelo de gestão do contrato, observados os requisitos definidos em regulamento; e
s) os casos de extinção.

9.4.3.2.3. A prerrogativa de foro para as controvérsias contratuais

Como regra, por força do art. 92, § 1º, da Lei n. 14.133/2021, os contratos celebrados pela Administração Pública com pessoas físicas ou jurídicas, inclusive as domiciliadas no exterior, deverão conter cláusula que declare competente o foro da sede da Administração para dirimir qualquer questão contratual.

Essa prerrogativa não se aplica entretanto, nas situações de licitação internacional à aquisição de bens e serviços cujo pagamento seja feito com o produto de financiamento concedido por organismo financeiro internacional de que o Brasil faça parte ou por agência estrangeira de cooperação; à contratação com empresa estrangeira para a compra de equipamentos fabricados e entregues no exterior precedida de autorização do Chefe do Poder Executivo; e à aquisição de bens e serviços realizada por unidades administrativas com sede no exterior.

9.4.3.2.4. A obrigatoriedade do instrumento contratual

Como regra, nos termos do art. 95 da Lei n. 14.133/2021, o instrumento de contrato é obrigatório. Nas dispensas de licitação em razão de valor e nas compras com entrega imediata e integral dos bens adquiridos e dos quais não resultem obrigações futuras, inclusive quanto a assistência técnica, independentemente de seu valor, a Administração pode substituí-lo por outro instrumento hábil, como carta-contrato, nota de empenho de despesa, autorização de compra ou ordem de execução de serviço.

9.4.3.2.5. A eficácia do contrato administrativo

A divulgação no PNCP é condição indispensável, prevista no art. 94 da Lei n. 14.133/2021, para a eficácia do contrato e de seus aditamentos e deverá ocorrer em 20 úteis, no caso de licitação, e 10 dias úteis, no caso de contratação direta, contados da data de sua assinatura.

Excepcionalmente, os contratos celebrados em caso de urgência terão eficácia a partir de sua assinatura, devendo, entretanto, ser publicados nos mesmos prazos acima, sob pena de nulidade.

9.4.3.3. As garantias contratuais

Para a assinatura do contrato, a critério da autoridade competente, em cada caso, poderá ser exigida, mediante previsão no edital, prestação de garantia nas contratações de obras, serviços e fornecimentos.

Caberá ao contratado optar por uma das seguintes modalidades de garantia previstas no art. 96 da Lei n. 14.133/2021, sendo elas:

a) *caução em dinheiro ou em títulos da dívida pública* emitidos sob a forma escritural, mediante registro em sistema centralizado de liquidação e de custódia autorizado pelo Banco Central do Brasil, e avaliados por seus valores econômicos, conforme definido pelo Ministério da Economia;

b) *seguro-garantia*. O edital fixará prazo mínimo de um mês, contado da data de homologação da licitação e anterior à assinatura do contrato, para a prestação da garantia pelo contratado quando optar por esta modalidade de garantia;

c) *fiança bancária* emitida por banco ou instituição financeira devidamente autorizada a operar no País pelo Banco Central do Brasil;

d) *título de capitalização* custeado por pagamento único, com resgate pelo valor total.

Essas modalidades de garantia são taxativas e não é possível a prestação em outras condições. Diante disso, o TCU, ao proferir o Acórdão 597/2023-Plenário, compreendeu que é irregular a aceitação de cartas de fiança fidejussória, de natureza não bancária, como garantia de contrato administrativo, uma vez que não correspondem ao instrumento de fiança bancária, previsto no art. 96, § 1º, inciso III, da Lei n. 14.133/2021.

9.4.3.3.1. O valor da garantia

Nas contratações de obras, serviços e fornecimentos, o art. 98 da Lei n. 14.133/2021 prevê que a garantia poderá ser de até 5% do valor inicial do contrato, autorizada a majoração desse percentual para até 10%, desde que justificada mediante análise da complexidade técnica e dos riscos envolvidos.

Nas contratações de obras e serviços de engenharia de grande vulto (aqueles cujo valor estimado supera R$ 200.000.000,00, atualizado anualmente), poderá ser exigida a prestação de garantia, na modalidade seguro-garantia, com cláusula de retomada (*performance bond*), que será estudado abaixo, em percentual equivalente a até 30% do valor inicial do contrato.

Nas contratações de serviços e fornecimentos contínuos com vigência superior a um ano, assim como nas subsequentes prorrogações, será utilizado o valor anual do contrato para definição e aplicação dos percentuais previstos no *caput* deste artigo.

Ainda, nas contratações de obras e serviços de engenharia, será exigida *garantia adicional* do licitante vencedor cuja proposta for inferior a 85% do valor orçado pela Administração, equivalente à diferença entre este último e o valor da proposta, sem prejuízo das demais garantias exigíveis, conforme previsão expressa no art. 59, § 5º, da Lei n. 14.133/2021.

Assim, por exemplo, imagine que uma obra tenha sido orçada pela Administração por 1 milhão de reais e a proposta da empresa tenha sido de 800 mil reais (80% do valor orçado). Será exigida uma garantia adicional de 50 mil reais, consistente na diferença de 85% para o valor da proposta 80% do valor orçado.

É possível também a exigência de garantia adicional como condição para, excepcionalmente realizar a antecipação de pagamento prevista no art. 145 da Lei n. 14.133/2021.

De igual modo, o art. 101 da Lei n. 14.133/2021 determina que, nos casos de contratos que impliquem a entrega de bens pela Administração, dos quais o contratado ficará depositário, o valor desses bens deverá ser acrescido ao valor da garantia.

A garantia prestada pelo contratado será liberada ou restituída após a fiel execução do contrato ou após a sua extinção por culpa exclusiva da Administração e, quando em dinheiro, atualizada monetariamente.

9.4.3.3.2. O seguro-garantia ordinário

O seguro-garantia tem por objetivo garantir o fiel cumprimento das obrigações assumidas pelo contratado perante a Administração, inclusive as multas, os prejuízos e as indenizações decorrentes de inadimplemento, observadas as seguintes regras específicas aplicáveis aos contratos administrativos:

a) o prazo de vigência da apólice será igual ou superior ao prazo estabelecido no contrato principal e deverá acompanhar as modificações referentes à vigência deste mediante a emissão do respectivo endosso pela seguradora; e
b) o seguro-garantia continuará em vigor mesmo se o contratado não tiver pago o prêmio nas datas convencionadas.

Nos contratos de execução continuada ou de fornecimento contínuo de bens e serviços, será permitida a substituição da apólice de seguro-garantia na data de renovação ou de aniversário, desde que mantidas as mesmas condições e coberturas da apólice vigente e desde que nenhum período fique descoberto.

9.4.3.3.3. O seguro-garantia com cláusula de retomada (*performance bond*)

Inicialmente, torna-se relevante ressaltar que o seguro-garantia com cláusula de retomada, surgido nos Estados Unidos durante a crise financeira de 1929 como *performance bond*, é uma ferramenta extremamente importante à eficácia das contratações públicas. Isso porque, como o próprio termo *performance bond* sugere, há uma *garantia de execução* (materialmente, em termos concretos, falando), a partir de uma tríplice relação entre segurado (Administração), segurador (empresa privada do setor) e tomador do serviço (empresa contratada), proporcionando, assim, uma mitigação de riscos à inexecução contratual[10].

Com esse propósito, a Lei n. 14.133/2021 previu, no art. 102, a possibilidade de, na contratação de obras e serviços de engenharia, o edital exigir a prestação da garantia na modalidade seguro-garantia e prever a obrigação de a seguradora, em caso de inadimplemento pelo contratado, assumir a execução e concluir o objeto do contrato.

Nessa modalidade de garantia (*performance bond*), a seguradora deverá firmar o contrato, inclusive os aditivos, como interveniente anuente e poderá ter livre acesso às instalações, para que possa acompanhar a execução do contrato principal, ter acesso à auditoria técnica e contábil, além de ter o direito de requerer esclarecimentos ao responsável técnico pela obra ou pelo fornecimento.

A Administração está legalmente autorizada a emitir o empenho em nome da seguradora ou a quem ela indicar para a conclusão do contrato, bastando a demonstração de sua regularidade fiscal ou do terceiro indicado (ela poderá subcontratar a conclusão do contrato, total ou parcialmente).

A operacionalização da execução dessa modalidade de seguro garantia, em caso de inadimplemento da contratada perante a Administração, deve ocorrer do seguinte modo: caso a seguradora execute (ainda que por subcontratação) e conclua o objeto do contrato, estará isenta da obrigação de pagar a importância segurada indicada na apólice; todavia, se não assumir a execução contratual, pagará a integralidade da importância segurada indicada na apólice.

9.4.3.4. A alocação de riscos

O contrato poderá identificar os riscos contratuais previstos e presumíveis e prever *matriz de alocação de riscos*, a qual constitui uma cláusula contratual definidora dos riscos e de responsabilidades entre as partes e caracterizadora do equilíbrio econômico-financeiro inicial do contrato, em termos de ônus financeiro decorrente de eventos supervenientes à contratação, contendo, no mínimo:

a) a listagem de possíveis eventos supervenientes à assinatura do contrato que possam causar impacto em seu equilíbrio econômico-financeiro e previsão de eventual necessidade de prolação de termo aditivo por ocasião de sua ocorrência;

b) no caso de obrigações de resultado, o estabelecimento das frações do objeto com relação às quais haverá liberdade para os contratados inovarem em soluções metodológicas ou tecnológicas, em termos de modificação das soluções previamente delineadas no anteprojeto ou no projeto básico;

c) no caso de obrigações de meio, o estabelecimento preciso das frações do objeto com relação às quais não haverá liberdade para os contratados inovarem em

---

[10] CHECCUCCI, Gustavo Leite Caribé; MALHEIROS FILHO, Marcos André de Almeida. O seguro-garantia performance bond como elemento de eficiência e segurança jurídica na Nova Lei de Licitações e Contratos – Lei n. 14.133/2021. In: MATOS, Marilene Carneiro; ALVES, Felipe Dalenogare; AMORIM, Rafael Amorim de. *Nova Lei de licitações e contratos*: Lei n. 14.133/2021: debates, perspectivas e desafios. Brasília: Edições Câmara, 2023, p. 168-169.

soluções metodológicas ou tecnológicas, devendo haver obrigação de aderência entre a execução e a solução predefinida no anteprojeto ou no projeto básico, consideradas as características do regime de execução no caso de obras e serviços de engenharia;

Assim, a matriz de riscos deve alocá-los entre contratante e contratado, mediante indicação daqueles a serem assumidos pelo *setor público* ou pelo *setor privado* ou daqueles a serem *compartilhados*.

O art. 103, § 1º, prevê que a alocação de riscos considerará, em compatibilidade com as obrigações e os encargos atribuídos às partes no contrato, *a natureza do risco*, o *beneficiário das prestações* a que se vincula e a *capacidade de cada setor* para melhor gerenciá-lo. Desse modo, os riscos que tenham cobertura oferecida por seguradoras serão preferencialmente transferidos ao contratado.

9.4.3.5. A duração contratual

Há uma alteração significativa no que tange à duração dos contratos, que passa a ser regulada no art. 105 e seguintes da Lei n. 14.133/2021. A duração dos contratos será a prevista em edital, e deverão ser observadas, no momento da contratação e a cada exercício financeiro, a disponibilidade de créditos orçamentários, bem como a previsão no plano plurianual, quando ultrapassar um exercício financeiro.

A Administração poderá celebrar contratos com prazo de *até cinco anos* nas hipóteses de *serviços e fornecimentos contínuos*, observadas as seguintes diretrizes mediante o atendimento de condições legalmente impostas.

Dentre essas condições, destacam-se a necessidade da autoridade competente do órgão ou entidade contratante atestar a maior vantagem econômica vislumbrada em razão da contratação plurianual e atestar também, no início da contratação e de cada exercício, a existência de créditos orçamentários vinculados à contratação, bem como a vantagem em sua manutenção. Esses requisitos já eram exigidos para as prorrogações contratuais pela Lei n. 8.666/1993 (cujos contratos sofriam iguais e sucessivas prorrogações até 60 meses).

O que muda, basicamente, é que na Lei n. 8.666/1993, a cada sucessivo e igual período, havia a necessidade de aditivar o contrato, pois se tratava de prorrogações (até cinco anos). Agora, o contrato pode ser único e ininterrupto por até cinco anos, o que não dispensa o ateste nas condições acima.

Deve ser observado, entretanto, que o prazo de duração plurianual gera uma expectativa de direito ao contratado, uma vez que o art. 106, inciso III, da Lei n. 14.133/2021, prevê a possibilidade da Administração extingui-lo, sem ônus, quando não dispuser de créditos orçamentários para sua continuidade ou quando entender que o contrato não mais lhe oferece vantagem (essa extinção ocorrerá apenas na próxima data de aniversário do contrato e não poderá ocorrer em prazo inferior a dois meses, contado da referida data).

Esses contratos poderão, ainda, ser prorrogados, sucessivamente, respeitada a vigência máxima *decenal*, desde que haja previsão em edital e que a autoridade competente ateste que as condições e os preços permanecem vantajosos para a Administração, permitida a negociação com o contratado ou a extinção contratual sem ônus para qualquer das partes.

Outro ponto importante é que, diferentemente da vedação que estava contida na Lei n. 8.666/ 1993, o art. 109 da Lei n. 13.133/2021 prevê que a Administração poderá estabelecer a vigência por *prazo indeterminado* nos contratos em que seja usuária de serviço público oferecido em regime de monopólio, desde que comprovada, a cada exercício financeiro, a existência de créditos orçamentários vinculados à contratação.

Por sua vez, na contratação que *gere receita* e no *contrato de eficiência que gere economia* para a Administração, os prazos serão de até 10 anos, nos contratos sem investimento, ou de até 35 anos, nos contratos com investimento, assim considerados aqueles que impliquem a elaboração de benfeitorias permanentes, realizadas exclusivamente por conta do contratado, que serão revertidas ao patrimônio da Administração Pública por ocasião do advento do termo contratual.

9.4.3.6. A execução e fiscalização contratual

No que se refere à execução contratual, o art. 115 da Lei n. 14.133/2021, inaugura uma garantia ao contratado, objetivando proteger a segurança jurídica e a proteção à confiança. Consiste na vedação a que a Administração retarde imotivadamente a execução de obra ou serviço, ou de suas parcelas, inclusive na hipótese de posse do respectivo chefe do Poder Executivo ou de novo titular no órgão ou entidade contratante.

Em caso de impedimento, ordem de paralisação ou suspensão do contrato, o cronograma de execução será prorrogado automaticamente pelo tempo correspondente, anotadas tais circunstâncias no contrato mediante simples apostila. Em se tratando de obras, em que o prazo de paralisação seja superior a um mês, a Administração deverá divulgar, em sítio eletrônico oficial e em placa de fácil visualização pelos cidadãos afixada no local da obra, aviso público de obra paralisada, com o motivo e o responsável pela inexecução temporária do objeto do contrato, bem como a data prevista para o reinício da sua execução.

Na execução do contrato e sem prejuízo das responsabilidades contratuais e legais, o art. 122 da Lei n. 14.133/2021 permite que o contratado *subcontrate partes* da obra, do serviço ou do fornecimento até o limite autorizado, em cada caso, pela Administração.

Para tanto, condiciona-se que o contratado apresente à Administração documentação que comprove a capacidade técnica do subcontratado, que será avaliada e juntada aos autos do processo correspondente.

O art. 117 trata da *fiscalização contratual*. Nele, há a previsão de que a execução do contrato deverá ser acompanhada e fiscalizada *por um ou mais fiscais do contrato*, representantes da Administração especialmente designados ou pelos respectivos substitutos, permitida a contratação de terceiros para *assisti-los e subsidiá-los* com informações pertinentes a essa atribuição.

Geralmente, são utilizados o *fiscal técnico* (para a fiscalização da execução do objeto) e o *fiscal administrativo* (para as questões documentais). No âmbito federal, além desses dois, o Decreto n. 11.246/2022 prevê ainda o *fiscal setorial*, aquele que realiza a fiscalização de contratos executados em distintos lugares. Ambos se reportam ao *gestor de contratos*, autoridade responsável pela gestão contratual e pelo acompanhamento do trabalho dos fiscais.

O fiscal do contrato será auxiliado pelos órgãos de assessoramento jurídico e de controle interno da Administração, que deverão dirimir dúvidas e subsidiá-lo com informações relevantes para prevenir riscos na execução contratual, o que é recomendável que ocorra por meio de consulta formal.

Havendo a contratação de terceiros para auxiliar o fiscal de contrato, a empresa ou o profissional contratado *assumirá responsabilidade civil objetiva* pela veracidade e pela precisão das informações prestadas, firmará termo de compromisso de confidencialidade e *não poderá exercer atribuição própria e exclusiva de fiscal de contrato*. Por fim, cabe observar que a contratação de terceiros não eximirá de responsabilidade o fiscal do contrato, nos limites das informações recebidas do terceiro contratado.

9.4.3.7. A alteração contratual

Os contratos administrativos poderão ser alterados, com as devidas justificativas, nas situações previstas no art. 124 da Lei n. 14.133/2021, *unilateralmente* ou por *acordo entre as partes*.

9.4.3.7.1. Alterações unilaterais

As alterações *unilaterais*, ou seja, que independem de anuência do contratado, poderão ser *qualitativas* ou *quantitativas*. As primeiras destinam-se a promover modificação do projeto ou das especificações, para melhor adequação técnica a seus objetivos[11], enquanto as segundas buscam a modificação do valor contratual em decorrência de acréscimo ou diminuição na quantidade de seu objeto.

Essas alterações unilaterais não podem transfigurar o objeto da contratação e limitam-se a 25% (vinte e cinco por cento) do valor inicial atualizado do contrato para os acréscimos e supressões[12] que se fizerem nas obras, nos serviços ou nas compras e, apenas para os acréscimos, até 50% em caso de reforma de edifício ou de equipamento.

Por fim, defendo que, nas hipóteses de alterações previstas no inciso I do art. 124 da Lei n. 14.133/2021, realizadas por acordo entre as partes, não incide a limitação percentual acima, seja para os acréscimos, seja para as supressões, devendo a Administração demonstrar a necessidade e a adequação da medida, vedando-se a transfiguração do objeto inicialmente contratado[13].

---

[11] O art. 124, § 1º, da Lei n. 14.133/2021, prevê que, se forem decorrentes de falhas de projeto, as alterações de contratos de obras e serviços de engenharia ensejarão apuração de responsabilidade do responsável técnico *(por dolo ou erro grosseiro)* e adoção das providências necessárias para o ressarcimento dos danos causados à Administração.

[12] Nas alterações contratuais para supressão de obras, bens ou serviços, se o contratado já houver adquirido os materiais e os colocado no local dos trabalhos, estes deverão ser pagos pela Administração pelos custos de aquisição regularmente comprovados e monetariamente reajustados, podendo caber indenização por outros danos eventualmente decorrentes da supressão, desde que regularmente comprovados, conforme garantido pelo art. 129 da Lei n. 14.133/2021.

[13] A respeito, ver: HEINEN, Juliano. O reequilíbrio econômico-financeiro na nova Lei de Licitações. In: *Consultor Jurídico*, edição de 11 de maio de 2021. Disponível em: https://www.conjur.com.br/2021-mai-11/heinen-reequilibrio-economico-financeiro-lei-licitacoes. Acesso em: 20 nov 2023.

9.4.3.7.2. Alterações por acordo entre as partes

Por sua vez, as alterações por acordo entre as partes poderá ocorrer quando conveniente a substituição da garantia de execução; quando necessária a modificação do regime de execução da obra ou do serviço, bem como do modo de fornecimento, em face de verificação técnica da inaplicabilidade dos termos contratuais originários; ou quando necessária a modificação da forma de pagamento por imposição de circunstâncias supervenientes, mantido o valor inicial atualizado e vedada a antecipação do pagamento em relação ao cronograma financeiro fixado sem a correspondente contraprestação de fornecimento de bens ou execução de obra ou serviço.

9.4.3.7.3. Reequilíbrio econômico-financeiro

Depende de *acordo entre o contratado e a Administração*, também não sujeito a qualquer limite, o *reequilíbrio econômico-financeiro do contrato*. Este ocorrerá quando comprovadamente inviabilizar a execução do contrato tal como pactuado, em decorrência de situação *superveniente*, motivada por evento que resulte de *caso fortuito* ou *força maior*, de *fatos imprevisíveis* ou *previsíveis de consequências incalculáveis* (teoria da imprevisão) ou de *fato do príncipe*[14].

Também deverá ser promovido o reequilíbrio econômico-financeiro às contratações de obras e serviços de engenharia, quando a execução for obstada pelo atraso na conclusão de procedimentos de desapropriação, desocupação, servidão administrativa ou licenciamento ambiental, por circunstâncias alheias ao contratado, conforme garantido expressamente pelo art. 124, § 2º, da Lei n. 14.133/2021.

A formalização do termo aditivo é condição para a execução, pelo contratado, das prestações determinadas pela Administração no curso da execução do contrato, salvo nos casos de justificada necessidade de antecipação de seus efeitos, hipótese em que a formalização deverá ocorrer no prazo máximo de um mês.

No entanto, desde que o pedido de restabelecimento do equilíbrio econômico-financeiro tenha sido formulado durante a vigência do contrato e antes de eventual prorrogação, a extinção contratual não configurará óbice para seu reconhecimento, hipótese em que será concedida indenização por meio de termo indenizatório.

9.4.3.7.4. Reajustamento e repactuação

O art. 6º, inciso LVIII, da Lei n. 14.133/2021 define o *reajustamento em sentido estrito*, como forma de manutenção do equilíbrio econômico-financeiro de contrato consistente na aplicação do *índice de correção monetária previsto no contrato*, que deve retratar a variação efetiva do custo de produção, admitida a adoção de índices específicos ou setoriais.

Por sua vez, o art. 6º, inciso LIX, da Lei n. 14.133/2021, conceitua a *repactuação* como a forma de manutenção do equilíbrio econômico-financeiro de contrato utilizada para *serviços contínuos com regime de dedicação exclusiva de mão de obra* ou *predominância de mão de obra*, por meio da *análise da variação dos custos contratuais*,

---

[14] Os preços contratados serão alterados, *para mais ou para menos*, conforme o caso, se houver, após a data da apresentação da proposta, criação, alteração ou extinção de quaisquer *tributos ou encargos legais ou a superveniência de disposições legais*, com comprovada repercussão sobre os preços contratados, conforme garantido pelo art. 134 da Lei n. 14.133/2021.

devendo estar prevista no edital com data vinculada à apresentação das propostas, para os *custos decorrentes do mercado*, e com data vinculada ao acordo, à convenção coletiva ou ao dissídio coletivo ao qual o orçamento esteja vinculado, para os *custos decorrentes da mão de obra*.

Assim, quando se tratar de *serviços contínuos*, conforme assegurando pelo art. 25, § 8º, da Lei n. 14.133/2021, observado o interregno mínimo de um ano, o critério de reajustamento será por: *a) reajustamento em sentido estrito*, quando não houver regime de dedicação exclusiva de mão de obra ou predominância de mão de obra, mediante previsão de índices específicos ou setoriais; ou *b) repactuação*, quando houver regime de dedicação exclusiva de mão de obra ou predominância de mão de obra, mediante demonstração analítica da variação dos custos.

Desse modo, diferente do que era usual antes da Lei n. 14.133/2021, em que, nos contratos com predominância de mão de obra, se utilizava o reajustamento para os insumos e a repactuação exclusivamente para a mão de obra, agora, nesses contratos (com predominância), o instituto para o reequilíbrio será a *repactuação (tanto para os insumos, quanto para a mão de obra)*.

Dito isso, é necessário estabelecer o marco para que haja esse reequilíbrio econômico-financeiro contratual. Para tanto, o art. 135 da Lei n. 14.133/2021 prevê que os preços dos contratos para *serviços contínuos com regime de dedicação exclusiva de mão de obra* ou *com predominância de mão de obra* serão *repactuados (sempre observado o interregno de um ano), mediante demonstração analítica da variação dos custos contratuais*, com data vinculada à da *apresentação da proposta*, para *custos decorrentes do mercado* e ao *acordo*, à *convenção coletiva* ou ao *dissídio coletivo* ao qual a proposta esteja vinculada, para os *custos de mão de obra*.

No entanto, *é vedado* à Administração se vincular às disposições contidas em acordos, convenções ou dissídios coletivos de trabalho que tratem de matéria não trabalhista, de pagamento de participação dos trabalhadores nos lucros ou resultados do contratado, ou que estabeleçam direitos não previstos em lei, como valores ou índices obrigatórios de encargos sociais ou previdenciários, bem como de preços para os insumos relacionados ao exercício da atividade, bem como aqueles que tratem de obrigações e direitos que *somente se aplicam aos contratos com a Administração Pública*.

A repactuação deverá ser precedida de solicitação do contratado, acompanhada de demonstração analítica da variação dos custos, por meio de *apresentação da planilha de custos e formação de preços*, ou do *novo acordo, convenção ou sentença normativa que a fundamenta*, podendo ser dividida em tantas parcelas quantas forem necessárias, observado o princípio da anualidade, inclusive em momentos distintos, para discutir a variação de custos que tenham sua anualidade resultante em datas diferenciadas, como os decorrentes de mão de obra e os decorrentes dos insumos necessários à execução dos serviços.

9.4.3.7.5. Vedação à alteração contratual na contratação integrada ou semi-integrada

A *contratação integrada* é aquela em que o contratado é responsável por elaborar e desenvolver *os projetos básico e executivo*, executar obras e serviços de engenharia, fornecer bens ou prestar serviços especiais e realizar montagem, teste, pré-operação e as demais operações necessárias e suficientes para a entrega final do objeto.

Na *contratação semi-integrada*, o contratado é responsável por elaborar e desenvolver *o projeto executivo*, executar obras e serviços de engenharia, fornecer bens ou prestar serviços especiais e realizar montagem, teste, pré-operação e as demais operações necessárias e suficientes para a entrega final do objeto.

Assim, como os projetos são elaborados pela própria contratada, o art. 133 da Lei n. 14.133/2021 veda, como regra, a alteração dos contratos nessas hipóteses, exceto para as seguintes situações:

a) reestabelecer o equilíbrio econômico-financeiro decorrente de *caso fortuito* ou *força maior*;
b) por necessidade de alteração do projeto ou das especificações para melhor adequação técnica aos objetivos da contratação, a pedido da Administração, *desde que não decorrente de erros ou omissões por parte do contratado*;
c) por necessidade de alteração do projeto básico nas contratações semi-integradas, desde que demonstrada a superioridade das inovações propostas pelo contratado em termos de redução de custos, de aumento da qualidade, de redução do prazo de execução ou de facilidade de manutenção ou operação, assumindo o contratado a responsabilidade integral pelos riscos associados à alteração do projeto básico; e
d) por ocorrência de evento superveniente alocado na matriz de riscos como de responsabilidade da Administração.

9.4.3.8. O recebimento provisório e definitivo do objeto contratual

Concluída a execução do objeto, este será recebido, em se tratando de *obras e serviços*, *provisoriamente*, pelo responsável por seu acompanhamento e fiscalização, mediante termo detalhado, quando verificado o cumprimento das exigências de caráter técnico e, *definitivamente*, por servidor ou comissão designada pela autoridade competente, mediante termo detalhado que comprove o atendimento das exigências contratuais.

Quando se tratar de *compras*, será recebido, *provisoriamente*, de forma sumária, pelo responsável por seu acompanhamento e fiscalização, com verificação posterior da conformidade do material com as exigências contratuais e, *definitivamente*, por servidor ou comissão designada pela autoridade competente, mediante termo detalhado que comprove o atendimento das exigências contratuais.

O objeto do contrato poderá ser rejeitado, no todo ou em parte, quando estiver em desacordo com o contrato, sendo possível que os ensaios, os testes e as demais provas para aferição da boa execução do objeto do contrato exigidos por normas técnicas oficiais corram por conta do contratado.

O recebimento provisório ou definitivo *não excluirá* a responsabilidade civil pela solidez e pela segurança da obra ou serviço nem a responsabilidade ético-profissional pela perfeita execução do contrato, nos limites estabelecidos pela lei ou pelo contrato. Em se tratando *de projeto de obra*, o recebimento definitivo pela Administração não eximirá o projetista ou o consultor da responsabilidade objetiva por todos os danos causados por falha de projeto.

Por sua vez, *em se tratando de obra*, o recebimento definitivo não eximirá o contratado, *pelo prazo mínimo de cinco anos*, admitida a previsão de prazo de garantia superior no edital e no contrato, da responsabilidade objetiva pela solidez e pela segurança dos materiais e dos serviços executados e pela funcionalidade da construção, da reforma, da recuperação ou da ampliação do bem imóvel, e, em caso de vício, defeito ou incorreção identificados, o contratado ficará responsável pela reparação, pela correção, pela reconstrução ou pela substituição necessárias.

9.4.3.9. O pagamento contratual

No dever de pagamento pela Administração, será observada a ordem cronológica para cada fonte diferenciada de recursos, prevista no art. 141 da Lei n. 14.133/2021, subdividida nas categorias de contratos referentes a *fornecimento de bens*, *locações*, *prestação de serviços* e *realização de obras*.

9.4.3.9.1. Alteração excepcional na ordem de pagamento

Excepcionalmente, a ordem cronológica poderá ser alterada, mediante prévia justificativa da autoridade competente e posterior comunicação ao órgão de controle interno da Administração e ao Tribunal de Contas competente, desde que comprovadamente, sob pena de responsabilização do agente responsável, fique caracterizada alguma das seguintes situações:

a) grave perturbação da ordem, situação de emergência ou calamidade pública;
b) pagamento a microempresa, empresa de pequeno porte, agricultor familiar, produtor rural pessoa física, microempreendedor individual e sociedade cooperativa, desde que demonstrado o risco de descontinuidade do cumprimento do objeto do contrato;
c) pagamento de serviços necessários ao funcionamento dos sistemas estruturantes, desde que demonstrado o risco de descontinuidade do cumprimento do objeto do contrato;
d) pagamento de direitos oriundos de contratos em caso de falência, recuperação judicial ou dissolução da empresa contratada; ou
e) pagamento de contrato cujo objeto seja imprescindível para assegurar a integridade do patrimônio público ou para manter o funcionamento das atividades finalísticas do órgão ou entidade, quando demonstrado o risco de descontinuidade da prestação de serviço público de relevância ou o cumprimento da missão institucional.

O órgão ou entidade deverá disponibilizar, mensalmente, em seção específica de acesso à informação em seu sítio na internet, a ordem cronológica de seus pagamentos, bem como as justificativas que fundamentarem a eventual alteração dessa ordem.

9.4.3.9.2. Obrigação de pagamento contratual incontroverso

No caso de controvérsia sobre a execução do objeto, quanto a dimensão, qualidade e quantidade, a parcela incontroversa deverá ser liberada no prazo previsto para pagamento, conforme garantido ao contratado no art. 143 da Lei n. 14.133/2021.

9.4.3.9.3. A possibilidade de estabelecimento de remuneração variável por desempenho

Na contratação de obras, fornecimentos e serviços, inclusive de engenharia, poderá ser estabelecida *remuneração variável vinculada ao desempenho do contratado*, desde que devidamente motivada e respeitando-se o limite orçamentário da Administração, com base em metas, padrões de qualidade, critérios de sustentabilidade ambiental e prazos de entrega definidos no edital de licitação e no contrato.

Esse pagamento poderá ser ajustado em base percentual sobre o valor economizado em determinada despesa, quando o objeto do contrato visar à implantação de processo de racionalização, hipótese em que as despesas correrão à conta dos mesmos créditos orçamentários, na forma de regulamentação específica.

9.4.3.9.4. O pagamento em conta vinculada

Desde que haja disposição expressa no edital ou no contrato poderá ser previsto pagamento em conta vinculada ou pagamento pela efetiva comprovação do fato gerador.

O pagamento em conta vinculada, bem como por comprovação do fato gerador, é medida de extrema importância nos casos de serviços contínuos com regime de dedicação exclusiva de mão de obra, para assegurar o cumprimento de obrigações trabalhistas pelo contratado, e encontra previsão legal expressa no art. 121, § 3º, da Lei n. 14.133/2021.

Nessa situação, a Administração pode efetuar o depósito de valores em conta vinculada (os quais são absolutamente impenhoráveis) e estabelecer que os valores destinados a férias, a décimo terceiro salário, a ausências legais e a verbas rescisórias dos empregados do contratado que participarem da execução dos serviços contratados serão pagos pelo contratante ao contratado somente na ocorrência do fato gerador.

9.4.3.9.5. A possibilidade excepcional de antecipação do pagamento

Como regra, não é permitido pagamento antecipado, parcial ou total, relativo a parcelas contratuais vinculadas ao fornecimento de bens, à execução de obras ou à prestação de serviços.

Excepcionalmente, o art. 145, § 1º, da Lei n. 14.133/2021, prevê a possibilidade da antecipação de pagamento, se esta propiciar sensível economia de recursos ou se representar condição indispensável à obtenção do bem ou à prestação do serviço, hipótese que deverá ser previamente justificada no processo licitatório e expressamente prevista no edital de licitação ou instrumento formal de contratação direta.

Assim sendo, a Administração poderá exigir prestação de garantia adicional como condição para o pagamento antecipado e, caso o objeto não seja executado no prazo contratual, o valor antecipado deverá ser devolvido.

9.4.3.10. A extinção contratual

A extinção do contrato poderá ser *determinada unilateralmente*, por escrito, pela Administração, exceto no caso de descumprimento decorrente de sua própria conduta, *consensualmente*, por acordo entre as partes, por conciliação, por mediação ou por comitê de resolução de disputas, desde que haja interesse da Administração ou *determinada judicialmente*, bem como por decisão arbitral, em decorrência de cláusula compromissória ou compromisso arbitral.

Tanto a extinção unilateral quanto à consensual deverão ser precedidas de autorização escrita e fundamentada da autoridade competente e reduzidas a termo no respectivo processo.

9.4.3.10.1. Hipóteses de extinção contratual

O art. 137 da Lei n. 14.133/2021 elenca os motivos que poderão ensejar a extinção do contrato, a qual deverá ser formalmente motivada nos autos do processo, assegurados o contraditório e a ampla defesa, quais sejam:

a) não cumprimento ou cumprimento irregular de normas editalícias ou de cláusulas contratuais, de especificações, de projetos ou de prazos;
b) desatendimento das determinações regulares emitidas pela autoridade designada para acompanhar e fiscalizar sua execução ou por autoridade superior;
c) alteração social ou modificação da finalidade ou da estrutura da empresa que restrinja sua capacidade de concluir o contrato;
d) decretação de falência ou de insolvência civil, dissolução da sociedade ou falecimento do contratado;
e) caso fortuito ou força maior, regularmente comprovados, impeditivos da execução do contrato;
f) atraso na obtenção da licença ambiental, ou impossibilidade de obtê-la, ou alteração substancial do anteprojeto que dela resultar, ainda que obtida no prazo previsto;
g) atraso na liberação das áreas sujeitas a desapropriação, a desocupação ou a servidão administrativa, ou impossibilidade de liberação dessas áreas;
h) razões de interesse público, justificadas pela autoridade máxima do órgão ou da entidade contratante; ou
i) não cumprimento das obrigações relativas à reserva de cargos prevista em lei, bem como em outras normas específicas, para pessoa com deficiência, para reabilitado da Previdência Social ou para aprendiz.

As situações acima poderão ocorrer unilateralmente, pode decisão da Administração, ou consensualmente, por acordo entre as partes, por conciliação, por mediação ou por comitê de resolução de disputas, desde que haja interesse da Administração.

Por sua vez, *o contratado terá direito* à extinção do contrato nas seguintes hipóteses:

a) supressão, por parte da Administração, de obras, serviços ou compras que acarrete modificação do valor inicial do contrato além do limite de 25% legalmente previsto;
b) suspensão de execução do contrato, por ordem escrita da Administração, por prazo superior a três meses;
c) repetidas suspensões que totalizem 90 dias úteis, independentemente do pa-

gamento obrigatório de indenização pelas sucessivas e contratualmente imprevistas desmobilizações e mobilizações e outras previstas;

d) atraso superior a dois meses, contado da emissão da nota fiscal, dos pagamentos ou de parcelas de pagamentos devidos pela Administração por despesas de obras, serviços ou fornecimentos;

e) não liberação pela Administração, nos prazos contratuais, de área, local ou objeto, para execução de obra, serviço ou fornecimento, e de fontes de materiais naturais especificadas no projeto, inclusive devido a atraso ou descumprimento das obrigações atribuídas pelo contrato à Administração relacionadas a desapropriação, a desocupação de áreas públicas ou a licenciamento ambiental.

Mesmo constituindo direito do contratado, caso a Administração não realize a extinção consensualmente, este deverá ajuizar ação específica com esse propósito (Ação de extinção contratual – ação de conhecimento – pelo procedimento comum).

Ainda, é necessário destacar que, nas hipóteses de extinção decorrentes de suspensão de execução do contrato por prazo superior a três meses, repetidas suspensões que totalizem 90 dias úteis e atraso superior a dois meses, devem ser observadas as seguintes condições e medidas:

a) não serão admitidas em caso de calamidade pública, de grave perturbação da ordem interna ou de guerra, bem como quando decorrerem de ato ou fato que o contratado tenha praticado, do qual tenha participado ou para o qual tenha contribuído;

b) assegurarão ao contratado *o direito de optar pela suspensão do cumprimento das obrigações* assumidas até a normalização da situação, admitido o restabelecimento do equilíbrio econômico-financeiro do contrato; e

c) os emitentes das garantias deverão ser notificados pelo contratante quanto ao início de processo administrativo para apuração de descumprimento de cláusulas contratuais.

9.4.3.10.2. Efeitos da extinção contratual por culpa da Administração

Quando a extinção decorrer de culpa exclusiva da Administração, o contratado será ressarcido pelos prejuízos regularmente comprovados que houver sofrido e terá direito a devolução da garantia, aos pagamentos devidos pela execução do contrato até a data de extinção e ao pagamento do custo da desmobilização, direitos assegurados no art. 138, § 2º, da Lei n. 14.133/2021.

9.4.3.10.3. Medidas acauteladoras decorrentes da extinção contratual

A extinção determinada por ato unilateral da Administração poderá acarretar, sem prejuízo das sanções cabíveis, as medidas acauteladoras previstas no art. 139 da Lei n. 14.133/2021, como a assunção imediata do objeto do contrato, no estado e local em que se encontrar e a ocupação e utilização do local, das instalações, dos equipamentos, do material e do pessoal empregados na execução do contrato e necessários à sua continuidade[15]. Em ambas as situações, a Administração poderá dar continuidade à obra ou ao serviço por execução direta ou indireta.

É possível, ainda como medida acauteladora, a execução da garantia contratual para o ressarcimento por prejuízos decorrentes da inexecução contratual; pagamento de verbas trabalhistas, fundiárias e previdenciárias, quando cabível; e pagamento das multas devidas à Administração Pública.

Por fim, destaca-se que a Administração poderá reter os créditos decorrentes do contrato até o limite dos prejuízos causados à Administração Pública e das multas aplicadas e exigir a assunção da execução e da conclusão do objeto do contrato pela seguradora, nas hipóteses de seguro-garantia com cláusula de retomada.

9.4.3.11. A anulação contratual

Constatada irregularidade no procedimento licitatório ou na execução contratual, caso não seja possível o saneamento, a decisão sobre a suspensão da execução ou sobre a declaração de nulidade do contrato somente será adotada na hipótese em que se revelar medida de interesse público, com avaliação, entre outros, dos aspectos previstos no art. 147 da Lei n. 14.133/2021.

9.4.3.11.1. Teste de verificação (*checklist*) do interesse público

Trata-se de um verdadeiro teste de verificação (*checklist*) do interesse público, em que os fatores abaixo deverão ser meticulosamente analisados, o que fulminará na avaliação se a suspensão da execução ou a anulação do contrato atende ao interesse público ou não:

a) impactos econômicos e financeiros decorrentes do atraso na fruição dos benefícios do objeto do contrato;
b) riscos sociais, ambientais e à segurança da população local decorrentes do atraso na fruição dos benefícios do objeto do contrato;
c) motivação social e ambiental do contrato;
d) custo da deterioração ou da perda das parcelas executadas;
e) despesa necessária à preservação das instalações e dos serviços já executados;
f) despesa inerente à desmobilização e ao posterior retorno às atividades;
g) medidas efetivamente adotadas pelo titular do órgão ou entidade para o saneamento dos indícios de irregularidades apontados;
h) custo total e estágio de execução física e financeira dos contratos, dos convênios, das obras ou das parcelas envolvidas;
i) fechamento de postos de trabalho diretos e indiretos em razão da paralisação;
j) custo para realização de nova licitação ou celebração de novo contrato; e
k) custo de oportunidade do capital durante o período de paralisação.

Caso, após a realização deste teste de verificação de interesse público, a paralisação ou anulação não se revele medida a satisfazê-lo, o poder público deverá optar

---

[15] Nesta segunda hipótese, o art. 139, § 2º, da Lei n. 14.133/2021, prevê que o ato deverá ser precedido de autorização expressa do ministro de Estado, do secretário estadual ou do secretário municipal competente, conforme o caso.

pela continuidade do contrato e pela solução da irregularidade por meio de indenização por perdas e danos, sem prejuízo da apuração de responsabilidade e da aplicação de penalidades cabíveis.

9.4.3.11.2. Efeitos da anulação contratual

Caso a anulação contratual se demonstre medida de interesse público, operará efeitos *ex tunc*, impedindo os efeitos jurídicos que o contrato deveria produzir ordinariamente e desconstituindo os já produzidos.

No entanto, caso não seja possível o retorno à situação fática anterior, a nulidade será resolvida pela indenização por perdas e danos, sem prejuízo da apuração de responsabilidade e aplicação das penalidades cabíveis, na forma do art. 148, § 1º, da Lei n. 14.133/2021.

Por sua vez, desde que não tenha dado causa, o contratado tem garantido no art. 149 da Lei n. 14.133/2021, o direito ser indenizado pelo que houver executado até a data em que for declarada ou tornada eficaz a anulação, bem como por outros prejuízos regularmente comprovados, promovendo-se a responsabilização de quem lhe tenha dado causa.

9.4.3.11.3. Modulação os efeitos anulatórios

A lei possibilita a *modulação dos efeitos anulatórios*, com o propósito de garantir a continuidade da atividade administrativa. Assim, com fundamento no art. 148, § 2º, da Lei n. 14.133/2021, a Administração poderá decidir que ela só tenha eficácia em momento futuro, suficiente para efetuar nova contratação, por prazo de até seis meses, prorrogável uma única vez.

9.4.3.11.4. As esferas de responsabilização do contratado

O contratado, por culpa, dolo ou fraude na execução contratual, responderá na esfera administrativa, cível, trabalhista e previdenciária, sem prejuízo de eventual ação penal proposta em desfavor dos dirigentes e de improbidade administrativa. Nesta seção, serão trabalhadas as responsabilidades administrativa, civil, trabalhista e previdenciária.

9.4.3.11.5. A responsabilização administrativa

O contratado será responsabilizado administrativamente pelas infrações administrativas previstas no art. 155 da Lei n. 14.133/2021, as quais constituem um rol taxativo.

9.4.3.11.5.1. As infrações administrativas

As infrações administrativas previstas no rol taxativo do art. 155 são as seguintes:

a) dar causa à inexecução parcial do contrato (única infração passível de ser punida com advertência, se a gravidade não ensejar a aplicação de sanção mais grave);

b) dar causa à inexecução parcial do contrato que cause grave dano à Administração, ao funcionamento dos serviços públicos ou ao interesse coletivo (passível de ser punida com impedimento de licitar e contratar ou declaração de inidoneidade se justificar a imposição de penalidade mais grave);

c) dar causa à inexecução total do contrato (passível de ser punida com impedimento de licitar e contratar ou declaração de inidoneidade se justificar a imposição de penalidade mais grave);
d) deixar de entregar a documentação exigida para o certame (infração imputável à licitante, passível de ser punida com impedimento de licitar e contratar ou declaração de inidoneidade se justificar a imposição de penalidade mais grave);
e) não manter a proposta, salvo em decorrência de fato superveniente devidamente justificado (infração imputável à licitante, passível de ser punida com impedimento de licitar e contratar ou declaração de inidoneidade se justificar a imposição de penalidade mais grave);
f) não celebrar o contrato ou não entregar a documentação exigida para a contratação, quando convocado dentro do prazo de validade de sua proposta (infração imputável à licitante, passível de ser punida com impedimento de licitar e contratar ou declaração de inidoneidade se justificar a imposição de penalidade mais grave);
g) ensejar o retardamento da execução ou da entrega do objeto da licitação sem motivo justificado (passível de ser punida com impedimento de licitar e contratar ou declaração de inidoneidade se justificar a imposição de penalidade mais grave);
h) apresentar declaração ou documentação falsa exigida para o certame ou prestar declaração falsa durante a licitação ou a execução do contrato (passível de ser punida com declaração de inidoneidade);
i) fraudar a licitação ou praticar ato fraudulento na execução do contrato (passível de ser punida com declaração de inidoneidade);
j) comportar-se de modo inidôneo ou cometer fraude de qualquer natureza (passível de ser punida com declaração de inidoneidade);
k) praticar atos ilícitos com vistas a frustrar os objetivos da licitação (passível de ser punida com declaração de inidoneidade); e
l) praticar ato lesivo à Administração Pública (ato de corrupção) previsto no art. 5º da Lei n. 12.846/2013 (passível de ser punida com declaração de inidoneidade).

9.4.3.11.5.2. Sanções administrativas

As sanções administrativas passíveis de serem impostas tanto à licitante quanto à contratada são taxativamente previstas no art. 156 da Lei n. 14.133/2021, sendo as seguintes:

1) *advertência*, aplicada exclusivamente pela infração administrativa descrita na letra "a" da seção anterior, quando não se justificar a imposição de penalidade mais grave;
2) *impedimento de licitar e contratar*, aplicada ao responsável pelas infrações administrativas descritas nas letras "b" a "g" da seção acima, quando não se justificar a imposição de penalidade mais grave, e impedirá o responsável de licitar ou contratar no âmbito da Administração Pública direta e indireta (inclusive

com as Empresas Públicas e Sociedades de Economia Mista) do *Ente federativo que tiver aplicado a sanção*, pelo prazo *máximo de três anos*;

3) *declaração de inidoneidade para licitar ou contratar*, aplicada ao responsável pelas infrações administrativas descritas nas letras "h" a "l" da seção acima e nas letras "b" a "g" (que justifiquem a imposição de penalidade mais grave que a sanção de impedimento de licitar e contratar pelo prazo de até três anos), e impedirá o responsável de licitar ou contratar no âmbito da Administração Pública direta e indireta (inclusive com as Empresas Públicas e Sociedades de Economia Mista) *de todos os Entes federativos*, pelo *prazo mínimo de três anos e máximo de seis anos*[16];

4) *multa*, passível de ser aplicada ao responsável por todas as infrações administrativas descritas na seção anterior, concomitantemente com a advertência, com o impedimento de licitar e com a declaração de inidoneidade, calculada na forma do edital ou do contrato, *não podendo ser inferior a 0,5% nem superior a 30%*[17] valor do contrato licitado ou celebrado com contratação direta[18].

A aplicação dessas sanções não exclui, em hipótese alguma, a obrigação de reparação integral do dano causado à Administração Pública, conforme ressalva expressa no art. 156, § 9º, da Lei n. 14.133/2021.

Por fim, ressalta-se que o legislador vinculou o Administrador à aplicação crescente das sanções, ou seja, não possibilitou que, na análise das circunstâncias do caso, pudesse reduzir uma sanção de declaração de inidoneidade para advertência, quando esta for a única legalmente prevista. Assim, o juízo de proporcionalidade recairá tão somente sobre o prazo de duração da sanção mas não sobre a espécie.

9.4.3.11.5.3. O processo administrativo de responsabilização (PAR)

A Lei n. 14.133/2021 alterou significativamente a sistemática de aplicação das sanções administrativas às licitantes e contratantes, estabelecendo normas básicas para o Processo Administrativo de Responsabilização (PAR) previstas nos seus arts. 157 e 158.

Avançando no estudo do tema, no que tange especificamente ao devido processo legal, à ampla defesa e ao contraditório, o legislador geral, intencionalmente, previu

---

[16] Por força expressa do art. 156, § 6º, da Lei n. 14.133/2021, a declaração de inidoneidade será precedida de análise jurídica e observará as seguintes regras: 1) quando aplicada por órgão do Poder Executivo, será de competência exclusiva de ministro de Estado, de secretário estadual ou de secretário municipal e, quando aplicada por autarquia ou fundação, será de competência exclusiva da autoridade máxima da entidade; e 2) quando aplicada por órgãos dos Poderes Legislativo e Judiciário, pelo Ministério Público e pela Defensoria Pública no desempenho da função administrativa, será de competência exclusiva de autoridade de nível hierárquico equivalente às autoridades supra mencionadas, na forma de regulamento.

[17] De acordo com o art. 162 da Lei n. 14.133/2021, o atraso injustificado na execução do contrato sujeitará o contratado a multa de mora, na forma prevista em edital ou em contrato. No entanto, sustento que a multa de mora não pode ultrapassar o máximo de 30%, pois quando atingir esse percentual deverá ser convertida em multa compensatória nos termos do parágrafo único desse artigo.

[18] Se a multa aplicada e as indenizações cabíveis forem superiores ao valor de pagamento eventualmente devido pela Administração ao contratado, além da perda desse valor, a diferença será descontada da garantia prestada ou será cobrada judicialmente.

processualística diferenciada para as espécies de sanções, como será demonstrado abaixo.

À *aplicação de multa*, simplesmente haverá a intimação proporcionando a *defesa prévia no prazo de 15 dias úteis* (art. 157 da Lei n. 14.133/2021), em sistemática semelhante à imposição da multa de trânsito estabelecida no art. 281-A do CTB. Não há, portanto, qualquer afronta ao devido processo legal, que será proporcionado através do conhecido *processo administrativo sumaríssimo*.

Caso a arrolada apresente defesa prévia, esta deverá ser juntada aos autos, analisada e considerada por ocasião da decisão administrativa sancionatória. Proferida esta, a Lei n. 14.133/2021, no art. 166, prevê a possibilidade de interposição de recurso administrativo também no prazo de 15 dias úteis.

Por força do art. 168 dessa mesma lei, aplicado à luz do dever (não é poder) geral de cautela administrativa, a Administração ainda não poderá tornar efetiva a imposição da sanção, até o decurso *in albis* do prazo recursal ou sua apreciação e decisão, caso haja interposição acompanhada das razões recursais. Estará, assim, concluído o devido processo legal (sumaríssimo), que conterá poucas páginas.

Já à imposição das sanções de *impedimento e declaração de inidoneidade para licitar e contratar*, o legislador previu Processo Administrativo de Responsabilização (PAR), a ser conduzido por comissão composta por no mínimo dois membros, os quais deverão preencher os requisitos intrínsecos do art. 158, *caput*, e seu § 1º, bem como os extrínsecos previstos no art. 7º, incisos II e III, todos da Lei n. 14.133/2021[19].

Nesse PAR, que segue o *procedimento comum (ordinário)* no âmbito administrativo, haverá defesa prévia a ser apresentada em 15 dias úteis (art. 158, *caput*) e, ocorrendo a instrução processual, abertura do mesmo prazo para apresentação de alegações finais (art. 158, § 2º). A norma geral não fixou prazo à conclusão do PAR, o que poderá ser estabelecido por legislação (inclusive ato infralegal) específica, atentando-se ao princípio da razoável duração do processo (art. 5º, LXXVIII, da CF/88) e ao princípio da celeridade (art. 5º, da LLC).

Ao se analisar a área topográfica sancionadora da Lei n. 14.133/2021 (arts. 155 a 163), chama a atenção a *ausência da previsão expressa do devido processo legal, da ampla defesa e do contraditório* prévios à aplicação da *advertência*, o que, a meu ver, não foi "esquecimento" do legislador. Não há dúvidas de que a *advertência é uma sanção administrativa*.

Pois bem, quais seriam as alternativas possíveis para solucionar a ausência da previsão dessas garantias na Lei n. 14.133/2021? Entendo ser plenamente possível que se lance mão de uma, dentre as várias soluções a seguir, todas objetivando o atendimento *pro persona* sem dispor do interesse público e da segurança jurídica:

a) o administrador poderá instituir, de modo uniforme, no órgão ou entidade, o mesmo processo administrativo sumaríssimo previsto para a multa, concedendo prazo para defesa prévia em 15 dias úteis;

---

[19] Os requisitos extrínsecos do art. 7º, inciso I, aplicáveis aos membros da comissão processante, já são absorvidos pelos requisitos intrínsecos previstos no art. 158, *caput*, e seu § 1º.

b) o administrador poderá estabelecer, de modo uniforme, o mesmo processo administrativo de responsabilização previsto para as sanções de impedimento e declaração de inidoneidade para licitar e contratar[20];

c) o administrador poderá aplicar a lei do processo administrativo geral do Ente federativo (no caso da União, a Lei n. 9.784/1999);

d) o administrador poderá editar ato infralegal estabelecendo processo administrativo próprio para a aplicação da sanção, que não suprima as garantias (como o prazo de defesa) previstas na lei geral de processo administrativo; ou

e) o legislador local poderá estabelecer lei com processo administrativo próprio para a aplicação da sanção.

Há de se dizer que a ausência do devido processo legal, da ampla defesa e do contraditório prévios à aplicação da sanção de advertência, na Lei n. 14.133/2021, ocasionará um problema prático que não terá fácil e uniforme resolução pelos Entes federativos, podendo ser utilizadas diferentes alternativas, como expostas acima.

Por fim, o art. 159 da Lei n. 14.133/2021 determina que os atos previstos como infrações administrativas nesta Lei ou em outras leis de licitações e contratos da Administração Pública que também sejam tipificados como atos lesivos à Administração Pública na Lei n. 12.846/2013, serão apurados e julgados conjuntamente, nos mesmos autos, observados o rito procedimental e a autoridade competente definidos na Lei Anticorrupção.

9.4.3.11.5.4. Parâmetros à fundamentação da decisão sancionadora

O art. 156, § 1º, prevê alguns parâmetros que devem ser levados em consideração pela autoridade competente para a aplicação das sanções, devendo ser objeto de fundamentação na decisão sancionadora, sob pena de anulabilidade por ausência de fundamentação.

Sustento que esses parâmetros são de observação vinculante, ou seja, na motivação de todas as decisões sancionadoras devem constar a análise sobre a natureza e a gravidade da infração cometida, as peculiaridades do caso concreto, as circunstâncias agravantes ou atenuantes, os danos que dela provierem para a Administração Pública e a implantação ou o aperfeiçoamento de programa de integridade, conforme normas e orientações dos órgãos de controle[21].

9.4.3.11.5.5. A possibilidade de reabilitação

É admitida a reabilitação do licitante ou contratado perante a própria autoridade que aplicou a penalidade, desde que atendidos cumulativamente os requisitos previstos no art. 163 da Lei n. 14.133/2021, sendo eles a reparação integral do dano

---

[20] Seguindo a mesma lógica, "norma-piso", entendo ser possível, inclusive, aplicar este processo administrativo de responsabilização também aos casos de multa, uma vez ser, *pro persona*. Com isso, o administrador unificaria o mesmo processo administrativo para todas as sanções administrativas. Por outro lado, também compreendo que, indiscutivelmente, esse processo é mais moroso, o que poderia colocar em risco o próprio princípio da celeridade, da eficácia das contratações e do interesse público, ambos previstos no art. 5º da Lei n. 14.133/2021.

[21] O Decreto n. 12.304, de 9 de dezembro de 2024, regulamenta a aplicação pela Administração Pública direta, autárquica e fundacional dessas orientações para estabelecimento dos parâmetros e avaliação dos programas de integridade.

causado à Administração Pública, pagamento de eventual multa aplicada, o transcurso do prazo mínimo de um ano da aplicação da penalidade, no caso de impedimento de licitar e contratar, ou de três anos da aplicação da penalidade, no caso de declaração de inidoneidade e o cumprimento das demais condições de reabilitação definidas no ato punitivo.

É previsto, ainda, que, se a sanção foi aplicada em decorrência da sancionada ter apresentado declaração ou documentação falsa durante o certame ou prestado declaração falsa durante a licitação ou a execução do contrato, bem como cometido ato lesivo à Administração Pública (previsto na Lei n. 12.846/2013), será condição de reabilitação a implantação ou aperfeiçoamento de programa de integridade pelo responsável

A decisão que concederá ou não a reabilitação, necessariamente, deve passar por análise jurídica prévia, com posicionamento conclusivo quanto ao cumprimento desses requisitos.

9.4.3.11.5.6. A prescrição da pretensão sancionadora

A Lei n. 14.133/2021, no art. 158, § 4º, estabelece que o prazo prescricional para a imposição das sanções administrativas será de cinco anos, contados da ciência da infração pela Administração.

Esse prazo é interrompido pela instauração do processo administrativo de responsabilização (PAR) e suspenso pela celebração de acordo de leniência previsto na Lei Anticorrupção (Lei n. 12.846/2013) ou por decisão judicial que inviabilize a conclusão da apuração administrativa.

9.4.3.11.5.7. A desconsideração da personalidade jurídica

A personalidade jurídica poderá ser desconsiderada sempre que utilizada com abuso do direito para facilitar, encobrir ou dissimular a prática dos atos ilícitos previstos na Lei n. 14.133/2021 ou para provocar confusão patrimonial.

Nesse caso, todos os efeitos das sanções aplicadas à pessoa jurídica serão estendidos aos seus administradores e sócios com poderes de administração, a pessoa jurídica sucessora ou a empresa do mesmo ramo com relação de coligação ou controle, de fato ou de direito, com o sancionado, com fundamento no art. 160 da Lei n. 14.133/2021.

Para tanto, é indispensável que a Administração conceda a ampla defesa, o contraditório e encaminhe os autos para análise jurídica prévia.

9.4.3.11.6. A responsabilização civil da contratada

A Lei n. 8.666/1993, em seu art. 70, previa que o contratado era responsável pelos danos causados diretamente à Administração ou a terceiros, *decorrentes de sua culpa ou dolo na execução do contrato*, não excluindo ou reduzindo essa responsabilidade a fiscalização ou o acompanhamento pelo órgão interessado. Se estava, naquela ocasião, diante de clara opção do legislador pela responsabilidade subjetiva.

Por sua vez, a Lei n. 14.133/2021, em seu art. 120, passou a estabelecer que "o contratado será responsável pelos danos causados diretamente à Administração ou a terceiros em razão da execução do contrato, e não excluirá nem reduzirá essa responsabilidade a fiscalização ou o acompanhamento pelo contratante". Veja-se que houve a supressão na necessidade de verificação do elemento subjetivo, culpa ou dolo.

Entendo que a supressão realizada pelo legislador torna a responsabilidade da contratada administrativa objetiva, ou seja, torna-se desnecessário demonstrar sua culpa ou dolo. A responsabilidade objetiva *só decorre de lei ou da atividade desempenhada*. Assim, não teria lógica, o Estado responder objetivamente por um dano ocasionado a um terceiro pelo risco administrativo e sua contratada não responder diante desse mesmo risco.

A título exemplificativo, veja-se o seguinte exemplo: Se um jardineiro integrante dos quadros de pessoal de um município (servidor efetivo), ao cortar a grama de um passeio público, fizer saltar uma pedra, atingindo o olho de um transeunte, causando a perda da visão, o Município responderá objetivamente, pela teoria do risco administrativo. No entanto, se esse jardineiro fosse um empregado de uma empresa contratada pelo Município para executar o mesmo serviço, essa, à luz da então Lei n. 8.666/1993, só responderia se ficasse demonstrado elemento subjetivo (dolo ou culpa).

Diante disso, pergunta-se: o risco administrativo é modificado em virtude da execução do serviço ocorrer por um agente estatal ou um agente de uma empresa contratada? Parece-me que não. Assim, a meu ver, a alteração legislativa que resultou na atual redação do art. 121 apenas confirma, diante da teoria do risco administrativo, que essas contratadas *respondem objetivamente perante a Administração e terceiros*.

Além de responderem objetivamente, compreendo que sua *responsabilidade é primária*, ou seja, elas devem ser demandadas diretamente, respondendo o contratante (poder público), subsidiariamente, na ausência de patrimônio ao ônus indenizatório.

Esse entendimento foi adotado pelo STF no julgamento do RE n. 662.405, de relatoria do min. Luiz Fux, julgado em 29 de junho de 2020, inclusive em sede de repercussão geral. Naquela ocasião, o Tribunal analisou a responsabilidade civil das empresas contratadas (via contrato administrativo) para a organização de concurso público, decidindo que, em caso de cancelamento dos exames em virtude de fraude, o Estado responde subsidiariamente por danos causados, na eventual insuficiência de seu patrimônio.

9.4.3.12. A responsabilização trabalhista e previdenciária

A Lei n. 14.133/2021 explicita e tenta elucidar a responsabilidade trabalhista e previdenciária da contratada, que passa a ter, em regra, a responsável principal, como se vê no art. 121, ao prever que *somente o contratado será responsável pelos encargos trabalhistas, previdenciários, fiscais e comerciais* resultantes da execução do contrato.

Assim, o art. 120, § 1º, prevê que a inadimplência do contratado em relação aos encargos *trabalhistas, fiscais e comerciais* não transferirá à Administração a responsabilidade pelo seu pagamento e não poderá onerar o objeto do contrato nem restringir a regularização e o uso das obras e das edificações, inclusive perante o registro de imóveis, ressalvada a hipótese abaixo.

Por outro lado, no § 2º, o legislador busca um equilíbrio entre proteger o Administrador e não tornar a Administração uma seguradora universal. Assim, estabeleceu que, *exclusivamente nas contratações de serviços contínuos com regime de dedicação exclusiva de mão de obra*, a Administração responderá *solidariamente pelos encargos previdenciários* e *subsidiariamente pelos encargos trabalhistas* se comprovada *falha na fiscalização* do cumprimento das obrigações do contratado.

A fim de evitar falha na execução do contrato e futura responsabilização da Administração, é indispensável que sejam tomadas as diligências básicas constantes no art. 50 da Lei n. 14.133/2021.

Assim, nas contratações de *serviços com regime de dedicação exclusiva de mão de obra*, a Administração deverá solicitar e o contratado apresentar, sob pena de multa, comprovação do cumprimento das obrigações trabalhistas e com o FGTS em relação aos empregados diretamente envolvidos na execução do contrato, em especial, quanto ao registro de ponto, recibo de pagamento de salários, adicionais, horas extras, repouso semanal remunerado e décimo terceiro salário, comprovante de depósito do FGTS, recibo de concessão e pagamento de férias e do respectivo adicional, recibo de quitação de obrigações trabalhistas e previdenciárias dos empregados dispensados até a data da extinção do contrato e recibo de pagamento de vale-transporte e vale-alimentação, na forma prevista em norma coletiva.

Sob pena de incorrer em falha, nas contratações de *serviços contínuos com regime de dedicação exclusiva de mão de obra*, a Administração deverá, obrigatoriamente, tomar as medidas previstas no art. 121, § 3º, da Lei n. 14.133/2021, como:

a) exigir caução, fiança bancária ou contratação de seguro-garantia com cobertura para verbas rescisórias inadimplidas;
b) condicionar o pagamento à comprovação de quitação das obrigações trabalhistas vencidas relativas ao contrato;
c) efetuar o depósito de valores em conta vinculada (os quais são absolutamente impenhoráveis);
d) em caso de inadimplemento, efetuar diretamente o pagamento das verbas trabalhistas, que serão deduzidas do pagamento devido ao contratado; e
e) estabelecer que os valores destinados a férias, a décimo terceiro salário, a ausências legais e a verbas rescisórias dos empregados do contratado que participarem da execução dos serviços contratados serão pagos pelo contratante ao contratado somente na ocorrência do fato gerador.

9.4.4. Principais disposições aplicáveis às contratações diretas

A Lei n. 14.133/2021 apresenta as hipóteses de *licitação inexigível*, *licitação dispensável* e *licitação dispensada*. A primeira se opera nas situações de inviabilidade de competição e se encontra prevista no *art. 74*, constituindo um *rol exemplificado*. A segunda constitui um *rol taxativo*, constante no *art. 75*, e poderá ser utilizada pelo legislador de modo discricionário, pois se desejar realizar licitação nas hipóteses de licitação dispensável é possível. A terceira constitui um *rol taxativo* no *art. 76, incisos I e II*, e não há licitação, sendo uma decisão vinculada do legislador, destinadas à algumas hipóteses de alienação de bens imóveis e móveis.

Nesta seção, serão estudados os principais assuntos relacionados à licitação inexigível e à licitação dispensável.

9.4.4.1. O processo de dispensa e inexigibilidade de licitação

Na Lei n. 14.133/2021, o art. 72 tratou da instrução processual referente aos processos de dispensa e inexigibilidade de licitação, os quais deverão ser instruídos, no mínimo com:

a) documento de formalização de demanda e, se for o caso, estudo técnico preliminar, análise de riscos, termo de referência, projeto básico ou projeto executivo;
b) estimativa de despesa, que deverá ser calculada através de pesquisa de preços;
c) parecer jurídico e pareceres técnicos, se for o caso, que demonstrem o atendimento dos requisitos exigidos;
d) demonstração da compatibilidade da previsão de recursos orçamentários com o compromisso a ser assumido;
e) comprovação de que o contratado preenche os requisitos de habilitação e qualificação mínima necessária;
f) razão de escolha do contratado;
g) justificativa de preço;
h) autorização da autoridade competente (a qual deverá ser divulgada e mantida à disposição do público em sítio eletrônico oficial).

9.4.4.2. A inexigibilidade de licitação

É inexigível a licitação quando inviável a competição, em especial nos casos previstos no art. 74 da Lei n. 14.133/2021, os quais o legislador já pressupôs a inviabilidade. Por isso, o rol do art. 74 é exemplificativo.

9.3.4.2.1. A inexigibilidade por exclusividade

É inexigível a licitação para aquisição de materiais, de equipamentos ou de gêneros ou contratação de serviços que só possam ser fornecidos por produtor, empresa ou representante comercial exclusivos.

A Administração deverá demonstrar a inviabilidade de competição mediante atestado de exclusividade, contrato de exclusividade, declaração do fabricante ou outro documento idôneo capaz de comprovar que o objeto é fornecido ou prestado por produtor, empresa ou representante comercial exclusivos, vedada a preferência por marca específica.

É recomendável que, além de documentos emitidos por terceiros, atentando a exclusividade da contratada, haja também declaração emitida por ela, declarando perante a Administração a exclusividade.

9.4.4.2.2. A inexigibilidade para profissional do setor artístico

É inexigível a licitação para a contratação de profissional do setor artístico, diretamente ou por meio de empresário exclusivo, desde que consagrado pela crítica especializada ou pela opinião pública.

Para ser considerado empresário exclusivo a pessoa física ou jurídica deve possuir contrato, declaração, carta ou outro documento que ateste a exclusividade permanente e contínua de representação, no País ou em Estado específico, do profissional do setor artístico, afastada a possibilidade de contratação direta por inexigibilidade por meio de empresário com representação restrita a evento ou local específico.

A divulgação dessa contratação no PNCP deve atender ao previsto no art. 94, § 2º, da Lei n. 14.133/2021, ou seja, deverá identificar os custos do cachê do artista, dos músicos ou da banda, quando houver, do transporte, da hospedagem, da infraestrutura, da logística do evento e das demais despesas específicas.

A fim de legitimar a contratação de artistas para a realização de *shows*, é importante que o Poder Público promova consulta pública prévia, consultando a população se ela compreender necessária e adequada a realização o evento, bem como sugira e vote eventual artista pretendido. Esses instrumentos auxiliarão na demonstração das razões de escolha do contratado.

9.4.4.2.3. Inexigibilidade para serviços técnicos de natureza predominantemente intelectual

É inexigível a licitação para a contratação de serviços técnicos especializados de natureza predominantemente intelectual com profissionais ou empresas de *notória especialização*, vedada a inexigibilidade para serviços de publicidade e divulgação. Veja-se que *não há necessidade de demonstração da singularidade do serviço*, apenas da notória especialização.

Dentre os serviços técnicos contratados por inexigibilidade de licitação, estão estudos técnicos, planejamentos, projetos básicos ou projetos executivos; pareceres, perícias e avaliações em geral; assessorias ou consultorias técnicas e auditorias financeiras ou tributárias; fiscalização, supervisão ou gerenciamento de obras ou serviços; patrocínio ou defesa de causas judiciais ou administrativas; treinamento e aperfeiçoamento de pessoal; restauração de obras de arte e de bens de valor histórico; controles de qualidade e tecnológico, análises, testes e ensaios de campo e laboratoriais, instrumentação e monitoramento de parâmetros específicos de obras e do meio ambiente e demais serviços de engenharia.

A notória especialização é comprovada pelo profissional ou pela empresa, através do conceito no campo de sua especialidade, decorrente de desempenho anterior, estudos, experiência, publicações, organização, aparelhamento, equipe técnica ou outros requisitos relacionados com suas atividades, de modo que se permita inferir que o seu trabalho é *essencial* e *reconhecidamente adequado* à plena satisfação do objeto do contrato.

Nessas contratações, é vedada a subcontratação de empresas ou a atuação de profissionais distintos daqueles que tenham justificado a inexigibilidade.

9.4.4.2.4. Da inexigibilidade para locação ou aquisição de imóveis

É inexigível a licitação para aquisição ou locação de imóvel cujas características de instalações e de localização tornem necessária sua escolha. Para tanto, devem ser observados os seguintes requisitos cumulativos:

a) avaliação prévia do bem, do seu estado de conservação, dos custos de adaptações, quando imprescindíveis às necessidades de utilização, e do prazo de amortização dos investimentos;

b) certificação da inexistência de imóveis públicos vagos e disponíveis que atendam ao objeto; e

c) justificativas que demonstrem a *singularidade do imóvel* a ser comprado ou locado pela Administração e que evidenciem vantagem para ela.

9.4.4.2.5. Da inexigibilidade decorrente de credenciamento

O credenciamento, elencado a procedimento auxiliar na Lei n. 14.133/2021, se originou do *caput* do art. 25 da Lei n. 8.666/1993, por constituir hipótese de inviabilidade de licitação. Agora, encontra previsão expressa no art. 74, como um dos exemplos de licitação inexigível.

O credenciamento será estudado na seção que tratará dos procedimentos auxiliares na Lei n. 14.133/2021.

9.4.4.3. A dispensa de licitação

As hipóteses de licitação dispensável (emprego discricionário do administrador) são taxativamente previstas no art. 75 da Lei n. 14.133/2021.

9.4.4.3.1. A dispensa em razão do valor

O art. 75, incisos I e I, prevê a *dispensa em razão de valor*, estabelecendo que é *dispensável* a licitação para contratação que envolva valores inferiores a R$ 100.000,00 (este valor é atualizado anualmente por Decreto, por isso é importante que seja consultado o valor atual, na forma do art. 182), no caso de *obras e serviços de engenharia ou de serviços de manutenção de veículos automotores*, e para contratação que envolva valores inferiores a R$ 50.000,00 (este valor é atualizado anualmente por Decreto, por isso é importante que seja consultado o valor atual, na forma do art. 182), no caso de *outros serviços e compras*.

Para a aferição dos valores que atendam aos limites acima, deverão ser observados *o somatório* do que for despendido no *exercício financeiro* pela respectiva unidade gestora (aquela que possui autonomia para ordenar suas despesas)[22] e o *somatório* da despesa realizada com objetos de mesma natureza, entendidos como tais aqueles relativos a contratações no *mesmo ramo de atividade* (os regulamentos dos Entes federativos poderão dispor sobre o que é considerado ramo de atividade)[23].

Os valores acima serão duplicados para compras, obras e serviços contratados por *consórcio público* ou por autarquia ou fundação *qualificadas como agências executivas*. Necessariamente, deve haver a qualificação formal dessas entidades, conforme explicado no Capítulo 2 desta obra.

---

[22] Não são contabilizadas nesse somatório as contratações de até R$ 8.000,00 (este valor é atualizado anualmente por Decreto, por isso é importante que seja consultado o valor atual, na forma do art. 182) de serviços de manutenção de veículos automotores de propriedade do órgão ou entidade contratante, incluído o fornecimento de peças. Ou seja, se ultrapassar 8 mil reais, abaterá do valor de 100 mil reais. Se não ultrapassar, não entrará no cômputo para o somatório do limite.

[23] No âmbito federal, inicialmente utilizou-se a subclasse do CNAE. Atualmente, utiliza-se o Padrão Descritivo de Materiais (PDM) do Sistema de Catalogação de Material do Governo federal – CATMAT ou a descrição dos serviços ou das obras, constante do Sistema de Catalogação de Serviços ou de Obras do Governo federal – CATSER.

As dispensas de pequeno valor serão preferencialmente precedidas de divulgação de aviso em sítio eletrônico oficial, pelo prazo mínimo de três dias úteis, com a especificação do objeto pretendido e com a manifestação de interesse da Administração em obter propostas adicionais de eventuais interessados, devendo ser selecionada a proposta mais vantajosa.

Salienta-se que a Lei n. 14.133/2021 não obriga a realização da dispensa na forma eletrônica. Apenas estabelece a preferência pela divulgação prévia de aviso no respectivo sítio eletrônico oficial. Essas dispensas de pequeno valor devem ser pagas preferencialmente por meio de cartão de pagamento, cujo extrato deverá ser divulgado e mantido à disposição do público no PNCP.

9.4.4.3.2. A dispensa em razão de licitação deserta ou frustrada

O art. 75, inciso III, prevê que é dispensável a licitação para contratação que mantenha todas as condições definidas em edital de licitação realizada há menos de um ano, quando se verificar que naquele certamente não surgiram *licitantes interessados* (licitação deserta), não foram apresentadas *propostas válidas* (licitação frustrada) ou as *propostas apresentadas consignaram preços manifestamente superiores* aos praticados no mercado ou incompatíveis com os fixados pelos órgãos oficiais competentes (licitação frustrada).

É necessário destacar que a lei não autoriza a dispensa de licitação em virtude de licitação frustrada pela inexistência de licitantes habilitados. Nessa situação, a licitação deverá ser repetida.

9.4.4.3.3. A dispensa em razão do objeto

É dispensável a licitação para contratação que tenha por objeto:

a) bens, componentes ou peças de origem nacional ou estrangeira necessários à manutenção de equipamentos, a serem adquiridos do fornecedor original desses equipamentos durante o período de garantia técnica, quando essa condição de exclusividade for indispensável para a vigência da garantia;
b) bens, serviços, alienações ou obras, nos termos de acordo internacional específico aprovado pelo Congresso Nacional, quando as condições ofertadas forem manifestamente vantajosas para a Administração;
c) produtos para pesquisa e desenvolvimento, limitada a contratação, no caso de obras e serviços de engenharia, ao valor de R$ 300.000,00 (valor atualizado anualmente por Decreto do Presidente da República);
d) transferência de tecnologia ou licenciamento de direito de uso ou de exploração de criação protegida, nas contratações realizadas por instituição científica, tecnológica e de inovação (ICT) pública ou por agência de fomento, desde que demonstrada vantagem para a Administração;
e) hortifrutigranjeiros, pães e outros gêneros perecíveis, no período necessário para a realização dos processos licitatórios correspondentes, hipótese em que a contratação será realizada diretamente com base no preço do dia;
f) bens ou serviços produzidos ou prestados no país que envolvam, cumulativamente, alta complexidade tecnológica e defesa nacional;

g) materiais de uso das Forças Armadas, com exceção de materiais de uso pessoal e administrativo, quando houver necessidade de manter a padronização requerida pela estrutura de apoio logístico dos meios navais, aéreos e terrestres, mediante autorização por ato do comandante da força militar;
h) bens e serviços para atendimento dos contingentes militares das forças singulares brasileiras empregadas em operações de paz no exterior, hipótese em que a contratação deverá ser justificada quanto ao preço e à escolha do fornecedor ou executante e ratificada pelo comandante da força militar;
i) abastecimento ou suprimento de efetivos militares em estada eventual de curta duração em portos, aeroportos ou localidades diferentes de suas sedes, por motivo de movimentação operacional ou de adestramento;
j) coleta, processamento e comercialização de resíduos sólidos urbanos recicláveis ou reutilizáveis, em áreas com sistema de coleta seletiva de lixo, realizados por associações ou cooperativas formadas exclusivamente de pessoas físicas de baixa renda reconhecidas pelo poder público como catadores de materiais recicláveis, com o uso de equipamentos compatíveis com as normas técnicas, ambientais e de saúde pública;
k) aquisição ou restauração de obras de arte e objetos históricos, de autenticidade certificada, desde que inerente às finalidades do órgão ou com elas compatível;
l) serviços especializados ou aquisição ou locação de equipamentos destinados ao rastreamento e à obtenção de provas através de interceptações telefônicas, quando houver necessidade justificada de manutenção de sigilo sobre a investigação; e
m) aquisição de medicamentos destinados exclusivamente ao tratamento de doenças raras definidas pelo Ministério da Saúde.

9.4.4.4.4. Demais hipóteses de dispensa de licitação

É, ainda, dispensável a licitação, para as seguintes hipóteses:

a) para contratação com vistas ao cumprimento do disposto nos arts. 3º, 3º-A, 4º, 5º e 20 da Lei n. 10.973/2004 (que dispõe sobre *incentivos à inovação e à pesquisa científica e tecnológica* no ambiente produtivo), observados os princípios gerais de contratação constantes da referida Lei;
b) para contratação que possa acarretar *comprometimento da segurança nacional*, nos casos estabelecidos pelo Ministro de Estado da Defesa, mediante demanda dos comandos das Forças Armadas ou dos demais ministérios[24];
c) nos casos de guerra, estado de defesa, estado de sítio, *intervenção federal* ou de *grave perturbação da ordem*;
d) nos casos de *emergência* ou de *calamidade pública*, quando caracterizada urgência de atendimento de situação que possa ocasionar prejuízo ou comprometer a continuidade dos serviços públicos ou a segurança de pessoas, obras, servi-

---

[24] Esta hipótese é regulamentada pela Portaria GM-MD n. 4.641, de 14 de setembro de 2023.

ços, equipamentos e outros bens, públicos ou particulares, e somente para aquisição dos bens necessários ao atendimento da situação emergencial ou calamitosa e para as parcelas de obras e serviços que possam ser concluídas no prazo máximo de um ano, contado da data de ocorrência da emergência ou da calamidade, vedadas a prorrogação dos respectivos contratos e a recontratação de empresa já contratada[25];

e) para a aquisição, por pessoa jurídica de direito público interno, de *bens produzidos ou serviços prestados por órgão ou entidade que integrem a Administração Pública* e que tenham sido criados para esse fim específico, desde que o preço contratado seja compatível com o praticado no mercado;

f) quando a União tiver que *intervir no domínio econômico* para regular preços ou normalizar o abastecimento;

g) para celebração de *contrato de programa* com ente federativo ou com entidade de sua Administração Pública indireta que envolva *prestação de serviços públicos de forma associada* nos termos autorizados em contrato de consórcio público ou em convênio de cooperação;

h) para contratação em que houver *transferência de tecnologia de produtos estratégicos para o Sistema Único de Saúde (SUS)*, conforme elencados em ato da direção nacional do SUS, inclusive por ocasião da aquisição desses produtos durante as etapas de absorção tecnológica, e em valores compatíveis com aqueles definidos no instrumento firmado para a transferência de tecnologia;

i) para contratação de profissionais para compor a *comissão de avaliação de critérios de técnica*, quando se tratar de profissional técnico de notória especialização;

j) para contratação de *associação de pessoas com deficiência*, sem fins lucrativos e de comprovada idoneidade, por órgão ou entidade da Administração Pública, para a prestação de serviços, desde que o preço contratado seja compatível com o praticado no mercado e os serviços contratados sejam prestados exclusivamente por pessoas com deficiência;

k) para contratação de *instituição brasileira que tenha por finalidade estatutária* apoiar, captar e executar atividades de ensino, pesquisa, extensão, desenvolvimento institucional, científico e tecnológico e estímulo à inovação, inclusive para gerir administrativa e financeiramente essas atividades, ou para contratação de instituição dedicada à recuperação social da pessoa presa, desde que o contratado tenha inquestionável reputação ética e profissional e não tenha fins lucrativos;

l) para aquisição, por pessoa jurídica de direito público interno, de *insumos estratégicos para a saúde produzidos por fundação que, regimental ou estatutaria-*

---

[25] O STF, por ocasião do julgamento da ADI n. 6.890, em 9 de setembro de 2024, compreendeu que é constitucional a vedação à recontratação de empresa contratada diretamente por dispensa de licitação nos casos de emergência ou calamidade pública. A vedação incide na recontratação fundada na mesma situação emergencial ou calamitosa que extrapole o prazo máximo legal de 1 (um) ano, e não impede que a empresa participe de eventual licitação substitutiva à dispensa de licitação ou seja contratada diretamente por fundamento diverso previsto em lei, inclusive outra emergência ou calamidade pública, sem prejuízo do controle por abusos ou ilegalidades verificados na aplicação da norma.

mente, tenha por finalidade apoiar órgão da Administração Pública direta, sua autarquia ou fundação em projetos de ensino, pesquisa, extensão, desenvolvimento institucional, científico e tecnológico e de estímulo à inovação, inclusive na gestão administrativa e financeira necessária à execução desses projetos, ou em parcerias que envolvam transferência de tecnologia de produtos estratégicos para o SUS, e que tenha sido criada para esse fim específico em data anterior à entrada em vigor da Lei n. 14.133/2021, desde que o preço contratado seja compatível com o praticado no mercado;

m) para contratação de *entidades privadas sem fins lucrativos para a implementação de cisternas ou outras tecnologias sociais de acesso à água* para consumo humano e produção de alimentos, a fim de beneficiar as famílias rurais de baixa renda atingidas pela seca ou pela falta regular de água; e

n) para contratação de *entidades privadas sem fins lucrativos*, para a implementação do *Programa Cozinha Solidária*, que tem como finalidade fornecer alimentação gratuita preferencialmente à população em situação de vulnerabilidade e risco social, incluída a população em situação de rua, com vistas à promoção de políticas de segurança alimentar e nutricional e de assistência social e à efetivação de direitos sociais, dignidade humana, resgate social e melhoria da qualidade de vida.

9.4.5. Principais disposições aplicáveis aos procedimentos auxiliares

O art. 78 da Lei n. 14.133/2021 elenca um rol de procedimentos auxiliares das licitações e das contratações sendo eles o credenciamento (que precede uma inexigibilidade de licitação), a pré-qualificação (que precede uma licitação), o procedimento de manifestação de interesse (que pode gerar uma licitação futura ou não), o sistema de registro de preços (que se realiza por uma licitação na modalidade concorrência ou pregão, bem como por inexigibilidade ou dispensa de licitação) e o registro cadastral (que não geral licitação ou contratação alguma).

9.4.5.1. O credenciamento

O credenciamento, na prática, já era utilizado há algum tempo pela Administração Pública, principalmente a Federal, nas hipóteses de contração paralela e não excludente, bem como (isolada ou cumulativamente) na hipótese de escolha do contratado por parte de terceiro[26].

Não havia, à luz da Lei n. 8.666/1993, previsão expressa do instituto[27], o qual era fundamentado no *caput* de seu art. 25, como uma variante da inexigibilidade de

---

[26] Os primeiros credenciamentos utilizados no âmbito do comando do Exército, por exemplo, foram realizados entre o final da década de 1990 e início dos anos 2000, com a contratação paralela e simultânea de profissionais e clínicas de saúde, por inexigibilidade de licitação, baseada no *caput* do art. 25 da Lei n. 8.666/1993, para atendimento aos beneficiários do Fundo de Saúde do Exército – FuSEx (Fundo Especial), conforme será exposto na sequência deste trabalho.

[27] A respeito, ver: ALVES, Felipe Dalenogare. O credenciamento e o Sistema de Registro de Preços como procedimentos auxiliares à racionalização administrativa: um panorama à luz da Nova Lei de Licitações e Contratos. In: BUSCH, Eduardo Vieira (coord.). *Nova Lei de Licitações e Contratos:* aspectos relevantes da Lei n. 14.133/21. São Paulo: Quartier Latin, 2023.

licitação, uma vez que se contratavam todos aqueles que preenchessem os requisitos previamente estabelecidos em um edital de chamamento público e que aceitassem o valor (tabelado) pago pela Administração ou pelo beneficiário direto da prestação[28].

O Tribunal de Contas da União, ao longo da utilização desse procedimento auxiliar, muito foi demandado sobre sua juridicidade, principalmente no que tange à inexistência de previsão expressa. Sobre o assunto, o Acórdão n. 768/2013-Plenário, de 3 de abril de 2013, de relatoria do Min. Marcos Bemquerer, é didático, ao expressar que "a despeito da ausência de expressa previsão legal do credenciamento dentre os casos de inexigibilidade de licitação previstos na Lei 8.666/1993, nada impede que a instituição contratante lance mão de tal procedimento".

Assim, a Administração contratava diretamente todos os fornecedores previamente credenciados, que atendessem aos requisitos estabelecidos no ato convocatório. O TCU enfatizou que o Administrador deveria demonstrar "fundamentalmente, a inviabilidade de competição, a justificativa do preço e a igualdade de oportunidade a todos os que tiverem interesse em fornecer o bem ou serviço desejados"[29].

Ao longo do tempo, o credenciamento passou a ser utilizado para distintas contratações, a exemplo de serviços advocatícios e organização de eventos (contratações paralelas e não excludentes em que o beneficiário e pagador direto é a própria Administração), serviços advocatícios para os agentes públicos mediante consignação (beneficiários e pagadores diretos da prestação), bem como aquisição de passagens aéreas pela Administração (mercados fluidos), algumas das situações que inspiraram, respectivamente, os incisos I, II e III do art. 79 da Lei n. 14.133/2021.

Com o advento da Lei n. 14.133/2021, o credenciamento ganhou tratamento legal próprio, com *status* de norma legal geral[30], mantendo, em grande parte, os mesmos procedimentos operacionais da *praxis* anterior, com possibilidades de inovação, que serão exploradas a seguir.

De acordo com o art. 79 da Lei n. 14.133/2021, o credenciamento poderá ser usado nas hipóteses de *I) contratação paralela e não excludente*, caso em que é viável e vantajosa para a Administração a realização de contratações simultâneas em condições padronizadas, *II) com seleção a critério de terceiros*, situação em que a seleção do contratado está a cargo do beneficiário direto da prestação, e em *III) mercados fluidos*, caso em que a flutuação constante do valor da prestação e das condições de contratação inviabiliza a seleção de agente por meio de processo de licitação.

---

[28] A título exemplificativo, também no âmbito do Exército, o credenciamento já era utilizado antes dos anos 2000, para serviços de assessoramento jurídico prestados diretamente aos membros da corporação (então Ministério do Exército), situação em que a escolha do contratado (e o pagamento) se dava diretamente pelo beneficiário da prestação, mediante consignação, o que também será trabalhado na sequência deste capítulo.

[29] BRASIL. Tribunal de Contas da União. *Acórdão n. 768/2013-Plenário*. Relator: Min. Marcos Bemquerer. Julgamento em: 03/04/2013.

[30] A previsão do credenciamento como norma legal geral é imprescindível, primeiro para firmá-lo em lei (em sentido estrito) e segundo para garantir uniformidade mínima ao instituto a todos os Entes Federativos. Esse caráter (de norma geral) à Lei n. 14.133/2021 a caracteriza, conforme aponta Matos (2023, p. 266), como um "verdadeiro Código das Contratações Públicas Brasileiras", na medida que promove "alterações na realidade das contratações públicas em todo o país, incrementando a eficiência, a transparência, a lisura e a inovação nos procedimentos das licitações e contratos, mediante comandos a serem observados no âmbito das distintas esferas federativas".

As duas primeiras hipóteses se amoldam ao que já era executado majoritariamente em termos de credenciamento, enquanto a terceira surge com grande potencial de racionalização administrativa e que, no decorrer desta seção, merecerá maior abordagem. Os procedimentos do credenciamento devem ser definidos em regulamento[31], o qual deve observar parâmetros mínimos, como os descritos a seguir.

a) o previsto no art. 79, parágrafo único, inciso I: o dever da Administração divulgar e manter à disposição do público, em sítio eletrônico oficial, edital de chamamento de interessados, de modo a permitir o cadastramento permanente destes. O credenciamento exige um chamamento público, sob pena de nulidade[32].

À luz da Lei n. 14.133/2021, entendo que esse chamamento não mais poderá ter prazo determinado para que os interessados manifestem o interesse em se credenciar (janela de credenciamento), devendo permanecer constantemente disponível a novos interessados.

Antes dessa previsão legal expressa, o TCU admitia a janela, ainda que excepcionalmente e de modo justificado, quando imprescindível às atividades operacionais e à racionalização administrativa. No Acórdão n. 436/2020-Plenário, de relatoria do Min. Raimundo Carreiro, julgado em 4 de março de 2020, o Tribunal fixou o entendimento de que "na elaboração dos avisos de credenciamento, a escolha do prazo entre a publicação do edital e a entrega dos documentos deve guiar-se pelo interesse público e pelo princípio da razoabilidade". Assim, destacou ser possível a janela, desde que o administrador leve em consideração "as peculiaridades do objeto, a urgência da contratação, a extensão da documentação a ser apresentada e, ainda, a necessidade de atrair número de interessados que represente o universo do mercado".

Algumas questões e demandas surgirão, como, por exemplo: qual o prazo de validade do edital de credenciamento? É possível publicá-lo e utilizá-lo como ato convocatório por tempo indeterminado? Por um, dois, três, quatro ou cinco anos? Caso a Administração decida rever eventual cláusula do edital que incida diretamente às novas contratações, deverá, necessariamente, rever os contratos celebrados com todos os credenciados até a data da alteração (considerando o mesmo objeto)? São questões que devem ser elucidadas em cada realidade administrativa.

Além delas, como demanda, o credenciamento permanente exigirá constante dispêndio de recursos humanos e materiais à formalização frequente de novos contratos, bem como maior controle da Administração no que se refere a sua gestão, especialmente a vigência (muitas vezes com centenas de contratos a vencer em diferentes datas). Essas são algumas situações que deverão ser consideradas, na elaboração do Estudo Técnico Preliminar (ETP), a fim de avaliar a viabilidade e a vantajosidade à utilização do credenciamento, com a realização de várias contratações simultâneas.

---

[31] No âmbito federal, o credenciamento é regulamentado pelo Decreto n. 11.878, de 9 de janeiro de 2024.
[32] O TCU entende que o credenciamento "é ato administrativo de chamamento público de prestadores de serviços que satisfaçam determinados requisitos, constituindo etapa prévia à contratação, devendo-se oferecer a todos igual oportunidade de se credenciar" (TCU. Acórdão n. 1150/2013-Plenário. Relator: Min. Aroldo Cedraz. Julg em: 15/05/2013).

b) o previsto no art. 79, parágrafo único, inciso II: na hipótese de contratações paralelas e não excludentes, quando o objeto não permitir a contratação imediata e simultânea de todos os credenciados, deverão ser adotados critérios objetivos de distribuição da demanda.

Nesse caso, entendo ser possível que o edital de credenciamento estabeleça critérios como sorteio, escala e até que a escolha ocorra por parte de terceiro (utilização combinada dos incisos I e II do art 79), ou seja, a fixação, no ato convocatório, que a demanda será distribuída conforme a escolha dos beneficiários diretos.

Enquanto os dois primeiros critérios podem ser utilizados à distribuição da demanda para peritos, leiloeiros[33], árbitros[34] ou intérpretes, em que a distribuição ocorre sem escolha de um terceiro, o último pode ser utilizado para serviços médicos/assistenciais (escolha, dentre os médicos credenciados, pelo paciente), para defesas judiciais custeadas pelo Estado (escolha, dentre os advogados credenciados, pelo réu) ou até para serviços de hospedagem (escolha, dentre os hotéis credenciados, pelo hóspede).

A distribuição da demanda, conforme a escolha do beneficiário direto da prestação, levanta questionamentos, principalmente por constituir parâmetro subjetivo. No entanto, defendo ser parâmetro subjetivo para o beneficiário e critério objetivo para o prestador, à medida que é previamente estipulado no edital de chamamento público e que, ao aceitar e contratar com a Administração, o credenciado possui conhecimento prévio da forma estipulada.

Entendo que, quando a escolha se dá por parte do beneficiário direto, há, consequentemente, uma melhor otimização à qualidade do serviço prestado, não havendo qualquer prejuízo aos cofres públicos, pois o valor é padronizado. Também é atendida a igualdade de oportunidade a todos os credenciados, pois qualquer um terá a possibilidade de ser escolhido por aquele.

Como exemplo, imagine que determinado Município do interior do Estado tenha credenciado dez hotéis localizados na capital, para a hospedagem de seus servidores, todos com o mesmo valor para a diária. Obviamente que alguns credenciados se destacarão na prestação do serviço, com a melhor qualidade dos apartamentos ou do café da manhã, por exemplo, o que fará, consequentemente, que sejam frequentemente eleitos pelos beneficiários, enquanto outros não.

Assim, entendo ser possível, quando a fruição do objeto ocorrer por parte do beneficiário, mesmo nas situações de contratação paralela e não excludente pagas pela Administração, que o ato convocatório estabeleça, como critério objetivo, que a escolha do prestador ocorrerá por conta daquele.

Eventual direcionamento, por parte dos agentes públicos responsáveis pela distribuição, que configurem conduta dolosa objetivando enriquecimento ilícito, como o recebimento de comissão ou valores, afronta a isonomia e a igualdade de

---

[33] Importante destacar que a própria Lei n. 14.133/2021, no art. 31, § 1º, prevê a possibilidade expressa da adoção do credenciamento para a contratação de leiloeiros oficiais.

[34] Compreendo ser possível a utilização do credenciamento para a contratação de árbitros. Esse entendimento também é corroborado por Gofman, Guimarães e Kammers (2023, p. 98), bem como por Oliveira (2021, p. 353).

oportunidades, configurando ato de improbidade administrativa previsto no art. 9º da Lei n. 8.429/1992, o que deve ser coibido pela Administração.

Corroborando a possibilidade de escolha por parte do beneficiário direto da prestação, o Supremo Tribunal Federal, ao julgar a ADI n. 6.313, de relatoria do Min. Alexandre de Moraes, em 28 de agosto de 2023, ajuizada pela Associação Nacional dos Fabricantes de Placas de Identificação Veicular – ANFAPV, entendeu pela possibilidade de utilização do credenciamento para a fabricação e estampagem de placas de identificação veicular, cuja eleição do prestador se dará pelo proprietário do veículo, que escolherá em qual credenciado instalará a placa.

c) o previsto no art. 79, parágrafo único, inciso III: o edital de chamamento dos interessados deverá prever as condições padronizadas de contratação e, nas situações de contratação paralela e não excludente ou por escolha de terceiro, deverá definir o valor da contratação.

Por ser hipótese de inviabilidade de competição, todos os credenciados deverão estar em igualdade de condições nos parâmetros contratuais e no valor a ser pago[35], não sendo possível estabelecer diferenciações entre esses, sob pena de afronta aos princípios da isonomia e da licitação.

Isso porque, se houver diferenciação no valor a ser pago ou nos parâmetros contratuais, se está diante de viabilidade de competição, pois os interessados poderão apresentar preços diferentes, o que ensejará a licitação. Jamais deve-se perder de vista que o credenciamento é hipótese de inexigibilidade de licitação (art. 74, inciso IV, da Lei n. 14.133/2021) e, nessas duas situações, serão contratados todos que aceitem os requisitos estabelecidos pela Administração e o valor por ela estipulado.

Por conseguinte, entendo que a repactuação, em contrato oriundo de credenciamento, também deve abarcar todos os contratados em mesma situação, não sendo possível tratar credenciados para um mesmo objeto de modo diferenciado, com reajustes e repactuações diferentes (pois se estará diante de uma possibilidade de competição).

A título de exemplo, imagine a seguinte situação: a Administração credencia dois médicos pediatras, os quais preencheram os requisitos previamente fixados e aceitaram o valor oferecido, de R$ 200,00 a consulta. Decorrido um ano, o médico A requereu repactuação do preço, mediante demonstração analítica da variação dos custos, enquanto o médico B nada pediu e continua prestando o mesmo serviço. Nesse exemplo, caso a Administração defira a repactuação ao médico A, sem conferir também ao médico B, da mesma categoria, deixam de existir os próprios motivos determinantes do credenciamento (inviabilidade de competição, porque todos aceitaram o valor pago pela Administração).

d) o previsto no art. 79, parágrafo único, inciso IV: na hipótese de mercados fluidos, a Administração deverá registrar as cotações de mercado vigentes no momento da

---

[35] O TCU, ao proferir o Acórdão n. 351/2010, Plenário, em 3 de março de 2010, de relatoria do Min. Marcos Bemquerer Costa, analisando o credenciamento, afirmou que "para a regularidade da contratação direta, é indispensável a garantia da igualdade de condições entre todos os interessados hábeis a contratar com a Administração, pelo preço por ela definido".

contratação. Essa hipótese é inovadora e se constitui um desafio tanto a sua regulamentação, quanto operacionalização.

Inicialmente, vislumbro as situações que já ocorrem na prática administrativa, principalmente às referentes às aquisições de passagens aéreas, como expostas na primeira seção de desenvolvimento deste capítulo. Nessa hipótese, a Administração credenciaria previamente as companhias aéreas e, no dia de aquisição do bilhete, realizava a cotação em todas as credenciadas, efetivando a aquisição diretamente com aquela que apresentar o menor preço.

O TCU, como demonstrado anteriormente, chancelou essa prática, principalmente em duas ocasiões, estabelecendo que "é regular a aquisição, mediante credenciamento, de passagens aéreas em linhas regulares domésticas, sem a intermediação de agência de viagem, por ser inviável a competição entre as companhias aéreas e entre estas e as agências de viagem"[36].

Visualizo com base no art. 79, inciso III, a possibilidade do credenciamento para a aquisição de combustível, gás de cozinha, materiais de construção, gêneros alimentícios, dentre outros objetos em que a flutuação constante do valor da prestação e das condições de contratação inviabiliza a seleção de agente por meio de processo de licitação, ainda que seja por registro de preços.

Em uma versão arcaica, vislumbre a seguinte operacionalização: imagine um município com cinco postos de combustíveis. A Administração realiza um chamamento público para credenciar todos os postos que preencham os requisitos. Os interessados compareçam, atendem as exigências e são credenciados. No dia da necessidade do abastecimento, a Administração cota o valor do combustível, registra o preço de todos, para fins comprobatórios, e abastece naquele que apresentou o menor preço no dia.

A partir desse exemplo, uma pergunta poderá surgir: como fazer a operacionalização dessa cotação havendo um número grande de credenciados? Por intermédio de prancheta? Telefone? *E-mail*? Como resposta, surge a expectativa de um *e-marketplace* público.

Haveria a necessidade de implementar uma plataforma, no próprio Portal Nacional de Contratações Públicas (PNCP) ou a ele integrada, consistente em um mercado digital, onde esses credenciados seriam demandados da necessidade de aquisição administrativa, em determinada data, e a Administração teria o preço desses fornecedores.

Esse é o caminho também apontado por Fortini e Amorim, ao sustentarem que "o PNCP poderá, como previsto no § 3º do art. 174 da lei, ainda contemplar outras funcionalidades e, com o seu desenvolvimento tecnológico, impulsionar verdadeira disrupção com a implementação definitiva do *e-marketplace*", possibilitando sua utilização no credenciamento[37].

---

[36] TCU, Acórdão n. 1545/2017, Plenário, rel. min. Aroldo Cedraz, julgado em: 19/07/2017. TCU, Acórdão n. 1094/2021, Plenário, rel. min. Weder de Oliveira, julgado em: 12/05/2021.

[37] FORTINI, Cristiana; AMORIM, Rafael Amorim de. Novo olhar para as contratações públicas: precedentes e perspectivas da Lei n. 14.133/2021. In: MATOS, Marilene Carneiro; ALVES, Felipe Dalenogare; AMORIM, Rafael Amorim de. *Nova Lei de licitações e contratos*: Lei n. 14.133/2021: debates, perspectivas e desafios. Brasília: Edições Câmara, 2023, p. 137.

O *e-marketplace* consistiria em uma verdadeira arena de compras (pela Administração) e vendas (pelos credenciados). Veja que não há qualquer afronta ao princípio da competitividade, uma vez que o credenciamento deverá se encontrar constantemente aberto a novos interessados e, em concreto, a Administração adquirirá pelo menor preço, pois todos os credenciados terão a oportunidade de ofertar seus bens e os respectivos preços, ficando estes registrados no momento do evento. A contratação resultante se dará por inexigibilidade de licitação, com fundamento específico no art. 74, inciso IV, da Lei n. 14.133/2021.

Nóbrega e Torres chegam a indagar: "Se os cidadãos e as empresas encontraram no campo virtual um ambiente propício para suas transações, o que impede que a Administração Pública adote este *locus* para ao menos parte de suas contratações?"[38]. Os autores apontam que "a implementação de plataformas eletrônicas para as relações estabelecidas entre a Administração Pública e os administrados (*E-Government*) pode trazer vantagens para o processo de contratação pública"[39].

Nas situações de mercado fluido, havendo o estabelecimento desse *e-marketplace*, vislumbra-se a possibilidade da utilização do credenciamento para diversas situações que envolvem flutuação constante de preços, fazendo com que seja um instrumento mais eficiente que a modelagem licitatória tradicional[40].

e) o previsto no art. 79, parágrafo único, inciso V: não será permitido o cometimento a terceiros do objeto contratado sem autorização expressa da Administração. O credenciamento e o contrato dele decorrente têm caráter *intuitu personae*, pois, dentre os requisitos exigidos pela Administração, está a capacidade técnica do profissional (pessoa física) ou do quadro profissional (pessoa jurídica). Portanto, qualquer alteração, sem a devida apreciação e autorização administrativa, poderá comprometer os requisitos que se prestaram ao credenciamento do contratado.

f) o previsto no art. 79, parágrafo único, inciso VI: será admitida a denúncia por qualquer das partes nos prazos fixados no edital. Assim como já ocorria anteriormente, a partir do momento em que o credenciamento não se tornar vantajoso para o credenciado ou se tornar desnecessário à Administração, é possível a denúncia, desde que respeitado o prazo de aviso prévio previsto no edital.

Não se pode confundir a denúncia com eventual rescisão contratual por inadimplemento do contratado. A denúncia por parte da Administração ocorrerá por desnecessidade do objeto e, nesta situação específica, recairá sobre todos os credenciados.

---

[38] NÓBREGA, Marcos; TORRES, Ronny Charles L. de. *A nova lei de licitações, credenciamento e e-marketplace:* o *turning point* da inovação nas compras públicas, 2021, p. 9. Disponível em: https://ronnycharles.com.br/wp-content/uploads/2021/01/A-nova-lei-de-licitacoes- credenciamento-e-e-marketplace-o-turning-point-da-inovacao-nas-compras--publicas.pdf. Acesso em: 5 nov. 2023.

[39] Entre essas vantagens, apontam: "maior eficiência, redução de custos e economia; economia de tempo; melhor comunicação entre governos com empresas e cidadãos; acesso online de serviços; transparência e menos burocracia. Com o uso de plataformas as trocas entre fornecedores e os órgãos e entidades públicas podem ser facilitadas, com a exponencial redução de custos transacionais e consequente ampliação a competitividade. Além disso, elas podem facilitar a comunicação entre os órgãos públicos e as empresas, fomentando um mercado mais aberto" (Nóbrega e Torres, 2021, p. 10).

[40] NÓBREGA, Marcos; TORRES, Ronny Charles L. de. *A nova lei de licitações, credenciamento e e-marketplace:* o *turning point* da inovação nas compras públicas, 2021, p. 9. Disponível em: https://ronnycharles.com.br/wp-content/uploads/2021/01/A-nova- lei-de-licitacoes-credenciamento-e-e-marketplace-o-turning-point-da-inovacao-nas-compras--publicas.pdf. Acesso em: 5 nov 2023.

Caso algum credenciado descumpra cláusula contratual, deverá ser operada a extinção do contrato pela rescisão, sempre com a concessão de ampla defesa e contraditório, e, por consequência, o descredenciamento.

Essas são as principais disposições presentes na Lei n. 14.133/2021, inspiradas em práticas ocorridas à luz da Lei n. 8.666/1993, que possibilitam utilizações inovadoras, com o crescente emprego para variáveis objetos, o que dependerá da disposição do Administrador (inclusive das empresas estatais)[41], bem como do caráter (restritivo ou ampliativo) a ser conferido ao credenciamento pelos órgãos de controle.

9.4.5.2. A pré-qualificação

A pré-qualificação qualificação, inicialmente, surgiu no art. 114 da Lei n. 8.666/1993, sem maior relevância para a prática cotidiana administrativa. Na Lei n. 14.133/2021, surge no art. 80, com uma roupagem mais completa, alçado como procedimento técnico-administrativo para *selecionar previamente licitantes* que reúnam condições de habilitação para participar de futura licitação ou de licitação vinculada a programas de obras ou de serviços objetivamente definidos e *bens que atendam às exigências técnicas ou de qualidade* estabelecidas pela Administração.

Na pré-qualificação, *quando aberta a licitantes*, poderão ser dispensados os documentos que já constarem do registro cadastral e, *quando aberta a bens*, poderá ser exigida a comprovação de qualidade. O procedimento de pré-qualificação ficará permanentemente aberto para a inscrição de interessados.

No edital de pré-qualificação devem constar as informações mínimas necessárias para definição do objeto e a modalidade, a forma da futura licitação e os critérios de julgamento.

A apresentação dos documentos far-se-á perante órgão ou comissão indicada pela Administração, que deverá examiná-los no prazo máximo de dez dias úteis e determinar correção ou reapresentação de documentos, quando for o caso, com vistas à ampliação da competição.

Indeferido o pedido de pré-qualificação, caberá recurso no prazo de três dias úteis contados da decisão denegatória, com fundamento no art. 165, inciso I, alínea "a", da Lei n. 14.133/2021, o qual será dirigido à autoridade que tiver proferido essa decisão, que, se não a reconsiderar no prazo de três dias úteis, encaminhará o recurso com a sua motivação à autoridade superior, a qual deverá proferir sua decisão no prazo máximo de dez dias úteis, contado do recebimento dos autos.

A pré-qualificação poderá ser parcial ou total, com alguns ou todos os requisitos técnicos ou de habilitação necessários à contratação, assegurada, em qualquer hipótese, a igualdade de condições entre os concorrentes.

---

[41] A título ilustrativo, o TCU entendeu que, embora a Lei n. 14.133/2021 não tenha aplicabilidade específica às estatais, por ser norma geral, poderá ser utilizada subsidiariamente àquilo que não houver disposição especial na Lei n. 13.303/2016. Assim, fixou entendimento no sentido de que "é possível a utilização pelas empresas estatais, por analogia, da hipótese de credenciamento prevista no art. 79, inciso II, da Lei 14.133/2021 visando à contratação de serviço de gerenciamento e fornecimento de vales alimentação e refeição, em substituição à licitação com critério de julgamento pelo menor preço, inviabilizada para esse tipo de contratação" (Acórdão n. 5495/2022, Segunda Câmara, rel. min. Bruno Dantas, Julgamento em: 13/09/2022).

Ela poderá ser realizada em grupos ou segmentos, segundo as especialidades dos fornecedores e os bens e os serviços pré-qualificados deverão integrar o catálogo de bens e serviços da Administração, os quais serão obrigatoriamente divulgados e mantidos à disposição do público.

O prazo de validade da pré-qualificação será de um ano, no máximo, e poderá ser atualizada a qualquer tempo; e não superior ao prazo de validade dos documentos apresentados pelos interessados.

Por fim, destaca-se que *a licitação que se seguir* ao procedimento da pré-qualificação *poderá ser restrita a licitantes ou bens pré-qualificados*, o que trará celeridade processual.

9.4.5.3. O procedimento de manifestação de interesse

A Administração poderá solicitar à iniciativa privada, mediante procedimento de manifestação de interesse (PMI) a ser iniciado com a publicação de edital de chamamento público, na forma do art. 81 da Lei n. 14.133/2021, a propositura e a realização de estudos, investigações, levantamentos e projetos de soluções inovadoras que contribuam com questões de relevância pública, na forma de regulamento.

Os estudos, as investigações, os levantamentos e os projetos vinculados à contratação e de utilidade para a licitação, realizados pela Administração ou com a sua autorização, estarão à disposição dos interessados, e o vencedor da licitação deverá ressarcir os dispêndios correspondentes, conforme especificado no edital.

É importante ressalvar que a sua realização, pela iniciativa privada, em decorrência do procedimento de manifestação de interesse, não atribuirá ao realizador direito de preferência no processo licitatório, não obrigará o poder público a realizar licitação, não implicará, por si só, direito a ressarcimento de valores envolvidos em sua elaboração, sendo remunerado somente pelo vencedor da licitação, vedada, em qualquer hipótese, a cobrança de valores do poder público.

A fim de aceitá-los, a Administração deverá elaborar parecer fundamentado com a demonstração de que o estudo, a investigação, o levantamento ou o projeto entregue é adequado e suficiente à compreensão do objeto, de que as premissas adotadas são compatíveis com as reais necessidades do órgão e de que a metodologia proposta é a que propicia maior economia e vantagem entre as demais possíveis.

Por fim, ressalta-se que a Administração poderá realizar PMI restrito a *startups*, assim considerados os microempreendedores individuais, as microempresas e as empresas de pequeno porte, de natureza emergente e com grande potencial, que se dediquem à pesquisa, ao desenvolvimento e à implementação de novos produtos ou serviços baseados em soluções tecnológicas inovadoras que possam causar alto impacto, exigida, na seleção definitiva da inovação, validação prévia fundamentada em métricas objetivas, de modo a demonstrar o atendimento das suas necessidades.

9.4.5.4. O Sistema de Registro de Preços

A Lei n. 14.133/21 (LLC) prevê o Sistema de Registro de Preços (SRP) nos seus arts. 82 a 86, consolidando as disposições que já existiam nestes regulamentos e as principais decisões do TCU, elencando-as em norma geral, como se verá a seguir[42].

---

[42] A respeito, ver: ALVES, Felipe Dalenogare. O credenciamento e o Sistema de Registro de Preços como procedimentos auxiliares à racionalização administrativa: um panorama à luz da Nova Lei de Licitações e Contratos. In: BUSCH,

O art. 82 dessa lei estabeleceu elementos essenciais que devem estar presentes no edital para registro de preços (RP), bem como condições à Administração quando esta se utilizar do SRP, que serão comentados a seguir.

a) as especificidades da licitação e de seu objeto, inclusive a quantidade máxima de cada item que poderá ser adquirida. Veja-se que, ao estabelecer o verbo "poderá", o legislador manteve a contratação resultante do SRP como uma expectativa de direito. Dito de outro modo, significa dizer que "a ata de registro de preços (ARP) caracteriza-se como um negócio jurídico em que são acordados entre as partes, Administração e licitante, apenas o objeto licitado e os respectivos preços ofertados. A formalização da ata gera apenas uma expectativa de direito ao signatário, não lhe conferindo nenhum direito subjetivo à contratação"[43].

A não obrigatoriedade da contratação futura é reforçada pelo próprio art. 83 da Lei n. 14.133/2021, o qual prevê que "a existência de preços registrados implicará compromisso de fornecimento nas condições estabelecidas, mas não obrigará a Administração a contratar, facultada a realização de licitação específica para a aquisição pretendida, desde que devidamente motivada".

Observe-se que há uma mudança, a meu ver, significativa em comparação ao § 4º do art. 15 da Lei n. 8.666/1993, o qual previa que "a existência de preços registrados não obriga a Administração a firmar as contratações que deles poderão advir, ficando-lhe facultada a utilização de outros meios, respeitada a legislação relativa às licitações, sendo assegurado ao beneficiário do registro preferência em igualdade de condições".

Essa mudança na redação importa em duas consequências à Administração, caso não venha a contratar do fornecedor que possui o preço registrado: *primeira*, que não poderá se utilizar da dispensa ou inexigibilidade de licitação, uma vez que, justamente para atender o princípio da impessoalidade e da moralidade, o legislador indicou a necessidade de licitação específica para o(s) item(ns) não contratado(s) e, *segunda*, que deverá haver motivação expressa das razões pelas quais não está adquirindo da signatária da ARP em vigência, mas está optando por realizar nova licitação. Essas razões devem, necessariamente, guardar parâmetros de necessidade e adequação.

Outro ponto que, agora, vem de modo expresso na norma geral, é a obrigatoriedade da Administração explicitar a quantidade máxima que poderá ser adquirida. Essa ausência já foi enfrentada pelo TCU, sendo assentado o entendimento de que "é obrigatória a fixação, em edital, dos quantitativos máximos a serem adquiridos por meio dos contratos decorrentes de ata de registro de preços"[44].

O art. 82, § 3º, traz a possibilidade excepcional em que a Administração poderá indicar apenas a unidade de contratação, sem o quantitativo, sendo restrita tão somente às hipóteses de difícil planejamento, que foram taxativamente elencadas pelo legislador, sendo elas 1) quando for a primeira licitação para o objeto e o órgão ou

---

Eduardo Vieira (coord.). *Nova Lei de Licitações e Contratos:* aspectos relevantes da Lei n. 14.133/21. São Paulo: Quartier Latin, 2023.
[43] TCU. Acórdão n. 1285/2015, Plenário, rel. min. Benjamin Zymler, Julgado em: 27/05/2015.
[44] TCU, Acórdão n. 2311/2012, Plenário, rel. min. Aroldo Cedraz, Julgado em: 29/08/2012.

entidade não tiver registro de demandas anteriores; 2) na hipótese de alimento perecível; 3) no caso em que o serviço estiver integrado ao fornecimento de bens.

Nessas situações, a Administração está obrigada a indicar o valor máximo da despesa e é vedada a participação de outro órgão ou entidade na ata, seja na condição de participante, seja na condição de não participante (carona)[45].

No que tange ao objeto do SRP, a Lei n. 14.133/2021 traz uma inovação extremamente importante. Além de sua utilização à aquisição de bens e serviços, o legislador possibilitou seu emprego para obras e serviços de engenharia. Para tanto, estabeleceu *requisitos extrínsecos* (impostos independentemente do objeto) e *requisitos intrínsecos* (aplicáveis especificamente ao SRP para obras e serviços de engenharia). Os primeiros são aqueles elencados no art. 82, § 5º, como 1) a realização prévia de ampla pesquisa de mercado e seleção de acordo com procedimentos previstos em regulamento[46], 2) o desenvolvimento obrigatório de uma rotina de controle, 3) a atualização periódica dos preços registrados, 4) a definição do período de validade do registro de preços e 5) a inclusão, na ARP, do licitante que aceitar cotar os bens ou serviços em preços iguais aos do licitante vencedor na sequência de classificação da licitação e inclusão do licitante que mantiver sua proposta original.

Por sua vez, os segundos estão presentes no art. 85, como a existência de projeto padronizado, sem complexidade técnica e operacional, e a demonstração motivada da necessidade permanente ou frequente da obra ou serviço objeto do SRP.

A utilização do SRP para obras e serviços de engenharia nem sempre foi pacífica sob a égide da Lei n. 8.666/1993. Para o Superior Tribunal de Justiça (STJ), "o regime de licitações por registro de preços foi ampliado pelos Decretos Regulamentadores 3.931/2001 e 4.342/2002, sendo extensivo não só a compras mas a serviços e obras", entendimento exarado no RMS n. 15647/SP, de relatoria da Min. Eliana Calmon, julgado pela 2ª Turma em 25 de março de 2003.

O TCU, no entanto, adotou entendimentos específicos referentes aos serviços de engenharia e às obras. No que tange aos primeiros, a posição que se assentou era de que "é admissível a contratação, mediante registro de preços, de serviços de reforma de pouca relevância material e que consistam em atividades simples, típicas de intervenções isoladas, que possam ser objetivamente definidas conforme especificações usuais no mercado, e possuam natureza padronizável e pouco complexa"[47]. Já, quanto às obras, o TCU firmou o entendimento de que "o sistema de registro de preços não é

---

[45] A vedação à adesão via "carona", nestas condições, já era estabelecida pelo TCU, tendo o Tribunal, no Acórdão n. 855/2013, Plenário, de 10/04/2013, de relatoria do Min. José Jorge, fixado o entendimento de que "a falta de estimativa prévia, no edital, das quantidades a serem adquiridas por não participante impede a adesão desses entes (caronas) a atas de registro de preços". Por sua vez, entendo que a vedação à adesão se estende também aos participantes, tendo em vista duas razões: 1) as especificidades do objeto, que, justamente por estarem fora das situações ordinárias que exigem planejamento, condicionam a aquisição sem quantitativos; e 2) a insegurança criada para as licitantes, ao ingressar em uma licitação para SRP, sem ter a expectativa das demandas da Administração que poderá ser agravada com a multiplicidade de participantes, sem a indicação de quantitativos.

[46] No âmbito federal, o SRP é regulamentado pelo Decreto n. 11.462, de 31 de março de 2023.

[47] TCU, Acórdão n. 3419/2013, Plenário, rel. min. José Mucio Monteiro, Julgado em: 4/12/2013. Esse entendimento também se consolidou no Tribunal por ocasião dos julgamentos que resultaram nos acórdãos n. 3605/2014, Plenário, de relatoria do Min. Marcos Bemquerer, julgado em 9/12/2014, e n. 1381/2018, Plenário, de relatoria do Min. Walton Alencar Rodrigues, julgado em 20/06/2018.

aplicável à contratação de obras, pelo fato de não haver demanda por itens isolados, uma vez que os serviços não podem ser dissociados uns dos outros"[48].

Como dito, a utilização do SRP para obras trata-se de uma importante inovação do legislador e que se originou da experiência do Regime Diferenciado de Contratações (RDC), que a previu, sendo, inclusive, bem recepcionada pelo TCU[49]. A título de exemplo, menciono a situação em que determinado município deseja implementar um programa habitacional, com casas populares, não dispondo da viabilidade de construí-las todas simultaneamente, mas conforme determinado cronograma de descontingenciamento de recursos.

Nesse exemplo, consigo imaginar o atendimento dos requisitos intrínsecos, à medida em que esse tipo de construção pode ser realizada com projeto padronizado, não demanda complexidade técnica e operacional, bem como presente está a necessidade frequente da realização do objeto.

b) a quantidade mínima a ser cotada de unidades de bens ou, no caso de serviços, de unidades de medida. O edital deverá estabelecer se a licitante poderá ou não ofertar quantitativo inferior ao máximo que, eventualmente, venha a ser adquirido pela Administração. Para esta, objetivando-se a racionalidade administrativa, se torna importante estabelecer quantitativos iguais entre aquilo que poderá ser adquirido e o que poderá ser cotado pela empresa. Caso contrário, a fim de atender a necessidade da Administração, serão firmadas inúmeras atas, com diferentes fornecedores, pois estes estarão obrigados apenas à medida do que foi cotado. Por exemplo: imagine que, em uma licitação para SRP de material de expediente, para o item caneta esferográfica, a Administração tenha estipulado uma quantidade máxima que poderá ser adquirida em 1.000 unidades. Caso se permita que as licitantes possam cotar um quantitativo mínimo de 100 unidades, apenas esse item poderá resultar no gerenciamento de 10 atas de registro de preços.

c) a possibilidade de prever preços diferentes, quando o objeto for realizado ou entregue em locais diferentes, em razão da forma e do local de acondicionamento, quando admitida cotação variável em razão do tamanho do lote ou por outros motivos justificados no processo. Essa previsão objetiva atender uma demanda advinda dos fornecedores. Levando-se em consideração que, no registro de preços, há variação entre os locais e formas de acondicionamento e entrega do objeto para diferentes órgãos e entidades participantes, é justo que o preço a ser cotado leve em consideração essas peculiaridades, pois o frete será diferenciado e o valor praticado no mercado de cada local também diferente. A Administração, ao longo do tempo, sentiu a necessidade de, havendo entregas em locais diferentes (sedes do órgão gerenciador e dos

---

[48] TCU, Acórdão n. 1238/2019, Plenário, rel. min. Marcos Bemquerer, Julgado em: 29/05/2019. A primeira manifestação relevante do Tribunal, no sentido de vedar o SRP para obras havia sido no acórdão n. 3605/2014, Plenário, julgado em 09/12/2014, seguido do Acórdão n. 980/2018-Plenário, julgado em 02/05/2018, todos de relatoria do Min. Marcos Bemquerer.

[49] O Tribunal, a exemplo do que deve ocorrer com a Nova Lei de Licitações e Contratos (diante da previsão autorizativa expressa), entendeu, por ocasião do julgamento do Acórdão 2600/2013-Plenário, de relatoria do Min. Valdir Campelo, em 25/09/2013, que "é possível a adoção do registro de preços nas licitações de obras, sob o regime do RDC, em que seja demonstrada a viabilidade de se estabelecer a padronização do objeto e das propostas, de modo que se permitam a obtenção da melhor proposta e contratações adequadas e vantajosas às necessidades dos interessados". A revogada Lei do RDC (Lei n. 12.462/2011) previa o SRP para as obras em seu art. 32.

participantes), fixar lotes diferenciados, com preços também diferenciados, uma vez que, na prática, muitas contratadas se tornavam inadimplentes por não conseguir fornecer a todos de igual modo (pelo mesmo valor). Mesmo antes dessa previsão ser estabelecida originariamente no art. 9º, § 2º, do Decreto n. 7.892/2013, o TCU já havia entendido que tal medida era legítima, por ocasião do julgamento que resultou no acórdão n. 1068/2011-Plenário, de relatoria do Min. Ubiratan Aguiar, julgado em 27 de abril de 2011.

d) o critério de julgamento da licitação, que será o de menor preço ou o de maior desconto sobre tabela de preços praticada no mercado. Necessariamente, o edital para SRP, mesmo que contemple obra, só poderá adotar esses critérios de julgamento, ainda que, excepcionalmente, se possa utilizar o menor preço global (utilizado para a aquisição por lote de itens).

Como se percebe no art. 82, § 1º, o legislador impôs ao administrador que o critério de julgamento de menor preço por grupo de itens somente seja adotado quando for demonstrada a inviabilidade de se promover a adjudicação individual e fique evidenciada a sua vantagem técnica e econômica, devendo-se fazer a indicação expressa do critério de aceitabilidade de preços unitários máximos no edital.

Se adotar o menor preço global, por força do art. 82, § 2º, a contratação posterior de item específico constante de grupo de itens exigirá prévia pesquisa de mercado e demonstração de sua vantagem para o órgão ou entidade.

Para melhor compreensão, significa dizer que, caso a Administração opte por comprar um lote contendo papel A4, caneta esferográfica, lápis, borracha e régua, só poderá adotar o menor preço global (pelo conjunto) se for adquirir este como um todo (para um kit de material escolar, por exemplo), uma vez que os preços unitários de cada licitante irão variar, e o valor total (do conjunto) será o preponderante. Assim, posteriormente, caso a Administração venha a adquirir, isoladamente, apenas um destes itens, deverá demonstrar as razões da necessidade isolada e a compatibilidade com o valor de mercado, através de pesquisa de preços.

Entendo que, de certo modo, houve uma sensível relativização, por intermédio de lei, do entendimento que era adotado pelo TCU, que só permitia a aquisição da signatária da ata, de item isolado, se ele tivesse sido cotado, individualmente, pelo menor preço por ela, ao se prever apenas a demonstração da compatibilidade do valor individual do item com o de mercado[50].

e) as condições para alteração dos preços registrados, bem como as hipóteses de cancelamento da ata de registro de preços e suas consequências. Vislumbro que a alteração dos preços comporta uma dupla dimensão: 1) subjetiva, no sentido de que se constitui direito exigível do particular signatário, quando os preços se tornarem defasados em relação ao mercado, sob pena de, se não houver o reajuste, ser liberado

---

[50] A respeito, é possível registrar o Acórdão n. 343/2014, Plenário, de 19 de fevereiro de 2014, de relatoria do Min. Valdir Campelo, em que se assentou o entendimento de que "nas licitações por lote para registro de preços, mediante adjudicação por menor preço global do lote, deve-se vedar a possibilidade de aquisição individual de itens registrados para os quais a licitante vencedora não apresentou o menor preço". Este posicionamento do Tribunal foi consolidado nos acórdãos n. 3081/2016, Plenário, de 30 nov. 2016, n. 1347/2018, de 13 jun. 18, ambos de relatoria do Min. Bruno Dantas, n. 1872/2018, Plenário, de 15 ago. 2018, de relatoria do Min. Vital do Rego, e n. 1650/2020, Plenário, de 24 jun. 2020, de relatoria do Min. Augusto Sherman.

da ata; 2) objetiva, no sentido de que se torna dever à Administração, como modo de garantir o justo equilíbrio da relação acordada e evitar enriquecimento sem causa por ambas as partes, tanto se houver variação negativa, quanto positiva em relação ao mercado.

Penso que as situações que ensejam a alteração dos preços da ARP podem ser o reajuste em sentido estrito (previsto no art. 25, § 8º, inciso I), a repactuação (prevista no art. 25, § 8º, inciso II) ou o reequilíbrio econômico-financeiro (previsto no art. 124, inciso II, alínea "d").

Por sua vez, no que tange às hipóteses de cancelamento da ata, embora a lei preveja que elas devam estar previstas no edital, entendo ser imprescindível seu estabelecimento em regulamento, com o propósito de conferir uniformidade à Administração, bem como segurança jurídica à relação acordada.

f) o registro de mais de um fornecedor ou prestador de serviço, desde que aceitem cotar o objeto em preço igual ao do licitante vencedor, assegurada a preferência de contratação de acordo com a ordem de classificação. Trata-se do cadastro reserva, originariamente estabelecido no art. 11, inciso II, do Decreto n. 7.892/2013, objetivando trazer eficiência à Administração e evitar a paralização do fornecimento ou prestação do serviço. Veja-se que não há qualquer prejuízo à Administração ou à licitante classificada em primeiro lugar, uma vez que só serão registrados os preços dos remanescentes que cotem valor igual ao primeiro colocado, sendo que a administração não poderá preterir a ordem classificatória. Assim, caso haja inadimplemento do primeiro colocado, a Administração poderá adquirir ou contratar com os demais, na ordem classificatória, evitando colapso administrativo.

É digno de nota que os reservas devem manter todas as condições do primeiro colocado, inclusive quanto aos valores unitários individuais, quando o critério de julgamento for o menor preço global, entendimento já consolidado no TCU[51] e que se mantém inalterado com o advento da Lei n. 14.133/2021.

g) a vedação à participação do órgão ou entidade em mais de uma ata de registro de preços com o mesmo objeto no prazo de validade daquela de que já tiver participado, salvo na ocorrência de ata que tenha registrado quantitativo inferior ao máximo previsto no edital. Trata-se de cláusula editalícia que objetiva atribuir confiabilidade à relação pactuada, bem como segurança à signatária da ata, de que não será preterida. Embora a Administração não esteja obrigada a firmar as contratações decorrentes da ata, só poderá assinar outra ARP para o mesmo objeto se, formalmente, dentre as hipóteses previstas no edital, promover o cancelamento da ata previamente ajustada.

Como já mencionado anteriormente, dentre os requisitos à licitação para SRP, está a obrigatoriedade da indicação expressa do prazo de validade da ata de registro de preços no edital, conforme determinado no art. 82, § 5º, inciso VI.

Neste ponto, há também duas mudanças significativas em relação ao prazo anteriormente previsto no art. 15, § 3º, inciso III, da Lei n. 8.666/1993, que estipulava um período não superior a um ano. O art. 84 da Lei n. 14.133/2021, primeiro, estipulou a validade do RP de modo vinculado, ou seja, é de um ano e não mais de (até) um ano.

---

[51] TCU. Acórdão 1939/2021-Plenário. Relator: Min. Bruno Dantas. Julg em: 11/08/2021.

Entendo que não mais será possível firmar ata com validade de seis meses, por exemplo, como era comum na *praxis* administrativa. Segundo, possibilitou a prorrogação desse registro de preços por igual período (uma única prorrogação, por mais um ano), desde que fique, de forma inequívoca, demonstrada a vantajosidade dos preços.

Embora a Lei n. 14.133/2021 tenha se referido expressamente apenas quanto à prorrogação do prazo de vigência da ata, entendemos que sua prorrogação renova os quantitativos originalmente estipulados, desde que seja expressamente previsto no edital e na ata, a fim de vincular o fornecedor signatário. Entendo que a ausência de previsão expressa nesses instrumentos não é impeditiva à renovação pela Administração, mas ocasionará a necessidade de aceitação pelo particular.

A possibilidade de renovação objetiva atender ao princípio do planejamento e compatibilizar os quantitativos à realidade anual do órgão ou entidade. Assim, se inicialmente foram registradas 1.000 canetas esferográficas para o período de um ano, ao se prorrogar a ata por igual período, se renova o mesmo quantitativo para o segundo ano, totalizando 2.000 canetas para o período de dois anos.

Por conseguinte, compreendo que, nas situações de adesão à ata de registro de preços (carona), também se renova a limitação dos quantitativos (tanto para o gerenciador, que cede, quanto para o não participante, que adere). Assim, se um órgão aderiu à metade do quantitativo para um item de determinada ata no primeiro ano (já atingindo o limite legal), poderá aderir novamente até o mesmo limite de 50% no segundo ano. Por sua vez, se o órgão gerenciador já atingiu o limite de cessão de adesões para o item no primeiro ano (dobro do quantitativo registrado), ao prorrogar a ata, compreendo que o limite será renovado, sendo possível conceder adesões até o dobro do quantitativo também no segundo ano.

Outro ponto interessante que foi aprimorado em relação ao previsto no art. 12, § 2º, do Decreto n. 7.892/2013, e transposto à norma geral, é a previsão expressa do art. 84, parágrafo único, de que o contrato decorrente da ata de registro de preços terá sua vigência estabelecida em conformidade com as disposições nela contidas.

Aqui, importa referir alguns aspectos. Primeiro que o prazo de vigência contratual deverá ser estabelecido em plena conformidade com o art. 105 e seguintes da Lei n. 14.133/2021, a depender do objeto do RP. Segundo, que poderá ser firmado até o último dia de validade da ARP. Imagine que o item a ser contrato se refira a um fornecimento ou serviço contínuo. Este poderá ser contratado no último dia do segundo ano de vigência da ata e gerar um contrato que, preenchidos os requisitos dos arts. 106 e 107 da Lei n. 14.133/2021, poderá vigorar por até dez anos.

O art. 86 trata da Intenção para Registro de Preços (IRP), que havia sido inaugurada no âmbito federal no art. 4º do Decreto n. 7.892/2013, a qual tinha por propósito racionalizar as contratações, centralizar as aquisições, obter economia de escala e diminuir a utilização da adesão dos não participantes, na *praxis* administrativa, conhecido como "carona"[52].

---

[52] Ressalta-se, inclusive, que o termo carona constava na redação que foi a votação no plenário do Senado Federal, tendo sido suprimida pelo legislador.

Agora, por força da norma geral, a entidade ou o órgão gerenciador de qualquer Ente federativo (ou seja, aquele que promoverá a licitação para SRP) deverá, na fase preparatória, realizar procedimento público de intenção de registro de preços para, nos termos de regulamento, possibilitar, pelo prazo mínimo de oito dias úteis, a participação de outros órgãos ou entidades na respectiva ata, os quais indicarão suas necessidades.

Significa dizer que um órgão ou entidade promoverá a licitação e gerenciará a ARP e outros órgãos ou entidades passarão suas quantidades, condições e prazo de entrega, para que seja realizada uma única licitação.

Isso possibilitará, como dito anteriormente, não apenas o racionamento da atividade administrativa, com a centralização das aquisições, como também a economia de escala, pois, ao se registrar preços em grande quantidade, a tendência é que ocasione sua diminuição.

Todavia, conforme a previsão do art. 86, § 1º, a IRP poderá ser dispensada quando a entidade ou o órgão for o único contratante. Imagine, como exemplo, uma Universidade Federal, entidade autárquica, que só possui um *campus* universitário, distante significativamente de qualquer outra Unidade Gestora (UG). Nesse caso, não há razões para que seja procedida à IRP, podendo, de modo motivado, ser dispensada.

A utilização do SRP mediante dispensa e inexigibilidade de licitação, na forma de regulamento, para a aquisição de bens ou para a contratação de serviços por mais de um órgão ou entidade, conforme previsto no art. 82, § 6º, é uma inovação que não encontra comparativo nas legislações anteriores.

Apenas para elencar um exemplo de situação à qual entendo que a hipótese se amolda perfeitamente, imagine a necessidade de aquisição de material operacional por inúmeras Unidades Gestoras das Forças Armadas (como regra, cada Organização Militar possui sua autonomia para licitar e contratar e o SRP é muito utilizado entre elas). Assim, entendo possível, por exemplo, a instituição de SRP, por dispensa de licitação, com fundamento no art. 75, inciso VI, alínea "g", o qual estabelece que é dispensável a licitação para "materiais de uso das Forças Armadas, com exceção de materiais de uso pessoal e administrativo, quando houver necessidade de manter a padronização requerida pela estrutura de apoio logístico dos meios navais, aéreos e terrestres, mediante autorização por ato do comandante da força militar".

É digno de observação que a regulamentação de cada Ente poderá restringir, estabelecendo os requisitos para a utilização do SRP por dispensa ou inexigibilidade.

O art. 86, em seus §§ 2º a 8º, trata do não participante, o "carona", ou seja, aquele órgão ou entidade que não participa da licitação, mas que, depois de firmada a ARP pelo gerenciador, busca-o para aderir a esta (pegar "carona" na licitação já realizada)[53].

---

[53] O TCU confere parcimônia à utilização do carona, como se observa no julgamento que resultou no Acórdão n. 2842/2016, Plenário, de relatoria do Min. Bruno Dantas, em 09/11/2016, em que se assentou o entendimento de que "a utilização do sistema de registro de preços deve estar adstrita às hipóteses autorizadoras, sendo a adesão medida excepcional. Tanto a utilização como a adesão devem estar fundamentadas e não podem decorrer de mero costume ou liberalidade".

O legislador elencou no art. 86, § 2º, três requisitos à "carona". O primeiro consiste na necessidade de justificativa à vantajosidade da adesão, dentre elas a possibilidade exemplificativa de desabastecimento ou descontinuidade de serviço público; o segundo reveste-se na indispensabilidade de demonstração da compatibilidade dos valores registrados com aqueles praticados no mercado[54]; e o terceiro trata da necessidade de consulta e consequente aceitação da adesão por parte da entidade ou do órgão gerenciador à adesão pelo não participante, bem como o aceite do fornecedor. Defendo que a negativa em permitir a adesão deve ser motivada, com a exposição circunstanciada das razões de fato e de direito que levaram à decisão denegatória (como o atingimento dos limites quantitativos máximos)[55]. Por sua vez, o fornecedor poderá negar o fornecimento ao não participante, sem qualquer necessidade de motivação, uma vez que o compromisso assumido se deu com o gerenciador e com os participantes do processo licitatório.

Inicialmente, o legislador, a meu ver de modo equivocado, limitou a adesão de não participantes às ARP gerenciadas pelos Municípios. Essa vedação foi objeto de críticas, tendo em vista que a "carona" ajudaria muito na racionalização da atividade administrativa municipal. Por conseguinte, o legislador, por meio da Lei n. 14.770/2023, alterou a Lei n. 14.133/2021, para prever a possibilidade de adesão a atas de registro de preços entre os municípios.

Assim, na forma do art. 86, § 3º, da Lei n. 14.133/2021, a faculdade de aderir à ARP na condição de não participante poderá ser exercida por órgãos e entidades da Administração Pública *federal, estadual, distrital* e *municipal*, relativamente à ARP de órgão ou entidade gerenciadora *federal, estadual* ou *distrital* (oriunda de licitação, dispensa ou inexigibilidade) ou por órgãos e entidades da Administração Pública *municipal*, no que tange à ARP de órgão ou entidade gerenciadora *municipal*, a qual denomino de "carona horizontal", desde que o sistema de registro de preços tenha sido formalizado *mediante licitação*.

Deve-se atentar, ainda, que, de acordo com o art. 86, § 8º, é vedada aos órgãos e entidades da Administração Pública federal a adesão à ARP gerenciada por órgão ou entidade estadual, distrital ou municipal.

A "carona" não é ilimitada, pois encontra limitação quantitativa prevista no art. 86, §§ 4º e 5º, sendo que as contratações realizadas por um órgão ou entidade não participante não poderão exceder 50% (cinquenta por cento) dos quantitativos dos itens do instrumento convocatório registrados na ARP para o órgão gerenciador e

---

[54] O TCU, por ocasião do julgamento que resultou no Acórdão n. 8340/2018, Segunda Câmara, em 11/09/2018, de relatoria do Min. Augusto Nardes, fixou o entendimento de que "a adesão a ata de registro de preços (carona) está condicionada à comprovação da adequação do objeto registrado às reais necessidades do órgão ou da entidade aderente e à vantagem do preço registrado em relação aos preços praticados no mercado onde serão adquiridos os bens ou serviços".

[55] Neste ponto, é importante ressaltar que o gerenciador não pode realizar a análise da vantajosidade (ou não) para o órgão não participante. Nesse sentido, é o entendimento do TCU, para o qual "no Sistema de Registro de Preços, não cabe ao órgão gerenciador a verificação da vantagem da adesão de cada interessado. Compete ao órgão ou entidade não participante utilizar os preços previstos na ata combinados com os quantitativos da contratação que pretende realizar para avaliar e demonstrar a economicidade de sua adesão", conforme exposto no Acórdão n. 1151/2015, Plenário, de relatoria da Min. Ana Arraes, julgado em 13/05/2015. Também é importante ressaltar que o órgão gerenciador não pode autorizar a adesão à ata com prazo de validade já expirado, como assentado pelo TCU no Acórdão n. 1793/2011, Plenário, julgado em 06/07/2011, de relatoria do Min. Valdir Campelo.

para os participantes. Também, o órgão ou entidade gerenciadora não poderá autorizar a adesão quando o quantitativo já autorizado a não participantes atingir o dobro do quantitativo de cada item registrado na ARP para ele e aos participantes[56].

Veja através do seguinte exemplo: imagine que a Universidade Federal ABC, gerenciadora, registrou 1.000 unidades de caneta esferográfica, tendo como participantes a Universidade Federal DEF, com 300 unidades, e a Universidade Federal GHI, com 700 unidades. Assim, o quantitativo total de unidades registradas soma a totalidade de 2.000 unidades. Vislumbre que o Instituto Federal JLM, não participante, deseja adquirir um quantitativo de canetas esferográficas, aderindo como não participante a esta ARP. Desse modo, este Instituto poderá adquirir, via "carona", até 1.000 canetas esferográficas (50% do quantitativo total registrado), e assim o fez. Posteriormente, a Universidade ZKL solicita autorização para aderir à ARP a fim de adquirir 1.000 unidades, a Universidade FTG solicita a adesão para comprar 1.000 unidades e a Universidade OPT também solicita a adesão para a compra de 1.000 unidades. Observe que, com esse quantitativo, atingiu-se 4.000 unidades autorizadas para adesão via "carona" (o dobro do quantitativo originalmente registrado para a gerenciadora e às participantes), esgotando-se qualquer possibilidade de uma nova adesão ("carona") por parte de outro órgão ou entidade não participante.

Torna-se importante destacar que esta limitação quantitativa não se aplica, conforme o art. 86, §§ 6º e 7º, à adesão à ARP gerenciada por órgão ou entidade do Poder Executivo federal, por órgãos e entidades estaduais, distritais ou municipais, para fins de transferências voluntárias, quando se tratar de execução descentralizada de programa ou projeto federal e comprovada a compatibilidade dos preços registrados com os valores praticados no mercado, bem como à aquisição emergencial de medicamentos e material de consumo médico-hospitalar por órgãos e entidades da Administração Pública federal, estadual, distrital e municipal, a adesão à ARP gerenciada pelo Ministério da Saúde.

Há de se dizer que o Sistema de Registro de Preços, na LLC, se torna uma ferramenta cooperativa que ajudará na otimização das atividades licitatórias e contratuais, principalmente diante do que denomino de Sistema de Registro de Preços Interfederativo (SRPI)[57], o qual possuirá um Ente federativo gerenciador e outros como participantes. Com isso, mediante planejamento e coordenação, os municípios poderão dividir atribuições, de modo que cada Ente fique responsável por gerenciar determinado SRPI (como material de expediente, material de limpeza, gêneros alimentícios, medicamentos), estabelecendo uma espécie de escala ou rodízio na divisão das tarefas.

A possibilidade da realização do SRPI encontra previsão no art. 86 da Lei n. 14.133/2021, o qual prevê que o órgão ou entidade gerenciadora deverá, na fase

---

[56] Cabe ao órgão gerenciador da ata de registro de preços o controle das autorizações de adesão, a fim de que os quantitativos de cada item registrado contratados pelos caronas não superem os limites quantitativos, conforme já decidido pelo TCU no Acórdão n. 894/2021-Plenário, de relatoria do Min. Benjamin Zymler, julgado em 20/04/2021.

[57] A respeito, ver: ALVES, Felipe Dalenogare. A execução da nova lei de licitações e contratos pelos pequenos municípios: centralização e atuação cooperativa à racionalização da atividade administrativa. *Portal Migalhas*. Publicação de 28 jun. 21. Disponível em: https://www.migalhas.com.br/depeso/347733/a-execucao-da-lei-de-licitacoes-e-contratos-pelos-pequenos-municipios. Acesso em: 20 nov. 23.

preparatória do processo licitatório para SRP, realizar a IRP, a fim de possibilitar, pelo prazo mínimo de oito dias úteis, a participação de outros órgãos ou entidades na respectiva ata e determinar a estimativa total de quantidades da contratação.

Assim, o município "gerenciador" divulgará sua "Intenção de Registro de Preços", para que outros possam ingressar no SRPI como "participantes", passando suas demandas para serem incluídas na licitação promovida pelo primeiro. Obviamente que a melhor operacionalização do SRPI se dará entre municípios vizinhos, principalmente para obter melhores preços (ainda que o art. 82, inciso III, alínea "a", preveja a possibilidade de cotação de preços diferentes em virtude de entrega ou execução do objeto em lugares diferentes, como comentado anteriormente) e facilitar a coordenação.

Por fim, destaco que o SRPI não fica adstrito aos municípios, havendo a possibilidade, por exemplo, de um SRPI gerenciado pelo Estado, tendo como participantes inúmeros de seus Municípios, ou gerenciado pela União, tendo como participantes múltiplos Estados e Municípios, o que auxiliará na racionalização procedimental no âmbito local, uma de minhas preocupações com a execução da Lei n. 14.133/2021.

9.4.5.5. O registro cadastral

Os órgãos e entidades da Administração Pública deverão utilizar o sistema de registro cadastral unificado (nacional) disponível no PNCP, conforme determinado pelo art. 87 da Lei n. 14.133/2021, para efeito de cadastro unificado de licitantes.

Esse sistema de registro cadastral unificado será público e deverá ser amplamente divulgado e estar permanentemente aberto aos interessados, sendo obrigatória a realização de chamamento público pela internet, no mínimo anualmente, para atualização dos registros existentes e para ingresso de novos interessados, sendo proibida a exigência, pelo órgão ou entidade licitante, de registro cadastral complementar para acesso a edital e anexos.

É possível que a Administração realize licitação restrita a fornecedores cadastrados, atendidos os critérios, as condições e os limites estabelecidos em regulamento, bem como a ampla publicidade dos procedimentos para o cadastramento.

Não obstante, será admitido fornecedor que realize seu cadastro dentro do prazo previsto no edital para apresentação de propostas, o qual poderá participar de processo licitatório até a decisão da Administração, situações em que a celebração do contrato ficará condicionada à emissão do certificado de registro cadastral.

O inscrito, considerada sua área de atuação, será classificado por categorias, subdivididas em grupos, segundo a qualificação técnica e econômico-financeira avaliada, de acordo com regras objetivas divulgadas em sítio eletrônico oficial.

A atuação do contratado no cumprimento de obrigações assumidas será avaliada pelo contratante, que emitirá documento comprobatório da avaliação realizada, com menção ao seu desempenho na execução contratual, baseado em indicadores objetivamente definidos e aferidos, e a eventuais penalidades aplicadas, o que constará do registro cadastral em que a inscrição for realizada.

Por fim, ressalta-se que, a qualquer tempo poderá ser alterado, suspenso ou cancelado o registro de inscrito que deixar de satisfazer exigências determinadas pela Lei n. 14.133/2021 ou por regulamento.

9.5. PRINCIPAIS DISPOSIÇÕES REGULADAS PELA LEI N. 13.303/2016 (LEI DAS ESTATAIS)

As **empresas públicas** e as **sociedades de economia mista** possuem base constitucional no art. 173, § 1º, da CF/1988, para um regime licitatório especial. Esse artigo determina a elaboração de um estatuto jurídico específico para essas entidades, as quais exploram atividade econômica de produção ou comercialização de bens ou prestam serviços.

Além desse dispositivo, o art. 22, XXVII, da CF/1988 estabelece a competência privativa da União para legislar sobre normas gerais de licitação e contratação, inclusive para as empresas públicas e sociedades de economia mista. Com base nisso, a Lei n. 13.303/2016, que dispõe sobre o estatuto jurídico das empresas públicas e das sociedades de economia mista, regulamenta esse regime especial, permitindo procedimentos licitatórios mais flexíveis e simplificados.

O regime especial estabelecido pela Lei n. 13.303/2016 às estatais se alicerça em três pressupostos: eficiência, transparência e boa governança. Aplica-se a todas as empresas públicas e sociedades de economia mista, incluindo suas subsidiárias, e abrange suas atividades de produção, comercialização de bens e prestação de serviços. Seu objetivo é garantir que essas entidades operem em condições de igualdade com empresas privadas, sem deixar de atender pressupostos básicos da Administração Pública, como a transparência e a legalidade em suas contratações.

Essa lei exige que as estatais adotem práticas robustas de governança corporativa, gestão de riscos e controles internos. Isso inclui a criação de comitês de auditoria estatutários, a implementação de políticas de gestão de riscos e a promoção da transparência nas operações. A adoção dessas práticas visa assegurar a integridade e a eficiência na gestão das empresas estatais, promovendo um ambiente de confiança e responsabilidade.

9.5.1. Principais pontos referentes às licitações

As licitações realizadas e os contratos celebrados pelas estatais devem, por força do art. 31 da Lei n. 13.303/2016, assegurar a seleção da proposta mais vantajosa, considerando o ciclo de vida do objeto, e evitar sobrepreço ou superfaturamento, observando os princípios da impessoalidade, moralidade, igualdade, publicidade, eficiência, probidade administrativa, economicidade, desenvolvimento nacional sustentável, vinculação ao instrumento convocatório, obtenção de competitividade e julgamento objetivo.

9.5.1.1. Modalidades de licitação

A Lei das Estatais não define modalidades específicas de licitação. Estabelece que, para bens e serviços comuns, seja preferencialmente utilizado o pregão. É possível, no entanto, para outros objetos, utilizar a concorrência, o concurso, o leilão e até o diálogo competitivo, adaptados às necessidades das empresas públicas e sociedades de economia mista, conforme estabelecido no seu regulamento interno de licitações e contratos.

Esse regulamento deve ser detalhado e abrangente, contendo, conforme o art. 40 da Lei n. 13.303/2016, um glossário de expressões técnicas, um cadastro de fornecedores, minutas-padrão de editais e contratos, procedimentos de licitação e contratação direta, tramitação de recursos, formalização de contratos, gestão e fiscalização de contratos, aplicação de penalidades e recebimento do objeto do contrato.

9.5.1.2. Critérios de julgamento

A Lei n. 13.303/2016, em seu art. 54, define diversos critérios de julgamento que podem ser utilizados nas licitações realizadas por empresas públicas e sociedades de economia mista. Cada critério tem uma aplicação específica, visando assegurar a seleção da proposta mais vantajosa. Abaixo, abordarei cada um deles.

Menor preço é o critério mais comum e simples, utilizado quando o fator decisivo para a contratação é o menor preço ofertado. É aplicável em situações nas quais o objeto da licitação é bem definido e padronizado, permitindo a comparação direta entre as propostas com base exclusivamente no valor apresentado.

Maior desconto é utilizado quando a licitação envolve a aquisição de bens ou serviços com preço fixo ou tabelado e o objetivo é obter o maior desconto percentual sobre esse preço predefinido. É uma forma de incentivar a competitividade entre os fornecedores, buscando a oferta mais vantajosa, principalmente em situações nas quais o reajuste de preços se dê sobre a tabela de preços.

Melhor combinação de técnica e preço se aplica quando é necessário considerar tanto a qualidade técnica quanto o preço da proposta. Esta é avaliada com base em uma combinação de fatores técnicos e econômicos, garantindo que o contrato resultante tenha um equilíbrio adequado entre custo e benefício.

Melhor técnica, nos casos em que a qualidade técnica é o fator mais importante, como na contratação de serviços especializados ou na execução de projetos complexos. As propostas são avaliadas exclusivamente com base nos critérios técnicos definidos no edital, independentemente do preço.

Melhor conteúdo artístico é específico para licitações que envolvem produções artísticas, como eventos culturais, espetáculos e obras de arte. A avaliação é baseada na qualidade e no mérito artístico das propostas, garantindo a seleção da melhor proposta artística, independentemente do custo.

Maior oferta de preço é aplicável às situações em que a licitação objetiva a venda de bens ou concessão de direitos e o objetivo é obter a maior oferta de preço pelo objeto licitado. Esse critério é comum às alienações.

Maior retorno econômico visa selecionar a proposta que proporciona a maior economia para a Administração Pública, remunerando o contratado com base em percentual da economia gerada. O objetivo é reduzir despesas correntes, como consumo de energia elétrica, água, ou outros serviços, por meio de soluções mais eficientes e econômicas.

Melhor destinação de bens alienados destina-se aos processos de alienação de bens públicos. Esse critério visa a garantir que a destinação dos bens seja a mais vantajosa para a administração, levando em conta fatores como a finalidade do uso, o interesse público e a valorização dos ativos.

Esses critérios de julgamento são aplicáveis conforme o objeto e os objetivos específicos de cada licitação, permitindo uma avaliação alinhada com os interesses da estatal, sem perder de vista o interesse público.

9.5.1.3. Regimes de execução

Por sua vez, a Lei n. 13.303/2016 estabelece diferentes regimes de execução para contratos destinados à execução de obras e serviços de engenharia por empresas públicas e sociedades de economia mista, cada um com suas definições e hipóteses de utilização específicas, previstas nos arts. 42 e 43.

A **empreitada por preço unitário** é a contratação por preço certo de unidades determinadas. Utilizada quando os objetos possuem imprecisão inerente aos quantitativos em seus itens orçamentários. É indicada para contratos em que a variação na quantidade de unidades é esperada, permitindo ajustes conforme o desenvolvimento da obra ou do serviço.

A **empreitada por preço global** é a contratação por preço certo e total. Aplicável quando é possível definir previamente, no projeto básico, com boa margem de precisão, as quantidades dos serviços a serem executados. Ideal para projetos bem delineados e com menor margem de variação.

A **contratação por tarefa** é a contratação de mão de obra para pequenos trabalhos por preço certo, com ou sem fornecimento de material. Utilizada em contratações de profissionais autônomos ou pequenas empresas para realização de serviços técnicos comuns e de curta duração. É adequada para pequenas intervenções ou trabalhos pontuais.

A **empreitada integral** é a contratação de empreendimento em sua integralidade, com todas as etapas de obras, serviços e instalações necessárias, sob inteira responsabilidade da contratada até sua entrega em condições de operação. É necessária quando o contratante precisa receber um empreendimento de alta complexidade em condição de operação imediata. Engloba todas as fases do projeto, desde a concepção até a entrega final.

A **contratação semi-integrada** envolve a elaboração e o desenvolvimento do *projeto executivo*, execução de obras, montagem, testes, pré-operação e demais operações necessárias. É adequada quando é possível definir previamente, no projeto básico, as quantidades dos serviços a serem executados em obras ou serviços de engenharia que possam ser realizados com diferentes metodologias ou tecnologias. Oferece flexibilidade para ajustar o projeto executivo durante a execução.

A **contratação integrada** engloba a elaboração e o desenvolvimento *dos projetos básico e executivo*, execução de obras, montagem, testes, pré-operação e demais operações necessárias. É aplicável quando a obra ou o serviço de engenharia é de natureza predominantemente intelectual e de inovação tecnológica, ou pode ser executado com metodologias ou tecnologias de domínio restrito no mercado. Ideal para projetos complexos que demandam inovação e soluções customizadas.

Esses diferentes regimes de execução previstos na Lei n. 13.303/2016 permitem que empresas públicas e sociedades de economia mista definam o que melhor se adequa às especificidades de sua necessidade.

9.5.1.4. Impedimentos à participação em licitação

De acordo com o art. 38 da Lei n. 13.303/2016, estará impedida de participar de licitações e de ser contratada pela empresa pública ou sociedade de economia mista a empresa que incida em alguma das seguintes situações: 1) cujo administrador ou sócio detentor de mais de 5% (cinco por cento) do capital social seja diretor ou empregado da empresa pública ou sociedade de economia mista contratante; 2) suspensa pela empresa pública ou sociedade de economia mista; 3) declarada inidônea pela União, por Estado, pelo Distrito Federal ou pela unidade federativa a que está vinculada a empresa pública ou sociedade de economia mista, enquanto perdurarem os efeitos da sanção; 4) constituída por sócio de empresa que estiver suspensa, impedida ou declarada inidônea; 5) cujo administrador seja sócio de empresa suspensa, impedida ou declarada inidônea; 6) constituída por sócio que tenha sido sócio ou administrador de empresa suspensa, impedida ou declarada inidônea, no período dos fatos que deram ensejo à sanção; 7) cujo administrador tenha sido sócio ou administrador de empresa suspensa, impedida ou declarada inidônea, no período dos fatos que deram ensejo à sanção; e 8) que tiver, nos seus quadros de diretoria, pessoa que participou, em razão de vínculo de mesma natureza, de empresa declarada inidônea.

Essa mesma vedação é aplicada à contratação do próprio empregado ou dirigente, como pessoa física, bem como à participação dele em procedimentos licitatórios, na condição de licitante.

Também a quem tenha relação de parentesco, até o terceiro grau civil, com a) dirigente de empresa pública ou sociedade de economia mista; b) empregado de empresa pública ou sociedade de economia mista cujas atribuições envolvam a atuação na área responsável pela licitação ou contratação; ou c) autoridade do ente público a que a empresa pública ou sociedade de economia mista esteja vinculada.

E, por fim, a proibição também se estende à empresa cujo proprietário, mesmo na condição de sócio, tenha terminado seu prazo de gestão ou rompido seu vínculo com a respectiva empresa pública ou sociedade de economia mista promotora da licitação ou contratante há menos de 6 (seis) meses.

9.5.2. Principais pontos referentes às hipóteses de dispensa de licitação

Embora o regulamento interno de licitações e contratos possa tratar dos procedimentos da contratação direta, as hipóteses de dispensa e inexigibilidade são previamente definidas na Lei das Estatais. O art. 29 prevê os casos de licitação dispensável e o art. 30, as situações de inexigibilidade.

Assim, é dispensável a licitação para obras e serviços de engenharia de valor até R$ 100.000,00, desde que não se refiram a parcelas de uma mesma obra ou serviço ou a obras e serviços de mesma natureza e no mesmo local que possam ser realizadas conjunta e concomitantemente. Também, para outros serviços e compras de valor até R$ 50.000,00 e para alienações, desde que não se refiram a parcelas de um mesmo serviço, compra ou alienação de maior vulto que possa ser realizado de uma só vez[58].

A dispensa também é permitida quando não acudirem interessados à licitação anterior e esta, justificadamente, não puder ser repetida sem prejuízo para a

---

[58] O art. 29, § 3º, da Lei n. 13.303/2016 estabelece que esses valores "podem ser alterados, para refletir a variação de custos, por deliberação do Conselho de Administração da empresa pública ou sociedade de economia mista, admitindo-se valores diferenciados para cada sociedade".

empresa pública ou sociedade de economia mista, bem como para suas respectivas subsidiárias, desde que mantidas as condições preestabelecidas.

Além disso, é dispensável quando as propostas apresentadas consignarem preços manifestamente superiores aos praticados no mercado nacional ou incompatíveis com os fixados pelos órgãos oficiais competentes.

A compra ou locação de imóvel destinado ao atendimento de suas finalidades precípuas também pode ser feita sem licitação, quando as necessidades de instalação e localização condicionarem a escolha do imóvel, desde que o preço seja compatível com o valor de mercado, segundo avaliação prévia.

A contratação sem licitação de remanescente de obra, serviço ou fornecimento, em consequência de rescisão contratual, é possível desde que atendida a ordem de classificação da licitação anterior e aceitas as mesmas condições do contrato encerrado por rescisão ou distrato, inclusive quanto ao preço, devidamente corrigido.

A contratação de instituição brasileira incumbida regimental ou estatutariamente da pesquisa, do ensino ou do desenvolvimento institucional ou de instituição dedicada à recuperação social do preso é dispensável desde que a contratada detenha inquestionável reputação ético-profissional e não tenha fins lucrativos.

Também se aplica a dispensa para a aquisição de componentes ou peças de origem nacional ou estrangeira necessários à manutenção de equipamentos durante o período de garantia técnica, junto ao fornecedor original desses equipamentos, quando tal condição de exclusividade for indispensável para a vigência da garantia.

A contratação de associação de pessoas com deficiência física, sem fins lucrativos e de comprovada idoneidade pode ser realizada sem licitação para a prestação de serviços ou fornecimento de mão de obra, desde que o preço contratado seja compatível com o praticado no mercado.

Ademais, a contratação de concessionário, permissionário ou autorizado para fornecimento ou suprimento de energia elétrica ou gás natural e de outras prestadoras de serviço público, segundo as normas da legislação específica, é permitida desde que o objeto do contrato tenha pertinência com o serviço público.

As contratações entre empresas públicas ou sociedades de economia mista e suas respectivas subsidiárias são passíveis de dispensa de licitação para aquisição ou alienação de bens e prestação ou obtenção de serviços, desde que os preços sejam compatíveis com os praticados no mercado e que o objeto do contrato tenha relação com a atividade da contratada prevista em seu estatuto social.

A contratação de coleta, processamento e comercialização de resíduos sólidos urbanos recicláveis ou reutilizáveis é permitida em áreas com sistema de coleta seletiva de lixo, efetuados por associações ou cooperativas formadas exclusivamente por pessoas físicas de baixa renda que tenham como ocupação econômica a coleta de materiais recicláveis, com o uso de equipamentos compatíveis com as normas técnicas, ambientais e de saúde pública.

É possível a dispensa de licitação para o fornecimento de bens e serviços produzidos ou prestados no País que envolvam, cumulativamente, alta complexidade tecnológica e defesa nacional, mediante parecer de comissão especialmente designada pelo dirigente máximo da empresa pública ou da sociedade de economia mista.

A Lei n. 13.303/2016 prevê a dispensa de licitação para contratações que visem ao cumprimento dos arts. 3º, 4º, 5º e 20 da Lei n. 10.973/2004, que trata de incentivos à inovação e à pesquisa científica e tecnológica no ambiente produtivo.

Inclui-se nas hipóteses de contratação direta as situações emergenciais, quando houver urgência na necessidade de atendimento que possa ocasionar prejuízo ou comprometer a segurança de pessoas, obras, serviços, equipamentos e outros bens, públicos ou particulares. Nesses casos, a dispensa é aplicável apenas aos bens necessários ao atendimento da situação emergencial e às parcelas de obras e serviços que possam ser concluídas no prazo máximo de 180 dias consecutivos e ininterruptos, contados a partir da ocorrência da emergência, sendo vedada a prorrogação dos contratos respectivos.

Outro cenário de dispensa de licitação é a transferência de bens para órgãos e entidades da administração pública, inclusive quando essa transferência é efetuada mediante permuta. Essa medida visa facilitar a readequação e a redistribuição de bens dentro do setor público, sem os entraves de um processo licitatório, desde que essa transferência atenda às necessidades operacionais e legais dos órgãos envolvidos.

A doação de bens móveis para fins e usos de interesse social também está contemplada na dispensa de licitação. Para que a doação seja realizada, deve haver uma avaliação prévia da oportunidade e conveniência socioeconômica, comparando com outras formas de alienação. Essa avaliação deve considerar os benefícios sociais e a adequação da doação aos objetivos institucionais das entidades receptoras, assegurando que a medida seja vantajosa e atenda aos interesses públicos de maneira eficiente e responsável.

Como última hipótese de dispensa de licitação, encontra-se a possibilidade de empresas públicas e sociedades de economia mista realizarem a compra e venda de ações, títulos de crédito, dívida e bens que produzem ou comercializam sem a necessidade de licitação pública. Essa dispensa está prevista no art. 29, XVIII, da Lei das Estatais, e gerou enorme controvérsia, resultando no ajuizamento de quatro ADIs no STF (5.624, 5.846, 5.924 e 6.029).

Nessas ações, basicamente, se estabeleceu o entendimento de que a venda de subsidiárias de empresas públicas e sociedades de economia mista não exige licitação, desde que siga procedimentos que observem os princípios da administração pública. No entanto, a alienação das empresas-matrizes ainda requer autorização legislativa e licitação.

9.5.3. Principais pontos referentes às hipóteses de inexigibilidade de licitação

A Lei n. 13.303/2016 estabelece hipóteses de inexigibilidade de licitação para permitir contratações diretas em situações nas quais a competição é inviável. Estas hipóteses são claramente definidas no art. 30 dessa lei, o qual apresenta um rol exemplificativo de situações, abordado a seguir.

Aquisição de materiais, equipamentos ou gêneros exclusivos: quando os bens a serem adquiridos só possam ser fornecidos por um produtor, empresa ou representante comercial exclusivo. Isso inclui casos nos quais não há concorrência no mercado e a exclusividade é um fator determinante para a aquisição.

Contratação de serviços técnicos especializados: a lei permite a contratação de serviços técnicos especializados com profissionais ou empresas de notória especialização[59], excetuando-se serviços de publicidade e divulgação. Esses serviços englobam uma série de atividades, como estudos técnicos, planejamentos, projetos básicos ou executivos, pareceres, perícias, avaliações em geral, assessorias ou consultorias técnicas, auditorias financeiras ou tributárias, fiscalização, supervisão ou gerenciamento de obras ou serviços, patrocínio ou defesa de causas judiciais ou administrativas, treinamento e aperfeiçoamento de pessoal e restauração de obras de arte e bens de valor histórico.

9.5.4. Principais pontos referentes aos procedimentos auxiliares das licitações

A Lei n. 13.303/2016 estabelece alguns procedimentos auxiliares para as licitações realizadas por empresas públicas e sociedades de economia mista, conforme previsto no art. 63, os quais serão vistos a seguir.

9.5.4.1. A pré-qualificação permanente

A **pré-qualificação permanente** é um procedimento anterior à licitação, destinado a identificar *fornecedores* que reúnam as condições de habilitação exigidas para o fornecimento de bens ou a execução de serviços ou obras, nos prazos, locais e condições previamente estabelecidos, além de *bens* que atendam às exigências técnicas e de qualidade da administração pública.

O procedimento de pré-qualificação é público e permanentemente aberto à inscrição de qualquer interessado. As empresas públicas e sociedades de economia mista podem restringir a participação em suas licitações a fornecedores ou produtos pré-qualificados, conforme estabelecido no seu regulamento interno de licitações e contratos.

A pré-qualificação pode ser efetuada por grupos ou segmentos, segundo as especialidades dos fornecedores, podendo ser parcial ou total, contendo alguns ou todos os requisitos de habilitação ou técnicos necessários à contratação, assegurando-se, em qualquer hipótese, a igualdade de condições entre os concorrentes. A pré-qualificação tem validade de um ano, no máximo, podendo ser atualizada a qualquer tempo, sendo obrigatória a divulgação dos *bens* e dos *licitantes* que forem pré-qualificados.

9.5.4.2. O cadastramento

O **cadastramento** é o procedimento pelo qual fornecedores e prestadores de serviços são registrados em empresas públicas e sociedades de economia mista, fornecendo informações relevantes sobre suas capacidades e experiências. Esse cadastro é essencial para a transparência e a competitividade das licitações, pois permite que a administração pública tenha acesso a uma base de dados completa e atualizada de potenciais fornecedores, o que facilita a identificação daqueles que atendam aos

---

[59] O § 1º do art. 30 define notória especialização como o reconhecimento do profissional ou empresa no campo de sua especialidade, evidenciado por desempenho anterior, estudos, experiência, publicações, organização, aparelhamento, equipe técnica, entre outros requisitos. A notória especialização implica que o trabalho do profissional ou empresa é essencial e indiscutivelmente o mais adequado para a plena satisfação do objeto do contrato.

critérios necessários e promove a participação de um maior número de licitantes nos certames.

Os registros cadastrais poderão ser mantidos para efeito de habilitação na licitação e serão válidos por até um ano, podendo ser atualizados a qualquer tempo. Esses registros serão amplamente divulgados e estarão permanentemente abertos para a inscrição de novos interessados.

Os inscritos serão admitidos conforme requisitos previstos no regulamento da estatal e a atuação do licitante no cumprimento de obrigações será anotada no respectivo registro cadastral. A qualquer tempo, o registro do inscrito poderá ser alterado, suspenso ou cancelado, caso não satisfaça as exigências estabelecidas para habilitação ou admissão cadastral.

9.5.4.3. O sistema de registro de preços

O **sistema de registro de preços** (SRP) aplicado às empresas públicas e sociedades de economia mista visa garantir maior eficiência, transparência e economia nas contratações. Ele permite a padronização e a centralização de compras, possibilitando melhores condições negociais e a otimização dos recursos públicos. A Lei n. 13.303/2016 prevê que o SRP será regido por decreto do Poder Executivo, editado por cada Ente da federação. Obviamente, os entes subnacionais podem optar por se utilizar do regulamento editado pela União.

O SRP deve observar algumas condições, incluindo a realização de prévia pesquisa de mercado, seleção conforme procedimentos regulamentares, desenvolvimento obrigatório de rotinas de controle, atualização periódica dos preços registrados e a definição do prazo de validade da ata.

Há a previsão da possibilidade de incluir, na ata de registro de preços, os licitantes que aceitarem cotar bens ou serviços com preços iguais ao do licitante vencedor, assim como daqueles que mantiverem suas propostas originais (cadastro reserva).

Por fim, ressalta-se que a existência de preços registrados não obriga a administração pública a firmar os contratos decorrentes, sendo facultada a realização de licitação específica. Nesse caso, é assegurada ao licitante registrado a preferência em igualdade de condições.

9.5.4.4. O catálogo eletrônico de padronização

O **catálogo eletrônico de padronização** é uma ferramenta que permite a padronização e a catalogação de bens e serviços utilizados pelas empresas públicas e sociedades de economia mista. Esse catálogo facilita a consulta e a comparação de especificações técnicas, preços e condições de fornecimento, promovendo maior eficiência e economia nas aquisições. Além disso, a padronização contribui para a melhoria da qualidade de bens e serviços adquiridos, assegurando que as especificações atendam às necessidades das estatais e evitem divergências na execução dos contratos.

9.5.4.5. O credenciamento

O **credenciamento** não está previsto expressamente dentre os procedimentos auxiliares da Lei n. 13.303/2016. É um processo administrativo de chamamento público, no qual a Administração convoca interessados em prestar serviços ou fornecer bens, permitindo que, ao preencherem os requisitos necessários, se credenciem nas estatais para executar o objeto, quando convocados.

Esse procedimento é adotado quando se constata, na fase de planejamento da licitação, que a abordagem mais vantajosa para a administração consiste em permitir que uma gama de fornecedores se qualifique para fornecer bens ou serviços desejados, em virtude da inviabilidade ou da ineficácia de selecionar um único fornecedor por meio de licitação (a contratação paralela simultânea).

Assim, entendo que as empresas públicas e as sociedades de economia mista também podem utilizar esse procedimento auxiliar, desde que sigam as normas estabelecidas pela Lei n. 14.133/2021, a qual é norma geral. A jurisprudência do TCU tem reconhecido a possibilidade de utilização dessa lei, por aplicação subsidiária, às estatais, no caso do credenciamento, como se verifica no Acórdão 533/2022-Plenário, de relatoria do Min. Antonio Anastasia, julgado em 16 de março de 2022 e no Acórdão n. 5495/2022-Segunda Câmara, de relatoria do Min. Bruno Dantas, julgado em 13 de setembro de 2022.

9.5.5. Principais pontos referentes aos contratos administrativos

A Lei n. 13.303/2016 apresenta normas específicas aplicáveis aos contratos celebrados pelas empresas públicas e sociedades de economia mista, abordando principalmente os aspectos referentes à formalização e à alteração contratual, bem como à responsabilização, o que será trabalhado a seguir.

9.5.5.1. O direito à contratação

As empresas públicas e as sociedades de economia mista devem convocar o licitante vencedor ou o destinatário de uma contratação, nos casos de dispensa ou inexigibilidade de licitação, para assinar o termo de contrato, respeitando o prazo e as condições estabelecidas. Se o convocado não cumprir este prazo, perde o direito à contratação. Esse prazo de convocação pode ser prorrogado uma única vez, por igual período. Caso o convocado não assine o contrato dentro do prazo e das condições estabelecidas, a estatal pode optar por convocar os licitantes remanescentes, seguindo a ordem de classificação e nas mesmas condições propostas pelo primeiro classificado, inclusive quanto aos preços (que devem ser atualizados), ou pode decidir revogar a licitação.

9.5.5.2. A instrumentalização do termo de contrato e suas cláusulas necessárias

Os contratos celebrados pelas estatais são regulados por suas cláusulas específicas, pelo disposto na Lei n. 13.303/2016 e pelos preceitos de direito privado. Eles devem incluir cláusulas necessárias que abrangem: a) o objeto do contrato e seus elementos característicos; b) o regime de execução ou a forma de fornecimento; c) o preço e as condições de pagamento, incluindo critérios, data-base, periodicidade de reajustes e critérios de atualização monetária entre a data de adimplemento das obrigações e a do efetivo pagamento; d) os prazos de início de cada etapa de execução, conclusão, entrega, observação (quando aplicável) e recebimento; e) as garantias oferecidas para assegurar a plena execução do objeto contratual, quando exigidas; f) os direitos e as responsabilidades das partes, as infrações tipificadas e as respectivas penalidades e os valores de multas; g) os casos de rescisão do contrato e os mecanismos para alteração de seus termos; h) a vinculação ao instrumento convocatório da respectiva licitação ou ao termo que a dispensou ou inexigiu, bem como ao lance ou à proposta do licitante vencedor; i) a obrigação do contratado de manter, durante a execução do contrato, as condições de habilitação e qualificação exigidas no curso do procedimento licitatório em compatibilidade com as obrigações assumidas; e j) a matriz de riscos.

Ressalta-se que, conforme previsão expressa do art. 69, § 2º, nos contratos decorrentes de licitações de obras ou serviços de engenharia em que se tenha adotado o modo de disputa aberto, o contratado deverá reelaborar e apresentar, por meio eletrônico, as planilhas com a indicação dos quantitativos e custos unitários, bem como o detalhamento das Bonificações e Despesas Indiretas (BDI) e dos Encargos Sociais (ES), com os valores adequados ao lance vencedor.

De igual modo, o contrato deve conter cláusula que preveja que os direitos patrimoniais e autorais de projetos ou serviços técnicos especializados desenvolvidos por profissionais autônomos ou por empresas contratadas passam a ser propriedade da estatal que os tenha contratado, sem prejuízo da preservação da identificação dos respectivos autores e da responsabilidade técnica a eles atribuída, conforme consta no art. 80 da Lei n. 13.303/2016.

Em casos de pequenas despesas de pronta entrega e pagamento que não geram obrigações futuras, a formalização por escrito do contrato pode ser dispensada. No entanto, essa dispensa não exime a empresa pública ou a sociedade de economia mista de realizar o registro contábil exaustivo dos valores despendidos e exigir recibo dos respectivos destinatários.

Sobre a transparência e controle social dos contratos administrativos, é digno de menção que qualquer interessado tem o direito de conhecer os termos do contrato e obter cópia autenticada de seu inteiro teor ou de partes específicas, mediante ressarcimento dos custos, conforme previsto na Lei n. 12.527/2011 (Lei de Acesso à Informação).

9.5.5.3. A duração dos contratos

Os contratos regidos pela Lei n. 13.303/2016 têm uma duração máxima de cinco anos, contados a partir de sua celebração. No entanto, há exceções a essa regra. Primeiramente, projetos que estão incluídos no plano de negócios e investimentos da empresa pública ou da sociedade de economia mista podem ter uma duração superior a cinco anos. Além disso, em casos nos quais a prática de mercado normalmente envolve contratos com duração superior a esse prazo e a imposição do limite de cinco anos inviabilizaria ou tornaria o negócio excessivamente oneroso, também é permitido que esses contratos tenham prazos maiores. No entanto, é expressamente proibida a celebração de contratos por prazo indeterminado.

9.5.5.4. As garantias contratuais

Nas contratações de obras, serviços e compras, pode ser exigida a prestação de garantia, sendo que o contratado poderá optar por uma das seguintes modalidades de garantia: a) caução em dinheiro; b) seguro-garantia; ou c) fiança bancária.

Essa garantia não excederá a 5% do valor do contrato e terá seu valor atualizado nas mesmas condições nele estabelecidas. Para obras, serviços e fornecimentos de grande vulto que envolvam complexidade técnica e riscos financeiros elevados, esse limite pode ser elevado para até 10% do valor do contrato. A garantia prestada pelo contratado será liberada ou restituída após a execução do contrato, devendo ser atualizada monetariamente no caso de caução em dinheiro.

9.5.5.5. A alteração contratual

Por determinação expressa do art. 72 da Lei n. 13.303/2016, os contratos somente poderão ser alterados por acordo entre as partes, vedando-se ajuste que resulte em violação da obrigação de licitar. É a garantia de horizontalidade inerente aos preceitos de direito privado.

Os contratos celebrados nos regimes de empreitada por preço unitário, empreitada por preço global, contratação por tarefa, empreitada integral e contratação semi-integrada podem incluir cláusulas que permitam alterações por acordo entre as partes em casos específicos. Essas alterações são permitidas quando houver modificação do projeto ou das especificações para melhor adequação técnica aos seus objetivos e quando for necessária a modificação do valor contratual devido a acréscimo ou diminuição quantitativa do objeto, nos limites legais[60].

Se o contrato não contemplar preços unitários para obras ou serviços, eles serão fixados mediante acordo entre as partes, respeitando-se os limites mencionados. No caso de supressão de obras, bens ou serviços, se o contratado já tiver adquirido os materiais e posto no local dos trabalhos, esses materiais devem ser pagos pela empresa pública ou sociedade de economia mista pelos custos de aquisição comprovados e corrigidos monetariamente.

Além disso, alterações são permitidas quando for conveniente a substituição da garantia de execução e quando for necessária a modificação do regime de execução da obra ou serviço devido à verificação técnica da inaplicabilidade dos termos contratuais originais. Também são permitidas quando for necessária a modificação da forma de pagamento devido a circunstâncias supervenientes, mantendo-se o valor inicial atualizado e vedando-se a antecipação do pagamento em relação ao cronograma financeiro fixado sem a correspondente contraprestação.

A alteração contratual também é possível para restabelecer a relação inicial entre os encargos do contratado e a retribuição da administração, objetivando a manutenção do equilíbrio econômico-financeiro inicial do contrato em caso de fatos imprevisíveis, ou de força maior, caso fortuito ou fato do príncipe.

Ainda, é importante destacar que a criação, a alteração ou a extinção de tributos ou encargos legais, bem como novas disposições legais ocorridas após a apresentação da proposta e que impactem os preços contratados, implicarão a revisão desses preços para mais ou para menos, conforme o caso.

Assim, se houver alteração no contrato que aumente os encargos do contratado, a empresa pública ou a sociedade de economia mista deve restabelecer, por meio de

---

[60] O art. 81, §§ 2º e 3º, prevê que o contratado pode aceitar, nas mesmas condições contratuais, acréscimos ou supressões nas obras, serviços ou compras de até 25% do valor inicial atualizado do contrato e até 50% no caso de reforma de edifício ou equipamento. Nenhum acréscimo pode exceder esses limites, apenas a supressão poderá excedê-los, por acordo entre as partes.

termo aditivo, o equilíbrio econômico-financeiro inicial. Por outro lado, a variação do valor contratual para fazer face ao reajuste de preços previsto no contrato, bem como atualizações, compensações ou penalizações financeiras decorrentes das condições de pagamento nele previstas, não caracterizam alteração do contrato e podem ser registradas por simples apostila, dispensando-se a celebração de termo aditivo.

Por sim, julgo importante mencionar que é vedada a celebração de aditivos decorrentes de eventos supervenientes alocados na matriz de riscos como de responsabilidade da contratada, garantindo assim clareza e justiça na distribuição dos riscos contratuais.

9.5.5.6. A possibilidade de subcontratação

No âmbito da execução dos contratos regidos pela Lei n. 13.303/2016, é permitido que o contratado subcontrate partes da obra, serviço ou fornecimento, desde que respeitados os limites estabelecidos pela empresa pública ou sociedade de economia mista, conforme especificado no edital da licitação. Essa subcontratação, no entanto, não exime o contratado das suas responsabilidades contratuais e legais. Além disso, a empresa subcontratada deve atender às mesmas exigências de qualificação técnica impostas ao licitante vencedor, garantindo que a qualidade e os padrões esperados sejam mantidos.

A lei também proíbe, no art. 78, § 2º, a subcontratação de empresa ou consórcio que tenha participado do processo licitatório original ou da elaboração do projeto básico ou executivo. Essa medida visa evitar conflitos de interesse e garantir a imparcialidade no processo. Para empresas de prestação de serviços técnicos especializados, é exigido que os integrantes do corpo técnico executem pessoal e diretamente as obrigações, conforme relação apresentada no procedimento licitatório ou na contratação direta, assegurando que a *expertise* e a capacidade técnica verificada previamente sejam compatíveis com as empregadas no cumprimento das obrigações contratuais.

9.5.5.7. A responsabilidade civil, trabalhista, fiscal, comercial e administrativa da contratada

O art. 76 da Lei n. 13.303/2016 estabelece expressamente que o contratado é obrigado a reparar, corrigir, remover, reconstruir ou substituir, às suas expensas, no total ou em parte, o objeto do contrato em que se verificarem vícios, defeitos ou incorreções resultantes da execução ou de materiais empregados. Além disso, responderá *civilmente, independentemente da comprovação de culpa ou dolo*, pelos danos decorrentes da execução do contrato, causados diretamente a terceiros ou à empresa pública ou sociedade de economia mista.

Entendo, pois, que se trata de responsabilidade *direta* da contratada, ou seja, ela deve ser acionada pelo autor de eventual ação indenizatória e *objetiva*, que decorre de lei, dispensando-se a demonstração do elemento subjetivo da responsabilidade civil. Assim, incidirá sua responsabilização quando demonstrada a ocorrência de sua conduta, a existência de dano concreto e desproporcional e o nexo de causalidade entre ambos, ou seja, os elementos objetivos.

No que tange aos encargos *trabalhistas, fiscais e comerciais* resultantes da execução do contrato, a responsabilidade recai sobre o contratado e a sua inadimplência não transfere automaticamente à empresa pública ou à sociedade de economia mista a responsabilidade por seu pagamento, nem poderá onerar o objeto do contrato ou restringir a regularização e o uso de obras e edificações, inclusive perante o Registro de Imóveis.

Por fim, no que tange à *responsabilidade administrativa*, os contratos regidos pela Lei n. 13.303/2016 devem incluir cláusulas que estabeleçam sanções para casos de atraso injustificado na execução do contrato. Nessas situações, o contratado fica sujeito a uma multa de mora, conforme previsto no instrumento convocatório ou no próprio contrato. Essa multa não impede que a empresa pública ou sociedade de economia mista rescinda o contrato e aplique outras sanções previstas na lei. Após o devido processo administrativo, a multa será descontada da garantia fornecida pelo contratado. Caso a multa seja superior ao valor da garantia, o contratado será responsável pela diferença, que poderá ser descontada de pagamentos devidos pela estatal ou cobrada judicialmente, se necessário.

Pela inexecução total ou parcial do contrato, a estatal pode aplicar sanções ao contratado, garantindo-lhe o direito à defesa prévia. As penalidades administrativas incluem *advertência*, *multa* conforme previsto no instrumento convocatório ou contrato e *suspensão temporária* de participação em licitações, impedindo o contratado de firmar novos contratos com a entidade sancionadora por até dois anos. De igual modo à multa de mora, se a multa sancionatória aplicada for superior ao valor da garantia, o contratado será responsável pela diferença, que será descontada dos pagamentos devidos ou cobrada judicialmente. As sanções de advertência e suspensão podem ser aplicadas juntamente com a multa e a defesa prévia do interessado deve ser apresentada em até dez dias úteis.

Além disso, as sanções de suspensão temporária podem ser aplicadas às empresas ou aos profissionais que, em razão dos contratos regidos pela Lei n. 13.303/2016, tenham sofrido condenação definitiva por fraude fiscal no recolhimento de tributos, praticado atos ilícitos para frustrar os objetivos da licitação ou demonstrado falta de idoneidade para contratar com a empresa pública ou sociedade de economia mista devido a atos ilícitos praticados.

9.6. PRINCIPAIS DISPOSIÇÕES REGULADAS PELA LEI COMPLEMENTAR N. 182/2021 (MODALIDADE ESPECIAL DE LICITAÇÃO ÀS *STARTUPS*)

A Lei Complementar n. 182, de 1º de junho de 2021, conhecida como "Marco Legal das *Startups* e do Empreendedorismo Inovador", introduziu novas diretrizes à contratação de soluções inovadoras pelo Estado. Essa lei complementar é extremamente importante para fomentar a inovação e a modernização dos serviços públicos, permitindo que o Estado se adapte às rápidas mudanças tecnológicas e busque soluções mais eficientes e eficazes para atender às necessidades da população.

Ao abrir espaço para *startups* e empresas de base tecnológica participarem de processos licitatórios específicos, a LC n. 182/2021 promove um ambiente de competitividade e criatividade, incentivando o desenvolvimento de novas tecnologias e soluções inovadoras.

A contratação de soluções inovadoras pelo Estado, conforme previsto nessa LC, também facilita a integração de tecnologias emergentes nos serviços públicos, melhorando a qualidade e a eficiência dos serviços prestados aos cidadãos. Assim, o Estado pode solucionar problemas complexos de maneira mais ágil e econômica. Essa abordagem não só beneficia a Administração Pública, mas também estimula o crescimento do ecossistema de inovação e empreendedorismo, criando oportunidades para novos negócios e gerando empregos.

Além disso, a Lei Complementar n. 182/2021, ao estabelecer um marco legal claro e favorável para a contratação de soluções inovadoras, demonstra o compromisso estatal com a transformação digital e com a busca constante por melhoria nos serviços prestados à sociedade. Essa lei representa um passo importante para posicionar o Brasil como um líder em inovação e tecnologia, beneficiando tanto o setor público quanto a sociedade como um todo.

9.6.1. A contratação de soluções inovadoras pelo Estado

As licitações e contratos previstos na LC n. 182/2021 têm como objetivos principais resolver demandas públicas que exigem soluções inovadoras, utilizando tecnologia, bem como promover a inovação no setor produtivo por meio do poder de compra do Estado. Isso significa que o governo busca não apenas atender às necessidades da sociedade de forma mais eficiente, mas também incentivar a criação e a implementação de novas tecnologias e práticas inovadoras no mercado.

Os órgãos e as entidades da administração pública direta, autárquica e fundacional, em todos os níveis federativos (União, Estados, Distrito Federal e Municípios) estão sujeitos às disposições disciplinadas no art. 12 e seguintes dessa Lei Complementar. Já as empresas públicas, sociedades de economia mista e suas subsidiárias, trabalhadas na seção anterior desta obra, podem adotar essas disposições conforme suas próprias regulamentações internas de licitações e contratações. Além disso, os conselhos de administração dessas entidades podem estabelecer limites de valores diferenciados aos previstos na LC n. 182/2021.

Por fim, antes de adentrarmos à modalidade de licitação especial determinada por essa LC, destaco que os valores estabelecidos para essas licitações e contratos podem ser atualizados anualmente pelo Poder Executivo federal, seguindo o Índice Nacional de Preços ao Consumidor Amplo (IPCA) ou outro índice que venha a substituí-lo. Essa atualização é importante para manter a viabilidade econômica dos contratos ao longo do tempo, ajustando-os conforme a inflação e outras variáveis econômicas.

9.6.2. A modalidade especial de licitação

A Administração Pública poderá contratar pessoas físicas ou jurídicas, individualmente ou em consórcio, para testar soluções inovadoras desenvolvidas ou a serem desenvolvidas, com ou sem risco tecnológico, através de uma licitação especial regida pela LC n. 182/2021. O escopo da licitação pode ser limitado à indicação do problema a ser resolvido e dos resultados esperados pela Administração Pública, incluindo desafios tecnológicos a serem superados, dispensando a descrição de uma solução técnica previamente mapeada. Os licitantes poderão propor diferentes meios para resolver o problema.

O edital de licitação deve ser divulgado com, no mínimo, 30 dias de antecedência da data de recebimento das propostas, em sítio eletrônico oficial centralizado de divulgação de licitações ou mantido pelo ente público licitante (entendo que deve ser divulgado no PNCP) e no *Diário Oficial* do ente federativo.

As propostas serão avaliadas e julgadas por uma comissão especial de, no mínimo, três pessoas de reputação ilibada e reconhecido conhecimento no assunto, incluindo um servidor público do órgão contratante e um professor de instituição pública de educação superior na área relacionada ao tema da contratação.

Os critérios para julgamento das propostas devem considerar o potencial de resolução do problema pela solução proposta e a possível economia para a Administração Pública, o grau de desenvolvimento da solução, a viabilidade e a maturidade do modelo de negócio, a viabilidade econômica considerando os recursos disponíveis e a demonstração comparativa de custo e benefício em relação a outras opções equivalentes. O preço indicado pelos proponentes será considerado critério de julgamento apenas em relação aos aspectos de viabilidade econômica e custo-benefício.

A licitação pode selecionar mais de uma proposta, limitando a quantidade de propostas selecionáveis conforme previsto no edital. A análise da documentação de habilitação ocorre após a fase de julgamento das propostas e contempla apenas os proponentes selecionados. A Administração poderá dispensar, total ou parcialmente, a documentação de habilitação e a prestação de garantia para a contratação, mediante justificativa expressa.

Após o julgamento das propostas, é possível que a Administração negocie com os selecionados as condições econômicas mais vantajosas e os critérios de remuneração. Se o preço for superior à estimativa, a Administração pode, com justificativa expressa e baseando-se em uma demonstração comparativa de custo e benefício, aceitar o preço ofertado, desde que haja superioridade em inovação ou redução do prazo de execução (bem como de facilidade de manutenção ou de operação), limitado ao valor máximo disposto a pagar.

9.6.3. O contrato público para solução inovadora

Após a homologação do resultado da licitação, a Administração celebrará um Contrato Público para Solução Inovadora (CPSI) com as proponentes selecionadas, com uma vigência inicial de 12 meses, podendo ser prorrogado por mais um período de até 12 meses. O CPSI deve conter, dentre outras cláusulas, as previstas no § 1º do art. 14 da LC n. 182/2021, incluindo as metas a serem atingidas para validar o êxito da solução inovadora e a metodologia para sua aferição; a forma e a periodicidade da entrega de relatórios de andamento à administração pública, bem como um relatório final após a conclusão do projeto; a matriz de riscos, incluindo riscos como caso fortuito, força maior, risco tecnológico, fato do príncipe e álea econômica extraordinária; a definição da titularidade dos direitos de propriedade intelectual das criações resultantes do CPSI; e a participação nos resultados de sua exploração, garantindo às partes os direitos de exploração comercial, licenciamento e transferência da tecnologia.

O valor máximo a ser pago à contratada é de R$ 1.600.000,00 por CPSI, podendo o edital estabelecer limites inferiores. A remuneração da contratada pode ser feita por preço fixo; preço fixo mais remuneração variável de incentivo; reembolso de custos sem remuneração adicional; reembolso de custos mais remuneração variável de incentivo; ou reembolso de custos mais remuneração fixa de incentivo. Em casos de risco tecnológico, os pagamentos serão efetuados proporcionalmente aos trabalhos executados, conforme o cronograma físico-financeiro aprovado, observando o critério de remuneração previsto no contrato.

Os pagamentos serão feitos após a execução dos trabalhos, mas a Administração pode prever o pagamento antecipado de uma parcela do preço antes do início da execução do objeto, mediante justificativa expressa, para garantir os meios financeiros para a etapa inicial do projeto. Se houver inexecução injustificada, ela exigirá a devolução do valor antecipado ou efetuará glosas nos pagamentos subsequentes.

Com exceção das remunerações variáveis vinculadas ao cumprimento das metas contratuais, a administração pública deve efetuar o pagamento conforme o critério adotado, mesmo que os resultados não sejam atingidos devido ao risco tecnológico, sem prejuízo da rescisão antecipada do contrato se comprovada a inviabilidade técnica ou econômica da solução. Por fim, salienta-se que, na execução dividida em etapas, o pagamento relativo a cada etapa pode adotar critérios distintos de remuneração.

9.6.4. O contrato de fornecimento

Encerrado o CPSI, a Administração pode celebrar com a mesma contratada, sem necessidade de nova licitação, um contrato para o fornecimento do produto, processo ou solução resultante de CPSI. Isso também se aplica caso seja necessária a integração da solução à infraestrutura tecnológica ou ao processo de trabalho da Administração.

Caso mais de uma contratada tenha cumprido satisfatoriamente as metas estabelecidas no CPSI, conforme previsto no § 6º do art. 13 da LC n. 182/2021, o contrato de fornecimento será firmado, mediante justificativa, com a contratada cujo produto, processo ou solução melhor atenda às demandas públicas em termos de custo-benefício, qualidade e preço.

Por fim, é necessário mencionar que a vigência do contrato de fornecimento será limitada a 24 meses, podendo ser prorrogada por mais um período de até 24 meses. Além disso, esses contratos serão limitados a cinco vezes o valor máximo definido no § 2º do art. 14 da LC n. 182/2021 para o CPSI, incluindo eventuais prorrogações. Esse limite pode ser ultrapassado em casos de reajuste de preços e de acréscimos previstos no art. 125 da Lei n. 14.133/2021.

9.7. REGIME ESPECIAL PARA LICITAÇÕES E CONTRATOS DECORRENTES DE ESTADO DE CALAMIDADE PÚBLICA

A Lei n. 14.981, de 20 de setembro de 2024, dispõe sobre medidas excepcionais para a aquisição de bens e a contratação de obras e de serviços, inclusive de engenharia, destinados ao enfrentamento de impactos decorrentes de estado de calamidade pública e foi editada em resposta aos impactos devastadores dos eventos climáticos extremos ocorridos nos meses de abril e maio de 2024 no Estado do Rio Grande do Sul.

Embora não tenha resultado da conversão da Medida Provisória n. 1.221, de 17 de maio de 2024, que perdeu sua eficácia dias antes, a lei se inspira nessa MP, que contou com um trabalho rápido e conjunto da Advocacia-Geral da União e da Procuradoria do Estado do Rio Grande do Sul.

A criação dessa legislação foi essencial para garantir a continuidade dos serviços públicos e a segurança das pessoas, bem como para promover a recuperação econômica e social das áreas atingidas pelo evento climático. A edição da lei também reflete a necessidade de fortalecimento à resiliência das comunidades frente aos desastres naturais, estabelecendo um marco importante às contratações públicas em situações de crise, como o estado de calamidade pública.

9.7.1. Disposições gerais do regime

A Lei n. 14.981/2024 dispõe sobre medidas excepcionais para a aquisição de bens e contratação de obras e serviços, inclusive de engenharia, destinados ao enfrentamento de impactos decorrentes de estados de calamidade pública. Para a aplicação dessas medidas de exceção, é necessário que o estado de calamidade pública seja declarado ou reconhecido pelo Chefe do Poder Executivo do Estado, do Distrito Federal ou pelo Poder Executivo federal, conforme a Lei n. 12.608/2012 e a Lei de Responsabilidade Fiscal. Além disso, deve haver um ato do Poder Executivo federal ou do Chefe do Poder Executivo do Estado ou do Distrito Federal autorizando a aplicação das medidas excepcionais e indicando o prazo dessa autorização.

A lei se aplica apenas quando há urgência em atender situações que possam causar prejuízos ou comprometer a continuidade dos serviços públicos ou a segurança de pessoas e bens, públicos ou particulares. Consideram-se administração pública os órgãos e as entidades abrangidos pela Lei n. 14.133/2021.

Os procedimentos autorizados pela lei incluem dispensar a licitação para aquisição de bens e contratação de obras e serviços, reduzir pela metade os prazos mínimos para apresentação de propostas e lances em licitações ou contratações diretas com disputa eletrônica, prorrogar contratos além dos prazos estabelecidos nas Leis n. 8.666/1993 e 14.133/2021 por até 12 meses[61], firmar contratos verbais de até R$ 100.000,00 em casos de urgência[62], e adotar o regime especial de registro de preços previsto no Capítulo IV da Lei n. 14.981/2024.

9.7.2. A fase preparatória especial

Na fase preparatória para aquisições e contratações previstas Lei n. 14.981/2024, a elaboração de estudos técnicos preliminares será dispensada quando se tratar de aquisição de bens e contratação de obras e serviços comuns, inclusive de engenharia. O gerenciamento de riscos da contratação será exigido apenas durante a gestão do contrato, e será permitida a apresentação simplificada de termo de referência, anteprojeto ou projeto básico.

O termo de referência, o anteprojeto ou o projeto básico simplificado deve incluir a declaração do objeto, a fundamentação simplificada da contratação, a descrição resumida da solução apresentada, os requisitos da contratação, os critérios de

---

[61] O § 1º do art. 2º da Lei n. 14.981/2024 estabelece que a prorrogação dos contratos aplica-se aos contratos vigentes na data de publicação do ato autorizativo da utilização do regime especial.

[62] O art. 2º, § 2º, da Lei n. 14.981/2024 prevê que os contratos verbais restringem-se a situações excepcionais em que não for possível substituir o contrato por instrumento hábil de menor formalidade, como carta-contrato, nota de empenho de despesa, autorização de compra ou ordem de execução de serviço e o § 3º estabelece que devem ser formalizados em até 15 (quinze) dias, sob pena de nulidade dos atos praticados.

medição e pagamento e a estimativa de preços. Esta pode ser obtida por meio de composição de custos unitários menores ou iguais à mediana dos itens nos sistemas oficiais de governo, contratações similares pela administração pública, dados de pesquisa publicada em mídia especializada, tabelas de referência aprovadas pelo Poder Executivo, pesquisa com potenciais fornecedores ou pesquisa na base nacional de notas fiscais eletrônicas. Além disso, deve ser incluída a adequação orçamentária.

O custo global de referência de obras e serviços de engenharia será obtido preferencialmente a partir das composições de custos unitários menores ou iguais à média dos custos unitários de referência do Sistema de Custos Referenciais de Obras (Sicro) para serviços e obras de infraestrutura de transportes, ou do Sistema Nacional de Pesquisa de Custos e Índices de Construção Civil (Sinapi) para demais obras e serviços de engenharia. A estimativa de preços não impede a contratação por valores superiores decorrentes de variações de preços, desde que haja negociação prévia com os demais fornecedores para obter condições mais vantajosas e fundamentação, nos autos do processo administrativo, da variação dos preços praticados no mercado por motivo superveniente.

Por fim, é importante destacar que o art. 4º da Lei n. 14.981/2024 prevê que, na hipótese de haver restrição de fornecedores ou de prestadores de serviço, a autoridade competente, excepcionalmente e mediante justificativa, poderá dispensar a apresentação de documentação relativa às regularidades fiscal e econômico-financeira e delimitar os requisitos de habilitação jurídica e técnica ao estritamente necessário à adequada execução do objeto contratual.

9.7.3. Situações especiais à dispensa de licitação

Nos procedimentos de dispensa de licitação decorrentes desse regime especial, presumem-se comprovadas as condições de ocorrência do estado de calamidade pública, a necessidade de pronto atendimento da situação de calamidade, o risco iminente e significativo à segurança de pessoas, obras, prestação de serviços, equipamentos e outros bens, tanto públicos quanto particulares, e a limitação da contratação à parcela necessária para o atendimento da situação de calamidade.

9.7.4. O sistema de registro de preços especial

Na aquisição de bens e na contratação de obras e serviços, incluindo engenharia, a administração pública pode adotar o regime especial previsto na Lei n. 14.981/2024 para a realização de registro de preços. O SRP pode ser utilizado para a contratação direta de obras e serviços de engenharia, desde que atendidas as condições estabelecidas no art. 85 da Lei n. 14.133/2021, inclusive por um único órgão ou entidade.

Se a contratação estiver vinculada ao enfrentamento das consequências do estado de calamidade pública de que trata o regime especial, é permitido que órgãos ou entidades públicas federais adiram à ata de registro de preços de órgãos ou entidades gerenciadoras do Estado, Distrito Federal ou Municípios atingidos. Da mesma forma, órgãos ou entidades do Estado ou Municípios atingidos podem aderir à ata de registro de preços de órgãos ou entidades gerenciadoras dos Municípios atingidos.

Quando o SRP envolver mais de um órgão ou entidade, o órgão ou entidade gerenciadora deverá estabelecer um prazo de 2 a 8 dias úteis, a partir da data de divulgação da intenção de registro de preço, para que outros órgãos e entidades manifestem interesse em participar. Após 30 dias da assinatura da ata de registro de preços, o órgão ou entidade deve realizar uma estimativa de preços antes da contratação, para verificar se os preços registrados permanecem compatíveis com os praticados no mercado e promover o reequilíbrio econômico-financeiro, se necessário. Se passar mais de 30 dias após a estimativa de preços mais recente, uma nova verificação deve ser feita antes de novas contratações, promovendo-se o reequilíbrio econômico-financeiro, se necessário.

Outros órgãos ou entidades podem participar das atas de registro de preços formuladas com base no § 3º do art. 82 da Lei n. 14.133/2021, inclusive para obras e serviços de engenharia, desde que se indique o valor máximo da despesa. O quantitativo resultante das adesões à ata de registro de preços não pode exceder cinco vezes o quantitativo de cada item registrado na ata para o órgão gerenciador e os órgãos participantes, independentemente do número de órgãos não participantes que aderirem.

Por sim, é de se destacar que, aos SRP gerenciados pela Central de Compras da Secretaria de Gestão e Inovação do Ministério da Gestão e da Inovação em Serviços Públicos, não se aplicam os limites mencionados acima, tampouco os previstos nos §§ 4º e 5º do art. 86 da Lei n. 14.133/2021.

9.7.5. Os contratos decorrentes do regime especial

Todas as aquisições, contratações ou prorrogações realizadas com base no regime especial devem ser disponibilizadas no Portal Nacional de Contratações Públicas (PNCP) dentro de 60 dias a partir da data da aquisição ou contratação. Essas informações devem incluir o nome da empresa contratada e seu número de inscrição na Receita Federal (ou equivalente no caso de empresas estrangeiras que não operam no Brasil), o prazo contratual, o valor e o processo de aquisição ou contratação, o ato autorizativo da contratação direta ou o extrato do contrato, a discriminação do bem adquirido ou serviço contratado e o local de entrega ou prestação do serviço, o valor global do contrato, as parcelas do objeto, os montantes pagos e o saldo disponível ou bloqueado, informações sobre eventuais aditivos contratuais, a quantidade entregue ou prestada durante a execução do contrato e as atas de registro de preços originárias, se houver.

O registro no PNCP deve indicar claramente que a aquisição, a contratação ou a prorrogação foi realizada com base no regime especial estabelecido pela Lei n. 14.981/2021. Em situações excepcionais em que houver apenas uma fornecedora do bem ou prestadora do serviço, é possível realizar a contratação ou a prorrogação do contrato, mesmo que a empresa esteja impedida ou suspensa de contratar com o poder público. Nesses casos, é obrigatória a prestação de garantia conforme as modalidades previstas no art. 96 da Lei n. 14.133/2021, não podendo exceder 10% do valor do contrato.

Para os contratos firmados com base no regime especial, a Administração Pública pode incluir uma cláusula que obrigue os contratados a aceitar, nas mesmas condições contratuais iniciais, acréscimos ou supressões ao objeto contratado, limitados a 50% do valor inicial atualizado do contrato.

Os contratos terão duração de até um ano, prorrogável por igual período, desde que as condições e os preços permaneçam vantajosos para a Administração durante a necessidade de enfrentamento da situação de calamidade pública. Nos contratos de obras e serviços de engenharia com escopo predefinido, o prazo de conclusão será de, no máximo, três anos. As disposições do art. 111 da Lei n. 14.133/2021 se aplicam a esses contratos de escopo predefinido.

Por fim, destaca-se que os contratos em execução na data de publicação do ato autorizativo de utilização do regime especial poderão ser alterados para enfrentar situações de calamidade pública. Essas alterações podem ocorrer mediante justificativa e desde que haja concordância do contratado. Além disso, podem ser realizadas em percentuais superiores aos limites que eram previstos no § 1º do art. 65 da Lei n. 8.666/1993 e que atualmente são previstos no art. 125 da Lei n. 14.133/2021, limitado o acréscimo a 100% do valor inicialmente pactuado. Indico que essas alterações devem ser feitas de modo a não transfigurar o objeto da contratação.

RESUMO DO CAPÍTULO 9

CONCEITO	A licitação é um processo administrativo composto por **atos e procedimentos** que visa garantir a seleção **da proposta mais vantajosa para a administração pública**, evitando sobrepreço e incentivando uma competição justa. Também promove o desenvolvimento sustentável e a inovação no âmbito nacional, assegurando tratamento isonômico aos licitantes.
NORMATIZAÇÃO APLICÁVEL	A normatização das licitações e contratos é competência da **União para edição de normas gerais que abrangem a Administração Direta, autárquica e fundacional, bem como empresas públicas e sociedades de economia mista em todos os níveis**. A Lei n. 14.133/2021 é a lei geral para todos os entes federativos, porém, empresas estatais seguem a Lei n. 13.303/2016.
MODALIDADES DE LICITAÇÃO	**Pregão**: utilizado apenas para aquisição de bens e serviços comuns, que possuem padrões objetivos definidos. Pode ser julgado com base no menor preço ou maior desconto. Não se aplica a serviços técnicos de natureza intelectual, nem a obras de engenharia, exceto serviços comuns de engenharia. Deve ocorrer preferencialmente de forma eletrônica.
	Concorrência: para contratação de bens e serviços de maior complexidade e obras de engenharia. Critérios de julgamento incluem menor preço, maior desconto, melhor técnica ou técnica e preço, e maior retorno econômico. A concorrência é preferencialmente realizada de forma eletrônica.
	Concurso: voltado para seleção de trabalhos técnicos, científicos ou artísticos, com julgamento pela melhor técnica ou conteúdo artístico. O vencedor recebe prêmio ou remuneração, e, em alguns casos, deve ceder os direitos patrimoniais à Administração.
	Leilão: aplicável para alienação de bens inservíveis ou apreendidos, com base no critério de maior lance. Utiliza lances crescentes e sucessivos para determinar o vencedor.
	Diálogo competitivo: modalidade nova, destinada a contratações complexas, em que a Administração dialoga com os licitantes para definir as melhores soluções antes da proposta final. Aplica-se em casos em que não há soluções imediatas ou que envolvem inovações tecnológicas significativas.

CRITÉRIOS DE JULGAMENTO	Os critérios objetivos incluem **menor preço, maior desconto, melhor técnica ou conteúdo artístico, técnica e preço, e maior retorno econômico**. A Administração deve adotar critérios transparentes e isonômicos, especialmente no tratamento diferenciado para Microempresas (ME) e Empresas de Pequeno Porte (EPP), com o objetivo de fomentar a competitividade e o desenvolvimento econômico regional.
PRERROGATIVAS CONTRATUAIS	A Administração possui prerrogativas que incluem **modificar unilateralmente o contrato, fiscalizar sua execução, rescindir contratos por interesse público e aplicar sanções em caso de descumprimento**. Essas prerrogativas são justificadas pelo princípio da supremacia do interesse público sobre o interesse particular.
FORMALIZAÇÃO DOS CONTRATOS	Todos os contratos devem ser formalizados por **escrito e publicados para garantir transparência**, salvo exceções para contratos verbais em situações de pequenas compras. É válido apenas em casos excepcionais e de pronto pagamento, e ainda deve haver documentação mínima para controle. O sigilo é permitido apenas em casos que envolvam **segurança nacional ou de Estado**. A Lei n. 14.133/2021 ainda prevê a utilização de assinatura eletrônica para a formalização dos contratos.
PRINCÍPIOS DA LICITAÇÃO	A licitação segue princípios **como legalidade, impessoalidade, moralidade, publicidade, transparência, vinculação ao edital, julgamento objetivo, interesse público**, entre outros. Esses princípios asseguram a conformidade do processo licitatório com as normas jurídicas e a eficiência da administração pública.
TRATAMENTO A ME E EPP	As Microempresas (ME) e Empresas de Pequeno Porte (EPP) recebem tratamento diferenciado em licitações, incluindo a **reserva de cotas, preferência em casos de empate e outras simplificações** que visam promover a justiça social e o desenvolvimento econômico sustentável, conforme o previsto na LC n. 123/2006.
DESENVOLVIMENTO NACIONAL SUSTENTÁVEL	A Administração Pública deve promover o **desenvolvimento sustentável** em todas as suas dimensões: econômica, ambiental, social e cultural. Para isso, incentiva-se a compra de bens e serviços nacionais, a inclusão de grupos vulneráveis no mercado de trabalho e a preservação ambiental e cultural em projetos de grande impacto social.
PROCEDIMENTOS AUXILIARES	Além das modalidades principais de licitação, a Lei n. 14.133/2021 permite **procedimentos auxiliares**, como o credenciamento de fornecedores, o sistema de registro de preços (SRP) para compras frequentes e a pré-qualificação de licitantes para aumentar a eficiência e garantir o atendimento das demandas administrativas.
SEGREGAÇÃO DE FUNÇÕES	Para minimizar riscos e garantir a integridade do processo, a Lei n. 14.133/2021 estabelece que as funções no processo licitatório sejam divididas entre diferentes agentes públicos, como o **agente de contratação, o pregoeiro, o fiscal de contrato**, entre outros. Isso visa promover a transparência e evitar conflitos de interesse.
AGENTES PÚBLICOS ATUANTES	A Lei n. 14.133/2021 define o **agente de contratação** como o responsável pelo processo licitatório, que deve ser servidor efetivo. Também menciona as comissões de contratação e o pregoeiro, que conduzem modalidades específicas de licitação, garantindo especialização e conformidade legal. O agente de contratação, responsável pelo processo licitatório, é vinculado às etapas da licitação e deve atuar em conformidade com os princípios da impessoalidade e da moralidade.
DEFESA DOS AGENTES	Os agentes públicos responsáveis por atos em licitações e contratos têm direito à **defesa judicial e extrajudicial** por parte da advocacia pública, desde que suas ações estejam em conformidade com parecer jurídico prévio, resguardando o interesse público e a segurança jurídica.

RESPONSABILIZAÇÃO E TRANSPARÊNCIA	Como garantia ao administrador público que emite decisão ou opinião técnica em matéria de licitações e contratos, a LINDB, em seu art. 28, estabelece que ele só será responsabilizado se agir com dolo ou erro grosseiro. O **princípio da transparência** é reforçado com a obrigatoriedade de publicação dos atos no Portal Nacional de Contratações Públicas e em *sites* oficiais dos órgãos públicos.
HIPÓTESES DE DISPENSA DE LICITAÇÃO	A licitação pode ser **dispensada** em casos como obras de pequeno valor, situações emergenciais, ou quando não há interessados na licitação anterior, entre outras situações específicas. Exemplos incluem compra de bens necessários para segurança pública e doações de bens móveis para fins sociais. Conforme a Lei n. 14.133/2021, a dispensa também é aplicável em casos de calamidade pública e urgência, mas deve ser restrita ao estritamente necessário para superar a situação emergencial, com justificativa detalhada no processo.
INEXIGIBILIDADE DE LICITAÇÃO	Em situações em que a competição é inviável, como na aquisição de bens exclusivos ou na contratação de serviços técnicos especializados, a licitação é inexigível. Esse tipo de contratação direta **deve ser fundamentado** para garantir a transparência.
PROCEDIMENTO DE MANIFESTAÇÃO DE INTERESSE (PMI)	O PMI permite que a Administração solicite à iniciativa privada **estudos e projetos, especialmente para soluções inovadoras**. *Startups* podem ser incentivadas em PMIs, conforme definidas pela inovação e potencial de impacto social e econômico.
GARANTIA DE PROPOSTA	A garantia de proposta pode ser exigida como comprovação para **pré-habilitação dos licitantes**. Esse valor, limitado a 1% do valor estimado para contratação, é devolvido aos licitantes após a homologação do contrato ou declaração de licitação fracassada.
CRITÉRIOS PARA DESEMPATE DAS PROPOSTAS	Em caso de empate, aplica-se primeiro a **disputa final** (nova proposta entre empatados), seguida pelos critérios de desempate previstos na legislação, como prioridade para produtos ou serviços de origem nacional.
OBJETIVOS E GOVERNANÇA DAS ESTATAIS	A Lei n. 13.303/2016 estabelece um regime especial de licitações exclusivamente para empresas públicas e sociedades de economia mista, com foco em eficiência, transparência e boa governança. Ela exige práticas robustas de governança corporativa e gestão de riscos para assegurar integridade e eficiência na administração dessas empresas.

Capítulo 10
SERVIÇOS PÚBLICOS

10.1. CONCEITO

Di Pietro, para definir serviço público, faz a seguinte classificação, de acordo com os critérios empregados para a definição de serviço público:

Critério subjetivo: que considera a pessoa jurídica prestadora da atividade; dessa forma, *o serviço público seria aquele prestado pelo Estado.* Assim, sob o critério subjetivo, o serviço público sempre seria incumbência do Estado. Sua instituição é feita por lei e corresponde a uma opção estatal, em que ele assume a execução de determinada atividade que, pela sua relevância à coletividade, não seria conveniente ser explorado pela iniciativa privada[1].

Por esse prisma, sua gestão também incumbe ao Estado, que pode exercê-la diretamente (por intermédio dos órgãos que compõem a Administração Pública centralizada da União, Estados, Distrito Federal e Municípios) ou indiretamente, por meio de concessão ou permissão, ou de pessoas jurídicas criadas pelo Estado com essa finalidade[2].

O art. 175 da Constituição estabelece que *incumbe ao Poder Público, na forma da lei, diretamente ou sob regime de concessão ou permissão*[3], sempre através de licitação, a prestação de serviços públicos.

Critério material: que considera a atividade exercida; nesse sentido, o serviço tem como objetivo a satisfação de necessidade coletiva, quer entre os que adotam conceito mais amplo, para abranger todas as atividades do Estado, quer entre os que tomam um conceito mais restrito, que só inclui a atividade administrativa[4].

A autora desta que, embora muitos particulares também possam exercer atividades de interesse geral, raramente esse é o seu objetivo primordial, pois o que o move é, em regra, o seu próprio interesse, diferentemente da finalidade estatal, que sempre é pública[5].

Por outro lado, há de se observar que o interesse público não é suficiente para caracterizar o serviço público, pois é necessário que a lei atribua esse objetivo ao

---

[1] DI PIETRO, Maria Sylvia Zanella. *Direito administrativo*. 36. ed. rev. atual. e ampl. Rio de Janeiro: Forense, 2024, p. 147.
[2] DI PIETRO, Maria Sylvia Zanella. *Direito administrativo*. 36. ed. rev. atual. e ampl. Rio de Janeiro: Forense, 2024, p. 147.
[3] É importante destacar que, atualmente, o STF compreende ser constitucional a prestação de serviços públicos também por autorização (que dispensa a licitação pública). Esse entendimento foi adotado por ocasião do julgamento das ADIs 5549 e 6270, de relatoria do Min. Luiz Fux, ocorrido em 29 de março de 2023, para os serviços de transporte rodoviário interestadual e internacional.
[4] DI PIETRO, Maria Sylvia Zanella. *Direito administrativo*. 36. ed. rev. atual. e ampl. Rio de Janeiro: Forense, 2024, p. 147.
[5] DI PIETRO, Maria Sylvia Zanella. *Direito administrativo*. 36. ed. rev. atual. e ampl. Rio de Janeiro: Forense, 2024, p. 148.

Estado. Assim, é possível dizer que *todo o serviço público visa atender as necessidades públicas*, mas *nem toda a atividade de interesse público é serviço público*[6].

Critério formal: que considera o regime jurídico, que pode ser exercido sob regime de direito público ou de direito privado, a depender da definição legal. Isso porque, para determinados serviços (*não comerciais ou industriais*), ou seja, em regime não concorrencial, o regime jurídico *é de direito público*[7].

No entanto, quando se está diante de *serviços comerciais e industriais*, o regime jurídico *é de direito privado*, mitigado, em muitas situações, pelo direito público, podendo até se falar em um *regime híbrido*, podendo preponderar o direito público ou o direito privado, dependendo do que dispuser a lei em cada caso. O fato é que o direito privado não se aplicará, em sua inteireza, tal qual aplicado às empresas privadas[8].

Assim, tem-se que *serviço público* é aquele prestado pela Administração (diretamente) ou por seus delegados (indiretamente) sob normas e controles estatais para a satisfação dos interesses da coletividade, sob o regime integral ou preponderantemente de direito público.

10.2. FORMAS DE PRESTAÇÃO

Os serviços públicos podem ser prestados de forma *direta ou centralizada* ou *indireta ou descentralizada*.

10.2.1. Prestação de forma direta ou centralizada

É aquele prestado pela Administração direta do Estado, havendo a desconcentração dentro dos órgãos orgânicos da União, dos Estados, do Distrito Federa e dos Municípios.

10.2.2. Prestação de forma indireta ou descentralizada

Ocorre quando o serviço público não estiver sendo prestado pela Administração direta do Estado, em virtude desta ter delegado sua prestação para a Administração indireta ou terceiros não integrantes da Administração (particulares), podendo ocorrer por outorga ou delegação.

10.2.2.1. Descentralização por outorga

Ocorre quando a Administração direta, por meio de lei, realiza a transferência para uma entidade da administração indireta, da titularidade e execução ou apenas a execução do serviço público.

A transferência da titularidade pressupõe a possibilidade do exercício do poder de polícia, inclusive os ciclos de fiscalização e sanção. Classicamente, se compreendia

---

[6] DI PIETRO, Maria Sylvia Zanella. *Direito administrativo*. 36. ed. rev. atual. e ampl. Rio de Janeiro: Forense, 2024, p. 148.

[7] DI PIETRO, Maria Sylvia Zanella. *Direito administrativo*. 36. ed. rev. atual. e ampl. Rio de Janeiro: Forense, 2024, p. 147.

[8] DI PIETRO, Maria Sylvia Zanella. *Direito administrativo*. 36. ed. rev. atual. e ampl. Rio de Janeiro: Forense, 2024, p. 147.

que a outorga com a titularidade só poderia recair sobre pessoas jurídicas de direito público.

Esse entendimento se deu até o julgamento do RE n. 633782, pelo STF, no paradigmático caso BH Trans, em 23 de outubro de 2020, ocasião em que o Tribunal fixou tese de repercussão geral no sentido de que é constitucional a outorga do poder de polícia, por meio de lei, a pessoas jurídicas de direito privado integrantes da Administração Pública indireta, que prestem exclusivamente serviço público de atuação própria do Estado e em regime não concorrencial.

Desse modo, a *outorga* poderá ocorrer *a)* quando a administração direta, por meio de lei, transfere a titularidade e a execução do serviço público para pessoas jurídicas de direito público ou privado integrantes da administração indireta ou *b)* quando a administração direta, por meio de lei, transfere a execução do serviço público para pessoas jurídicas de direito privado integrantes da administração indireta.

10.2.2.2. Descentralização por delegação

Ocorre quando a Administração direta transfere, *mediante contrato ou termo de autorização, apenas a execução do serviço público* para terceiros não integrantes da Administração (concessionárias, permissionárias ou autorizatárias).

Conforme previsto no art. 175 da CF/1988, a delegação por meio de *concessão* ou *permissão* pressupõe licitação. O STF, no entanto, compreendeu ser constitucional a prestação de serviços públicos também por *autorização* (*que dispensa a licitação pública*). Esse entendimento foi adotado por ocasião do julgamento das ADIs 5549 e 6270, de relatoria do Min. Luiz Fux, ocorrido em 29 de março de 2023, para os serviços de transporte rodoviário interestadual e internacional.

10.3. PRINCÍPIOS DOS SERVIÇOS PÚBLICOS

Os princípios setoriais dos serviços públicos são encontrados no art. 6º, § 1º, e no art 9º, § 5º, da Lei n. 8.987/1995, consistentes nos princípios da regularidade, continuidade, eficiência, segurança, atualidade, cortesia na sua prestação, generalidade, modicidade e transparência tarifária.

10.3.1. Princípio da regularidade

A regularidade pressupõe não esporadicidade. Assim, o serviço público deve ser mantido com regularidade por quem o execute, não devendo apresentar variação apreciável das características técnicas no que toca à prestação devida aos usuários[9].

A título de exemplo, imagine em estudante que se desloque para a Universidade, diariamente, tomando o ônibus das 7 horas. Ele sabe que, todos os dias úteis, o ônibus passa naquele ponto, às 7 horas. Se o ônibus, sem qualquer aviso prévio, passa um dia, no outro não passa, no próximo falha novamente, há violação ao princípio da regularidade.

---
[9] MOREIRA NETO, Diogo de Figueiredo. *Curso de direito administrativo:* parte introdutória, parte geral e parte especial. 16. ed. rev. e atual. Rio de Janeiro: Forense, 2014, p. 471.

10.3.2. Princípio da continuidade

A continuidade, conexo com o princípio da regularidade, significa que a atividade de serviço público deverá desenvolver-se com regularidade, sem interrupções. Esse princípio também justifica o emprego do poder coercitivo do Estado, a fim de assegurar a prestação ininterrupta do serviço, a exemplo da possibilidade de intervenção, quando indispensável para manter a atividade em funcionamento[10].

Para tanto, o próprio ordenamento jurídico se preocupou com situações que possam ocasionar risco à continuidade dos serviços públicos, a exemplo das restrições ao direito de greve quando envolver serviços públicos essenciais previstas na Lei n. 7.783/1989 e no Decreto n. 7.777/2012.

A Lei n. 8.987/1995, em seu art. 6º, § 3º, prevê que não se caracteriza como descontinuidade do serviço público a sua interrupção em situação de emergência ou, após prévio aviso, quando motivada por razões de ordem técnica ou de segurança das instalações, bem como por inadimplemento do usuário, considerado o interesse da coletividade.

Nesse último caso, não obstante a interrupção, esta não poderá iniciar-se na sexta-feira, no sábado ou no domingo, nem em feriado ou no dia anterior a feriado, conforme garantia concedida ao usuário, no art. 6º, § 4º, da Lei n. 8.987/1995. Caso venha a ocorrer, entendo ser *cabível o mandado de segurança*, uma vez que, a meu ver, essa interrupção por inadimplência não se trata de ato de gestão, mas interruptivo do direito ao gozo do serviço público.

10.3.3. Princípio da eficiência

O serviço público deve ser prestado com a maior eficiência possível, sendo conexo com os princípios da regularidade, da continuidade, da segurança e da atualidade. Assim, deve prestá-lo empregando os melhores meios, com o menor dispêndio ao usuário (fazer melhor com menos). A prestadora do serviço público tem o dever de realizar avaliação periódica, ouvindo os usuários, a fim de aferir a eficiência dos serviços prestados.

10.3.4. Princípio da segurança

O princípio da segurança é conexo com o da eficiência, entendido "como a qualidade específica da prestação, que importa na salvaguarda, a todo transe, da incolumidade das pessoas e dos bens afetos ao serviço"[11].

Esse princípio impõe à prestadora o dever de tomar todas as medidas necessárias e adequadas para não colocar em risco a segurança tanto dos usuários, quanto dos não usuários do serviço público (a exemplo de um pedestre, atropelado no passeio por um ônibus com falha nos freios).

Por violação ao princípio da segurança, havendo presença de dano, a responsabilidade civil da prestadora é objetiva tanto a usuários, quanto não usuários do serviço. A inequívoca presença do nexo de causalidade entre a conduta de agente da

---

[10] JUSTEN FILHO, Marçal. *Curso de direito administrativo*. 14. ed. Rio de Janeiro: Forense, 2023, p. 433.
[11] MOREIRA NETO, Diogo de Figueiredo. *Curso de direito administrativo:* parte introdutória, parte geral e parte especial. 16. ed. rev. e atual. Rio de Janeiro: Forense, 2014, p. 473.

prestadora de serviço público e o dano causado ao terceiro não usuário do serviço público é condição suficiente para estabelecer sua responsabilidade objetiva[12].

10.3.5. Princípio da atualidade

Princípio conexo com o da eficiência e segurança, impõe que a prestadora empregue os maios mais atuais e modernos em reação às técnicas, aos equipamentos, às instalações, bem como à sua conservação, promovendo a constante melhoria e expansão dos serviços prestados.

10.3.6. Princípio da cortesia

O princípio da cortesia, conexo com o da eficiência, é tido como aquele que impõe um tratamento com dignidade e urbanidade nas relações entre a prestadora e os usuários. O cidadão, além de um usuário, é destinatário de direitos, devendo ser tratado com o respeito inerente e que se espera do poder público ou de seus delegatários

10.3.7. Princípio da generalidade

O princípio da generalidade é conexo com o da modicidade tarifária e pressupõe universalidade, ou seja, o serviço só é público se for destinado à coletividade, do contrário será privado. Ainda que todos não o usem, deve estar constantemente disponível a quem dele necessite. Como exemplo, imagine o transporte coletivo. Uma pessoa pode até não usá-lo, no entanto, se necessitar, ele deve estar disponível sem qualquer discriminação.

10.3.8. Princípio da modicidade e da transparência tarifária

O princípio da modicidade impõe que os serviços públicos, diferentemente da exploração econômica, devem possuir preços módicos, de forma a garantir a universalidade material do usuário ao serviço, o que fundamenta que esses preços sejam controlados pelo poder concedente.

Para atender a modicidade, a Lei n. 8.978/1995 prevê algumas medidas, como a possibilidade de estabelecimento de outras fontes provenientes de receitas alternativas, complementares, acessórias ou de projetos associados, previstas no seu art. 11.

O princípio da transparência, por sua vez, encontra fundamento no art. 9º, § 5º, da Lei n. 8.987/1995, o qual impõe que a concessionária divulgue em seu sítio eletrônico, de forma clara e de fácil compreensão pelos usuários, tabela com o valor das tarifas praticadas e a evolução das revisões ou reajustes realizados nos últimos cinco anos.

10.4. CLASSIFICAÇÃO

Os serviços públicos podem ser classificados, conforme os seguintes critérios:

---

[12] Nesse sentido, o STJ já fixou tese de repercussão geral, ao julgar o RE 591.874, rel. min. Ricardo Lewandowski, j. 26/08/2009, P, *DJe* de 18/12/2009, Tema 130, com mérito julgado.

10.4.1. Próprios e impróprios

Essa classificação leva em conta a natureza do serviço e é categorizada em próprios e impróprios:

Próprios: são aqueles serviços que se relacionam intimamente com as atribuições do Poder Público e para a execução dos quais a Administração usa da sua supremacia sobre os administrados. Por essa razão, são prestados diretamente, por meio de seus agentes, ou indiretamente, por intermédio de concessionárias, permissionárias[13] e, excepcionalmente, por autorizatárias[14]. Como exemplo podem-se destacar os serviços públicos inerentes à soberania do Estado, como a defesa nacional, ou a segurança pública.

Impróprios: são os serviços que, embora atendendo também a uma necessidade coletiva, não são assumidos nem executados pelo Estado, seja direta ou indiretamente, apenas por ele autorizados, regulamentados e fiscalizados[15], a exemplo do serviço de táxi.

10.4.2. Exclusivos e não exclusivos

Este critério de classificação leva em conta aqueles que são exclusivos do Estado e aqueles que não estão sob sua exclusividade:

Exclusivos: são taxativamente previstos na Constituição como tais, a exemplo do serviço postal e o correio aéreo nacional (art. 21, X), os serviços de telecomunicações (art. 21, XI), os de radiodifusão, energia elétrica, navegação aérea, transportes e demais indicados no art. 21, XII, o serviço de gás canalizado (art. 25, § 2º). Muitos desses já estão sendo privatizados pela legislação ordinária, o que os faz ser regidos pelos princípios da ordem econômica, principalmente no que tange à livre iniciativa e à livre concorrência (art. 170, *caput* e inciso IV, da CF/1988)[16].

Não exclusivos: aqueles que podem ser prestados mediante concessão, permissão ou autorização por particulares, a exemplo do transporte coletivo urbano e do serviço funerário.

10.4.3. Administrativos, comerciais ou industriais e sociais

Esta classificação leva em conta o objeto do serviço prestado e é categorizada em administrativos, comerciais ou industriais e sociais:

Serviços administrativos: são os que a Administração executa para atender às necessidades internas ou preparar outros serviços que serão prestados ao público[17].

---

[13] DI PIETRO, Maria Sylvia Zanella. *Direito administrativo.* 36. ed. rev. atual. e ampl. Rio de Janeiro: Forense, 2024, p. 153.

[14] Esse entendimento foi adotado por ocasião do julgamento das ADIs 5549 e 6270, de relatoria do Min. Luiz Fux, ocorrido em 29 de março de 2023, para os serviços de transporte rodoviário interestadual e internacional

[15] DI PIETRO, Maria Sylvia Zanella. *Direito administrativo.* 36. ed. rev. atual. e ampl. Rio de Janeiro: Forense, 2024, p. 153.

[16] DI PIETRO, Maria Sylvia Zanella. *Direito administrativo.* 36. ed. rev. atual. e ampl. Rio de Janeiro: Forense, 2024, p. 156.

[17] DI PIETRO, Maria Sylvia Zanella. *Direito administrativo.* 36. ed. rev. atual. e ampl. Rio de Janeiro: Forense, 2024, p. 154.

Serviços comerciais ou industriais: são aqueles que a Administração pública executa, direta ou indiretamente, para atender às necessidades econômicas[18].

Serviços sociais: são aqueles que atendem a necessidade coletiva essencial, como saúde, educação, previdência e cultura[19].

10.4.4. Gerais (*uti universi*) e específicos (*uti singuli*)

Quanto à forma de satisfação do serviço aos usuários, podem ser classificados em gerais e específicos.

Gerais (uti universi): são os serviços prestados à sociedade em geral, como a defesa do território e a segurança pública, sem possibilidade de individualização.

Específicos (uti singuli) também são serviços prestados a todos, mas com possibilidade de identificação dos beneficiados, sendo, portanto, individualizáveis. Eles podem ser: *compulsórios* – aqueles serviços que não podem ser recusados pelo destinatário, e se remunerados, será por taxa (a exemplo da iluminação pública), sendo que o não pagamento do serviço não autoriza a sua interrupção, sendo somente autorizada a cobrança executiva e *facultativos* – aqueles serviços que o usuário pode aceitar ou não, como o transporte coletivo, pagos por tarifa.

10.5. CONCESSÃO, PERMISSÃO E AUTORIZAÇÃO DE SERVIÇOS PÚBLICOS

Os serviços públicos podem ser executados por particulares, através de concessão, permissão ou autorização de serviços públicos.

10.5.1. Concessão de serviços públicos

A concessão é instituída previamente por lei, que regulará a delegação da execução do serviço público, pelo poder concedente[20], mediante contrato específico, que será precedido de licitação na modalidade concorrência ou diálogo competitivo, com pessoa jurídica ou consórcio de empresas, podendo ser de diferentes espécies.

10.5.1.1. As espécies de concessão de serviços públicos

A concessão de serviços públicos pode ser *comum, precedida de obra pública, patrocinada* ou *administrativa*.

10.5.1.1.1. Concessão comum

A *concessão comum* é a delegação de sua prestação, feita pelo poder concedente, mediante licitação, *na modalidade concorrência ou diálogo competitivo, a pessoa jurídica ou consórcio de empresas* que demonstre capacidade para seu desempenho, *por sua conta e risco* e *por prazo determinado*.

---

[18] DI PIETRO, Maria Sylvia Zanella. *Direito administrativo*. 36. ed. rev. atual. e ampl. Rio de Janeiro: Forense, 2024, p. 155.
[19] DI PIETRO, Maria Sylvia Zanella. *Direito administrativo*. 36. ed. rev. atual. e ampl. Rio de Janeiro: Forense, 2024, p. 155.
[20] **Poder concedente:** é a União, o Estado, o Distrito Federal ou Município, em cuja competência se encontre o serviço público (a titularidade continua sendo sua, só transfere a execução).

10.5.1.1.2. Concessão precedida de obra pública

A *concessão de serviço público precedida da execução de obra pública* consiste na construção, total ou parcial, conservação, reforma, ampliação ou melhoramento de quaisquer obras de interesse público, delegados pelo poder concedente, mediante licitação, *na modalidade concorrência ou diálogo competitivo*, a *pessoa jurídica* ou *consórcio de empresas* que demonstre capacidade para a sua realização, por sua conta e risco, de forma que o investimento da concessionária seja remunerado e amortizado mediante a exploração do serviço ou da obra *por prazo determinado*.

10.5.1.1.3. Concessão patrocinada

A *concessão patrocinada* é uma das espécies de parceria público-privada previstas na Lei n. 11.079/1994 (Lei das PPs), que *consiste na concessão comum ou na concessão precedida de obra pública*, quando envolver, *adicionalmente à tarifa cobrada dos usuários contraprestação pecuniária do parceiro público ao parceiro privado*.

10.5.1.1.4. Concessão administrativa

A *concessão administrativa* é o contrato de prestação de serviços de que a Administração Pública seja a usuária direta ou indireta, ainda que envolva execução de obra ou fornecimento e instalação de bens.

10.5.1.2. Política tarifária

A *tarifa* do serviço público concedido será fixada pelo preço da proposta vencedora da licitação e preservada pelas regras de revisão previstas na Lei n. 8.987/1995, no edital e no contrato, *não constituindo tributo*. Somente nos casos expressamente previstos em lei, a cobrança de tarifa poderá ser condicionada à existência de serviço público alternativo e gratuito para o usuário.

Os contratos poderão prever mecanismos de revisão das tarifas, a fim de manter-se o equilíbrio econômico-financeiro. Assim, havendo alteração unilateral do contrato que afete o equilíbrio econômico-financeiro inicial, o poder concedente deverá restabelecê-lo, concomitantemente à alteração[21].

Com o propósito de atender ao princípio da modicidade, atendendo-se às peculiaridades de cada serviço, é possível que o poder concedente preveja, em favor da concessionária, no edital de licitação, a possibilidade de outras fontes provenientes de receitas alternativas, complementares, acessórias ou de projetos associados, com ou sem exclusividade, as quais serão obrigatoriamente consideradas para a aferição do equilíbrio econômico-financeiro inicial do contrato.

Por fim, destaca-se que as tarifas poderão ser diferenciadas em função das características técnicas e dos custos específicos provenientes do atendimento aos distintos segmentos de usuários, a exemplo do sistema de bandeiras e dos programas de energia elétrica à população de baixa renda.

---

[21] O art. 9º, § 3º, da Lei n. 8.987/1995, estabelece que, ressalvados os impostos sobre a renda, a criação, alteração ou extinção de quaisquer tributos ou encargos legais, após a apresentação da proposta, quando comprovado seu impacto, implicará a revisão da tarifa, para mais ou para menos, conforme o caso.

10.5.1.3. A possibilidade de exclusividade

A outorga de concessão ou permissão não terá caráter de exclusividade, salvo no caso de inviabilidade técnica ou econômica justificada e publicada previamente ao edital de licitação, caracterizando seu objeto, área e prazo, conforme excepcionalidade autorizada pelo art. 16 da Lei n. 8.987/1995.

10.5.1.4. As peculiaridades da licitação

Toda a concessão de serviço público, precedida ou não da execução de obra pública, será objeto de prévia licitação, que seguirá a Lei n. 14.133/2021, salvo aquilo que contrariar as especialidades previstas na Lei n. 8.987/1995.

Dentre as peculiaridades da Lei n. 8.987/1995 aplicáveis com especialidade sobre aquela norma geral, estão *os critérios de julgamento*, previstos no art. 15, a hipótese de *desclassificação da proposta* que, para sua viabilização, necessite de vantagens ou subsídios que não estejam previamente autorizados em lei e à disposição de todos os concorrentes, prevista no art. 17, as *cláusulas específicas do edital*, previstas no art. 18, e a *constituição do consórcio* prevista nos arts. 19 e 20.

10.5.1.5. As peculiaridades do contrato de concessão

Os contratos de concessão, além de respeitar as normas gerais referentes aos contratos administrativos previstas na Lei n. 14.133/2021, devem conter as cláusulas essenciais previstas no art. 23 da Lei n. 8.987/1995, dentre elas as relativas:

a) ao objeto, à área e ao prazo da concessão;
b) ao modo, forma e condições de prestação do serviço;
c) aos critérios, indicadores, fórmulas e parâmetros definidores da qualidade do serviço;
d) ao preço do serviço e aos critérios e procedimentos para o reajuste e a revisão das tarifas;
e) aos direitos, garantias e obrigações do poder concedente e da concessionária, inclusive os relacionados às previsíveis necessidades de futura alteração e expansão do serviço e consequente modernização, aperfeiçoamento e ampliação dos equipamentos e das instalações;
f) aos direitos e deveres dos usuários para obtenção e utilização do serviço;
g) à forma de fiscalização das instalações, dos equipamentos, dos métodos e práticas de execução do serviço, bem como a indicação dos órgãos competentes para exercê-la;
h) às penalidades contratuais e administrativas a que se sujeita a concessionária e sua forma de aplicação;
i) aos casos de extinção da concessão;
j) aos bens reversíveis;
k) aos critérios para o cálculo e a forma de pagamento das indenizações devidas à concessionária, quando for o caso;
l) às condições para prorrogação do contrato;
m) à obrigatoriedade, forma e periodicidade da prestação de contas da concessionária ao poder concedente;

n) à exigência da publicação de demonstrações financeiras periódicas da concessionária; e

o) ao foro e ao modo amigável de solução das divergências contratuais.

Além dessas, especificamente os contratos de concessão de serviço público precedido da execução de obra pública deverão estipular os cronogramas físico-financeiros de execução das obras vinculadas à concessão e exigir garantia do fiel cumprimento, pela concessionária, das obrigações relativas às obras vinculadas à concessão.

10.5.1.6. Os meios alternativos de solução de controvérsias contratuais

O art. 23-A da Lei n. 8.987/1995 estabelece que o contrato de concessão poderá prever o emprego de mecanismos privados para resolução de disputas decorrentes ou relacionadas ao contrato, inclusive a arbitragem, a ser realizada no Brasil e em língua portuguesa, nos termos da Lei n. 9.307/1996.

Por conseguinte, é possível empregar a arbitragem, a mediação e a conciliação, sempre que houver interesse para a Administração.

10.5.1.7. Subconcessão e contratação com terceiros

Desde que expressamente autorizada pelo poder concedente, o art. 26 da Lei n. 8.987/1995 admite a *subconcessão*, nos termos previstos no contrato de concessão, e desde que precedida de licitação, excetuadas as hipóteses de inviabilidade de competição.

Embora a doutrina seja divergente quanto à competência para a realização da licitação, entendo que pode ser promovida pela própria concessionária, desde que, no ato que autorize a subconcessão, o Poder concedente já estabeleça que a licitação poderá ser promovida por ela[22].

O subconcessionário se sub-rogará em todos os direitos e obrigações da subconcedente dentro dos limites da subconcessão, o que inclui a responsabilidade objetiva por eventuais danos causados ao poder concedente e a terceiros.

Por outro lado, a concessionária poderá *contratar com terceiros* o desenvolvimento de atividades inerentes, acessórias ou complementares ao serviço concedido, bem como a implementação de projetos associados.

Os *contratos celebrados entre a concessionária e os terceiros* reger-se-ão pelo direito privado, não se estabelecendo qualquer relação jurídica entre os terceiros e o poder concedente. Assim, *não há qualquer obrigatoriedade* para que, nessas contratações entre a concessionária e terceiros, *haja a realização de licitação ou concurso público*.

10.5.1.8. Transferência da concessão e do controle societário

A transferência de concessão ou do controle societário da concessionária sem prévia anuência do poder concedente implicará a caducidade da concessão, conforme determinado pelo art. 24 da Lei n. 8.987/1995.

---

[22] DI PIETRO, Maria Sylvia Zanella. *Parcerias na Administração Pública:* concessão, permissão, franquia, terceirização, parceria público-privada e outras formas. São Paulo: Atlas, 2012, p. 114.

Para que a concessionária obtenha a anuência do poder concedente para a *transferência da concessão*, é indispensável que o pretendente a assumi-la atenda às exigências de capacidade técnica e financeira, bem como possua regularidade jurídica e fiscal necessárias à assunção do serviço, comprometendo-se a cumprir todas as cláusulas do contrato de concessão em vigor.

Por sua vez, nas condições estabelecidas no contrato de concessão, o art. 27-A da Lei n. 8.987/1995 permite que o poder concedente autorize a assunção *do controle ou da administração temporária da concessionária* por seus financiadores e garantidores com quem não mantenha vínculo societário direto, para promover sua reestruturação financeira e assegurar a continuidade da prestação dos serviços.

10.5.1.9. A intervenção na concessão

Excepcionalmente, o Poder concedente poderá intervir na concessão, com o fim de assegurar a adequação na prestação do serviço, bem como o fiel cumprimento das normas contratuais, regulamentares e legais pertinentes.

A intervenção será realizada por Decreto do poder concedente, que conterá a designação do interventor, o prazo da intervenção e os objetivos e limites da medida, na forma determinada no art. 32 da Lei n. 8.987/1995.

Declarada a intervenção, o poder concedente deverá, no prazo de 30 dias, instaurar procedimento administrativo para comprovar as causas determinantes da medida e apurar responsabilidades, assegurado o direito de ampla defesa, o qual deverá ser concluído no prazo de 180 dias, sob pena de considerar-se inválida a intervenção.

Cessada a intervenção, se não for extinta a concessão, a administração do serviço será devolvida à concessionária, precedida de prestação de contas pelo interventor, que responderá pelos atos praticados durante a sua gestão.

Por fim, destaca-se que, se ficar comprovado que a intervenção não observou os pressupostos legais e regulamentares será declarada sua nulidade, devendo o serviço ser imediatamente devolvido à concessionária, sem prejuízo de seu direito à eventual indenização.

10.5.1.10. Extinção da concessão

A concessão poderá ser extinta pelas hipóteses previstas no art. 35 da Lei n. 8.987/1995, quais sejam o advento do termo contratual, a encampação, a caducidade, a rescisão, a anulação, a falência ou extinção da concessionária e o falecimento ou incapacidade do titular no caso das empresas individuais.

10.5.1.10.1. Advento do termo contratual

A extinção pelo advento contratual pressupõe o *término da vigência do contrato*, *sem qualquer ocorrência* que ocasionasse sua extinção por decisão da Administração ou inadequação do serviço prestado.

Desde que previamente previsto no contrato de concessão, é possível que haja a reversão dos bens em favor do Poder Público, no advento do termo contratual, mediante a indenização das parcelas dos investimentos que tenham sido realizados com o objetivo de garantir a continuidade e atualidade do serviço concedido, vinculados estritamente aos bens reversíveis (ainda não amortizados ou depreciados).

O poder público deverá antecipar-se à extinção da concessão e proceder aos levantamentos e avaliações necessários à determinação dos montantes da indenização que será devida à concessionária.

10.5.1.10.2. Encampação

A encampação pressupõe autorização legislativa específica e indenização prévia, consistindo na *retomada do serviço pelo poder concedente durante o prazo da concessão* por motivo de interesse público.

A indenização recairá sobre todos os prejuízos regularmente comprovados, bem como sobre as parcelas restantes dos bens reversíveis ainda não amortizados e depreciados.

O poder público deverá antecipar-se à extinção da concessão e proceder aos levantamentos e avaliações necessários à determinação dos montantes da indenização que será devida à concessionária.

Veja-se que, na encampação, a concessão não será extinta por culpa da concessionária, mas por decisão baseada em aspectos de conveniência e oportunidade tomada pelo Poder Concedente, o que ocasionará o dever de indenizar à concessionária.

A título de exemplo, imagine uma concessão precedida de obra pública em que a concessionária construiu a rodovia e exploraria o serviço conservação mediante pedágio pelo prazo de 20 anos. Assim, fez por sua conta e risco os investimentos necessários, considerando esse prazo para amortização. Decorridos dois anos da concessão, o Poder concedente decide retomar a execução do serviço. Impõe-se a indenização por todos os prejuízos regulamente comprovados.

10.5.1.10.3. Caducidade

A caducidade caracteriza-se como uma extinção unilateral da concessão, mediante decreto, nas situações de culpa da concessionária, podendo ocorrer no caso de inexecução total ou parcial do contrato, mediante a oportunidade prévia de prazo para correções, o devido processo legal, a ampla defesa e o contraditório.

Antes de instaurar processo administrativo para a verificação de inadimplência da concessionária, o poder concedente deverá comunicá-la, detalhadamente, os descumprimentos contratuais, dando-lhe um prazo para corrigir as falhas e transgressões apontadas e para o enquadramento, nos termos contratuais.

Não efetivadas as falhas e transgressões após o prazo razoável concedido pelo Poder concedente, este deverá instaurar processo administrativo com ampla defesa e contraditório.

A caducidade da concessão só poderá ser declarada pelo poder concedente quando nesse processo se comprovar que:

a) o serviço estiver sendo prestado de forma inadequada ou deficiente, tendo por base as normas, critérios, indicadores e parâmetros definidores da qualidade do serviço;

b) a concessionária descumprir cláusulas contratuais ou disposições legais ou regulamentares concernentes à concessão;

c) a concessionária paralisar o serviço ou concorrer para tanto, ressalvadas as hipóteses decorrentes de caso fortuito ou força maior;

d) a concessionária perder as condições econômicas, técnicas ou operacionais para manter a adequada prestação do serviço concedido;
e) a concessionária não cumprir as penalidades impostas por infrações, nos devidos prazos;
f) a concessionária não atender a intimação do poder concedente no sentido de regularizar a prestação do serviço; e
g) a concessionária não atender a intimação do poder concedente para, em 180 dias, apresentar a documentação relativa à regularidade fiscal, no curso da concessão.

Comprovada alguma das situações acima, o poder concedente poderá, mediante a conveniência e oportunidade, declarar por decreto a caducidade, independentemente de indenização prévia, calculada no decurso do processo.

Embora possa caber indenização à concessionária estritamente pelos bens reversíveis ainda não amortizados e não deteriorados, deverá ser descontado o valor das multas contratuais e dos danos causados pela concessionária.

Declarada a caducidade, não resultará para o poder concedente qualquer espécie de responsabilidade em relação aos encargos, ônus, obrigações ou compromissos com terceiros ou com empregados devidos pela concessionária, conforme previsto no art. 38, § 6º, da Lei n. 8.987/1995.

10.5.1.10.4. Rescisão

O contrato de concessão não poderá ser extinto unilateralmente pela concessionária. Assim, caso esta busque a rescisão contratual, estritamente nas hipóteses de descumprimento das normas contratuais pelo poder concedente, só restará a via judicial (se não houver cláusula arbitral) mediante ação judicial especialmente intentada para esse fim (Ação de rescisão contratual, que seguirá o procedimento comum do CPC).

Por força expressa do art. 39, parágrafo único, da Lei n. 8.987/1995, a fim de garantir o princípio da continuidade, os serviços prestados pela concessionária não poderão ser interrompidos ou paralisados, até que haja decisão judicial transitada em julgado.

10.5.2. A permissão de serviços públicos

A permissão de serviço público é a delegação, a título precário, *mediante licitação*, da prestação de serviços públicos, feita pelo poder concedente à *pessoa física* ou *jurídica* que demonstre capacidade para seu desempenho, por sua conta e risco.

Embora a Lei n. 8.987/1995, em seu art. 2º, inciso IV, preveja apenas que a permissão será realizada mediante *licitação*, compreendo, à luz da Lei n. 14.133/2021, em que as modalidades são definidas pelo objeto, e não mais pelo valor, como era na Lei n. 8.666/1993, só ser cabível o emprego da modalidade concorrência e diálogo competitivo, uma vez que não é hipótese de objeto do qual caiba o pregão, leilão ou concurso.

A permissão de serviço público será formalizada mediante contrato de adesão, que observará os termos da Lei n. 8.987/1995, das demais normas pertinentes e do edital de licitação, inclusive quanto à precariedade e à revogabilidade unilateral do contrato pelo poder concedente.

10.5.3. A autorização de serviços públicos

A *autorização de serviço público* coloca-se ao lado da concessão e da permissão de serviços públicos, destinando-se a serviços simples, de alcance limitado ou a trabalhos de emergência. É exceção, não regra, na delegação de serviços públicos[23]. É formalizada mediante termo de autorização, por se tratar de ato unilateral e precário. Segue, no que couber, a Lei n. 8.987/1995.

10.6. A PARCERIA PÚBLICO-PRIVADA (PPP)

A parceria público-privada possui uma denominação imprópria, pois, na verdade, trata-se de um contrato, de interesses divergentes, no qual o setor privado busca a obtenção de lucro e vantagens na execução do serviço ou da obra pública.

As PPPs são previstas na Lei n. 11.0179/2004 e vão ser efetivadas através de concessão patrocinada ou concessão administrativa, trabalhadas na seção anterior deste capítulo. A *concessão patrocinada* consiste na concessão comum ou na concessão precedida de obra pública, quando envolver, adicionalmente à tarifa cobrada dos usuários contraprestação pecuniária do parceiro público ao parceiro privado. Por sua vez, a *concessão administrativa* é o contrato de prestação de serviços de que a Administração Pública seja a usuária direta ou indireta, ainda que envolva execução de obra ou fornecimento e instalação de bens

Na parceria público-privada, modalidade especial de concessão, há um compartilhamento de riscos entre o Estado e o parceiro privado, ao contrário das concessões comuns, em que a concessionária explora por sua conta e risco.

Em virtude disso, antes da celebração do contrato, deverá ser instituída a denominada sociedade de propósito específico, entre a concessionária e o poder concedente.

10.6.1. A sociedade de propósito específico

Antes da celebração do contrato, o art. 9º da Lei n. 11.079/2004, determina que seja constituída uma sociedade de propósito específico, integrada pela concessionária e o poder concedente, além de outros eventuais acionistas (uma vez que pode assumir forma de companhia aberta, com valores mobiliários admitidos a negociação no mercado), incumbida de implantar e gerir o objeto da parceria.

É vedado à Administração Pública ser titular da maioria do capital votante da sociedade de propósito específico, devendo essa, entretanto, obedecer a padrões de governança corporativa e adotar contabilidade e demonstrações financeiras padronizadas, uma vez que constituirá empresa da qual o Estado participa.

Essa vedação, no entanto, não se aplica à eventual aquisição da maioria do capital votante da sociedade de propósito específico por instituição financeira controlada

---

[23] DI PIETRO, Maria Sylvia Zanella. *Direito administrativo*. 36. ed. rev. atual. e ampl. Rio de Janeiro: Forense, 2024, p. 345.

pelo Poder Público em caso de inadimplemento de contratos de financiamento (a exemplo dos Bancos estatais).

10.6.2. Características da parceria público-privada

São características da parceria público-privada, entre outras, constituir espécies de concessão, possuir prazo determinado (que deverá ser fixado entre 5 e 25 anos), só podem ser celebradas para contratos com valor acima de 10 milhões de reais e exige licitação prévia (na modalidade concorrência ou diálogo competitivo).

Ainda, nas concessões patrocinadas em que mais de 70% da remuneração do parceiro privado for paga pela Administração Pública, haverá a necessidade de autorização legislativa específica.

10.6.3. Vedações ao contrato de parceria público-privada

É vedada a celebração de PPP para contratos com valores inferiores a R$ 10.000.000,00 (dez milhões de reais), bem como para PPP com prazo contratual inferior a cinco anos ou superior a 35 anos (já considerando eventual prorrogação). Além disso, é vedado aos contratos de PPP ter uma definição única no objeto, como prestação de serviço, obra ou fornecimento, devendo o contrato utilizar mais de um desses objetos.

10.6.4. Diretrizes obrigatórias na celebração das parceiras público-privadas

São diretrizes obrigatórias a serem observadas na celebração da PPP:

a) Eficiência no cumprimento das missões de Estado e no emprego dos recursos da sociedade;
b) Respeito aos interesses e direitos dos destinatários dos serviços privados incumbidos da sua execução;
c) Indelegabilidade das funções de regulação, jurisdicional, do exercício do poder de polícia e de outras atividades exclusivas do Estado;
d) Responsabilidade fiscal na celebração e execução das parcerias;
e) Transparência dos procedimentos e das decisões;
f) Repartição objetiva de riscos entre as partes; e
g) Sustentabilidade financeira e vantagens socioeconômicas dos projetos de parceria.

10.6.5. Garantias do poder concedente à parceira privada

As obrigações pecuniárias contraídas pela Administração Pública em razão da celebração das parcerias público-privadas poderão possuir garantias, entre as quais a vinculação de receitas; a instituição ou utilização de fundos especiais previstos em lei; a contratação de seguro-garantia com as companhias seguradoras que não sejam controladas pelo Poder Público; a garantia prestada por organismos internacionais ou instituições financeiras; a garantia prestada por fundo garantidor ou empresa estatal criada para essa finalidade, além de outros mecanismos admitidos em lei.

10.6.6. As modalidades de contraprestação do poder concedente

As contraprestações da Administração Pública ao parceiro privado poderão ocorrer por meio de ordem bancária, cessão de créditos não tributários, outorga de direitos em face da Administração Pública ou outorga de direitos sobre bens públicos dominicais, além de outros meios admitidos em lei.

A contraprestação da Administração Pública será obrigatoriamente precedida da disponibilização do serviço objeto do contrato de parceria público-privada. No entanto, é facultado, nos termos do contrato, a realização do pagamento da contraprestação relativa a parcela fruível do serviço objeto do contrato de parceria público-privada.

10.6.7. A licitação para PPP

A Licitação para PPP, que deverá ocorrer na modalidade concorrência ou diálogo competitivo, deve seguir as disposições específicas previstas nos arts. 10 a 13 da Lei n. 11.079/2004, aplicando-se subsidiariamente as normas da Lei n. 14.133/2021.

10.6.8. Cláusulas essenciais nos contratos de PPP

Os contratos de PPP, além de atender as cláusulas gerais aplicáveis aos contratos de concessão previstas no art. 23 da Lei n. 8.987/1995, deverão prever as seguintes cláusulas essenciais:

a) o prazo de vigência do contrato, compatível com a amortização dos investimentos realizados, não inferior a 5 (cinco), nem superior a 35 (trinta e cinco) anos, incluindo eventual prorrogação;

b) as penalidades aplicáveis à Administração Pública e ao parceiro privado em caso de inadimplemento contratual, fixadas sempre de forma proporcional à gravidade da falta cometida, e às obrigações assumidas;

c) a repartição de riscos entre as partes, inclusive os referentes a caso fortuito, força maior, fato do príncipe e álea econômica extraordinária;

d) as formas de remuneração e de atualização dos valores contratuais;

e) os mecanismos para a preservação da atualidade da prestação dos serviços;

f) os fatos que caracterizem a inadimplência pecuniária do parceiro público, os modos e o prazo de regularização e, quando houver, a forma de acionamento da garantia;

g) os critérios objetivos de avaliação do desempenho do parceiro privado;

h) a prestação, pelo parceiro privado, de garantias de execução suficientes e compatíveis com os ônus e riscos envolvidos, observados os limites previstos na Lei n. 14.133/2021;

i) o compartilhamento com a Administração Pública de ganhos econômicos efetivos do parceiro privado decorrentes da redução do risco de crédito dos financiamentos utilizados pelo parceiro privado;

j) a realização de vistoria dos bens reversíveis, podendo o parceiro público reter os pagamentos ao parceiro privado, no valor necessário para reparar as irregularidades eventualmente detectadas; e

k) o cronograma e os marcos para o repasse ao parceiro privado das parcelas do aporte de recursos, na fase de investimentos do projeto e/ou após a disponibilização dos serviços, para a realização de obras e aquisição de bens reversíveis, desde que autorizado no edital de licitação.

O contrato poderá prever o pagamento ao parceiro privado de remuneração variável vinculada ao seu desempenho, conforme metas e padrões de qualidade e disponibilidade definidos no contrato.

Ademais, as cláusulas contratuais de atualização automática de valores baseadas em índices e fórmulas matemáticas, quando houver, serão aplicadas sem necessidade de homologação pela Administração Pública, exceto se esta publicar, na imprensa oficial, onde houver, até o prazo de 15 dias após apresentação da fatura, razões fundamentadas em lei ou no contrato para a rejeição da atualização.

10.7. O PROGRAMA DE PARCERIA DE INVESTIMENTOS (PPI)

A Lei n. 13.334/2016 criou o Programa de Parcerias de Investimentos – PPI, destinado à ampliação e ao fortalecimento da interação entre o Estado e a iniciativa privada por meio da celebração de contratos de parceria para a execução de empreendimentos públicos de infraestrutura e de outras medidas de desestatização.

Podem integrar o PPI os empreendimentos públicos de infraestrutura em execução ou a serem executados por meio de contratos de parceria celebrados pela Administração pública direta e indireta da União, os empreendimentos públicos de infraestrutura que, por delegação ou com o fomento da União, sejam executados por meio de contratos de parceria celebrados pela Administração pública direta ou indireta dos Estados, do Distrito Federal ou dos Municípios, as demais medidas do Programa Nacional de Desestatização a que se refere a Lei n. 9.491/1997 bem como as obras e os serviços de engenharia de interesse estratégico.

Por fim, ressalta-se que os empreendimentos do PPI serão tratados como prioridade nacional por todos os agentes públicos de execução ou de controle da União, dos Estados, do Distrito Federal e dos Municípios.

10.7.1 Contrato de parceria

Consideram-se contratos de parceria a concessão comum, a concessão patrocinada, a concessão administrativa, a concessão regida por legislação setorial, a permissão de serviço público, o arrendamento de bem público, a concessão de direito real e os outros negócios público-privados que, em função de seu caráter estratégico e de sua complexidade, especificidade, volume de investimentos, longo prazo, riscos ou incertezas envolvidos, adotem estrutura jurídica semelhante.

10.7.2. Os objetivos do PPI

Entre os objetivos do PPI estão a ampliação das oportunidades de investimento e emprego e o estímulo ao desenvolvimento tecnológico e industrial, em harmonia com as metas de desenvolvimento social e econômico do País; a garantia da expansão com qualidade da infraestrutura pública, com tarifas adequadas; a promoção ampla e justa da competição na celebração das parcerias e na prestação dos serviços; a promoção da estabilidade e da segurança jurídica, com a garantia da mínima intervenção nos negócios e investimentos; o fortalecimento do papel regulador do Estado e a autonomia das entidades estatais de regulação, além do fortalecimento das políticas nacionais de integração dos diferentes modais de transporte de pessoas e bens, em conformidade com as políticas de desenvolvimento nacional, regional e urbano, de defesa nacional, de meio ambiente e de segurança das populações, formuladas pelas diversas esferas de governo.

10.7.3. Os princípios do PPI

Na implementação do PPI serão observados os princípios da estabilidade das políticas públicas de infraestrutura; da legalidade, qualidade, eficiência e transparência da atuação estatal; e da garantia de segurança jurídica aos agentes públicos, às entidades estatais e aos particulares envolvidos.

10.7.4. A liberação de empreendimentos do PPI

Os órgãos, entidades e autoridades estatais, inclusive as autônomas e independentes, da União, dos Estados, do Distrito Federal e dos Municípios, com competências de cujo exercício dependa a viabilização de empreendimento do PPI, têm o dever de atuar, em conjunto e com eficiência, para que sejam concluídos, de forma uniforme, econômica e em prazo compatível com o caráter prioritário nacional do empreendimento, todos os processos e atos administrativos necessários à sua estruturação, liberação e execução.

Essa liberação deve ser compreendida como quaisquer licenças, autorizações, registros, permissões, direitos de uso ou exploração, regimes especiais, e títulos equivalentes, de natureza regulatória, ambiental, indígena, urbanística, de trânsito, patrimonial pública, hídrica, de proteção do patrimônio cultural, aduaneira, minerária, tributária, e quaisquer outras, necessárias à implantação e à operação do empreendimento.

10.7.5. A prorrogação e a relicitação no âmbito do PPI

A Lei n. 13.448/2017 dispõe sobre as diretrizes gerais para prorrogação e relicitação dos contratos de concessão nos setores rodoviário, ferroviário e aeroportuário da administração pública federal no âmbito do PPI.

O propósito é permitir que a administração reveja aqueles contratos, nos quais a concessionária não esteja cumprindo suas obrigações, de modo a não interromper o propósito de desenvolvimento nacional almejado pelo PPI.

A lei trata da *prorrogação contratual*, tida como a alteração do prazo de vigência do contrato de parceria, expressamente admitida no respectivo edital ou no instrumento contratual original, realizada a critério do órgão ou da entidade competente e de comum acordo com o contratado, em razão do término da vigência do ajuste.

Trata da *prorrogação antecipada*, que consiste na alteração do prazo de vigência do contrato de parceria, quando expressamente admitida a prorrogação contratual no respectivo edital ou no instrumento contratual original, realizada a critério do órgão ou da entidade competente e de comum acordo com o contratado, produzindo efeitos antes do término da vigência do ajuste.

Institui a *relicitação*, conceituado como o procedimento que compreende a extinção amigável do contrato de parceria e a celebração de novo ajuste negocial para o empreendimento, em novas condições contratuais e com novos contratados, mediante licitação promovida para esse fim.

RESUMO DO CAPÍTULO 10

SERVIÇO PÚBLICO	Conceito	Serviço público é aquele prestado pela Administração direta ou indireta, visando a **atender interesses coletivos**. Pode ser prestado diretamente pelo Estado ou por terceiros mediante delegação (concessão, permissão).
	Critério subjetivo	Define serviço público **pela pessoa jurídica que presta a atividade**, ou seja, é o serviço prestado diretamente pelo Estado ou por entes que integram a Administração Pública, como as autarquias.
	Critério material	Focado na atividade, considera serviço público aquele **voltado à satisfação das necessidades coletivas**, independentemente de quem presta o serviço, desde que atenda a um interesse público, mesmo quando exercido por particulares.
	Critério formal	Considera o **regime jurídico**, podendo ser exercido sob direito público ou privado, dependendo da natureza do serviço.
FORMAS DE PRESTAÇÃO	Formas de prestação	**Direta** (pela Administração Pública) ou **indireta** (por delegação a entes da Administração Indireta ou a particulares).
	Descentralização por outorga	Transferência do serviço ou de sua titularidade a **pessoas jurídicas da Administração Indireta**, com possibilidade de poder de polícia (esse poder se limita a entes públicos).
	Descentralização por delegação	Transferência de execução do serviço a terceiros (**concessionárias, permissionárias, autorizatárias**), sempre precedida de licitação.
PRINCÍPIOS DOS SERVIÇOS PÚBLICOS		Regularidade, continuidade, eficiência, segurança, atualidade, cortesia, generalidade, modicidade e transparência tarifária.
CLASSIFICAÇÃO DOS SERVIÇOS PÚBLICOS		Próprio ou impróprio
		Exclusivo ou não exclusivo
		Administrativo, comercial ou social
		Geral (*uti universi*) ou específico (*uti singuli*)
CONCESSÃO, PERMISSÃO E AUTORIZAÇÃO DE SERVIÇOS PÚBLICOS	Concessão de serviços públicos	Delegação mediante contrato, precedido de licitação, com pessoa jurídica para **execução de serviço público** por prazo determinado.
	Espécies de concessão	Comum
		Precedida de obra pública
		Patrocinada (PPP)
		Administrativa (usuário direto é o ente público)
	Permissão de serviços públicos	Delegação precária, realizada mediante contrato de adesão, para **prestação de serviços públicos** por pessoa física ou jurídica.
	Autorização de serviços públicos	Delegação formalizada por **termo administrativo**, para serviços de menor alcance ou temporários, atividades específicas e de menor complexidade.

PARCERIA PÚBLICO-PRIVADA (PPP)	Parceria público-privada (PPP)	Contrato de concessão **administrativa ou patrocinada** com compartilhamento de riscos entre o Estado e o setor privado.
		A PPP se aplica apenas a projetos de valor elevado e que não podem ser inferiores a 10 milhões de reais e o período de prestação do serviço não pode ser inferior a 5 (cinco) anos.
	Diretrizes para PPP	Eficiência, respeito aos destinatários, responsabilidade fiscal, sustentabilidade financeira e repartição de riscos.

Capítulo 11
BENS PÚBLICOS

11.1. CONCEITO

São públicos os bens das pessoas jurídicas de direito público interno, os quais estão sujeitos a prerrogativas e alienação condicionada, sendo que todos os outros são privados, inclusive os bens das pessoas jurídicas de direito público externo e os das pessoas jurídicas de direito privado integrantes da Administração Pública.

11.2. ESPÉCIES

De acordo com o art. 99 do Código Civil, os bens públicos podem ser classificados em bens de uso comum do povo, bens de uso especial e bens dominicais.

11.2.1. Bens de uso comum do povo

Os *bens de uso comum do povo* são aqueles que todos podem usar, em convívio social, de modo não privativo, como as ruas e as praças. Mesmo sendo um bem de uso comum do povo, eles pertencem a um dos Entes federativos, os quais poderão impor condições de utilização, almejando o bem comum.

Os bens de uso comum do povo, quando passarem a ser utilizados de forma privativa, de modo que impeça ou dificulte a utilização por todos do povo, devem ser protegidos pelo poder público, o que poderá ensejar medidas coercitivas, como a remoção ou reintegração de posse.

Como exemplo, é possível mencionar uma praça pública em que determinado grupo de pessoas monte acampamento, instale camas, fogões e geladeiras, permanecendo por tempo indeterminado e impedindo ou dificultando o uso pelas demais pessoas do corpo social.

Para a utilização precária (temporária) de um bem de uso comum do povo de modo privativo, como a realização de uma praça pública para a realização de uma festa junina ou a colocação de mesas e cadeiras em um passeio, é indispensável a outorga de *autorização de uso* pelo poder público.

Do mesmo modo, estão sujeitas a *autorização de uso* (se não houver licitação, quando se outorgar indistintamente a qualquer pessoa) ou *permissão de uso* (se houver licitação, quando houver seleção de um número limitado de pessoas) pelo poder público local, a utilização de área pública urbana por equipamentos do tipo quiosque, *trailer*, feira e banca de venda de jornais e de revistas, seguindo-se as normas gerais da Lei n. 13.311/2016.

Os bens de uso comum do povo estão afetados a uma finalidade pública, qual seja, essa utilização (comum pelo povo) e só podem ser alienados, após serem desafetados fática ou juridicamente.

11.2.2. Bens de uso especial

Os *bens de uso especial* estão *afetados* a uma finalidade pública, sendo destinados às instalações e aos serviços públicos, como os prédios das repartições ou escolas públicas, utilizados pelos agentes públicos ou pelos particulares conforme as condições estabelecidas pelo Poder Público.

A título de exemplo, menciona-se um cemitério público, o qual constitui um bem de uso especial, afetado à destinação de restos mortais, sujeito ao poder de polícia mortuária municipal. Embora possa ser frequentado pelas pessoas, está afetado à uma finalidade pública, tendo seu uso condicionado, a exemplo da previsão de horário de funcionamento.

De igual modo, pode-se mencionar uma biblioteca pública, a qual está afetada a uma finalidade pública e pode ser utilizada por qualquer interessado, desde que atenda às condições impostas pelo poder público, como o horário de funcionamento.

Os bens de uso especial só poderão ser alienados após sua desafetação fática ou jurídica.

11.2.3. Bens dominicais

Os *bens dominicais* são aqueles que pertencem ao acervo do poder público, mas não possuem uma destinação especial, ou seja, não estão afetados. Embora não estejam afetados, não perdem as prerrogativas inerentes aos bens públicos como a impenhorabilidade e a imprescritibilidade.

Ademais, por estarem desafetados, poderão ser alienados, atendendo-se aos requisitos legais inerentes aos bens públicos. Menciona-se como exemplo de um bem dominical, um terreno sem utilização específica pelo município.

11.3. PRERROGATIVAS DOS BENS PÚBLICOS

Os bens públicos possuem prerrogativas, decorrentes do regime de direito público a eles inerentes. Os bens das fundações públicas de direito privado, das empresas públicas e das sociedades de economia mista prestadoras de serviços públicos são privados, mas também poderão gozar das prerrogativas da impenhorabilidade e da imprescritibilidade, se forem essenciais para a prestação do serviço público[1].

11.3.1. Impenhorabilidade

Os bens públicos são impenhoráveis, não podendo ser penhorados, arrestados ou sequestrados, sejam eles de uso comum do povo, especiais ou dominicais, pois são titularizados pelas pessoas jurídicas de direito público, as quais não se submetem à execução patrimonial, mas ao regime de precatórios previstos no art. 100 da Constituição.

---

[1] O STF reafirmou esse entendimento, no caso da Empresa Paraibana de Abastecimento e Serviços Agrícolas (Empasa), Sociedade de Economia Mista estadual, por ocasião do julgamento da ADPF n. 844, de relatoria do Min. Edson Fachin, em 19 de agosto de 2022.

11.3.2. Imprescritibilidade

Os bens públicos são *insuscetíveis de prescrição supressiva e aquisitiva*. Significa dizer que os direitos do poder público sobre seus bens não prescrevem, ou seja, não são suprimidos pelo decurso do tempo. De igual modo, não *são atingidos pela prescrição aquisitiva pelo particular*, a exemplo da *usucapião*, sejam eles os bens móveis, imóveis, semoventes, de uso comum do povo, especiais ou dominicais.

11.3.3. Impossibilidade de constituir objeto de penhor, hipoteca ou anticrese

Os bens públicos não são suscetíveis de constituir objeto de penhor, hipoteca ou anticrese. O *penhor* ocorre quando o devedor *transfere* ao credor a *posse* direta de *bem móvel*, como forma de garantir o pagamento de seu débito. Até o pagamento da obrigação, o bem fica em mãos do credor, ou seja, há a transferência do bem móvel a esse (exceto rural, industrial, mercantil e de veículo).

A *hipoteca* ocorre quando se grava um *bem imóvel* (ou outro bem que lei considere como hipotecável, como navios e aeronaves) *pertencente ao devedor ou a um terceiro*, *sem transmissão da posse* ao credor (na hipoteca não há tradição). Se o devedor não pagar a dívida no seu vencimento, fica o credor habilitado a exercer o direito de excussão (solicitar a venda judicial do bem).

Por outro lado, na *anticrese*, o devedor *transfere para o credor a posse de bem imóvel*, para que este se aproveite dos frutos e rendimentos do imóvel, até o montante da dívida a ser paga.

Nenhuma dessas possibilidades se aplica aos bens públicos.

11.3.4. Alienação condicionada

Inicialmente, há de se destacar que o art. 110 do Código Civil veda a alienação dos bens públicos de uso comum do povo e de uso especial, enquanto estes estiverem afetados. Assim, para que sejam alienados, é necessária a desafetação, a motivação do interesse público, a avaliação prévia, a autorização legislativa no caso de bens imóveis, e, como regra, a licitação na modalidade leilão.

11.3.4.1. Desafetação

A afetação é a atribuição de uma finalidade pública ao bem. Assim, os bens de uso comum do povo estão afetados a essa finalidade e os bens de uso especial estão afetados a uma finalidade específica, de utilização pela Administração. A desafetação desses bens os torna dominicais, passíveis de serem alienados, podendo ser *fática* ou *jurídica*.

A *desafetação fática* ocorre por um acontecimento independente de qualquer ato administrativo ou legislativo. O bem perde a finalidade a que se destinava por circunstâncias fáticas, a exemplo do álveo abandonado (leito de um rio que seca definitivamente). Ocorreu a desafetação fática de um bem de uso comum do povo, tornando-o dominical, passível de ser alienado. De igual modo, imagine o prédio de uma biblioteca pública que tenha sofrido um incêndio e restado completamente destruído. Ocorreu a desafetação fática de um bem de uso especial, o tornando dominical.

Por sua vez, a *desafetação jurídica* ocorre por ato administrativo, por meio de decreto do Chefe do Executivo, o transformando em bem dominical, o que possibilita a alienação[2].

11.3.4.2. Interesse público, avaliação prévia, autorização legislativa e licitação

Ademais, além da desafetação fática ou jurídica (se não forem dominicais), os bens públicos para serem alienados devem atender as seguintes condições:

Se for *bem imóvel*, deverá ser motivada a existência de interesse público, procedida a avaliação do valor de mercado, encaminhado projeto de lei para autorização legislativa e realizada licitação na modalidade leilão (salvo as hipóteses de licitação dispensada previstas no art. 76, inciso I, da Lei n. 14.133/2021).

Se for *bem móvel*, deverá ser motivada a existência de interesse público, procedida a avaliação do valor de mercado, e realizada licitação na modalidade leilão (salvo as hipóteses de licitação dispensada previstas no art. 76, inciso I, da Lei n. 14.133/2021).

11.4. INCORPORAÇÃO DE BENS AO PATRIMÔNIO PÚBLICO

A incorporação de um bem ao patrimônio público poderá decorrer de doação, compra, desapropriação, expropriação ou confisco, permuta, dação em pagamento, direito hereditário, apossamento administrativo (ou desapropriação indireta) e usucapião.

11.4.1. Doação

O particular realiza a doação de bem móvel ou imóvel ao poder público, incorporando-se este ao patrimônio público. No âmbito federal, o Decreto n. 9.764/2019 regulamenta a doação de bens móveis e de serviços de pessoas físicas ou jurídicas de direito privado para órgãos e para entidades da administração pública federal direta, autárquica e fundacional.

11.4.2. Compra

É a regra, quando se trata de aquisição de bens móveis e imóveis pela Administração. Deve, como regra, ser precedida de licitação, salvo as hipóteses de dispensa e inexigibilidade de licitação.

Especificamente quanto aos bens imóveis, o art. 74, inciso V, da Lei n. 14.133/2021, permite a compra de imóvel cujas características de instalações e de localização tornem necessária sua escolha. Não preenchendo os requisitos desse artigo, deverá ser realizada licitação.

11.4.3. Desapropriação

Os bens podem ser incorporados ao patrimônio público em decorrência da desapropriação ordinária, por necessidade ou utilidade pública, bem como interesse social, prevista no art. 5º, inciso XXIV, pela desapropriação sancionatória urbana,

---

[2] A título exemplificativo, veja o Decreto n. 10.856, de 11 de novembro de 2021, que desafeta formalmente bem de propriedade da União. Disponível em: https://www.planalto.gov.br/ccivil_03/_Ato2019-2022/2021/Decreto/D10856.htm. Acesso em: 21 nov 2023.

prevista no art. 182, § 4º, inciso III, ou pela desapropriação sancionatória agrária, prevista no art. 184, todos da Constituição.

11.4.4. Expropriação ou confisco

É possível que os bens sejam incorporados pela *expropriação*, prevista no art. 243 da CF/1988, o qual prevê que as propriedades rurais e urbanas de qualquer região do País onde forem localizadas culturas ilegais de plantas psicotrópicas ou a exploração de trabalho escravo na forma da lei serão expropriadas e destinadas à reforma agrária e a programas de habitação popular, sem qualquer indenização ao proprietário.

O mesmo artigo, no parágrafo único, prevê o confisco de todo e qualquer bem de valor econômico apreendido em decorrência do tráfico ilícito de entorpecentes e drogas afins e da exploração de trabalho. O Código Penal, nos arts. 91, inciso II, e 91-A, também estabelece a perda dos bens decorrentes da prática de crimes.

11.4.5. Permuta

A permuta pressupõe troca. Assim, o bem poderá decorrer de permuta, o que será realizado sem licitação, na forma do art. 76, inciso I, alínea "c" da Lei n. 14.133/2021, o qual permite a permuta por outros imóveis que atendam aos requisitos relacionados às finalidades precípuas da Administração, desde que a diferença apurada não ultrapasse a metade do valor do imóvel que será ofertado, segundo avaliação prévia, e ocorra a torna de valores, sempre que for o caso.

11.4.6. Dação em pagamento

O bem imóvel incorporado ao patrimônio público poderá decorrer de dação em pagamento, decorrente de dívida do particular com a Fazenda Pública, na forma do art. 156, inciso XI, do Código Tributário Nacional.

11.4.7. Direito hereditário

Os bens poderão incorporar ao patrimônio público em virtude de herança jacente, que decorrerá após cinco anos da abertura da sucessão, sem a habilitação de herdeiros. Os bens arrecadados passarão ao domínio do Município ou do Distrito Federal, se localizados nas respectivas circunscrições, incorporando-se ao domínio da União quando situados em território, conforme expressamente previsto no art. 1.822 do Código Civil.

11.4.8. Apossamento administrativo ou desapropriação indireta

Os bens poderão ser incorporados à fazenda pública através de apossamento administrativo ou desapropriação direta. O art. 35 do DL n. 3.365/1941 prevê que os bens, após apossados pelo poder público, não serão objeto de reinvindicação.

Assim, qualquer questão estará sujeita a perdas e danos, ou seja, à indenização pela desapropriação indireta (esbulho) promovida pelo poder público, sem a competente ação de desapropriação, com a justa e prévia indenização.

Nessa situação, o bem será incorporado faticamente, pois a incorporação de direito se dará pela usucapião, depois de decorridos dez anos na posse do bem (mesmo prazo prescricional para o particular buscar a indenização pela perda do bem).

11.4.9. Usucapião

Os bens públicos não podem ser usucapidos pelo particular, mas o poder público poderá usucapir seus bens, depois de decorridos dez anos do apossamento administrativo, com fundamento no art. 1.238, parágrafo único, do Código Civil.

11.5. UTILIZAÇÃO ESPECIAL DE BENS PÚBLICOS POR PARTICULARES E POR ÓRGÃOS E ENTIDADES

Todos os bens podem, eventualmente, ser utilizados de forma especial por particulares, mediante *autorização de uso*, *permissão de uso* ou *concessão administrativa ou real de uso*. Por sua vez, eles também podem ser utilizados por órgãos e entidades distintos daqueles que possuem a propriedade do bem ou o administram, por meio da *cessão de uso* ou *compartilhamento de bem*.

11.5.1. Autorização de uso de bem público

A *autorização de uso* serve para auxiliar interesses particulares em eventos ocasionais ou temporários, sendo ato unilateral, gratuito ou oneroso, discricionário e precário, podendo ser revogado a qualquer tempo, não havendo licitação prévia. Como exemplo, pode-se mencionar a autorização de uso de uma praça para realização de uma festa junina; o uso de uma rua para realização de uma confraternização de bairro; o uso de uma calçada para colocação de cadeiras por parte de um bar.

11.5.2. Permissão de uso de bem público

A *permissão de uso* se aproxima à autorização, mas é dada no interesse público, é precária e, como regra, é onerosa, criando para o permissionário um dever de utilização, sob pena de revogação. Como regra, pressupõe licitação, se não houver outro critério legal de distribuição, a exemplo dos imóveis residenciais funcionais da União, que são permitidos através de ordem de inscrição entre os servidores.

11.5.3. Concessão administrativa de uso

A *concessão administrativa de uso* é um contrato administrativo entre a Administração e um particular, precedido de licitação, tendo por objeto a cessão onerosa (não gratuita) de um bem para uso exclusivo, por prazo certo (conforme estipulado no contrato). Oferece maior segurança jurídica ao concessionário, pois só pode ser interrompida nas hipóteses contratuais ou legais. Como exemplo, pode-se mencionar a concessão de um imóvel para a instalação de um restaurante em um zoológico municipal; a cessão de uma sala para instalação de um café no interior de um fórum.

11.5.4. Concessão de direito real de uso

A *concessão de direito real de uso* aplica-se apenas a bens dominicais. É instituto de direito privado, de natureza contratual. Consiste na aquisição, pelo particular, de direito resolúvel do uso de um terreno público, de modo gratuito ou remunerado, para fins de interesse social de certo vulto, como urbanização ou cultivo. Exige autorização legislativa e, como regra, critério de distribuição.

11.5.5. Cessão de uso

A *cessão de uso* difere-se da concessão de uso por não ser celebrada mediante contrato, mas por mero termo de cessão de uso. É celebrada entre distintos órgãos e entidades da Administração Pública (cedente e cessionário) ou entre estes (cedente) e entidades sem fins lucrativos (cessionário). É caracterizada por sua precariedade, ou seja, a cessão pode ser revogada a qualquer tempo, quando se tornar inconveniente ou inoportuna ao cedente. É caracterizada pela gratuidade (não onerosa), o que não impede que o cessionário realize o ressarcimento de eventuais despesas ao cedente, sob pena de enriquecimento sem causa.

Como exemplo, menciono a cessão de uso de um bem imóvel da União (quartel das Forças Armadas cujo efetivo foi transferido para outra localidade) a um Estado da Federação, para instalação da sede da Procuradoria do Estado.

11.5.6. Compartilhamento de bem público

O compartilhamento de bem é um instituto recente, previsto no âmbito federal, pela Portaria ME n. 1.708, de 12 de fevereiro de 2021. Nessa situação, ocorre o compartilhamento de áreas e o rateio de despesas comuns em imóveis de uso especial utilizados pelos órgãos e entidades da Administração Pública Federal direta, autárquica e fundacional.

O *órgão gestor* é a unidade organizacional encarregada de administrar o bem utilizado pelo respectivo órgão da administração direta, autárquica e fundacional. Por outro lado, o *órgão ou entidade cliente* é aquele que utiliza o bem administrado pelo órgão gestor de maneira compartilhada. É possível também o compartilhamento de imóveis privados afetados a uma função pública, a exemplo de um prédio particular locado por um órgão federal.

No compartilhamento de bem, há o rateio das despesas comuns, mediante o ressarcimento ao órgão gestor, que deverá ocorrer por meio de descentralização de créditos orçamentários, dispensando-se a formalização de Termo de Execução Descentralizada (TED).

O instituto deve ser efetivado por meio de "termo de compartilhamento de imóvel e rateio de despesas". Como exemplo, é possível mencionar o compartilhamento de um prédio da União, com quatro andares, administrado pela Receita Federal (órgão da Administração Direta), com o INSS (autarquia federal cliente), de modo que cada um utilize dois andares e realizem o correspondente rateio das despesas comuns.

11.6. PROPRIEDADE DE BENS CONSTITUCIONALMENTE PREVISTA

A Constituição Federal de 1988 estabelece, em seu art. 20, que são bens da União:

a) os que atualmente lhe pertencem e os que lhe vierem a ser atribuídos;

b) as terras devolutas indispensáveis à defesa das fronteiras[3], das fortificações e construções militares, das vias federais de comunicação e à preservação ambiental, definidas em lei;
c) os lagos, rios e quaisquer correntes de água em terrenos de seu domínio, ou que banhem mais de um Estado, sirvam de limites com outros países, ou se estendam a território estrangeiro ou dele provenham, bem como os terrenos marginais e as praias fluviais;
d) as ilhas fluviais e lacustres nas zonas limítrofes com outros países; as praias marítimas; as ilhas oceânicas e as costeiras, excluídas, destas, as que contenham a sede de Municípios, exceto aquelas áreas afetadas ao serviço público e a unidade ambiental federal;
e) os recursos naturais da plataforma continental e da zona econômica exclusiva[4];
f) o mar territorial;
g) os terrenos de marinha e seus acrescidos;
h) os potenciais de energia hidráulica;
i) os recursos minerais, inclusive os do subsolo;
j) as cavidades naturais subterrâneas e os sítios arqueológicos e pré-históricos;
k) as terras tradicionalmente ocupadas pelos índios[5].

Por sua vez, incluem-se entre os bens dos Estados, conforme previsão expressa do art. 26 da CF/1988, os seguintes:

a) as águas superficiais ou subterrâneas, fluentes, emergentes e em depósito, ressalvadas, neste caso, na forma da lei, as decorrentes de obras da União;
b) as áreas, nas ilhas oceânicas e costeiras, que estiverem no seu domínio, excluídas aquelas sob domínio da União, Municípios ou terceiros;
c) as ilhas fluviais e lacustres não pertencentes à União; e
d) as terras devolutas não compreendidas entre as da União.

Por fim, ressalta-se que os bens dos municípios são residuais, ou seja, aqueles que não são da União e não integram os bens dos Estados, a exemplo das ruas, alamedas e praças.

---

[3] O art. 20, § 2º, da CF/1988, estabelece que a faixa de até cento e cinquenta quilômetros de largura, ao longo das fronteiras terrestres, designada como faixa de fronteira, é considerada fundamental para defesa do território nacional, e sua ocupação e utilização são reguladas pela Lei n. 6.634/1979, a qual impõe uma série de restrições às atividades desenvolvidas nessa área.

[4] O art. 20, § 1º, da CF/1988, assegura, nos termos da Lei n. 12.351/2010, à União, aos Estados, ao Distrito Federal e aos Municípios a participação no resultado da exploração de petróleo ou gás natural, de recursos hídricos para fins de geração de energia elétrica e de outros recursos minerais no respectivo território, plataforma continental, mar territorial ou zona econômica exclusiva, ou compensação financeira por essa exploração (denominados *royalties*).

[5] A Lei n. 14.701/2023, em seu art. 4º, estabelece que são terras tradicionalmente ocupadas pelos indígenas brasileiros aquelas que, na data da promulgação da Constituição Federal (5 de outubro de 1988), eram, simultaneamente: a) habitadas por eles em caráter permanente; b) utilizadas para suas atividades produtivas; c) imprescindíveis à preservação dos recursos ambientais necessários a seu bem-estar; d) necessárias à sua reprodução física e cultural, segundo seus usos, costumes e tradições. Tramitam no STF algumas ações de controle concentrado buscando a inconstitucionalidade desse artigo, dentre as quais destaco a ADI n. 7.583 e a ADI n. 7.586, as quais, até o fechamento desta edição, não possuem decisão cautelar ou de mérito.

RESUMO DO CAPÍTULO 11

BENS PÚBLICOS	Conceito	Bens públicos são aqueles afetados ao uso comum ou a atividades de interesse público, regidos por um regime jurídico especial, que inclui inalienabilidade, impenhorabilidade e imprescritibilidade em certas situações.
ESPÉCIES	Bens de uso comum do povo	Aqueles de **acesso público**, como ruas e praças, sujeitos a condições de utilização pelo ente federativo.
		Podem requerer **autorização ou permissão** para uso privativo em eventos.
	Bens de uso especial	Destinados a **instalações e serviços públicos**, como prédios públicos e cemitérios.
		Sujeitos a **desafetação para alienação**.
	Bens dominicais	Bens sem destinação específica que integram o acervo público.
		Alienáveis mediante desafetação e cumprimento de requisitos legais.
PRERROGATIVAS DOS BENS PÚBLICOS	Impenhorabilidade	Bens públicos **não podem ser penhorados, arrestados ou sequestrados**, e seguem o regime de precatórios do art. 100 da Constituição.
	Imprescritibilidade	Os bens públicos **não perdem direitos por prescrição** e são **insuscetíveis de usucapião por particulares**.
	Alienação condicionada	**Vedada** a alienação de bens de uso comum do povo e de uso especial enquanto afetados; a alienação exige desafetação e licitação.
	Desafetação	Processo que retira a finalidade pública de um bem, tornando-o alienável. **Pode ser fática (por eventos) ou jurídica (por ato administrativo)**.
INCORPORAÇÃO AO PATRIMÔNIO PÚBLICO	Doação	Particulares **podem doar bens ao poder público**. Regulamentada pelo Decreto n. 9.764/2019 no âmbito federal.
	Compra	Aquisição de bens pela Administração Pública, **geralmente precedida de licitação**, exceto em casos de dispensa ou inexigibilidade.
	Desapropriação	Processo **judicial ou administrativo de incorporação** de bens por necessidade pública ou interesse social.
	Expropriação e confisco	Expropriação por **exploração ilegal**, como no caso de tráfico ou trabalho escravo, conforme art. 243 da Constituição. **Não há indenização ao proprietário**, sendo uma medida sancionatória em casos de práticas ilegais.
	Permuta	**Troca de bens públicos,** realizada sem licitação quando atende requisitos específicos, com compensação monetária quando necessário.
	Dação em pagamento	Bens públicos adquiridos para **quitação de dívida do particular com o poder público**, prevista no Código Tributário Nacional.
	Direito hereditário	Bens **incorporados por herança** quando não houver herdeiros após cinco anos, passando ao domínio do Município, do Distrito Federal ou da União, conforme o caso.
	Usucapião pelo poder público	Bens incorporados por **usucapião após dez anos de posse**, aplicável apenas ao poder público e não aos particulares.

UTILIZAÇÃO ESPECIAL DE BENS PÚBLICOS	Autorização de uso	**Concessão temporária para uso de bens públicos**, sem licitação, como em eventos temporários ou festas locais.
	Permissão de uso	Uso de bem público em interesse público, geralmente **oneroso e precário**, concedido por licitação ou critério legal específico.
	Concessão administrativa de uso	Contrato administrativo para **uso exclusivo de bens públicos por particular**, com maior segurança jurídica e prazo certo.
	Concessão de direito real de uso	Destinada a bens dominicais para fins de **urbanização ou cultivo**, mediante contrato, podendo ser gratuita ou onerosa.
	Cessão de uso	Cessão **gratuita entre órgãos da Administração Pública**, revogável a qualquer tempo e formalizada por termo.
	Uso compartilhado de bens	Compartilhamento de bem imóvel e rateio das despesas comuns, operacionalizado entre órgãos e entidades da Administração Pública Federal.

Capítulo 12
INTERVENÇÃO DO ESTADO NA PROPRIEDADE

12.1. FUNDAMENTOS DA INTERVENÇÃO

O Estado, como regra, não intervém na propriedade privada, uma vez que esta é garantida no art. 5º, inciso XXII, e no art. 170, inciso II, ambos da CF/1988. No entanto, excepcionalmente, ele intervirá nas hipóteses também constitucionalmente previstas, que possuem fundamento na *a) supremacia do interesse público sobre o particular* e *b) para o cumprimento da função social da propriedade.*

Sob um desses fundamentos, o Estado intervirá restritivamente, ou seja, impondo restrições ao direito de propriedade, ou supressivamente, ocasião em que suprimirá o direito de propriedade do indivíduo, ora com indenização, como ocorre na desapropriação, ora sem indenização, a exemplo da expropriação.

12.2. MODALIDADES DE INTERVENÇÃO

As modalidades classificam-se em *restritivas* e *supressivas*, conforme será visto a seguir.

12.2.1. Modalidades restritivas

Nessas modalidades, o Estado impõe restrições e condicionamentos ao uso da propriedade sem, no entanto, retirá-la de seu proprietário. Enquadram-se nesta classificação as *limitações administrativas*, a *requisição administrativa*, a *ocupação temporária*, a *servidão administrativa* e o *tombamento*.

12.2.1.1. Limitações administrativas

Acerca das limitações administrativas, torna-se importante o estudo acerca do conceito, do fundamento, objeto, da instituição e da indenização.

12.2.1.1.1. Conceito

São determinações de caráter geral, decorrentes do poder de polícia e impostas por lei, por meio da qual o Poder Público impõe a proprietários indeterminados obrigações de fazer, não fazer ou permissivas, para condicionar a propriedade ao atendimento de sua função social e propiciar o convívio comum em sociedade.

Como exemplo, menciona-se a imposição de limpeza de um terreno; a proibição da edificação acima de determinado número de pavimentos (gabarito de prédios); o zoneamento urbano, com a instituição de áreas exclusivamente industriais, comerciais e residenciais; e o ingresso de agentes para fins de vigilância sanitária.

12.2.1.1.2. Fundamento

Possuem fundamento no poder de polícia estatal, previsto no art. 78 do Código Tributário Nacional, o qual permite a limitação ou a disciplina de direito, interesse ou liberdade, bem como a regulação da prática de ato ou abstenção de fato, em razão de interesse público concernente à segurança, à higiene, à ordem, aos costumes, à disciplina da produção e do mercado, ao exercício de atividades econômicas dependentes de concessão ou autorização do Poder Público, à tranquilidade pública ou ao respeito à propriedade e aos direitos individuais ou coletivos.

12.2.1.1.3. Objeto

As limitações administrativas podem recair sobre todas as espécies de bem, a exemplo dos gabaritos ou zoneamento impostos aos bens imóveis, até a restrição ao rebaixamento na suspensão de um carro.

12.2.1.1.4. Instituição

O art. 5º, inciso II, da Constituição estabelece que, ninguém será obrigado a fazer ou deixar de fazer alguma coisa senão em *virtude de lei*. Por conseguinte, as limitações administrativas, por constituírem ações ou abstenções a serem impostas aos particulares, devem possuir fundamento direto em lei ou em demais atos infralegais (decretos ou portarias, por exemplo) que possuem fundamento em lei (em sentido estrito).

Desse modo, tem-se que são *instituídas por lei*, havendo competência concorrente de todos os Entes federativos, nas respectivas esferas de atuação, com grande atuação dos Municípios, possuindo consentimento, fiscalização e sanção executadas pela Administração Pública.

Embora possam ser impostas por lei, essas limitações devem ser necessárias e adequadas, ou seja, por restringirem o direito de propriedade, devem guardar parâmetros de proporcionalidade.

É possível que, em decorrência do dever geral de cautela imposto ao Administrador, diante do perigo de risco e da fundamentação legal adequada, em casos excepcionais, o poder público promova medidas acauteladoras, dentre elas a interdição ou até demolição de edificações.

12.2.1.1.5. Indenização

Como regra, por serem imposições de ordem geral, que exigem sacrifício coletivo, as limitações administrativas não ensejam direito à indenização. Disso extrai-se, também, que devem atender ao princípio da isonomia, atingindo todos os proprietários em idêntica situação, não podendo haver tratamento desigual entre os particulares, sem critério legítimo de diferenciação.

Todavia, caso, faticamente, ocorram efeitos concretos decorrentes da lei, que ocasione o esvaziamento do direito de propriedade, haverá possibilidade de o proprietário pleitear indenização, desde que já o seja na data da imposição da medida.

Como exemplo, é possível imaginar um proprietário que possui um terreno, localizado em uma esquina, medindo 6m x 6m e encontra-se guardando suas economias para construir uma pequena casa para sua moradia, de 5m x 5m. Posteriormente, o município aprova uma lei impedindo a edificação, nos terrenos localizados em esquinas, a menos de 4 m de cada lado da rua. Veja-se que, na prática, a sobrevinda da obrigação legal inviabilizou o direito de propriedade, restando apenas dois metros quadrados passíveis de edificação. Está ele impedido, inclusive, de dar a função social ao seu terreno, podendo pleitear indenização à municipalidade, incorporando-se o bem ao patrimônio desta.

No entanto, caso esse proprietário venda o imóvel após a edição da lei, o novo dono não terá direito à indenização, uma vez que deveria possuir conhecimento das limitações administrativas legalmente impostas, o que decorre do art. 3º da LINDB (ninguém se escusa de cumprir a lei, alegando que não a conhece).

Entendo que o prazo prescricional para a busca da indenização é quinquenal, contados da data de eficácia (publicação) do ato que produziu os efeitos concretos, conforme previsto no art. 1º do Decreto n. 20.910/1932, recepcionado pela Constituição Federal de 1988 como Lei.

12.2.1.2. Requisição administrativa

Acerca da requisição administrativa, torna-se importante o estudo acerca do conceito, do fundamento, da instituição, do objeto e da indenização.

12.2.1.2.1. Conceito

É a modalidade de intervenção na propriedade privada pela qual a Administração Pública utiliza, de forma autoexecutável, imperativa e precária, bens móveis, imóveis e serviços particulares em situação de perigo público, calamidade pública ou comoção pública iminentes, podendo se utilização dos meios coercitivos necessários e adequados para sua imposição.

A título de exemplo, é possível mencionar a utilização de ginásios particulares para abrigar vítimas de catástrofes e inundações, uso de água mineral e alimentação para a população vítima de um terremoto, utilização de uma ambulância privada para socorrer uma vítima de uma acidente e a utilização de hospitais particulares, de seus equipamentos, seus medicamentos e seu corpo de saúde, em hipóteses de tragédia.

12.2.1.2.2. Fundamento

Possui *fundamento constitucional* no art. 5º, inciso XXV, da Constituição Federal de 1988 e, para a *requisição de serviços*, também possui *fundamento convencional global* no Pacto Internacional dos Direitos Civis e Políticos (art. 8.3, alínea "c", item III) e na Convenção n. 29 da Organização Internacional do Trabalho – OIT (art. 2.2, alínea "d"), nem como *fundamento convencional regional* na Convenção Americana sobre Direitos Humanos (art. 6.3, alínea "c", todas normas assinadas e ratificadas pelo Estado Brasileiro, de caráter materialmente constitucional e formalmente supralegal.

As hipóteses de *requisição militar*, cuja competência legislativa é privativa da União, na forma do art. 22, inciso III, da CF/1988, são tratadas no DL n. 4.812/1942, e destinam-se às necessidades das Forças Armadas nas situações que ensejem a defesa da população.

12.2.1.2.3. Objeto

A requisição recai sobre qualquer bem, seja ele imóvel, móvel, semovente, perecível e sobre serviços, desde que necessários para cessar ou mitigar o iminente perigo público, calamidade pública ou comoção pública.

A utilização pelo poder público deve ocorrer tão somente enquanto durar o evento perigoso. Assim que este cessar, a requisição deve ser interrompida e o bem restituído ao proprietário.

12.2.1.2.3.1. Requisição de bens e serviços de um Ente federativo por outro

O STF, ao julgar a ADI n. 3.454, de relatoria do Min. Dias Toffoli, em 21 de junho de 2022, fixou entendimento no sentido de que os bens objeto de requisição administrativa são os privados, não os públicos. Assim, mesmo que "o pressuposto único indispensável para a requisição seja o atendimento de situação de perigo público iminente (e não a natureza do bem requisitado), seu uso excepcional e transitório por ente federativo que não aquele a que está vinculado o bem (ou serviço), ainda que a pretexto de acudir a uma situação fática de extrema necessidade, fere a autonomia do Ente cujo bem seja requisitado e lhe acarreta incontestável desorganização".

Portanto, o art. 5º, inciso XXV, da CF/1988, não permite que a requisição "recaia sobre bens e serviços públicos, uma vez que tal preceito se volta a disciplinar a relação entre o Poder Público e o particular, constituindo-se em garantia desse em face daquele", sob pena de afronta a autonomia dos Entes federativos e, consequentemente, ao pacto federativo[1].

12.2.1.2.3.2. Requisição de serviços

Ao analisarmos os dispositivos constitucionais, é possível constatar que a requisição administrativa é tratada tão somente no art. 5º, inciso XXV, o qual prevê que "no caso de iminente perigo público, a autoridade competente poderá usar de propriedade particular, assegurada ao proprietário indenização ulterior, se houver dano" e no art. 22, inciso III, o qual estabelece que "compete privativamente à União legislar sobre requisições civis e militares, em caso de iminente perigo e em tempo de guerra".

Em um primeiro momento, ao se vislumbrar o objeto "propriedade particular", surge o questionamento: é o serviço de uma pessoa humana, uma "propriedade", a ponto de o Estado-administrador poder compeli-lo (imperatividade), sob pena de medidas coercitivas (coercibilidade), a prestá-lo, ainda que mediante indenização posterior? A Constituição da OIT, assinada, ratificada e incorporada pelo Estado brasileiro, prevê, no anexo I, alínea "a", que "o trabalho não é uma mercadoria".

Embora o dispositivo constitucional refira-se à "propriedade particular" e o convencional vede que a mão de obra humana seja tratada como uma mercadoria, a requisição administrativa deve ser analisada levando-se em consideração o todo convencional, localizado no "bloco de constitucionalidade"[2], por uma interpretação sistemática e teleológica do instituto que ultrapassa sua literalidade simples, como se verá abaixo.

---

[1] ADI 3.454, rel. min. Dias Toffoli, j. 21/06/2022, P, *DJe* de 17/08/2022.
[2] O "Bloco de Constitucionalidade" é a expressão utilizada principalmente por Llórente (1989) e por Bidart Campos (1998), podendo ser definido como "un conjunto normativo que parte de la constitución, y que añade y contiene disposiciones, principios y valores que son materialmente constitucionales fuera del texto de la constitución escrita. Suele situarse en ese bloque a los tratados internacionales, al derecho consuetudinario, a la jurisprudencia, etcétera". BIDART CAMPOS, Germán J. *Manual de la Constitución reformada*. t. 1. Buenos Aires: Ediar, 1998, p. 276.

O Pacto Internacional dos Direitos Civis e Políticos, também assinado, ratificado e incorporado pelo Brasil, prevê, em seu art. 8.3, que "ninguém poderá ser obrigado a executar trabalhos forçados ou obrigatórios". Todavia, a alínea "c" deste dispositivo excepciona que não serão considerados "trabalhos forçados ou obrigatórios", (ii) qualquer serviço de caráter militar e, nos países em que se admite a isenção por motivo de consciência, qualquer serviço nacional que a lei venha a exigir daqueles que se oponham ao serviço militar por motivo de consciência, bem como (iii) qualquer serviço exigido em casos de emergência ou de calamidade que ameacem o bem-estar da comunidade.

Ainda no plano convencional global, a Convenção n. 29 da Organização Internacional do Trabalho – OIT (agência especializada da ONU), assinada, ratificada e incorporada pela nossa República, também estabelece, em seu art. 2.1, que "para os fins da presente convenção, a expressão 'trabalho forçado ou obrigatório' designará todo trabalho ou serviço exigido de um indivíduo sob ameaça de qualquer penalidade e para o qual ele não se ofereceu de espontânea vontade", o que constitui característica da requisição administrativa.

O art. 2.2, todavia, institui que a expressão "trabalho forçado ou obrigatório" não compreenderá: (a) qualquer trabalho ou serviço exigido em virtude das leis sobre o serviço militar obrigatório e (b) qualquer trabalho ou serviço exigido nos casos de força maior, isto é, em caso de guerra, de sinistro ou ameaças de sinistro, tais como incêndios, inundações, fome, tremores de terra, epidemias, e epizootias, invasões de animais, de insetos ou de parasitas vegetais daninhos e em geral todas as circunstâncias que ponham em perigo a vida ou as condições normais de existência de toda ou de parte da população.

No plano convencional regional, a Convenção Americana sobre Direitos Humanos, também assinada, ratificada e incorporada pelo Brasil, assenta em seu art. 6.2 que "ninguém deve ser constrangido a executar trabalho forçado ou obrigatório". No entanto, o art. 6.3 excepciona que não constituem trabalhos forçados ou obrigatórios: (a) o serviço militar e, nos países onde se admite a isenção por motivos de consciências, o serviço nacional que a lei estabelecer em lugar daquele, além do (b) serviço imposto em casos de perigo ou calamidade que ameace a existência ou o bem-estar da comunidade.

Vê-se que, dentre outras situações, a norma convencional (materialmente constitucional, integrante do "bloco de constitucionalidade") prevê como situações que não constituem trabalho forçado o serviço militar obrigatório e os serviços em casos excepcionais que ameacem a existência ou o bem-estar da comunidade (ou parte dela), ensejadores da requisição administrativa.

Sem dúvidas, a requisição administrativa é um instituto de supremacia do interesse público (comunidade) sobre o particular (indivíduo) e se constitui, além de direito de todos, ferramenta indispensável para que o Estado assegure os próprios direitos fundamentais de seu povo, como a vida e a saúde, em situações de extrema necessidade e indisponibilidade de recursos, diante dos imperativos negritados acima.

Assim, embora a Constituição da República tenha trazido de modo expresso apenas o serviço militar obrigatório (no art. 243) e o art. 5º, inciso XXV, tenha se referido à "propriedade particular", o texto constitucional ("tronco") não é excludente da norma convencional ("braços"), eis que são complementares e foram o ("corpo" constitucional). Caso o constituinte quisesse vedar a utilização do instituto, deveria ter feito de modo expresso, como fez com a pena de trabalhos forçados, proibida pelo art. 5º, XLVII, da CF/88 (esta também encontra amparo nos instrumentos internacionais como medida excepcional, mas vedada expressamente no Brasil, aplicando-se a proibição expressa em primazia ao princípio *pro persona*).

Todavia, há de se dizer que, embora abstratamente jurídica (constitucional e convencional), a requisição administrativa de serviços deve ter sua legitimidade (juridicidade + veracidade) analisada casuisticamente, levando-se em consideração os pressupostos fáticos de sua decretação, dentre os quais ouso dizer que devem estar presentes concomitantemente: *a) a situação de perigo, calamidade ou comoção de nível grave*, reconhecida e aceita pelo seio social, que coloque em risco o seu bem-estar ou sua própria existência; *b) a demonstração, como consequência do perigo, calamidade ou comoção*, da absoluta insuficiência de recursos humanos, a ponto de paralisar ou ameaçar a continuidade de serviços públicos; e c) *a residualidade da medida* diante de sua excepcionalidade, por gozar de imperatividade e coercibilidade, ou seja, após o esgotamento de todos os demais meios legais, como a celebração de contrato administrativo por contratação direta (art. 37, inciso XXI, da CF/88) ou contratação de agentes temporários por prazo determinado para atender necessidade temporária de excepcional interesse público (art. 37, inciso IX, da CF/88).

Assim, a legitimidade do ato administrativo de requisição de serviços engloba dois elementos indissociáveis: a *juridicidade*, que está relacionada à previsão da medida no direito, e a *veracidade*, no sentido de que preenche os requisitos fáticos imperativos à sua execução, o que não pode ser analisado em abstrato, mas casuisticamente.

12.2.1.2.4. Instituição

A requisição administrativa pode ser de imediato decretada, por qualquer agente público no exercício da função, inclusive de modo verbal, sempre que houver uma situação de perigo público iminente que, por dever legal, lhe incumbe fazer cessar ou mitigar.

Isto posto, há *autoexecutoriedade* na instituição da requisição administrativa, uma vez que pode ser executada pela própria Administração Pública, por meio de seus agentes, independentemente do consentimento ou anuência do particular, uma vez dotada de *imperatividade*, podendo o agente público adotar as medidas decorrentes da *coercibilidade* para sua execução, o que inclui o uso moderado da força, respondendo, indubitavelmente, pelo excesso que cometer.

12.2.1.2.5. Indenização

Conforme a parte *in fini* do art. 5º, inciso XXV, da CF/1988, percebe-se que a indenização se dará *ao final* e *condicionada a dano*. Por óbvio que, se o agente público está diante de uma situação de iminente perigo público, calamidade pública ou comoção pública, que deve fazer cessar ou mitigar, não há tempo para a instauração do processo administrativo, com ampla defesa e contraditório, para só depois, mediante indenização prévia, realizar a requisição.

A administração irá usar o bem móvel, imóvel e semovente, garantindo-se ao final do uso a devolução e indenização de todos os danos ocorridos. Estes devem ser concretos e desproporcionais, não ensejando indenização o mero aborrecimento.

Nas hipóteses de bens perecíveis, como alimentos e água potável, bem como serviços, *sempre haverá indenização*, sob pena de enriquecimento sem causa da Administração.

O prazo prescricional para a busca de indenização é quinquenal, contado da data em que houve a restituição do bem.

12.2.1.3. Ocupação temporária

Acerca da ocupação temporária, torna-se importante o estudo acerca do conceito, do fundamento, da instituição, do objeto e da indenização.

12.2.1.3.1. Conceito

É a espécie de intervenção na propriedade pela qual o Poder Público usa, transitoriamente, imóveis privados, como meio de apoio à execução de obras e serviços públicos.

12.2.1.3.2. Fundamento

A ocupação temporária não possui um fundamento constitucional explícito, como a requisição administrativa, o tombamento e a desapropriação. Desse modo, a doutrina[3] compreende que decorre da função social da propriedade, prevista nos arts. 5º, inciso XXIII, e 170, inciso III, da CF/1988.

No plano infraconstitucional, o DL n. 3.365/1941, em seu art. 36, prevê a possibilidade de ocupação temporária, que será indenizada, ao final, por ação própria, de terrenos não edificados, vizinhos às obras e necessários à sua realização.

Embora a Lei n. 14.133/2021, no seu art. 104, inciso V, inclua entre as prerrogativas da Administração a de *ocupar provisoriamente bens móveis e imóveis e utilizar pessoal e serviços vinculados ao objeto do contrato*, nas hipóteses de: a) risco à prestação de serviços essenciais; b) necessidade de acautelar apuração administrativa de faltas contratuais pelo contratado inclusive após extinção do contrato, o que também é previsto no art. 139, inciso II, nos casos de extinção contratual, em que admite-se a *"ocupação e utilização do local, das instalações, dos equipamentos, do material e do pessoal empregados na execução do contrato e necessários à sua continuidade"*, entendo que essas previsões *não constituem*, tecnicamente, *uma ocupação temporária em sentido estrito*, mas *requisição administrativa*, diante do iminente perigo público (e até calamidade pública) pela hipótese de descontinuidade na execução do contrato.

Adoto o mesmo entendimento quanto à previsão contida no art. 35, § 3º, da Lei n. 8.987/1995, o qual prevê que a assunção do serviço autoriza a *ocupação das instalações e a utilização*, pelo poder concedente, de todos os bens reversíveis. Essa medida acauteladora tem como propósito evitar a descontinuidade na prestação do serviço

---

[3] MOREIRA NETO, Diogo de Figueiredo. *Curso de direito administrativo:* parte introdutória, parte geral e parte especial. 16. ed. rev. e atual. Rio de Janeiro: Forense, 2014, p. 413; CARVALHO FILHO, José dos Santos. *Manual de direito administrativo*. 37. ed. Barueri: Atlas, 2023, p. 1099.

público, o que constitui, evidentemente, iminente perigo público, o qual poderá, a depender do serviço, agravar para uma situação de calamidade e até comoção pública.

Essas são as razões que me levam a defender que, *nas situações previstas na Lei n. 14.133/2021 e na Lei n. 8.987/1995*, embora o legislador tenha empregado o termo *"ocupar", não se trata do instituto da ocupação temporária*, restrito às hipóteses fundamentadas no art. 36 do DL n. 3.365/1941, *mas de requisição administrativa*.

12.2.1.3.3. Objeto

A ocupação temporária recairá sobre bens imóveis. Ainda que a literalidade do art. 36 se refira a "terrenos não edificados, vizinhos às obras e necessários à sua realização", compreendo que não é proporcional impedir que a Administração, para satisfazer a necessidade coletiva por meio de uma obra pública, seja impedida de utilizar uma área edificada.

Assim, sustento que, se houver, por exemplo, um depósito não utilizado ou que esteja subutilizado, próximo à obra, que seja fundamental para viabilizá-la, haverá a possibilidade de ocupá-lo temporariamente.

12.2.1.3.4. Instituição

Entendo que a ocupação temporária *poderá ser instituída pela própria Administração de todos os Entes federativos, mediante processo administrativo prévio*, com ampla defesa e contraditório, fazendo o levantamento e a apuração do valor da indenização pelo uso e fruição do bem.

Defendo que o processo administrativo é indispensável nos casos de ocupação temporária, uma vez que, em situações de urgência, diante do perigo de dano, a exemplo de uma obra emergencial decorrente de um desmoronamento, que está colocando em risco a integridade de pessoas, penso se estar diante de situação que enseja a *requisição administrativa* (que dispensa o devido processo administrativo), e *não a ocupação temporária*.

12.2.1.3.5. Indenização

O art. 36 do DL n. 3.365/1941 prevê, como direito do proprietário, a indenização posterior pelo uso e fruição do bem pela Administração. Sustento que há o dever de indenizar pela utilização do bem imóvel, independentemente da ocorrência do dano, pois essa se dá pelo simples uso do bem imóvel, sob pena de enriquecimento sem causa da Administração, nos termos do art. 884 do Código Civil.

Esse valor deve ser levantado e calculado pela Administração em processo administrativo prévio, independentemente da ocorrência de danos emergentes durante a ocupação, os quais, sendo concretos e desproporcionais, também gerarão o dever de indenizar.

Por fim, ressalta-se que o prazo prescricional é *quinquenal*, com base no fundamento específico contido no parágrafo único do art. 10 do DL n. 3.365/1941, contado do término da ocupação do bem.

12.2.1.4. Servidão administrativa

Acerca da servidão administrativa, torna-se importante o estudo acerca do conceito, do fundamento, da instituição, do objeto e da indenização.

12.2.1.4.1. Conceito

A servidão administrativa constitui *direito real público*, que recai sobre a coisa e nela fica gravada, que autoriza o Estado a usar ou limitar ou uso particular de propriedade imóvel para permitir a execução de obras e serviços públicos de interesse coletivo, podendo constituir *servidão administrativa* ou *militar*.

Há, decorrente de lei, a denominada *servidão militar*, que ocorrerá quando se verifiquem, nas proximidades dos quartéis ou fortificações militares, a necessidade de limitar a atuação dos particulares no seu direito de propriedade[4]. A servidão militar se aproxima muito das limitações administrativas, com elas não se confundindo em virtude de recair sobre bens específicos e estar sujeita à avaliação de conveniência e oportunidade a ser feita pela Administração Militar, no raio de 1.320 metros, na forma do art. 2º do DL n. 3.437/1941.

Como exemplo de *servidão administrativa*, pode-se mencionar a instalação de redes elétricas, bem como a implantação de oleodutos e gasodutos em áreas privadas para a execução de serviços públicos.

Por sua vez, como exemplo de *servidão militar*, é possível vislumbrar o impedimento de construções que possam colocar em risco a rápida mobilização, bem como prejudicar o campo de tiro defensivo de uma fortificação militar, no raio de 1.320 metros.

12.2.1.4.2. Fundamento

A *servidão administrativa* fundamenta-se, genericamente, na função social da propriedade, prevista nos arts. 5º, inciso XXIII, e 170, inciso III, da CF/1988, e, especificamente, no art. 40 do DL n. 3.365/1941.

A servidão militar também não possui assento expresso no texto constitucional, decorrendo da função social da propriedade, conforme apontado acima e, implicitamente, do art. 1º, inciso I, e do art. 21, inciso III, da CF/1988. No plano infralegal, possui fundamento no DL n. 3.437/1941, o qual, continua com plena aplicabilidade até os dias atuais[5].

12.2.1.4.3. Objeto

A servidão é direito real público e recai sobre o bem imóvel, averbando-se junto a sua matrícula. É instituída por prazo indeterminado, podendo perdurar por séculos.

12.2.1.4.4. Instituição

A servidão administrativa *não é dotada de autoexecutoriedade*. Dessa forma, após a declaração de necessidade pública, utilidade pública ou interesse social para fins de

---

[4] CRETELLA JUNIOR, José. *Tratado de direito administrativo*: poder de polícia e polícia. 2. ed. v. 5. Rio de Janeiro: Forense, 2006, p. 188.
[5] A respeito, ver o Parecer n. 00484/2019/CONJUR-MD/CGU/AGU, emitido pela Consultoria Jurídica do Ministério da Defesa, em 5 de julho de 2019, de lavra da Dra Leyla Andrade Veras.

servidão realizada exclusivamente pelo Poder público (por meio de Decreto do respectivo chefe do Executivo), esse deverá realizar *acordo formal com o proprietário* (celebrado por escritura pública para fins de subsequente registro no cartório de registro de imóveis) ou necessitará *ajuizar a ação de instituição de servidão*, a qual será idêntica à ação de desapropriação, tendo como legitimados a sua propositura os mesmos da desapropriação.

Os legitimados estão previstos no art. 3º do DL n. 3.365/1941 e, além das entidades públicas, englobam os concessionários, inclusive aqueles contratados nos termos da Lei n. 11.079/2004 (PPs), permissionários, autorizatários e arrendatários, bem como as entidades que exerçam funções delegadas do poder público.

É possível ainda que a servidão seja executada pelo contratado pelo poder público para fins de execução de obras e serviços de engenharia sob os regimes de empreitada por preço global, empreitada integral e contratação integrada (art. 3º, inciso IV, do DL n. 3.365/1941 e art. 25, § 5º, inciso II, da Lei n. 14.133/2021) e por associação pública – consórcio público de direito público (art. 2º, § 1º, inciso II, da Lei n. 11.107/2005).

12.2.1.4.5. Indenização

A indenização ao proprietário é condicionada à ocorrência de dano ou proveito econômico pelo poder público e deverá ser justa, prévia e em dinheiro.

Essa indenização, além do valor correspondente ao dano ou proveito econômico auferido, será acrescida de juros compensatórios devidos da imissão provisória na posse até a data do efetivo pagamento da indenização, à ordem de 6% ao ano (art. 15-A, § 2º, do DL n. 3.365/1941 e Súmula 56 do STJ) e juros moratórios também de 6% ao ano, incidentes do trânsito em julgado da sentença até a data do efetivo pagamento da indenização (art. 15-B do DL n. 3.365/1941 e Súmula 70 do STJ).

Além desses componentes, a indenização deve comportar os honorários sucumbenciais e periciais, na forma da Súmula 378 do STF e art. 27, § 1º, do DL n. 3.365/1941, as custas processuais (art. 30 do DL n. 3.365/1941) e correção monetária (art. 26, § 2º, do DL n. 3.365/1941 e Súmula 561 do STF e Súmula 67 do STJ).

12.2.1.5. Tombamento

Acerca do tombamento, torna-se importante o estudo acerca do conceito, do fundamento, da instituição, do objeto, espécies, efeitos e da indenização.

12.2.1.5.1. Conceito

É a modalidade de intervenção na propriedade, pela qual o Poder Público visa proteger o patrimônio cultural brasileiro, limitando o seu uso e até mesmo condicionando sua disposição por parte do proprietário.

12.2.1.5.2. Fundamento

Possui fundamento constitucional no art. 23, incisos III e IV, no art. 215, § 3º, e no art. 216, § 1º, da CF/1988. Por sua vez, o fundamento infraconstitucional é o DL n. 25/1937.

12.2.1.5.3. Objeto

O tombamento incide sobre bens móveis, imóveis ou imateriais (a exemplo de uma música) que traduzem aspecto de relevância para a noção de patrimônio cultural brasileiro (art. 1º do DL n. 25/1937).

12.2.1.5.4. Espécies

O tombamento pode ser classificado quanto à manifestação de vontade, quanto à eficácia do ato e quanto à abrangência.

12.2.1.5.4.1. Quanto à manifestação de vontade

Em relação à manifestação de vontade, pode ser voluntário, compulsório ou de ofício.

12.2.1.5.4.1.1. Tombamento voluntário

O tombamento é voluntário quando o proprietário consente o tombamento, seja quando aceita o tombamento proposto pela Administração, seja quando ele mesmo formula pedido ao Poder Público.

12.2.1.5.4.1.2. Tombamento compulsório

O tombamento é compulsório quando, após o devido processo legal, a ampla defesa e o contraditório, o Poder Público inscreve o bem como tombado, lançando-o no livro do tombo, apesar da discordância do proprietário.

12.2.1.5.4.1.3. Tombamento de ofício

O tombamento é compulsório quando, após o devido processo legal, a ampla defesa e o contraditório, o Poder Público inscreve o bem como tombado, lançando-o no livro do tombo, apesar da discordância do proprietário.

12.2.1.5.4.2. Quanto à eficácia do ato

Quanto à eficácia do ato, o tombamento pode ser provisório ou definitivo.

12.2.1.5.4.2.1. Tombamento provisório

O tombamento é provisório enquanto está em curso o processo administrativo instaurado para garantir a ampla defesa e o contraditório ao proprietário. Impende consignar que o tombamento provisório é medida acautelatória de preservação do bem, enquanto tramita administrativamente o processo para tombamento do bem.

12.2.1.5.4.2.2. Tombamento definitivo

O tombamento definitivo ocorre após a conclusão do processo administrativo de tombamento, efetivando-se com o lançamento no livro do tombo. Em alusão ao princípio da inafastabilidade da jurisdição, o ato de tombamento poderá ser apreciado pelo Poder Judiciário estritamente no que tange à sua juridicidade, sendo defeso apreciar a conveniência e oportunidade sobre a importância ou não ao patrimônio cultural.

12.2.1.5.4.3. Quanto à abrangência do ato

Quanto à abrangência do ato, o tombamento pode ser individual, coletivo, integral ou parcial.

12.2.1.5.4.3.1. Tombamento individual

O tombamento é individual quando atinge especificamente um único bem.

12.2.1.5.4.3.2. Tombamento coletivo

O tombamento é coletivo quando, por um único ato, atinge vários bens, de propriedades diferentes, a exemplo do tombamento de uma vila ou de uma cidade.

12.2.1.5.4.3.3. Tombamento parcial

O tombamento é parcial quando atinge apenas uma parte do bem, a exemplo do tombamento da área externa de um imóvel, situação em que o proprietário poderá fazer modificações internas, preservando apenas aquela ou o tombamento apenas da fachada de um imóvel.

12.2.1.5.4.3.4. Tombamento integral

O tombamento é integral quando recai sobre a totalidade do bem.

12.2.1.5.5. Instituição

O tombamento deve ser instituído por meio de ato administrativo típico, porque mantém para o proprietário a possibilidade de discutir em juízo a sua validade. No entanto, nada impede que seja instituído por meio de lei de efeitos concretos, do respectivo Ente federativo, o que não afastará a possibilidade de apreciação jurisdicional.

Tendo em vista que é competência comum da União, dos Estados, do Distrito Federal e dos Municípios, nos termos do art. 23, incisos III e IV, da CF/1988, proteger os documentos, as obras e outros bens de valor histórico, artístico e cultural, os monumentos, as paisagens naturais notáveis e os sítios arqueológicos, bem como impedir a evasão, a destruição e a descaracterização de obras de arte e de outros bens de valor histórico, artístico ou cultural, é possível que um Ente federativo tombe bem pertencente a outro.

Como o tombamento não implica a perda da propriedade, não se aplica o princípio da verticalidade, havendo a possibilidade de um município tombar bem do Estado ou da União, além da possibilidade de um Estado tombar bem da União, se ficar demonstrado que o bem é de importância ao patrimônio cultural específico daquele Ente.

Antes, porém, entendo que o Ente interessado deve notificar o Ente proprietário, para que promova a adequada preservação do bem, tendo em vista essa relevância ao seu patrimônio cultural.

12.2.1.5.6. Efeitos

O tombamento acarreta, entre seus efeitos, os seguintes:

a) a averbação do ato na matrícula do imóvel;
b) o dever de conservação por parte do proprietário (entretanto, se este não dispuser de recursos, deve comunicar o fato ao órgão que promoveu o tombamento, que deverá executar obras de reparação às suas expensas);

c) sujeição à vigilância permanente do órgão competente, que poderá inspecioná-los sempre que julgar conveniente, não podendo os respectivos proprietários ou responsáveis criar obstáculos, sob pena de multa;
d) proibição de sua retirada do país, exceto temporariamente, sem transferência de domínio e para fim de intercâmbio cultural, mediante autorização prévia do órgão competente; e
e) restrições à vizinhança do prédio tombado (*efeito extra partes*), vedando-se qualquer construção que reduza a visibilidade em relação ao prédio tombado bem como a colocação de cartazes ou anúncios, sob pena de demolição ou retirada.

12.2.1.5.7. Indenização

Como regra, o tombamento não gera direito à indenização, exceto se ocasionar o esvaziamento fático do direito de propriedade, situação em que será convertido em desapropriação, incorporando-se o bem ao patrimônio público.

A mesma situação ocorrerá quando o proprietário não dispuser de recursos para a realização das obras de conservação, e o poder público realizá-las em valor proporcional ao valor do bem.

12.2.2. Modalidades supressivas

Nessas modalidades, o Estado suprime o direito de propriedade do indivíduo, podendo ocorrer sem indenização (expropriação) ou com indenização (desapropriação).

12.2.2.1. Expropriação

Sobre a expropriação, é relevante o estudo sobre seu conceito, fundamento, objeto, instituição e hipótese de afastamento.

12.2.2.1.1. Conceito

Trata-se de *sanção* pelo descumprimento da função social da propriedade, em virtude da prática de *trabalho escravo* ou *cultura ilegal de plantas psicotrópicas*, sem qualquer direito indenizatório ao proprietário, que ocasionará a aquisição originária do bem em favor da União, a fim que o destine à reforma agrária ou a programas de habitação popular.

12.2.2.1.2. Fundamento

Possui fundamento constitucional no art. 243 da CF/1988 e, no que tange à expropriação em virtude do cultivo de plantas psicotrópicas, fundamento legal na Lei n. 8.257/1991. Por sua vez, a expropriação em virtude de trabalho escravo não possui regulamentação legal e continua com um vácuo normativo até os dias atuais[6].

---

[6] Em 9 de março de 2023, a Defensoria Pública impetrou no STF o Mandado de Injunção n. 7.440, distribuído para relatoria do Min. Luiz Fux. Na petição, a DPU destaca que o instituto nunca foi regulamentado por meio de lei específica, o que tem impedido avanços no combate a essa prática, citando que, em 6.602 estabelecimentos fiscalizados no Brasil, foram encontrados 60.251 trabalhadores em situação análoga à escravidão desde 1995. No pedido de medida liminar, a DPU requereu que, até que haja a regulamentação, fossem aplicadas aos casos de trabalho escravo as nor-

12.2.2.1.3. Objeto

A *expropriação* recai sobre as propriedades rurais e urbanas de qualquer região do País onde forem localizadas culturas ilegais de plantas psicotrópicas ou a exploração de trabalho escravo na forma da lei.

O parágrafo único do art. 243 prevê, ainda, o *confisco* de todo e qualquer bem de valor econômico apreendido em decorrência do *tráfico ilícito de entorpecentes e drogas afins* e da *exploração de trabalho escravo*, os quais serão revertidos a fundo especial com destinação específica.

O STF entende que *os bens públicos não podem ser objeto de expropriação*, ou seja, a União expropriar bens dos Estados, Distrito Federal ou Municípios, mesmo que nesses sejam encontradas culturas ilegais de plantas psicotrópicas ou trabalho escravo. Para o Tribunal, não se justifica, para fins da expropriação, a invocação da primazia da União sobre os Estados. Em se tratando de bem já público, *sua expropriação para mera alteração de titularidade nada contribui para o alcance da finalidade do instituto*[7].

12.2.2.1.4. Instituição

A expropriação é instituída por *decisão judicial*, em ação própria, cuja *única legitimada é a União*. É possível que, liminarmente, haja a imissão provisória da União na posse do imóvel expropriando, a qual poderá ser concedida *inaudita altera pars* ou mediante o contraditório prévio pela realização de audiência de justificação, com fundamento no art. 10 da Lei n. 8.257/1991.

Após o regular processo judicial, transitada em julgado a sentença de procedência, o bem será incorporado ao patrimônio desse Ente federativo, a fim de que dê a destinação *à reforma agrária* e a *programas de habitação popular*, na forma do art. 15 dessa lei.

12.2.2.1.5. Hipótese de afastamento

Observe-se que o art. 243 da CF/1988 estabelece que *as propriedades serão expropriadas sem qualquer indenização ao proprietário*. No entanto, o dispositivo não prevê nenhuma excepcionalidade, quanto ao caso da cultura de plantas psicotrópicas ou o trabalho escravo serem praticados *por terceiro e não o proprietário*.

Assim, o STF, em 14 de dezembro de 2016, por ocasião do julgamento do RE n. 635.336, de relatoria do Min. Gilmar Mendes, decidiu, em sede de repercussão geral, que "a expropriação prevista no art. 243 da CF *pode ser afastada*, desde que o proprietário comprove que não incorreu em culpa, ainda que *in vigilando* ou *in elegendo*".

Com essa orientação, o Plenário negou provimento a um recurso extraordinário em que se discutia a natureza jurídica da responsabilidade do proprietário de terras nas quais estava localizada cultura ilegal de plantas psicotrópicas. Salientou que a

---

mas previstas na Lei n. 8.257/1991 (que prevê a expropriação das glebas onde houver culturas ilegais de plantas psicotrópicas), o que não foi deferido.

[7] O STF adotou esse entendimento por ocasião do julgamento da ACO 967, rel. min. Rosa Weber, j. 27/04/2020, P, *DJe* de 15/05/2020.

expropriação não é verdadeira espécie de desapropriação, mas uma **penalidade** imposta ao proprietário que praticou a atividade ilícita de cultivar plantas psicotrópicas, sem autorização prévia do órgão sanitário do Ministério da Saúde.

Portanto, a expropriação é espécie de confisco constitucional e tem caráter sancionatório, exigindo-se, portanto, *algum grau de culpa* para sua caracterização. O STF concluiu que a responsabilidade do proprietário, embora subjetiva, é *bastante próxima da objetiva*, decorrente da função social da propriedade, a qual lhe *impõe um dever de zelo pelo uso lícito de seu bem*, ainda que não esteja na posse direta.

No entanto, *esse dever não é ilimitado*, só podendo se exigir do proprietário que evite o ilícito quando evitá-lo esteja razoavelmente ao seu alcance. Assim, o proprietário poderá afastar sua responsabilidade, se demonstrar que não incorreu em culpa, que foi esbulhado ou até enganado pelo possuidor ou detentor.

12.2.2.2. Desapropriação

Sobre a desapropriação, é relevante o estudo sobre seu conceito, sua natureza jurídica, seus pressupostos, seu objeto, suas espécies, suas fases, sua indenização, a tredestinação e a retrocessão.

12.2.2.2.1. Conceito

É a modalidade supressiva da propriedade privada, mediante a justa indenização, por razões de necessidade pública, utilidade pública ou interesse social, que ocasionará a *aquisição originária* do bem em favor do Ente público competente.

12.2.2.2.2. Natureza jurídica

Trata-se de um processo de natureza híbrida, eis que começa *administrativamente*, com o ato declaratório denominado *Decreto de desapropriação*, que reconhecerá a necessidade pública, utilidade pública ou interesse social do bem e, não havendo acordo com o proprietário ou decisão arbitral, seguirá na esfera judicial com a denominada *ação de desapropriação*.

12.2.2.2.3. Pressupostos

A desapropriação pressupõe que o bem destine-se a uma *necessidade pública*, *utilidade pública* ou *interesse social*, conforme previsto no art. 5º, inciso XXIV, da CF/1988, o que deve ser devidamente motivado, com as razões de fato e de direito que as demonstrem, *sob pena de controle judicial por ausência de motivação determinante*.

A *necessidade pública*, embora não esteja expressa no rol do art. 5º do DL n. 3.365/1941, pode ser compreendida pelas situações de utilidade pública agravadas pela urgência ou emergência, cuja solução exija a desapropriação e não a mera requisição administrativa. Dentre essas, consigo vislumbrar, além de outras situações previstas em leis especiais, a possibilidade de se declarar situações de necessidade pública nas situações de *a) segurança nacional*; *b) defesa do Estado*; *c) socorro público em caso de calamidade*; e *d) salubridade pública*.

Como exemplo, é possível imaginar a desapropriação de imóveis necessários a instituir campos de treinamento em situação de guerra declarada, voltadas à segurança nacional. O DL n. 3.437/1941 prevê, no art. 2º, alínea "b", possibilidade idêntica a recair sobre os imóveis necessários à defesa da costa, pela Marinha do Brasil.

A *utilidade pública* se caracteriza quando a transferência do bem se afigura necessária e adequada à utilidade do bem almejada pela Administração, em qualquer das hipóteses do art. 5º do DL n. 3.365/1941, desde que não agravadas pelas situações de urgência ou emergência, que a caracterizam como necessidade pública. Como exemplo, é possível mencionar a declaração de utilidade público de um imóvel para a alocação de uma escola de educação infantil.

O *interesse social*: consiste nas hipóteses em que mais se realça a função social da propriedade, no sentido de promover políticas públicas de redução das desigualdades sociais e regionais, bem como a proteção ao meio ambiente. As hipóteses caracterizadoras do interesse social estão previstas no art. 2º da Lei n. 4.132/1962.

12.2.2.2.4. Objeto

A desapropriação, por recair sobre o direito de propriedade, pode atingir todas as espécies de bens, sejam eles móveis, imóveis, semoventes e até imateriais, como a propriedade intelectual, industrial, bem como ações e quotas integrantes do capital social de pessoas jurídicas, mediante a justa indenização.

12.2.2.2.4.1. Desapropriação do espaço aéreo e do subsolo

Não obstante, há uma relativização quanto à possibilidade de desapropriação do *espaço aéreo e do subsolo*, a qual só se tornará necessária, quando de sua utilização resultar prejuízo patrimonial do proprietário.

12.2.2.2.4.2. Desapropriação da propriedade intelectual

Como exemplo de *desapropriação da propriedade intelectual*, imagine determinado profissional que tenha encontrado a cura para determinada doença grave e que afete parcela da população.

No entanto, esse indivíduo, detentor da propriedade intelectual, não a dá função social, tornando o estudo impublicável. Nessa situação, mediante estudo técnico que verifique a necessidade e adequação à necessidade ou utilidade pública, é possível que, em nome da supremacia do interesse público, se desaproprie a propriedade intelectual patrimonial, mediante a justa e prévia indenização em dinheiro.

12.2.2.2.4.3. Desapropriação do capital social de pessoas jurídicas

É possível que a desapropriação também recaia sobre *ações, quotas ou direitos representativos do capital social de empresas da iniciativa privada*, desde que indispensáveis à segurança nacional ou a relevante interesse coletivo. Assim que imitido na posse da pessoa jurídica, o poder público desapropriante poderá exercer, desde logo, todos os direitos inerentes aos respectivos títulos, na forma da Súmula 476 do STF.

No entanto, há uma restrição aos Estados, Distrito Federal e Municípios, prevista no art. 2º, § 3º, do DL n. 3.365/1941, quanto às ações, quotas e direitos representativos do capital social de empresas cujo funcionamento dependa de autorização do

Poder Executivo Federal e se subordine à sua fiscalização, salvo mediante prévia autorização por decreto do Presidente da República.

É possível também que a desapropriação recaia sobre *o capital social privado das sociedades de economia mista*, quando o Ente federativo controlador desejar *converter* essa pessoa jurídica de direito privado em uma pessoa jurídica de direito público (a exemplo de uma autarquia), fenômeno conhecido como *estatização*, ou em uma empresa pública.

12.2.2.2.4.4. Desapropriação de bens públicos

A desapropriação *pode recair sobre bens públicos*, desde que respeitado *o princípio da verticalidade*, previsto no art. 2º, § 2º, do DL n. 3.365/1941. Assim, os bens de domínio dos Estados, dos Municípios e do Distrito Federal poderão ser desapropriados pela *União* e os de domínio dos Municípios pelos *Estados*, desde que conferida autorização legislativa, respectivamente, pelo Congresso Nacional e pela Assembleia Legislativa.

12.2.2.2.4.5. Desapropriação de bens por extensão

A *desapropriação de bens por extensão* possuía fundamento no revogado Decreto n. 4.956/1903, o que não obsta seu reconhecimento pela doutrina[8] e sua aplicação nos casos em que restar inaproveitável parcela do bem desapropriado.

Dito de outro modo, é o direito que o proprietário do bem majoritariamente desapropriado possui de que a desapropriação se estenda sobre a parcela economicamente e socialmente inaproveitável, devendo ser requerida em contestação.

No âmbito da desapropriação sancionatória agrária, o direito de extensão é expressamente assegurado no art. 4º da LC n. 76/1993, quando a área remanescente ficar reduzida a superfície inferior à da pequena propriedade rural ou prejudicada substancialmente em suas condições de exploração econômica, caso seja o seu valor inferior ao da parte desapropriada.

12.2.2.2.4.6. Desapropriação de bens por zona

A desapropriação de bens por zona é prevista no art. 4º do DL n. 3.365/1941, e ocorre quando o ato de desapropriação recai sobre uma área imóvel ampla, destinada não apenas à execução de determinado empreendimento, mas também a assegurar o domínio econômico do ente desapropriante os bens adjacentes, principalmente para evitar a especulação e supervalorização imobiliária[9].

12.2.2.2.5. Espécies

A desapropriação poderá ser de três espécies, a desapropriação ordinária, a desapropriação sancionatória e a desapropriação indireta ou por apossamento administrativo.

---

[8] JUSTEN FILHO, Marçal. *Curso de direito administrativo*. 14. ed. Rio de Janeiro: Forense, 2023, p. 403.
[9] JUSTEN FILHO, Marçal. *Curso de direito administrativo*. 14. ed. Rio de Janeiro: Forense, 2023, p. 402.

12.2.2.2.5.1. Desapropriação ordinária

A desapropriação ordinária é aquela prevista no art. 5º, inciso XXIV, da CF/1988, nos casos de necessidade pública, utilidade pública ou por interesse social, mediante justa e prévia indenização em dinheiro, ressalvados os casos previstos na Constituição.

12.2.2.2.5.2. Fases

A desapropriação divide-se em duas fases, a fase declaratória e a fase executória (que ocorrerá mediante acordo, decisão arbitral ou por ação judicial), havendo legitimados para cada uma delas.

12.2.2.2.5.3. A fase declaratória

É efetivada mediante a declaração de necessidade pública, utilidade pública ou interesse social, após os estudos técnicos que demonstraram a necessidade e adequação do bem a ser desapropriado, a ser realizada por Decreto ou por Lei de efeito concreto.

12.2.2.2.5.3.1. Legitimidade

Por determinação expressa do art. 6º do DL n. 3.365/1941, a declaração de necessidade pública, utilidade pública ou interesse social será realizada por Decreto do Presidente da República, do Governador do Estado e do Distrito Federal ou do Prefeito Municipal.

Não obstante, o art. 8º do DL n. 3.365/1941 permite que o Poder Legislativo tome a iniciativa da desapropriação, o que vislumbro ser por meio de lei (de efeitos concretos), cabendo, neste caso, ao Poder Executivo, praticar os atos necessários à sua efetivação (fase executória). A legitimidade para a fase declaratória é, portanto, do Ente federativo desapropriante.

Na desapropriação ordinária, como regra, todos os bens privados podem ser desapropriados pela União, Estados, Distrito Federal e Municípios, mediante a justa e prévia indenização em dinheiro. Não obstante, *os Estados, o Distrito Federal e os Municípios não poderão desapropriar imóveis rurais para reforma agrária*, mesmo com fundamento no art. 24, inciso XXIV, da CF/1988 e com pagamento de justa e prévia indenização em dinheiro, por *invadir competência exclusiva da União* para o estabelecimento da política agrária[10].

Salienta-se, ainda, que a União possui legitimidade para desapropriar os bens de domínio dos Estados, dos Municípios e do Distrito Federal e os Estados poderão desapropriar os bens de domínio dos Municípios, desde que conferida autorização legislativa, respectivamente, pelo Congresso Nacional e pela respectiva Assembleia

---

[10] O STF, por intermédio da 2ª Turma, fixou o entendimento, em 15 de março de 2016, ao julgar o RE 482452 AgR/RS, de relatoria do Min. Dias Toffoli, de que "a competência para a desapropriação para fins de reforma agrária é exclusiva da União, assim, não cabe aos estados ou aos municípios realizarem programas que visem proporcionar a correta função social da propriedade rural, ainda que se utilizem de critérios supostamente extraídos da desapropriação tradicional mediante a prévia e justa indenização em dinheiro. Já havia outro precedente do STF, consistente no RE n. 496.861/RS-AgR, 2ª Turma, rel. min. Celso de Mello, *DJe* de 13/08/2015.

Legislativa, atendendo-se o *princípio da verticalidade*, previsto no art. 2º, § 2º, do DL n. 3.365/1941.

12.2.2.2.5.3.2. Caducidade do decreto

Destaca-se quo o decreto de desapropriação possui *prazo de caducidade*. Assim, o decreto *caducará em cinco anos* (art. 10 do DL n. 3.365/1941) contados da data de publicação nos casos de necessidade ou utilidade pública ou em *dois anos* nos casos de interesse social (art. 3º da Lei n. 4.132/1962) se a Administração não der início à fase executória mediante acordo, pela via arbitral ou ajuizamento da ação de desapropriação.

Esse prazo é suspenso, caso haja decisão judicial que suspenda ou impeça a Administração de promover as medidas necessárias para a conclusão do processo administrativo de desapropriação[11].

12.2.2.2.5.3.3. Efeitos do decreto

Publicado o decreto de desapropriação, dentre os efeitos que já passam a surtir está a possibilidade de as autoridades competentes *penetrarem no bem* objeto da desapropriação, a fim de realização vistorias e estudos, sendo possível, se necessário, o emprego de força policial, a *indicação do estado do bem para fins de indenização* e o *início da contagem do prazo* para a ocorrência da caducidade do ato.

Por fim, destaca-se que, se o proprietário, após o decreto de desapropriação, *promover benfeitorias necessárias*, será por elas também indenizado. As *úteis* somente serão indenizadas se feitas mediante autorização do Poder Público desapropriante e as *voluptuárias* não serão indenizadas.

12.2.2.2.5.4. A fase executória

A fase executória inicia-se administrativamente com tentativa de acordo entre o Estado e o proprietário ou utilização da via arbitral. Quando se logra êxito, diz-se que a desapropriação foi consensual. Não obtido sucesso na tentativa consensual, será necessário o ajuizamento da ação de desapropriação.

12.2.2.2.5.4.1. Legitimidade

Podem executar a desapropriação, mediante acordo, decisão arbitral ou ação judicial (ação de desapropriação), além dos respectivos Entes Federativos que editaram o ato declaratório, mediante autorização expressa em lei ou contrato, os legitimados previstos no art. 3º do DL n. 3.365/1941, quais sejam os concessionários, inclusive aqueles contratados nos termos da Lei n. 11.079/2004 (PPs), permissionários, autorizatários e arrendatários, bem como as entidades que exerçam funções delegadas do poder público.

É possível ainda que a servidão seja executada pelo contratado pelo poder público para fins de execução de obras e serviços de engenharia sob os regimes de empreitada por preço global, empreitada integral e contratação integrada (art. 3º, inciso IV, do

---

[11] Entendimento adotado pelo STF ao julgar o MS 32.898 AgR, rel. min. Teori Zavascki, j. 09/09/2016, P, *DJe* de 23/09/2016.

DL n. 3.365/1941 e art. 25, § 5º, inciso II, da Lei n. 14.133/2021) e por associação pública – consórcio público de direito público (art. 2º, § 1º, inciso II, da Lei n. 11.107/2005).

12.2.2.2.5.5. A desapropriação por acordo ou decisão arbitral

O poder público deverá notificar o proprietário, apresentar-lhe, além do valor da oferta de indenização, a cópia do ato de declaração de utilidade pública, a planta ou descrição dos bens e suas confrontações e a informação de que *o prazo para aceitar ou rejeitar a oferta é de 15 dias* e de que o silêncio será considerado rejeição.

Aceita a oferta e realizado o pagamento, será lavrado acordo, o qual será título hábil para a transcrição no registro de imóveis. No entanto, se rejeitada expressa ou tacitamente, o poder público ajuizará a ação de desapropriação.

Caso haja consenso entre o proprietário e o poder público desapropriante, poderá ser realizada a opção pela mediação ou pela via arbitral, nos termos do art. 10-B do DL n. 3.365/1941, cabendo ao particular indicar um dos órgãos ou instituições especializados em mediação ou arbitragem previamente cadastrados pelo órgão responsável pela desapropriação.

A mediação seguirá as normas da Lei n. 13.140/2015, e, subsidiariamente, os regulamentos do órgão ou instituição responsável, podendo ser eleita câmara de mediação criada pelo poder público, nos termos do art. 32 dessa Lei, enquanto a arbitragem seguirá as normas da Lei n. 9.307/1996, e, subsidiariamente, os regulamentos do órgão ou instituição responsável.

12.2.2.2.5.6. A desapropriação judicial

A desapropriação judicial se efetivará mediante ação judicial proposta pelos legitimados para a fase executória, com fundamento no art. 11 do DL n. 3.365/1941, aplicando-se o rito especial deste DL e, supletivamente, as disposições do procedimento comum do CPC.

12.2.2.2.5.6.1. A competência

Por se tratar de direito rela sobre bem imóvel, o foro competente para processar e julgar a ação de desapropriação é o da justiça federal (se a União for a desapropriante) ou da justiça distrital/estadual (se o Distrito Federal ou Estado/Município for desapropriante) do local de situação da coisa, na forma do art. 47 do CPC.

12.2.2.2.5.6.2. A contestação

Na ação de desapropriação, o art. 20 do DL n. 3.365/1941 estabelece que a contestação só poderá versar sobre *vício no processo de desapropriação* ou *impugnação do preço*, qualquer outra questão deverá ser decidida por ação própria.

As questões como a nulidade do decreto de desapropriação, a exemplo da ausência de motivação ou desvio de finalidade, também deverão ser arguidas na contestação, sob pena da transferência imediata da propriedade ao desapropriante, independentemente de anuência expressa do desapropriado, seguindo-se o processo somente para resolução das questões litigiosas, conforme expressamente previsto no art. 34-A, § 4º, do DL n. 3.365/1941.

As questões referentes à nulidade a serem levantadas na contestação devem ser estritamente relacionadas à ilegalidade do ato, pois ao Poder Judiciário é vedado, no processo de desapropriação, decidir se se verificam ou não os casos de necessidade pública, utilidade pública ou interesse social (mérito), conforme expressamente previsto no art. 9º do DL n. 3.365/1941.

12.2.2.2.2.5.6.3. A imissão provisória na posse

Admite-se, ao despachar a inicial ou no curso da ação de desapropriação, a possibilidade de *deferimento do pedido de imissão provisória na posse*, que é a situação jurídica em que o desapropriante passa a ter a posse provisória do bem antes da finalização do término da ação.

Dois são os pressupostos da imissão provisória na posse: *urgência* e *depósito do valor* arbitrado pelo juiz, que deverá ser compatível com o valor da avaliação realizada na fase administrativa pelo poder desapropriante.

12.2.2.2.2.5.6.4. O levantamento do depósito

A lei permite que o proprietário, ainda que discorde do preço oferecido, levante o equivalente a até *80% da importância depositada sem transferir a propriedade de imediato para o poder público desapropriante* (art. 33, § 2º, do DL n. 3.365/1941). O levantamento do valor será deferido mediante prova de propriedade, de quitação de dívidas fiscais que recaiam sobre o bem expropriado e publicação de editais, com o prazo de dez dias, para conhecimento de terceiros. Porém, se o juiz verificar que há dúvida fundada sobre o domínio, o preço ficará em depósito, ressalvada aos interessados a ação própria para disputá-lo.

Por outro lado, se se houver concordância do desapropriado, reduzida a termo, a decisão concessiva da imissão provisória na posse *implicará a aquisição da propriedade pelo desapropriante* com o consequente registro da propriedade na matrícula do imóvel, nos termos do art. 34-A do DL n. 3.365/1941. Essa concordância na transferência da propriedade *não implica renúncia ao seu direito de questionar o preço ofertado em juízo*, e o desapropriado poderá *levantar 100% do depósito* que havia sido arbitrado pelo juízo, do qual deverão ser descontadas eventuais dívidas fiscais, bem como o necessário para assegurar o pagamento das custas processuais.

O pedido do levantamento do depósito *deverá ser realizado na contestação*, pois, após a apresentação desta, sem qualquer oposição expressa referente à validade do decreto desapropriatório, deverá ser determinada a *imediata transferência da propriedade do imóvel* para o expropriante, *independentemente de anuência expressa do desapropriado*, e prosseguirá o processo somente para resolução das questões litigiosas.

12.2.2.2.2.5.6.5. A justa indenização

Na desapropriação por necessidade, utilidade pública e por interesse social (ordinária), a indenização deve ser *prévia*, *justa* e *em dinheiro*, devendo ser integral e abarcando, além do valor *real do imóvel*, a *atualização monetária*, *os juros compensatórios e moratórios*, as *custas processuais*, os *honorários periciais* e *advocatícios* e, por fim, *direitos de terceiros*.

12.2.2.2.5.6.5.1. O valor real do bem

O *quantum* indenizatório normalmente se compõe de duas partes: a primeira, que já foi *objeto de depósito judicial*, quando o desapropriante foi imitido provisoriamente na posse do bem, a qual *poderá ser levantada por alvará judicial*. A segunda corresponde à diferença entre o valor que a sentença fixou, com os devidos acréscimos, e a parcela depositada, a qual será levantada na fase de cumprimento da sentença (de cunho executório), na forma dos arts. 534 e 535 do CPC, observando-se o sistema de precatórios previsto no art. 100 da CF/1988[12].

12.2.2.2.5.6.5.2. A atualização monetária

Além do valor real do bem, arbitrado por meio da prova pericial produzida no processo, é cabível a *atualização monetária* desse valor. Para tanto, como regra, *não haverá necessidade de realizar nova perícia à atualização*, uma vez que, de acordo com o entendimento do STJ, "a atualização do valor fixado judicialmente se faz com aplicação dos índices oficiais para correção monetária, não se justificando a realização de nova perícia, salvo em situações especiais"[13].

A atualização monetária poderá ser *feita tantas vezes quanto necessárias, até o efetivo valor da indenização*, para aferir a justa indenização, conforme entendimento já consolidado pelo STJ na Súmula 67.

12.2.2.2.5.6.5.3. Os juros compensatórios

Vê-se que o juiz pode autorizar, antes da ação de desapropriação ser concluída, que o Poder Público já assuma a posse do bem desapropriado, através da imissão provisória na posse. Ocorre que, caso o valor da indenização fixada na sentença seja maior que o oferecido pelo poder público, o proprietário fará jus a uma compensação por ter sido prematuramente retirado da posse do bem sem ter recebido o justo valor, eis que houve diferença.

Essa compensação ocorrerá por meio do pagamento dos denominados *juros compensatórios*, que possuem a finalidade de compensar a perda antecipada do bem, sendo contados da data em que ocorreu a imissão provisória na posse até a data do efetivo pagamento.

A definição dos valores do percentual aplicável aos juros compensatórios nunca foi pacífica na história brasileira. Na redação original do DL n. 3.365/1941 não havia previsão do pagamento desses juros. Em 1963, o STF, inovando na ordem jurídica, sumulou a matéria (Súmula 164), entendendo que "no processo de desapropriação, são devidos juros compensatórios desde a antecipada imissão de posse, ordenada pelo juiz, por motivo de urgência". Jurisprudencialmente, estabeleceu-se um percentual de 6% ao ano, com base nos juros legais previstos no Código Civil de 1916.

Posteriormente, em 1984, diante de um cenário de elevada inflação e diante da morosidade processual nas ações de desapropriação, que perduravam décadas, o STF alterou seu entendimento inicial e elevou os juros compensatórios, editando a

---

[12] CARVALHO FILHO, José dos Santos. *Manual de direito administrativo*. 37. ed. Barueri: Atlas, 2023, p. 729.
[13] Entendimento fixado por ocasião do julgamento do REsp n. 92.789, de relatoria do rel. min. Francisco Peçanha Martins, 2ª T., Julgado em 15/09/1998.

Súmula 618, a qual passou a estabelecer que "na desapropriação, direta ou indireta, a taxa dos juros compensatórios é de 12% ao ano".

Em 11 de junho de 1997, finalmente uma medida legislativa, com a edição da Medida Provisória n. 1.577, a qual estabeleceu, contrariamente à Súmula do STF, juros compensatórios de 6% ao ano. Porém, posteriormente, a Medida Provisória n. 2.183-56/2001 (reedição da MP originária) alterou a redação original estabelecendo percentual de "até 6%", além da incumbência ao proprietário de provar a perda da renda sobre o imóvel como condição para o deferimento do pagamento dos juros compensatórios e para afastar o pagamento quando o grau de utilização e eficiência na exploração da propriedade forem iguais a zero.

Contra essa medida, a OAB ingressou com a ADI n. 2332/DF, sendo que, em 2001, o STF concedeu medida liminar suspendendo a redução dos juros compensatórios de 12% para 6%, determinando a volta da taxa para 12%. A decisão do STF foi publicada em 13 de setembro de 2001 e possuiu efeitos *ex nunc*. Assim, a MP n. 1.577/1997, que reduziu de 12% para 6% produziu efeitos apenas no período de 11 de junho de 1997 a 13 de setembro de 2001. Na mesma decisão foi suspensa a eficácia dos §§ 1º e 2º do art. 15-A do DL n. 3.365/1941 (comprovação de perda de renda e grau de utilização).

Em maio de 2018, o STF julgou o mérito dessa ADI n. 2332/DF e alterou o entendimento que havia sido firmando na decisão liminar proferida em 2001, decidindo pela constitucionalidade do *percentual fixo de 6%* (declarando inconstitucional apenas o vocábulo "até") previsto no art. 15-A do DL n. 3365/1941. Para o Supremo, a utilização do termo "até" para a fixação da taxa de juros a ser aplicada nos casos de imissão provisória na posse cria insegurança jurídica e institui regime de discricionariedade injustificado, violando a determinação constitucional de que o proprietário deverá receber justa indenização.

Além disso, o STF julgou *constitucional* os §§ 1º e 2º do art. 15-A do DL n. 3.365/1941, os quais condicionavam a condenação do Poder Público ao pagamento dos juros compensatórios aos seguintes requisitos: 1) ter ocorrido imissão provisória na posse do imóvel; 2) a comprovação pelo proprietário da perda da renda sofrida pela privação da posse; e 3) o imóvel possuir graus de utilização da terra e de eficiência na exploração superiores a zero.

Importante destacar que o § 3º desse artigo também *foi julgado constitucional*, ou seja, *os mesmos requisitos para a incidência de juros compensatórios na ação de desapropriação deverão ser comprovados na ação de desapropriação indireta e nas ações indenizatórias* decorrentes das demais restrições a propriedade por atos do Poder Público, em especial aqueles destinados à proteção ambiental.

O § 4º, que estabelecia que nas ações referidas no § 3º não será o Poder Público onerado por juros compensatórios relativos a período anterior à aquisição da propriedade ou posse titulada pelo autor da ação *foi declarado inconstitucional*, sob o argumento de que ele exclui indevidamente o direito aos juros compensatórios, violando a exigência constitucional de justa indenização (art. 5º, XXIV) e o direito fundamental de propriedade (art. 5º, XXII), pois tanto a ação de desapropriação quanto a ação de desapropriação indireta deverão receber o mesmo tratamento referente aos juros.

Por fim, o STF deu interpretação conforme a Constituição ao *caput* do art. 15-A do DL n. 3.365/1941 a fim de que a base de cálculo dos juros compensatórios seja a diferença eventualmente apurada entre 80% do preço ofertado em juízo (o que é possível ser levantando sem transferir a propriedade) e o valor do bem fixado na sentença.

Quando todos esperavam que tudo caminharia, enfim, para um caminho de consolidação a respeito dos juros compensatórios na história brasileira, o legislador editou, em 13 de junho de 2023, a Lei n. 14.620/2023, alterando novamente o art. 15-A e voltando a desafiar o entendimento acerca de algumas inconstitucionalidades apontadas pelo STF.

A respeito da alteração legislativa, é necessário que se faça um quadro comparativo do entendimento consolidado pelo STF e a edição legislativa após a decisão do Supremo.

A LEI APÓS A DECISÃO DO STF NO JULGAMENTO DA ADI N. 2332/DF EM MAIO DE 2018	A LEI ALTERADA PELA LEI N. 14.620, DE 13 DE JUNHO DE 2023
Art. 15-A No caso de imissão prévia na posse, na desapropriação por necessidade ou utilidade pública e interesse social, inclusive para fins de reforma agrária, havendo divergência entre o preço ofertado em juízo e o valor do bem, fixado na sentença, expressos em termos reais, incidirão juros compensatórios de até seis por cento ao ano sobre o valor da diferença eventualmente apurada, a contar da imissão na posse, vedado o cálculo de juros compostos.	Art. 15-A. No caso de imissão prévia na posse, na desapropriação por necessidade ou utilidade pública ou na desapropriação por interesse social prevista na Lei n. 4.132, de 10 de setembro de 1962, na hipótese de haver divergência entre o preço ofertado em juízo e o valor do bem fixado na sentença, expressos em termos reais, poderão incidir juros compensatórios de **até** 6% a.a. (seis por cento ao ano) sobre o valor da diferença eventualmente apurada, contado da data de imissão na posse, vedada a aplicação de juros compostos.
OBSERVAÇÃO: O STF julgou decidiu pela constitucionalidade do percentual **fixo de 6%** *(declarando inconstitucional apenas o vocábulo "até") previsto no art. 15-A do DL n. 3365/1941. Para o Supremo, a utilização do termo "até" para a fixação da taxa de juros a ser aplicada nos casos de imissão provisória na posse cria insegurança jurídica e institui regime de discricionariedade injustificado, violando a determinação constitucional de que o proprietário deverá receber justa indenização.*	**OBSERVAÇÃO:** O legislador, embora tenha incluído a possibilidade de juros compensatórios na Lei n. 4.132/1962 expressamente, desafiou a inconstitucionalidade da expressão até 6% e a manteve. A nova redação, alterada pela Lei n. 14.620/2023, embora ainda não tenha sido *formalmente* declarada inconstitucional, *materialmente* é (e já foi, no julgamento da ADI n. 2332-DF), devendo ser assim reconhecida em sede de controle difuso de constitucionalidade.
§ 1º Os juros compensatórios destinam-se, apenas, a compensar a perda de renda comprovadamente sofrida pelo proprietário.	§ 1º Os juros compensatórios destinam-se apenas a compensar danos correspondentes a lucros cessantes comprovadamente sofridos pelo proprietário, não incidindo nas indenizações relativas às desapropriações que tiverem como pressuposto o *descumprimento da função social da propriedade, previstas no art. 182, § 4º, inciso III, e no art. 184 da Constituição.*
OBSERVAÇÃO: O dispositivo foi compreendido como constitucional pelo STF.	**OBSERVAÇÃO:** O dispositivo altera a perda de renda comprovadamente sofrida pelo proprietário por lucros cessantes e exclui da incidência de juros compensatórios as desapropriações sancionatórias urbanas e agrárias. Os *juros compensatórios* nas *desapropriações sancionatórias agrárias* foram considerados *constitucionais* pelo STF e *encontra previsão especial no art. 5º, § 9º, da Lei n. 8.629/1993*. No caso das desapropriações sancionatórias urbanas, o Estatuto das cidades *já vedava expressamente* no seu art. 8º, § 2º, inciso II.

§ 2º Não serão devidos juros compensatórios quando o imóvel possuir graus de utilização da terra e de eficiência na exploração iguais a zero.	Este parágrafo foi suprimido, readequando-se na redação do § 1º, quando afasta a incidência de juros compensatórios nas desapropriações sancionatórias.
OBSERVAÇÃO: Dispositivo julgado constitucional pelo STF.	**OBSERVAÇÃO:** Compreendo que o STF deverá analisar a constitucionalidade do dispositivo.
§ 3º O disposto no *caput* deste artigo aplica-se também às ações ordinárias de indenização por apossamento administrativo ou desapropriação indireta, bem assim às ações que visem a indenização por restrições decorrentes de atos do Poder Público, em especial aqueles destinados à proteção ambiental, incidindo os juros sobre o valor fixado na sentença.	§ 2º O disposto no *caput* aplica-se também às ações ordinárias de indenização por apossamento administrativo ou por desapropriação indireta e às ações que visem à indenização por restrições decorrentes de atos do poder público.
OBSERVAÇÃO: Dispositivo julgado constitucional pelo STF.	**OBSERVAÇÃO:** Readequado no § 2º, sem ocasionar nenhuma alteração material no entendimento que já era adotado pelo STF.
~~§ 4º Nas ações referidas no § 3º, não será o Poder Público onerado por juros compensatórios relativos a período anterior à aquisição da propriedade ou posse titulada pelo autor da ação.~~	§ 3º Nas ações referidas no § 2º, o poder público não será onerado por juros compensatórios relativos a período anterior à aquisição da propriedade ou da posse titulada pelo autor da ação.
OBSERVAÇÃO: O dispositivo foi julgado *inconstitucional* pelo STF, pois estabelecia que, nas ações referidas no § 3º não será o Poder Público onerado por juros compensatórios relativos a período anterior à aquisição da propriedade ou posse titulada pelo autor da ação, sob o argumento de que *ele exclui indevidamente o direito aos juros compensatórios*, violando a exigência constitucional de *justa indenização* (art. 5º, XXIV) e o direito fundamental de propriedade (art. 5º, XXII), pois tanto a ação de desapropriação quanto a ação de desapropriação indireta deverão receber o mesmo tratamento referente aos juros.	**OBSERVAÇÃO:** A nova redação, alterada pela Lei n. 14.620/2023, embora ainda não tenha sido *formalmente* declarada inconstitucional, *materialmente* é (e já foi, no julgamento da ADI n. 2332-DF), devendo ser assim reconhecida em sede de controle difuso de constitucionalidade, pelos mesmo fundamentos já reconhecidos pelo STF.

Assim, atualmente, em meu juízo de apreciação, conforme os parâmetros de constitucionalidade já fixados pelo STF, tenho que os juros compensatórios *são fixos de 6% ao ano, contados desde a efetiva utilização fática do bem,* sendo devidos independentemente de o Poder público desapropriante já possuir juridicamente a propriedade, como ocorre nas desapropriações indiretas[14]. Destinam-se a compensar a *perda de renda comprovadamente sofrida* pelo proprietário, *não sendo devidos às desapropriações sancionatórias urbanas* (por vedação expressa do art. 8º, § 2º, inciso II, do Estatuto das Cidades) e *agrárias* (por revogação tácita do art. 5º, § 9º, da Lei n. 8.629/1993 – incluído pela Lei n. 13.465/2017 – pelo § 1º do art. 15-A do DL n. 3.365/1941 – com a redação dada pela Lei n. 14.620/2023).

Por fim, é necessário dizer que acredito que essa alteração legislativa, suprimindo o pagamento de juros compensatórios nos casos de desapropriação para fins de reforma agrária, será objeto de apreciação (quanto à sua constitucionalidade) pelo Supremo Tribunal Federal.

---

[14] Esse entendimento já é consolidado na Súmula 69 do STJ: Na desapropriação direta, os juros compensatórios são devidos desde a antecipada imissão na posse e, na desapropriação indireta, a partir da efetiva ocupação do imóvel.

12.2.2.2.2.5.6.5.4. Os juros moratórios

Os *juros moratórios* destinam-se a recompor a perda decorrente do atraso no efetivo pagamento da indenização fixada na decisão final de mérito, **e** *somente serão devidos à ordem de 6% ao ano*, incidentes do trânsito em julgado da sentença até a data do efetivo pagamento da indenização (art. 15-B do DL n. 3.365/1941 e Súmula 70 do STJ).

É possível a incidência de juros moratórios sobre os compensatórios, uma vez que os primeiros se referem à demora no pagamento da indenização e os primeiros a compensar a perda antecipada da propriedade, na forma das Súmulas 12 do STJ e 102 do STJ.

12.2.2.2.2.5.6.5.5. As custas processuais

Nos termos do art. 30 do DL n. 3.365/1941, as custas serão pagas pelo autor se o réu aceitar o preço oferecido ou pelo vencido. Assim, se o desapropriando aceitar, em contestação, o preço oferecido pelo poder público desapropriante, as custas correm a cargo desta. No entanto, se não aceitar na contestação, serão pagas, ao final, pelo vencido.

12.2.2.2.2.5.6.5.6. Os honorários periciais e advocatícios

Ao vencido caberá, além do pagamento das custas processuais, os honorários periciais e de assistentes técnicos, conforme o art. 82 do CPC. Na composição da justa indenização também se incluem, como dito, os honorários advocatícios, na forma da Súmula 378 do STF.

Assim, o § 1º do art. 27 do DL n. 3.365/1941, já interpretado pelo STF, conforme exposto acima, previu que a sentença que fixar o valor da indenização quando este for superior ao preço oferecido condenará o desapropriante a pagar honorários do advogado, que serão fixados entre meio e cinco por cento do valor da diferença, sem qualquer limitação de valores em reais.

A base de cálculo dos honorários advocatícios na desapropriação é a diferença entre a oferta e a indenização, corrigidas ambas monetariamente, na forma prevista nas Súmulas 617 do STF e 141 do STJ.

12.2.2.2.2.5.6.5.7. Direitos de terceiros

Importante destacar que, assim como os proprietários, os locatários também possuem, na forma estabelecida pela Constituição Federal, o direito à justa indenização por todos os danos que as desapropriações lhes causarem, visto que experimentam prejuízos distintos dos suportados pelo locador (proprietário).

O proprietário é indenizado pela perda da propriedade (art. 5º, XXIV, da CF/1988), enquanto o locatário é indenizado pelos danos decorrentes da interrupção do negócio, além da perda (comprovada) do estabelecimento empresarial (fundo de comércio), por dano decorrente do art. 37, § 6º, da CF/1988.

Assim, o STJ, com base em precedentes, firmou jurisprudência no sentido de que o inquilino comercial tem amplo direito de ser ressarcido, independentemente das relações jurídicas entre o Poder público e o proprietário, inclusive por perdas e danos causados por aquele[15].

12.2.2.2.2.5.6.5.8. A sub-rogação de ônus e direitos no valor da indenização

O art. 31 do DL n. 3.365/1941 estabelece que "Ficam sub-rogados no preço quaisquer ônus ou direitos que recaiam sobre o bem expropriado". Assim, qualquer dívida ou direito atrelado ao bem desapropriado devem ser contabilizados no valor da indenização.

A título de exemplo, imagine que um imóvel sob desapropriação seja objeto de hipoteca decorrente de dívida contraída junto a uma instituição bancária. O valor da dívida deve ser deduzido da indenização, assumindo, o poder público desapropriante, a responsabilidade pelo seu pagamento. Por consequência, o credor (nesse exemplo, a instituição bancária) receberá o que lhe é devido (a ser pago pelo poder público) e este adquire o imóvel sem qualquer ônus (aquisição originária da propriedade).

O STJ enfrentou o tema ao analisar a responsabilidade de um antigo proprietário, por dano causado ao imóvel (que era tombado por integrar o patrimônio histórico-cultural). Trata-se do AREsp 1.886.951, de relatoria do Min. Gurgel de Faria, julgado pela 1ª Turma em 20 de junho de 2024. Tratava-se de ação civil pública ajuizada pelo Ministério Público Estadual (do RJ) contra o Município do Rio de Janeiro e o antigo proprietário.

No caso concreto, o STJ reconheceu a ilegitimidade ativa do antigo proprietário, uma vez que a indenização paga pelo município já teria levado em consideração o passivo ambiental cultural. Caso aquele também fosse condenado no âmbito da ação civil pública, estar-se-ia diante de *bis in idem*, arcando duas vezes com o ônus indenizatório (o primeiro, descontado no *quantum* da indenização desapropriatória; e, o segundo, imposto por condenação judicial).

Assim, diante da sub-rogação do ônus no preço pago pela municipalidade pelo bem, o STJ manteve, no polo passivo da ação, exclusivamente o novo proprietário (Município), o qual assumiu a responsabilidade pela reparação dos danos causados ao patrimônio histórico-cultural.

12.2.2.2.2.5.7. Desapropriação sancionatória

A desapropriação sancionatória consiste em uma reprimenda estatal, prevista na Constituição Federal, para que o proprietário cumpra a função social, conferindo adequada destinação ao bem.

São as hipóteses que o art. 5º, inciso XXIV, da CF/1988 aponta como exceções à indenização prévia e em dinheiro, pois na desapropriação sancionatória a indenização não ocorrerá assim, sendo paga em títulos da dívida pública.

Esta espécie de desapropriação segue o mesmo rito administrativo da desapropriação ordinária, com algumas adaptações às suas especialidades, a exemplo dos requisitos constitucionais previstos no art. 182, § 4º, inciso III, da CF/1988, para a desapropriação sancionatória urbana e os requisitos dos arts. 184 a 186 da CF/1988, para a desapropriação sancionatória agrária.

---

[15] STJ, REsp 1.076.124-RJ, rel. min. Eliana Calmon, *DJ* de 03/09/2009.

12.2.2.2.5.7.1. Desapropriação sancionatória urbana

A desapropriação sancionatória urbana possui fundamento no art. 182, § 4º, inciso III, da CF/1988 e no art. 8º da Lei n. 10.257/2001 (Estatuto das cidades). Assim, é facultado ao *Município*, mediante lei específica para área incluída no plano diretor, exigir do proprietário do *solo urbano não edificado, subutilizado*[16] ou *não utilizado*, que promova seu *adequado aproveitamento*.

Para tanto, o proprietário será notificado pelo Poder Executivo municipal para o cumprimento da obrigação, devendo a notificação ser averbada no cartório de registro de imóveis, na forma do art. 5º do Estatuto das Cidades. Essa notificação deve ser feita pessoalmente por agente público do órgão municipal competente, ao proprietário do imóvel ou, no caso de este ser pessoa jurídica, a quem tenha poderes de gerência geral ou administração, e, apenas depois de frustradas por três vezes a tentativa de notificação pessoal, poderá ocorrer por edital.

O prazo concedido ao proprietário para que dê o adequado aproveitamento ao bem *não poderá ser inferior a um ano*, a partir da notificação, para que seja protocolizado o projeto no órgão municipal competente, e *inferior a dois anos*, a partir da aprovação do projeto, para o início das obras do empreendimento[17].

Por força expressa do art. 6º do Estatuto das Cidades, a transmissão do imóvel, por ato *inter vivos* ou *causa mortis*, posterior à data da notificação, transfere as obrigações de parcelamento, edificação ou utilização, *sem interrupção de quaisquer prazos*.

Não tomando as medidas acima, inicia-se a segunda fase coercitiva para que o proprietário dê o adequado aproveitamento ao bem. Trata-se da *instituição do IPTU progressivo no tempo*, com a majoração da alíquota pelo prazo de cinco anos consecutivos, na forma do art. 7º do Estatuto das Cidades.

O valor da alíquota a ser aplicado a cada ano será fixado na lei específica municipal e não excederá a duas vezes o valor referente ao ano anterior, respeitada a alíquota máxima de 15%.

Caso a obrigação de parcelar, edificar ou utilizar não esteja atendida em cinco anos, o Município manterá a cobrança pela alíquota máxima, até que se cumpra a referida obrigação[18], garantida a prerrogativa de *poder* promover a *desapropriação sancionatória urbana*, a qual é discricionária e dependerá de conveniência e oportunidade do Município, único Ente competente para essa espécie de desapropriação.

Assim, a última etapa é a própria imposição da sanção, com a possibilidade de se impor a desapropriação sancionatória, nas condições do art. 8º do Estatuto das Cidades, *podendo* ser operada depois de decorridos cinco anos de cobrança do IPTU progressivo sem que o proprietário tenha cumprido a obrigação de parcelamento, edificação ou utilização.

---

[16] O art. 5º, § 1º, do Estatuto das Cidades, considera subutilizado o imóvel cujo aproveitamento seja inferior ao mínimo definido no plano diretor ou em legislação dele decorrente.

[17] Em empreendimentos de grande porte, em caráter excepcional, o art. 5º, § 5º, do Estatuto das Cidades, prevê que lei municipal específica poderá prever a conclusão em etapas, assegurando-se que o projeto aprovado compreenda o empreendimento como um todo.

[18] O art. 7º, § 3º, do Estatuto das Cidades veda a concessão de isenções ou de anistia relativas a esta tributação progressiva.

Essa desapropriação não será prévia e em dinheiro, mas em títulos da dívida pública, os quais terão prévia aprovação pelo Senado Federal e serão resgatados no prazo de até dez anos, em prestações anuais, iguais e sucessivas, assegurados o valor real da indenização e os juros legais de 6% ao ano (equivalente aos juros moratórios). Esses títulos não terão poder liberatório para pagamento de tributos.

A indenização refletirá o valor da base de cálculo do IPTU, descontado o montante incorporado em função de eventuais obras realizadas pelo Poder Público na área de situação do imóvel, após a data de notificação para a adequada destinação do bem, e *não computará expectativas de ganhos, lucros cessantes e juros compensatórios*.

O município tem o dever, previsto no art. 8º, § 4º, do Estatuto das Cidades, de dar o adequado aproveitamento do imóvel no prazo máximo de cinco anos contados a partir da sua incorporação ao patrimônio público, o qual poderá ser *efetivado diretamente pelo Poder Público* ou por meio de *alienação ou concessão a terceiros*, observando-se, nesses casos, o devido procedimento licitatório e mantando-se as mesmas obrigações de parcelamento, edificação ou utilização.

Por fim, ressalta-se que, sem prejuízo da punição de outros agentes públicos envolvidos e da aplicação de outras sanções cabíveis, incorrerá em improbidade administrativa o Prefeito que *dolosamente* deixar de proceder, nesse prazo, o adequado aproveitamento do imóvel incorporado ao patrimônio público.

12.2.2.2.5.7.2. Desapropriação sancionatória agrária

A desapropriação sancionatória agrária constitui uma punição pelo descumprimento da função social, sendo de *competência exclusiva da União*, com previsão expressa no art. 184 da Constituição, sendo executada com fundamento no *interesse social*, com a destinação dos *imóveis rurais* desapropriados para a *reforma agrária*.

Não obstante, são insuscetíveis de desapropriação para fins de reforma agrária, *a pequena e média propriedade rural*, desde que seu proprietário não possua outra e a *propriedade produtiva*, a qual possui tratamento legal especial, *não estando dispensada de cumprir sua função social*.

No que tange ao tamanho da propriedade rural, a Lei n. 8.629/1993, em seu art. 4º, leva em conta o módulo fiscal (não apenas a metragem), que varia de acordo com cada município. Assim, os imóveis rurais são classificados em *pequena propriedade*, sendo aquele com área compreendida entre um e quatro módulos fiscais, *média propriedade*, o imóvel rural de área superior a quatro e até quinze módulos fiscais e *grande propriedade*, o qual se constitui no imóvel rural de área superior a quinze módulos fiscais.

A *propriedade é produtiva* quando explorada econômica e racionalmente, além de atingir, simultaneamente, *graus de utilização da terra* e de *eficiência na exploração*, segundo índices fixados pelo INCRA, na forma do art. 6º da Lei n. 8.629/1993.

O *grau de utilização* da terra deverá ser igual ou superior a 80%, calculado pela relação percentual entre a área efetivamente utilizada e a área aproveitável total do imóvel. Por sua vez, o *grau de eficiência* na exploração da terra deverá ser igual ou superior a 100% e será obtido de acordo com a seguinte sistemática:

a) para os produtos vegetais, divide-se a quantidade colhida de cada produto pelos respectivos índices de rendimento estabelecidos pelo órgão competente do Poder Executivo, para cada Microrregião Homogênea; e

b) para a exploração pecuária, divide-se o número total de Unidades Animais (UA) do rebanho, pelo índice de lotação estabelecido pelo órgão competente do Poder Executivo, para cada Microrregião Homogênea;

A soma dos resultados obtidos na forma dos dois itens acima, dividida pela área *efetivamente utilizada*[19] e multiplicada por 100, determinará o grau de eficiência na exploração.

Por sua vez, *a função social é cumprida* quando a propriedade rural atende, simultaneamente, o *aproveitamento racional e adequado*[20], a *utilização adequada dos recursos naturais* disponíveis[21] e *preservação do meio ambiente*[22], a observância das *disposições que regulam as relações de trabalho*[23] e a exploração que favoreça *o bem-estar dos proprietários e dos trabalhadores*[24], em atendimento ao art. 9º da Lei n. 8.629/1993.

Em 1º de setembro de 2023, por ocasião do julgamento da ADI n. 3865, de relatoria do Min. Edson Fachin, o STF assentou a constitucionalidade da exigência do cumprimento da função social mesmo nos imóveis considerados produtivos, ou seja, são dois requisitos autônomos: *o imóvel rural deve ser produtivo* e *deve atender a função social*.

Sendo improdutivo ou não atendendo a função social, o bem poderá ser desapropriado como forma de sanção, sendo que a *prévia e justa indenização* será por meio de *títulos da dívida agrária resgatáveis em até 20 anos*, com exceção das benfeitorias úteis e necessárias, as quais serão indenizadas em dinheiro.

O decreto que declarar o imóvel como de *interesse social*, para fins de reforma agrária, autoriza a União a propor *ação de desapropriação*, a qual seguirá o *rito sumário do procedimento contraditório especial*, instituído pela LC n. 76/1993.

Os títulos da dívida agrária, que conterão cláusula assecuratória de preservação de seu valor real, serão resgatáveis a partir do segundo ano de sua emissão, em

---

[19] O art. 6º, § 3º, da Lei n. 8.629/1993, considera efetivamente utilizadas as áreas plantadas com produtos vegetais; as áreas de pastagens nativas e plantadas, observado o índice de lotação por zona de pecuária, fixado pelo Poder Executivo; as áreas de exploração extrativa vegetal ou florestal, observados os índices de rendimento estabelecidos pelo órgão competente do Poder Executivo, para cada Microrregião Homogênea, e a legislação ambiental; as áreas de exploração de florestas nativas, de acordo com plano de exploração e nas condições estabelecidas pelo órgão federal competente; e as áreas sob processos técnicos de formação ou recuperação de pastagens ou de culturas permanentes, tecnicamente conduzidas e devidamente comprovadas, mediante documentação e Anotação de Responsabilidade Técnica.

[20] O art. 9º, § 1º, da Lei n. 8.629/1993, considera *racional e adequado* o aproveitamento que atinja os *graus de utilização da terra* e *de eficiência na exploração* trabalhados acima.

[21] O art. 9º, § 2º, da Lei n. 8.629/1993, considera *adequada a utilização dos recursos naturais* disponíveis quando a exploração se faz respeitando a vocação natural da terra, de modo a manter o potencial produtivo da propriedade.

[22] O art. 9º, § 3º, da Lei n. 8.629/1993, considera *preservação do meio ambiente* a manutenção das características próprias do meio natural e da qualidade dos recursos ambientais, na medida adequada à manutenção do equilíbrio ecológico da propriedade e da saúde e qualidade de vida das comunidades vizinhas.

[23] O art. 9º, § 4º, da Lei n. 8.629/1993, considera que a *observância das disposições que regulam as relações de trabalho* implica tanto o respeito às leis trabalhistas e aos contratos coletivos de trabalho, como às disposições que disciplinam os contratos de arrendamento e parceria rurais.

[24] O art. 9º, § 5º, da Lei n. 8.629/1993, considera a *exploração que favorece o bem-estar dos proprietários e trabalhadores rurais* como aquela que objetiva o atendimento das necessidades básicas dos que trabalham a terra, observa as normas de segurança do trabalho e não provoca conflitos e tensões sociais no imóvel.

percentual proporcional ao prazo, observados os critérios previstos no art. 5º da Lei n. 8.629/1993:

a) *do segundo ao décimo quinto ano*, quando emitidos para indenização de imóvel com área de até setenta módulos fiscais;
b) *do segundo ao décimo oitavo ano*, quando emitidos para indenização de imóvel com área acima de setenta e até cento e cinquenta módulos fiscais; e
c) *do segundo ao vigésimo ano*, quando emitidos para indenização de imóvel com área superior a 150 módulos fiscais.

Na hipótese de acordo administrativo ou acordo realizado no âmbito do procedimento contraditório especial, o pagamento será efetuado de forma escalonada em Títulos da Dívida Agrária (TDA), resgatáveis em parcelas anuais, iguais e sucessivas, a partir do segundo ano de sua emissão, observadas as seguintes condições:

a) *imóveis com área de até três mil hectares*, no prazo de cinco anos; e
b) *imóveis com área superior a três mil hectares:* 1) o valor relativo aos primeiros três mil hectares, no prazo de cinco anos; 2) o valor relativo à área superior a três mil e até dez mil hectares, em dez anos; 3) o valor relativo à área superior a dez mil hectares até 15 mil hectares, em 15 anos; e 4) o valor da área que exceder 15 mil hectares, em 20 anos.

Os prazos iguais ou superiores a dez anos poderão ser reduzidos em cinco anos, desde que o proprietário concorde em receber o pagamento do valor das benfeitorias úteis e necessárias integralmente em títulos da dívida agrária. Ocorrendo o aceite pelo proprietário, os prazos de resgates dos respectivos títulos serão fixados mantendo-se a mesma proporcionalidade estabelecida para aqueles relativos ao valor da terra e suas acessões naturais.

Na hipótese em que a decisão judicial transitada em julgado fixar a indenização da terra nua ou das benfeitorias indenizáveis em valor superior ao ofertado pelo expropriante, corrigido monetariamente, a diferença será paga pelo sistema de precatórios previsto no art. 100 da CF/1988.

Embora o art. 5º, § 9º, da Lei n. 8.629/1993, inserido pela Lei n. 13.465/2017, preveja que, "se houver imissão prévia na posse e, posteriormente, for verificada divergência entre o preço ofertado em juízo e o valor do bem fixado na sentença definitiva, expressos em termos reais, sobre a diferença eventualmente apurada *incidirão juros compensatórios a contar da imissão de posse*, em percentual correspondente ao fixado para os títulos da dívida agrária depositados como oferta inicial para a terra nua", entendo que essa previsão *foi revogada tacitamente* pelo § 1º do art. 15-A do DL n. 3.365/1941, com a redação conferida pela Lei n. 14.620/2023.

A Lei n. 14.620/2023 alterou o dispositivo que trata dos juros compensatórios, mesmo após a decisão do STF que os considerou constitucionais[25], passando a prever expressamente no § 1º do art. 15 do DL n. 3.365/1941 que "os juros compensatórios destinam-se apenas a compensar danos correspondentes a lucros cessantes

---

[25] ADI n. 2332/DF. rel. min. Roberto Barroso, Julgado em 16/05/2018.

comprovadamente sofridos pelo proprietário, *não incidindo nas indenizações relativas às desapropriações que tiverem como pressuposto o descumprimento da função social da propriedade, previstas no art. 182, § 4º, inciso III, e no art. 184 da Constituição".*

Por fim, é necessário dizer que acredito que essa alteração legislativa, suprimindo o pagamento de juros compensatórios nos casos de desapropriação para fins de reforma agrária, será objeto de apreciação (quanto à sua constitucionalidade) pelo Supremo Tribunal Federal.

12.2.2.2.2.5.8. Desapropriação indireta

A *desapropriação indireta* é fato administrativo e consiste no apossamento de bem particular pelo poder público sem a observância dos requisitos da declaração e indenização prévia (processo legal de desapropriação), equiparando-se ao esbulho, o que pode, no período inicial ser obstada por meio de ação possessória[26].

Não se obtendo sucesso na fase inicial, após apossado o bem pelo poder público e atribuída uma finalidade pública. Não obstante a ilicitude na atuação administrativa, só restará buscar a indenização, conforme o previsto no art. 35 do DL n. 3.365/1941, o qual prevê que os bens desapropriados, uma vez incorporados à Fazenda Pública, não podem ser objeto de reivindicação, ainda que fundada em nulidade do processo de desapropriação, resolvendo-se em perdas e danos.

A desapropriação indireta somente se consuma quando o bem se incorporar definitivamente ao patrimônio do ente público, ainda que faticamente, como a construção de uma escola ou um hospital, por exemplo. É a partir desse momento que caberá a *ação de desapropriação indireta* (ação de conhecimento, de pretensão indenizatória, que seguirá o procedimento comum do CPC).

A *legitimidade ativa e passiva* nessa ação é inversa à da ação de desapropriação. Na ação indenizatória por desapropriação indireta, *o autor é sempre o proprietário* (cabendo-lhe provar o domínio do bem), e a *ré é a pessoa de direito público* responsável pela incorporação do bem a seu patrimônio. Sendo casado o autor, exigem-se ambos os cônjuges no polo ativo da ação, sob pena de extinção do processo. Por se tratar de direito real sobre bem imóvel, *o foro competente é o do local do imóvel*, e não o do domicílio do autor ou da sede da ré, na forma do art. 47 do CPC.

A *indenização* a ser pleiteada na ação de indenização por desapropriação indireta *é a mesma aplicável à desapropriação ordinária*, nos termos já explicados (além do valor real do imóvel, a atualização monetária, os juros compensatórios e moratórios, as custas processuais, os honorários periciais e advocatícios).

Em termos *de prescrição ao ajuizamento da ação de desapropriação indireta*, deve-se observar a *Súmula 119 do STJ, interpretada à luz do art. 128, parágrafo único do CC*. Isso porque a súmula, de forma isolada, prevê o prazo prescricional de 20 anos. No entanto, ela foi editada antes do Código Civil de 2002, que reduziu o prazo *da usucapião pública de 20 para 10 anos*.

---

[26] DI PIETRO, Maria Sylvia Zanella. *Direito administrativo*. 36. ed. rev. atual. e ampl. Rio de Janeiro: Forense, 2024, p. 219.

A aplicação combinada da Súmula 119 do STJ com o parágrafo único do art. 128 do Código Civil acarreta uma *colisão prescricional*. Isso porque, decorridos 10 anos do ilegítimo apossamento administrativo, incide a *prescrição aquisitiva para o Poder Público*, ou seja, com o decurso do tempo, esse adquiriu a propriedade (pela Usucapião). De outro lado, na mesma data, colidirá a *prescrição supressiva* do direito de ajuizar a ação de desapropriação indireta do, agora, ex-proprietário. Por uma razão: não assiste direito indenizatório a quem não mais é dono da coisa. Como alguém que não é mais legítimo proprietário (pois perdeu a propriedade pela usucapião) poderá pleitear indenização por algo que não é seu? Por essa razão, ocorre a colisão prescritiva.

O STJ tem entendimento no sentido de que "o prazo prescricional das ações de desapropriação indireta se inicia com o ilegítimo apossamento administrativo, *mas se interrompe com a publicação do decreto de utilidade pública do imóvel*"[27]. A interrupção ocorre pelo nascimento do dever da Administração de avaliar e propor a justa indenização em dinheiro, passando a se operar, a partir do decreto de desapropriação, a desapropriação ordinária.

12.2.2.2.6. Adestinação, tredestinação e retrocessão

Após a efetivação de uma das espécies de desapropriação, o Ente desapropriante deve empregar o bem à finalidade pública que desencadeou o processo de desapropriação. Não o dando destino algum, ou seja, deixando-o ocioso, por prazo desproporcional, se estará diante do instituto da *adestinação*.

Por outro lado, se der destino diferente àquele expresso na fase declaratória, se estará diante da *tredestinação*, que nada mais é troca da finalidade à qual o bem se destinava. A tredestinação distingue-se em **lícita** (na qual o bem é empregado em finalidade diversa da inicialmente pretendida, mas ainda afetada ao interesse público) e **ilícita** (na qual não se emprega o bem em uma utilização de interesse público).

A *tredestinação lícita*, isto é, a alteração na destinação do bem, por conveniência da administração pública, resguardando, de modo integral, o interesse público, *não é vedada pelo ordenamento e não ensejará o direito à retrocessão*.

A *tredestinação ilícita* restou significativamente prejudicada com alteração na redação dos §§ 4º e 5º, bem como a inserção do § 6º, todos do art. 5º do DL n. 3.365/1941, o que nos faz avaliar *se, efetivamente, ainda se pode falar em tredestinação ilícita*. Parece-nos que tão somente nas hipóteses em que houver desvio de finalidade fora das situações abaixo.

Isso porque, primeiro, a Lei n. 14.273/2021 deu nova redação ao § 4º do art. 5º, prevendo que "*os bens desapropriados* para fins de utilidade pública e os *direitos decorrentes da respectiva imissão na posse* poderão ser *alienados a terceiros, locados, cedidos, arrendados, outorgados em regimes de concessão de direito real de uso*, de *concessão comum* ou de *parceria público-privada* e ainda transferidos como *integralização de fundos de investimento ou sociedades de propósito específico*"[28].

---

[27] STJ, REsp 151.243/PR, Segunda Turma, rel. min. Francisco Peçanha Martins, Julgado em 02/05/2000.
[28] O § 5º do art. 5º do DL n. 3.365/1941 prevê que essas hipóteses também se aplicam nos casos de desapropriação para fins de execução de planos de urbanização, de renovação urbana ou de parcelamento ou reparcelamento do solo, desde que seja assegurada a destinação prevista no referido plano de urbanização ou de parcelamento do solo.

Antes dessa previsão, caso o município viesse a desapropriar uma moradia, para lá instalar uma creche, e, posteriormente, viesse a alienar o bem (vender), nasceria o direito de retrocessão ao proprietário, por ser considerada uma tredestinação ilícita. Agora, não mais. Assim, penso que o poder público poderá dispor do bem desapropriado *desde que assegure o direito de retrocessão ao ex-proprietário*.

Essa é a previsão inserida pela Lei n. 14.620/2023, por meio da criação do § 6º no art. 5º da DL n. 3.365/1941, o qual passou a prever que, comprovada a inviabilidade ou a perda objetiva de interesse público em manter a destinação do bem prevista no decreto de desapropriação, o desapropriante deverá, nesta ordem, destinar a área não utilizada para *outra finalidade pública (tredestinação lícita)* ou alienar o bem a qualquer interessado, na forma prevista em lei, assegurado *o direito de preferência (retrocessão)* à pessoa física ou jurídica desapropriada.

A retrocessão já era prevista no art. 519 do Código Civil, o qual estabelecia que, nos casos de adestinação ou tredestinação ilícita, o desapropriado terá o direito de preferência, *pelo valor atual da coisa*, o que só foi reforçado pela alteração legislativa acima.

RESUMO DO CAPÍTULO 12

CONCEITO		O Estado intervém na propriedade privada em casos excepcionais, baseando-se na **supremacia do interesse público e na função social da propriedade**, conforme arts. 5º, XXII, e 170, II, da CF/1988.
MODALIDADES DE INTERVENÇÃO	Restritivas e supressivas	Divididas em **restritivas** (como limitações administrativas e requisição administrativa) e **supressivas** (como expropriação e desapropriação).
LIMITAÇÕES ADMINISTRATIVAS	Conceito	Imposições de caráter geral **que condicionam a propriedade privada ao interesse público** sem retirada de posse, por meio do poder de polícia.
	Fundamento	Baseado no art. 78 do Código Tributário Nacional, que justifica as limitações no interesse público.
	Objeto	Pode atingir **todas as espécies de bens**, móveis ou imóveis, condicionando-os à função social.
	Indenização nas limitações	Em regra, as limitações administrativas não **geram direito à indenização**, exceto em caso de esvaziamento fático da propriedade.
REQUISIÇÃO ADMINISTRATIVA	Conceito	Utilização de bens ou serviços particulares pelo poder público em **casos de emergência ou calamidade**, com indenização posterior se houver dano.
	Fundamento	Art. 5º, XXV, da CF/1988, e convenções internacionais.
	Objeto	Abrange **bens móveis, imóveis e serviços**, utilizados até cessar a situação de emergência. **A requisição é temporária e limitada à duração da situação emergencial**.
	Indenização nas requisições	**Indenização posterior se houver dano concreto**; no caso de bens perecíveis e serviços, sempre haverá indenização.
OCUPAÇÃO TEMPORÁRIA	Conceito	Uso **temporário de imóveis** privados como apoio a obras públicas.
	Fundamento	Baseado na função social da propriedade e DL n. 3.365/1941.

SERVIDÃO ADMINISTRATIVA	Conceito	Direito **real público que permite ao Estado limitar ou usar imóvel privado** para obras e serviços de interesse público. Pode ser imposta unilateralmente pela Administração, mesmo sem o consentimento do proprietário, devido à sua natureza pública.
	Fundamento	A **função social da propriedade** (arts. 5º, XXIII, e 170, III, da CF/1988) e DL n. 3.365/1941.
TOMBAMENTO	Conceito	Medida de **proteção do patrimônio cultural** brasileiro que impõe limitações ao uso de bens culturais pelo proprietário.
	Fundamento	Art. 23, III e IV, da CF/1988 e DL n. 25/1937.
EXPROPRIAÇÃO	Conceito	Sanção por **descumprimento da função social da propriedade**, como no caso de trabalho escravo ou cultivo ilegal.
	Fundamento	Art. 243 da CF/1988; recai sobre **propriedades rurais e urbanas com atividades ilícitas**.
DESAPROPRIAÇÃO	Conceito	**Remoção do direito de propriedade** mediante justa indenização por interesse público.
	Fundamento	Art. 5º, XXIV, da CF/1988, em casos de **necessidade pública, utilidade pública ou interesse social**.
	Modalidades	**Ordinária** (necessidade, utilidade pública) e **sancionatória** (descumprimento da função social).
	Indenização nas desapropriações	Deve ser **justa, prévia e em dinheiro**; inclui valor do bem, atualização, juros compensatórios e moratórios, custas e honorários.
	Retrocessão	Direito do ex-proprietário de **reaver o bem se o Estado não der a ele a finalidade pública** que justificou a desapropriação.

Capítulo 13
INTERVENÇÃO DO ESTADO NA ORDEM ECONÔMICA

A intervenção do Estado na ordem econômica consiste em uma atuação típica do Estado Social, baseado na atividade regulatória. Assim, a economia não mais se regula pela mão invisível do mercado, mas pela atuação do Estado, com previsão constitucional no art. 174, assegurando-se os fundamentos e os princípios da ordem econômica.

13.1. FUNDAMENTOS DA ORDEM ECONÔMICA

A ordem econômica fundamenta-se na *valorização do trabalho humano* e na *livre-iniciativa*, conforme expressamente previsto no art. 170 da Constituição.

A *primeira* relacionada à proteção do trabalhador, o que sugere intervenção estatal para sua efetivação, e a *segunda* voltada à liberdade para o desenvolvimento da atividade econômica pelo indivíduo, independentemente de autorização de órgãos públicos, salvo nos casos previstos em lei.

13.2. PRINCÍPIOS DA ORDEM ECONÔMICA

Os princípios da ordem econômica são apresentados no art. 170 da Constituição Federal de 1988 e consistem nos seguintes:

Soberania nacional, a ordem econômica não pode se desenvolver colocando em risco a soberania do País. Assim, a própria Constituição, no art. 173, permite a exploração direta de atividade econômica pelo Estado quando necessária aos imperativos da segurança nacional.

Propriedade privada, princípio que objetiva assegurar estabilidade econômica e confiança ao mercado, de modo que a intervenção na propriedade se torne excepcional e apenas nos casos autorizados constitucionalmente, de modo que é vedado o confisco ou expropriação fora das hipóteses constitucionais.

Função social da propriedade, princípio consistente na contrapartida do anterior. Há uma garantia à propriedade privada, no entanto esta deve cumprir sua função social, com a adequada destinação. Caso não haja seu atendimento, poderá haver a desapropriação, como medida sancionadora do Estado.

Livre concorrência, princípio que garante o justo equilíbrio na competição travada na iniciativa privada, permitindo a atuação do Estado como agente repressor das infrações à ordem econômica, como a violação à livre concorrência.

Defesa do consumidor, princípio que reconhece o consumidor como parte vulnerável na relação com o mercado, impondo ao Estado as medidas necessárias e adequadas para protegê-lo.

Defesa do meio ambiente, inclusive mediante tratamento diferenciado conforme o impacto ambiental dos produtos e serviços e de seus processos de elaboração e prestação, objetivando o desenvolvimento nacional sustentável sob seu aspecto ambiental

Redução das desigualdades regionais e sociais, princípio que baliza a ordem econômica em consonância com um dos objetivos fundamentais da república, previstos no art. 3º, inciso III, da Constituição.

Busca do pleno emprego, princípio que impõe a máxima utilização dos fatores de produção, de capital e de trabalho, buscando um equilíbrio entre a procura e a oferta de postos de trabalho. Não se pode imaginar que um dos principais propósitos da economia nacional não seja a geração de empregos.

Tratamento favorecido para as empresas de pequeno porte constituídas sob as leis brasileiras e que tenham sua sede e administração no País, princípio que possibilita o tratamento privilegiado às ME e EPP, a exemplo do tratado no capítulo sobre Licitações e Contratos nesta obra.

13.3. A LIBERDADE ECONÔMICA

Com o propósito de *reduzir barreiras à livre iniciativa*, editou-se em 2019, a Lei n. 13.874, que instituiu a *Declaração de Direitos de Liberdade Econômica*. Dentre *os princípios que norteiam essa lei*, está a liberdade como uma garantia no exercício de atividades econômicas, a boa-fé do particular perante o poder público, a intervenção subsidiária e excepcional do Estado sobre o exercício de atividades econômicas e o reconhecimento da vulnerabilidade do particular perante o Estado.

Dentre os *direitos de toda pessoa, natural ou jurídica*, previstos no art. 3º da Lei n. 13.874/2019, essenciais para o desenvolvimento e o crescimento econômicos do País, observado o disposto no parágrafo único do art. 170 da Constituição Federal de 1988, encontram-se:

1) desenvolver atividade econômica de baixo risco, para a qual se valha exclusivamente de propriedade privada própria ou de terceiros consensuais, sem a necessidade de quaisquer atos públicos de liberação da atividade econômica;
2) desenvolver atividade econômica em qualquer horário ou dia da semana, inclusive feriados, sem que para isso esteja sujeita a cobranças ou encargos adicionais, observadas:
    a) as normas de proteção ao meio ambiente, incluídas as de repressão à poluição sonora e à perturbação do sossego público;
    b) as restrições advindas de contrato, de regulamento condominial ou de outro negócio jurídico, bem como as decorrentes das normas de direito real, incluídas as de direito de vizinhança; e
    c) a legislação trabalhista;
3) definir livremente, em mercados não regulados, o preço de produtos e de serviços como consequência de alterações da oferta e da demanda;
4) receber tratamento isonômico de órgãos e de entidades da administração pública quanto ao exercício de atos de liberação da atividade econômica, hipótese em que o ato de liberação estará vinculado aos mesmos critérios de interpretação adotados em decisões administrativas análogas anteriores, observado o disposto em regulamento;
5) gozar de presunção de boa-fé nos atos praticados no exercício da atividade econômica, para os quais as dúvidas de interpretação do direito civil, empresa-

rial, econômico e urbanístico serão resolvidas de forma a preservar a autonomia privada, exceto se houver expressa disposição legal em contrário;

6) desenvolver, executar, operar ou comercializar novas modalidades de produtos e de serviços quando as normas infralegais se tornarem desatualizadas por força de desenvolvimento tecnológico consolidado internacionalmente, nos termos estabelecidos em regulamento, que disciplinará os requisitos para aferição da situação concreta, os procedimentos, o momento e as condições dos efeitos;

7) ter a garantia de que os negócios jurídicos empresariais paritários serão objeto de livre estipulação das partes pactuantes, de forma a aplicar todas as regras de direito empresarial apenas de maneira subsidiária ao avençado, exceto normas de ordem pública;

8) ter a garantia de que, nas solicitações de atos públicos de liberação da atividade econômica que se sujeitam ao disposto nesta Lei, apresentados todos os elementos necessários à instrução do processo, o particular será cientificado expressa e imediatamente do prazo máximo estipulado para a análise de seu pedido e de que, transcorrido o prazo fixado, o silêncio da autoridade competente importará aprovação tácita para todos os efeitos, ressalvadas as hipóteses expressamente vedadas em lei;

9) arquivar qualquer documento por meio de microfilme ou por meio digital, conforme técnica e requisitos estabelecidos em regulamento, hipótese em que se equiparará a documento físico para todos os efeitos legais e para a comprovação de qualquer ato de direito público;

10) não ser exigida medida ou prestação compensatória ou mitigatória abusiva, em sede de estudos de impacto ou outras liberações de atividade econômica no direito urbanístico, entendida como aquela que:

   a) requeira medida que já era planejada para execução antes da solicitação pelo particular, sem que a atividade econômica altere a demanda para execução da referida medida;

   b) utilize-se do particular para realizar execuções que compensem impactos que existiriam independentemente do empreendimento ou da atividade econômica solicitada;

   c) requeira a execução ou prestação de qualquer tipo para áreas ou situação além daquelas diretamente impactadas pela atividade econômica; ou

   d) mostre-se sem razoabilidade ou desproporcional, inclusive utilizada como meio de coação ou intimidação; e

11) não ser exigida pela administração pública direta ou indireta certidão sem previsão expressa em lei.

13.4. COMPONENTES DA INTERVENÇÃO

A intervenção do Estado na ordem econômica possui diferentes componentes, podendo ser vista por diferentes prismas, a exemplo dos que serão estudados abaixo.

Intervenção vista como forma de ação: ação do Estado por intermédio do conjunto de atos praticados pelo Poder Público (legislando, executando, estimulando ou regulando medidas) para atingir certos fins (a longo prazo: reformas estruturais, ou curto prazo: medidas conjunturais – política econômica).

Intervenção vista como ação direta do Estado: intervenção pelos poderes públicos ou criação de entidades que pratiquem atividades econômicas ao lado dos particulares e em condições de igualdade.

Intervenção vista como limitadora do domínio econômico: como o campo de ação do Estado, impondo limites impostos pelo Direito à atuação irrestrita do mercado.

13.5. PRINCIPAIS MODALIDADES DE INTERVENÇÃO

Dentre as principais modalidades de intervenção estão o *fomento*, a *pressão para imprimir determinado sentido à sociedade* e a *prestação de serviços na área econômica*.

O primeiro consiste no *fomento e estímulo* à iniciativa privada, a exemplo da diminuição de impostos sobre determinado setor, a fim de fomentá-lo (baixa de IPI para fomentar o setor automobilístico.

O segundo, na pressão sobre a sociedade para imprimir determinado sentido às suas condutas. Como exemplo, pode-se mencionar o aumento de impostos sobre o cigarro ou sobre as bebidas alcoólicas, com o propósito de os encarecer, freando seu consumo pela população.

Prestação de serviços que se ramificam em instituições jurídicas situadas fora da área administrativa do Estado (Empresas Públicas e Sociedades de Economia Mista). A atuação do Estado em setores estratégicos, de modo a fomentar a concorrência, como a atuação no mercado financeiro através de seus bancos estatais.

13.6. PRINCIPAIS FORMAS DE INTERVENÇÃO

O Estado pode atuar de forma *ofensiva*, *defensiva* ou *intermediária*. Na primeira, com a criação de empresas para atuarem nos diferentes setores econômicos em nome do Estado, a exemplo do mercado financeiro, por meio de seus bancos estatais. A segunda, por meio de instrumentos como o tabelamento de preços, a exemplo dos cigarros (atualmente o único produto com preços tabelados pelo Estado). A terceira, com a adoção de medidas reguladoras e controladoras, principalmente com a atuação das agências reguladoras. É o exemplo da atuação exercida pela Agência Nacional do Petróleo sobre os combustíveis.

13.7. PRINCIPAIS TIPOS DE INTERVENÇÃO

Dentre os principais tipos, destacam-se a intervenção *direta* e a *indireta*. Na primeira, ocorre a intervenção do Estado-empresa (principalmente por intermédio das sociedades de economia mista e das empresas públicas, que visam, em última análise, evitar práticas de concorrência desleal entre o setor público e o setor privado).

No entanto, para que o Estado atue diretamente na economia por meio de suas estatais, é necessário que se demonstre relevante interesse coletivo (ou necessidade para os imperativos da segurança nacional) previstos no art. 173. Há uma limitação para essa atuação direta, que se encontra no § 2º deste artigo, qual seja a vedação à concessão de privilégios fiscais às empresas públicas e sociedades de economia mista não extensíveis à iniciativa privada.

Na indireta, por sua vez, o Estado atua principalmente por intermédio da *normatização* e *regulação* (como agente normativo e regulador da atividade econômica, o Estado exercerá, na forma da lei, as funções de *fiscalização, incentivo* e *planejamento,* sendo este determinante para o setor público e indicativo para o setor privado).

Normatização e regulação: ato jurídico (disciplinado por normas da ciência jurídica), político (expressão de um poder institucional) e econômico (atua na atividade produtiva, de circulação, distribuição e consumo de bens e serviços). Como exemplo, a atuação exercida pela ANAC – Agência Nacional de Aviação Civil sobre o transporte aéreo nacional.

Fiscalização: exercida por intermédio do poder de polícia (verificação se os agentes econômicos privados estão atuando em conformidade com as disposições normativas incidentes sobre as suas respectivas atividades). Como exemplo, pode-se mencionar a atuação do CADE – Conselho Administrativo de Defesa Econômica, como órgão administrativo encarregado de atuar contra o abuso do poder econômico, fiscalizando e sancionando em decorrência das infrações à ordem econômica.

Incentivo: o Estado como promotor da economia por intermédio de ações, como proteção, estímulo, promoção, favorecimento e auxílio à iniciativa privada. Como exemplo, podem-se mencionar o fomento positivo, com a redução do Imposto sobre Produtos Industrializados sobre os vinhos nacionais, e o fomento negativo, com o aumento do Imposto sobre a Importação de vinhos estrangeiros, como forma de estimular o consumo da produção nacional.

Planejamento: processo técnico de intervenção do Estado na ordem econômica com o escopo de organizar as atividades econômicas para obter resultados previamente colimados. O planejamento é exercido por intermédio da formulação de planos econômicos, sendo estes, nos termos do art. 174, determinantes para o setor público e indicativos para o setor privado.

Esses planos econômicos são estratégicos para a atuação do mercado. Como exemplo, imagine a previsão no Plano Plurianual (PPA) de um programa habitacional com enorme aporte econômico. Sabendo disso, haverá maior interesse e crescimento (aquecimento) do setor da construção civil.

13.8. PREVENÇÃO E REPRESSÃO ÀS INFRAÇÕES À ORDEM ECONÔMICA

Entre os principais mecanismos de prevenção e repressão às infrações à ordem econômica, encontra-se o Sistema Brasileiro de Defesa da Concorrência (SBDC), instituído pela Lei n. 12.529/2011. O SBDC é formado pelo Conselho Administrativo de Defesa Econômica – CADE e pela Secretaria de Acompanhamento Econômico do Ministério da Fazenda.

13.8.1. O Conselho Administrativo de Defesa Econômica – CADE

O CADE é uma *entidade judicante com jurisdição em todo o território nacional*, que se constitui em *autarquia federal*, vinculada ao Ministério da Justiça, com sede e foro no Distrito Federal, e é constituído pelos seguintes órgãos:

1) Tribunal Administrativo de Defesa Econômica;

2) Superintendência-Geral;
3) Departamento de Estudos Econômicos.

O *Tribunal Administrativo*, órgão judicante, tem como membros um Presidente e seis Conselheiros escolhidos entre cidadãos com mais de 30 anos de idade, de notório saber jurídico ou econômico e reputação ilibada, nomeados pelo Presidente da República, depois de aprovados pelo Senado Federal. O mandato do Presidente e dos Conselheiros é de quatro anos, não coincidentes, vedada a recondução.

Os cargos de Presidente e de Conselheiro são de dedicação exclusiva, não se admitindo qualquer acumulação, salvo as constitucionalmente permitidas.

No caso de renúncia, morte, impedimento, falta ou perda de mandato do Presidente do Tribunal, assumirá o Conselheiro mais antigo no cargo ou o mais idoso, nessa ordem, até nova nomeação, sem prejuízo de suas atribuições. No caso de renúncia, morte ou perda de mandato de Conselheiro, proceder-se-á a nova nomeação, para completar o mandato do substituído.

A perda de mandato do Presidente ou dos Conselheiros do CADE só poderá ocorrer em virtude de decisão do Senado Federal, por provocação do Presidente da República ou em razão de condenação penal irrecorrível por crime doloso, ou de processo disciplinar de conformidade com o que prevê a Lei n. 8.112/1990 e a Lei n. 8.429/1992, e por infringência de quaisquer das vedações previstas no art. 8º da Lei n. 12.529/2011.

Também perderá o mandato, automaticamente, o membro do Tribunal que faltar a três reuniões ordinárias consecutivas, ou 20 intercaladas, ressalvados os afastamentos temporários autorizados pelo Plenário.

13.8.2. As infrações à ordem econômica

A Lei n. 12.529/2011 aplica-se às pessoas físicas ou jurídicas de direito público ou privado, bem como a quaisquer associações de entidades ou pessoas, constituídas de fato ou de direito, ainda que temporariamente, com ou sem personalidade jurídica, mesmo que exerçam atividade sob regime de monopólio legal.

As diversas formas de infração da ordem econômica implicam a responsabilidade da empresa e a responsabilidade individual de seus dirigentes ou administradores, solidariamente, na forma do art. 32 da Lei n. 12.529/2011. Serão solidariamente responsáveis as empresas ou entidades integrantes de grupo econômico, de fato ou de direito, quando pelo menos uma delas praticar infração à ordem econômica.

O art. 34 da Lei n. 12.529/2011 prevê que *a personalidade jurídica* do responsável por infração da ordem econômica *poderá ser desconsiderada* quando houver da parte deste abuso de direito, excesso de poder, infração da lei, fato ou ato ilícito ou violação dos estatutos ou contrato social. A desconsideração também será efetivada quando houver *falência*, *estado de insolvência*, *encerramento* ou *inatividade* da pessoa jurídica provocados por má administração.

De acordo com o art. 36 da Lei n. 12.529/2011, constituem *infração da ordem econômica*, *independentemente de culpa*, os atos sob qualquer forma manifestados, que tenham por objeto ou possam produzir os seguintes efeitos, ainda que não sejam alcançados:

1) limitar, falsear ou de qualquer forma prejudicar a livre concorrência ou a livre-iniciativa;

2) dominar mercado relevante de bens ou serviços[1];
3) aumentar arbitrariamente os lucros; e
4) exercer de forma abusiva posição dominante[2].

As seguintes condutas, além de outras, que tenham por propósito algum dos itens acima também caracterizam infração da ordem econômica, nos termos do § 3º do art. 36 da Lei n. 12.529/2011:

a) acordar, combinar, manipular ou ajustar com concorrente, sob qualquer forma os preços de bens ou serviços ofertados individualmente; a produção ou a comercialização de uma quantidade restrita ou limitada de bens ou a prestação de um número, volume ou frequência restrita ou limitada de serviços; a divisão de partes ou segmentos de um mercado atual ou potencial de bens ou serviços, mediante, dentre outros, a distribuição de clientes, fornecedores, regiões ou períodos; e preços, condições, vantagens ou abstenção em licitação pública;

b) promover, obter ou influenciar a adoção de conduta comercial uniforme ou concertada entre concorrentes;

c) limitar ou impedir o acesso de novas empresas ao mercado;

d) criar dificuldades à constituição, ao funcionamento ou ao desenvolvimento de empresa concorrente ou de fornecedor, adquirente ou financiador de bens ou serviços;

e) impedir o acesso de concorrente às fontes de insumo, matérias-primas, equipamentos ou tecnologia, bem como aos canais de distribuição;

f) exigir ou conceder exclusividade para divulgação de publicidade nos meios de comunicação de massa;

g) utilizar meios enganosos para provocar a oscilação de preços de terceiros;

h) regular mercados de bens ou serviços, estabelecendo acordos para limitar ou controlar a pesquisa e o desenvolvimento tecnológico, a produção de bens ou prestação de serviços, ou para dificultar investimentos destinados à produção de bens ou serviços ou à sua distribuição;

i) impor, no comércio de bens ou serviços, a distribuidores, varejistas e representantes preços de revenda, descontos, condições de pagamento, quantidades mínimas ou máximas, margem de lucro ou quaisquer outras condições de comercialização relativos a negócios destes com terceiros;

j) discriminar adquirentes ou fornecedores de bens ou serviços por meio da fixação diferenciada de preços, ou de condições operacionais de venda ou prestação de serviços;

---

[1] De acordo com o § 1º do art. 36 da Lei n. 12.529/2011, a conquista de mercado resultante de processo natural fundado na maior eficiência de agente econômico em relação a seus competidores não caracteriza o ilícito de dominar mercado relevante de bens ou serviços.

[2] De acordo com o § 1º do art. 36 da Lei n. 12.529/2011, presume-se posição dominante sempre que uma empresa ou grupo de empresas for capaz de alterar, unilateral ou coordenadamente, as condições de mercado ou quando controlar 20% ou mais do mercado relevante, podendo esse percentual ser alterado pelo CADE para setores específicos da economia.

k) recusar a venda de bens ou a prestação de serviços, dentro das condições de pagamento normais aos usos e costumes comerciais;
l) dificultar ou romper a continuidade ou desenvolvimento de relações comerciais de prazo indeterminado em razão de recusa da outra parte em submeter-se a cláusulas e condições comerciais injustificáveis ou anticoncorrenciais;
m) destruir, inutilizar ou açambarcar matérias-primas, produtos intermediários ou acabados, assim como destruir, inutilizar ou dificultar a operação de equipamentos destinados a produzi-los, distribuí-los ou transportá-los;
n) açambarcar ou impedir a exploração de direitos de propriedade industrial ou intelectual ou de tecnologia;
o) vender mercadoria ou prestar serviços injustificadamente abaixo do preço de custo;
p) reter bens de produção ou de consumo, exceto para garantir a cobertura dos custos de produção;
q) cessar parcial ou totalmente as atividades da empresa sem justa causa comprovada;
r) subordinar a venda de um bem à aquisição de outro ou à utilização de um serviço, ou subordinar a prestação de um serviço à utilização de outro ou à aquisição de um bem; e
s) exercer ou explorar abusivamente direitos de propriedade industrial, intelectual, tecnologia ou marca.

13.8.3. As sanções administrativas

A prática de infração da ordem econômica sujeita os responsáveis às seguintes penas no art. 37 da Lei n. 12.529/2011:

a) *no caso de empresa*, multa de 0,1% a 20% do valor do faturamento bruto da empresa, grupo ou conglomerado obtido, no último exercício anterior à instauração do processo administrativo, no ramo de atividade empresarial em que ocorreu a infração, a qual nunca será inferior à vantagem auferida, quando for possível sua estimação, sendo que, em caso de reincidência, essa multa poderá ser aplicada em dobro[3];
b) *no caso das demais pessoas físicas ou jurídicas* de direito público ou privado, bem como quaisquer associações de entidades ou pessoas constituídas de fato ou de direito, ainda que temporariamente, com ou sem personalidade jurídica, que não exerçam atividade empresarial, não sendo possível utilizar-se o critério do valor do faturamento bruto, a multa será entre R$ 50.000,00 (cinquenta mil reais) e R$ 2.000.000.000,00 (dois bilhões de reais), sendo que, em caso de reincidência, essa multa poderá ser aplicada em dobro;

---

[3] O art. 37, § 2º, da Lei n. 12.529/2011 prevê que, no cálculo do valor desta multa, o CADE poderá considerar o faturamento total da empresa ou grupo de empresas, quando não dispuser do valor do faturamento no ramo de atividade empresarial em que ocorreu a infração, definido pelo CADE, ou quando este for apresentado de forma incompleta e/ou não demonstrado de forma inequívoca e idônea.

c) *no caso de administrador*, direta ou indiretamente responsável pela infração cometida, quando comprovada a sua culpa ou dolo, multa de 1% a 20% daquela aplicada à empresa, no caso previsto na letra "a", ou às pessoas jurídicas ou entidades, nos casos previstos na letra "b".

Sem prejuízo das sanções elencadas acima, quando assim exigir a gravidade dos fatos ou o interesse público geral, em conformidade com o art. 38 da Lei n. 12.529/2011, poderão ser impostas também as seguintes sanções, isolada ou cumulativamente:

a) a publicação, em meia página e a expensas do infrator, em jornal indicado na decisão, de extrato da decisão condenatória, por dois dias seguidos, de uma a três semanas consecutivas;

b) a proibição de contratar com instituições financeiras oficiais e participar de licitação tendo por objeto aquisições, alienações, realização de obras e serviços, concessão de serviços públicos, na administração pública federal, estadual, municipal e do Distrito Federal, bem como em entidades da administração indireta, por prazo não inferior a cinco anos;

c) a inscrição do infrator no Cadastro Nacional de Defesa do Consumidor;

d) a recomendação aos órgãos públicos competentes para que seja *concedida licença compulsória* de direito de propriedade intelectual de titularidade do infrator, quando a infração estiver relacionada ao uso desse direito e que *não seja concedido ao infrator parcelamento de tributos federais* por ele devidos ou para que sejam cancelados, no todo ou em parte, incentivos fiscais ou subsídios públicos;

e) a cisão de sociedade, transferência de controle societário, venda de ativos ou cessação parcial de atividade;

f) a proibição de exercer o comércio em nome próprio ou como representante de pessoa jurídica, pelo prazo de até cinco anos; e

g) qualquer outro ato ou providência necessários para a eliminação dos efeitos nocivos à ordem econômica.

É possível ainda que, *pela continuidade de atos ou situações que configurem infração da ordem econômica*, após decisão do Tribunal Administrativo determinando sua cessação, bem como pelo não cumprimento de obrigações de fazer ou não fazer impostas, ou pelo descumprimento de medida preventiva ou termo de compromisso de cessação previstos na Lei n. 12.529/2011, o responsável *fique sujeito a multa diária* fixada em valor de R$ 5.000,00 (cinco mil reais), podendo ser aumentada em até 50 vezes, se assim recomendar a situação econômica do infrator e a gravidade da infração, cominada da forma do art. 39 dessa lei.

De igual forma, *a recusa, a omissão ou o retardamento injustificados de informação ou documentos* solicitados pelo CADE ou pela Secretaria de Acompanhamento Econômico constituem infração punível com *multa diária* de R$ 5.000,00 (cinco mil reais), podendo ser aumentada em até 20 vezes, se necessário, para garantir sua eficácia, em razão da situação econômica do infrator[4].

A *falta injustificada do representado ou de terceiros*, quando intimados para prestar esclarecimentos, no curso de inquérito ou processo administrativo, sujeitará o faltante à multa de R$ 500,00 (quinhentos reais) a R$ 15.000,00 (quinze mil reais) para cada falta, aplicada conforme sua situação econômica e mediante auto de infração expedido pela autoridade competente.

Aquele que impedir, obstruir ou de qualquer outra forma dificultar a realização de inspeção autorizada pelo Plenário do Tribunal, pelo Conselheiro Relator ou pela Superintendência-Geral no curso de procedimento preparatório, inquérito administrativo, processo administrativo ou qualquer outro procedimento estará sujeito à multa de R$ 20.000,00 (vinte mil reais) a R$ 400.000,00 (quatrocentos mil reais), conforme a situação econômica do infrator, mediante a lavratura de auto de infração pelo órgão competente.

A enganosidade ou a falsidade de informações, de documentos ou de declarações prestadas por qualquer pessoa ao CADE ou à Secretaria de Acompanhamento Econômico será punível com multa pecuniária no valor de R$ 5.000,00 (cinco mil reais) a R$ 5.000.000,00 (cinco milhões de reais), de acordo com a gravidade dos fatos e a situação econômica do infrator, sem prejuízo das demais cominações legais cabíveis.

Aquele que prestar serviços ao CADE ou a SEAE, a qualquer título, e que der causa, mesmo que por mera culpa, à disseminação indevida de informação acerca de empresa, coberta por sigilo, será punível com multa pecuniária de R$ 1.000,00 (mil reais) a R$ 20.000,00 (vinte mil reais), sem prejuízo de abertura de outros procedimentos cabíveis. Se o autor da disseminação indevida estiver servindo o CADE em virtude de mandato, ou na qualidade de Procurador Federal ou Economista Chefe, a multa será em dobro. O Regulamento definirá o procedimento para que uma informação seja tida como sigilosa, no âmbito do CADE e da SEAE.

Por fim, ressalta-se que, na aplicação das sanções estabelecidas na Lei n. 12.529/2011, por força expressa do art. 45, deverá ser levado em conta a gravidade da infração; a boa-fé do infrator; a vantagem auferida ou pretendida pelo infrator; a consumação ou não da infração; o grau de lesão, ou perigo de lesão, à livre concorrência, à economia nacional, aos consumidores, ou a terceiros; os efeitos econômicos negativos produzidos no mercado; a situação econômica do infrator; e a reincidência.

13.8.4. Prescrição

Prescrevem em cinco anos as ações punitivas da Administração pública federal, direta e indireta, objetivando apurar infrações da ordem econômica, contados da

---

[4] O montante fixado para a multa diária constará do documento que contiver a requisição da autoridade competente, cabendo a esta a aplicação da multa. Tratando-se de empresa estrangeira, responde solidariamente pelo pagamento dessa multa, sua filial, sucursal, escritório ou estabelecimento situado no País, em conformidade com o art. 40 da Lei n. 12.529/2011.

data da prática do ilícito ou, no caso de infração permanente ou continuada, do dia em que tiver cessada a prática do ilícito[5].

Interrompe a prescrição qualquer ato administrativo ou judicial que tenha por objeto a apuração da infração contra a ordem econômica mencionada no *caput* do art. 46 da Lei n. 12.529/2011, bem como a notificação ou a intimação da investigada.

Suspende-se a prescrição durante a vigência do compromisso de cessação ou do acordo em controle de concentrações.

Incide a *prescrição intercorrente* no procedimento administrativo paralisado por *mais de três anos*, pendente de julgamento ou despacho, cujos autos serão arquivados de ofício ou mediante requerimento da parte interessada, sem prejuízo da apuração da responsabilidade funcional decorrente da paralisação, se for o caso.

13.8.5. A regulação sobre os atos de concentração econômica

De acordo com o art. 90 da Lei n. 12.529/2011, os *atos de concentração econômica* são as *fusões* de duas ou mais empresas anteriormente independentes; as *aquisições* de controle ou de partes de uma ou mais empresas por outras; as *incorporações* de uma ou mais empresas por outras; ou, ainda, a celebração de *contrato associativo, consórcio ou joint venture* entre duas ou mais empresas.

Os consórcios ou associações destinadas às licitações promovidas pela administração pública direta e indireta e aos contratos delas decorrentes, todavia, não são considerados atos de concentração para os efeitos legais.

A *fusão* é um ato societário pelo qual dois ou mais agentes econômicos independentes formam um novo agente econômico, deixando de existir como entidades jurídicas distintas[6].

A *incorporação* ocorre quando um ou mais agentes econômicos incorporam, total ou parcialmente, outros agentes econômicos dentro de uma mesma pessoa jurídica, no qual o agente incorporado desaparece enquanto pessoa jurídica, mas o adquirente mantém a identidade jurídica anterior à operação[7].

A *aquisição* ocorre quando um agente econômico adquire o controle ou parcela substancial da participação acionária de outro agente econômico.

A *joint venture* é a associação entre dois ou mais agentes econômicos para a criação de um novo agente econômico, sem a extinção dos agentes que lhe deram origem, tendo um propósito em comum[8], como a atuação em um novo mercado distinto dos mercados individuais de cada empresa.

Esses atos serão submetidos à *regulação do CADE*, na forma do art. 88 da Lei n. 12.529/2011, mediante notificação obrigatória a ser realizada pelos grupos

---

[5] O art. 46, § 3º, da Lei n. 12.529/2011, determina que, quando o fato objeto da ação punitiva da administração também constituir crime, o prazo prescricional reger-se-á pelo prazo previsto na lei penal.

[6] TOMAZETTE, Marlon. *Curso de direito empresarial*: Teoria geral e direito societário. 7. ed. rev., atual. e ampl. São Paulo: Atlas, 2016, p. 636.

[7] TOMAZETTE, Marlon. *Curso de direito empresarial*: Teoria geral e direito societário. 7. ed. rev., atual. e ampl. São Paulo: Atlas, 2016, p. 634.

[8] TOMAZETTE, Marlon. *Curso de direito empresarial*: Teoria geral e direito societário. 7. ed. rev., atual. e ampl. São Paulo: Atlas, 2016, p. 656.

empresariais, em qualquer setor da economia, em que pelo menos um dos grupos envolvidos na operação tenha registrado faturamento bruto anual ou volume de negócios total no Brasil, no ano anterior à operação, equivalente ou superior a R$ 750 milhões, e pelo menos um outro grupo envolvido na operação tenha registrado faturamento bruto anual ou volume de negócios total no Brasil, no ano anterior à operação, equivalente ou superior a R$ 75 milhões[9].

O controle dos atos de concentração econômica que devam ser obrigatoriamente submetidos à aprovação do CADE será prévio, ou seja, não podem ser consumados antes de apreciados, conforme determina expressamente o art. 88, § 3º, da Lei n. 12.529/2011. Assim, até a decisão final sobre o ato de concentração, deverão ser preservadas as condições de concorrência entre as empresas envolvidas.

A consumação desses atos de concentração antes da decisão final do CADE configura a prática de *gun jumping*, vedada pelo art. 88, § 3º, da Lei n. 12.529/2011. Essa prática, além de poder acarretar na declaração de nulidade da operação, poderá ocasionar multa pecuniária em valores que variam entre R$ 60 mil e R$ 60 milhões, a depender da condição econômica dos envolvidos, do dolo, da má-fé e do potencial anticompetitivo da operação, entre outros, além da possibilidade de abertura de processo administrativo em desfavor dos envolvidos, para a imposição das sanções administrativas estudadas em seção acima neste capítulo da obra.

13.8.5.1. A prática de *gun jumping* nos atos de concentração econômica

O desenvolvimento de algumas atividades pode levar à caracterização da consumação prévia de atos de concentração econômica, o que caracteriza a prática de *gun jumping*.

Essas atividades, conforme entendimento do CADE, podem ser separadas em três grandes grupos: trocas de informações entre os agentes econômicos envolvidos; definição de cláusulas contratuais que regem a relação entre eles; e atividades das partes antes e durante a implementação do ato de concentração[10].

A troca de informações entre os agentes econômicos envolvidos em um ato de concentração caracteriza-se quando se almeja prejudicar a concorrência entre elas antes da consumação do ato, tanto por falta de aprovação do CADE, quanto por questões inerentes à própria negociação[11].

Reconhece-se, porém, que qualquer ato de concentração acarreta algum nível de troca de informações entre os agentes, especialmente na condução das auditorias legais (*due diligencei*) de praxe. Não obstante, a jurisprudência do CADE e de outras agências reguladoras estrangeiras tende a identificar certas informações

---

[9] Esses valores foram atualizados pela Portaria Interministerial n. 994, de 30 de maio de 2012, editada pelo Ministério da Justiça e pelo Ministério da Fazenda, conforme determina o art. 88, § 1º, da Lei n. 12.529/2011.

[10] CARVALHO, Vinicius Marques de; RODRIGUES, Eduardo Frade. *Guia para análise da consumação prévia de atos de concentração econômica*. Brasília: CADE, 2015, p. 7.

[11] CARVALHO, Vinicius Marques de; RODRIGUES, Eduardo Frade. *Guia para análise da consumação prévia de atos de concentração econômica*. Brasília: CADE, 2015, p. 7.

particularmente sensíveis à concorrência, motivo pelo qual o abuso na troca de informações pode caracterizar prática de *gun jumping*[12].

Dentre as informações concorrencialmente sensíveis estão incluídos dados específicos, sobre os custos das empresas envolvidas; o nível de capacidade e os planos de expansão; as estratégias de marketing; a precificação de produtos (preços e descontos); os principais clientes e descontos assegurados; os salários dos colaboradores; os principais fornecedores e os termos contratuais celebrados; as informações não públicas sobre marcas e patentes, bem como sobre pesquisa e desenvolvimento; planos de aquisições futuras; e estratégias competitivas[13].

Por sua vez, as práticas de *gun jumping* relacionadas com *a definição de cláusulas contratuais que regem a relação entre os agentes econômicos* têm o foco na troca de informações sobre o teor dessas regras antes de terminada a análise pelo CADE. Entre aquelas que podem implicar a integração prematura das atividades das partes envolvidas, estão[14]:

a) a cláusula de anterioridade da data de vigência do contrato em relação à sua data de celebração, que implique alguma integração entre as partes[15];

b) a cláusula de não concorrência prévia[16];

c) a cláusula de pagamento antecipado integral ou parcial de contraprestação pelo objeto da operação, não reembolsável (com exceção daquela que preveja pagamento de um sinal típico de transações comerciais, bem como depósito em conta bloqueada – *escrow* ou as denominadas cláusulas de *break-up fees* – pagamentos devidos caso a operação não seja consumada)[17];

d) cláusulas que permitam a ingerência direta de uma parte sobre aspectos estratégicos dos negócios da outra, tais como a submissão de decisões sobre preços, clientes, política comercial/vendas, planejamento, estratégias de marketing e outras decisões sensíveis (que não sejam mera proteção contra o desvio do curso normal dos negócios e, consequentemente, proteção do próprio valor do negócio alienado)[18];

e) de modo mais genérico, quaisquer cláusulas que prevejam atividades que não possam ser revertidas em um momento posterior ou cuja reversão implique

---

[12] CARVALHO, Vinicius Marques de; RODRIGUES, Eduardo Frade. *Guia para análise da consumação prévia de atos de concentração econômica.* Brasília: CADE, 2015, p. 7.

[13] CARVALHO, Vinicius Marques de; RODRIGUES, Eduardo Frade. *Guia para análise da consumação prévia de atos de concentração econômica.* Brasília: CADE, 2015, p. 8.

[14] CARVALHO, Vinicius Marques de; RODRIGUES, Eduardo Frade. *Guia para análise da consumação prévia de atos de concentração econômica.* Brasília: CADE, 2015, p. 8.

[15] CARVALHO, Vinicius Marques de; RODRIGUES, Eduardo Frade. *Guia para análise da consumação prévia de atos de concentração econômica.* Brasília: CADE, 2015, p. 8.

[16] CARVALHO, Vinicius Marques de; RODRIGUES, Eduardo Frade. *Guia para análise da consumação prévia de atos de concentração econômica.* Brasília: CADE, 2015, p. 8.

[17] CARVALHO, Vinicius Marques de; RODRIGUES, Eduardo Frade. *Guia para análise da consumação prévia de atos de concentração econômica.* Brasília: CADE, 2015, p. 8.

[18] CARVALHO, Vinicius Marques de; RODRIGUES, Eduardo Frade. *Guia para análise da consumação prévia de atos de concentração econômica.* Brasília: CADE, 2015, p. 8.

dispêndio de uma quantidade significativa de recursos por parte dos agentes envolvidos[19].

Por fim, no que tange às *atividades das partes antes e durante a implementação do ato de concentração*, ficam caracterizadas com a consumação efetiva de ao menos parte da operação antes da sua aprovação pelo CADE[20].

Dentre outras, é possível mencionar a transferência e/ou usufruto de ativos em geral (inclusive de valores mobiliários com direito a voto); o exercício de direito de voto ou de influência relevante sobre as atividades da outra parte (como a submissão de decisões sobre preços, clientes, política comercial/vendas, planejamento, estratégias de marketing, interrupção de investimentos, descontinuação de produtos e outras); recebimento de lucros ou outros pagamentos vinculados ao desempenho da outra parte; o desenvolvimento de estratégicas conjuntas de vendas ou marketing de produtos que configurem unificação da gestão; a integração de força de vendas entre as partes; o licenciamento de uso de propriedade intelectual exclusiva à outra parte; o desenvolvimento conjunto de produtos; a indicação de membros em órgão de deliberação; e a interrupção de investimentos[21].

O processo administrativo de controle dos atos de concentração econômica inicia na Superintendência-Geral e depois segue ao Tribunal Administrativo, como se verá a seguir.

13.8.5.2. O processo administrativo de controle de atos de concentração econômica na Superintendência-Geral

Inicialmente, o processo administrativo tramitará na Superintendência-Geral, não obstante o pedido de aprovação dos atos de concentração econômica, instruído com as informações e documentos indispensáveis à instauração do processo administrativo, deva ser endereçado ao CADE [22].

Após o protocolo da apresentação do ato de concentração, ou de sua emenda, a Superintendência-Geral fará publicar edital, indicando o nome dos requerentes, a natureza da operação e os setores econômicos envolvidos.

Após cumpridas essas providências iniciais, a Superintendência-Geral conhecerá diretamente do pedido, proferindo decisão terminativa, quando o processo dispensar novas diligências ou nos casos de menor potencial ofensivo à concorrência, assim definidos em resolução do CADE ou determinará a realização da instrução complementar, especificando as diligências a serem produzidas.

---

[19] CARVALHO, Vinicius Marques de; RODRIGUES, Eduardo Frade. *Guia para análise da consumação prévia de atos de concentração econômica*. Brasília: CADE, 2015, p. 8.

[20] CARVALHO, Vinicius Marques de; RODRIGUES, Eduardo Frade. *Guia para análise da consumação prévia de atos de concentração econômica*. Brasília: CADE, 2015, p. 9.

[21] CARVALHO, Vinicius Marques de; RODRIGUES, Eduardo Frade. *Guia para análise da consumação prévia de atos de concentração econômica*. Brasília: CADE, 2015, p. 9.

[22] De acordo com o art. 53, § 1º: Ao verificar que a petição não preenche os requisitos exigidos no caput deste artigo ou apresenta defeitos e irregularidades capazes de dificultar o julgamento de mérito, a Superintendência-Geral determinará, uma única vez, que os requerentes a emendem, sob pena de arquivamento.

A Superintendência-Geral poderá, por meio de decisão fundamentada, declarar a operação como complexa e determinar a realização de nova instrução complementar, especificando as diligências a serem produzidas.

Declarada a operação como complexa, poderá a Superintendência-Geral requerer ao Tribunal a prorrogação do prazo dos atos de concentração artigo será prévio e realizado em, no máximo, 240 dias, a contar do protocolo de petição ou de sua emenda.

Concluídas eventuais instruções complementares na forma do art. 57 da Lei n. 12.527/2011, *a Superintendência-Geral proferirá decisão aprovando o ato sem restrições* ou *oferecerá impugnação perante o Tribunal Administrativo do CADE*, caso entenda que o ato deva ser *rejeitado*, *aprovado com restrições* ou que *não existam elementos conclusivos* quanto aos seus efeitos no mercado[23].

No prazo de 15 dias contado a partir da publicação da decisão da Superintendência-Geral que *aprovar o ato de concentração*, poderá ser interposto, por terceiros interessados, ou, em se tratando de mercado regulado, pela respectiva agência reguladora, o recurso administrativo previsto no art. 65 da Lei n. 12.529/2011, o qual será julgado pelo Tribunal Administrativo[24].

Em até cinco dias úteis a partir do recebimento do recurso, o Conselheiro-Relator não conhecerá do recurso, determinando seu arquivamento ou conhecerá do recurso e determinará a sua inclusão em pauta para julgamento, se estiver devidamente instruído. Estando pendente de instrução, determinará a realização de instrução complementar, podendo, a seu critério, solicitar que a Superintendência-Geral a realize, declarando os pontos controversos e especificando as diligências a serem produzidas.

Os requerentes do ato de concentração inicialmente aprovado pela Superintendência-Geral poderão manifestar-se acerca do recurso interposto, em até cinco dias úteis do conhecimento do recurso no Tribunal ou da data do recebimento do relatório com a conclusão da instrução complementar elaborada pela Superintendência-Geral, o que ocorrer por último.

A interposição do recurso ou a decisão que avocar o processo proferida pelo Tribunal suspende a execução do ato de concentração econômica até decisão final.

13.8.5.3. O processo administrativo de controle de atos de concentração econômica no Tribunal Administrativo

Caso tenha *ocorrido a impugnação do ato de concentração* pela Superintendência-Geral, os requerentes do ato de concentração econômica poderão oferecer, no prazo de 30 dias, em petição escrita, dirigida ao Presidente do Tribunal, manifestação expondo as razões de fato e de direito com que se opõem à impugnação, juntando todas

---

[23] O art. 57, parágrafo único, da Lei n. 12.529/2011, determina que, na impugnação do ato perante o Tribunal, deverão ser demonstrados, de forma circunstanciada, o potencial lesivo do ato à concorrência e as razões pelas quais não deve ser aprovado integralmente ou rejeitado.

[24] A não interposição de recurso administrativo não obsta que o Tribunal, com fundamento no art. 65, inciso II, da Lei n. 12.529/2011, mediante provocação de um de seus Conselheiros e em decisão fundamentada, avoque o processo para julgamento, ficando prevento o Conselheiro que encaminhou a provocação.

as provas, estudos e pareceres que corroboram seu pedido, na forma do art. 58 da Lei n. 12.529/2011.

Após a manifestação do requerente, nos termos do art. 59 dessa Lei, o Conselheiro-Relator proferirá *decisão* determinando a *inclusão do processo em pauta* para julgamento, caso entenda que se encontre suficientemente instruído ou determinará a *realização de instrução complementar*, se necessário, podendo, a seu critério, solicitar que a Superintendência-Geral a realize, declarando os pontos controversos e especificando as diligências a serem produzidas[25].

Realizada a conclusão da instrução, o Conselheiro-Relator determinará a *inclusão do processo em pauta para julgamento do pedido de aprovação do ato de concentração econômica*. Assim, o Tribunal poderá aprová-lo integralmente, rejeitá-lo ou aprová-lo parcialmente, caso em que determinará as restrições que deverão ser observadas como condição para a validade e eficácia do ato.

O Tribunal determinará as restrições cabíveis no sentido de mitigar os eventuais efeitos nocivos do ato de concentração sobre os mercados relevantes afetados, dentre elas, a venda de ativos ou de um conjunto de ativos que constitua uma atividade empresarial; a cisão de sociedade; a alienação de controle societário; a separação contábil ou jurídica de atividades; o licenciamento compulsório de direitos de propriedade intelectual; e qualquer outro ato ou providência necessários para a eliminação dos efeitos nocivos à ordem econômica.

Em caso de recusa, omissão, enganosidade, falsidade ou retardamento injustificado, por parte dos requerentes, de informações ou documentos cuja apresentação for determinada pelo CADE, sem prejuízo das demais sanções cabíveis, poderá o pedido de aprovação do ato de concentração ser rejeitado por falta de provas, caso em que o requerente somente poderá realizar o ato mediante apresentação de novo pedido, conforme determina o art. 62 da Lei n. 12.529/2011.

13.8.6. O processo administrativo sancionador no âmbito do CADE

O sistema sancionador no âmbito do CADE se desenvolve em duas fases: uma inicial, de inquérito administrativo, sem contraditório, perante a Superintendência-Geral, e outra processual, com ampla defesa e contraditório, perante o Tribunal Administrativo, podendo, em qualquer delas, ser adotadas medidas preventivas, bem como realizado termo de compromisso ou acordo de leniência.

13.8.6.1. Medidas preventivas

Em qualquer fase do inquérito administrativo para apuração de infrações ou do processo administrativo para imposição de sanções por infrações à ordem econômica, poderá o Conselheiro-Relator ou o Superintendente-Geral, por iniciativa própria ou mediante provocação do Procurador-Chefe do CADE, adotar *as medidas preventivas necessárias e adequadas*, com fundamento no art. 84 da Lei n. 12.529/2011, quando houver *indício ou fundado receio* de que o representado, direta ou

---

[25] O Conselheiro-Relator, nos termos do art. 59, §§ 1º e 2º, poderá autorizar, conforme o caso, precária e liminarmente, a realização do ato de concentração econômica, impondo as condições que visem à preservação da reversibilidade da operação, quando assim recomendarem as condições do caso concreto. O Conselheiro-Relator poderá acompanhar a realização dessas diligências.

indiretamente, cause ou possa causar ao mercado *lesão irreparável ou de difícil reparação*, ou torne *ineficaz o resultado final do processo*.

Na determinação de medida preventiva, constará a ordem para a imediata cessação da prática e, quando materialmente possível, a reversão à situação anterior, fixando multa diária em caso de descumprimento. Da decisão que adotar medida preventiva, *caberá recurso voluntário sem efeito suspensivo* ao Plenário do Tribunal Administrativo.

13.8.6.2. O Termo de Compromisso de Cessação (TCC)

Tanto na fase de inquérito, quanto na de processo administrativo, o CADE poderá, com fundamento no art. 85 da Lei n. 12.529/2011, tomar do representado Termo de Compromisso de Cessação (TCC) da prática sob investigação ou dos seus efeitos lesivos, sempre que, em juízo de conveniência e oportunidade, devidamente fundamentado, entender que atende aos interesses protegidos por lei.

O TCC tem por propósito coibir a conduta anticompetitiva sob investigação ou seus efeitos lesivos. Ao contrário do acordo de leniência que será visto na sequência, "não se trata de instrumento de detecção de condutas, tendo em vista que pressupõe o conhecimento prévio da infração ou que o CADE detenha provas suficientes da conduta ilícita"[26].

Esse termo de compromisso deve conter, no mínimo, a especificação das obrigações do representado no sentido de não praticar a conduta investigada ou seus efeitos lesivos, bem como obrigações que julgar cabíveis; a fixação do valor da multa para o caso de descumprimento, total ou parcial, das obrigações compromissadas; e a fixação do valor da contribuição pecuniária ao Fundo de Defesa de Direitos Difusos quando cabível.

A *proposta de termo de compromisso* de cessação de prática somente poderá ser apresentada uma única vez e *poderá ter caráter confidencial*, não suspendendo o andamento do processo administrativo. Por sua vez, o *termo de compromisso de cessação* de prática *terá caráter público*, devendo o acordo ser publicado no sítio do CADE em cinco dias após a sua celebração, tendo caráter de título executivo extrajudicial.

O processo administrativo ficará suspenso em relação ao representado que o firmou, enquanto estiver sendo cumprido o compromisso, e será, quanto àquele, arquivado ao término do prazo fixado, se atendidas todas as condições estabelecidas no termo.

Declarado o descumprimento do compromisso, o CADE aplicará as sanções nele previstas e determinará o prosseguimento do processo administrativo e as demais medidas administrativas e judiciais cabíveis para sua execução.

As condições do termo de compromisso poderão ser alteradas pelo CADE, caso este verifique a comprovação de excessiva onerosidade para o representado e que a alteração não acarretará prejuízo para terceiros ou para a coletividade.

---

[26] ATHAYDE, Amanda; DE FREITAS, Sarah Roriz. Pipoca com guaraná: combinando acordos de leniência com os do tipo second best. In: *Consultor Jurídico*, publicação de 17 de janeiro de 2021. Disponível em: https://www.conjur.com.br/2021-abr-17/opiniao- combinando-acordos-leniencia-second-best. Acesso em: 26 nov. 2023.

13.8.6.3. O acordo de leniência

O CADE, por intermédio da Superintendência-Geral, poderá celebrar, com fulcro no art. 86 da Lei n. 12.529/2011, *acordo de leniência*, com a *extinção da ação punitiva* da administração pública ou a *redução de 1 a 2/3 da penalidade aplicável*, com pessoas físicas e jurídicas que forem autoras de infração à ordem econômica, desde que *colaborem efetivamente* com as investigações e o processo administrativo e que dessa colaboração resulte a identificação dos demais envolvidos na infração e a obtenção de informações e documentos que comprovem a infração noticiada ou sob investigação.

A proposta de acordo de leniência que vier a ser rejeitada não importará em confissão quanto à matéria de fato, nem reconhecimento de ilicitude da conduta analisada, dela não podendo ser realizada qualquer divulgação.

Como regra, essa proposta será sigilosa, salvo no interesse das investigações e do processo administrativo, e, para que possa ser celebrado o acordo, é necessário o preenchimento cumulativo dos requisitos previstos no § 1º do art. 86 da Lei n. 12.529/2011, consistindo na obrigação de que a empresa *seja a primeira (no sentido ordenatório mesmo, em primazia às demais envolvidas)* a se qualificar com respeito à infração noticiada ou sob investigação; *cesse completamente seu envolvimento* na infração noticiada ou sob investigação a partir da data de propositura do acordo; que a *Superintendência-Geral não disponha de provas suficientes* para assegurar a condenação da empresa ou pessoa física por ocasião da propositura do acordo e que *a empresa confesse sua participação* no ilícito e *coopere plena e permanentemente* com as investigações e o processo administrativo, comparecendo, sob suas expensas, sempre que solicitada, a todos os atos processuais, até seu encerramento.

É possível a celebração de acordo de leniência com as pessoas físicas, desde que também preenchidos os requisitos acima, *excetuada a primazia*, ou seja, a Administração poderá celebrar acordo de leniência com tantas quantas pessoas entender necessário e adequado.

O acordo de leniência com as pessoas jurídicas, em razão do requisito da *primazia*, desencadeia uma espécie de "corrida" entre os participantes da conduta anticompetitiva[27].

Compete ao Tribunal, por ocasião do julgamento do processo administrativo, se verificado o cumprimento do acordo:

a) *decretar a extinção da ação punitiva* da administração pública em favor do infrator, nas hipóteses em que a proposta de acordo tiver sido apresentada à Superintendência-Geral sem que essa tivesse conhecimento prévio da infração noticiada; ou

b) nas demais hipóteses, *reduzir de 1 (um) a 2/3 (dois terços)* as penas aplicáveis, devendo ainda considerar na gradação da pena a efetividade da colaboração prestada e a boa-fé do infrator no cumprimento do acordo de leniência.

---

[27] ATHAYDE, Amanda; DE FREITAS, Sarah Roriz. Pipoca com guaraná: combinando acordos de leniência com os do tipo second best. In: *Consultor Jurídico*, publicação de 17 de janeiro de 2021. Disponível em: https://www.conjur.com.br/2021-abr-17/opiniao-combinando-acordos-leniencia-second-best. Acesso em: 26 nov. 2023.

Os efeitos do acordo de leniência, desde que o firmem em conjunto, respeitadas as condições impostas, serão estendidos às empresas do mesmo grupo, de fato ou de direito, e aos seus dirigentes, administradores e empregados envolvidos na infração, conforme garantia expressa no art. 86, § 6º, da Lei n. 12.529/2011.

Caso a empresa ou pessoa física não tenha obtido, no curso de inquérito ou processo administrativo, habilitação para a celebração do acordo de leniência, poderá celebrar com a Superintendência-Geral, até a remessa do processo para julgamento, acordo de leniência relacionado a outra infração, da qual o CADE não tenha qualquer conhecimento prévio.

Nessa hipótese, o infrator poderá se beneficiar da redução de 1/3 da pena que lhe for aplicável no processo administrativo anterior, sem prejuízo da obtenção dos benefícios do acordo de leniência em relação às sanções decorrentes do novo processo administrativo para apurar a infração denunciada, como garantido pelo § 8º do art. 86 da Lei n. 12.529/2011.

Em caso de descumprimento do acordo de leniência, o beneficiário ficará impedido de celebrar novo acordo de leniência pelo prazo de três anos, contado da data de seu julgamento.

Por fim, ressalta-se que, por força expressa do art. 87 da Lei n. 12.529/2011, nos crimes contra a ordem econômica tipificados na Lei n. 8.137/1990 e nos demais crimes diretamente relacionados à prática de cartel, tais como os crimes licitatórios inseridos no Código Penal, e os tipificados no art. 288 deste mesmo Código, a celebração de acordo de leniência determina a suspensão do curso do prazo prescricional e impede o oferecimento da denúncia com relação ao agente beneficiário da leniência. Assim, cumprido o acordo pelo agente, também será extinta a punibilidade penal pela prática desses crimes.

13.8.6.4. O inquérito administrativo para apuração de infrações à ordem econômica

O inquérito administrativo é previsto no art. 66 da Lei n. 12.529/2011 e consiste em um procedimento investigatório de natureza inquisitorial, podendo ser sigiloso se as circunstâncias do caso recomendarem, instaurado pela Superintendência-Geral para apuração de infrações à ordem econômica, independentemente da instauração de procedimento preparatório anterior[28].

Pode ser instaurado *ex officio* ou em decorrência de representação fundamentada de qualquer interessado, bem como resultar de peças de informação de outros processos, quando os indícios de infração à ordem econômica não forem suficientes para a instauração direta de processo administrativo sancionador.

A representação de Comissão do Congresso Nacional ou de qualquer de suas Casas, bem como da Secretaria de Acompanhamento Econômico, das agências reguladoras e da Procuradoria Federal junto ao CADE, independe de procedimento

---

[28] O procedimento preparatório ao inquérito tem o propósito de verificar se a conduta objeto da representação ou das peças processuais encaminhadas realmente envolve matéria de competência do CADE e deverá ser concluído no prazo máximo de 30 dias (podendo ter caráter sigiloso se as circunstâncias recomendarem). Do despacho que ordenar ou indeferir o arquivamento do procedimento preparatório, bem como indeferir o requerimento de abertura de inquérito administrativo, caberá recurso de qualquer interessado ao Superintendente-Geral, que o decidirá em última instância.

preparatório, instaurando-se desde logo o inquérito administrativo ou processo administrativo (se já existirem elementos suficientes para sua instauração direta).

No âmbito do inquérito, tanto o representante quanto o indiciado poderão requerer quaisquer diligências, que serão realizadas ou não, a juízo da Superintendência-Geral, a qual, se compreender conveniente, poderá solicitar o concurso da autoridade policial ou do Ministério Público.

O inquérito administrativo deverá ser encerrado no prazo de 180 dias, contado da data de sua instauração, prorrogáveis por até 60 dias, por meio de despacho fundamentado, nas situações em que o fato for de difícil elucidação e as circunstâncias do caso justificarem.

A Superintendência-Geral *decidirá pelo seu arquivamento* ou pela *instauração do processo administrativo*, no prazo de até 10 dias úteis a partir da data de encerramento do inquérito administrativo.

Caso ocorra o *arquivamento*, tanto do procedimento preparatório (se houver), quanto no inquérito administrativo, o Tribunal Administrativo poderá, mediante provocação de um Conselheiro e em decisão fundamentada, *avocá-lo*, ficando prevento o Conselheiro que encaminhou a provocação.

Avocado o inquérito administrativo, o Conselheiro-Relator terá o prazo de 30 dias úteis para confirmar a decisão de arquivamento da Superintendência-Geral, podendo, se entender necessário, fundamentar sua decisão ou transformar o inquérito administrativo em processo administrativo, determinando a realização de instrução complementar, podendo, a seu critério, solicitar que a Superintendência-Geral a realize, declarando os pontos controversos e especificando as diligências a serem produzidas.

O descumprimento dos prazos acima pela Superintendência-Geral, assim como por seus servidores, sem justificativa devidamente comprovada nos autos, poderá resultar na apuração da respectiva responsabilidade administrativa, civil e criminal, na forma do art. 68 da Lei n. 12.529/2011.

13.8.6.5. O processo administrativo para imposição de sanções administrativas por infrações à ordem econômica

O processo administrativo, por sua vez, consiste em procedimento com contraditório, com a finalidade de garantir ao acusado a ampla defesa a respeito das conclusões do inquérito administrativo, cuja nota técnica final, aprovada nos termos das normas do CADE, constituirá peça inaugural, conforme previsto no art. 69 da Lei n. 12.529/2011.

Na decisão que instaurar o processo administrativo, será determinada a notificação[29] do representado para, no prazo de 30 dias[30], apresentar defesa prévia e

---

[29] A notificação inicial conterá o inteiro teor da decisão de instauração do processo administrativo e da representação, se for o caso, e feita pelo correio, com aviso de recebimento em nome próprio, ou outro meio que assegure a certeza da ciência do interessado ou, não tendo êxito a notificação postal, por edital publicado no *Diário Oficial da União* e em jornal de grande circulação no Estado em que resida ou tenha sede, contando-se os prazos, da juntada do aviso de recebimento ou da publicação, conforme o caso. A intimação dos demais atos processuais será feita mediante publicação no Diário Oficial da União, da qual deverá constar o nome do representado e de seu procurador, se houver.

especificar as provas que pretende sejam produzidas, declinando a qualificação completa de até três testemunhas[31].

O representado poderá acompanhar o processo administrativo por seu titular e seus diretores ou gerentes, ou por seu procurador, assegurando-se lhes amplo acesso aos autos no Tribunal.

Em até 30 dias úteis após o decurso do prazo para a apresentação de defesa prévia, a Superintendência-Geral, em despacho fundamentado, determinará a produção de provas que julgar pertinentes, sendo-lhe facultado exercer os poderes de instrução, mantendo-se o sigilo legal, quando for o caso.

Encerrada a instrução processual, em até cinco dias úteis, a Superintendência-Geral notificará o representado para apresentar alegações finais no prazo de cinco dias úteis, conforme assegurado no art. 73 da Lei n. 12.529/2011.

Apresentadas ou não as alegações finais, decorrido esse prazo, a Superintendência-Geral, no prazo de 15 dias úteis, remeterá os autos do processo ao Presidente do Tribunal, opinando, em relatório circunstanciado, pelo seu arquivamento ou pela configuração da infração.

Recebido o processo, o Presidente do Tribunal fará a distribuição por sorteio ao Conselheiro-Relator, que poderá, caso entenda necessário, solicitar à Procuradoria Federal junto ao CADE que se manifeste no prazo de 20 dias.

Caso entenda que o processo esteja pendente de diligências consideradas pertinentes, o Conselheiro-Relator poderá determiná-las, em despacho fundamentado, podendo, a seu critério, solicitar que a Superintendência-Geral as realize, no prazo assinalado.

Concluídas as diligências complementares, o Conselheiro-Relator notificará o representado para que, no prazo de 15 dias úteis, apresente novas alegações finais, uma vez que a instrução processual foi reaberta.

Recebidas ou não as novas alegações finais, no prazo de 15 dias úteis contado do decurso do prazo defensivo, o Conselheiro-Relator solicitará a inclusão do processo em pauta para julgamento.

O art. 78 da Lei n. 12.529/2011 prevê a figura do *amicus curiae*, a convite do Presidente ou por indicação do Conselheiro-Relator, situação em que qualquer pessoa poderá apresentar esclarecimentos ao Tribunal, a propósito de assuntos que estejam em pauta.

A *decisão do Tribunal Administrativo* sempre deverá ser fundamentada, quando concluir pela existência de infração da ordem econômica, contendo a especificação dos fatos que constituam a infração apurada e a indicação das providências a serem tomadas pelos responsáveis para fazê-la cessar, com o prazo para seu início e conclusão; a multa estipulada, incluindo-se a multa diária em caso de continuidade da

---

[30] O art. 70, § 5º, prevê que esse prazo de 30 dias poderá ser dilatado por até 10 dias, improrrogáveis, mediante requisição do representado.

[31] Considera-se revel o representado que, notificado, não apresentar defesa no prazo legal, incorrendo em confissão quanto à matéria de fato, contra ele correndo os demais prazos, independentemente de notificação. No entanto, qualquer que seja a fase do processo, o revel poderá intervir, sem direito à repetição de qualquer ato já praticado, conforme previsão expressa do art. 71, *caput*, e seu parágrafo único.

infração e a multa em caso de descumprimento das providências estipuladas, *devendo ser publicada* dentro de cinco dias úteis no Diário Oficial da União.

Descumprida a decisão, no todo ou em parte, será o fato comunicado ao Presidente do Tribunal, que determinará à Procuradoria Federal junto ao CADE que providencie sua execução judicial, na forma do art. 81 da Lei n. 12.529/2011.

O descumprimento dos prazos processuais elencados acima, pelos membros do CADE, assim como por seus servidores, sem justificativa devidamente comprovada nos autos, poderá resultar na apuração da respectiva responsabilidade administrativa, civil e criminal.

13.8.6.6. Recursos administrativos

A Lei n. 12.529/2011 não prevê recursos contra as decisões proferidas pelo Plenário do Tribunal. Não obstante, poderão ser opostos *embargos de declaração* e interposto *pedido de reapreciação*, com fundamento, respectivamente nos arts. 219 e art. 223 do Regimento Interno do CADE (RICADE).

13.8.6.6.1. Embargos de declaração

Das decisões proferidas pelo Plenário do Tribunal, poderão ser opostos *embargos de declaração*, nos termos dos arts. 1.022 e seguintes do CPC, no prazo de cinco dias, contados da sua respectiva publicação em ata de julgamento, conforme previsto no art. 219 do RICADE.

Os embargos serão apresentados em petição dirigida ao Conselheiro-Relator, na qual o embargante indicará a obscuridade a ser esclarecida, a contradição a ser eliminada, a omissão a ser suprida quanto a ponto ou questão sobre os quais o Tribunal devia se pronunciar de ofício ou a requerimento, ou o erro material a ser corrigido na decisão embargada.

O Conselheiro-Relator, se entender necessário, poderá abrir vista à parte ou ao interessado a quem eventual modificação do julgado possa causar gravame, para manifestação, no prazo de cinco dias e, após, poderá solicitar parecer da Procuradoria Federal Especializada junto ao CADE e da Procuradoria da República com atuação no CADE. Conclusos os autos, o Conselheiro-Relator apresentará os embargos de declaração em mesa para julgamento.

Se forem manifestamente protelatórios ou se reiterarem outros embargos declaratórios ou a reapreciação já improvida, o Conselheiro-Relator os rejeitará de plano e apresentará a decisão para homologação do Plenário do Tribunal, com manifestação oral, se assim o desejar, do Procurador-Chefe do CADE e do representante do Ministério Público Federal que atue junto ao CADE.

Por fim, ressalta-se que, por previsão expressa no art. 222 do RICADE, os embargos de declaração *não possuem efeito suspensivo* e *interrompem* o prazo para a interposição da reapreciação.

13.8.6.6.2. Pedido de reapreciação

A decisão plenária que rejeitar o ato de concentração econômica, ou o aprovar sob condições, bem como aquela que entender pela existência de infração à ordem econômica ou que aplicar sanção processual incidental, poderá ser *reapreciada* pelo Plenário do Tribunal, a pedido das partes, com fundamento em fato ou documento novo[32], capazes por si sós de lhes assegurar pronunciamento mais favorável, na forma do art. 223 do RICADE.

O pedido de reapreciação será dirigido, no prazo de 15 dias da publicação da decisão em ata de sessão de julgamento que deu ciência às partes, ao Conselheiro que proferiu o voto-condutor, mediante petição que indicará o nome e a qualificação das partes recorrentes; o fato ou documento novo; e as razões do pedido de nova decisão, não suspendendo a execução da decisão atacada.

O Conselheiro-Relator da reapreciação indeferirá liminarmente o pedido, *ad referendum* do Plenário do Tribunal, quando apresentado fora do prazo, não satisfeito qualquer dos requisitos do art. 223 e do art. 224 do RICADE ou quando manifestamente improcedente a pretensão.

RESUMO DO CAPÍTULO 13

CONCEITO	É a **atuação regulatória do Estado, para complementar falhas de mercado** e garantir a ordem econômica, sendo garantida pelo art. 174 da Constituição, com base nos fundamentos e princípios da ordem econômica.
FUNDAMENTOS	**Valorização do trabalho humano e livre-iniciativa.** Esses fundamentos orientam a intervenção estatal de forma a harmonizar liberdade econômica com o interesse social.
PRINCÍPIOS	Incluem soberania nacional, propriedade privada, função social da propriedade, livre concorrência, defesa do consumidor, defesa do meio ambiente, redução das desigualdades regionais e sociais, busca do pleno emprego e tratamento favorecido para empresas de pequeno porte.
LIBERDADE ECONÔMICA	A Lei n. 13.874/2019 assegura **liberdade como garantia no exercício de atividades econômicas, boa-fé, intervenção subsidiária e excepcional do Estado**.
COMPONENTES DA INTERVENÇÃO	Intervenção como **forma de ação** (legislar, executar, estimular, regular), **ação direta do Estado** em igualdade com o setor privado e **limitadora do domínio econômico**.
MODALIDADES DE INTERVENÇÃO	Fomento (Ex.: incentivos fiscais)
	Pressão social (Ex.: impostos sobre cigarros)
	Prestação de serviços (Ex.: empresas públicas)
FORMAS DE INTERVENÇÃO	Atuação ofensiva (Ex.: criação de empresas estatais)
	Defensiva (Ex.: tabelamento de preços)
	Intermediária (Ex: regulação via agências)

---

[32] O parágrafo único do art. 223 do RICADE estabelece que não considerados novos somente os fatos ou documentos preexistentes, dos quais as partes só vieram a ter conhecimento depois da data do julgamento, ou de que antes dela estavam impedidas de fazer uso, comprovadamente.

TIPOS DE INTERVENÇÃO	Direta (Estado-empresa)
	Indireta (Normatização e regulação, como fiscalização e incentivo)
PREVENÇÃO E REPRESSÃO	**Sistema Brasileiro de Defesa da Concorrência** (SBDC), com CADE e Ministério da Fazenda.
SANÇÕES ADMINISTRATIVAS	**Multas e penalidades** para infrações à ordem econômica (Lei n. 12.529/2011, art. 37).
PRESCRIÇÃO	Ações punitivas prescrevem em **cinco anos** desde a prática do ilícito, ou do fim do ilícito.
REGULAÇÃO DE ATOS DE CONCENTRAÇÃO	Atos incluem **fusões, aquisições, incorporações e *joint ventures***, regulados pelo CADE (Lei n. 12.529/2011).
PROCESSOS ADMINISTRATIVOS	Processos de controle de concentração econômica passam pela Superintendência-Geral e Tribunal Administrativo do CADE.
MEDIDAS PREVENTIVAS	O CADE pode adotar **medidas preventivas em caso de risco ao mercado ou eficácia do processo** (Lei n. 12.529/2011, art. 84).
TERMO DE COMPROMISSO DE CESSAÇÃO (TCC)	Permite ao CADE cessar **práticas anticompetitivas**, com compromissos do representado.
ACORDO DE LENIÊNCIA	Redução de **penalidades para infratores** que colaborarem efetivamente com investigações.
INQUÉRITO ADMINISTRATIVO	Procedimento investigatório para **apuração de infrações à ordem econômica** (Lei n. 12.529/2011, art. 66).

Capítulo 14
CONTROLE DA ADMINISTRAÇÃO

Quando se fala em controle da Administração, se fala no controle dos atos da Administração, podendo ser classificado em controle interno, controle interno, controle externo, controle social e controle judicial, que poderá ser prévio, concomitante ou posterior.

14.1. CLASSIFICAÇÃO QUANTO AO MOMENTO DO CONTROLE

O controle pode ser prévio, concomitante e posterior, a depender do momento em que é exercido.

14.1.1. Controle prévio

É aquele exercido *antes da publicação do ato administrativo* ou da *tomada da decisão administrativa*. Como exemplo, pode-se mencionar o controle de legalidade da minuta do edital e dos atos praticados na fase preparatória da licitação exercido pelo órgão de assessoramento jurídico da Administração, na forma do art. 53 da Lei n. 14.133/2021 e o controle político prévio exercido pelo Senado Federal sobre a nomeação de um membro de conselho diretor de agência reguladora, em conformidade com o art. 52, inciso III, da CF/1988[33].

14.1.2. Controle concomitante

É aquele realizado *durante a emissão do ato* ou do *exercício da função administrativa*. Como exemplo, é possível mencionar a suspensão cautelar de um processo licitatório em andamento ou da execução de um contrato administrativo.

14.1.3. Controle posterior

É aquele que recai posteriormente à edição do ato administrativo. Como exemplo, pode-se mencionar a anulação de um ato administrativo, promovida pelo própria Administração, decorrente da autotutela ou pelo Poder Judiciário.

14.2. CLASSIFICAÇÃO QUANTO ÀS ESPÉCIES DE CONTROLE

Quanto às espécies, o controle poderá ser interno (ou administrativo), externo, social ou judicial.

14.2.1. Controle interno

É aquele exercido dentro de um mesmo Poder, automaticamente ou por meio de órgãos integrantes de sua própria estrutura, ou seja, a própria Administração realiza

---

[33] OLIVEIRA, Rafael Carvalho Rezende. *Curso de Direito Administrativo*. 11. ed. rev. atual. e ampl. Rio de Janeiro: Forense; São Paulo: Método, 2023. p. 900.

o controle sobre suas atividades. Por ser a forma mais comum de controle, é simplesmente denominado *controle administrativo*.

Deriva do *poder-dever de autotutela* que a Administração tem sobre seus próprios atos e agentes, devendo anular os atos eivados de ilegalidade e revogar aqueles contrários ao interesse público, conforme determina o art. 53 da Lei n. 9.784/1999 e a Súmula 473 do STF. Como exemplo, menciona-se o controle exercido pela Controladora-Geral da União (CGU) sobre o Poder Executivo Federal.

O art. 74 da Constituição determina que os Poderes Legislativo, Executivo e Judiciário manterão, de forma integrada, um sistema de controle interno com a finalidade de:

a) avaliar o cumprimento das metas previstas no plano plurianual, a execução dos programas de governo e dos orçamentos da União;
b) comprovar a legalidade e avaliar os resultados, quanto à eficácia e eficiência, da gestão orçamentária, financeira e patrimonial nos órgãos e entidades da administração federal, bem como da aplicação de recursos públicos por entidades de direito privado;
c) exercer o controle das operações de crédito, avais e garantias, bem como dos direitos e haveres da União; e
d) apoiar o controle externo no exercício de sua missão institucional.

Os responsáveis pelo controle interno, ao tomarem conhecimento de qualquer irregularidade ou ilegalidade, dela possuem o dever de dar ciência ao Tribunal de Contas da União, sob pena de responsabilidade solidária, na forma do art. 74, § 1º, da CF/1988, o que também se aplica aos membros dos sistemas de controle interno dos demais Entes Federativos.

A Lei n. 14.600/2023, ao prever a estrutura e competências do órgão central de controle interno do Executivo Federal, a CGU, dispõe que esta possui como áreas de competência, a defesa do patrimônio público; o controle interno e a auditoria governamental; a fiscalização e a avaliação de políticas públicas e de programas de governo; a integridade pública e privada; a correição e responsabilização de agentes públicos e de entes privados; a prevenção e combate a fraudes e à corrupção; a ouvidoria; o incremento da transparência, dados abertos e acesso à informação; a promoção da ética pública e prevenção ao nepotismo e aos conflitos de interesses; o suporte à gestão de riscos; e a articulação com organismos internacionais e com órgãos e entidades, nacionais ou estrangeiros, nos temas que lhe são afetos.

14.2.2. Controle externo

Diz-se externo quando exercido por um Poder sobre atos administrativos praticados por outro Poder. O *controle legislativo (ou parlamentar)*, é o exercido pelos órgãos legislativos ou por comissões parlamentares sobre determinados atos do Poder Executivo (controle político), a exemplo da possibilidade de sustação dos atos do Executivo que exorbitarem a competência regulamentar ou do trabalho desenvolvido pelas Comissões Parlamentares de Inquérito.

O *controle contábil, financeiro, orçamentário, operacional e patrimonial* da União e das entidades da administração direta e indireta, quanto à legalidade, legitimidade, economicidade, aplicação das subvenções e renúncia de receitas, também será exercido pelo Congresso Nacional, *com auxílio do Tribunal de Contas da União (TCU)*.

O TCU é órgão independente, ou seja, embora auxilie o Congresso Nacional no Controle Externo, não integra a estrutura de nenhum dos Poderes e possui suas competências e composição previstas no art. 71 e no art. 73 da CF/1988, bem como na sua Lei Orgânica, a Lei n. 8.443/1992. As competências constitucionais do TCU são as seguintes:

a) apreciar as contas prestadas anualmente pelo Presidente da República, mediante parecer prévio que deverá ser elaborado em 60 dias a contar de seu recebimento;

b) julgar as contas dos administradores e demais responsáveis por dinheiros, bens e valores públicos da administração direta e indireta, incluídas as fundações e sociedades instituídas e mantidas pelo Poder Público federal[34], e as contas daqueles que derem causa a perda, extravio ou outra irregularidade de que resulte prejuízo ao erário público;

c) apreciar, para fins de registro, a legalidade dos atos de admissão de pessoal, a qualquer título, na administração direta e indireta, incluídas as fundações instituídas e mantidas pelo Poder Público, excetuadas as nomeações para cargo de provimento em comissão, bem como a das concessões de aposentadorias, reformas e pensões, ressalvadas as melhorias posteriores que não alterem o fundamento legal do ato concessório;

d) realizar, por iniciativa própria, da Câmara dos Deputados, do Senado Federal, de Comissão técnica ou de inquérito, inspeções e auditorias de natureza contábil, financeira, orçamentária, operacional e patrimonial, nas unidades administrativas dos Poderes Legislativo, Executivo e Judiciário, e demais entidades da administração indireta, incluídas as fundações e sociedades instituídas e mantidas pelo Poder Público federal;

e) fiscalizar as contas nacionais das empresas supranacionais de cujo capital social a União participe, de forma direta ou indireta, nos termos do tratado constitutivo;

f) fiscalizar a aplicação de quaisquer recursos repassados pela União mediante convênio, acordo, ajuste ou outros instrumentos congêneres, a Estado, ao Distrito Federal ou a Município;

g) prestar as informações solicitadas pelo Congresso Nacional, por qualquer de suas Casas, ou por qualquer das respectivas Comissões, sobre a fiscalização contábil, financeira, orçamentária, operacional e patrimonial e sobre resultados de auditorias e inspeções realizadas;

---

[34] É possível o *controle das sociedades de economia mista* pelo Tribunal de Contas, já que se trata de uma sociedade instituída pelo Poder Público. O Supremo Tribunal Federal firmou entendimento no sentido de que as sociedades de economia mista se sujeitam à fiscalização pelos Tribunais de Contas (STF, MS n. 25092/DF, RE n. 356209 AgR/GO, MS n. 26117/DF). Por sua vez, o Conselho Federal e os Conselhos Seccionais da Ordem dos Advogados do Brasil não estão obrigados a prestar contas ao Tribunal de Contas da União nem a qualquer outra entidade externa, conforme tese fixada pelo STF, em sede de repercussão geral, por ocasião do julgamento do RE n. 1182189, de relatoria do Min. Edson Fachin, julgado em 24 de abril de 2023.

h) aplicar aos responsáveis, em caso de ilegalidade de despesa ou irregularidade de contas, as sanções previstas em lei, que estabelecerá, entre outras cominações, multa proporcional ao dano causado ao erário[35];
i) assinalar prazo para que o órgão ou entidade adote as providências necessárias ao exato cumprimento da lei, se verificada ilegalidade;
j) sustar, se não atendido, a execução do ato impugnado, comunicando a decisão à Câmara dos Deputados e ao Senado Federal[36]; e
k) representar ao Poder competente sobre irregularidades ou abusos apurados.

O controle do Tribunal de Contas sobre licitações e contratos é matéria de observação, pois devem ser observadas as disposições sobre controle das contratações, presentes a partir do art. 169 da Lei n. 14.133/2021.

Desse modo, apenas a título de exemplo, o art. 171, § 1º, da Lei n. 14.133/2021, estabelece que o Tribunal de Contas, ao suspender cautelarmente o processo licitatório, deverá pronunciar-se definitivamente sobre o mérito da irregularidade que tenha dado causa à suspensão, no prazo de 25 dias úteis, contado da data do recebimento das informações remetidas pela Administração, prorrogável por igual período uma única vez, e definirá objetivamente as causas da ordem de suspensão e o modo como será garantido o atendimento do interesse público obstado pela suspensão da licitação, no caso de objetos essenciais ou de contratação por emergência.

Assim, ao ser intimado da ordem de suspensão do processo licitatório, o órgão ou entidade deverá, no prazo de 10 dias úteis, admitida a prorrogação, informar as medidas adotadas para cumprimento da decisão, prestar todas as informações cabíveis e proceder à apuração de responsabilidade, se for o caso. O descumprimento dessas medidas ensejará a apuração de responsabilidade e a obrigação de reparação do prejuízo causado ao erário.

A decisão que examinar o mérito da medida cautelar deverá definir as medidas necessárias e adequadas, em face das alternativas possíveis, para o saneamento do processo licitatório, ou determinar a sua anulação.

Por fim, há de se dizer ainda, que a Constituição prevê o controle externo de uma atividade especial, desenvolvida pela Administração, que é a *atividade policial*. Para tanto, o constituinte elencou dentre as competências atribuídas ao *Ministério Público*, no art. 129, inciso VII, o exercício do controle externo da atividade policial.

14.2.3. Controle social

No Brasil, em grande medida, as contribuições à teoria do controle social da Administração Pública são encontradas em obras de Direito Administrativo, estando, muitas vezes, dispostas de modo mecanizado, em poucas páginas ou até mesmo parágrafos, o que dificulta o aprofundamento e a construção de uma teoria desta espécie de controle.

---

[35] As decisões do Tribunal de que resulte imputação de débito ou multa terão eficácia de título executivo, na forma do art. 71, § 3º, da CF/1988.
[36] Por força do art. 71, §§ 1º e 2º, no caso de contrato, o ato de sustação será adotado diretamente pelo Congresso Nacional, que solicitará, de imediato, ao Poder Executivo as medidas cabíveis. Não obstante, se o Congresso Nacional ou o Poder Executivo, no prazo de noventa dias, não efetivar essas medidas, o Tribunal decidirá a respeito.

Se dentre os princípios fundamentais da República, a Constituição, em seu topo, prevê que todo o poder emana do Povo, que o exerce por intermédio de seus representantes eleitos ou diretamente, em conformidade com os instrumentos nela elencados, não se pode deixar de extrair a matriz constitucional do controle social.

Da própria obviedade do fundamento republicano decorre que, se o Povo (soberano) é detentor do poder, concedendo seu exercício (não a titularidade) a representantes eleitos, poderá ele (titular da soberania) desempenhar o controle sobre o exercício deste poder concedido. Com isso, verifica-se também, que o povo exerceria (com o controle social) não apenas um papel de contenção do poder, mas também de legitimação do exercício deste.

Como se verá no decorrer desta seção, uma das maiores dificuldades encontradas para o estabelecimento de uma teoria do controle social é a sua falta de independência como espécie de controle. Diz-se isso porque, no atual contexto, todos os mecanismos institucionalizados de controle social conduzem para uma das demais espécies de controle (administrativo, legislativo ou judicial). Por esse motivo, o classifico como uma espécie de controle *sui generis*.

O termo "controle social" origina-se da sociologia, sendo que, regra geral, é empregado com o intuito de indicar mecanismos que asseguram a ordem social, impondo disciplina e submissão dos indivíduos a certos padrões sociais e princípios de ordem moral. No campo da teoria política, o termo assume diferentes definições, sendo que ambas, porém, interligam Estado e Sociedade, no sentido de que tanto é empregado para designar o controle do Estado sobre a sociedade, quanto o controle desta (ou de seus setores organizados) sobre aquele[37].

Esta inter-relação entre Estado e Sociedade pode ser presenciada na concepção que Garelli dá ao termo, ao definir que "por Controle social se entende o conjunto de meios de intervenção, quer positivos quer negativos, acionados por cada sociedade ou grupo social a fim de induzir os próprios membros a se conformarem às normas que a caracterizam"[38].

Por certo é que, pelo prisma democrático contemporâneo, *o controle social* encontra suas bases na teoria rousseauniana, na qual estabeleceu-se que *ao povo (soberano) compete o poder de controlar as ações do Estado (expressão da vontade geral)*, fazendo sobressair a soberania popular[39] aos interesses privados nos negócios públicos[40].

Na tentativa de retomar as bases do controle realizado pela sociedade, não há como dissociá-lo de conceitos como democracia e participação política. Os direitos

---

[37] CORREIA, Maria Valéria Costa. Controle social. In: PEREIRA, Isabel Brasil; LIMA, Júlio César França (org.). *Dicionário da educação profissional em saúde*. 2. ed. Rio de Janeiro: EPSJV, 2008, p. 104.

[38] GARELLI, Franco. Controle social. In: BOBBIO, Norberto; MATTEUCCI, Nicola; PASQUINO, Gianfranco (coord.). *Dicionário de política*. 11. ed., v. I. Trad. Carmen C. Varriale et al. Brasília: EdUNB, 1998, p. 283.

[39] Nino (2003, p. 133) destaca que a soberania popular assenta a primeira e mais tradicional justificação da democracia. Sob essa perspectiva, a democracia não se estabelece apenas com um governo para o povo, senão por um governo pelo povo.

[40] CORREIA, Maria Valéria Costa. *O Conselho Nacional de Saúde e os rumos da política de saúde brasileira: mecanismo de controle social frente às condicionalidades dos organismos financeiros internacionais*. Tese (doutorado) apresentada ao Programa de Pós-Graduação em Serviço Social. Recife: UFPE, 2005, p. 62-63. Disponível em: http://repositorio.ufpe.br/handle/123456789/9680. Acesso em: 26 nov. 2023.

de participação política fazem parte da própria essência humana, no sentido de uma constante busca pela construção de um sistema democrático, enquanto membro de uma coletividade[41].

Percebe-se que, ao se tratar o controle social como instrumento institucionalizado, este acaba se realizando por intermédio dos meios legitimados e instituídos pelo Estado e, como já dito, *canalizam em um controle administrativo* (direito de petição e representação à controladoria interna, por exemplo), em um *controle externo* (representação ao Tribunal de Contas, por exemplo) ou em um *controle judicial* (ajuizamento de ação popular, por exemplo). A pergunta que se faz é: o que pode ser considerado controle social? Veja os seguintes exemplos, que formam o questionamento.

Exemplo 1: O cidadão que, com base em seu direito de acesso à informação, solicita esclarecimentos acerca de determinado contrato administrativo em um órgão da Administração Pública, cujo objeto é o fornecimento de bebida alcoólica, no intuito de verificar sua regularidade, está realizando um controle social? Vislumbre que, de posse da informação e tendo a irregularidade constatada, este particular terá algumas saídas, como as seguintes:

a) poderá representar perante a própria administração pública, que instaurará um processo administrativo que poderá ensejar a anulação do contrato e eventual responsabilização por irregularidades. Neste caso, parece-me claro que se tratará de autotutela administrativa, ou seja, o exercício do controle administrativo (interno);

b) poderá representar ao Tribunal de Contas correspondente, o que resultará em um controle externo, por intermédio de um controle financeiro (exercido pelo legislativo, com auxílio desse Tribunal);

c) poderá apresentar as informações diretamente a algum parlamentar, que poderá resultar, do mesmo modo, em um controle legislativo, neste caso, por intermédio de um controle político (a se dar por uma Comissão Parlamentar de Inquérito, por exemplo); ou

d) poderá, diretamente, propor uma ação popular objetivando a anulação do contrato ou representar ao Ministério Público para que a busque via Ação Civil Pública, o que desencadeará, necessariamente, em um controle judicial.

Observa-se, ante as hipóteses apresentadas, que o que seria possível denominar de controle social no Exemplo 1 ensejou, necessariamente, em alguma das outras espécies concretas de controle (administrativo, legislativo ou judicial), o que faz dele uma espécie *sui generis*.

Exemplo 2: Imagine que esse órgão público, diante de um quadro de crise econômica, tivesse publicado edital de licitação para contração de particular para fornecimento de diferentes marcas tradicionais de uísques, em uma quantidade desproporcional, que seriam utilizados para visitas ao seu diretor, vindo a ser

---

[41] Aristóteles (1985, p. 1253a) já dizia que "É claro, portanto, que a cidade tem precedência por natureza sobre o indivíduo. De fato, se cada indivíduo isoladamente não é autossuficiente, consequentemente em relação à cidade ele é como as outras partes em relação a seu todo, e um homem incapaz de integrar-se numa comunidade".

divulgado pela mídia, ensejando o protesto de diferentes movimentos sociais[42], em frente a sua sede. A autoridade competente, vendo-se pressionada pelos movimentos sociais, anula a licitação, por vício de finalidade. Esses realizaram controle social?

Veja-se que a anulação, realizada tão somente após o constrangimento ocasionado pelos movimentos sociais, se deu em sede de autotutela, ou seja, no exercício do controle administrativo, o que nos faz perceber a ausência de canais específicos de exercício do controle social, efetivando-se, este, em provocação não institucionalizada (diferentemente das hipóteses do Exemplo 1 – institucionalizada).

Imagine se a autoridade administrativa desconsiderasse os protestos dos movimentos sociais, realizasse a licitação e efetivasse a contratação. O que se restaria a fazer? Instrumentalmente, tão somente, os procedimentos descritos no Exemplo 1, voltando a depender do controle administrativo, legislativo ou judicial.

Com exceção desta *atuação exercida pelos movimentos sociais*, verifica-se que, seja por intermédio das audiências públicas, seja através dos conselhos gestores de políticas públicas, ou pelos canais que conduzem a um controle administrativo, legislativo ou judicial, há um ponto em comum: todos ocorrem por intermédio de ferramentas pré-constituídas e formatadas ritualisticamente pelo Estado.

Por certo é que a influência dos movimentos sociais à agenda das políticas sociais e econômicas decorre das próprias características, ainda que variáveis e sobrepostas, desses movimentos. Campilongo expõe dez elementos, não exaustivos, mas quase sempre neles presentes, que auxiliam a compreender a sua complexa relação com o direito, aqui, buscando-se entender sua interlocução com o controle social[43]. Dentre os traços mais comuns dos movimentos sociais, é possível observar os seguintes:

1) geralmente se originam de conflitos envolvendo a contraposição na utilização de recursos sociais escassos, não apenas econômicos ou valorativos, mas também simbólicos[44];
2) não se limitam à simples reação a situações economicamente injustas ou desvantajosas, apresentando, todavia, em sua raiz, situações de discriminação e desigualdade censitária[45];
3) protestam contra as formas de organização e produção (ou falta) das decisões que os impactarão, postulando por direitos individuais e coletivos[46];

---

[42] Neste exemplo, afigura-se a definição de movimento social cunhada por Gorczevski e Martin (2011, p. 129), no sentido de que: "Quando um grupo de pessoas, convencidas de que nem o Estado, nem os partidos políticos ou grupos de interesses estabelecidos abordam corretamente suas reivindicações, organizam uma ação coletiva e suscitam a adesão de um grupo numeroso de ativistas para atrair a atenção dos poderes públicos. A este grupo denominamos movimento social, que se incorpora à sociedade".
[43] CAMPILONGO, Celso Fernandes. *Interpretação do direito e movimentos sociais*. Rio de Janeiro: Elsevier, 2012, p. 13-17.
[44] CAMPILONGO, Celso Fernandes. *Interpretação do direito e movimentos sociais*. Rio de Janeiro: Elsevier, 2012, p. 13-17.
[45] CAMPILONGO, Celso Fernandes. *Interpretação do direito e movimentos sociais*. Rio de Janeiro: Elsevier, 2012, p. 13-17.
[46] CAMPILONGO, Celso Fernandes. *Interpretação do direito e movimentos sociais*. Rio de Janeiro: Elsevier, 2012, p. 13-17.

4) atuam em diferentes âmbitos da vida social (a sociedade moderna é diferenciada), muitos deles, que, até então, eram tratados no âmbito individual, contemporaneamente, exigem organizações especializadas[47];
5) acompanham a constante mutabilidade social (mudanças tecnológicas, econômicas, ambientais etc.), impondo dinamismo e velocidade à tomada de decisão estatal[48];
6) protestam quando não há possibilidade de comunicação compatível à sua capacidade de processamento, seleção e implementação das alternativas apresentadas, ou seja, quando suas alternativas são rejeitadas, tornam-se objeto de protesto[49];
7) desenvolvem autonomia não institucionalizada em relação aos sistemas parciais e tradicionais, catalisando a variabilidade social e expandindo as possibilidades de ações[50];
8) não se constituem em atores políticos tradicionais, eis que não atuam necessariamente em organizações formais, sendo que, muitas vezes, seu modo organizacional se dá por intermédio de redes sociais difusas e informais[51];
9) não possuem unidade de fins predefinida, coesão interna e ação uniforme, resultando da formulação de um tema, que se transforma na "bandeira" do movimento[52];
10) possuem eventos comunicativos que mudam de significado a depender do sistema de referência, exigindo um grau de liberdade e de informalidade contrastante com os códigos binários e funcionais dos sistemas parciais[53].

Diante disso, não há como deixar de afirmar que *o controle social, sob uma concepção mais ampla, engloba a capacidade que os movimentos sociais possuem em interferir na gestão das políticas públicas*, orientando as ações e os gastos do Estado conforme os seus interesses[54].

Isso porque o desenvolvimento das políticas públicas no Brasil e, de um modo geral, na América Latina, principalmente a partir dos anos 2000, vem contando com a participação e até indução provocada pelos movimentos sociais, os quais deixaram de ser vistos como sinônimos de confronto para ocupar um espaço de colaboração[55].

Com efeito, para *um controle social (via indução) exercido pelos movimentos sociais*, na sua plenitude, a transparência estatal e a atuação da mídia tornam-se

---

[47] CAMPILONGO, Celso Fernandes. *Interpretação do direito e movimentos sociais*. Rio de Janeiro: Elsevier, 2012, p. 13-17.
[48] CAMPILONGO, Celso Fernandes. *Interpretação do direito e movimentos sociais*. Rio de Janeiro: Elsevier, 2012, p. 13-17.
[49] CAMPILONGO, Celso Fernandes. *Interpretação do direito e movimentos sociais*. Rio de Janeiro: Elsevier, 2012, p. 13-17.
[50] CAMPILONGO, Celso Fernandes. *Interpretação do direito e movimentos sociais*. Rio de Janeiro: Elsevier, 2012, p. 13-17.
[51] CAMPILONGO, Celso Fernandes. *Interpretação do direito e movimentos sociais*. Rio de Janeiro: Elsevier, 2012, p. 13-17.
[52] CAMPILONGO, Celso Fernandes. *Interpretação do direito e movimentos sociais*. Rio de Janeiro: Elsevier, 2012, p. 13-17.
[53] CAMPILONGO, Celso Fernandes. *Interpretação do direito e movimentos sociais*. Rio de Janeiro: Elsevier, 2012, p. 13-17.
[54] CORREIA, Maria Valéria Costa. *Controle Social*. In: PEREIRA, Isabel Brasil; LIMA, Júlio César França (org.). *Dicionário da educação profissional em saúde*. 2. ed. Rio de Janeiro: EPSJV, 2008, p. 108.
[55] NEVES, Lúcia Maria Wanderley; PRONKO, Marcela Alejandra; MENDONÇA, Sônia Regina de. Capital Cultural. In: PEREIRA, Isabel Brasil; LIMA, Júlio César França (org.). *Dicionário da educação profissional em saúde*. 2. ed. Rio de Janeiro: EPSJV, 2008, p. 65-66.

imprescindíveis, eis que, por um viés democrático, a mídia possui o papel fundamental de apresentar e trazer ao debate os anseios e problemas políticos, econômicos, sociais e culturais, os quais se converterão em "bandeira" desses movimentos.

Diz-se isso, uma vez que os caminhos obscuros em todas as etapas de formulação e execução das políticas públicas, cercados de dificuldades de ordem técnica (falta de conhecimento), aliadas aos óbices de transparência no trato da gestão pública, dificultam a participação e compreensão por parte do indivíduo comum, o que só é clareado com uma atuação firme e responsável dos meios de comunicação.

A interlocução entre mídia e movimentos sociais, para o controle social, possui dupla dimensão. A primeira é a capacidade de denunciar e dar transparência àquilo que se tornará a "bandeira" do movimento social. A segunda é o papel de divulgar e dar visibilidade à atuação desses movimentos, o que, além de um efeito multiplicador, causará a repercussão e, muitas vezes, contribuirá para o êxito do pleito pretendido.

A primeira dimensão é corroborada por Moraes, no sentido de que "os meios de comunicação podem servir para lançar o debate sobre diversas questões nacionais, bem como promover denúncias sobre ilícitos praticados na Administração Pública"[56], enquanto a segunda é avaliada por Anduiza e Bosch, para quem "o processo mobilizador dos meios de comunicação tem também um papel cada vez mais importante. Os meios dão visibilidade aos atos participativos, especialmente se estes são de protesto, o que por um lado incrementa sua eficácia e por outro pode ter um efeito multiplicador"[57].

Por fim, pode-se visualizar que *o controle social, no Brasil, não possui uma categorização mecânica*, mas constitui-se em um processo dinâmico, diferente das demais espécies de controle. As bases do controle social assentam-se em elementos como participação política, intimamente ligada à noção de cidadania e democracia, impondo um dever de transparência por parte do poder público, pressuposto para a atuação dos movimentos sociais. Percebe-se, portanto, que *o controle social possui um importante papel preventivo* (de indução às políticas públicas), *corretivo* (neste caso, de provocação dos demais controles a serem exercidos pelos Poderes instituídos) e de legitimação do poder por parte dos representantes eleitos[58].

14.2.4. Controle judicial

É aquele exercido pelo Poder Judiciário, baseado no controle de juridicidade, ou seja, com fundamento na norma (composta por regras e princípios).

Assim, o Poder Judiciário, quando acionado pelos legitimados, poderá *anular* atos administrativos, quando eivados de ilegalidade, ou determinar ações ou abstenções da Administração. *Não cabe ao Poder Judiciário realizar controle da conveniência e da oportunidade (controle de mérito) nos atos discricionários.*

---

[56] MORAES, Antonio Carlos Flores de. *Administração Pública transparente e responsabilidade do político.* Belo Horizonte: Fórum, 2007, p. 150.
[57] ANDUIZA, Eva; BOSCH, Agustí. *Comportamiento político y electoral.* 2. ed. Barcelona: Ariel, 2007, p. 54.
[58] Para uma leitura específica sobre o controle social, ver: ALVES, Felipe Dalenogare. *Controle social de políticas públicas:* democracia, participação política e deliberação – a contribuição do Capital Social. Santa Cruz do Sul: Estudos de Direito, 2018.

Não obstante, caso a decisão administrativa viole o princípio da proporcionalidade, por exemplo, poderá ser anulada com base na violação a esse princípio, devolvendo-se a matéria para o administrador.

Em matéria disciplinar, por exemplo, o STJ editou a Súmula 665, a qual prevê que "o controle jurisdicional do processo administrativo disciplinar restringe-se ao exame da regularidade do procedimento e da legalidade do ato, à luz dos princípios do contraditório, da ampla defesa e do devido processo legal, não sendo possível incursão no mérito administrativo, ressalvadas as hipóteses de flagrante ilegalidade, teratologia[59] ou manifesta desproporcionalidade da sanção aplicada".

Para tanto, existem algumas ferramentas que são essenciais para o exercício do controle judicial, dentre elas o *habeas data*, o mandado de segurança, a ação popular, a ação civil pública, a ação de conhecimento (anulatória ou prestacional), o mandado de injunção e a reclamação.

14.2.4.1. *Habeas data*

O *habeas data* constitui uma ação constitucional voltada a tutelar o direito à informação.

14.2.4.1.1. Fundamento

a) **Constitucional:** art. 5º, inciso LXXII, alínea "a" ou "b", da CF/1988: a) para assegurar o conhecimento de informações relativas à pessoa do impetrante, constantes de registros ou bancos de dados de entidades governamentais ou de caráter público; b) para a retificação de dados, quando não se prefira fazê-lo por processo sigiloso, judicial ou administrativo.

b) **Infraconstitucional:** Na Lei n. 9.507/1997, art. 7º, incisos: I – para conhecer informação; II – para retificar informação; III – justificar a informação.

Para a impetração do *habeas data*, deve ser demonstrada a negativa ou omissão na via administrativa dos pedidos de conhecimento, retificação e anotação de dados, de acordo com o previsto no art. 8º, parágrafo único, da Lei n. 9.507/1997 e na Súmula 2 do STJ.

14.2.4.1.2. Legitimidade

Ativa: é o titular do direito (pessoa física ou jurídica), impetrante da ação.

Passiva: aquele que detém a informação que se pretende obter, retificar ou anotar (banco de dados público ou privado), ou seja, contra a autoridade coatora, vinculada à pessoa jurídica.

14.2.4.1.3. Cabimento

O *habeas data* é cabível para assegurar acesso aos registros, bem como promover a retificação desses registros ou anotação ou complementação de informação que deveria constar nesses registros.

---

[59] Considera-se decisão administrativa teratológica aquela juridicamente absurda, aberrante, produzida com dolo ou erro grosseiro, com desprezo à ordem jurídica.

Assim como no mandado de segurança, não há fase de instrução processual, ou seja, não há dilação probatória, devendo constituir prova documental (a negativa da Administração) anexa à petição inicial, que deve atender os requisitos do art. 319 do CPC.

14.2.4.1.4. Competência

É definida no arts. 102 e 105 da CF/1988 e no art. 20 da Lei n. 9.507/1997. Assim, o processamento e julgamento do *habeas data* compete aos Tribunais e juízes, conforme a seguir.

14.2.4.1.4.1. Competência originária

a) *ao Supremo Tribunal Federal,* contra atos do Presidente da República, das Mesas da Câmara dos Deputados e do Senado Federal, do Tribunal de Contas da União, do Procurador-Geral da República e do próprio Supremo Tribunal Federal (art. 102, I, "d", da CF/1988);

b) *ao Superior Tribunal de Justiça,* contra atos de Ministro de Estado, dos Comandantes da Marinha, do Exército, da Aeronáutica ou do próprio Tribunal (art. 105, I, "b", da CF/1988);

c) *aos Tribunais Regionais Federais,* contra atos do próprio Tribunal ou de juiz federal (art. 108, I, "c', da CF/1988);

d) *a juiz federal,* contra atos de autoridade federal, excetuados os casos de competência dos tribunais federais (art. 109, VIII, da CF/1988);

e) *a tribunais estaduais,* segundo o disposto na Constituição do Estado; e

f) *a juiz estadual,* nos demais casos (competência residual, ou seja, não cabendo o exercício da competência por nenhum dos tribunais ou juízes federais, caberá ao juiz estadual).

14.2.4.1.4.2. Competência recursal ordinária

a) *ao Supremo Tribunal Federal,* quando a decisão denegatória for proferida em única instância pelos Tribunais Superiores (art. 102, II, "a", da CF/1988);

b) *ao Superior Tribunal de Justiça,* quando a decisão for proferida em única instância pelos Tribunais Regionais Federais (art. 20, II, "b", da Lei n. 9.507/1997);

c) *aos Tribunais Regionais Federais,* quando a decisão for proferida por juiz federal (art. 108, II, da CF/1988);

d) *aos Tribunais Estaduais e ao do Distrito Federal e Territórios,* conforme dispuserem a respectiva Constituição e a lei que organizar a Justiça do Distrito Federal.

14.2.4.1.4.3. Competência recursal especial e extraordinária

Ao Superior Tribunal de Justiça e ao Supremo Tribunal Federal, nos casos previstos no art. 105, inciso III, e art. 102, inciso III, da Constituição.

14.2.4.1.5. Prioridade de tramitação processual

Os processos de *habeas data* terão prioridade sobre todos os atos judiciais, exceto *habeas corpus* e mandado de segurança. Na instância superior, deverão ser levados a julgamento na primeira sessão que se seguir à data em que, feita a distribuição, forem conclusos ao relator, na forma do art. 19 da Lei n. 9.507/1997.

14.2.4.1.6. Estruturação do *habeas data*

DOUTO JUÍZO DA ... VARA DE FAZENDA PÚBLICA DA COMARCA DE ...
(OU DA ...VARA FEDERAL DA SUBSEÇÃO JUDICIÁRIA DE... OU DA SEÇÃO JUDICIÁRIA DO ESTADO...)

NOME COMPLETO DO IMPETRANTE, nacionalidade, estado civil, profissão, portador do RG..., CPF..., domicílio e residência..., endereço eletrônico..., (se for pessoa jurídica: RAZÃO SOCIAL, CNPJ..., com sede no endereço..., endereço eletrônico..., representada legalmente pelo(a) Sr.(a)... (documento de representação anexo), por intermédio de seu advogado (procuração em anexo), com endereço profissional no endereço ..., onde receberá intimações, vem, perante esse juízo, com fundamento no art. 5º, inciso LXXII, alínea "a" ou "b", da Constituição Federal de 1988 e no art. 7º, inciso I, II ou III, da Lei n. 9.507/1997, impetrar

HABEAS DATA

Em face de ato coator do Sr... (nome e cargo da autoridade coatora), vinculado ao MUNICÍPIO ..., pessoa jurídica de direito público, com sede na Rua..., nº ..., bairro ..., endereço eletrônico..., pelas razões de fato e de direito que passa a expor:

1. DOS FATOS
Descrição da situação fática que formará a causa de pedir.

2. DO DIREITO
A Constituição Federal de 1988 concede *habeas data* para assegurar o conhecimento ou retificação de informações relativas à pessoa do impetrante, constantes de registro de entidade pública (art. 5º, LXXII), e a Lei n. 9.507/1997, regula o direito de acesso à informação e disciplina o rito processual do *habeas data*.
Na situação em epígrafe, ao ter seu pedido administrativo negado, surge para o impetrante o direito previsto no art. 7º, inciso I, II ou III, da Lei n.9.507/1997, devendo-lhe ser assegurado, judicialmente, o direito ao conhecimento/ retificação ou anotação da informação.
Demonstração dos demais fundamentos jurídicos que incidirão a cada argumento fático, formando a causa de pedir dos respectivos pedidos.
Por fim, estipula o art. 5º, inciso LXXVII, da CF/1988 que são gratuitos os atos necessários ao exercício da cidadania e a ação de *habeas data*, imperando, desse modo, a isenção de custas judiciais à impetrante.

3. DOS PEDIDOS
Ante o exposto, requer:
1) A notificação da autoridade coatora para que preste as informações no prazo de dez dias, na forma do art. 9º da Lei n. 9.507/1997;
2) A intimação do Ministério Público para que emita parecer nos termos do art. 12 da Lei n. 9.507/1997;
3) A prioridade de tramitação e julgamento, conforme garantido no art. 19 da Lei n. 9.507/1997;
4) A procedência da presente ação, a fim de que seja marcada data e hora para que o coator apresente as informações a seu respeito ou apresente em juízo a prova da retificação ou da anotação feita nos assentamentos do impetrante, nos termos da fundamentação e em conformidade com o art. 13, inciso I, da Lei n. 9.507/1997;
5) A condenação da autoridade coatora em honorários advocatícios e ao impetrante a concessão da gratuidade da justiça nos termos constitucionais; e
6) A juntada da documentação comprobatória da negativa ou omissão da informação solicitada mediante requerimento administrativo, em atenção ao art. 8º, parágrafo único, inciso I, da Lei n. 9.507/1997 e à Súmula 2 do STJ.
Dá-se a causa o valor de R$ ...
Nesses termos, pede deferimento.
Local... data...

ADVOGADO/OAB

14.2.4.2. Mandado de segurança

O mandado de segurança é uma ação constitucional residual, ou seja, será impetrado para proteger direito líquido e certo, desde que este não seja amparado por *habeas corpus* ou *habeas data*.

14.2.4.2.1. Fundamento

a) Constitucional: art. 5º, LXIX, da CF/1988;

b) Infraconstitucional: art. 1º da Lei n.12.016/2009 e, exclusivamente para os Mandados de Segurança Coletivos impetrados pela OAB, também o art. 54, inciso XIV, da Lei n. 8.906/1994.

14.2.4.2.2. Legitimidade

Ativa: é o titular do direito líquido e certo (pessoa física ou jurídica), impetrante da ação.

Nos mandados de segurança coletivos, a legitimidade está prevista no art. 5º, inciso LXX, da CF/1988 e no art. 21 da Lei n. 12.016/2009. Para tanto, possuem legitimidade ativa o partido político com representação no congresso nacional (no mínimo um parlamentar em uma das Casas) e entidade de classe ou associação constituída e em funcionamento a mais de um ano.

A entidade de classe tem legitimidade para o mandado de segurança ainda quando a pretensão veiculada interesse apenas a uma parte da respectiva categoria, conforme assegurado pela Súmula 630 do STF.

Passiva: a autoridade coatora que editou ou que tem poderes para editar o ato coator (que pode ser um ato comissivo ou omissivo), sempre vinculada à Pessoa Jurídica.

Quanto à autoridade coatora, é indispensável indicar o cargo que ocupa a autoridade pública, bem como a pessoa jurídica de direito público à qual ela pertença (União, Estado, Distrito Federal, Município, autarquia, fundação). A pessoa jurídica deve ser, obrigatoriamente, intimada, sob pena de nulidade.

É possível que um particular seja o agente coator em mandado de segurança, nos casos em que o particular estiver no exercício de uma função pública. Como exemplo, pode-se mencionar o diretor de uma faculdade, que exerce uma função delegada do Ministério da Educação, em atos que não sejam de gestão, como a negativa à expedição de diploma ou negativa de matrícula em curso superior.

O STJ sumulou (Súmula 628) a "teoria da encampação", acerca da possibilidade do ingresso da autoridade coatora correta no Mandado de Segurança, quando a autoridade coatora indicada na Petição Inicial esteja cumprindo determinação de autoridade superior ou não tenha poderes para editar, modificar ou extinguir o ato coator.

Decorre do princípio da hierarquia. Assim, o juízo não extinguirá o Mandado de Segurança, mas determinará a emenda da inicial para que conste a autoridade coatora correta.

A súmula, todavia, manifesta três requisitos: 1º) a existência do vínculo hierárquico entre a autoridade encampada e a encampante; 2º) que o ingresso do encampante não desloque a competência para o processamento e julgamento do Mandado de Segurança – caso a autoridade encampante possua prerrogativa de foro; e 3º) que as informações prestadas pela autoridade encampada sobre o mérito do Mandado de Segurança tenham sido suficientemente prestadas.

Ainda, referente à legitimidade passiva, é necessário observar duas súmulas do STJ. A *Súmula 628*, a qual estabelece que, praticado o ato por autoridade, no exercício de competência delegada, contra ela cabe o mandado de segurança ou a medida judicial, e a Súmula 701, a qual prevê que, no Mandado de Segurança impetrado pelo Ministério Público, contra decisão proferida em processo penal, é obrigatória a citação do réu como litisconsorte passivo.

Apesar da obviedade, é tese consolidada no STJ (REsp 1132423/SP, EREsp 692840/BA, REsp 984032/ES) a de que as autarquias possuem autonomia administrativa, financeira e personalidade jurídica própria, distinta da entidade política à qual estão vinculadas, razão pela qual seus dirigentes têm legitimidade passiva para figurar como autoridades coatoras em ação mandamental.

Por fim, é importante ressaltar que, sempre que houver um *terceiro que poderá ser afetado com a decisão mandamental*, a exemplo de um candidato em concurso público, que poderá vir a ser preterido na ordem classificatória, entendo que esse *deverá ser notificado*, para que, querendo, também *preste informações na defesa de seus direitos*, no mesmo prazo da autoridade coatora.

14.2.4.2.3. Cabimento

A impetração de Mandado de Segurança exige um ato de autoridade, que cause lesão ou ameaça de lesão ao direito líquido e certo do impetrante. É residual, ou seja, é preciso que se trate de uma lide que não seja amparada por outra garantia (*habeas corpus* ou *habeas data*).

O *direito líquido e certo* é o que se mostra de plano, aquele direito evidente, sobre o qual não repousam dúvidas. Assim, pressupõe prova documental pré-constituída, pois a via estreita do mandado de segurança não comporta dilação probatória.

Por conseguinte, caso seja necessário comprovar o direito por meio de prova pericial, testemunhal, dentre outras que não a documental, não é possível que se fale em direito líquido e certo, não cabendo mandado de segurança, mas uma ação de conhecimento, pelo procedimento comum do CPC, a qual possui fase instrutória com a possibilidade de produção de todos os meios de prova não defesos em lei.

14.2.4.2.4. Prazo decadencial

É possível a impetração por aquele que teve o seu direito líquido e certo lesado ou ameaçado por ato de autoridade dentro dos *120 dias* subsequentes à *data da ciência do ato* (que ocorrerá com notificação pessoal ou publicação em meio oficial). O prazo de 120 dias estabelecido pela lei é decadencial, *não havendo suspensão, nem interrupção*. Não obstante, nas situações de impetração de mandado de segurança contra ato omissivo da Administração, o prazo decadencial renova-se mês a mês, por envolver obrigação de trato sucessivo[60].

---

[60] Este entendimento é corroborado pelos seguintes julgados do STJ: AgRg no AREsp 593738/PB, AgRg no REsp 1328687/PE, MS 021082/DF.

O prazo decadencial do Mandado de Segurança *não atinge o direito em si*, uma vez que é possível que o indivíduo o pleiteie através de uma ação de conhecimento.

Especificamente quanto à *exclusão de candidato em concurso público*, o termo inicial do prazo decadencial para a impetração de mandado de segurança *é o ato administrativo de efeito concreto, e não a publicação do edital*, ainda que a causa de pedir envolva questionamento de critério do edital[61].

No que tange à *aplicação de penalidade disciplinar*, o termo inicial do prazo de decadência para impetração de mandado de segurança é a data da publicação do respectivo ato no Diário Oficial, momento em que a sanção obteve eficácia[62].

14.2.4.2.5. Vedações

As vedações ao cabimento de mandado de segurança são elencadas no art. 1º, § 2º, e no art. 5º da Lei n. 12.016/2009, quais sejam: 1) ato de gestão comercial praticados pelos administradores de empresas públicas, de sociedade de economia mista e de concessionárias de serviço público; 2) ato do qual caiba recurso administrativo com efeito suspensivo, independentemente de caução[63]; 3) de decisão judicial da qual caiba recurso com efeito suspensivo; e 4) de decisão judicial transitada em julgado[64].

Há, ainda, algumas súmulas do STF referentes a matéria, que merecem ser destacadas, dentre elas a *Súmula 266 do STF*, a qual prevê que não será cabível a interposição de mandado de segurança *contra lei em tese* (em substituição às ações de controle concentrado de constitucionalidade). Contra leis de efeito concreto, é possível o cabimento de mandado de segurança.

Ainda, *a Súmula 101 do STF*, a qual estabelece que não será cabível a impetração de mandado de segurança para substituir a ação popular, e a **Súmula 269 do STF**, que, nessa linha, determina que não será possível impetrar mandado de segurança como sucedâneo de ação de cobrança.

14.2.4.2.6. Espécies

a) Quanto ao momento do ato coator:

Preventivo: tem cabimento nos casos em que existe tão somente uma ameaça de lesão. Nesse caso, não se conta o prazo de 120 dias, uma vez que não existe o ato coator em si.

Repressivo: tem cabimento nos casos em que houver uma lesão. Neste, a propositura da ação está sujeita ao prazo decadencial de 120 dias.

---

[61] Os seguintes julgados do STJ corroboram este entendimento: Acórdãos: AgRg no REsp 1405402/RN, AgRg no REsp 1478469/SC.

[62] Este entendimento é corroborado pelos seguintes julgados do STJ: AgInt no RMS 051319/SP, AgInt no MS 022479/DF.

[63] A inércia da autoridade coatora em apreciar recurso administrativo regularmente apresentado, sem justificativa razoável, configura omissão impugnável pela via do mandado de segurança. [MS 24.167, rel. min. Joaquim Barbosa, j. 05/10/2006, P, *DJ* de 02/02/2007.]

[64] Mesmo nas decisões judiciais não transitadas em julgado, o mandado de segurança só é admissível nas raras hipóteses em que ela não possa ser atacada por outro remédio processual, exigindo-se ademais, a presença de direito líquido e certo. [RMS 25.141, voto do min. Ricardo Lewandowski, j. 22/04/2008, P, *DJe* de 30/05/2008.]

b) Quanto à legitimidade ativa:

Individual: cabível nos casos em que alguém (pessoa física ou jurídica), em nome próprio, defende direito também próprio. Não importa que se configurem, no polo ativo, uma, duas ou 20 pessoas, para que se classifique como mandado de segurança individual, é necessário que se defenda direito próprio.

Coletivo: cabível nos casos em que alguém, em nome próprio, defende direito alheio, que pertence a uma coletividade (substituição processual). Como exemplo, pode-se mencionar o Sindicato dos professores municipais que impetra mandado de segurança a fim de defender os interesses da sua categoria.

A propositura de um mandado de segurança coletivo é possível para as pessoas indicadas no art. 5º, inciso LXX, da CF/1988 e no art. 21 da Lei n. 12.016/2009: *1)* partido político com representação no Congresso Nacional, ou seja, aquele que possui no mínimo um parlamentar em um das Casas; *2)* entidades de classe ou associações constituídas há mais de um ano – o juiz pode, excepcionalmente, dispensar o prazo de um ano se entender necessário.

14.2.4.2.7. Competência

O julgamento do Mandado de Segurança compete aos tribunais, quando de tratar de autoridade coatora que possua prerrogativa de foro para esta ação. Aos juízes, nos demais casos.

14.2.4.2.7.1. Competência originária

a) *ao Supremo Tribunal Federal*, contra atos do Presidente da República, das Mesas da Câmara dos Deputados e do Senado Federal, do Tribunal de Contas da União, do Procurador-Geral da República e do próprio Supremo Tribunal Federal (art. 102, I, "d", da CF/1988);

b) *ao Superior Tribunal de Justiça*, contra atos de Ministro de Estado, do Comandante da Marinha, do Exército e da Aeronáutica, além dos atos do próprio Tribunal (art. 105, I, "b", da CF/1988);

c) *aos Tribunais Regionais Federais* contra atos do próprio Tribunal ou de juiz federal (art. 108, I, "c", da CF/1988);

d) *a juiz federal*, contra ato de autoridade federal, excetuados os casos de competência dos tribunais federais (art. 108, VIII, da CF/1988);

e) *a tribunais estaduais*, segundo o disposto na Constituição do Estado;

f) *a juiz estadual*, nos demais casos (competência residual, ou seja, não cabendo o exercício da competência por nenhum dos tribunais ou juízes federais, caberá ao juiz estadual).

De acordo com a jurisprudência do STF, inclusive em sede de repercussão geral (RE n. 726035, julgado em 24/04/2014), o mandado de segurança contra autoridade universitária seguirá a seguinte competência:

Autoridade coatora de Universidade Federal ou Particular: competência da Justiça Federal;

Autoridade coatora de Universidade Estadual ou Municipal: competência da Justiça Estadual.

14.2.4.2.7.2. Competência recursal ordinária

a) **ao Supremo Tribunal Federal**, quando a decisão denegatória for proferida em única instância pelos Tribunais Superiores;

b) **ao Superior Tribunal de Justiça**, quando a decisão for proferida em única instância pelos Tribunais Regionais Federais ou pelos tribunais dos Estados, do Distrito Federal e Territórios, quando denegatória a decisão (art. 105, II, "b", da CF/1988);

c) **aos Tribunais Regionais Federais**, quando a decisão for proferida por juiz federal ou estadual no exercício da competência federal da área de sua jurisdição (art. 108, II, da CF/1988); e

d) **aos Tribunais Estaduais e ao do Distrito Federal e Territórios**, conforme dispuserem a respectiva Constituição e a lei que organizar a Justiça do Distrito Federal (art. 125 da CF/1988).

14.2.4.2.7.3. Competência recursal ordinária

Ao Superior Tribunal de Justiça e ao Supremo Tribunal Federal, nos casos previstos no art. 105, inciso III, e art. 102, inciso III, da Constituição.

14.2.4.2.8. Legitimidade recursal

A legitimidade para recorrer da concessão da segurança é tanto da pessoa jurídica interessada, quanto da autoridade coatora. No entanto, há de se observar que o art. 14, § 2º, da Lei n. 12.016/2009 conferiu *legitimidade recursal, não capacidade postulatória*, à autoridade coatora, a qual deverá estar devidamente representada por advogado, conforme decidido pelo STF na ADI n. 4.403, de relatoria do Min. Edson Fachin, julgada em 23 de agosto de 2019.

14.2.4.2.9. Sustentação oral nos tribunais

A Lei n. 13.676/2018 alterou o art. 16 da Lei n. 12.016/2009, para estabelecer que, nos casos de competência originária dos tribunais, caberá ao relator a instrução do processo, sendo assegurada a defesa oral tanto na sessão do julgamento do mérito quanto do pedido liminar.

14.2.4.2.10. Desistência do Mandado de Segurança

É lícito ao impetrante desistir do mandado de segurança, independentemente de aquiescência da autoridade coatora ou da entidade estatal interessada ou, ainda, quando for o caso, dos litisconsortes passivos necessários, a qualquer momento antes trânsito em julgado, mesmo após eventual sentença concessiva do *writ* constitucional[65].

14.2.4.2.11. Medida liminar

É cabível, no mandado de segurança, com fundamento no art. 7º, inciso III, da Lei n. 12.016/ 2009, a medida liminar para suspender o ato coator ou determinar a

---

[65] Este entendimento é corroborado pelos seguintes julgados do STF: RE 669.367, voto do red. do ac. min. Rosa Weber, j. 02/05/2013, P, *DJe* de 30/10/2014, Tema 530, com mérito julgado. MS 29.083 ED-ED-AgR, red. do ac. min. Dias Toffoli, j. 16/05/2017, 2ª T., *DJe* de 06/10/2017.

adoção de medidas administrativas (caráter mandamental), quando demonstrados a probabilidade do direito (*fumus boni iuris*) e o perigo de dano (*periculum in mora*).

Trata-se de medida liminar, por haver previsão específica na lei especial, diferentemente das ações fundamentadas no CPC, em que caberá a tutela provisória. A medida liminar poderá ser concedida *inaudita altera pars*.

14.2.4.2.12. Prioridade de tramitação processual

Os processos de mandado de segurança e os respectivos recursos terão prioridade sobre todos os atos judiciais, salvo *habeas corpus*, conforme garantido pelo art. 20 da Lei n. 12.016/2009.

Na instância superior, deverão ser levados a julgamento na primeira sessão que se seguir à data em que forem conclusos ao relator, sendo que o prazo para conclusão dos autos não poderá exceder de cinco dias.

14.2.4.2.13. Estruturação do mandado de segurança

DOUTO JUÍZO (OU EXCELENTÍSSIMO SENHOR DESEMBARGADOR/MINISTRO PRESIDENTE DO TRIBUNAL...) DA ... VARA DE FAZENDA PÚBLICA DA COMARCA DE ... (OU DA VARA FEDERAL DA ... SUBSEÇÃO JUDICIÁRIA DE...)

MANDADO DE SEGURANÇA (PREVENTIVO) (COLETIVO)
(COM PEDIDO LIMINAR)

Em face de ato coator do Sr...., cargo da autoridade coatora ..., vinculado à ..... pessoa jurídica de direito público, com sede no endereço..., endereço eletrônico..., pelas razões de fato e de direito que passa a expor:

1. DOS FATOS

Descrição da situação fática que formará a causa de pedir.

2. DO CABIMENTO DO MANDADO DE SEGURANÇA

A via mandamental, conforme previsto no art. 5º, inciso LXIX, da CF/1988, e o disposto na Lei n. 12.016/2009, é o meio processual adequado, sempre que houver lesão ou ameaça de lesão ao direito líquido e certo.

No caso em tela, a lesão ao direito líquido e certo do impetrante se deu com o ... (ou a ameaça a direito líquido e certo se dá...).

Ademais, verifica-se que a prova se encontra pré-constituída, dispensando-se qualquer dilação probatória, cumprindo-se, assim, plenamente, todos os requisitos para que seja impetrado mandado de segurança, bem como o direito de impetrar o presente mandado de segurança encontra-se dentro do prazo de 120 (cento e vinte) dias, contados da ciência, pelo impetrante, do ato impugnado, conforme a previsão do art. 23 da Lei n. 12.016/2009.

3. DA LEGITIMIDADE ATIVA (APENAS EM CASO DE MANDADO DE SEGURANÇA COLETIVO)

Preliminarmente, destaca-se que o impetrante possui legitimidade ativa para a propositura do mandado de segurança, uma vez que é..., conforme preceitua o art. 5º, inciso LXX, alínea "a" ou "b" (a definir pelo caso), da CF/1988.

Do mesmo modo, a Lei n. 12.016/2009 confere ao (legitimado)..., em seu art. 21, parágrafo único, legitimidade extraordinária ou substituição processual para atuar em juízo, na defesa dos direitos coletivos ou individuais homogêneos de seus membros e/ou categoria.

Assim, o impetrante possui legitimidade ativa para a presente ação mandamental.

4. DO DIREITO

Buscar o desenvolvimento das teses jurídicas pertinentes aos fatos alegados, formando a causa de pedir que dará sustentação ao pedido.

5. DA MEDIDA LIMINAR

O art. 7º, inciso III, da Lei n. 12.016/2009, autoriza o juiz a suspender o ato coator quando houver fundamento relevante e a demora na prestação da tutela, capaz de gerar a ineficácia da medida.

> No presente caso, como ficou amplamente demonstrado, o impetrante teve direito líquido e certo violado, corroborando a relevância dos fundamentos.
>
> Além disso, caso não seja concedida a liminar, o impetrante ... (demonstrar o perigo de dano irreparável).
>
> Sendo assim, comprovada a fumaça do bom direito e o perigo de lesão irreparável, impera a concessão da medida liminar para que haja a imediata suspensão do ato coator, nos termos da fundamentação.
>
> **6. DOS PEDIDOS**
>
> Ante o exposto, requer:
> 1) A concessão da medida liminar, uma vez presentes os requisitos legais, a fim de que... (objeto do pedido liminar, geralmente a suspensão ou a determinação à prática de um ato), com fundamento no art. 7°, inciso III, da Lei n. 12.016/2009;
> 2) A notificação da autoridade coatora para, no prazo legal, apresentar suas informações, na forma do art. 7°, inciso I, da Lei n. 12.016/2009;
> 3) A cientificação ao órgão de representação judicial da pessoa jurídica de direito público..., para, querendo, ingressar no feito, na forma do art. 7°, inciso II, da Lei n. 12.016/2009;
> 4) A intimação do representante do Ministério Público, para que emita seu parecer, na forma do art. 12 da Lei n. 12.016/2009;
> 5) A concessão da segurança, com a procedência do pedido, confirmando a liminar em todos os seus termos, para determinar à Autoridade coatora que ... (geralmente a anulação de um ato administrativo ou a determinação definitiva para a prática de um ato);
> 6) A requisição à autoridade coatora da documentação essencial para a prova do direito líquido e certo do impetrante, eis que negada pela administração, com fundamento no art. 6°, § 1°, da Lei n. 12.016/2009 (este pedido deverá ser realizado apenas se a autoridade estiver de posse dos documentos essenciais para a prova do direito líquido e certo);
> 7) A juntada da prova documental pré-constituída, na forma do art. 6° da Lei n. 12.016/2009.
> 8) A condenação ao pagamento das custas processuais; (Não cabe, no mandado de segurança, a condenação ao pagamento dos honorários advocatícios, sem prejuízo da aplicação de sanções no caso de litigância de má-fé – art. 25 da Lei n. 12.016/2009).
> 9) A prioridade de tramitação processual, conforme garantido pelo art. 20 da Lei n. 12.016/2009. (Verificar se se trata de idoso, criança ou adolescente ou matéria de licitações e contratos, nos termos do art. 1.048, incisos I a IV, do CPC).
>
> Dá-se a causa o valor de R$ ...
> Nesses termos, pede deferimento.
> Local... Data...
>
> ADVOGADO/OAB

14.2.4.3. Ação popular

A ação popular é uma das ferramentas para que o cidadão exerça o controle judicial da Administração Pública, buscando a anulação de atos lesivos à moralidade administrativa e ao patrimônio pública.

14.2.4.3.1. Fundamento

a) *Constitucional:* art. 5º, inciso LXXIII, da CF/1988.

b) *Infraconstitucional:* art. 1º da Lei n. 4.717/1965.

14.2.4.3.2. Legitimidade

a) *Ativa:* autor – qualquer cidadão (art. 1º da Lei n. 4.717/1965), ou seja, nunca uma ação popular será proposta por uma pessoa jurídica nem por estrangeiro, conforme entendimento também já sumulado – Súmula 365 do STF. A cidadania deve ser comprovada com a juntada do título de eleitor ou documento equivalente, na forma do art. 1º, § 3º, da Lei n. 4.717/1965.

b) Passiva: réus – a pessoa jurídica da Administração, o agente público que praticou o ato e o particular beneficiário direto (se for pessoa jurídica, esta terá primazia às pessoas físicas particulares, tendo em vista a personalidade jurídica própria).

14.2.4.3.3. Cabimento

A ação popular é cabível para anular ato lesivo à moralidade administrativa e ao patrimônio público, dentre o qual se inclui o meio ambiente e os bens e direitos de valor econômico, artístico, estético, histórico ou turístico, na forma do art. 1º, § 1º, da Lei n. 4.717/1965.

O mandado de segurança não substitui a ação popular, conforme entendimento já firmado na Súmula 101 do STF.

14.2.4.3.4. Prazo prescricional

A ação popular prescreve em cinco anos contados da prática do ano, conforme previsão contida no art. 21 da Lei n. 4.717/1965.

14.2.4.3.5. Competência

Compete ao juízo de 1º grau estadual ou federal o processamento e julgamento da ação popular, não havendo qualquer prerrogativa de foro nos tribunais, seja quem for a autoridade que proferiu o ato, conforme previsto no art. 5º da Lei n. 4.717/1965.

14.2.4.3.6. Medida liminar

É cabível, na ação popular, com fundamento no art. 5º, § 4º, da Lei n. 4.717/1965, a medida liminar para suspender o ato lesivo ou determinar a adoção de medidas administrativas (caráter mandamental) para cessar o dano, quando demonstrados a probabilidade do direito (*fumus boni iuris*) e o perigo de dano (*periculum in mora*).

Trata-se de medida liminar, por haver previsão específica na lei especial, diferentemente das ações fundamentadas no CPC, em que caberá a tutela provisória. A medida liminar poderá ser concedida *inaudita altera pars*.

14.2.4.3.7. Custas e honorários

Na forma do art. 12 da Lei n. 4.717/1965, a sentença incluirá sempre, na condenação dos réus, o pagamento, ao autor, das custas e demais despesas, judiciais e extrajudiciais, diretamente relacionadas com a ação e comprovadas, bem como o dos honorários de advogado.

Por sua vez, conforme o art. 13 dessa Lei, a sentença que, apreciando o fundamento de direito do pedido, julgar a lide manifestamente temerária, condenará o autor ao pagamento do décuplo das custas.

14.2.4.3.8. Estruturação da ação popular

**DOUTO JUÍZO DA ... VARA DE FAZENDA PÚBLICA DA COMARCA DE ...
(OU DA ...VARA FEDERAL DA SUBSEÇÃO JUDICIÁRIA DE...)**

NOME COMPLETO DO IMPETRANTE, nacionalidade, estado civil, profissão, portador do RG..., CPF..., título de eleitor ... (documento anexo) residência e domicílio..., endereço eletrônico ...., por seu advogado (procuração em anexo), com endereço profissional no endereço ..., onde receberá intimações, vem, perante esse juízo, com fundamento no art. 5º, inciso LXXIII, da CF/1988 e no art. 1º da Lei n. 4.717/1965, propor

---

AÇÃO POPULAR
(COM PEDIDO LIMINAR)

Em face dos seguintes réus:

Agente Público que praticou o ato..., estado civil, RG..., CPF..., que exerce suas atribuições funcionais no endereço ..., endereço eletrônico...; Ente da Federação, autarquia, fundação, empresa pública, sociedade de economia mista, pessoa jurídica de direito público (ou privado, se for empresa pública ou sociedade de economia mista), com sede no endereço..., endereço eletrônico...; e Do particular/pessoa jurídica de direito privado..., RG/CPF/CNPJ..., beneficiário do ato, com sede no endereço..., endereço eletrônico..., pelas razões de fato e de direito que passa a expor:

1. DOS FATOS

Descrição da situação fática que formará a causa de pedir.

2. DO DIREITO

Buscar o desenvolvimento das teses jurídicas pertinentes aos fatos alegados, formando a causa de pedir que dará sustentação ao pedido.

3. DA MEDIDA LIMINAR

O art. 5º, § 4º, da Lei n. 4.717/1965 autoriza o juiz a suspender o ato ou contrato lesivo ao patrimônio público, diante da probabilidade do direito (*fumus boni iuris*) e do perigo de dano (*periculum in mora*).

No presente caso, como ficou amplamente demonstrado que o ato/contrato é lesivo ao patrimônio público/moralidade administrativa, corroborando a relevância dos fundamentos, demonstrando-se a fumaça do bom direito.

Além disso, caso não seja concedida a liminar, o Impetrante ... (demonstrar o perigo de dano irreparável), demonstrando-se o perigo de dano irreparável ao patrimônio público.

Sendo assim, comprovada a fumaça do bom direito e o perigo de lesão irreparável, impera a medida liminar, para que haja a imediata suspensão do ato e/ou contrato lesivo ao patrimônio público, nos termos da fundamentação.

4. DOS PEDIDOS

Ante o exposto, requer:

1) A concessão da medida liminar uma vez presentes os requisitos legais, a fim de que... (objeto do pedido liminar), na forma do art. 5º, § 4º, da Lei n. 4.717/1965;
2) A citação do Sr. ... (réu 1), da pessoa jurídica de direito público... (réu 2) e o Sr./Sociedade/Empresa Individual ..., particular/pessoa jurídica de direito privado beneficiária do ato (réu 3), para, querendo, contestar a presente ação no prazo legal de 20 dias, sob pena de revelia, conforme o art. 7º, inciso IV, da Lei n. 4.717/1965;
3) A intimação do representante do Ministério Público, para atuar como fiscal da lei, na forma do art. 7º, inciso I, alínea "a", da Lei n. 4.717/1965;
4) A procedência do pedido, confirmando a liminar em todos os seus termos, para... (decretar a nulidade do ato/contrato lesivo ao patrimônio público), determinando-se o ressarcimento ao Erário, na forma do art. 5º, § 4º, da Lei n. 4.717/1965;
5) A produção de todas as provas admitidas em direito;
6) A requisição à autoridade competente da documentação essencial para a prova do alegado, eis que negada pela Administração, conforme garantido pelo art. 7º, inciso I, "b", da Lei n. 4.717/1965 (este pedido deverá ser realizado apenas se a autoridade estiver de posse dos documentos);
7) A juntada da prova documental, especialmente o título de eleitor, como prova da cidadania, conforme exigido pelo art. 1º, § 3º, da Lei n. 4.717/1965;
8) A condenação dos réus ao pagamento dos honorários sucumbenciais e custas processuais, com a correspondente isenção do autor, uma vez presente a boa-fé;
9) A prioridade de tramitação processual, conforme garantido pela lei (pedido cabível caso se trata de pessoa idosa, criança ou adolescente ou matéria de licitações e contratos, nos termos do art. 1.048, incisos I a IV, do CPC).

Dá-se a causa o valor de R$ ...
Nesses termos, pede deferimento.
Local... data...

ADVOGADO/OAB

14.2.4.4. Ação civil pública

A ação civil pública é a ação proposta pelos órgãos e entidades legitimados pela Lei n. 7.347/1984, para responsabilização por danos morais e patrimoniais causados ao meio ambiente; ao consumidor; a bens e direitos de valor artístico, estético, histórico, turístico e paisagístico; a qualquer outro interesse difuso ou coletivo; por infração da ordem econômica; à ordem urbanística; à honra e à dignidade de grupos raciais, étnicos ou religiosos; ou ao patrimônio público e social.

14.2.4.4.1. Fundamento

a) **Constitucional:** art. 129, inciso III, da CF/1988, apenas para as ações propostas pelo Ministério Público.
b) **Infraconstitucional:** Lei n. 7.347/1985 (para as ações propostas pelas demais pessoas jurídicas legitimadas) e, exclusivamente, para as ações ajuizadas pela OAB, também o art. 54, inciso XIV, da Lei n. 8.906/1994.

14.2.4.4.2. Cabimento

O objeto da ação civil pública é a responsabilização por danos morais e patrimoniais causados ao meio ambiente; ao consumidor; a bens e direitos de valor artístico, estético, histórico, turístico e paisagístico; a qualquer outro interesse difuso ou coletivo e por infração da ordem econômica (art. 1º da Lei n. 7.347/1985).

Há interesses que não pertencem a alguém especificamente, pertencem de forma equânime a muitas pessoas, a exemplo dos interesses difusos, coletivos e individuais homogêneos.

Os *interesses difusos* diferenciam-se por ter seus titulares indetermináveis unidos por fatos decorrentes de eventos naturalísticos, impossíveis de diferenciar na qualidade e separar na quantidade de cada titular. Ex.: meio ambiente, qualidade do ar, poluição sonora, poluição visual, fauna, flora etc.

Os *interesses coletivos* são interesses de um determinado grupo de pessoas que foram unidas por uma relação jurídica única. É uma lesão inseparável na qualidade e quantidade. Ex.: os mutuários do SFH – uma ilegalidade no contrato atinge a todos.

Os **interesses individuais homogêneos** caracterizam-se por ser um grupo determinado de interessados, com uma lesão divisível, oriunda da mesma relação fática. Cada um pode pleitear em juízo, mas como o grupo foi lesionado homogeneamente, este pode recorrer ao litisconsórcio unitário multitudinário ativo facultativo. Ex.: compradores de uma TV com defeito de série.

A ação civil pública restará em uma condenação ao pagamento de indenização, bem como a imposição de obrigação de fazer ou não fazer.

14.2.4.4.3. Legitimidade

a) **Ativa:** Autor – a legitimidade ativa é concorrente, autônoma e disjuntiva, pois cada um dos legitimados pode impetrar a ação como litisconsorte ou isoladamente. Os legitimados concorrentes a proporem a ação civil pública, nos termos do art. 5º da Lei n. 7.347/1985, são o Ministério Público, a Defensoria Pública, a União, os Estados e Municípios, além das autarquias, empresas públicas, fundações, sociedades de economia mista ou associações constituídas a pelo menos um ano e que provem representatividade e institucionalidade adequada e definida para a defesa daqueles direitos específicos.

A OAB tem legitimidade pelo Estatuto para propor a ação civil pública na defesa dos interesses da sociedade.

b) **Legitimidade passiva**: Réu –qualquer pessoa (física ou jurídica) pode ser réu na ação civil pública. A parte passiva será aquele que causar o dano àqueles interesses tutelados.

14.2.4.4.4. Prazo prescricional

A Lei n. 7.347/1985 não estabelece o prazo prescricional para o ajuizamento da Ação Civil Pública. No entanto, o STJ possui entendimento de que o direito de propor a ação prescreve em cinco anos, mesmo prazo para a propositura da ação popular (art. 21 da Lei n. 4.717/1965)[66].

14.2.4.4.5. Competência

O art. 2º da Lei n. 7.347/1985 diz que as ações serão propostas no foro do local (estadual ou federal) onde ocorrer o dano, cujo juízo terá competência para processar e julgar a causa. Não há prerrogativa de foro nos tribunais.

14.2.4.4.6. Medida liminar

O art. 12 da Lei n. 7.347/1985 prevê a possibilidade de concessão de liminar para evitar danos, presentes os requisitos autorizadores (probabilidade do direito e perigo de dano), com a possibilidade de imposição de multa diária em caso de descumprimento.

14.2.4.4.7. Custas e honorários

O art. 18 da Lei n. 7.347/1985 prevê que, nas ações civis públicas, não haverá adiantamento de custas, emolumentos, honorários periciais e quaisquer outras despesas, nem condenação da associação autora, salvo comprovada má-fé, em honorários de advogado, custas e despesas processuais.

Não obstante, havendo litigância de má-fé, o art. 17 da Lei n. 7.347/1985 estabelece que a associação autora e os diretores responsáveis pela propositura da ação serão solidariamente condenados em honorários advocatícios e ao décuplo das custas, sem prejuízo da responsabilidade por perdas e danos.

14.2.4.4.8. Sentença

A sentença de mérito terá efeitos de acordo com o tipo de interesse tutelado pela ACP. Assim, tem-se que os efeitos dessa sentença serão: *erga omnes*, para interesses difusos e individuais homogêneos, e *inter partes*, para interesses coletivos com a mesma ressalva feita acima.

A decisão da ação civil pública poderá ser declaratória, constitutiva dependendo do teor do pedido, mas na maioria das vezes ela é condenatória.

---

[66] Entendimento do STJ manifestado no AgInt no AREsp 1127690-SP, de relatoria do Min. Francisco Falcão, julgado em 05/12/2019.

Conforme o art. 3º da Lei n. 7.347/1985, *o pedido pode ser cumulado para prestação ou não de algum fato (fazer ou não fazer) e pedido de indenização pecuniária*. No caso de indenização, o valor pecuniário da condenação será revertido a um fundo para reconstituição de bens lesados, sendo que gerenciarão esse fundo um Conselho Federal ou Estadual com a obrigatória participação do Ministério Público e dos representantes da comunidade quando o interesse for coletivo.

14.2.4.4.9. Coisa julgada

Na ACP, a sentença civil fará coisa julgada *erga omnes*, nos limites da competência territorial do órgão prolator, exceto se o pedido for julgado improcedente por insuficiência de provas, hipótese em que qualquer legitimado poderá intentar outra ação com idêntico fundamento, valendo-se de nova prova, na forma do art. 16 da Lei n. 7.347/1985.

14.2.4.4.10. Inquérito civil

Previsto como função institucional do Ministério Público, conforme o art. 129, inciso III, da CF/1988, o inquérito civil é o meio pelo qual, diante de um caso concreto, o Ministério Público coleta dados e elementos para, de forma consciente, clara e objetiva, promover a ação civil pública.

O inquérito civil, *de instauração facultativa*, desempenha função instrumental (procedimento preparatório). Constitui meio destinado a coligir provas e quaisquer outros elementos de convicção, que possam fundamentar a atuação processual do Ministério Público.

14.2.4.4.11. Estruturação da ação civil pública

DOUTO JUÍZO DA ... VARA DE FAZENDA PÚBLICA DA COMARCA DE...
(OU DA... VARA FEDERAL DA SEÇÃO/SUBSEÇÃO JUDICIÁRIA DE...)

PESSOA JURÍDICA LEGITIMADA..., CNPJ..., com sede no endereço..., endereço eletrônico..., representada legalmente pelo(a) Sr.(a)... (documento de representação anexo), constituída a pelo menos um ano, com finalidade institucional a defesa do objeto desta ação, por intermédio de seu advogado (procuração em anexo), com endereço profissional no endereço ..., onde receberá intimações, vem, perante esse juízo, com fundamento nos arts. 1º e 5º, inciso V, da Lei n. 7.347/1985, propor

AÇÃO CIVIL PÚBLICA
(COM PEDIDO LIMINAR)

Em face do RÉU..., particular/pessoa jurídica de direito público/privado ..., RG/CPF/CNPJ ..., com sede no endereço..., endereço eletrônico..., pelas razões de fato e de direito que passa a expor:

1. DOS FATOS

Descrição da situação fática que formará a causa de pedir.

2. DO DIREITO

Buscar o desenvolvimento das teses jurídicas pertinentes aos fatos alegados, formando a causa de pedir que dará sustentação ao pedido.

3. DA MEDIDA LIMINAR

No presente caso, como ficou amplamente demonstrado... (apresentar a probabilidade do direito), corroborando a relevância dos fundamentos, demonstrando-se o *fumus boni iuris*.

Além disso, caso não seja concedida a liminar (demonstrar o perigo de dano irreparável), demonstrando-se, no caso, o *periculum in mora*.

Assim, comprovada a fumaça do bom direito e o perigo de dano irreparável, infere-se a liminar na presente ação civil pública, sem justificação prévia, nos termos no art. 12 da Lei n. 7.347/1985, a fim de que ... (descrever o pedido liminar – cumprimento de obrigação de fazer ou não fazer), nos termos da fundamentação, sob pena de multa diária.

4. DOS PEDIDOS

Ante o exposto, requer:
1) A concessão da medida liminar, uma vez preenchidos os requisitos legais, a fim de que.... (descrever o pedido liminar), na forma do art. 12 da Lei n. 7.347/1985;
2) A citação do réu, por intermédio de sua representação judicial, para, querendo, apresentar defesa no prazo legal sob pena de revelia;
3) A intimação do representante do Ministério Público, para atuar como fiscal da lei, na forma do art. 5º, § 1º, da Lei n. 7.347/1985;
4) A procedência do pedido, confirmando-se a liminar em seus termos, para que... (cumprimento de obrigação de fazer ou não fazer), bem como ao pagamento de indenização a ser arbitrada por esse juízo, na forma do art. 3º da Lei n. 7.347/1985;
5) Seja procedida à juntada da prova documental;
6) A produção de todas as provas admitidas em direito;
7) A condenação dos réus ao pagamento dos honorários sucumbenciais e custas processuais, bem como a isenção da autora, uma vez presente a boa-fé;
8) A condenação do réu ao pagamento de multa diária em caso de descumprimento da decisão, na forma do art. 11 da Lei n. 7.347/1985;

9) A prioridade de tramitação processual, conforme garantido pela lei (Verificar se se trata de pessoa idosa, criança ou adolescente ou matéria de licitações e contratos, nos termos do art. 1.048, incisos I a IV, do CPC).

Dá-se a causa o valor de R$ ...
Nesses termos, pede deferimento.
Local... data...

ADVOGADO/OAB

14.2.4.5. Ação de conhecimento

A ação de conhecimento seguirá o rito do procedimento comum do CPC, previsto no art. 318 e seguintes, e terá como pretensão as mais diversas, sendo as principais, de natureza anulatória, indenizatória e prestacional (obrigação de fazer, não fazer e dar).

14.2.4.5.1. Fundamento

a) Fundamento constitucional/legal específico: Verificar a natureza da ação: indenizatória, por exemplo? art. 37, § 6º, da CF/1988; indenizatória por desapropriação indireta? art. 35 do Decreto-lei n. 3.365/1941;

b) Fundamento processual: arts. 318, 319 e 320 do CPC.

14.2.4.5.2. Cabimento

A ação de conhecimento é cabível nas hipóteses em que o autor busca o conhecimento de um direito, com a necessidade de dilação probatória, isso é, com a instrução processual, que acarrete a anulação de ato administrativo, reconhecimento do dever de indenizar ou imposição de obrigação de fazer, não fazer ou dar.

14.2.4.5.3. Requisitos da petição inicial

Devem ser atendidos os requisitos constantes nos arts. 319 e 320 do CPC, quais sejam, o juízo a que é dirigida; os nomes, os prenomes, o estado civil, a existência de união estável, a profissão, o número de inscrição no CPF ou no CNPJ, o endereço eletrônico, o domicílio e a residência do autor e do réu; o fato e os fundamentos jurídicos do pedido; o pedido com as suas especificações; o valor da causa; as provas com que o autor pretende demonstrar a verdade dos fatos alegados; a opção do autor pela realização ou não de audiência de conciliação ou de mediação.

Ainda, o art. 320 determina que a petição inicial será instruída com os documentos indispensáveis à propositura da ação.

14.2.4.5.5.4. Competência

A competência é, em regra, do juízo estadual ou federal de 1º grau, não havendo prerrogativa de foro nos Tribunais em razão da posição de autoridades públicas.

14.2.4.5.5.5. Tutela provisória

Na ação de conhecimento é possível a concessão da tutela provisória, que poderá basear-se em urgência ou evidência.

14.2.4.5.5.5.1. Tutela provisória de urgência

Na ação de conhecimento pelo procedimento comum é cabível o pedido de tutela de urgência, com a demonstração dos elementos que evidenciam a probabilidade do direito e o perigo de dano ou o risco ao resultado útil do processo, conforme previsto no art. 300 do CPC.

Para a concessão da tutela de urgência, o juiz pode, conforme o caso, exigir caução real ou fidejussória idônea para ressarcir os danos que a outra parte possa vir a sofrer, podendo a caução ser dispensada se a parte economicamente hipossuficiente não puder oferecê-la.

A tutela de urgência pode ser concedida liminarmente (*inaudita altera pars*) ou após justificação prévia, não sendo concedida quando houver perigo de irreversibilidade dos efeitos da decisão.

14.2.4.5.5.5.2. Tutela provisória de evidência

Há, ainda, a possibilidade de requerer-se a tutela de evidência, prevista no art. 311 do CPC. A tutela da evidência será concedida, *independentemente da demonstração de perigo de dano ou de risco ao resultado útil do processo*, quando:

1) ficar caracterizado o abuso do direito de defesa ou o manifesto propósito protelatório da parte;
2) as alegações de fato puderem ser comprovadas apenas documentalmente e houver tese firmada em julgamento de casos repetitivos ou em súmula vinculante;
3) se tratar de pedido reipersecutório fundado em prova documental adequada do contrato de depósito, caso em que será decretada a ordem de entrega do objeto custodiado, sob cominação de multa;
4) a petição inicial for instruída com prova documental suficiente dos fatos constitutivos do direito do autor, a que o réu não oponha prova capaz de gerar dúvida razoável.

Nas hipóteses 2 e 3 o juiz poderá decidir liminarmente, de acordo com o parágrafo único do art. 311 do CPC.

14.2.4.5.6. Estruturação da ação de conhecimento

DOUTO JUÍZO DA ... VARA DE FAZENDA PÚBLICA DA COMARCA DE ...
(OU DA ...VARA FEDERAL DA SEÇÃO/SUBSEÇÃO JUDICIÁRIA DE...)

NOME COMPLETO DO AUTOR, nacionalidade, estado civil, profissão, portador do RG..., CPF..., domicílio e residência..., endereço eletrônico... (se for pessoa jurídica: RAZÃO SOCIAL, CNPJ..., com sede no endereço..., endereço eletrônico..., representada legalmente pelo(a) Sr.(a)... (documento de representação anexo), por intermédio de seu advogado (procuração em anexo), com endereço profissional no endereço ..., onde receberá intimações, vem, perante esse juízo, com fundamento no art. ... (artigo específico da Constituição, aplicável ao caso concreto) e nos arts. 318, 319 e 320 do CPC, propor

AÇÃO DE OBRIGAÇÃO DE FAZER/NÃO FAZER/DAR/ANULATÓRIA/INDENIZATÓRIA PELO PROCEDIMENTO COMUM
(COM PEDIDO DE TUTELA DE URGÊNCIA OU EVIDÊNCIA)

Em face do RÉU..., particular/pessoa jurídica de direito público/privado ..., RG/CPF/CNPJ ..., com sede no endereço..., endereço eletrônico..., pelas razões de fato e de direito que passa a expor:

1. DOS FATOS
Descrição da situação fática que formará a causa de pedir.

2. DO DIREITO
Buscar o desenvolvimento das teses jurídicas pertinentes aos fatos alegados, formando a causa de pedir que dará sustentação ao pedido.

3. DA TUTELA DE URGÊNCIA
O art. 294 do CPC prevê que poderá a parte requerente solicitar tutela provisória. Ademais, o mesmo artigo menciona a possibilidade de requerer tanto tutela de urgência quanto de evidência. Para o presente caso, torna-se amplamente possível a solicitação da tutela de urgência, na forma do art. 300 do CPC, diante do preenchimento dos requisitos de probabilidade do direito e do perigo de dano ou risco ao resultado útil do processo.

Como ficou amplamente demonstrado... (apresentar a probabilidade do direito), corroborando a relevância dos fundamentos, demonstrando-se a probabilidade do direito. Além disso, caso não seja concedida a tutela de urgência (demonstrar o perigo de dano ou o risco ao resultado útil do processo), demonstrando-se, no caso, o perigo de dano irreparável.

Comprovada a probabilidade do direito e o perigo de dano ou o risco ao resultado útil do processo, impera-se a tutela de urgência, sem justificação prévia, nos termos no art. 300, § 2º, do CPC, a fim de que... (descrever o pedido principal da tutela requerido), nos termos da fundamentação.

4. DA TUTELA DE EVIDÊNCIA (Caso seja cabível)
O art. 294 do CPC prevê que poderá a parte requerente solicitar tutela provisória. Ademais, o mesmo artigo menciona a possibilidade de solicitar tanto tutela de urgência quanto de evidência. Para o presente caso, torna-se amplamente possível a solicitação da tutela de evidência, na forma do art. 311 do CPC, independentemente da demonstração de perigo de dano ou risco ao resultado útil do processo.

No presente caso, como ficou amplamente demonstrado... (apresentar a evidência do direito, ante alguma das hipóteses previstas no art. 311 do CPC), corroborando a relevância dos fundamentos, demonstrando-se a evidência do direito do autor.

Comprovada a evidência do direito do autor, impera-se a concessão da tutela de evidência, nos termos no art. 311 do CPC, a fim de que... (descrever o pedido principal da tutela de evidência), nos termos da fundamentação.

5. DOS PEDIDOS

Ante o exposto, requer:
1) O deferimento da tutela provisória (urgência ou evidência), uma vez presentes os requisitos, para que... (descrever o pedido da tutela de urgência ou evidência), nos termos da fundamentação; (art. 294 do CPC c/c o art. 300 ou art. 311 do CPC).
2) A citação do réu, por intermédio de sua representação judicial, para, querendo, contestar a presente demanda, no prazo legal, sob pena de revelia;
3) A procedência da presente ação, confirmando-se a tutela de urgência ou evidência em seus termos, com a finalidade de que... (descrever o pedido principal);
4) A designação de audiência prévia de conciliação ou mediação, na forma do art. 319, VII, do CPC;
5) A juntada da prova documental anexa, conforme determinado pelo art. 320 do CPC;
6) A produção de todas as provas admitidas em direito, especialmente a prova...;

> 7) A condenação dos réus ao pagamento dos honorários sucumbenciais e custas processuais, na forma dos arts. 85 e 82 do CPC;
> 8) A concessão da gratuidade da justiça, uma vez preenchidos os requisitos legais (verificar se é situação que enseja a concessão da gratuidade da justiça, nos termos dos arts. 98 e 99 do CPC – se for formulado este pedido, deve-se fundamentar na peça);
> 9) A prioridade de tramitação processual, conforme garantido pela lei. (Verificar se se trata de idoso, criança ou adolescente ou matéria de licitações e contratos, nos termos do art. 1.048, incisos I a IV, do CPC).
>
> Dá-se a causa o valor de R$ ...
> Nesses termos, pede deferimento.
> Local... data...
>
> ADVOGADO/OAB

14.2.4.6. Mandado de injunção

O mandado de injunção é a ação constitucional cabível sempre que a falta de norma regulamentadora torne inviável o exercício dos direitos e liberdades constitucionais e das prerrogativas inerentes à nacionalidade, à soberania e à cidadania.

14.2.4.6.1. Fundamento

a) *Constitucional:* Art. 5º, inciso LXXI, da CF/1988.

b) *Infraconstitucional:* Art. 2º, Lei 13.300/2016.

14.2.4.6.2. Cabimento

O mandado de injunção é a ação constitucional cabível quando há ausência total ou parcial de norma regulamentadora e que torna inviável o exercício dos direitos e liberdades constitucionais. Existindo o nexo causal entre a ausência da norma e a inviabilização do exercício de um direito previsto pela Constituição, existe a possibilidade de se impetrar mandado de injunção.

14.2.4.6.3. Legitimidade

Legitimidade ativa: De acordo com o art. 3º da Lei n. 13.300/2016, o impetrante pode ser tanto a pessoa física (seja ela nacional ou estrangeira), quanto a pessoa jurídica, ambas assistidas por advogado e que alegam ser a titular do direito não regulamentado.

Assim, o *mandado de injunção individual* (com fundamento nos arts. 1º e 2º da Lei n. 13.300/2016) poderá ser impetrado por pessoa física ou jurídica (podendo ter litisconsórcio ativo) e *o mandado de injunção coletivo* (com fundamento no art. 12 da Lei n. 13.300/2016) pode ser impetrado pelo *Ministério Público*, quando a tutela requerida for especialmente relevante para a defesa da ordem jurídica, do regime democrático ou dos interesses sociais ou individuais indisponíveis; por *partido político com representação no Congresso Nacional*, para assegurar o exercício de direitos, liberdades e prerrogativas de seus integrantes ou relacionados com a finalidade partidária; por *organização sindical, entidade de classe ou associação* legalmente constituída e em funcionamento há pelo menos um ano, para assegurar o exercício de direitos, liberdades e prerrogativas em favor da totalidade ou de parte de seus membros ou associados, na forma de seus estatutos e desde que pertinentes a suas finalidades, dispensada, para tanto, autorização especial; ou pela *Defensoria Pública*, quando a tutela requerida for especialmente relevante para a promoção dos direitos humanos e a defesa dos direitos individuais e coletivos dos necessitados, na forma do inciso LXXIV do art. 5º da Constituição Federal.

Legitimidade passiva: O legitimado passivo, nos termos do art. 3º, é o impetrado e poderá ser o Poder, o órgão ou a autoridade com atribuição para editar a norma regulamentadora.

14.2.4.6.4. Requisitos da petição inicial e providências judiciais

A petição inicial deve atender além dos requisitos extrínsecos previstos no art. 319 do CPC, os requisitos intrínsecos previstos no art. 4º da Lei n. 13.300/2016. Assim, deverá indicar, além do órgão impetrado, a pessoa jurídica que ele integra ou aquela a que está vinculado.

Quando não for transmitida por meio eletrônico, a petição inicial e os documentos que a instruem serão acompanhados de tantas vias quantos forem os impetrados.

Há de se dizer, também, que, quando o documento necessário à prova do alegado encontrar-se em repartição ou estabelecimento público, em poder de autoridade ou de terceiro, havendo recusa em fornecê-lo por certidão, no original, ou em cópia autêntica, será ordenada, a pedido do impetrante, a exibição do documento no prazo de dez dias, devendo, nesse caso, ser juntada cópia à segunda via da petição. Se a recusa em fornecer o documento for do impetrado, a ordem será feita no próprio instrumento da notificação.

De acordo com o art. 6º da Lei n. 13.300/2016, a petição inicial será desde logo indeferida quando a impetração for manifestamente incabível ou manifestamente improcedente.

Preenchendo os requisitos de admissibilidade, o juízo ou tribunal receberá a petição inicial e determinará, nos termos do art. 5º da Lei n. 13.300/2016, *a notificação do impetrado* sobre o conteúdo da petição inicial, devendo-lhe ser enviada a segunda via apresentada com as cópias dos documentos, a fim de que, no prazo de dez dias, preste informações e *a ciência do ajuizamento da ação ao órgão de representação judicial* da pessoa jurídica interessada, devendo-lhe ser enviada cópia da petição inicial, para que, querendo, ingresse no feito.

14.2.4.6.5. Competência

A competência poderá ser originária de tribunal ou competir aos juízes, conforme a seguir

14.2.4.6.5.1. Competência originária do STF

É prevista no art. 102, inciso I, alínea "q", da CF/88, quando a omissão for do Presidente da República, do Congresso Nacional, da Câmara dos Deputados, do Senado Federal, das Mesas de uma dessas Casas Legislativas, do Tribunal de Contas da União, de um dos Tribunais Superiores, ou do próprio Supremo Tribunal Federal.

14.2.4.6.5.2. Competência originária do STJ

É prevista no art. 105, inciso I, alínea "b", da CF/88, quando a elaboração da norma regulamentadora for atribuição de órgão, entidade ou autoridade federal, da administração direta ou indireta, excetuados os casos de competência do Supremo

Tribunal Federal e dos órgãos da Justiça Militar, da Justiça Eleitoral, da Justiça do Trabalho e da Justiça Federal.

14.2.4.6.5.3. Competência originária do TJ

É prevista nas Constituições Estaduais e na Lei Orgânica do Distrito Federal, quando a omissão for do governador e da Assembleia Legislativa.

14.2.4.6.5.4. Competência dos juízes federais

Quando a omissão for de autoridade federal, desde que não estejam sujeitas à competência dos tribunais, na forma do art. 109, inciso VIII, da CF/88.

14.2.4.6.5.5. Competência dos juízes estaduais

Quando a omissão for dos demais órgãos, poderes e autoridades estaduais e municipais.

14.2.4.6.6. Decisão

De acordo com o art. 9º da Lei n. 13.300/2016, a decisão terá eficácia subjetiva limitada às partes e produzirá efeitos até o advento da norma regulamentadora. O § 1º desse artigo prevê que poderá ser conferida eficácia ultra partes ou *erga omnes* à decisão, quando isso for inerente ou indispensável ao exercício do direito, da liberdade ou da prerrogativa objeto da impetração. Por sua vez, transitada em julgado a decisão, seus efeitos poderão ser estendidos aos casos análogos por decisão monocrática do relator.

Por força do art. 9º, § 3º, o indeferimento do pedido por insuficiência de prova não impede a renovação da impetração fundada em outros elementos probatórios.

O art. 13 estabelece que, no mandado de injunção coletivo, a sentença fará coisa julgada limitadamente às pessoas integrantes da coletividade, do grupo, da classe ou da categoria substituídos pelo impetrante, sem prejuízo do disposto nos §§ 1º e 2º do art. 9º da Lei n. 13.300/2016.

Também há de se dizer que o mandado de injunção coletivo não induz litispendência em relação aos individuais, mas os efeitos da coisa julgada não beneficiarão o impetrante que não requerer a desistência da demanda individual no prazo de 30 dias a contar da ciência comprovada da impetração coletiva.

14.2.4.6.7. Estruturação do mandado de injunção

> **EXCELENTÍSSIMO SENHOR DOUTOR DESEMBARGADOR/MINISTRO PRESIDENTE DO TRIBUNAL...**
> **OU**
> **DOUTO JUÍZO DA ... VARA DE FAZENDA PÚBLICA DA COMARCA DE...**
>
> NOME COMPLETO DO IMPETRANTE, nacionalidade, estado civil, profissão, portador do RG..., CPF..., domicílio e residência..., endereço eletrônico..., (se for pessoa jurídica: RAZÃO SOCIAL, CNPJ...), com sede no endereço..., endereço eletrônico..., representada legalmente pelo(a) Sr.(a)... (documento de representação anexo), por intermédio de seu advogado (procuração em anexo), com endereço profissional no endereço ..., onde receberá intimações, vem, perante esse juízo ou tribunal, com fundamento no art. 5º, LXXI, CF/1988, e no art. 2º da Lei n. 13.300/2016, impetrar

> **MANDADO DE INJUNÇÃO**
>
> Em face de IMPETRADO, pessoa jurídica de direito público (ou autoridade impetrada), com sede no endereço..., endereço eletrônico..., pelas razões de fato e de direito que passa a expor:
>
> **1. DOS FATOS**
> Descrição da situação fática que formará a causa de pedir.
>
> **2. COMPETÊNCIA E LEGITIMIDADE**
> Demonstrar a competência do Tribunal, STF ou STJ, para processar e julgar o Mandado de Injunção, frente a omissão legislativa. Assim como a legitimidade da parte (principalmente se forma MI coletivo, neste caso indicando o art. 12 da Lei n. 13.300/2016).
>
> **3. CABIMENTO E MORA LEGISLATIVA**
> No cabimento é necessário demonstrar a omissão legislativa, fundamentando no art. 5º, LXXI, da CF/1988 e na Lei n. 13.300/2016 e a mora legislativa, referindo que ela causa inviabilidade do exercício do direito.
>
> **4. DO DIREITO**
> Neste tópico deve ser demonstrada qual a omissão legislativa e qual direito não é possível a parte exercer em razão desta omissão. Também deve ser indicado se há existência de alguma outra norma que pode ser aplicada por analogia até que seja satisfeito o direito.
>
> **5. DOS PEDIDOS**
> Ante o exposto, requer:
> 1) O recebimento da petição inicial nos termos do art. 5º da Lei n. 13.300/2016, uma vez preenchidos os requisitos legais.
> 2) A notificação do impetrado, para apresentar suas informações no prazo de 10 dias, nos termos do art. 5º, inciso I, da Lei n. 13.300/2016.
> 3) A notificação ao órgão de representação judicial da pessoa jurídica interessada, nos termos do art. 5º, II, da Lei n. 13.300/2016.
> 4) A intimação do membro do Ministério Público, consoante o art. 7º da Lei n. 13.300/2016.
> 5) O reconhecimento da omissão e do estado de mora legislativa, para que seja concedida a ordem de injunção para fins de ser determinado prazo razoável para que o... promova a edição da norma regulamentadora, nos termos do art. 8º, inciso I, da Lei n. 13.300/2016.
> 6) Seja suprida a omissão normativa, garantindo que ....
>
> Dá a causa o valor de R$ ...
> Nesses termos, pede deferimento.
> Local... data...
>
> ADVOGADO/OAB

14.2.4.7. Reclamação

A reclamação tem o propósito de que todo o direito brasileiro seja aplicado da mesma maneira para todos. Como se garante isso: pela interpretação extraordinária do Supremo Tribunal Federal e pela interpretação do Superior Tribunal de Justiça através dos Recursos Especiais. Assim, a reclamação busca dar supremacia ao STF e STJ, para conferir uniformidade as decisões.

14.2.4.7.1. Fundamento

a) *Reclamação para o STF:* art. 103-A, § 3º, da CF/88, art. 7º da Lei n. 11.417/2006 e art. 988, incisos I, II, III ou IV, do CPC.

b) *Reclamação para o STJ:* art. 998, incisos I, II ou IV, do CPC.

c) *Reclamação para TJ ou TRF:* art. 998, incisos I ou II, do CPC.

14.2.4.7.2. Cabimento

O Código de Processo Civil em seu art. 988 prevê que a reclamação é cabível para preservar a competência do tribunal; garantir a autoridade das decisões do tribunal; garantir a observância de enunciado de súmula vinculante e de decisão do Supremo Tribunal Federal em controle concentrado de constitucionalidade; ou garantir a observância de acórdão proferido em julgamento de incidente de resolução de demandas repetitivas ou de incidente de assunção de competência.

O art. 7º, § 1º, da Lei n. 11.417/2006, prevê que, contra omissão ou ato da administração pública, o uso da reclamação só será admitido após esgotamento da via administrativa.

14.2.4.7.3. Legitimidade

Sujeito ativo (reclamante): prejudicado com o descumprimento da decisão proferida pelo Tribunal, podendo ser o Ministério Público ou qualquer interessado;

Sujeito passivo (reclamado): a autoridade judicial ou administrativa que não está observando a decisão;

Beneficiário: terceiro que se beneficiou com a decisão da autoridade judicial ou administrativa, devendo também compor o polo passivo da demanda, conforme determina expressamente o art. 989, inciso III, do CPC.

É necessário observar que qualquer interessado poderá impugnar o pedido do reclamante, segundo o art. 990 do CPC, e o Ministério Público, se não for parte da reclamação, deve ter vistas do processo por cinco dias, após o prazo de apresentação das informações e do oferecimento da contestação pelo beneficiário do ato, de acordo com o disposto no art. 992 do CPC.

14.2.4.7.4. Competência

A competência para processar e julgar será do respectivo Tribunal que teve a decisão descumprida.

14.2.4.7.5. Resposta escrita

O reclamado *presta informações*, no prazo de 10 dias, conforme previsto no art. 989, inciso I, do CPC.

O beneficiário *apresenta contestação*, no prazo de 15 dias, em conformidade com o art. 989, inciso III, do CPC.

14.2.4.7.6. Tutela provisória

É possível pedido de tutela provisória de urgência ou evidência, fundamentado na probabilidade do direito e no perigo de dano ou de resultado útil ao processo, com fundamento no art. 989, inciso II, do CPC.

14.2.4.7.7. Decisão

Julgado procedente a Reclamação, o Tribunal cassará a decisão reclamada ou determinará a medida adequada à solução da controvérsia. Cabe ao Presidente do Tribunal determinar o imediato cumprimento de decisão, lavrando-se o acórdão posteriormente, segundo os arts. 992 e 993 do CPC.

14.2.4.7.8. Estruturação da reclamação

EXCELENTÍSSIMO SENHOR DOUTOR DESEMBARGADOR/MINISTRO PRESIDENTE DO TRIBUNAL...

NOME COMPLETO DO RECLAMANTE, nacionalidade, estado civil, profissão, portador do RG..., CPF..., domicílio e residência..., endereço eletrônico..., por intermédio de seu advogado (procuração em anexo), com endereço profissional no endereço ..., onde receberá intimações, vem, perante esse Tribunal, com fundamento no art... (dependerá do tribunal para qual será direcionada a Reclamação), propor a presente

RECLAMAÇÃO
COM PEDIDO DE TUTELA PROVISÓRIA

Em face do RECLAMADO, Sr...., cargo ocupado, vinculado à ...., pessoa jurídica de direito público, com sede no endereço..., endereço eletrônico..., e do NOME DO BENEFICIÁRIO, nacionalidade, estado civil, profissão, portador do RG..., CPF..., domicílio e residência..., endereço eletrônico..., pelas razões de fato e de direito que passa a expor:

1. DOS FATOS
Descrição da situação fática que formará a causa de pedir.

2. COMPETÊNCIA E LEGITIMIDADE
Demonstrar a competência do Tribunal, STF ou STJ, para processar e julgar a Reclamação, para preservação da sua competência e autoridade nas suas decisões, conforme o art....
Além da competência, demonstrar a legitimidade do reclamado e do beneficiário, referindo que a decisão do reclamado fere a autoridade competente para conhecer a Reclamação, ou fere súmula vinculante, por exemplo.
Deve ser demonstrada a legitimidade passiva do beneficiário, ou seja, aquele que se beneficiou com a decisão do reclamado.

3. CABIMENTO
No cabimento é necessário demonstrar a possibilidade de apresentar a Reclamação, enquadrando-a nos termos do artigo 988, do Código de Processo Civil.

4. DO DIREITO
Neste tópico deve ser demonstrada a decisão ou ato administrativo que contraria decisão de outro Tribunal, ou que contraria súmula vinculante, fazendo o enquadramento do fato narrado no enunciado às possibilidades de Reclamação.

5. DA TUTELA PROVISÓRIA
Demonstrar os requisitos necessários para suspender o processo ou ato que se reclama, de acordo com o art. 989, inciso II, do CPC. Desse modo é necessário argumentar a probabilidade de direito e no perigo de dano ou de resultado útil ao processo, demonstrando, assim, o caráter de urgência.

6. DOS PEDIDOS
Ante o exposto, requer:
1) O recebimento da Reclamação, nos termos do art. 988, §§ 2º e 3º, do CPC.
2) A Concessão da tutela provisória para suspender o ato ou o processo, conforme o art. 989, II, do CPC.
3) A notificação do reclamado para apresentar informações em Reclamação, no prazo de 10 dias, conforme o art. 989, I, do CPC.
4) A citação do beneficiário para apresentar contestação, no prazo de 15 dias, consoante o art. 989, III, do CPC.
5) A produção de todas as provas admitidas em direito, especialmente a documental.
6) A intimação do representante do Ministério Público, no prazo de cinco dias, após o decurso do prazo para informações e para oferecimento da contestação pelo beneficiário, conforme o art. 991 do CPC.
7) A condenação do reclamado em honorários e custas.
8) A procedência da Reclamação para cassar a decisão que..., nos termos do art. 992 do CPC.

Dá a causa o valor de R$ ...
Nesses termos, pede deferimento.
Local... data...

ADVOGADO/OAB

RESUMO DO CAPÍTULO 14

CLASSIFICAÇÕES DO CONTROLE	Tipos de controle	Controle interno, controle externo, controle social e controle judicial
	Momento do controle	Prévio
		Concomitante
		Posterior
CONTROLE INTERNO	Definição e características	Realizado dentro de um mesmo Poder; assegura conformidade com leis e regulamentos internos.
	Fundamentos jurídicos	Baseado no art. 74 da CF/1988 e na Lei n. 9.784/1999.
	Finalidade	Autotutela, correção de ilegalidades.
	Exemplo	Controladoria-Geral da União.
CONTROLE EXTERNO	Definição e características	Exercido por um Poder sobre atos administrativos de outro Poder; visa controle da legalidade e eficiência.
	Órgãos envolvidos	**Principais órgãos**: Congresso Nacional, com auxílio do TCU.
	Competências específicas	**TCU**: controle financeiro e orçamentário da União e entidades ligadas; análise de contas presidenciais.
CONTROLE SOCIAL	Definição e papel	Controle exercido pelo cidadão; vinculado aos direitos de participação e transparência pública.
	Desafios para a teoria	Complexidade na definição independente de controle; integração com controle administrativo e judicial.
	Exemplos de controle social	Solicitações de acesso à informação, protestos e pressão por movimentos sociais.
CONTROLE JUDICIAL	Definição e limitações	Controle da juridicidade de atos administrativos; não abrange controle de mérito administrativo.
	Ferramentas legais	*Habeas data*
		Mandado de segurança
		Ação popular
		Ação civil pública
	Competência e efeitos das decisões	Competência depende do cargo da autoridade coatora; decisões são geralmente *erga omnes*.
FERRAMENTAS LEGAIS	*Habeas data*	Proteger o **direito à informação**, garantindo o acesso a dados pessoais mantidos em registros públicos ou privados.
	Mandado de segurança	Proteger o **direito líquido e certo** que sofreu lesão ou ameaça por ato de autoridade pública.
	Ação popular	Permitir que qualquer cidadão **anule atos administrativos que lesem a moralidade administrativa**, o meio ambiente, ou o patrimônio público. **Permite proteger direitos difusos** e qualquer cidadão, como eleitor, tem legitimidade para propô-la.
	Ação civil pública	Responsabilizar pessoas jurídicas ou físicas por **danos ao meio ambiente, ao consumidor, ao patrimônio cultural ou ao patrimônio público**.
	Mandado de injunção	Permitir o **exercício de um direito constitucional** que não pode ser exercido por falta de regulamentação.
	Reclamação constitucional	Garantir o **cumprimento das decisões do STF e do STJ**, especialmente em casos de descumprimento de súmulas vinculantes.

Capítulo 15
IMPROBIDADE ADMINISTRATIVA

15.1. PREVISÃO NORMATIVA

A previsão sancionadora para os atos de improbidade encontra-se prevista no art. 37, § 4º, da CF/88. Por sua vez, a matéria é regulamentada na Lei n. 8.429/1992, Lei de Improbidade Administrativa – LIA (Lei de natureza civil – com matéria de direito administrativo – não tem natureza penal). *Em termos gerais:* improbidade = desonestidade.

O ato de improbidade administrativa, em si, *não é crime*, ou seja, não existe crime de improbidade. Porém, se a conduta também for tipificada como crime ou infração administrativa, **poderá haver a responsabilização também na esfera administrativa disciplinar, civil e penal (comum e de responsabilidade)**.

15.2. DEFINIÇÃO DE ATO DE IMPROBIDADE

O art. 1º da Lei n. 8.429/1992, após a reforma promovida pela Lei n. 14.230/2021, prevê que o sistema de responsabilização por atos de improbidade administrativa tutelará a probidade na organização do Estado e no exercício de suas funções, como forma de assegurar a integridade do patrimônio público e social.

Para tanto, estabelece que são considerados atos de improbidade administrativa as *condutas dolosas* tipificadas nos arts. 9º, 10 e 11 da Lei n. 8.429/1992, ressalvados os tipos previstos em leis especiais, a exemplo do art. 52 da Lei n. 10.257/2001 (Estatuto das Cidades), do art. 12 da Lei n. 12.813/2013 (Conflito de Interesses) e do art. 13 da Lei n. 13.425/2017 (Lei Kiss).

Assim, foi extinta a famigerada improbidade culposa, estabelecendo-se apenas as hipóteses dolosas. Afinal, se improbidade é sinônimo de desonestidade, ninguém é desonesto por culpa, apenas por dolo. Para o propósito, *a lei exige o dolo específico*, ou seja, considera-se dolo a vontade livre e consciente de alcançar o resultado ilícito tipificado nos arts. 9º, 10 e 11 da Lei n. 8.429/1992, *não bastando a voluntariedade do agente*.

Isso é corroborado pelo próprio § 3º do art. 1º da Lei n. 8.429/1992, no qual se estabeleceu que o mero exercício da função ou desempenho de competências públicas, sem comprovação de ato doloso com fim ilícito, afasta a responsabilidade por ato de improbidade administrativa.

Por fim, no que tange à conceituação, *o legislador excluiu a chamada improbidade hermenêutica*, estabelecendo, no § 8º do art. 1º, que não configura improbidade a ação ou omissão decorrente de divergência interpretativa da lei, baseada em jurisprudência, ainda que não pacificada, mesmo que não venha a ser posteriormente prevalecente nas decisões dos órgãos de controle ou dos tribunais do Poder Judiciário[1].

15.3. SUJEITO PASSIVO DO ATO DE IMPROBIDADE

Sujeito passivo do ato de improbidade é aquele que sofreu violação à probidade na organização do Estado e no exercício de suas funções, bem como à integridade do seu patrimônio público e social, conforme o art. 1º, §§ 5º a 7º, da Lei n. 8.429/1992. Assim, são sujeitos passivos do ato de improbidade, a União, os Estados, os Municípios e o Distrito Federal, independente se tenha sido por sua Administração Direta ou Indireta dos Poderes Executivo, Legislativo e Judiciário.

Também é *sujeito passivo* a entidade privada que receba subvenção, benefício ou incentivo, fiscal ou creditício, de entes públicos ou governamentais, bem como aquelas cuja criação ou custeio o erário haja concorrido ou concorra no seu patrimônio ou receita atual, independentemente de integrar a administração indireta, quando sofra ato ímprobo praticado contra esse patrimônio, limitado o ressarcimento de prejuízos, nesse caso, *à repercussão do ilícito sobre a contribuição dos cofres públicos.*

15.4. SUJEITO ATIVO DO ATO DE IMPROBIDADE

Sujeito ativo é aquele que comete o ato de improbidade. A improbidade é praticada por um agente público sozinho, em conluio com outros agentes públicos ou em conluio com particulares. *Não há ato de improbidade praticado exclusivamente por particular.*

Para fins de improbidade administrativa, nos termos do art. 2º da LIA, consideram-se *agente público* o agente político, o servidor público e todo aquele que exerce, ainda que transitoriamente ou sem remuneração, por eleição, nomeação, designação, contratação ou qualquer outra forma de investidura ou vínculo, mandato, cargo, emprego ou função nas entidades mencionadas acima.

O parágrafo único desse artigo apresenta o *agente público por equiparação*, quando houver a gestão de recursos públicos, sujeitando-se também às sanções por improbidade, *o particular*, pessoa física ou jurídica, que celebra com a administração pública convênio, contrato de repasse, contrato de gestão, termo de parceria, termo de cooperação ou ajuste administrativo equivalente.

A pessoa acima, por estar gerindo recursos de origem pública, será considerado, no polo passivo da ação, *agente público equiparado*, o que *não impede* que outros particulares que induziram ou concorreram dolosamente para a prática do ato figurem no polo passivo *estritamente como particular*.

Isso porque está sujeito às sanções por improbidade aquele que, mesmo não sendo agente público (nem em sentido estrito, nem por equiparação), induza ou concorra *dolosamente* para a prática do ato de improbidade.

---

[1] Não obstante a previsão do legislador, *este dispositivo encontra-se com a eficácia suspensa*, tendo em vista a *medida cautelar* concedida pelo STF, nos autos da ADI n. 7.236, de relatoria do Min. Alexandre de Moraes, no dia 27 de dezembro de 2022.

No caso de ato praticado por *pessoa jurídica*, esta, em regra, responde, e *não as pessoas físicas* que a administram. Regra, porque estas poderão, excepcionalmente, responder, conforme disposto no art. 3º, § 1º, da LIA, o qual prevê que os sócios, os cotistas, os diretores e os colaboradores de pessoa jurídica de direito privado não respondem pelo ato de improbidade que venha a ser imputado à pessoa jurídica, salvo se, comprovadamente, *houver participação e benefícios diretos*, caso em que responderão nos limites da sua participação.

A lei, no entanto, previu uma excepcionalidade à sanção das pessoas jurídicas, pois estas não se aplicarão à pessoa jurídica, caso o ato ímprobo seja também sancionado como ato lesivo à administração pública previsto na Lei n. 12.846/2013 (Lei anticorrupção). Isso para observar o princípio constitucional do *non bis in idem*, previsto no § 7º do art. 12 da LIA.

Por fim, há de se destacar que os *sucessores ou herdeiros* daquele que causar *dano ao erário* ou que se *enriquecer ilicitamente* estão sujeitos apenas à obrigação de repará-lo até o limite do *valor da herança* ou do *patrimônio transferido*.

No caso de *sucessão de pessoa jurídica*, por força do art. 8-A da LIA, essa responsabilidade também se aplica, na hipótese de *alteração contratual*, de *transformação*, de *cisão societária*, de *incorporação* ou de *fusão*. Agora, nas duas últimas hipóteses, a responsabilidade da sucessora será restrita à obrigação de reparação integral do dano causado, *até o limite do patrimônio transferido*, não lhe sendo aplicáveis as demais sanções por improbidade, decorrentes de atos e de fatos ocorridos antes da data da fusão ou da incorporação, exceto no caso de simulação ou de evidente intuito de fraude, devidamente comprovados.

15.5. MODALIDADES DE IMPROBIDADE

Existem três modalidades de improbidade, todas com a exigência da demonstração de dolo específico na conduta do agente. Os atos de improbidade que importam em *enriquecimento ilícito*, previstos *exemplificativamente* no art. 9º da LIA, os atos de improbidade que causam *prejuízo ao erário*, previstos *exemplificativamente* no art. 10 da LIA, e os atos de improbidade que atentam *contra os princípios da Administração Pública*, previstos *taxativamente*, no art. 11 da LIA.

Assim, o art. 9º da LIA estabelece que constitui ato de improbidade administrativa importando em *enriquecimento ilícito* auferir, mediante a prática de *ato doloso*, qualquer tipo de vantagem patrimonial indevida em razão do exercício de cargo, de mandato, de função, de emprego ou de atividade nas entidades da Administração Pública direta e indireta, ou naquelas que gerenciem recursos de origem pública.

Por sua vez, à luz do art. 10 da LIA, constitui ato de improbidade administrativa que causa *lesão ao erário* qualquer ação ou omissão *dolosa*, que enseje, efetiva e comprovadamente, perda patrimonial, desvio, apropriação, malbaratamento ou dilapidação dos bens ou haveres das entidades da Administração Pública direta e indireta, ou naquelas que gerenciem recursos de origem pública.

Ainda, no que tange à *lesão ao erário*, é importante destacar as observações constantes nos §§ 1º e 2º do art. 10, no sentido de que, nos casos em que a inobservância de formalidades legais ou regulamentares *não implicar perda patrimonial efetiva*, não ocorrerá imposição de ressarcimento, vedado o enriquecimento sem causa por parte do Estado, bem como o fato de que *a mera perda patrimonial* decorrente da atividade econômica não acarretará improbidade administrativa, salvo se comprovado *ato doloso* praticado com essa finalidade.

Já, quanto à afronta aos princípios da Administração Pública, o legislador inseriu inúmeras ressalvas nos parágrafos do art. 11, as quais são dignas de nota. Primeiramente, estipulou que, nos termos da Convenção das Nações Unidas contra a Corrupção, promulgada pelo Decreto n. 5.687/2006, somente haverá improbidade administrativa, por afronta aos princípios da Administração Pública, quando for *comprovado* na conduta funcional do agente público *o fim de obter proveito ou benefício indevido* para si ou para outra pessoa ou entidade, o que se aplica a quaisquer atos de improbidade administrativa tipificados na Lei n. 8.429/1992 e em leis especiais ou a quaisquer outros tipos especiais de improbidade administrativa instituídos por lei.

Embora nos pareça indiscutível que o art. 11 traz *um rol taxativo de condutas*, o tema foi objeto de análise no STJ, no REsp n. 1912569-AL, de relatoria do Min. Humberto Martins, no dia 14 de abril de 2023, o qual reconheceu que a alteração promovida pela Lei n. 14.230/2021 estabeleceu sua *taxatividade*.

Assim, o enquadramento de conduta funcional como ato de improbidade que afrontou princípios da Administração Pública pressupõe a demonstração objetiva da prática de ilegalidade no exercício da função pública, com a indicação das normas constitucionais, legais ou infralegais violadas, e o enquadramento em uma das condutas previstas nesse artigo.

Por fim, o legislador estatuiu que os atos que afrontem princípios da Administração Pública exigem *lesividade relevante* ao bem jurídico tutelado para serem passíveis de sanção, destacando, todavia, que eles *independem do reconhecimento da produção de danos ao erário e de enriquecimento ilícito* dos agentes públicos, ou seja, bastando a *mera conduta dolosa específica*, e não o resultado.

15.6 SANÇÕES POR ATOS DE IMPROBIDADE

As sanções decorrentes de ato de improbidade estão previstas taxativamente[2] no art. 12 da Lei n. 8.429/1992 e independem do ressarcimento integral do dano patrimonial, se efetivo, o qual *não mais é tratado como sanção, mas como obrigação legal*. Ou seja, mesmo que o sujeito ativo realize o ressarcimento integral do dano, estará também sujeito às sanções legais pelo ato ímprobo. Do mesmo modo, ainda que não seja punido por ato de improbidade, mas reste comprovado o cometimento de dano ao erário, deverá realizar o ressarcimento.

É importante ressaltar que, no tocante à reparação do dano, o § 6º do art. 12 determina que sempre deverá ser deduzido o ressarcimento ocorrido nas instâncias criminal, civil e administrativa que tenha tido por objeto os mesmos fatos, *sob pena*

---

[2] Embora pareça ser indiscutível que se trata de um *rol sancionador taxativo*, o STJ teve que firmar esse entendimento, nos seguintes julgados: REsp 1941236/ES, rel. min. Herman Benjamin, 2ª T., julgado em 24/08/2021, *DJe* 18/10/2021. AgInt no AREsp 1391197/RJ, rel. min. Gurgel De Faria, 1ª T., julgado em 08/09/2021, *DJe* 14/09/2021. AgInt nos EDcl no REsp 1910104/DF, rel. min. Benedito Gonçalves, 1ª T., julgado em 08/09/2021, *DJe* 10/09/2021. AgInt no REsp 1682238/SP, rel. min. Assusete Magalhães, 2ª T., julgado em 16/08/2021, *DJe* 19/08/2021. EREsp 1496347/ES, rel. min. Herman Benjamin, Rel. p/ Acórdão Ministro Benedito Gonçalves, Primeira Seção, julgado em 24/02/2021, *DJe* 28/04/2021.

de enriquecimento sem causa pela Administração, uma vez que poderá estar sendo ressarcida duas ou mais vezes pelo mesmo fato gerador.

As sanções por ato de improbidade também se aplicam de forma independente das sanções penais comuns e de responsabilidade, civis e administrativas previstas na legislação específica, e podem ser aplicadas isolada ou cumulativamente, de acordo com a gravidade do fato.

	Enriquecimento ilícito (art. 9º)	Prejuízo ao erário (art. 10)	Afronta aos princípios da Administração (art. 11)
Perda da função pública	Sim	Sim	Não há
Suspensão dos direitos políticos	De até 14 anos	De até 12 anos	Não há
Multa civil	Equivalente ao valor do acréscimo patrimonial	Equivalente ao valor do dano	Até 24 (vinte e quatro) vezes o valor da remuneração percebida pelo agente
Proibição de contratar com o poder público ou de receber benefícios ou incentivos fiscais ou creditícios	Por prazo não superior a 14 anos	Por prazo não superior a 12 anos	Por prazo não superior a 4 anos
Perda dos bens ou valores acrescidos ilicitamente ao patrimônio	Sim	Se houver acréscimo patrimonial ilícito	Não, pois o sujeito passivo só será sancionado com base no art. 11, se não incorreu em improbidade por enriquecimento ilícito ou prejuízo ao erário.

O art. 12, § 1º, da LIA, prevê que a sanção de perda da função pública, a qual é aplicada exclusivamente nas hipóteses de improbidade por enriquecimento ilícito ou dano ao erário, atinge *apenas o vínculo de mesma qualidade e natureza* que o agente público ou político detinha com o poder público na época do cometimento da infração, podendo o magistrado, somente na hipótese de enriquecimento ilícito, e em caráter excepcional, estendê-la aos demais vínculos, consideradas as circunstâncias do caso e a gravidade da infração[3]. Assim, tendo em vista a suspensão cautelar promovida pelo STF, *a sanção de perda da função pública poderá atingir cargos de distinta qualidade e natureza*.

A multa poderá, nos termos do art. 12, § 2º, ser aumentada até o dobro, se o juiz considerar que, em virtude da situação econômica do réu, o valor calculado na forma dos incisos I, II e III do art. 12 é ineficaz para reprovação e prevenção do ato de improbidade. Agora, é necessário atentar para a ressalva do § 3º, o qual determina que, na responsabilização da pessoa jurídica, devem ser considerados os efeitos econômicos e sociais das sanções, de modo a viabilizar a manutenção de suas atividades.

---

[3] Não obstante a previsão do legislador, *este dispositivo encontra-se com a eficácia suspensa*, tendo em vista a *medida cautelar* concedida pelo STF, nos autos da ADI n. 7.236, de relatoria do Min. Alexandre de Moraes, no dia 27 de dezembro de 2022.

A sanção de proibição de contratação com o poder público, como regra, atinge apenas o Ente público lesado. Todavia, em caráter excepcional, o § 4º do art. 12 permite que, por motivos relevantes devidamente justificados, essa sanção pode extrapolar esse Ente, ou seja, ser a proibição ser estendida aos demais Entes federativos, observados, em todos os casos, os impactos econômicos e sociais das sanções, de forma a preservar a função social da pessoa jurídica. Assim, essa sanção deverá constar do Cadastro Nacional de Empresas Inidôneas e Suspensas (CEIS) de que trata a Lei n. 12.846/2013, e o juiz deverá, expressamente, fazer constar na sentença a limitação territorial da sanção.

O § 5º do art. 12 apresenta a improbidade de menor potencial ofensivo, estabelecendo que, no caso de atos de menor ofensa aos bens jurídicos tutelados pela LIA, a sanção limitar-se-á à aplicação de multa, sem prejuízo do ressarcimento do dano e da perda dos valores obtidos, quando for o caso.

Ainda sobre as sanções, § 10 do art. 12 da LIA estabelece que, para efeitos de contagem do prazo da sanção de suspensão dos direitos políticos, *computar-se-á retroativamente o intervalo de tempo entre a decisão colegiada e o trânsito em julgado da sentença condenatória*[4].

Assim, por exemplo, imagine que o agente tenha sido condenado à suspensão dos direitos políticos pelo prazo de 10 (dez) anos. O acórdão de apelação no TJ ou no TRF tenha sido publicado em janeiro de 2022 e a decisão venha transitar em julgado no STF em janeiro de 2030. A partir do trânsito em julgado, o agente cumpriria dois anos restantes de suspensão dos direitos políticos, uma vez que se computará o tempo de 2022 a 2030.

Por fim, ressalta-se que, por previsão expressa do § 9º do art. 12 da LIA, as sanções acima somente poderão ser executadas *após o trânsito em julgado da sentença condenatória*.

15.7. DECLARAÇÃO DE BENS E DECRETAÇÃO DE INDISPONIBILIDADE

Nesta seção, serão trabalhadas a *declaração de bens* e a *decretação de indisponibilidade de bens*, institutos que buscam tutelar objetos diferentes.

O *primeiro trata da apresentação de declaração de imposto de renda e proventos de qualquer natureza*, que tenha sido apresentada à Secretaria Especial da Receita Federal do Brasil, a qual deverá ser arquivada no serviço de pessoal competente e constitui condicionante à posse e exercício de agente público, devendo ser atualizada anualmente e na data em que o agente público deixar o exercício do mandato, do cargo, do emprego ou da função, conforme determina o art. 13 da Lei n. 8.429/1992.

Importante ressaltar que será *apenado com demissão*, sem prejuízo de outras sanções cabíveis, o agente público que *se recusar a prestar essa declaração de bens*, dentro do prazo determinado ou que prestar declaração falsa.

Por sua vez, *a decretação de indisponibilidade dos bens* é pedido antecedente ou incidental à ação de improbidade administrativa, previsto no art. 16 da LIA, que

---

[4] Não obstante a previsão do legislador, *este dispositivo encontra-se com a eficácia suspensa*, tendo em vista a *medida cautelar* concedida pelo STF, nos autos da ADI n. 7.236, de relatoria do Min. Alexandre de Moraes, no dia 27 de dezembro de 2022.

objetiva *garantir a integral recomposição do erário* ou a perda do acréscimo patrimonial resultante de *enriquecimento ilícito*, a qual, com a reforma, passou a contar com inúmeras peculiaridades que serão vistas a seguir. Aplica-se ao pedido de decretação de indisponibilidade, naquilo que couber, as disposições aplicáveis à *tutela provisória de urgência*, prevista no art. 300 do CPC.

O pedido de indisponibilidade poderá ocorrer antes mesmo do ajuizamento da ação de improbidade, em caráter antecedente. Desse modo, o § 2º do art. 16 prevê que, quando for o caso, o pedido de indisponibilidade de bens incluirá a investigação, o exame e o bloqueio de bens, contas bancárias e aplicações financeiras mantidas pelo indiciado no exterior, nos termos da lei e dos tratados internacionais, sendo que só será deferido mediante a demonstração, no caso concreto, *de perigo de dano irreparável ou de risco ao resultado útil do processo*, desde que o juiz se convença da *probabilidade da ocorrência dos atos* descritos na petição inicial com fundamento nos respectivos elementos de instrução, após a oitiva do réu em cinco dias.

O § 4º do art. 16, todavia, permite que a indisponibilidade de bens seja decretada *sem a oitiva prévia do réu (inaudita altera pars)*, sempre que o contraditório prévio puder comprovadamente frustrar a efetividade da medida ou houver outras circunstâncias que recomendem a proteção liminar, não podendo a urgência ser presumida.

O valor da indisponibilidade considerará a estimativa de dano indicada na petição inicial, permitida a sua substituição por caução idônea, por fiança bancária ou por seguro-garantia judicial, a requerimento do réu, bem como a sua readequação durante a instrução do processo. Também deve ser observado que, se houver mais de um réu na ação, a somatória dos valores declarados indisponíveis não poderá superar o *montante indicado na petição inicial* como dano ao erário ou como enriquecimento ilícito, conforme determinado dos §§ 5º e 6º do art. 16.

Assim, em atenção ao § 10 do art. 16, a indisponibilidade recairá sobre bens que assegurem *exclusivamente o integral ressarcimento do dano ao erário*, sem incidir sobre os valores a serem eventualmente aplicados a título de **multa civil** ou sobre acréscimo patrimonial decorrente de *atividade lícita*. Ademais, a ordem de indisponibilidade de bens deverá priorizar veículos de via terrestre, bens imóveis, bens móveis em geral, semoventes, navios e aeronaves, ações e quotas de sociedades simples e empresárias, pedras e metais preciosos e, *apenas na inexistência desses*, o bloqueio de contas bancárias, de forma a garantir a subsistência do acusado e a manutenção da atividade empresária ao longo do processo.

Além disso, é vedada a decretação de indisponibilidade da quantia de até *40 (quarenta) salários mínimos* depositados em caderneta de poupança, em outras aplicações financeiras ou em conta corrente, bem como do *bem de família do réu*, salvo se comprovado que o imóvel seja fruto de vantagem patrimonial indevida conforme o previsto nos §§ 13 e 14 do art. 16.

Quanto à indisponibilidade de bens de terceiro, o § 7º do art. 16 impõe que esta dependerá da demonstração da sua efetiva concorrência para os atos ilícitos apurados ou, quando se tratar de pessoa jurídica, da instauração de incidente de desconsideração da personalidade jurídica, a ser processado em conformidade com os arts. 133 e seguintes do CPC.

Por fim, o legislador determinou, no § 12 do art. 16, que o juiz, ao apreciar o pedido de indisponibilidade de bens do réu, *observará os efeitos práticos da decisão*, vedada a adoção de medida capaz de acarretar prejuízo à prestação de serviços públicos.

Da decisão que deferir ou indeferir a medida relativa à indisponibilidade de bens, *caberá agravo de instrumento*, com fundamento no art. 16, § 9º, da Lei n. 8.429/1992.

15.8. PROCEDIMENTO ADMINISTRATIVO E INQUÉRITO CÍVEL

O procedimento administrativo inicia-se *de ofício pela Administração* ou *mediante Representação*, a qual será escrita ou reduzida a termo e assinada, conterá a qualificação do representante, as informações sobre o fato e sua autoria e a indicação das provas de que tenha conhecimento.

A representação *poderá ser rejeitada pela autoridade* (por decisão fundamentada) se esta não contiver essas formalidades, o que não impedirá que o interessado represente ao Ministério Público. Atendidos os requisitos da representação, a autoridade determinará a imediata apuração dos fatos, observada a legislação que regula o processo administrativo disciplinar aplicável ao agente.

Instaurado o procedimento administrativo para apurar ato de improbidade administrativa, deve haver a comunicação imediata ao Ministério Público e ao Respectivo Tribunal de Contas, uma vez que ambos poderão, a requerimento da autoridade administrativa, designar representante para acompanhar o procedimento administrativo.

O Ministério Público, por sua vez, para apurar qualquer ilícito previsto na LIA, de ofício, a requerimento de autoridade administrativa ou mediante representação formulada de acordo com o disposto no art. 14 da Lei n. 8.429/1992, poderá instaurar *inquérito civil* ou *procedimento investigativo assemelhado* e *requisitar a instauração de inquérito policial*, conforme previsão expressa do art. 22 da LIA.

Na apuração de eventual ato de improbidade, será garantido ao investigado, nesses procedimentos instaurados pelo MP, a oportunidade de manifestação por escrito e de juntada de documentos que comprovem suas alegações e auxiliem na elucidação dos fatos.

A instauração de inquérito civil ou de processo administrativo suspende o curso do prazo prescricional por, no máximo, 180 dias corridos, recomeçando a correr após a sua conclusão ou, caso não concluído o processo, esgotado o prazo de suspensão.

Conforme previsto no art. 23, § 2º, da LIA, o inquérito civil para apuração do ato de improbidade deverá será concluído no prazo de 365 dias corridos, prorrogável uma única vez por igual período, mediante ato fundamentado submetido à revisão da instância competente do órgão ministerial, conforme dispuser a respectiva lei orgânica, prazo que entendo ser *impróprio*.

Encerrado o inquérito civil, a LIA, no art. 23, § 3º, também aponta outro *prazo impróprio*, que é de 30 dias para o ajuizamento da Ação de Improbidade, se não for caso de arquivamento do Inquérito Cível.

15.9. ACORDO DE NÃO PERSECUÇÃO CÍVEL

O art. 17-B da Lei n. 8.429/1992 passou a prever que o *Ministério Público* poderá, conforme as circunstâncias do caso concreto, celebrar acordo de não persecução civil, desde que dele advenham, ao menos, o integral ressarcimento do dano e a reversão à pessoa jurídica lesada da vantagem indevida obtida, ainda que oriunda de agentes privados.

O STF, ao julgar a ADI n. 7042 e a ADI n. 7043, de relatoria do Min. Alexandre de Moraes, em 31 de agosto de 2022, compreendeu que a previsão de que o Ministério Público realizará o acordo de não persecução cível *não afasta a competência concorrente dos Entes públicos*, por meio de sua Advocacia Pública, também promoverem sua celebração.

Esta depende, cumulativamente, da oitiva do Ente federativo lesado (se por ele não tiver sido proposta), *em momento anterior ou posterior à propositura da ação de improbidade administrativa*; de aprovação, no prazo de até 60 dias, pelo órgão do Ministério Público competente para apreciar as promoções de arquivamento de inquéritos civis; e, se anterior ao ajuizamento da ação, depende de homologação judicial independentemente de o acordo ocorrer antes ou depois do ajuizamento da ação.

Em qualquer caso, conforme determinado pelo § 2º do art. 17-B, a celebração do acordo considerará a personalidade do agente, a natureza, as circunstâncias, a gravidade e a repercussão social do ato de improbidade, bem como as vantagens, para o interesse público, da rápida solução do caso.

O acordo poderá ser celebrado no curso da investigação de apuração do ilícito, no curso da ação de improbidade ou no momento da execução da sentença condenatória e as negociações para sua celebração ocorrerão entre o Ministério Público ou a Advocacia Pública, de um lado, e, de outro, o investigado ou demandado e o seu defensor.

Por fim, há de se dizer que, nos termos do § 6º do art. 17-B, o acordo poderá contemplar a adoção de mecanismos e procedimentos internos de integridade, de auditoria e de incentivo à denúncia de irregularidades e a aplicação efetiva de códigos de ética e de conduta no âmbito da pessoa jurídica, se for o caso, bem como de outras medidas em favor do interesse público e de boas práticas administrativas.

Em caso de descumprimento do acordo de não persecução cível, o investigado ou o demandado ficará impedido de celebrar novo acordo pelo prazo de cinco anos, contado do conhecimento pelo Ministério Público ou pela Advocacia Pública do efetivo descumprimento, conforme determinado pelo § 7º do art. 17-B.

15.10. A AÇÃO DE IMPROBIDADE ADMINISTRATIVA

A ação de improbidade administrativa *é repressiva*, de caráter sancionador, destinada *à aplicação de sanções de caráter pessoal* previstas na Lei n. 8.429/1992, *não constituindo ação civil*, sendo *vedado* seu ajuizamento exclusivamente para o *controle de legalidade de políticas públicas* e para a *proteção do patrimônio público e social*, do meio ambiente e de outros interesses difusos, coletivos e individuais homogêneos, conforme expressamente previsto no art. 17-D da LIA.

Significa dizer que essa ação tem um propósito: *a imposição de sanções*, ainda que, como obrigação decorrente, haja o *dever de ressarcimento ao erário*. Assim, ela *se difere da Ação Civil Pública* regulada pela Lei n. 7.347/1985, a qual se destinará a buscar a reparação por danos morais e materiais causados ao patrimônio público, quando estes ocorrerem desacompanhados da improbidade administrativa, como determina o parágrafo único do art. 17-D.

15.10.1. Legitimidade à propositura da ação

Embora a redação dada ao art. 17 da LIA, pela Lei n. 14.230/2021, preveja que a ação de improbidade administrativa *será proposta pelo* **Ministério Público**, o STF, ao julgar a ADI n. 7042 e a ADI n. 7043, de relatoria do Min. Alexandre de Moraes, em 31 de agosto de 2022, compreendeu que essa previsão não afasta a competência concorrente dos Entes públicos, por meio de sua Advocacia Pública, também ajuizarem a ação.

15.10.2. Competência

A ação será proposta perante o juízo de 1º grau competente, considerando-se aquele do local onde ocorrer o dano ou da pessoa jurídica prejudicada, sendo que a propositura da ação de improbidade prevenirá a competência do juízo para todas as ações posteriormente intentadas que possuam a mesma causa de pedir ou o mesmo objeto.

Assim, na ação de improbidade administrativa não há qualquer prerrogativa de foro, independente de quem figure como réu.

15.10.3. Defesa do agente pela Advocacia Pública

O art. 17, § 20, da LIA estabelece que a assessoria jurídica que emitiu o parecer atestando a legalidade prévia dos atos administrativos praticados pelo administrador público *ficará obrigada a defendê-lo judicialmente*, caso este venha a responder ação por improbidade administrativa, até que a decisão transite em julgado.

Entretanto, o STF, ao julgar a ADI n. 7042 e a ADI n. 7043, de relatoria do Min. Alexandre de Moraes, em 31 de agosto de 2022, compreendeu que a obrigatoriedade de que a advocacia pública realize a defesa do agente é inconstitucional. Desse modo, dentro da liberdade legislativa de cada Ente Federativo, cada um poderá dispor se realizará a defesa e como esta será realizada.

15.10.4. Afastamento cautelar

O art. 20, § 1º, da LIA, permite que a autoridade judicial competente determine o *afastamento do agente público* do exercício do cargo, do emprego ou da função, *sem prejuízo da remuneração*, quando a medida for necessária à instrução processual ou para evitar a iminente prática de novos ilícitos, por até 90 dias, prorrogáveis uma única vez por igual prazo, mediante decisão motivada.

15.10.5. Prescrição

A prescrição está disposta no art. 23 da LIA, o qual prevê que a ação para a aplicação das sanções previstas na Lei n. 8.429/1992 *prescreve em 8 (oito) anos*, contados a partir da ocorrência do fato ou, no caso de infrações permanentes, do dia em que cessou a permanência, aplicando-se tanto ao agente público quanto ao particular.

O legislador estabeleceu, no art. 23, § 1º, uma *causa suspensiva da prescrição*, ao prever que a instauração de inquérito civil ou de processo administrativo para apuração dos ilícitos referidos na LIA *suspende* o curso do prazo prescricional por, no máximo, 180 (cento e oitenta) dias corridos, recomeçando a correr após a sua conclusão ou, caso não concluído o processo, esgotado o prazo de suspensão.

Assim, a título de exemplo, caso o ato de improbidade tenha ocorrido em janeiro de 2022 e o processo administrativo ou o inquérito cível tenha sido instaurado só em janeiro de 2026, o prazo prescricional de oito anos será suspenso nesta data (com quatro anos já decorridos), voltando a correr em julho de 2026 – 180 dias após (os outros quatro anos restantes).

O legislador estabeleceu um prazo indicativo, impróprio, que, a meu ver, não traz consequência jurídica alguma, para a conclusão do inquérito civil e oferecimento da ação, previstos, respectivamente, nos §§ 2º e 3º do art. 23 da LIA. Assim, o inquérito civil para apuração do ato de improbidade deverá ser concluído no prazo de 365 dias corridos, prorrogável uma única vez por igual período, mediante ato fundamentado submetido à revisão da instância competente do órgão ministerial, conforme dispuser a respectiva lei orgânica e, encerrado esse prazo, a ação deverá ser proposta no prazo de 30 dias, se não for caso de arquivamento do inquérito.

Por sua vez, o art. 23, § 4º, da Lei n. 8.429/1992 apresenta as causas interruptivas da prescrição, prevendo que *o prazo prescricional de oito anos será interrompido* pelo ajuizamento da ação de improbidade administrativa; pela publicação da sentença condenatória; pela publicação de decisão ou acórdão de TJ ou TRF que confirma sentença condenatória ou que reforma sentença de improcedência; pela publicação de decisão ou acórdão do STJ que confirma acórdão condenatório ou que reforma acórdão de improcedência; pela publicação de decisão ou acórdão do STF que confirma acórdão condenatório ou que reforma acórdão de improcedência.

Preste atenção, pois, de acordo com o § 5º do art. 23 da LIA, *interrompida a prescrição*, o prazo recomeça a correr do dia da interrupção, pela metade do prazo, ou seja, *por quatro anos*.

Assim, da data de cometimento do ato de improbidade, o Ministério Público possui oito anos para o ajuizamento da ação. Ajuizada a ação, a sentença deverá ser proferida em quatro anos. Proferida sentença condenatória, havendo apelação, o acórdão de apelação deve ser proferido em quatro anos. Havendo recurso especial ou extraordinário contra o acórdão de apelação, o acórdão do tribunal superior deverá ser proferido em quatro anos.

Quanto aos efeitos da *suspensão* e da *interrupção* da prescrição, é importante ressaltar que ambos produzem efeitos relativamente a todos os que concorreram para a prática do ato de improbidade e, nos atos de improbidade conexos que sejam objeto do mesmo processo, a suspensão e a interrupção relativas a qualquer deles estendem-se aos demais, por força dos §§ 6º e 7º do art. 23 da LIA.

Há de se dizer que o juiz ou o tribunal, depois de ouvido o Ministério Público, deverá, de ofício ou a requerimento da parte interessada, reconhecer a prescrição intercorrente da pretensão sancionadora e decretá-la de imediato, caso, entre os marcos interruptivos referidos acima, transcorra o prazo de quatro anos.

Por fim, ressalta-se que o STF, em 8 de agosto de 2018, ao julgar o RE n. 852.475, fixou tese de repercussão geral no sentido de que "são imprescritíveis as *ações de ressarcimento ao erário* fundadas na prática de **ato doloso** tipificado na Lei de Improbidade Administrativa". Assim, embora as sanções prescrevam no prazo acima, **o**

ressarcimento ao erário não é tratado como sanção, razão pela qual compreendo que a ação poderá continuar *com este único propósito*.

15.10.6. O procedimento judicial da ação de improbidade administrativa

A ação de improbidade administrativa seguirá o procedimento comum, previsto nos arts. 318 e seguintes do CPC, e as disposições especiais previstas nos arts. 17 e seguintes da Lei n. 8.429/1992, os quais serão trabalhados a seguir.

A ação de improbidade administrativa será proposta pelo *Ministério Público* ou pela *Advocacia Pública*, perante o foro do local onde ocorrer o dano ou da pessoa jurídica prejudicada, conforme disposto no art. 17, § 4º-A, da LIA. É digno de nota a previsão de que a propositura da ação de improbidade prevenirá a competência do juízo para todas as ações posteriormente intentadas que possuam a mesma causa de pedir ou o mesmo objeto, ou seja, havendo novas ações de improbidade contra outros réus, por exemplo, deverá ser proposta no mesmo juízo onde a originária foi ajuizada, conforme expressamente previsto no art. 17, § 5º, da LIA.

Além disso, é necessário dizer que, conforme vedação expressa do art. 17, § 19, inciso III, da LIA, não poderá ocorrer o ajuizamento de mais de uma ação de improbidade administrativa pelo mesmo fato, competindo ao Conselho Nacional do Ministério Público dirimir conflitos de atribuições entre membros de MPs distintos;

O MP deverá indicar e qualificar o(s) réu(s), que será(ão) o(s) agente(s) público(s) que praticou(aram) o ato e eventual particular(es) que concorreu(ram) ou induziu(ram) dolosamente para a prática do ato. Sendo particular pessoa jurídica, ela figurará como réu e, se for o caso, se operará o incidente de desconsideração da personalidade jurídica, previsto no art. 133 e seguintes do CPC, com o propósito de responsabilizar os sócios, os cotistas, os diretores e os colaboradores que, comprovadamente, tenham participado e *obtido benefícios diretos*, caso em que responderão nos limites da sua participação, conforme o art. 3º, § 1º, da LIA.

A petição inicial, além dos *requisitos extrínsecos* previstos no art. 319 do CPC, deverá preencher os *requisitos intrínsecos* do art. 17, § 6º, da Lei n. 8.429/1992, ou seja, *deverá* individualizar a conduta do réu e apontar os elementos probatórios mínimos que demonstrem a ocorrência das hipóteses dos arts. 9º, 10 e 11 da LIA e de sua autoria, salvo impossibilidade devidamente fundamentada e *deverá* ser instruída com documentos ou justificação que contenham indícios suficientes da veracidade dos fatos e do dolo imputado ou com razões fundamentadas da impossibilidade de apresentação de qualquer dessas provas, observada a legislação vigente, inclusive as disposições referentes aos deveres das partes e à litigância de má-fé, previstos, respectivamente nos arts. 77 e 80 do CPC.

Na petição inicial, além do pedido de decretação de indisponibilidade dos bens, já trabalhada acima, o MP poderá requerer as tutelas provisórias adequadas e necessárias, nos termos dos arts. 294 a 310 do CPC.

Conforme previsão expressa do art. 17, § 6º-B, da LIA, *a petição inicial será rejeitada* nos casos do art. 330 do CPC, bem como quando não preenchidos os requisitos intrínsecos apontados acima, previstos nos incisos I e II do § 6º do art. 17 da LIA, ou ainda quando manifestamente inexistente o ato de improbidade imputado.

Estando a petição inicial em forma, o art. 17, § 7º, da LIA, prevê que o juiz mandará autuá-la e *ordenará a citação* dos requeridos *para que a contestem* no prazo comum de *30 (trinta) dias*, iniciado o prazo na forma do art. 231 do CPC. Outro ponto importante é que, sem prejuízo da citação dos réus, *a pessoa jurídica interessada será intimada* para, caso queira, *intervir no processo*, conforme a previsão do § 14, desse artigo, *se ela própria não for a autora da ação*.

Havendo a possibilidade de solução consensual, poderão as partes requerer ao juiz a interrupção do prazo para a contestação, por prazo não superior a 90 (noventa) dias, em conformidade com o art. 17, § 10-A, da LIA, *para eventual celebração de acordo de não persecução cível*.

Oferecida a contestação e, se for o caso, ouvido o autor, o juiz, nos termos do § 10-B do art. 17 da LIA, procederá ao *julgamento conforme o estado do processo,* de acordo com o art. 354 do CPC, observada a eventual inexistência manifesta do ato de improbidade ou poderá desmembrar o litisconsórcio, com vistas a otimizar a instrução processual.

Importante destacar que, com fundamento específico no art. 17, § 9º-A, da LIA, da decisão que *rejeitar questões preliminares* suscitadas pelo réu em sua contestação, *caberá agravo de instrumento*.

Após a réplica do Ministério Público, conforme determina o art. 17, § 10-C, da LIA, o juiz *proferirá decisão* na qual indicará com precisão a tipificação do ato de improbidade administrativa imputável ao réu, sendo-lhe vedado modificar o fato principal e a capitulação legal apresentada pelo autor. É necessário ter atenção, pois para cada ato de improbidade administrativa, deverá necessariamente ser indicado apenas um tipo dentre aqueles previstos nos arts. 9º, 10 e 11 dessa lei.

Proferida essa decisão, as partes serão intimadas a especificar as provas que pretendem produzir. Ressalta-se que, dessa decisão, por ser interlocutória, *cabe agravo de instrumento ao respectivo TJ ou TRF*, de acordo com o previsto no art. 17, § 21, da LIA.

Quanto à instrução processual, algumas questões específicas à ação de improbidade são importantes. A título de exemplo, por previsão expressa do art. 17, § 19, incisos I e II, da LIA, não se aplicam a presunção de veracidade dos fatos alegados pelo autor em caso de revelia, tampouco poderá ocorrer a imposição de ônus da prova ao réu prevista nos §§ 1º e 2º do art. 373 do CPC.

Também, quanto à instrução, o art. 17, § 18, da LIA, assegura ao réu o direito de ser interrogado sobre os fatos de que trata a ação, sendo que a sua recusa ou o seu silêncio não implicarão confissão.

Conforme assegurado pelo § 11 do art. 17 da LIA, em qualquer momento do processo, verificada a inexistência do ato de improbidade, o juiz julgará a demanda improcedente ou, nos termos do § 16 desse artigo, se o magistrado identificar a existência de ilegalidades ou de irregularidades administrativas a serem sanadas sem que estejam presentes todos os requisitos para a imposição das sanções aos agentes incluídos no polo passivo da demanda, poderá, em decisão motivada, converter a "Ação de Improbidade Administrativa" em "Ação Civil Pública"[5], regulada pela Lei n. 7.347/1985.

---

[5] Dessa decisão que converter a ação de improbidade em ação civil pública caberá agravo de instrumento, com fundamento no art. 17, § 17, da LIA.

O art. 21, §§ 1º e 2º, determina que os atos do órgão de controle interno ou externo devem ser considerados pelo juiz quando tiverem servido de fundamento para a conduta do agente público, bem como as provas produzidas perante esses órgãos de controle e as correspondentes decisões devem ser consideradas na formação da convicção do juiz, sem prejuízo da análise acerca do dolo na conduta do agente.

A sentença proferida na ação de improbidade deverá, além de observar os *elementos extrínsecos* previstos no art. 489 do CPC, os *elementos intrínsecos* previstos no art. 17-C, da LIA, os quais poderão, inclusive, ser teses em eventual apelação:

a) indicar de modo preciso os fundamentos que demonstram os elementos a que se referem os arts. 9º, 10 e 11 da LIA, que não podem ser presumidos;
b) considerar as consequências práticas da decisão, sempre que decidir com base em valores jurídicos abstratos;
c) considerar os obstáculos e as dificuldades reais do gestor e as exigências das políticas públicas a seu cargo, sem prejuízo dos direitos dos administrados e das circunstâncias práticas que houverem imposto, limitado ou condicionado a ação do agente;
d) considerar, para a aplicação das sanções, de forma isolada ou cumulativa, os princípios da proporcionalidade e da razoabilidade; a natureza, a gravidade e o impacto da infração cometida; a extensão do dano causado; o proveito patrimonial obtido pelo agente; as circunstâncias agravantes ou atenuantes; a atuação do agente em minorar os prejuízos e as consequências advindas de sua conduta omissiva ou comissiva; e os antecedentes do agente;
e) considerar na aplicação das sanções a dosimetria das sanções relativas ao mesmo fato já aplicadas ao agente;
f) considerar, na fixação das penas relativamente ao terceiro, quando for o caso, a sua atuação específica, não admitida a sua responsabilização por ações ou omissões para as quais não tiver concorrido ou das quais não tiver obtido vantagens patrimoniais indevidas;
g) indicar, na apuração da ofensa a princípios, critérios objetivos que justifiquem a imposição da sanção.

Na hipótese de litisconsórcio passivo, a condenação ocorrerá no limite da participação e dos benefícios diretos, vedada qualquer solidariedade, devendo o magistrado especificar a responsabilização de cada réu, conforme o art. 17-C, § 2º, da LIA.

Em conformidade com o previsto no § 10-F do art. 17, *será nula a decisão de mérito total ou parcial* da ação de improbidade administrativa que condenar o requerido por tipo diverso daquele definido na petição inicial ou que condenar o requerido sem a produção das provas por ele tempestivamente especificadas.

A aplicação das sanções previstas na Lei n. 8.429/1992 independe da efetiva ocorrência de dano ao patrimônio público, salvo quanto à pena de ressarcimento e às condutas previstas no art. 10, bem como independente da aprovação ou rejeição das contas pelo órgão de controle interno ou pelo Tribunal ou Conselho de Contas, conforme exposto no art. 21, II, dessa lei.

A sentença que julgar procedente a ação fundada nos arts. 9º e 10 da LIA condenará ao ressarcimento dos danos e à perda ou à reversão dos bens e valores ilicitamente adquiridos, conforme o caso, em favor da pessoa jurídica prejudicada pelo ilícito, de acordo com o art. 18 dessa lei.

Se houver necessidade de liquidação do dano, a pessoa jurídica prejudicada procederá a essa determinação e ao ulterior procedimento para cumprimento da sentença referente ao ressarcimento do patrimônio público ou à perda ou à reversão dos bens. Para fins de apuração do valor do ressarcimento, deverão ser descontados os serviços efetivamente prestados, conforme ressalva realizada pelo legislador no § 3º do art. 18 da LIA. Além disso, outras sanções eventualmente aplicadas em outras esferas deverão ser compensadas com as sanções aplicadas com base na Lei n. 8.429/1992, conforme previsão expressa do seu art. 21, § 5º.

Agora, se a PJ prejudicada não adotar as providências acima no prazo de seis meses, contado do trânsito em julgado da sentença de procedência da ação, caberá ao MP proceder à respectiva liquidação do dano e ao cumprimento da sentença referente ao ressarcimento do patrimônio público ou à perda ou à reversão dos bens, sem prejuízo de eventual responsabilização pela omissão verificada.

O juiz poderá autorizar, de acordo com o art. 18, § 4º, da LIA, o parcelamento, em até 48 parcelas mensais corrigidas monetariamente, do débito resultante de condenação pela prática de improbidade administrativa se o réu demonstrar incapacidade financeira de saldá-lo de imediato.

Além disso, a requerimento do réu, na fase de cumprimento da sentença, o juiz unificará eventuais sanções aplicadas com outras já impostas em outros processos, conforme determinado pelo art. 18-A da LIA, tendo em vista a eventual continuidade de ilícito ou a prática de diversas ilicitudes, sendo que, no caso de continuidade de ilícito, o juiz promoverá a maior sanção aplicada, aumentada de 1/3 (um terço), ou a soma das penas, o que for mais benéfico ao réu, e, no caso de prática de novos atos ilícitos pelo mesmo sujeito, as sanções serão somadas (todavia, fique atento, pois o § único desse artigo determina que as sanções de suspensão de direitos políticos e de proibição de contratar ou de receber incentivos fiscais ou creditícios do poder público observarão o limite máximo de 20 anos, mesmo que somadas).

Por fim, há de se dizer que a sentença proferida na ação de improbidade administrativa *não está sujeita* à remessa necessária, por previsão expressa tanto do art. 17-C, § 3º, quanto do art. 17, § 19, inciso IV, ambos da LIA.

15.10.7. A comunicabilidade das esferas

O art. 21, § 3º, prevê que as sentenças civis e penais produzirão efeitos em relação à ação de improbidade quando concluírem pela inexistência da conduta ou pela negativa da autoria.

O § 4º desse artigo, previa que a absolvição criminal em ação que discuta os mesmos fatos, confirmada por decisão colegiada, impediria o trâmite da ação de improbidade, havendo comunicação com todos os fundamentos de absolvição previstos no art. 386 do CPP, efeito que se encontra suspenso por medida cautelar adotada pelo STF[6].

---

[6] Não obstante a previsão do legislador, *este dispositivo encontra-se com a eficácia suspensa*, tendo em vista a *medida cautelar* concedida pelo STF, nos autos da ADI n. 7.236, de relatoria do Min. Alexandre de Moraes, no dia 27 de dezembro de 2022.

15.11. POSSIBILIDADE DE DEMISSÃO ADMINISTRATIVA POR ATO DE IMPROBIDADE

O art. 132, inciso IV, da Lei n. 8.112/1990 prevê, de modo vinculado, que a demissão será aplicada na hipótese de improbidade administrativa cometida por servidor federal.

O STJ sumulou entendimento (Súmula 651) de que é possível que a autoridade administrativa aplique a servidor público a pena de demissão em razão da prática de improbidade administrativa, independentemente de prévia condenação, pela autoridade judiciária, à perda da função pública.

Assim, esse Tribunal compreendeu que há independência das esferas e a autoridade administrativa não necessita aguardar a decisão judicial no âmbito da ação de improbidade administrativa.

Em que pese esse entendimento do STJ, discordo dessa posição. A meu ver, a caracterização da improbidade administrativa, a ensejar a consequente demissão, só restará ao final da competente ação de improbidade administrativa. Não me parece ser adequado permitir que a autoridade administrativa, não técnica e sem todas as garantias da magistratura, afira se o agente cometeu ou não ato de improbidade.

Em atenção ao princípio da presunção da inocência, do devido processo legal, da ampla defesa e do contraditório, concluo afirmando que, a meu ver, deixar ao crivo do administrador o que é ou não ato ímprobo, independente de prévia condenação judicial, é extremamente temerário, razão pela qual espero que o entendimento, futuramente, seja revisto.

15.12. PERDA DO POSTO E DA PATENTE DE OFICIAL DAS FORÇAS ARMADAS POR ATO DE IMPROBIDADE

O art. 142, § 3º, inciso VI, da CF/1988, conferiu uma garantia ao Oficial das Forças Armadas (não extensiva às praças), estabelecendo que ele só perderá o posto e a patente se for julgado indigno do oficialato ou com ele incompatível, por decisão de tribunal militar de caráter permanente, em tempo de paz, ou de tribunal especial, em tempo de guerra.

Assim, entendo haver duas situações distintas: a perda da função pública, determinada pela justiça federal, como sanção decorrente da ação de improbidade administrativa, e a perda do posto e da patente em consequência de Representação para Declaração de Indignidade e Incompatibilidade (RDII) com o oficialato.

Sustento que a condenação à perda da função pública pela justiça federal não ocasionará, automaticamente, a perda do posto e da patente, ante à competência exclusiva, prevista constitucionalmente, do Superior Tribunal Militar (STM), para julgar o oficial indigno e incompatível com o oficialato.

Penso que a primeira condenação ensejará a RDII, cuja titularidade para propositura perante o STM é do Ministério Público Militar (MPM), órgão integrante da estrutura do Ministério Público da União (MPU).

Há um caso paradigmático já enfrentado pelo STM que corrobora o entendimento acima, tratando-se da RDII n. 7000800-18.2020.7.00.0000, de relatoria do Min. Lúcio Mário De Barros Góes, julgada em 19 de agosto de 2021.

A representação foi proposta pelo MPM, com o propósito de que o STM declarasse indigno e incompatível com o oficialato um Oficial do Exército Brasileiro, com condenação transitada em julgado à perda da função pública, decorrente de Ação de Improbidade Administrativa que tramitou na justiça federal.

Nesse julgado, o STM compreendeu que, embora caiba à justiça federal processar e julgar, bem como condenar, se for o caso, qualquer militar das Forças Armadas por ato de improbidade administrativa, o que inclui a possibilidade de decretar a perda da função pública, cabe a ele apreciar a indignidade e incompatibilidade com o oficialato, decretando, se for o caso, a perda do posto e da patente.

O Tribunal assentou entendimento no sentido de que, embora os Oficiais das Forças Armadas sejam considerados agentes públicos para fim da Lei n. 8.429/1992 e possam ser apenados com as sanções nela previstas, não é possível que venham a perder o posto e a patente por decisão que não seja proferida por ele, ante sua competência constitucional exclusiva.

Para tanto, compreendeu que tanto o art. 37, § 4º, da CF/1988, quanto o art. 12 da Lei n. 8.429/1992 devem ser interpretados conforme a garantia (para o oficial) e a competência exclusiva (do Tribunal) previstas no art. 142, § 3º, inciso VI, da CF/1988, tratando-se de um julgamento do ponto de vista ético-moral, cuja apreciação deverá se dar pelo Tribunal Militar.

O STM compreendeu que o requisito objetivo de o Oficial ter sido condenado em ação de improbidade não induz, por si só, a decisão de indignidade ou incompatibilidade para o Oficialato e a consequente decretação da perda do seu posto e da sua patente. Para que esta ocorra, devem estar presentes diversos aspectos inerentes ao cometimento do ilícito, à vida pregressa na caserna, aos valores supostamente malferidos, entre outros, devem ser avaliados e aquilatados conjuntamente para um desfecho acerca da conveniência, ou não, de se manter o vínculo funcional do Oficial.

Não basta, portanto, para o reconhecimento da indignidade ou incompatibilidade para o oficialato o requisito objetivo, mas também o estudo subjetivo do caráter do militar, a fim de aferir se a conduta a ele imputada o torna indigno de ostentar a condição de Oficial das Forças Armadas.

No caso concreto, a condenação por improbidade administrativa decorreu de infração aos princípios da administração pública, ao alienar, sem licitação, um motor de uma viatura considerada sucata. Restou demonstrado que a alienação não foi realizada às escondidas e o valor decorrente da alienação foi integralmente investido em melhorias para a organização militar, não tendo sido demonstrado que o militar agiu com a intenção de desviar ou de locupletar-se dos valores obtidos com a alienação.

Com base nisso, dada a ausência de depreciação moral ou ética capaz de inserir o referido Oficial na categoria de indigno ou de incompatível com o oficialato, constituindo um fato isolado na carreira de um oficial que, durante todo o seu caminhar, sempre revelou total capacidade de permanecer no exercício do seu posto, o STM o declarou digno e compatível com o oficialato.

Concluo, portanto, firmando o entendimento de que a condenação do Oficial das Forças Armadas à perda da função pública decorrente da ação de improbidade administrativa não enseja, por si, a perda do posto e da patente, devendo esta ser decretada pelo STM, em decorrência de representação própria a ser proposta pelo MPM.

RESUMO DO CAPÍTULO 15

CONCEITO	Base normativa e conceito de improbidade administrativa	Art. 37, § 4º, da CF/1988 e Lei n. 8.429/1992, que possui natureza civil. A improbidade é associada à **desonestidade e não configura crime, mas pode ter responsabilizações adicionais**.
	Definição legal e exclusão de improbidade culposa	Condutas **dolosas para proteger o patrimônio público**, conforme arts. 9º, 10 e 11 da Lei de Improbidade Administrativa (LIA). A LIA **exige dolo** para a caracterização do ato de improbidade.
SUJEITOS	Sujeito passivo do ato de improbidade	União, Estados, Municípios, DF, entidades privadas com subvenção ou incentivo público e administrações direta/indireta.
	Sujeito ativo do ato de improbidade	Qualquer **agente público e particulares** que induzam ou concorram para a prática dolosa do ato.
MODALIDADES DE IMPROBIDADE		Enriquecimento ilícito (art. 9º).
		Prejuízo ao erário (art. 10).
		Afronta aos princípios da administração (art. 11).
SANÇÕES POR ATOS DE IMPROBIDADE		Sanções incluem **perda da função pública, suspensão dos direitos políticos, multa civil e proibição de contratação com o poder público**.
DECLARAÇÃO DE BENS E DECRETAÇÃO DE INDISPONIBILIDADE		Declaração **anual de bens e decretação de indisponibilidade** para garantir ressarcimento ao erário.
PROCEDIMENTO ADMINISTRATIVO E INQUÉRITO CÍVEL		Iniciado de ofício pela Administração ou por representação. MP e Tribunal de Contas podem participar.
ACORDO DE NÃO PERSECUÇÃO CÍVEL		Acordo pode **incluir ressarcimento integral**, incentivo a boas práticas e ética empresarial.
AÇÃO DE IMPROBIDADE ADMINISTRATIVA		Aplicação de **sanções legais e ressarcimento ao erário**; ação ajuizada pelo MP ou Advocacia Pública.
PERDA DO POSTO E PATENTE NAS FORÇAS ARMADAS		Exclusivo para **STM** julgar oficiais por indignidade ou incompatibilidade com o oficialato; decisão judicial não implica perda automática.

Capítulo 16
PRÁTICAS ANTICORRUPTIVAS

A Lei n.12.846, de 1º de agosto de 2013, dispõe sobre a responsabilização administrativa e civil de pessoas jurídicas pela prática de atos contra a administração pública, nacional ou estrangeira.

É conhecida como lei anticorrupção e busca reprimir os atos lesivos à Administração Pública. Essa lei é, atualmente, regulamentada pelo Decreto n. 11.129, de 11 de julho de 2022.

16.1. SUJEITO PASSIVO DO ATO LESIVO À ADMINISTRAÇÃO PÚBLICA

Podem sofrer atos lesivos (atos corruptivos) a Administração Pública nacional, compreendida pelas pessoas jurídicas de direito público e de direito privado, integrantes tanto da *Administração Direta quanto Indireta brasileira*, além das controladas direta ou indiretamente por essas entidades, de qualquer nível federativo, além da *Administração Pública estrangeira*.

Considera-se *administração pública estrangeira*, conforme a definição conferida pelo art. 5º, § 1º, da Lei n. 12.846/2013, os órgãos e entidades estatais ou representações diplomáticas de *país estrangeiro, de qualquer nível ou esfera de governo*, bem como as pessoas jurídicas controladas, direta ou indiretamente, pelo poder público de país estrangeiro, equiparando-se à administração pública estrangeira as organizações públicas internacionais, como a Organização das Nações Unidas e a Organização dos Estados Americanos.

16.2. SUJEITO ATIVO DO ATO LESIVO À ADMINISTRAÇÃO PÚBLICA

A Lei Anticorrupção busca a responsabilização civil e administrativa das pessoas jurídicas. Assim, podem ser sujeitos ativos do ato corruptivo as sociedades empresárias e as sociedades simples, personificadas ou não, independentemente da forma de organização ou modelo societário adotado, bem como a quaisquer fundações, associações de entidades ou pessoas, ou sociedades estrangeiras, que *tenham sede, filial ou representação no território brasileiro*, constituídas de fato ou de direito, ainda que temporariamente.

A pessoa jurídica será representada no processo administrativo na forma do seu estatuto ou contrato social, sendo que as sociedades sem personalidade jurídica serão representadas pela pessoa a quem couber a administração de seus bens. Por sua vez, a pessoa jurídica estrangeira será representada pelo gerente, representante ou administrador de sua filial, agência ou sucursal aberta ou instalada no Brasil.

A lei aplica-se aos atos lesivos praticados por pessoa jurídica brasileira contra a administração pública estrangeira, *ainda que cometidos no exterior*.

16.3. OS ATOS LESIVOS À ADMINISTRAÇÃO PÚBLICA NACIONAL OU ESTRANGEIRA

Constituem atos lesivos à Administração Pública, nacional ou estrangeira, para os fins da Lei Anticorrupção, todos aqueles praticados pelas pessoas jurídicas já mencionadas no tópico do sujeito ativo, que atentem contra o patrimônio público nacional ou estrangeiro, contra princípios da Administração Pública ou contra os compromissos internacionais assumidos pelo Brasil, definidos *taxativamente* no art. 5º da Lei n. 12.846/2013:

1) prometer, oferecer ou dar, direta ou indiretamente, vantagem indevida a agente público, ou a terceira pessoa a ele relacionada;
2) comprovadamente, financiar, custear, patrocinar ou de qualquer modo subvencionar a prática dos atos ilícitos previstos na lei;
3) comprovadamente, utilizar-se de interposta pessoa física ou jurídica para ocultar ou dissimular seus reais interesses ou a identidade dos beneficiários dos atos praticados;
4) no tocante a licitações e contratos:
    a) frustrar ou fraudar, mediante ajuste, combinação ou qualquer outro expediente, o caráter competitivo de procedimento licitatório público;
    b) impedir, perturbar ou fraudar a realização de qualquer ato de procedimento licitatório público;
    c) afastar ou procurar afastar licitante por meio de fraude ou oferecimento de vantagem de qualquer tipo;
    d) fraudar licitação pública ou contrato dela decorrente;
    e) criar, de modo fraudulento ou irregular, pessoa jurídica para participar de licitação pública ou celebrar contrato administrativo;
    f) obter vantagem ou benefício indevido, de modo fraudulento, de modificações ou prorrogações de contratos celebrados com a administração pública, sem autorização em lei, no ato convocatório da licitação pública ou nos respectivos instrumentos contratuais; ou
    g) manipular ou fraudar o equilíbrio econômico-financeiro dos contratos celebrados com a administração pública;
5) dificultar atividade de investigação ou fiscalização de órgãos, entidades ou agentes públicos, ou intervir em sua atuação, inclusive no âmbito das agências reguladoras e dos órgãos de fiscalização do sistema financeiro nacional.

16.4. A RESPONSABILIDADE DA PESSOA JURÍDICA

As pessoas jurídicas serão responsabilizadas *objetivamente*, independentemente da responsabilização individual das pessoas naturais, nos âmbitos *administrativo* e *civil*, pelos atos lesivos previstos na Lei Anticorrupção praticados em seu interesse ou benefício, exclusivo ou não. Isso porque a responsabilização da pessoa jurídica não exclui a responsabilidade individual de seus dirigentes ou administradores (responsabilizados por atos ilícitos na medida da sua culpabilidade) ou de qualquer pessoa natural, autora, coautora ou partícipe do ato ilícito.

A responsabilidade da pessoa jurídica subsiste mesmo na hipótese de alteração contratual, transformação, incorporação, fusão ou cisão societária. Nas hipóteses de fusão e incorporação, porém, a responsabilidade da sucessora será restrita à obrigação de pagamento de multa e reparação integral do dano causado, até o limite do patrimônio transferido, não lhe sendo aplicáveis as demais sanções previstas nesta lei decorrentes de atos e fatos ocorridos antes da data da fusão ou incorporação, exceto no caso de simulação ou evidente intuito de fraude, devidamente comprovados.

As sociedades controladoras, controladas, coligadas ou, no âmbito do respectivo contrato, as consorciadas serão solidariamente responsáveis pela prática dos atos previstos na Lei Anticorrupção, restringindo-se tal responsabilidade à obrigação de pagamento de multa e reparação integral do dano causado.

16.4.1. A responsabilização administrativa

Na esfera administrativa, serão aplicadas às pessoas jurídicas consideradas responsáveis pelos atos lesivos, após o processo administrativo de responsabilização, as seguintes sanções:

1) *multa*, no valor de 0,1% a 20% do faturamento bruto do último exercício anterior ao da instauração do processo administrativo, excluídos os tributos, a qual nunca será inferior à vantagem auferida, quando for possível sua estimação. Caso não seja possível utilizar o critério do valor do faturamento bruto da pessoa jurídica, a multa será de R$ 6.000,00 (seis mil reais) a R$ 60.000.000,00 (sessenta milhões de reais).

2) *publicação extraordinária da decisão condenatória*, que ocorrerá na forma de extrato de sentença, às expensas da pessoa jurídica, em meios de comunicação de grande circulação na área da prática da infração e de atuação da pessoa jurídica ou, na sua falta, em publicação de circulação nacional, bem como por meio de afixação de edital, pelo prazo mínimo de 30 dias, no próprio estabelecimento ou no local de exercício da atividade, de modo visível ao público, e no sítio eletrônico na rede mundial de computadores.

As sanções acima serão aplicadas fundamentalmente, isolada ou cumulativamente, de acordo com as peculiaridades do caso concreto e com a gravidade e natureza das infrações, sendo precedidas da manifestação jurídica elaborada pela Advocacia Pública ou pelo órgão de assistência jurídica, ou equivalente, do ente público, sendo que sua aplicação não exclui, em qualquer hipótese, a obrigação da reparação integral do dano causado.

Por ocasião da aplicação das sanções, de acordo com o art. 7º da Lei n. 12.846/2013, devem ser considerados critérios como a gravidade da infração; a vantagem auferida ou pretendida pelo infrator; a consumação ou não da infração; o grau de lesão ou perigo de lesão; o efeito negativo produzido pela infração; a situação econômica do infrator; a cooperação da pessoa jurídica para a apuração das infrações; a existência de mecanismos e procedimentos internos de integridade, auditoria e incentivo à denúncia de irregularidades e a aplicação efetiva de códigos de ética e de conduta no âmbito da pessoa jurídica; e o valor dos contratos mantidos pela pessoa jurídica com o órgão ou entidade pública lesados.

16.4.2. O acordo de leniência

A autoridade máxima de cada órgão ou entidade pública[7] poderá celebrar *acordo de leniência* com as pessoas jurídicas responsáveis pela prática dos atos previstos na Lei Anticorrupção, que colaborem efetivamente com as investigações e o processo administrativo, sendo que dessa colaboração resulte a identificação dos demais envolvidos na infração, quando couber, e a obtenção célere de informações e documentos que comprovem o ilícito sob apuração.

Para a celebração do acordo de leniência, que estipulará as condições necessárias para assegurar a efetividade da colaboração e o resultado útil do processo, deverão ser preenchidos *cumulativamente* os seguintes requisitos:

1º) a pessoa jurídica deve ser a primeira a se manifestar sobre seu interesse em cooperar para a apuração do ato ilícito (*primazia*, o que ocasiona uma corrida para a celebração do acordo);
2º) a pessoa jurídica deve cessar completamente seu envolvimento na infração investigada a partir da data de propositura do acordo;
3º) a pessoa jurídica deve admitir sua participação no ilícito e cooperar plena e permanentemente com as investigações e o processo administrativo, comparecendo, sob suas expensas, sempre que solicitada, a todos os atos processuais, até seu encerramento.

A proposta de acordo de leniência somente se tornará pública após a efetivação do respectivo acordo[8], salvo no interesse das investigações e do processo administrativo e, em caso de descumprimento do acordo de leniência, a pessoa jurídica ficará impedida de celebrar novo acordo pelo prazo de três anos contados do conhecimento pela Administração pública do referido descumprimento.

No âmbito do Poder Executivo federal, bem como no caso de atos lesivos praticados contra a administração pública estrangeira, a Controladoria-Geral da União – CGU é o órgão competente para celebrar os acordos de leniência.

A celebração do acordo de leniência *isentará* a pessoa jurídica da sanção administrativa de *publicação extraordinária da decisão condenatória* e da sanção judicial de *proibição de receber* incentivos, subsídios, subvenções, doações ou empréstimos de órgãos ou entidades públicas e de instituições financeiras públicas ou controladas pelo poder público, pelo prazo mínimo de um e máximo de cinco anos, podendo, ainda, *reduzir em até 2/3* o valor da multa aplicável[9].

Não obstante, é necessário observar que, por previsão expressa do art. 16, § 3º, da Lei n. 12.846/ 2013, o acordo de leniência *não exime* a pessoa jurídica da obrigação de *reparar integralmente o dano causado*.

---

[7] O acordo de leniência é realizado pela Administração Pública, sem necessidade de intervenção do Ministério Público.
[8] Ponto importante a ser observado é que, nos termos do art. 16, § 7º, da Lei Anticorrupção, não importará em reconhecimento da prática do ato ilícito investigado a proposta de acordo de leniência rejeitada.
[9] Ressalta-se que, por garantia expressa no art. 16, § 5º, da Lei n. 12.846/2013, os efeitos do acordo de leniência serão estendidos às pessoas jurídicas que integram o mesmo grupo econômico, de fato e de direito, desde que firmem o acordo em conjunto, respeitadas as condições nele estabelecidas.

A Administração pública poderá também celebrar acordo de leniência com a pessoa jurídica responsável pela prática de ilícitos previstos na Lei n. 14.133/2021, com vistas à isenção ou atenuação das sanções administrativas nela estabelecidas. A celebração desse acordo suspende o prazo prescricional para a ação punitiva decorrente dessa Lei de Licitações e Contratos, conforme estabelecido pelo art. 158, § 4º, inciso II, da Lei n. 14.133/2021.

16.4.3. O processo administrativo de responsabilização

O processo administrativo de responsabilização, com contraditório e ampla defesa, é o instrumento processual por meio do qual poderá resultar a imposição das sanções administrativas às pessoas jurídicas que ocasionarem atos lesivos à Administração Pública, seguindo o rito previsto na Lei n. 12.846/2013 e os procedimentos previstos no Decreto n. 11.129/2022.

16.4.3.1 A instauração do processo

A *instauração* e o *julgamento* de processo administrativo para apuração da responsabilidade de pessoa jurídica cabem à autoridade máxima de cada órgão ou entidade dos Poderes Executivo, Legislativo e Judiciário, que agirá de ofício ou mediante provocação, observados o contraditório e a ampla defesa.

A competência para a instauração e o julgamento do processo administrativo de apuração de responsabilidade da pessoa jurídica poderá ser *delegada*, vedada a subdelegação.

A autoridade competente que, tendo conhecimento das infrações previstas na Lei Anticorrupção, não adotar providências para a apuração dos fatos será responsabilizada penal, civil e administrativamente nos termos do art. 28 da Lei n. 12.846/2013.

No âmbito do Poder Executivo federal, a Controladoria-Geral da União – CGU terá *competência concorrente* para *instaurar* processos administrativos de responsabilização de pessoas jurídicas ou para *avocar* os processos instaurados com fundamento na Lei Anticorrupção, para exame de sua regularidade ou para corrigir o andamento.

Por sua vez, tratando-se de *ato lesivo à Administração estrangeira*, competem à CGU a apuração, o processo e o julgamento dos referidos atos ilícitos, observado o disposto no art. 4º da Convenção sobre o Combate da Corrupção de Agentes Públicos Estrangeiros em Transações Comerciais Internacionais, promulgada pelo Decreto n. 3.678, de 30 de novembro de 2000[10].

---

[10] Esse dispositivo convencional estabelece que cada Parte deverá tomar todas as medidas necessárias ao estabelecimento de sua jurisdição em relação à corrupção de um agente público estrangeiro, quando o delito é cometido integral ou parcialmente em seu território, sendo que a Parte que tiver jurisdição para processar seus nacionais por delitos cometidos no exterior deverá tomar todas as medidas necessárias ao estabelecimento de sua jurisdição para fazê-lo em relação à corrupção de um agente público estrangeiro, segundo os mesmos princípios. Agora, quando mais de uma Parte tem jurisdição sobre um alegado delito descrito na referida Convenção, as Partes envolvidas deverão, por solicitação de uma delas, deliberar sobre a determinação da jurisdição mais apropriada para a instauração de processo, sem desconsiderar a necessidade de cada Parte verificar se a atual fundamentação de sua jurisdição é efetiva em relação ao combate à corrupção de agentes públicos estrangeiros, caso contrário, deverá tomar medidas corretivas a respeito.

A instauração do processo ocorrerá com a respectiva portaria, deverá ser publica, e designará a comissão processante, que deverá preencher os requisitos que serão expostos a seguir.

16.4.3.2. A comissão processante

O processo administrativo para apuração da responsabilidade de pessoa jurídica será conduzido por comissão designada pela autoridade instauradora e composta por *dois ou mais servidores estáveis*, que deverá concluir o processo no prazo de 180 dias contados da data da publicação do ato que a instituir (o qual poderá ser prorrogado mediante ato fundamentado da autoridade instauradora) e, ao final, apresentar relatórios sobre os fatos apurados e eventual responsabilidade da pessoa jurídica, sugerindo de forma motivada as sanções a serem aplicadas.

Compete à comissão designada para apuração da responsabilidade de pessoa jurídica, após a conclusão do procedimento administrativo, *dar conhecimento ao Ministério Público* de sua existência, para apuração de eventuais delitos.

16.4.3.3. A instrução processual

A comissão poderá realizar todas as diligências necessárias à instrução do feito e, ainda, requerer as medidas judiciais necessárias para a investigação e o processamento das infrações, inclusive de busca e apreensão, o que será realizado por meio do órgão de representação judicial, ou equivalente, do respectivo ente público e, caso necessário, propor, cautelarmente, à autoridade instauradora que suspenda os efeitos do ato ou processo objeto da investigação.

16.4.3.4. A defesa

No processo administrativo para apuração de responsabilidade, será concedido à pessoa jurídica prazo de 30 dias para defesa, contados a partir da intimação. Nessa fase, será garantida a produção de todos os meios de prova admitidos em direito.

16.4.3.5. O julgamento do processo administrativo

O processo administrativo, com o relatório da comissão, será remetido à autoridade instauradora, para julgamento. Importante destacar que a instauração de processo administrativo específico de reparação integral do dano não prejudica a aplicação imediata das sanções estabelecidas na Lei Anticorrupção; concluído o processo e não havendo pagamento, o crédito apurado será inscrito em dívida ativa da Fazenda Pública.

16.4.2. A responsabilização civil

Enquanto a responsabilização administrativa é imposta mediante processo administrativo de responsabilização, a responsabilização civil decorre de decisão judicial, conforme processamento e julgamento de ação civil pública.

16.4.2.1. O processo judicial de responsabilização

Nas ações de responsabilização judicial, será adotado o rito previsto na Lei n. 7.347/1985 (Lei da Ação Civil Pública). A responsabilização da pessoa jurídica na esfera administrativa não afasta a possibilidade de sua responsabilização na esfera judicial, em razão da prática de atos lesivos previstos na Lei Anticorrupção, conforme expressamente previsto no art. 18 da Lei Anticorrupção.

Assim, a União, os Estados, o Distrito Federal e os Municípios, por meio das respectivas Advocacias Públicas ou órgãos de representação judicial, ou equivalentes, e o Ministério Público, poderão ajuizar ação com vistas à aplicação das seguintes sanções, que poderão ser aplicadas de forma isolada ou cumulativamente, às pessoas jurídicas infratoras:

a) perdimento dos bens, direitos ou valores que representem vantagem ou proveito direta ou indiretamente obtidos da infração, ressalvado o direito do lesado ou de terceiro de boa-fé;
b) suspensão ou interdição parcial de suas atividades;
c) dissolução compulsória da pessoa jurídica, que será determinada quando comprovadamente ter sido a personalidade jurídica utilizada de forma habitual para facilitar ou promover a prática de atos ilícitos ou ter sido constituída para ocultar ou dissimular interesses ilícitos ou a identidade dos beneficiários dos atos praticados;
d) proibição de receber incentivos, subsídios, subvenções, doações ou empréstimos de órgãos ou entidades públicas e de instituições financeiras públicas ou controladas pelo poder público, pelo prazo mínimo de um e máximo de cinco anos.

Ainda se deve ressaltar que, nas ações ajuizadas pelo Ministério Público, poderão ser aplicadas as sanções administrativas já elencadas anteriormente, sem prejuízo dessas sanções judiciais, desde que constatada a omissão das autoridades competentes para promover a responsabilização administrativa, conforme garantido no art. 20 da Lei Anticorrupção.

Por fim, ressalta-se que a condenação torna certa a obrigação de reparar, integralmente, o dano causado pelo ilícito, cujo valor será apurado em posterior liquidação, se não constar expressamente da sentença, ressaltando-se que a multa e o perdimento de bens, direitos ou valores aplicados com fundamento na Lei Anticorrupção serão destinados preferencialmente aos órgãos ou entidades públicas lesadas.

16.4.2.2. A decretação de indisponibilidade dos bens

O Ministério Público ou a Advocacia Pública ou órgão de representação judicial, ou equivalente, do ente público poderá, durante o processo administrativo de responsabilização ou na propositura da ação civil pública (ou durante seu curso), requerer a *decretação de indisponibilidade* de bens, direitos ou valores necessários à garantia do pagamento da multa ou da reparação integral do dano causado, ressalvado o direito do terceiro de boa-fé, com fundamento específico no art. 19, § 4º, da Lei n. 12.846/2013.

16.4.2.3. A desconsideração da personalidade jurídica

A personalidade jurídica poderá ser desconsiderada, com base no art. 14 da Lei n. 12.846/2013, sempre que utilizada com abuso do direito para facilitar, encobrir ou dissimular a prática dos atos ilícitos previstos na Lei Anticorrupção ou para provocar confusão patrimonial, sendo estendidos todos os efeitos das sanções aplicadas à pessoa jurídica aos seus administradores e sócios com poderes de administração, observados o contraditório e a ampla defesa.

16.4.3. Prescrição

Prescrevem em cinco anos as infrações previstas na Lei Anticorrupção, contados da data da ciência da infração ou, no caso de infração permanente ou continuada, do dia em que tiver cessado.

A celebração do acordo de leniência interrompe o prazo prescricional dos atos ilícitos previstos na Lei Anticorrupção, bem como, tanto na esfera administrativa como na judicial, a prescrição será interrompida com a instauração de processo que tenha por objeto a apuração da infração.

16.4.4. Independência das esferas de apuração e responsabilização

O disposto na Lei Anticorrupção não exclui as competências do Conselho Administrativo de Defesa Econômica – CADE, do Ministério da Justiça e do Ministério da Fazenda para processar e julgar fato que constitua infração à ordem econômica.

A aplicação das sanções previstas na Lei Anticorrupção também não afeta os processos de responsabilização e aplicação de penalidades decorrentes de ato de improbidade administrativa nos termos da Lei n. 8.429/1992, e atos ilícitos alcançados pela Lei n. 14.133/2021.

Entretanto, deve-se observar que, quando a conduta constituir, ao mesmo tempo, infração prevista na Lei Anticorrupção e na Lei n. 14.133/2021, a apuração deverá ocorrer em um único processo, que seguirá o rito da Lei Anticorrupção, conforme previsto no art. 159 da Lei n. 14.133/2021.

De outro lado, caso a pessoa jurídica seja sancionada à luz da Lei Anticorrupção, não serão impostas a ela as sanções previstas na Lei de Improbidade Administrativa, conforme afastamento expresso contido no art. 3º, § 2º, e art. 12, § 7º, ambos da Lei n. 8.429/1992.

RESUMO DO CAPÍTULO 16

CONCEITO	A Lei n. 12.846/2013, conhecida como Lei Anticorrupção, busca **responsabilizar civil e administrativamente pessoas jurídicas que pratiquem atos lesivos contra a administração pública**, nacional ou estrangeira.
SUJEITO PASSIVO	**Administração Pública nacional e estrangeira**, incluindo órgãos e entidades estatais e representações diplomáticas de qualquer nível e organizações públicas internacionais.
SUJEITO ATIVO	Responsabilização de **pessoas jurídicas**, incluindo sociedades empresárias e simples, fundações, associações e sociedades estrangeiras com sede ou representação no Brasil.
ATOS LESIVOS	Ato lesivo é aquele que **atenta contra o patrimônio público**, princípios da administração pública ou compromissos internacionais assumidos pelo Brasil.
RESPONSABILIDADE DA PESSOA JURÍDICA	As pessoas jurídicas são **responsabilizadas objetivamente e de forma independente da responsabilização** dos seus representantes ou administradores. A responsabilidade objetiva **não depende de comprovação de culpa**, apenas da ocorrência do ato lesivo, e se aplica tanto em relação aos atos dos próprios dirigentes quanto dos empregados ou terceiros que atuem em benefício da pessoa jurídica.
SANÇÕES ADMINISTRATIVAS	Incluem **multa e publicação extraordinária da decisão condenatória**, além de outros critérios de penalidade.

ACORDO DE LENIÊNCIA	Possibilidade de **acordo entre o órgão público e a pessoa jurídica para colaboração em investigações**, com benefícios como redução de sanções e isenção de certas penalidades. Exige colaboração efetiva da pessoa jurídica, incluindo informações detalhadas sobre o ato ilícito.
PROCESSO ADMINISTRATIVO DE RESPONSABILIZAÇÃO	Procedimento com **contraditório e ampla defesa** para aplicar sanções administrativas às pessoas jurídicas envolvidas.
RESPONSABILIZAÇÃO CIVIL	Aplicação de **sanções por meio judicial**, incluindo perdimento de bens, suspensão de atividades e dissolução compulsória da pessoa jurídica.
PRESCRIÇÃO	Prescrevem **em cinco anos** as infrações, com possibilidade de interrupção pela instauração de processo administrativo ou judicial.
INDEPENDÊNCIA DAS ESFERAS	Responsabilização **administrativa e civil independem e não substituem outras sanções**, como as previstas na Lei de Improbidade Administrativa e na Lei de Licitações.

Referências

Livros, capítulos de livros e artigos

ALVES, Felipe Dalenogare. *A execução da nova lei de licitações e contratos pelos pequenos municípios: centralização e atuação cooperativa à racionalização da atividade administrativa. Portal Migalhas.* Publicação de 28/06/2012. Disponível em: https://www.migalhas.com.br/depeso/347733/a-execucao-da-lei-de-licitacoes-e-contratos-pelos-pequenos-municipios. Acesso em: 20 nov. 2023.

ALVES, Felipe Dalenogare; GAERTNER, Bruna Tamiris. O dever de proteção do estado na efetivação dos direitos fundamentais sociais: o direito à saúde e a proporcionalidade entre a proibição de proteção Insuficiente e a proibição de excesso. In: *Anais do Seminário Nacional Demandas Sociais e Políticas Públicas na Sociedade Contemporânea.* Santa Cruz do Sul: EdUNISC, 2015.

ALVES, Felipe Dalenogare; LEAL, Mônia Clarissa Hennig. O Estado brasileiro e o dever de proteção ao trabalhador: o controle de convencionalidade aplicado pelo Tribunal Superior do Trabalho brasileiro como instrumento de concretização dos direitos fundamentais no case Ivanildo Bandeira vs. Amsted Maxion. In: MAIA, Luciano Mariz; LIRA, Yulgan (org.). *Controle de convencionalidade*: temas aprofundados. Salvador: Juspodivm, 2018.

ALVES, Felipe Dalenogare. *Controle social de políticas públicas:* democracia, participação política e deliberação – a contribuição do Capital Social. Santa Cruz do Sul: Estudos de Direito, 2018.

ALVES, Felipe Dalenogare; LEAL, Mônia Clarissa Hennig. O direito fundamental ao bom governo e o dever de proteção estatal: uma análise das competências federativas à implementação de políticas de prevenção e repressão aos atos de malversação do patrimônio público. *Revista de Direitos e Garantias Fundamentais*, v. 21, n. 2, 2020. Disponível em: https://doi.org/10.18759/rdgf.v21i2.1487. Acesso em: 18 nov. 23.

ALVES, Felipe Dalenogare. O dever de cautela administrativa aplicado ao processo licitatório em que houver inversão de fases à luz da Nova Lei de Licitações e Contratos. In: MATOS, Marilene Carneiro; ALVES, Felipe Dalenogare; AMORIM, Rafael Amorim de. *Nova Lei de licitações e contratos* – Lei n. 14.133/2021: debates, perspectivas e desafios. Brasília: Edições Câmara, 2023.

ALVES, Felipe Dalenogare. O credenciamento e o Sistema de Registro de Preços como procedimentos auxiliares à racionalização administrativa: um panorama à luz da Nova Lei de Licitações e Contratos. In: BUSCH, Eduardo Vieira (coord.). *Nova Lei de Licitações e Contratos*: aspectos relevantes da Lei n. 14.133/21. São Paulo: Quartier Latin, 2023.

ALVES, Felipe Dalenogare; MATOS, Marilene Carneiro. *Manual de Licitações e Contratos Administrativos*. São Paulo: Saraiva Jur, 2025.

ALVES, Felipe Dalenogare; SILVA, Jader Esteves. As aquisições realizadas pelas repartições públicas brasileiras no exterior. *Portal Migalhas*. Publicado em: 4 dez. 2024. Disponível em: https://www.migalhas.com.br/depeso/420816/aquisicoes-realizadas-por-reparticoes-publicas-brasileiras-no-exterior. Acesso em: 16 dez. 2024.

ALVES, Felipe Dalenogare; SILVA, Jader Esteves da. A garantia de proposta na LLCA: a apresentação e a execução. *Portal Migalhas*. Publicado em: 30 dez. 2024. Disponível em: https://www.migalhas.com.br/depeso/422267/a-garantia-de-proposta-na-llca-a-apresentacao-e-a-execucao. Acesso em: 1º jan. 2025.

AMAYA, Jorge Alejandro. *Democracia vs. Constitución*. El poder del juez constitucional. Colección textos jurídicos. Rosario: Fundación para el Desarrollo de las Ciencias Jurídicas, 2012.

AMAYA, Jorge Alejandro. *Control de constitucionalidad*. Buenos Aires: Astrea, 2015.

ANDUIZA, Eva; BOSCH, Agustí. *Comportamiento político y electoral*. 2. ed. Barcelona: Ariel, 2007

ARISTÓTELES. *A Política*. Trad. Mário da Gama Kury. Brasília: EdUNB, 1985.

ATHAYDE, Amanda; DE FREITAS, Sarah Roriz. Pipoca com guaraná: combinando acordos de leniência com os do tipo *second best*. *Consultor Jurídico*. Publicação de 17 de janeiro de 2021. Disponível em: https://www.conjur.com.br/2021-abr-17/opIn.iao-combIn.ando-acordos-leniencia-second-best. Acesso em: 26 nov. 23.

ATIENZA, Manuel. *Las razones del derecho*: teorías de la argumentación jurídica. Madrid: Centro de Estudios Constitucionales, 1997.

ALCALÁ, Humberto Nogueira. Los desafíos del control de convencionalidad del corpus iuris Interamericano para las jurisdicciones nacionales. *Boletín Mexicano de Derecho Comparado*, v. 45, n. 135, Ciudad de Mexico: Instituto de Investigaciones Jurídicas de la UNAM, 2012.

BARROSO, Luís Roberto. *Curso de direito constitucional contemporâneo:* os conceitos fundamentais e a construção do novo modelo. São Paulo: Saraiva, 2009.

BANDIERI, Luis María. Justicia Constitucional y Democracia: Un mal casamiento. In: LEITE, George Salomão; SARLET, Ingo Wolfgang (org.). *Jurisdição Constitucional, Democracia e Direitos Fundamentais:* estudos em homenagem ao Ministro Gilmar Ferreira Mendes. 2ª série. Salvador: Juspodivm, 2012.

BERCOVICI, Gilberto. A problemática da constituição dirigente: algumas considerações sobre o caso brasileiro. *Revista de Informação Legislativa,* ano 36, n. 142, Brasília, 1999.

BIDART CAMPOS, Germán J. *Manual de la Constitución reformada*. t. 1. Buenos Aires: Ediar, 1998.

BÖCKENFÖRDE, Ernest Wolfgang. *Escritos sobre Derechos Fundamentales*. Trad. Juan Luis Requejo Pagés e Ignacio Vilaverde Menéndez. Aufi-Baden-Baden: Nomos Verlagsgesellschaft, 1993.

BÖCKENFÖRDE, Ernest Wolfgang. *Estudios sobre el Estado de Derecho y la Democracia*. Tradução Rafael de Agapito Serrano. Madrid: Trotta, 2000.

BONAVIDES, Paulo. *Curso de direito constitucional*. 15. ed. São Paulo: Malheiros, 2004.

BRUGGER, Winfried; LEAL, Mônia Clarissa Hennig. Os direitos fundamentais nas modernas Constituições: análise comparativa entre as Constituições Alemã,

Norteamericana e Brasileira. In: *Revista do Direito*, n. 28. Santa Cruz do Sul: UNISC, 2007.

CABRAL, Flávio Garcia. Os pilares do poder cautelar administrativo. *A&C – Revista de Direito Administrativo & Constitucional*, Belo Horizonte, ano 18, n. 73, p. 115-139, jul./set. 2018.

CAMPILONGO, Celso Fernandes. *Interpretação do direito e movimentos sociais*. Rio de Janeiro: Elsevier, 2012.

CANOTILHO, José Joaquim Gomes. *Direito Constitucional e Teoria da Constituição*. 4. ed. Lisboa: Almedina, 2000.

CARVALHO, Vinícius Marques de; RODRIGUES, Eduardo Frade. *Guia para análise da consumação prévia de atos de concentração econômica*. Brasília: CADE, 2015.

CARVALHO FILHO, José dos Santos. *Manual de direito administrativo*. 37. ed. Barueri: Atlas, 2023.

CASTRO, Alberto. Buen gobierno, derechos humanos y tendencias innovadoras en el derecho público. In: CASTRO, Alberto (ed.). *Buen gobierno y derechos humanos. Nuevas perspectivas en el derecho público para fortalecer la legitimidad democrática de la administración pública en el Perú*. Lima: PUCP, 2014.

CHECCUCCI, Gustavo Leite Caribé; MALHEIROS FILHO, Marcos André de Almeida. O seguro-garantia performance bond como elemento de eficiência e segurança jurídica na Nova Lei de Licitações e Contratos – Lei n. 14.133/2021. In: MATOS, Marilene Carneiro; ALVES, Felipe Dalenogare; AMORIM, Rafael Amorim de. *Nova Lei de licitações e contratos – Lei n. 14.133/2021: debates, perspectivas e desafios*. Brasília: Edições Câmara, 2023.

CITTADINO, Gisele. *Pluralismo, direito e justiça distributiva:* elementos da filosofia constitucional contemporânea. 3. ed. Rio de Janeiro: Lumen Juris, 2004.

CLÈVE, Clèmerson Merlin. A eficácia dos direitos fundamentais sociais. *Revista de Direito Constitucional e Internacional*, v. 54, São Paulo, Revista dos Tribunais, 2006.

CORREIA, Maria Valéria Costa. *O Conselho Nacional de Saúde e os rumos da política de saúde brasileira: mecanismo de controle social frente às condicionalidades dos organismos Financeiros Internacionais*. Tese (doutorado) apresentada ao Programa de Pós-Graduação em Serviço Social. Recife: UFPE, 2005, p. 62-63. Disponível em: http://repositorio.ufpe.br/handle/123456789/9680. Acesso em: 26 nov. 23.

CORREIA, Maria Valéria Costa. Controle social. In: PEREIRA, Isabel Brasil; LIMA, Júlio César França (org.). *Dicionário da educação profissional em saúde*. 2. ed. Rio de Janeiro: EPSJV, 2008.

CRETELLA JÚNIOR, José. *Tratado de direito administrativo*: poder de polícia e polícia. 2. ed. v. 5. Rio de Janeiro: Forense, 2006.

DALLARI, Dalmo de Abreu. *Constituição e constituinte*. São Paulo: Saraiva, 2010.

DE CASTRO, Amilcar. A natureza da norma de direito internacional privado. *Revista da Faculdade Direito Universidade Federal de Minas Gerais*. v. 2, 1950.

DI PIETRO, Maria Sylvia Zanella. *Parcerias na Administração Pública*: concessão, permissão, franquia, terceirização, parceria público-privada e outras formas. São Paulo: Atlas, 2012.

DI PIETRO, Maria Sylvia Zanella. *Direito administrativo*. 36. ed., revista, atualizada e ampliada. Rio de Janeiro: Forense, 2024.

DINIZ, Maria Helena. *Compêndio de Introdução à ciência do Direito:* introdução à teoria geral do Direito, à filosofia do direito, à sociologia jurídica e à lógica jurídica: norma jurídica e aplicação do Direito. São Paulo: Saraiva, 2009.

DWORKIN, Ronald. *Uma questão de princípio*. Trad. Luís Carlos Borges. São Paulo: Martins Fontes, 2001.

DWORKIN, Ronald. *Levando os direitos a sério*. Trad. Nelson Boeira. São Paulo: Martins Fontes, 2002.

DWORKIN, Ronald. *O império do Direito*. Trad. Jefferson Luiz Camargo. 2. ed. São Paulo: Martins Fontes, 2007.

FORTINI, Cristiana; AMORIM, Rafael Amorim de. Novo olhar para as contratações públicas: precedentes e perspectivas da Lei n. 14.133/2021. In: MATOS, Marilene Carneiro; ALVES, Felipe Dalenogare; AMORIM, Rafael Amorim de. *Nova Lei de licitações e contratos –* Lei n. 14.133/2021: debates, perspectivas e desafios. Brasília: Edições Câmara, 2023.

FREITAS, Juarez. *Discricionariedade administrativa e o direito fundamental à boa administração pública*. São Paulo: Malheiros, 2007.

FREITAS, Juarez. *O controle dos atos administrativos e os princípios fundamentais*. 4. ed. reformulada e ampliada. São Paulo: Malheiros, 2009.

GARCÍA DE ENTERRÍA, Eduardo. *La batalla por las medidas cautelares.* 2. ed. Madrid: Civitas, 1995.

GARELLI, Franco. Controle social. *In*: BOBBIO, Norberto; MATTEUCCI, Nicola; PASQUINO, Gianfranco (coord.). *Dicionário de política*. 11. ed. v. I. Trad. Carmen C Variale et al. Brasília: EdUNB, 1998.

GOFMAN, Bruno; Guimarães, Edgar; KAMMERS, Paulo. Meios alternativos de prevenção e resolução de controvérsias positivados na Lei n. 14.133/2021. In: MATOS, Marilene Carneiro; ALVES, Felipe Dalenogare; AMORIM, Rafael Amorim de. *Nova Lei de licitações e contratos –* Lei n. 14.133/2021: debates, perspectivas e desafios. Brasília: Edições Câmara, 2023.

GORCZEVSKI, Clovis; MARTIN, Nuria Belloso. *A necessária revisão do conceito de cidadania:* movimentos sociais e novos protagonistas na esfera pública democrática. Santa Cruz do Sul: EDUNISC, 2011.

GRIMM, Dieter. *Constituição e política.* Trad. Geraldo de Carvalho. Belo Horizonte: Del Rey, 2006.

HÄBERLE, Peter. Hermenêutica constitucional – *a Sociedade Aberta dos intérpretes da Constituição:* contribuição para a interpretação pluralista e "procedimental" da Constituição. Trad. Gilmar Ferreira Mendes. 1. reimp. Porto Alegre: Sergio Antonio Fabris, 2002.

HART, Herbert Lionel Adolphus. *O conceito de direito.* Trad. A. Ribeiro Mendes. 2. ed. Lisboa: Fundação Calouste Gulbenkian, 1994.

HEINEN, Juliano. O reequilíbrio econômico-financeiro na nova Lei de Licitações. *Consultor Jurídico*, edição de 11/05/2021. Disponível em: https://www.conjur.com.br/2021-mai-11/heln.en-reequilibrio-economico-fln.anceiro-lei-licitacoes. Acesso em: 20 nov. 2023.

HERRERA, Carlos Miguel. Estado, Constituição e direitos sociais. Trad. Luciana Caplan. *Revista da Faculdade de Direito da Universidade de São Paulo*, v. 102. São Paulo: USP, 2007.

HESSE, Konrad. *A força normativa da Constituição.* Trad. Gilmar Ferreira Mendes. Porto Alegre: Sergio Antonio Fabris, 1991.

JALVO, Belén Marina. *Medidas provisionales en la actividad administrativa*. Madrid: Lex Nova, 2007.

JÚNIOR, José Cretella. Fundamentos do direito administrativo. *Revista da Faculdade de Direito*, Universidade de São Paulo, v. 72, n. 1, 1977.

JUSTEN FILHO, Marçal. *Curso de direito administrativo*. 14. ed. Rio de Janeiro: Forense, 2023.

LEAL, Mônia Clarissa Hennig. *Jurisdição constitucional aberta:* reflexões sobre a legitimidade e os limites da jurisdição na ordem democrática. Uma abordagem a partir das teorias constitucionais alemã e norte-americana. Rio de Janeiro: Lumen Juris, 2007.

LEAL, Mônia Clarissa Hennig; ALVES, Felipe Dalenogare. A (im)possibilidade do exercício da discricionariedade judicial e o controle jurisdicional de políticas públicas: um estudo a partir da perspectiva das teorias do Direito de Hart e Dworkin em um contexto de judicialização e ativismo. In: VIEGAS, Carlos Athayde Valadares et al. (org.). *Ensaios críticos de direito público*. Belo Horizonte: Arraes Editores, 2015.

LLÓRENTE, Francisco Rubio. El Bloque de Constitucionalidad. *Revista Española de Derecho Constitucional*. v. 9, n. 27, 1989. Disponível em: https://dialnet.unirioja.es/descarga/articulo/79403.pdf. Acesso em: 14 jan. 2024.

LÓPEZ OLVERA, Miguel Alejandro. La tutela cautelar en el proceso administrativo en Mexico. *A&C Revista de Direito Administrativo e Constitucional*. Belo Horizonte, ano 7, n. 30, p. 29-62, out./dez. 2007.

LUHMANN, Niklas. *A constituição como aquisição evolutiva*. Trad. Menelick de Carvalho Netto. *Il futuro della costituzione.* Torino: Einaudi, 1996.

MALUF, Said. *Teoria Geral do Estado*. 28. ed. São Paulo: Saraiva, 2008.

MATOS, Marilene Carneiro. Impactos da Nova Lei de Licitações e Contratos nos municípios brasileiros. In: MATOS, Marilene Carneiro; ALVES, Felipe Dalenogare; AMORIM, Rafael Amorim de. *Nova Lei de licitações e contratos* – Lei n. 14.133/2021: debates, perspectivas e desafios. Brasília: Edições Câmara, 2023.

MEIRELLES, Hely Lopes. *Direito administrativo brasileiro*. 42. ed. São Paulo: Malheiros, 2016.

MELLO, Celso Antônio Bandeira de. *Curso de direito administrativo*. 28. ed. São Paulo: Malheiros, 2011.

MELLO, Cláudio Ari. *Democracia constitucional e direitos fundamentais.* Porto Alegre: Livraria do Advogado, 2004.

MERTON, Robert K. *Sociologia:* teoria e estrutura. Trad. Miguel Maillet. São Paulo: Mestre Jou, 1970.

MINORI, Alan Fernandes; PONTES, Rosa Oliveira de. A dignidade humana e o emprego: uma breve avaliação da Convenção n. 158 da Organização Internacional do

Trabalho. In: CECATO, Maria Aurea Baroni et al. *Estado, jurisdição e novos atores sociais.* São Paulo: Conceito Editorial, 2010.

MORAES, Antonio Carlos Flores de. *Administração Pública transparente e responsabilidade do político.* Belo Horizonte: Fórum, 2007.

MOREIRA NETO, Diogo de Figueiredo. *Curso de direito administrativo:* parte Introdutória, parte geral e parte especial. 16. ed. rev. e atua. Rio de Janeiro: Forense, 2014.

MOTA, Maurício. Paradigma contemporâneo do Estado Democrático de Direito: pós-positivismo e judicialização da política. In: MOTA, Mauricio; MOTTA, Luiz Eduardo (org.). *O Estado democrático de direito em questão*: teorias críticas da judicialização da política. Rio de Janeiro: Elsevier, 2011.

MÜLLER, Friedrich. *Métodos de Trabalho do Direito Constitucional.* Trad. Peter Naumann. 2. ed. São Paulo: Max Limonad, 2000.

NEVES, Lúcia Maria Wanderley; PRONKO, Marcela Alejandra; MENDONÇA, Sônia Regina de. Capital Cultural. In: PEREIRA, Isabel Brasil; LIMA, Júlio César França (org.). *Dicionário da educação profissional em saúde.* 2. ed. Rio de Janeiro: EPSJV, 2008.

NIEBUHR, Pedro de Menezes; DE ASSIS, Luiz Eduardo Altenburg. *O Estado como acionista minoritário nas Sociedades Privadas*, 26/06/2020. Disponível em: https://www.mnadvocacia.com.br/o-estado-como-acionista-mIn.oritario-nas-sociedades-privadas. Acesso em: 23 out. 2023.

NINO, Carlos Santiago. *La constitución de la democracia deliberativa.* Trad. Roberto P. Saba. Barcelona: Gedisa, 2003.

NOHARA, Irene Patrícia. *Direito administrativo.* 7. ed. rev. atual. e ampl. São Paulo: Atlas, 2017.

NÓBREGA, Marcos; TORRES, Ronny Charles L. de. *A nova lei de licitações, credenciamento e e-marketplace: o turning point da inovação nas compras públicas*, 2021. Disponível em: https://ronnycharles.com.br/wp-content/uploads/2021/01/A-nova-lei-de-licitacoes-credenciamento-e-e-marketplace-o-turnIn.g-poIn.t-da-In.ovacao-nas-compras-publicas.pdf. Acesso em: 5 nov. 2023.

OLIVEIRA, Rafael Carvalho Rezende. *Nova lei de licitações e contratos administrativos:* comparada e comentada. Rio de Janeiro: Forense, 2021.

OLIVEIRA, Rafael Carvalho Rezende. *Curso de direito administrativo.* 11. ed. rev. atual. ampl. Rio de Janeiro: Forense; São Paulo: Método, 2023.

ORTEGA Y GASSET, José. *A rebelião das massas.* Trad. Marylene Pinto Michael. São Paulo: Martins Fontes, 2007.

OSBORNE, David; GAEBLER, Ted. *Reinventando o governo*: como o espírito empreendedor está transformando o setor público. Trad. Sérgio Fernando Guarischi Bath e Ewandro Magalhães Junior. 5. ed. Brasília: MH Comunicação, 1995.

PAULINI, Umberto. Breves notas sobre a polêmica que medeia as construções teóricas de H.L.A. Hart e Ronald Dworkin. *Revista Eletrônica do CEJUR*, v. 1, n. 1. Curitiba: UFPR, 2006.

PÉREZ LUÑO, Antonio Enrique. *Los Derechos Fundamentales.* 11. ed. Madrid: Tecnos, 2013.

RODRIGUEZ-ARANA, Jaime Muñoz. Sobre el derecho fundamental a la buena administración y la posición jurídica del ciudadano. *A&C Revista de Direito Administrativo & Constitucional*, n. 47, ano 12, p. 13-50, jan./mar. 2012.

SADDY, André. *Curso de Direito Administrativo*. v. 1. 2. ed. Rio de Janeiro: Editora CEEJ, 2023.

SARMENTO, Daniel. Constitucionalismo: trajetória histórica e dilemas contemporâneos. In: LEITE, George Salomão; SARLET, Ingo Wolfgang (org.). *Jurisdição constitucional, democracia e direitos fundamentais*: estudos em homenagem ao Ministro Gilmar Ferreira Mendes. 2ª série. Salvador: Juspodivm, 2012.

SÁNCHEZ, Jordi. El Estado de Bienestar. In: BADIA, Miquel Caminal (ed.). *Manual de ciência política*. 2. ed. Madrid: Editorial Tecnos, 2005.

SARLET, Ingo Wolfgang. *A eficácia dos Direitos Fundamentais*. 8. ed. Porto Alegre: Livraria do Advogado, 2007.

SILVA, Benedito. Estado, Governo e Administração. *Revista Faculdade Direito Universidade Federal Minas Gerais*, 1954.

STRECK, Lenio Luiz. *Jurisdição constitucional e hermenêutica:* uma nova crítica do Direito. Porto Alegre: Livraria do Advogado, 2002.

TOMAZETTE, Marlon. *Curso de direito empresarial*: teoria geral e direito societário/ Marlon Tomazette. 7. ed. revisada, atualizada e ampliada. São Paulo: Atlas, 2016.

Constituição

BRASIL. *Constituição da República Federativa do Brasil, promulgada em 5 de outubro de 1988*. Disponível em: https://www.planalto.gov.br/ccivil_03/constituicao/constituicao.htm. Acesso em: 2 dez. 2023.

Leis

BRASIL. *Lei n. 1.628, de 2 de Junho de 1952*. Dispõe sôbre a restituição dos adicionais criados pelo art. 3º da Lei n. 1.474, de 26 de novembro de 1951, e fixa a respectiva bonificação; autoriza a emissão de obrigações da Dívida Pública Federal; cria o Banco Nacional do Desenvolvimento Econômico; abre crédito especial e dá outras providências. Disponível em: https://www.planalto.gov.br/ccivil_03/leis/1950-1969/l1628.htm#:~:text=LEI%20No%201.628%2C%20DE%2020%20DE%20JUNHO%20DE%201952.&text=3%C2%BA%20da%20Lei%20n%C2%BA%201.474,especial %20e%20d%C3%A1%20outras%20provid%-C3%AAncias. Acesso em: 2 dez. 2023.

BRASIL. *Lei n. 4.717, de 29 de junho de 1965*. Regula a ação popular. Disponível em: https://www.planalto.gov.br/ccivil_03/leis/l4717.htm. Acesso em: 5 dez. 2023.

BRASIL. *Lei n. 5.172, de 25 de outubro de 1966*. Dispõe sobre o Sistema Tributário Nacional e institui normas gerais de direito tributário aplicáveis à União, Estados e Municípios. Disponível em: https://www.planalto.gov.br/ccivil_03/leis/l5172compilado.htm. Acesso em: 3 dez. 2023.

BRASIL. *Lei n. 8.029, de 12 de abril de 1990*. Dispõe sobre a extinção e dissolução de entidades da Administração Pública Federal, e dá outras providências. Disponível em: https://www.planalto.gov.br/ ccivil_03/leis/l8029cons.htm. Acesso em: 29 nov. 2023.

BRASIL. *Lei n. 8.112, de 11 de dezembro de 1990*. Dispõe sobre o regime jurídico dos servidores públicos civis da União, das autarquias e das fundações públicas federais. Disponível em: https://www.planalto.gov.br/ccivil_03/leis/l8112cons.htm. Acesso em: 29 nov. 2023.

BRASIL. *Lei n. 8.429, de 2 de junho de 1992*. Dispõe sobre as sanções aplicáveis em virtude da prática de atos de improbidade administrativa, de que trata o § 4º do art. 37 da Constituição Federal; e dá outras providências. (Redação dada pela Lei n. 14.230, de 2021). Disponível em: https://www.planalto.gov.br/ccivil_03/leis/l8429.htm. Acesso em: 5 dez. 2023.

BRASIL. *Lei n. 8.629, de 25 de fevereiro de 1993*.Dispõe sobre a regulamentação dos dispositivos constitucionais relativos à reforma agrária, previstos no Capítulo III, Título VII, da Constituição Federal. Disponível em: https://www.planalto.gov.br/ccivil_03/leis/l8629.htm. Acesso em: 3 dez. 2023.

BRASIL. *Lei n. 8.666, de 21 de junho de 1993*.Regulamenta o art. 37, inciso XXI, da Constituição Federal, institui normas para licitações e contratos da Administração Pública e dá outras providências. Disponível em: https://www.planalto.gov.br/ccivil_03/leis/l8666cons.htm. Acesso em: 3 dez. 2023.

BRASIL. *Lei n. 8.958, de 20 de dezembro de1994*. Dispõe sobre as relações entre as instituições federais de ensino superior e de pesquisa científica e tecnológica e as fundações de apoio e dá outras providências. Disponível em: https://www.planalto.gov.br/ccivil_03/leis/L8958.htm. Acesso em: 5 dez. 2023.

BRASIL. *Lei n. 8.987, de 13 de fevereiro de 1995*. Dispõe sobre o regime de concessão e permissão da prestação de serviços públicos previsto no art. 175 da Constituição Federal, e dá outras providências. Disponível em: https://www.planalto.gov.br/ccivil_03/leis/l8987cons.htm. Acesso em: 3 dez. 2023.

BRASIL. *Lei n. 9.494, de 10 de setembro de 1997*. Disciplina a aplicação da tutela antecipada contra a Fazenda Pública, altera a Lei n. 7.347, de 24 de julho de 1985, e dá outras providências. Disponível em: https://www.planalto.gov.br/ccivil_03/leis/l9494.htm. Acesso em: 5 dez. 2023.

BRASIL. *Lei n. 9.784, de 29 de janeiro de 1999*. Regula o processo administrativo no âmbito da Administração Pública Federal. Disponível em: https://www.planalto.gov.br/ccivil_03/leis/l9784.htm. Acesso em: 3 dez. 2023.

BRASIL. *Lei n. 10.257, de 10 de julho de 2001*. Regulamenta os arts. 182 e 183 da Constituição Federal, estabelece diretrizes gerais da política urbana e dá outras providências. Disponível em: https://www.planalto.gov.br/ccivil_03/leis/leis_2001/l10257.htm. Acesso em: 3 dez. 2023.

BRASIL. *Lei n. 10.406, de 10 de janeiro de 2002*. Institui o Código Civil. Disponível em: https://www.planalto.gov.br/ccivil_03/leis/2002/l10406compilada.htm. Acesso em: 5 dez. 2023.

BRASIL. *Lei n. 12.016, de 7 de agosto de 2009*. Disciplina o mandado de segurança individual e coletivo e dá outras providências. Disponível em: https://www.planalto.gov.br/ccivil_03/_ato2007-2010/2009/lei/l12016.htm. Acesso em: 5 dez. 2023.

BRASIL. *Lei n. 12.462, de 4 de agosto de 2011*. Institui o Regime Diferenciado de Contratações Públicas – RDC; altera a Lei n. 10.683, de 28 de maio de 2003, que dispõe sobre a organização da Presidência da República e dos Ministérios, a legislação da Agência Nacional de Aviação Civil (Anac) e a legislação da Empresa Brasileira de Infraestrutura Aeroportuária (Infraero); cria a Secretaria de Aviação Civil, cargos de Ministro de Estado, cargos em comissão e cargos de Controlador de Tráfego Aéreo; autoriza a contratação de controladores de tráfego aéreo temporários; altera as Leis n.11.182, de 27 de setembro de 2005, 5.862, de 12 de dezembro de 1972, 8.399, de 7 de janeiro de 1992, 11.526, de 4 de outubro de 2007, 11.458, de 19 de março de 2007, e 12.350, de 20 de dezembro de 2010, e a Medida Provisória n. 2.185-35, de 24 de agosto de 2001; e revoga dispositivos da Lei n. 9.649, de 27 de maio de 1998. Disponível em: https://www.planalto.gov.br/ccivil_03/_ato2011-2014/2011/lei/l12462.htm. Acesso em: 4 dez. 2023.

BRASIL. *Lei n. 12.529, de 30 de novembro de 2011*. Estrutura o Sistema Brasileiro de Defesa da Concorrência; dispõe sobre a prevenção e repressão às infrações contra a ordem econômica; altera a Lei n. 8.137, de 27 de dezembro de 1990, o Decreto-Lei n. 3.689, de 3 de outubro de 1941 – Código de Processo Penal, e a Lei n. 7.347, de 24 de julho de 1985; revoga dispositivos da Lei n. 8.884, de 11 de junho de 1994, e a Lei n. 9.781, de 19 de janeiro de 1999; e dá outras providências. Disponível em: https://www.planalto.gov.br/ccivil_03/_ato2011-2014/2011/lei/l12529.htm. Acesso em: 3 dez. 2023.

BRASIL. *Lei n. 13.105, de 16 de março de 2015*. Código de Processo Civil. Disponível em: https://www.planalto.gov.br/ccivil_03/_ato2015-2018/2015/lei/l13105.htm. Acesso em: 5 dez. 2023.

BRASIL. *Lei n. 13.300, de 23 de junho de 2016*. Disciplina o processo e o julgamento dos mandados de injunção individual e coletivo e dá outras providências. Disponível em: Disponível em: https://www.planalto.gov.br/ccivil_03/_Ato2015-2018/2018/Lei/L13676.htm. Acesso em: 5 dez. 2023.

BRASIL. *Lei n. 13.676, de 11 de junho de 2018*. Altera a Lei n. 12.016, de 7 de agosto de 2009, para permitir a defesa oral do pedido de liminar na sessão de julgamento do mandado de segurança. Disponível em: https://www.planalto.gov.br/ccivil_03/_Ato2015-2018/2018/Lei/L13676.htm. Acesso em: 5 dez. 2023.

BRASIL. *Lei n. 13.655, de 25 de abril de 2018*. Inclui no Decreto-Lei n. 4.657, de 4 de setembro de 1942 (Lei de Introdução às Normas do Direito Brasileiro), disposições sobre segurança jurídica e eficiência na criação e na aplicação do direito público. Disponível em: https://www.planalto.gov.br/ccivil_03/_ato2015-2018/2018/lei/l13655.htm. Acesso em: 5 dez. 2023.

BRASIL. *Lei n. 13.848, de 25 de junho de 2019*. Dispõe sobre a gestão, a organização, o processo decisório e o controle social das agências reguladoras. Disponível em: https://www.planalto.gov.br/ccivil_03/_ato2019-2022/2019/lei/l13848.htm. Acesso em: 29 nov. 2023.

BRASIL. *Lei n. 14.230, de 25 de outubro de 2021*. Altera a Lei n. 8.429, de 2 de junho de 1992, que dispõe sobre improbidade administrativa. Disponível em: https://www.planalto.gov.br/ccivil_03/_ato2019-2022/2021/lei/l14230.htm. Acesso em: 5 dez. 2023.

BRASIL. *Lei n. 14.133, de 1º de abril de 2021*. Lei de Licitações e Contratos Administrativos. Disponível em: https://www.planalto.gov.br/ccivil_03/_ato2019-2022/2021/lei/l14133.htm. Acesso em: 3 dez. 2023.

Decretos-Leis
BRASIL. *Decreto-Lei n. 3.365, de 21 de junho de 1941*. Dispõe sobre desapropriações por utilidade pública. Disponível em: https://www.planalto.gov.br/ccivil_03/decreto-lei/del3365.htm. Acesso em: 3 dez. 2023.

Decretos
BRASIL. *Decreto n. 7.892, de 23 de janeiro de 2013.* Regulamenta o Sistema de Registro de Preços previsto no art. 15 da Lei n. 8.666, de 21 de junho de 1993. Disponível em: https://www.planalto.gov.br/ccivil_03/_ato2011-2014/2013/decreto/d7892.htm. Acesso em: 3 dez. 2023.

BRASIL. *Decreto n. 10.856, de 11 de novembro de 2021. D*esafeta formalmente bem de propriedade da União. Disponível em: https://www.planalto.gov.br/ccivil_03/_Ato2019-2022/2021/Decreto/ D10856.htm. Acesso em: 21 nov. 2023.

BRASIL. *Decreto n. 11.123, de 7 de julho de 2022*. Delega competência para a prática de atos administrativo-disciplinares. Disponível em: https://www.planalto.gov.br/ccivil_03/_ato2019-2022/2022/Decreto/D11123.htm. Acesso em: 5 dez. 2023.

BRASIL. *Decreto n. 11.400, de 21 de janeiro de 2023*. Aprova a Estrutura Regimental e o Quadro Demonstrativo dos Cargos em Comissão e das Funções de Confiança do Gabinete Pessoal do Presidente da República e da Assessoria Especial do Presidente da República. Disponível em: https://www.planalto.gov.br/ccivil_03/_ato2023-2026/2023/decreto/D11400.htm. Acesso em: 29 nov. 2023.

BRASIL. *Decreto n. 11.400, de 21 de janeiro de 2023.* Dispõe sobre a estrutura dos cargos e funções do Gabinete pessoal da do Presidente da República e da Assessoria Especial do Presidente da República. Disponível em: https://www.planalto.gov.br/ccivil_03/_ato2023-2026/2023/decreto/ D11400.htm. Acesso em: 3 dez. 2023.

Pareceres e Notas
BRASIL. Advocacia-Geral da União (AGU). Consultoria-Geral da União (CGU). Controladoria-Geral da União (CGU). Consultoria Jurídica (CONJUR). Coordenação-Geral de Processos Judiciais e Disciplinares (CPJD). *Parecer n. 00484/2019*. Lavra: Dra. Leyla Andrade Veras. Emitido em: 5 de jul. 2019.

BRASIL. Consultoria Jurídica (CONJUR). Ministério da Defesa (MD). Controladoria-Geral da União (CGU). Advocacia-Geral da União (AGU). *Parecer n. 00620/2023*. Lavra: Dra. Carolina Saraiva de Figueiredo Cardoso. Emitido em: 21 set. 2023.

BRASIL. Controladoria-Geral da União (CGU). *Nota Técnica n. 436/2024/CGUNE/DICOR/CRG.* Lavra: Bernardo Correa Cardoso Coelho. Emitido em: 16 fev. 2024.

Portarias
BRASIL. Ministério da Defesa. Gabinete do Ministro. *Portaria GM-MD n. 4.641, de 14 de setembro de 2023.* Dispõe sobre a dispensa de licitação para contratação que

possa acarretar comprometimento da segurança nacional. Publicado em: 22 set. 2023.

BRASIL. Ministério da Defesa. Gabinete do Ministro. *Portaria GM-MD n. 5.175, de 15 de dezembro de 2021*. Aprova as Normas para as Compras no Exterior dos Comandos da Marinha, do Exército e da Aeronáutica. Publicado em: 17 dez. 2021.

BRASIL. Gabinete do Ministro. *Portaria Interministerial n. 994, de 30 maio 2012.* Adequa, após indicação do Plenário do Conselho Administrativo de Defesa Econômica_CADE, os valores constantes do art. 88, I e II, da Lei 12.529, de 30 de novembro de 2011. Ministro de Estado da Justiça: Jose Eduardo Cardozo; Ministro de Estado da Fazenda: Guido Mantega. Brasília, DF: Diário Oficial da União, 31 maio 2012. Disponível em: https://cdn.cade.gov.br/Portal/centrais-de-conteudo/publicacoes/normas-e-legislacao/portarias/Portaria%20994.pdf. Acesso em: 4 dez. 2023.

Regimentos

BRASIL. CÂMARA DOS DEPUTADOS. *Regimento Interno da Câmara dos Deputados, aprovado pela Resolução n. 17/1989.*

BRASIL. SENADO FEDERAL. *Regulamento Administrativo do Senado Federal, aprovado pelo Ato da Comissão Diretora n. 14/2022.*

Súmulas do STF

BRASIL. Supremo Tribunal Federal. *Súmula 14* (Sessão Plenária). Aprovada em: 13 dez. 1963.

BRASIL. Supremo Tribunal Federal. *Súmula 101* (Sessão Plenária). Aprovada em: 13 dez. 1963.

BRASIL. Supremo Tribunal Federal. *Súmula 164* (Sessão Plenária). Aprovada em: 13 dez. 1963.

BRASIL. Supremo Tribunal Federal. Súmula *266* (Sessão Plenária). Aprovada em: 13 dez. 1963.

BRASIL. Supremo Tribunal Federal. *Súmula 269* (Sessão Plenária). Aprovada em: 13 dez. 1963.

BRASIL. Supremo Tribunal Federal. *Súmula 473* (Sessão Plenária). Aprovada em: 3 dez. 1969.

BRASIL. Supremo Tribunal *Federal. Súmula 476* (Sessão Plenária). Aprovada em: 3 dez. 1969.

BRASIL. Supremo Tribunal Federal. *Súmula 517* (Sessão Plenária). Aprovada em: 3 dez. 1969.

BRASIL. Supremo Tribunal Federal. *Súmula 556* (Sessão Plenária). Aprovada em: 15 dez. 1976.

BRASIL. Supremo Tribunal Federal. *Súmula 617* (Sessão Plenária). Aprovada em: 17 out. 1984.

BRASIL. Supremo Tribunal Federal. *Súmula 630* (Sessão Plenária). Aprovada em: 24 set. 2003.

BRASIL. Supremo Tribunal Federal. *Súmula 683* (Sessão Plenária). Aprovada em: 24 set. 2003.

Súmulas do STJ

BRASIL. Superior Tribunal de Justiça (Primeira Seção). *Súmula 2.* Aprovada em: 8 maio 1990.

BRASIL. Superior Tribunal de Justiça (Primeira Seção). *Súmula 12.* Aprovada em: 30 out. 1990.

BRASIL. Superior Tribunal de Justiça (Primeira Seção). *Súmula 56.* Aprovada em: 29 set. 1992.

BRASIL. Superior Tribunal de Justiça (Primeira Seção). *Súmula n. 67.* Aprovada em: 15 dez.1992.

BRASIL. Superior Tribunal de Justiça (Primeira Seção). *Súmula 69.* Aprovada em: 15 dez.1992.

BRASIL. Superior Tribunal de Justiça (Primeira Seção). *Súmula 70.* Aprovada em: 15 dez. 1992.

BRASIL. Superior Tribunal de Justiça (Primeira Seção). *Súmula 102.* Aprovada em: 17 maio 1994.

BRASIL. Superior Tribunal de Justiça (Primeira Seção). *Súmula 119.* Aprovada em: 8 nov. 1994.

BRASIL. Superior Tribunal de Justiça (Primeira Seção). *Súmula 141.* Aprovada em: 6 jun. 1995.

BRASIL. Superior Tribunal de Justiça (Terceira Seção). *Súmula 266.* Aprovada em: 22 maio 2002.

BRASIL. Superior Tribunal de Justiça (Corte Especial). *Súmula 324.* Aprovada em: Aprovada em: 3 maio 2006.

BRASIL. Superior Tribunal de Justiça (Primeira Seção). *Súmula 525.* Aprovada em: 22 abr. 2015.

BRASIL. Superior Tribunal de Justiça (Primeira Seção). *Súmula 592.* Aprovada em: 13 set. 2017.

BRASIL. Superior Tribunal de Justiça (Primeira Seção). *Súmula 611.* Aprovada em: 9 maio 2018.

BRASIL. Superior Tribunal de Justiça (Primeira Seção). *Súmula 628.* Aprovada em: 12 dez. 2018.

BRASIL. Superior Tribunal de Justiça (Primeira Seção). *Súmula 633.* Aprovada em: 12 jun. 2019.

BRASIL. Superior Tribunal de Justiça (Primeira Seção). *Súmula 635.* Aprovada em: 12 jun. 2019.

BRASIL. Superior Tribunal de justiça (Primeira Seção). *Súmula 641.* Aprovada em: 18 fev. 2020.

BRASIL. Superior Tribunal de Justiça (Primeira Seção). *Súmula 650.* Aprovada em: 22 set. 2021.

BRASIL. Superior Tribunal de Justiça (Primeira Seção). *Súmula 651.* Aprovada em: 21 out. 2021.

BRASIL. Superior Tribunal de Justiça (Primeira Seção). *Súmula 652.* Aprovada em: 2 dez. 2021.

Súmulas Vinculantes

BRASIL. Supremo Tribunal Federal. *Súmula Vinculante 44* (Sessão Plenária). Aprovada em: 8 abr. 2015.

Decisões do Supremo Tribunal Federal

BRASIL. Supremo Tribunal Federal (Plenário). *Ação Cível Originária n. 765 QO*. Voto Relator Acórdão: Ministro Eros Grau. Julgado em: 1º jun. 2005

BRASIL. Supremo Tribunal Federal. *Ação Cível Originária n. 967.* Relatora: Ministra Rosa Weber. Julgado em: 27 abr. 2020. Publicado no Diário de Justiça Eletrônico em: 15 maio 2020.

BRASIL. Supremo Tribunal Federal. *Agravo em Ação Cível Originária n. 1.953.* Relator: Ministro Ricardo Lewandowski. Julgado em: 18 dez. 2013.

BRASIL. Supremo Tribunal Federal. *Acórdão n. 765 QO*. Relator: Ministro Eros Grau. Julgado em: 1º jun. 2005.

BRASIL. Supremo Tribunal Federal. *Ação Declaratória de Constitucionalidade n. 36*. Relatora: Ministra Cármen Lúcia. Julgada em: 8 set. 2020.

BRASIL. Supremo Tribunal Federal. *Ação de Descumprimento de Preceito Fundamental n. 559*. Relator: Ministro Luís Roberto Barroso. Julgada em: 13 jun. 2022.

BRASIL. Supremo Tribunal Federal. *Ação de Descumprimento de Preceito Fundamental n. 844*. Relator: Ministro Edson Fachin. Julgado em: 19 ago. 2022.

BRASIL. Supremo Tribunal Federal. *Ação de Descumprimento de Preceito Fundamental n. 965*. Relatora: Ministra Rosa Weber. Julgado em: 10 maio 2023.

BRASIL. Supremo Tribunal Federal. *Ação de Descumprimento de Preceito Fundamental n. 966*. Relatora: Ministra Rosa Weber. Julgado em: 10 maio 2023.

BRASIL. Supremo Tribunal Federal. *Ação de Descumprimento de Preceito Fundamental n. 967*. Relatora: Ministra Rosa Weber. Julgado em: 10 maio 2023.

BRASIL. Supremo Tribunal Federal. *Ação Direta de Inconstitucionalidade n. 1.642*. Relator: Ministro Eros Grau. Julgada em: 3 abr. 2008.

BRASIL. Supremo Tribunal Federal. *Ação Direta de Inconstitucionalidade n. 2.135/DF*. Relatora: Ministra Cármen Lúcia. Julgado em: 2 ago. 2007.

BRASIL. Supremo Tribunal Federal. *Ação Direta de Inconstitucionalidade n. 2.332/DF*. Relator: Ministro Roberto Barroso. Julgado em: 16 maio 2018.

BRASIL. Supremo Tribunal Federal. *Ação Direta de Inconstitucionalidade n. 2.418*. Relator: Ministro Teori Zavascki. Julgada em: 4 maio 2016.

BRASIL. Supremo Tribunal Federal. *Ação Direta de Inconstitucionalidade n. 2.658*. Relator: Ministro Dias Toffoli. Julgado em: 18 dez. 2019.

BRASIL. Supremo Tribunal Federal. *Ação Direta de Inconstitucionalidade n. 3.026*. Relator: Ministro Eros Grau. Julgado em: 8 jun. 2006.

BRASIL. Supremo Tribunal Federal. *Ação Direta de Inconstitucionalidade n. 3.454.* Relator: Ministro Dias Toffoli. Julgado em: 21 jun. 2022. Publicado no Diário de Justiça Eletrônico em: 17 ago. 2022.

BRASIL. Supremo Tribunal Federal. *Ação Direta de Inconstitucionalidade n. 3865*. Relator: Ministro Edson Fachin. Julgado em: 1º set. 2023.

BRASIL. Supremo Tribunal Federal. *Ação Direta de Inconstitucionalidade n. 4.403*. Relator: Ministro Edson Fachin. Julgada em: 23 ago. 2019.

BRASIL. Supremo Tribunal Federal. *Ação Direta de Inconstitucionalidade n. 4.650*. Relator: Ministro Luiz Fux. Julgado em: 2015.

BRASIL. Supremo Tribunal Federal. *Ação Direta de Inconstitucionalidade n. 5.358*. Relator: Ministro Luís Roberto Barroso. Julgado em: 30 nov. 2020.

BRASIL. Supremo Tribunal Federal. *Ação Direta de Inconstitucionalidade n. 5.549*. Relator: Ministro Luiz Fux. Julgado em: 29 mar. 2023.

BRASIL. Supremo Tribunal Federal. *Ação Direta de Inconstitucionalidade n. 6.033*. Relator: Ministro Barroso. Julgado em: 6 abr. 2023.

BRASIL. Supremo Tribunal Federal. *Ação Direta de Inconstitucionalidade n. 6.159 e na Ação Direta de Inconstitucionalidade n. 6.162*. Relator: Ministro Roberto Barroso. Julgado em: 24 out. 2020. Publicado no *Diário de Justiça Eletrônico* em: 25 nov. 2020.

BRASIL. Supremo Tribunal Federal. *Ação Direta de Inconstitucionalidade n. 6.270*. Relator: Ministro Luiz Fux. Julgado em: 29 mar. 2023.

BRASIL. Supremo Tribunal Federal. *Ação Direta de Inconstitucionalidade n. 6.421*. Relator: Ministro Barroso. Julgado em: 21 maio 2020.

BRASIL. Supremo Tribunal Federal. *Ação Direta de Inconstitucionalidade n. 6.433*. Relator: Ministro Gilmar Mendes. Julgado em: 31 mar. 2023.

BRASIL. Supremo Tribunal Federal. *Ação Direta de Inconstitucionalidade n. 6.880*. Relator: Ministro Cristiano Zanin. Julgado em: 9 set. 2024.

BRASIL. Supremo Tribunal Federal. *Ação Direta de Inconstitucionalidade n. 7.042*. Relator: Ministro Alexandre de Moraes. Julgado em: 31 ago. 2022.

BRASIL. Supremo Tribunal Federal. *Ação Direta de Inconstitucionalidade n. 7.043*. Relator: Ministro Alexandre de Moraes. Julgado em: 31 ago. 2022.

BRASIL. Supremo Tribunal Federal. *Ação Direta de Inconstitucionalidade n. 6.313*. Relator: Ministro Alexandre de Moraes. Julgado em: 28 ago. 2023.

BRASIL. Supremo Tribunal Federal. *Ação Direta de Inconstitucionalidade n. 7.331*. Relator: Ministro Ricardo Lewandowski. Julgado em: 9 maio 2024.

BRASIL. Supremo Tribunal Federal. *Agravo de Instrumento n. 155.822*. Relator: Ministro Ilmar Galvão. Julgado em: 20 set. 1994.

BRASIL. Supremo Tribunal Federal (Segunda Turma). *Agravo de Instrumento n. 473.381* Agravo Regimental. Relator: Ministro Carlos Velloso. Julgado em: 20 set. 2005. Publicado no *Diário de Justiça Eletrônico* em: 28 out. 2005.

BRASIL. Supremo Tribunal Federal (Segunda Turma). *Agravo de Instrumento n. 636.814* Agravo Regimental. Relator: Ministro Eros Grau. Julgado em: 22 maio 2007.

BRASIL. Supremo Tribunal Federal (Primeira Turma). *Agravo em Recurso Extraordinário 733.596*. Relator: Ministro Luiz Fux. Julgado em: 11 fev. 2014.

BRASIL. Supremo Tribunal Federal. *Agravo em Recurso Especial n. 848.993 RG (Tema 921)*. Relator: Ministro Gilmar Mendes. Julgado em: 6 out. 2016. Publicado no *Diário de Justiça Eletrônico* em: 23 mar. 2017.

BRASIL. Supremo Tribunal Federal (Segunda Turma). *Agravo em Recurso Especial n. 899.816* Agravo Regimental. Relator: Ministro Dias Toffoli. Julgado em: 7 mar. 2017.

BRASIL. Supremo Tribunal Federal. *Agravo em Recurso Especial n. 1.246.685.* Relator: Ministro Dias Toffoli. Julgado em: 19 mar. 2020. Publicado no *Diário de Justiça Eletrônico* em: 28 abr. 2020.

BRASIL. Supremo Tribunal Federal (Segunda Turma). *Agravo em Recurso Extraordinário n. 751.186 Agravo Regimental.* Relator: Ministro Celso de Mello. Julgado em: 2 dez. 2014. Publicado no *Diário de Justiça Eletrônico* em: 17 dez. 2014.

BRASIL. Supremo Tribunal Federal (Primeira Turma). *Agravo em Recurso Extraordinário n. 1.357.064.* Relator: Ministro Alexandre de Moraes. Julgado em: 2 mar. 2022.

BRASIL. Supremo Tribunal Federal (Segunda Turma). *Agravo Regimental em Mandado de Segurança n. 30.891.* Relator: Ministro Gilmar Mendes. Julgado em: 22 set. 2017.

BRASIL. Supremo Tribunal Federal (Primeira Turma). *Agravo Regimental na Reclamação n. 27.843.* Relator: Ministro Luiz Fux. Julgado em: 17 set. 2018.

BRASIL. Supremo Tribunal Federal. *Agravo Regimental no Recurso Extraordinário* n. 399.307. Relator: Ministro Joaquim Barbosa. Julgado em: 16 mar. 2010.

BRASIL. Supremo Tribunal Federal. *Agravo Regimental em Recurso Extraordinário com Agravo n. 639.337.* Relator: Ministro Celso de Mello. Julgado em: 23 ago. 2011.

BRASIL. Supremo Tribunal Federal (Primeira Turma). *Agravo Regimental no Recurso Extraordinário com Agravo n. 641.054/RJ.* Relator: Ministro Luiz Fux. Julgado em: 22 maio 2012. Publicado no *Diário de Justiça Eletrônico* em: 26 jun. 2012.

BRASIL. Supremo Tribunal Federal. *Agravo Regimental no Recurso Extraordinário n. 672.187.* Relator: Ministro Cezar Peluso. Julgado em: 27 mar. 2012.

BRASIL. Supremo Tribunal Federal (Plenário). *Agravo Regimental em Recurso Extraordinário com Agravo n. 689.588.* Relator: Ministro Luiz Fux. Julgado em: 27 nov. 2012.

BRASIL. Supremo Tribunal Federal (Segunda Turma). *Agravo Regimental no Recurso Extraordinário n. 805.491.* Relator: Ministro Dias Toffoli. Julgado em: 23 fev. 2016.

BRASIL. Supremo Tribunal Federal. *Agravo Regimental no Agravo Regimental no Recurso Extraordinário n. 831.381.* Relator: Ministro Roberto Barroso. Julgado em: 9 mar. 2018.

BRASIL. Supremo Tribunal Federal. *Agravo Regimental no Recurso Extraordinário n. 1.373.673.* Relator: Ministro Gilmar Mendes. Julgado em: 27 mar. 2023.

BRASIL. Supremo Tribunal Federal. *Agravo Regimental na Suspensão de Liminar n. 866.* Relator: Ministro Dias Toffoli. Julgado em: 13 set. 2019.

BRASIL. Supremo Tribunal Federal. *Arguição de Descumprimento de Preceito Fundamental n. 559.* Relator: Ministro Roberto Barroso. Julgado em: 13 jun. 2022.

BRASIL. Supremo Tribunal Federal. *Arguição de Inconstitucionalidade n. 155.822 AGR.* Relator: Ministro Ilmar Galvão. Julgado em: 20 set. 1994.

BRASIL. Supremo Tribunal Federal. *Arguição de Inconstitucionalidade n. 636.814 AGR.* Relator: Ministro Eros Grau. Julgado em: 22 maio 2007.

BRASIL. Supremo Tribunal Federal. *Embargos de Declaração em Mandado de Segurança n. 28.044.* Relator: Ministro Ricardo Lewandowski. Julgado em: 27 out. 2011.

BRASIL. Supremo Tribunal Federal. *Embargos de Declaração nos Embargos de Declaração do Agravo de Instrumento n. 841.548/PR*. Relator: Ministro Luís Roberto Barroso. Julgado em: 7 maio 2015.

BRASIL. Supremo Tribunal Federal. *Mandado de Injunção n. 7.440*. Relator: Ministro Luiz Fux. Protocolado em: 9 mar. 2023.

BRASIL. Supremo Tribunal Federal. *Mandado de Segurança n. 22.357*. Relator: Ministro Gilmar Mendes. Julgado em: 27 maio 2004.

BRASIL. Supremo Tribunal Federal. *Mandado de Segurança n. 24.167*. Relator: Ministro Joaquim Barbosa. Julgado em: 5 out. 2006. Publicado no *Diário de Justiça Eletrônico* em: 2 fev. 2007.

BRASIL. Supremo Tribunal Federal. *Mandado de Segurança n. 24.268*. Relator: Ministro Gilmar Mendes. Julgado em: 5 fev. 2004.

BRASIL. Supremo Tribunal Federal. *Mandado de Segurança n. 25.092/DF*. Relator: Ministro Carlos Velloso. Julgado em: 10 nov. 2005.

BRASIL. Supremo Tribunal Federal. *Recurso em Mandado de Segurança n. 25.141*. Voto do Ministro Ricardo Lewandowski. Julgado em: 22 abr. 2008. Publicado no *Diário de Justiça Eletrônico* em: 30 maio 2008.

BRASIL. Supremo Tribunal Federal. *Mandado de Segurança n. 26.117/DF*. Relator: Ministro Eros Grau. Julgado em: 20 maio 2009.

BRASIL. Supremo Tribunal Federal. *Mandado de Segurança n. 28.044 ED*. Relator: Ministro Ricardo Lewandowski. Julgado em: 27 out. 2011.

BRASIL. Supremo Tribunal Federal. (Segunda Turma). *Mandado de Segurança n. 29.083 Embargos de Declaração-Embargos de Declaração-Agravo Regimental*. Relator Acórdão: Ministro Dias Toffoli. Julgado em: 16 maio 2017. Publicado no *Diário de Justiça Eletrônico* em: 6 out. 2017.

BRASIL. Supremo Tribunal Federal (Segunda Turma). *Mandado de Segurança n. 30.891 Agravo Regimental*. Relator: Ministro Gilmar Mendes. Julgado em: 22 set. 2017.

BRASIL. Supremo Tribunal Federal. *Mandado de Segurança n. 32.074*. Relator: Ministro Luiz Fux. Julgado em: 2 set. 2014.

BRASIL. Supremo Tribunal Federal (Plenário). *Mandado de Segurança n. 32.898 Agravo Regimental*. Relator: Ministro Teori Zavascki. Julgamento em: 9 set. 2016. Publicado no Diário da Justiça Eletrônico em: 23 set. 2016.

BRASIL. Supremo Tribunal Federal. *Mandado de Segurança n. 33.340/DF*. Relator: Ministro Luiz Fux. Julgado em: 26 maio 2015.

BRASIL. Supremo Tribunal Federal. *Recurso Extraordinário n. 101.126*. Relator: Ministro Moreira Alves. Julgado em: 24 out. 1984.

BRASIL. Supremo Tribunal Federal. *Recurso Extraordinário n. 136.861* (Tema n. 366). Relator: Ministro Alexandre de Moraes. Julgado em: 27 set. 2018.

BRASIL. Supremo Tribunal Federal (Primeira Turma). *Recurso Extraordinário n. 209.137*. Relator: Ministro Moreira Alves. Julgado em: 8 set. 1998. Publicado no Diário de Justiça em: 5 fev. 1999.

BRASIL. Supremo Tribunal Federal (Segunda Turma). *Recurso Extraordinário n. 213.525 Agravo Regimental*. Relatora: Ministra Ellen Gracie. Julgado em: 9 dez. 2008. Publicado no *Diário de Justiça Eletrônico* em: 6 fev. 2009.

Referências

BRASIL. Supremo Tribunal Federal. *Recurso Extraordinário n. 220.906*. Plenário. Voto do Relator: Ministro Maurício Corrêa. Julgado em: 16 nov. 2000.

BRASIL. Supremo Tribunal Federal (Segunda Turma). *Recurso Extraordinário n. 228.977.* Relator: Ministro Néri da Silveira. Julgado em: 5 mar. 2002. Publicado no *Diário de Justiça Eletrônico* em: 12 abr. 2002.

BRASIL. Supremo Tribunal Federal. *Recurso Extraordinário n. 253.885*. Relatora: Ministra Ellen Gracie. Julgado em: 20 jun. 2002.

BRASIL. Supremo Tribunal Federal. *Recurso Extraordinário n. 327.904.* Relator: Ministro Ayres Britto. Julgado em: 16 ago. 2016.

BRASIL. Supremo Tribunal Federal (Segunda Turma). *Recurso Extraordinário n. 352.258*. Relatora: Ministra Ellen Gracie. Julgado em: 27 abr. 2004. Publicado no Diário de Justiça em: 14 maio 2004.

BRASIL. Supremo Tribunal Federal (Segunda Turma). *Recurso Extraordinário n. 356.209 Agravo Regimental/GO.* Relatora: Ministra Ellen Gracie. Julgado em: 1º mar. 2011.

BRASIL. Supremo Tribunal Federal (Segunda Turma). Recurso Extraordinário n. *418.023 Agravo Regimental*. Relator: Ministro Eros Grau. Julgado em: 9 set. 2008. Publicado no *Diário de Justiça Eletrônico* em: 17 out. 2008.

BRASIL. Supremo Tribunal Federal (Primeira Turma). *Recurso Extraordinário n. 435.444* Agravo Regimental. Relator: Ministro Roberto Barroso. Julgado em: 18 mar. 2014. Publicado no *Diário de Justiça Eletrônico* em: 9 jun. 2014.

BRASIL. Supremo Tribunal Federal (Primeira Turma). *Recurso Extraordinário n. 456.302 Agravo Regimental.* Relator: Ministro Sepúlveda Pertence. Julgado em: 6 fev. 2007. Publicado no Diário de Justiça em: 16 mar. 2007.

BRASIL. Supremo Tribunal Federal. *Recurso Extraordinário n. 466.343/SP.* Relator: Ministro Cezar Peluso. Plenário. Julgado em: 3 dez. 2018.

BRASIL. Supremo Tribunal Federal (Segunda Turma). *Recurso Extraordinário n. 496.861/RS* Agravo Regimental. Relator: Ministro Celso de Mello. Publicado no *Diário de Justiça Eletrônico* em: 13 ago. 2015.

BRASIL. Supremo Tribunal Federal (Primeira Turma). *Recurso Extraordinário n. 505.393.* Relator: Ministro Sepúlveda Pertence. Julgado em: 26 jun. 2007. Publicado no *Diário de Justiça Eletrônico* em: 5 out. 2007.

BRASIL. Supremo Tribunal Federal (Segunda Turma). *Recurso Extraordinário n. 518.278 Agravo Regimental.* Relator: Ministro Eros Grau. Julgado em: 31 mar. 2009. Publicado no *Diário de Justiça Eletrônico* em: 24 abr. 2009

BRASIL. Supremo Tribunal Federal (Segunda Turma). *Recurso Extraordinário n. 553.637 Embargos de Declaração.* Relator: Ministro Ellen Gracie. Julgado em: 4 ago. 2009. Publicado no *Diário de Justiça Eletrônico* em: 25 set. 2009.

BRASIL. Supremo Tribunal Federal. *Recurso Extraordinário n.* 580.252 (Tema 365, com mérito julgado). Relator: Ministro Gilmar Mendes. Julgado em: 16 dez. 2017. Publicado no *Diário de Justiça Eletrônico* em: 16 fev. 2017.

BRASIL. Supremo Tribunal Federal. *Recurso Extraordinário n. 589.998/PI*. Relator: Ministro Ricardo Lewandowski. Julgado em: 20 mar. 2013.

BRASIL. Supremo Tribunal Federal. *Recurso Extraordinário n. 591.874 (Tema 130, com mérito julgado)*. Relator: Ministro Ricardo Lewandowski. Julgado em: 26 ago. 2009. Publicado no *Diário de Justiça Eletrônico* em: 18 dez. 2009.

BRASIL. Supremo Tribunal Federal. *Recurso Extraordinário n.* 595.332 (Tema n. 258). Relator: Ministro Marco Aurélio. Julgado em: 31 ago. 2016.

BRASIL. Supremo Tribunal Federal (Primeira Turma). *Recurso Extraordinário n. 596.729* Agravo Regimental. Relator: Ministro Ricardo Lewandowski. Julgado em: 19 out. 2010.

BRASIL. Supremo Tribunal Federal. *Recurso Extraordinário n. 598.099.* Relator: Ministro Gilmar Mendes. Julgado em: 10 ago. 2011. Publicado no *Diário de Justiça Eletrônico* em: 3 out. 2011.

BRASIL. Supremo Tribunal Federal. *Recurso Extraordinário n. 602.043* (Tema 384, com mérito julgado). Relator: Ministro Marco Aurélio. Julgado em: 27 abr. 2017. Publicado no *Diário de Justiça Eletrônico* em: 8 set. 2017.

BRASIL. Supremo Tribunal Federal. *Recurso Extraordinário n. 608.482* (Tema 161, com mérito julgado). Relator: Ministro Teori Zavascki. Julgado em: 7 ago. 2014. Publicado no *Diário de Justiça Eletrônico* em: 30 out. 2014.

BRASIL. Supremo Tribunal Federal. *Recurso Extraordinário n. 612.975* (Tema 377, com mérito julgado). Relator: Ministro Marco Aurélio. Julgado em: 27 abr. 2017. Publicado no *Diário de Justiça Eletrônico* em: 8 set. 2017.

BRASIL. Supremo Tribunal Federal. *Recurso Extraordinário n. 633.782* (Tema 532). Relator: Ministro Luiz Fux. Julgado em: 23 out. 2020.

BRASIL. Supremo Tribunal Federal. *Recurso Extraordinário n. 635.012.* Relator: Ministro Dias Toffoli. Julgado em: 7 fev. 2013.

BRASIL. Supremo Tribunal Federal. *Recurso Extraordinário n. 635.336.* Relator: Ministro Gilmar Mendes. Julgado em: 14 dez. 2016.

BRASIL. Supremo Tribunal Federal. *Recurso Extraordinário n. 654.833.* Relator: Ministro Alexandre de Moraes. Julgado em: 20 abr. 2020.

BRASIL. Supremo Tribunal Federal. *Recurso Extraordinário n. 662.405* (Tema 512, com mérito julgado). Relator: Ministro Luiz Fux. Julgado em: 29 jun. 2020. Publicado no *Diário de Justiça Eletrônico* em: 13 out. 2020.

BRASIL. Supremo Tribunal Federal. *Recurso Extraordinário n. 663.696.* Relator Ministro: Ministro Luiz Fux. Julgado em: 28 fev. 2019.

BRASIL. Supremo Tribunal Federal. *Recurso Extraordinário n. 669.069/MG* (Tema 666). Relator: Ministro Teori Zavascki. Julgado em: 3 fev. 2016.

BRASIL. Supremo Tribunal Federal. *Recurso Extraordinário n. 669.367* (Tema 530, com mérito julgado). Voto Relatora Acórdão: Ministra Rosa Weber. Julgado em: 2 maio 2013. Publicado no *Diário de Justiça Eletrônico* em: 30 out. 2014.

BRASIL. Supremo Tribunal Federal. *Recurso Extraordinário n. 688.267* (Tema 1.022, com mérito julgado). Relator para o Acórdão: Ministro Luís Roberto Barroso. Julgado em: 28 fev. 2024.

BRASIL. Supremo Tribunal Federal (Plenário). *Recurso Extraordinário n. 693.112* (Tema 355, com mérito). Relator: Ministro Gilmar Mendes. Julgado em: 9 fev. 2017.

BRASIL. Supremo Tribunal Federal. *Recurso Extraordinário n. 716.378*. Relator: Ministro Dias Toffoli. Julgado em: 7 ago. 2019.

BRASIL. Supremo Tribunal Federal. *Recurso Extraordinário n. 726.035* (Tema 722). Relator: Ministro Luiz Fux. Julgado em: 24 abr. 2014.

BRASIL. Supremo Tribunal Federal (Primeira Turma). *Recurso Extraordinário n. 733.596* Agravo Regimental. Relator: Ministro Luiz Fux. Julgado em: 11 fev. 2014. Publicado no *Diário de Justiça Eletrônico* em: 26 fev. 2014.

BRASIL. Supremo Tribunal Federal. *Recurso Extraordinário n. 766.304/RS*. Relator: Ministro Edson Fachin. Plenário. Julgado em: 2 maio 2024.

BRASIL. Supremo Tribunal Federal. *Recurso Extraordinário n. 789.874* (Tema 569, com mérito julgado). Relator: Ministro Teori Zavascki. Julgado em: 17 set. 2014.

BRASIL. Supremo Tribunal Federal (Segunda Turma). *Recurso Extraordinário n. 805.491* Agravo Regimental. Relator: Ministro Dias Toffoli. Julgado em: 23 fev. 2016. Publicado no *Diário de Justiça Eletrônico* em: 29 abr. 2016.

BRASIL. Supremo Tribunal Federal (Plenário). *Recurso Extraordinário n. 841.526/RS*. Relator: Ministro Luiz Fux. Julgado em: 30 mar. 2016.

BRASIL. Supremo Tribunal Federal. *Recurso Extraordinário n. 842.846*. Relator: Ministro Luiz Fux. Julgado em: 27 fev. 2017.

BRASIL. Supremo Tribunal Federal. *Recurso Extraordinário com Agravo n. 848.993* (Tema 921). Relator: Ministro Gilmar Mendes. Julgado em: 6 out. 2016.

BRASIL. Supremo Tribunal Federal. *Recurso Extraordinário n. 852.475*. Relator: Ministro Alexandre de Moraes. Julgado em: 8 ago. 2018.

BRASIL. Supremo Tribunal Federal. Recurso Extraordinário n. 898.450 (Tema n. 838). Relator: Ministro Luiz Fux. Julgado em: 17 ago. 2016.

BRASIL. Supremo Tribunal Federal. Recurso Extraordinário n. 1.027.633/SP. (Tema 940). Relator: Ministro Marco Aurélio. Julgado em: 14 ago. 2019.

BRASIL. Supremo Tribunal Federal. *Repercussão Geral no Recurso Extraordinário n. 1.041.210*. Relator: Ministro Dias Toffoli. Julgado em: 27 set. 2018.

BRASIL. Supremo Tribunal Federal. *Recurso Extraordinário n. 1.058.333* (Tema 973). Relator: Ministro Luiz Fux. Julgado em: 21 nov. 2018. Publicado no *Diário de Justiça Eletrônico* em: 27 jul. 2020.

BRASIL. Supremo Tribunal Federal. *Recurso Extraordinário n. 1.133.146* RG. Relator: Ministro Luiz Fux. Julgado em: 20 set. 2018. Publicado no *Diário de Justiça Eletrônico* em: 26 set. 2018.

BRASIL. Supremo Tribunal Federal. *Recurso Extraordinário n. 1.177.699* (Tema n. 1032). Relator: Ministro Edson Fachin. Julgado em: 24 mar. 2023.

BRASIL. Supremo Tribunal Federal. *Recurso Extraordinário n. 1.182.189* (Tema 1054). Relator: Ministro Edson Fachin. Julgado em: 24 abr. 2023.

BRASIL. Supremo Tribunal Federal. *Recurso Extraordinário n. 1.209.429* (Tema 1055). Relator: Ministro Marco Aurélio. Julgado em: 10 jun. 2021.

BRASIL. Supremo Tribunal Federal. *Recurso Extraordinário com Agravo n. 1.246.685 (Tema 1.081, com mérito julgado e reafirmação de jurisprudência).* Relator: Ministro Dias Toffoli. Julgado em: 19 mar. 2020.

BRASIL. Supremo Tribunal Federal. *Recurso Extraordinário n. 1.282.553* (Tema n. 1190). Relator: Ministro Alexandre de Moraes. Julgado em: 4 out. 2023.

BRASIL. Supremo Tribunal Federal (Primeira Turma). *Recurso Extraordinário n. 1.357.064* Agravo Regimental. Relator: Ministro Alexandre de Moraes. Julgado em: 2 mar. 2022. Publicado no *Diário de Justiça Eletrônico* em: 8 mar. 2022.

BRASIL. Supremo Tribunal Federal. *Recurso Extraordinário n. 1.373.673 AGR*. Relator: Ministro Gilmar Mendes. Julgado em: 27 mar. 2023.

BRASIL. Supremo Tribunal Federal (Segunda Turma). *Recurso Extraordinário n. 1.410.012*. Relator: Ministro Edson Fachin. Julgado em: 27 out. 2023.

BRASIL. Supremo Tribunal Federal. *Recurso Especial n. 1.719.589/SP*. Relator: Ministro Luis Felipe Salomão, 4T. Julgado em: 6 nov. 2018.

BRASIL. Supremo Tribunal Federal. *Recurso Especial n. 1.802.320-SP*. Relator: Ministro Benedito Gonçalves. Primeira Turma, por unanimidade. Julgado em: 12 nov. 2019.

Decisões do Superior Tribunal de Justiça

BRASIL. Superior Tribunal de Justiça (Primeira Seção). *Agravo Interno no Mandado de Segurança n. 19073/DF*. Relator: Ministro Napoleão Nunes Maia Filho. Julgado em: 24 out. 2016. Publicado no *Diário de Justiça Eletrônico* em: 31 ago. 2016.

BRASIL. Superior Tribunal de Justiça (Primeira Seção). *Agravo Interno no Mandado de Segurança n. 21962/DF*. Relator: Ministro Benedito Gonçalves. Julgado em 13 set. 2017. Publicado no *Diário de Justiça Eletrônico* em: 22 set. 2017.

BRASIL. Superior Tribunal de Justiça (Primeira Seção). *Agravo Interno no Mandado de Segurança n. 22.479/DF*. Relatora: Ministra Regina Helena Costa. Julgado em: 28 fev. 2018. Publicado no *Diário de Justiça Eletrônico* em: 7 mar. 2018.

BRASIL. Superior Tribunal de Justiça (Primeira Seção). *Agravo Interno no Mandado de Segurança n. 24.045/DF*. Relator: Ministro Benedito Gonçalves. Julgado em: 24 abr. 2019. Publicado no *Diário de Justiça Eletrônico* em: 30 abr. 2019.

BRASIL. Superior Tribunal de Justiça (Primeira Seção). *Agravo Interno* no *Mandado de Segurança n. 24.961/DF*. Relator: Ministro OG Fernandes. Julgado em: 26 jun. 2019. Publicado no *Diário de Justiça Eletrônico* em: 1º jul. 2019.

BRASIL. Superior Tribunal de Justiça. *Agravo Interno no Mandado de Segurança n. 28.285/DF*. Relatora: Ministra Assusete Magalhães. Julgado em: 18 abr. 2023.

BRASIL. Superior Tribuna de Justiça. *Agravo Interno no Recurso em Mandado de Segurança n. 051.319/SP*. Relatora: Ministra Regina Helena. Julgado em: 25 fev. 2016.

BRASIL. Superior Tribunal de Justiça (Primeira Turma). *Agravo Interno no Recurso em Mandado de Segurança n. 54.459/GO*. Relatora: Ministra Regina Helena Costa. Julgado em: 8 fev. 2018. Publicado no *Diário de Justiça Eletrônico* em: 21 fev. 2018.

BRASIL. Superior Tribunal de Justiça (Segunda Turma). *Agravo Interno no Recurso em Mandado de Segurança n. 54.617/SP*. Relator: Ministro Mauro Campbell Marques. Julgado em: 6 mar. 2018. Publicado no *Diário de Justiça Eletrônico* em: 12 mar. 2018.

BRASIL. Superior Tribunal de Justiça (Primeira Turma). *Agravo Interno no Recurso Especial n. 1.061.958/SP*. Relator: Ministro Gurgel de Faria. Julgado em: 21 mar. 2019. Publicado no *Diário de Justiça Eletrônico* em: 3 abr. 2019.

BRASIL. Superior Tribunal de Justiça (Segunda Turma). *Agravo Interno no Agravo em Recurso Especial n. 1.139.513/MS*. Relatora: Ministra Assusete Magalhães. Julgado em: 7 nov. 2017. Publicado no *Diário de Justiça Eletrônico* em: 14 nov. 2017.

BRASIL. Superior Tribunal de Justiça (Segunda Turma). *Agravo Interno no Recurso Especial n. 1.248.807/MS.* Relatora: Ministra Assusete Magalhães. Julgado em: 22 set. 2016. Publicado no *Diário de Justiça Eletrônico* em: 7 out. 2016.

BRASIL. Superior Tribunal de Justiça. *Agravo Regimental em Recurso Especial n. 1.478.469/SC.* Relator: Ministro Mauro Campbell Marques. Julgado em: 14 abr. 2015.

BRASIL. Superior Tribunal de Justiça (Primeira Turma). *Agravo Interno no Recurso Especial n. 1.538.992/ES.* Relator: Ministro Sérgio Kukina. Julgado em 06 nov. 2018. Publicado no *Diário de Justiça Eletrônico* em: 13 nov. 2018.

BRASIL. Superior Tribunal de Justiça (Segunda Turma). *Agravo Interno no Agravo Regimental no Recurso Especial n. 1.580.246/RS.* Relator: Ministro Herman Benjamin. Julgado em 21 fev. 2017. Publicado no *Diário de Justiça Eletrônico* em: 18 abr. 2017.

BRASIL. Superior Tribunal de Justiça (Segunda Turma). *Agravo Interno nos Embargos de Declaração no Recurso Especial n. 1.624.449/RS.* Relator: Ministro Mauro Campbell Marques. Julgado em 21 mar. 2018. Publicado no *Diário de Justiça Eletrônico* em: 27 mar. 2018.

BRASIL. Superior Tribunal de Justiça (Primeira Turma). *Agravo Interno no Recurso Especial n. 1.649.807/RJ.* Relator: Ministro Benedito Gonçalves. Julgado em: 5 abr. 2018.

BRASIL. Superior Tribunal de Justiça (Segunda Turma). *Agravo Interno no Recurso Especial n.* 1.658.130/SC. Relator: Ministro Mauro Campbell Marques. Julgado em: 5 out. 2017. Publicado no *Diário de Justiça Eletrônico* em: 11 out. 2017.

BRASIL. Superior Tribunal de Justiça (Primeira Turma). *Agravo Interno no Recurso Especial n. 1.667.851/RJ.* Relatora: Ministra Regina Helena Costa. Julgado em: 22 ago. 2017.

BRASIL. Superior Tribunal de Justiça (Segunda Turma). *Agravo Interno no Recurso Especial n. 1.749.059/RJ.* Relator: Ministro Herman Benjamin. Julgado em: 28 mar. 2019. Publicado no *Diário de Justiça Eletrônico* em: 28 maio 2019.

BRASIL. Superior Tribunal de Justiça (Segunda Turma). *Agravo Interno no Agravo em Recurso Especial n. 1.827.571/SP*. Relator: Ministro Francisco Falcão. Julgado em: 29 ago. 2022. Publicado no *Diário de Justiça Eletrônico* em: 31 ago. 2022.

BRASIL. Superior Tribunal de Justiça (Sexta Turma). *Agravo Regimental no Recurso em Mandado de Segurança n. 23.529/SP.* Relator: Ministro Nefi Cordeiro. Julgado em: 4 ago. 2015. Publicado no *Diário de Justiça Eletrônico* em: 20 ago. 2015.

BRASIL. Superior Tribunal de Justiça (Sexta Turma). *Agravo Regimental no Recurso em Mandado de Segurança n. 26.095/BA*. Relator: Ministro Antonio Saldanha Palheiro. Julgado em: 6 set. 2016. Publicado no *Diário de Justiça Eletrônico* em: 19 set. 2016.

BRASIL. Superior Tribunal de Justiça (Sexta Turma). *Agravo Regimental no Recurso em Mandado de Segurança n. 27.633/MG*. Relator: Ministro Rogerio Schietti Cruz. Julgado em: 28 abr. 2015. Publicado no *Diário de Justiça Eletrônico* em: 7 maio 2015.

BRASIL. Superior Tribunal de Justiça (Segunda Turma). *Agravo Regimental no Recurso em Mandado de Segurança n. 48.667/SP*. Relator: Ministro Herman Benjamin. Julgado em: 2 fev. 2016. Publicado no *Diário de Justiça Eletrônico* em: 20 maio 2016.

BRASIL. Superior Tribunal de Justiça (Segunda Turma). *Agravo Regimental no Agravo em Recurso Especial n. 173.291/PR*. Relator: Ministro Castro Meira. Julgado em: 7 ago. 2012. Publicado no *Diário de Justiça Eletrônico* em: 21 ago. 2012.

BRASIL. Superior Tribunal de Justiça (Segunda Turma). *Agravo Regimental no Agravo em Recurso Especial n. 588.898/RJ*. Relator: Ministro Mauro Campbell Marques. Julgado em 3 fev. 2015. Publicado no *Diário de Justiça Eletrônico* em: 6 fev. 2015.

BRASIL. Superior Tribunal de Justiça (Segunda Turma). *Agravo Regimental no Agravo em Recurso Especial n. 593.738/PB*. Relator: Ministra Assusete Magalhães. Julgado em 20 ago. 2015. Publicado no *Diário de Justiça Eletrônico* em: 3 set. 2015.

BRASIL. Superior Tribunal de Justiça (Quinta Turma). *Agravo Regimental no Habeas Corpus n. 750.133/GO*. Relator: Ministro Ribeiro Dantas. Julgado em: 14 maio 2024.

BRASIL. Superior Tribunal de Justiça (Primeira Turma). *Agravo Regimental no Recurso Especial n. 676.880/SC*. Relator: Ministro Napoleão Nunes Maia Filho. Julgado em: 6 dez. 2018. Publicado no *Diário de Justiça Eletrônico* em: 19 dez. 2018.

BRASIL. Superior Tribunal de Justiça (Primeira Turma). *Agravo Regimental no Recurso Especial n. 1.014.923/GO*. Relator: Ministro Sérgio Kukina. Julgado em: 20 nov. 2014. Publicado no *Diário de Justiça Eletrônico* em: 25 nov. 2014.

BRASIL. Superior Tribunal de Justiça (Sexta Turma). *Agravo Regimental no Recurso Especial n. 1.177.994*. Relator: Ministro Nefi Cordeiro. Julgado em: 22 set. 2015. Publicado no *Diário de Justiça Eletrônico* em: 19 out. 2015.

BRASIL. Superior Tribunal de Justiça (Segunda Turma). *Agravo Regimental no Recurso Especial n. 1.243.282/SP*. Relator: Ministro Herman Benjamin. Julgado em: 28 jun. 2011. Publicado no *Diário de Justiça Eletrônico* em: 1º set. 2011.

BRASIL. Superior Tribunal de Justiça (Primeira Turma). *Agravo Regimental no Ag n. 1.307.100/PR*. Relator: Ministro Sérgio Kukina. Julgado em: 21 out. 2014. Publicado no *Diário de Justiça Eletrônico* em: 24 out. 2014.

BRASIL. Superior Tribunal de Justiça. *Agravo Regimental no Recurso Especial n. 1.328.687/PE*. Relatora: Ministra Regina Helena Costa. Julgado em: 3 set. 2015.

BRASIL. Superior Tribunal de Justiça. *Agravo Regimental no Ag n. 1.331.358/SP*. Relatora: Ministra Laurita Vaz. Julgado em: 18 nov. 2011.

BRASIL. Superior Tribunal de Justiça (Segunda Turma). *Agravo Regimental no Recurso Especial n. 1.366.119/SC*. Relator: Ministro Humberto Martins. Julgado em: 15 maio 2014. Publicado no *Diário de Justiça Eletrônico* em: 12 ago. 2014.

BRASIL. Superior Tribunal de Justiça (Primeira Turma). *Agravo Regimental no Recurso Especial n. 1.405.402/RN*. Relator: Ministro Napoleão Nunes Maia Filho. Julgado em: 16 jun. 2015. Publicado no *Diário de Justiça Eletrônico* em: 26 jun. 2015.

BRASIL. Superior Tribunal de Justiça (Primeira Turma). *Agravo Regimental no Recurso Especial n. 1.886.951/RJ*. Relator: Ministro Gurgel de Faria. Julgado em: 20 jun. 2024.

BRASIL. Superior Tribunal de Justiça (Segunda Turma). *Agravo Regimental nos Embargos de Declaração no Recurso Especial n. 1.409.018/SP*. Relator: Ministro Humberto Martins. Julgado em: 5 mar. 2015. Publicado no *Diário de Justiça Eletrônico* em: 11 mar. 2015.

BRASIL. Superior Tribunal de Justiça (Segunda Turma). *Agravo Regimental* no *Recurso Especial n.* 1.478.469/SC. Relator: Mauro Campbell Marques. Julgado em: 14 abr. 2015. Publicado no *Diário de Justiça Eletrônico* em: 20 abr. 2015.

BRASIL. Superior Tribunal de Justiça (Primeira Seção). *Embargos de Declaração no Mandado de Segurança n. 17.873/DF*. Relator: Ministro Mauro Campbell Marques. Julgado em: 28 ago. 2013. Publicado no *Diário de Justiça Eletrônico* em: 9 set. 2013.

BRASIL. Superior Tribunal de Justiça (Sexta Turma). *Embargos de Declaração no Recurso em Mandado de Segurança n. 21.641/SP*. Relator: Ministro OG Fernandes. Julgado em: 2 maio 2013. Publicado no *Diário de Justiça Eletrônico* em: 14 maio 2013.

BRASIL. Superior Tribunal de Justiça (Segunda Turma). *Embargos de Declaração nos Embargos de Declaração no Agravo Interno no Recurso Especial n. 1.727.156/CE*. Relator: Ministro Francisco Falcão. Julgado em: 6 dez. 2018.

BRASIL. Superior Tribunal de justiça (Corte Especial). *Embargos de Divergência em Recurso Especial n. 692.840/BA*. Relator: Ministro Hamilton Carvalho. Publicado no *Diário de Justiça Eletrônico* em: 5 fev. 2009.

BRASIL. Superior Tribunal de Justiça (Quinta Turma). *Habeas Corpus n. 226276/RJ*. Relatora: Ministra Laurita Vaz. Julgado em: 15 ago. 2013.

BRASIL. Superior Tribunal de Justiça (Terceira Seção). *Mandado de Segurança n. 7.981/DF*. Relator: Ministro Jorge Scartezzini. Julgado em: 23 out. 2002. Publicado no *Diário de Justiça Eletrônico* em: 17 fev. 2003.

BRASIL. Superior Tribunal de Justiça (Terceira Seção). *Mandado de Segurança n. 7.989/DF*. Relator: Ministra Alderita Ramos De Oliveira (Desembargadora Convocada do TJ/PE). Julgado em: 12 jun. 2013. Publicado no *Diário de Justiça Eletrônico* em: 19 jun. 2013.

BRASIL. Superior Tribunal de Justiça (Terceira Seção). *Mandado de Segurança n. 9.699/DF*. Relator: Ministro Antonio Saldanha Palheiro. Julgado em: 28 nov. 2018. Publicado no *Diário de Justiça Eletrônico* em: 11 dez. 2018.

BRASIL. Superior Tribunal de Justiça (Terceira Seção). *Mandado de Segurança n. 10.078/DF*. Relator: Ministro Arnaldo Esteves Lima. Julgado em: 24 out. 2005. Publicado no *Diário de Justiça Eletrônico* em: 26 set. 2005.

BRASIL. Superior Tribunal de Justiça (Terceira Seção). *Mandado de Segurança n. 10.239/DF*. Relator: Ministro Antônio Saldanha Palheiro. Julgado em: 14 nov. 2018. Publicado no *Diário de Justiça Eletrônico* em: 23 nov. 2018.

BRASIL. Superior Tribunal de Justiça (Terceira Seção). *Mandado de Segurança n. 11.323/DF*. Relator: Ministro Ericson Maranho (Desembargador Convocado do

TJ/SP). Julgado em: 24 jun. 2015. Publicado no *Diário de Justiça Eletrônico* em: 4 ago. 2015.

BRASIL. Superior Tribunal de Justiça (Terceira Seção). *Mandado de Segurança n. 12.064/DF*. Relator: Ministro Nefi Cordeiro. Terceira Seção. Julgado em: 24 jun. 2015. Publicado no *Diário de Justiça Eletrônico* em: 1º jul. 2015.

BRASIL. Superior Tribunal de Justiça (Terceira Seção). *Mandado de Segurança n. 12.684/DF*. Relator: Ministro OG Fernandes. Julgado em: 28 mar. 2012. Publicado no *Diário de Justiça Eletrônico* em: 3 set. 2012.

BRASIL. Superior Tribunal de Justiça (Terceira Seção). *Mandado de Segurança n. 13.116/DF*. Relator: Ministro Moura Ribeiro. Julgado em: 13 nov. 2013. Publicado no *Diário de Justiça Eletrônico* em: 21 nov. 2013.

BRASIL. Superior Tribunal de Justiça (Terceira Seção). *Mandado de Segurança n. 13.955/DF*. Relatora: Ministra Maria Thereza De Assis Moura. Julgado em: 22 jun. 2011. Publicado no *Diário de Justiça Eletrônico* em: 1º ago. 2011.

BRASIL. Superior Tribunal de Justiça (Terceira Seção). *Mandado de Segurança n. 14.212/DF*. Relator: Ministro Arnaldo Esteves Lima. Julgado em: 28 abr. 2010. Publicado no *Diário de Justiça Eletrônico* em: 7 maio 2010.

BRASIL. Superior Tribunal de Justiça (Terceira Seção). *Mandado de Segurança n. 14.217/DF*. Relator: Ministro Rogerio Schietti Cruz. Julgado em: 9 dez. 2015. Publicado no *Diário de Justiça Eletrônico* em: 16 dez. 2015.

BRASIL. Superior Tribunal de Justiça (Terceira Seção). *Mandado de Segurança n. 14.320/DF*. Relator: Ministro Napoleão Nunes Maia Filho. Julgado em: 28 abr. 2010. Publicado no *Diário de Justiça Eletrônico* em: 14 maio 2010.

BRASIL. Superior Tribunal de Justiça (Terceira Seção). *Mandado de Segurança n. 14.432/DF*. Relatora: Ministra Laurita Vaz. Julgado em: 13 ago. 2014.

BRASIL. Superior Tribunal de Justiça (Primeira Seção). *Mandado de Segurança n. 15.298*. Relator: Ministro OG Fernandes. Julgado em: 22 fev. 2017. Publicado no *Diário de Justiça Eletrônico* em: 2 mar. 2017.

BRASIL. Superior Tribunal de Justiça (Primeira Seção). *Mandado de Segurança n. 15.826/DF*. Relator: Ministro Humberto Martins. Julgado em: 22 maio 2013. Publicado no *Diário de Justiça Eletrônico* em: 31 maio 2013.

BRASIL. Superior Tribunal de Justiça (Primeira Seção). *Mandado de Segurança n. 16.075/DF*. Relator: Ministro Benedito Gonçalves. Julgado em: 29 fev. 2012. Publicado no *Diário de Justiça Eletrônico* em: 21 mar. 2012.

BRASIL. Superior Tribunal de Justiça (Primeira Seção). *Mandado de Segurança n. 16.567/DF*. Relator: Ministro Mauro Campbell Marques. Julgado em: 9 nov. 2011. Publicado no *Diário de Justiça Eletrônico* em: 18 nov. 2011.

BRASIL. Superior Tribunal de justiça. *Mandado de Segurança n. 16.927/DF*. Relatora: Ministra Helena Costa. Julgado em: 10 maio 2017.

BRASIL. Superior Tribunal de Justiça (Primeira Seção). *Mandado de Segurança n. 17.479/DF*. Relator: Ministro Herman Benjamin. Julgado em: 28 nov. 2012. Publicado no *Diário de Justiça Eletrônico* em: 5 jun. 2013.

BRASIL. Superior Tribunal de Justiça (Primeira Seção). *Mandado de Segurança n. 17.330/DF*. Relator: Ministro Humberto Martins. Julgado em: 25 mar. 2015. Publicado no *Diário de Justiça Eletrônico* em: 6 abr. 2015.

BRASIL. Superior Tribunal de Justiça (Primeira Seção). *Mandado de Segurança n. 17.355/DF*. Relator: Ministro Benedito Gonçalves. Julgado em: 12 mar. 2014. Publicado no *Diário de Justiça Eletrônico* em: 19 mar. 2014.

BRASIL. Superior Tribunal de Justiça (Primeira Seção). *Mandado de Segurança n. 17.590/DF*. Relatora: Ministra Regina Helena Costa. Julgado em: 11 dez. 2019. Publicado no *Diário de Justiça Eletrônico* em: 13 dez. 2019.

BRASIL. Superior Tribunal de Justiça (Primeira Seção). *Mandado de Segurança n. 17.053/DF*. Relator: Ministro Mauro Campbell Marques. Julgado em: 11 set. 2013. Publicado no *Diário de Justiça Eletrônico* em: 18 set. 2013.

BRASIL. Superior Tribunal de Justiça (Primeira Seção). *Mandado de Segurança n. 17.330*. Relator: Ministro Humberto Martins. Julgado em: 25 mar. 2015. Publicado no *Diário de Justiça Eletrônico* em: 6 abr. 2015.

BRASIL. Superior Tribunal de Justiça (Primeira Seção). *Mandado de Segurança n. 17.590*. Relatora: Ministra Regina Helena Costa. Julgado em: 11 dez. 2019. Publicado no *Diário de Justiça Eletrônico* em: 13 dez. 2019.

BRASIL. Superior Tribunal de Justiça (Primeira Seção). *Mandado de Segurança n. 17.796*. Relator: Ministro Napoleão Nunes Maia Filho. Relator: Ministra p/ Acórdão Ministro Assusete Magalhães. Julgado em: 25 set. 2019. Publicado no *Diário de Justiça Eletrônico* em: 19 nov. 2019.

BRASIL. Superior Tribunal de Justiça (Primeira Seção). *Mandado de Segurança n. 17.815*. Relatora: Ministra Regina Helena Costa. Julgado em: 28 nov. 2018. Publicado no *Diário de Justiça Eletrônico* em: 6 fev. 2019.

BRASIL. Superior Tribunal de Justiça (Primeira Seção). *Mandado de Segurança n. 18.370*. Relator: Ministro Herman Benjamin. Julgado em: 8 fev. 2017. Publicado no *Diário de Justiça Eletrônico* em: 1º ago. 2017.

BRASIL. Superior Tribunal de Justiça (Primeira Seção). *Mandado de Segurança n. 18.800*. Relatora: Ministra Eliana Calmon. Julgado em: 11 set. 2013. Publicado no *Diário de Justiça Eletrônico* em: 20 set. 2013.

BRASIL. Superior Tribunal de Justiça (Primeira Seção). *Mandado de Segurança n. 19.994*. Relator: Ministro Benedito Gonçalves. Julgado em: 23 maio 2018. Publicado no *Diário de Justiça Eletrônico* em: 29 jun. 2018.

BRASIL. Superior Tribunal de Justiça (Primeira Seção). *Mandado de Segurança n. 20.033*. Relator: Ministro Gurgel de Faria. Julgado em: 27/03/2019. Publicado no *Diário de Justiça Eletrônico* em: 1º abr. 2019.

BRASIL. Superior Tribunal de Justiça (Primeira Seção). *Mandado de Segurança n. 20.679*. Relator: Ministro Herman Benjamin. Julgado em: 8 fev. 2017. Publicado no *Diário de Justiça Eletrônico* em: 26 abr. 2017.

BRASIL. Superior Tribunal de Justiça (Primeira Seção). *Mandado de Segurança n. 21.082/DF*. Relator: Ministro OG Fernandes. Julgado em: 10 jun. 2015.

BRASIL. Superior Tribunal de Justiça (Primeira Seção). *Mandado de Segurança n. 21.298/DF*. Relator: Ministro Napoleão Nunes Maia Filho. Julgado em: 26 set. 2018. Publicado no *Diário de Justiça Eletrônico* em: 3 out. 2018.

BRASIL. Superior Tribunal de Justiça (Primeira Seção). *Mandado de Segurança n. 21.787/DF*. Relator: Ministro Napoleão Nunes Maia Filho. Julgado em: 11 set. 2019. Publicado no *Diário de Justiça Eletrônico* em: 16 set. 2019.

BRASIL. Superior Tribunal de Justiça (Primeira Seção). *Mandado de Segurança n. 21.991.* Relator: Ministro Humberto Martins. Relator para o Acórdão: Ministro João Otávio De Noronha, Corte Especial. Julgado em: 16 nov. 2016. Publicado no *Diário de Justiça Eletrônico* em: 3 mar. 2017.

BRASIL. Superior Tribunal de Justiça (Primeira Seção). *Mandado de Segurança n. 22.828/DF.* Relator: Ministro Gurgel de Faria. Julgado em: 13 set. 2017. Publicado no *Diário de Justiça Eletrônico* em: 21 set. 2017.

BRASIL. Superior Tribunal de Justiça (Primeira Seção). *Mandado de Segurança n. 22.928/DF.* Relator: Ministro Mauro Campbell Marques. Julgado em: 13 jun. 2018. Publicado no *Diário de Justiça Eletrônico* em: 19 jun. 2018.

BRASIL. Superior Tribunal de Justiça (Primeira Seção). *Mandado de Segurança n. 23.464.* Relator: Ministro Mauro Campbell Marques. Julgado em: 11 dez. 2019. Publicado no *Diário de Justiça Eletrônico* em: 13 dez. 2019.

BRASIL. Superior Tribunal de Justiça (Primeira Turma). *Medida Cautelar n. 21.602.* Relator: Ministro Benedito Gonçalves. Julgada em: 3 set. 2013. Publicada no *Diário de Justiça Eletrônico* em: 9 set. 2013.

BRASIL. Superior Tribunal de Justiça (Segunda Turma). *Recurso Especial n. 92.789.* Relator: Ministro Francisco Peçanha Martins. Julgado em: 15 set. 1998.

BRASIL. Superior Tribunal de Justiça (Segunda Turma). *Recurso Especial n. 151.243/PR.* Relator: Ministro Francisco Peçanha Martins. Julgado em: 2 maio 2000.

BRASIL. Superior Tribunal de Justiça (Segunda Turma). *Recurso Especial n. 571.645.* Relator: Ministro João Otávio de Noronha. Publicado no *Diário de Justiça Eletrônico* em: 30 out. 2006.

BRASIL. Superior Tribunal de Justiça (Primeira Turma). *Recurso Especial n. 613.317.* Relator: Ministro José Delgado. Publicado no *Diário de Justiça Eletrônico* em: 1º fev. 2005.

BRASIL. Superior Tribunal de Justiça (Primeira Turma). *Recurso Especial n. 719.738/RS.* Relator: Ministro Teori Albino Zavascki. Julgado em: 16 set. 2008. Publicado no *Diário de Justiça Eletrônico* em: 22 set. 2008.

BRASIL. Superior Tribunal de Justiça. *Recurso Especial n. 912.569/AL.* Relator: Ministro. Humberto Martins. Julgado em: 14 abr. 2023.

BRASIL. Superior Tribunal de Justiça (Primeira Turma). *Recurso Especial n. 980.844/RS.* Relator: Ministro Luiz Fux. Julgado em: 19 mar. 2009. Publicado no *Diário de Justiça Eletrônico* em: 22 abr. 2009.

BRASIL. Superior Tribunal de Justiça (Segunda Turma). *Recurso Especial n. 984.032/ES.* Relator: Ministro Castro Meira. Julgado em: 5 jun. 2008. Publicado no *Diário de Justiça Eletrônico* em: 16 jun. 2008.

BRASIL. Superior Tribunal de Justiça (Corte Especial). *Recurso Especial n. 1.076.124/RJ.* Relatora: Ministra Eliana Calmon. Julgado em: 3 set. 2009.

BRASIL. Superior Tribunal de Justiça (Sexta Turma). *Recurso Especial n. 1.103.105/RJ.* Relator: Ministro OG Fernandes. Julgado em: 3 maio 2012. Publicado no *Diário de Justiça Eletrônico* em: 16 maio 2012.

BRASIL. Superior Tribunal de justiça (Segunda Turma). *Recurso Especial n. 1.132.423/SP.* Relator: Ministro Herman Benjamin. Julgado em: 11 maio 2010. Publicado no *Diário de Justiça Eletrônico* em: 21 jun. 2010.

BRASIL. Superior Tribunal de Justiça (Segunda Turma). *Recurso Especial n. 1.148.460/PR*. Relator: Ministro Castro Meira. Julgado em: 19 out. 2010. Publicado no *Diário de Justiça Eletrônico* em: 28 out. 2010.

BRASIL. Superior Tribunal de justiça (Quarta Turma). *Recurso Especial n. 1.175.907/MG*. Relator: Ministro Luis Felipe Salomão. Julgado em: 19 ago. 2014.

BRASIL. Superior Tribunal de Justiça (Segunda Turma). *Recurso Especial n. 1.318.938/MG*. Relator: Ministro OG Fernandes. Julgado em: 26 nov. 2019. Publicado no *Diário de Justiça Eletrônico* em: 29 nov. 2019.

BRASIL. Superior Tribunal de Justiça (Segunda Turma). *Recurso Especial n. 1.435.502/CE*. Relator: Ministro OG Fernandes. Julgado em: 22 abr. 2014.

BRASIL. Superior Tribunal de Justiça (Segunda Turma). *Recurso Especial n. 1.435.687/MG*. Relator: Ministro Humberto Martins. Julgado em: 7 maio 2015. Publicado no *Diário de Justiça Eletrônico* em: 19 maio 2015.

BRASIL. Superior Tribunal de Justiça (Segunda Turma). *Recurso Especial n. 1.462.659*. Relator: Ministro Herman Benjamin. Julgado em: 01 dez. 2015. Publicado no *Diário de Justiça Eletrônico* em: 4 fev. 2016.

BRASIL. Superior Tribunal de Justiça. *Recurso Especial n. 1.468.987/SP*. Relator: Ministro Humberto Martins. Julgado em: 2 fev. 2015.

BRASIL. Superior Tribunal de Justiça (Segunda Turma). *Recurso Especial n. 1.549.522/RJ*. Relator: Ministro Herman Benjamin. Julgado em: 3 set. 2015. Publicado no *Diário de Justiça Eletrônico* em: 10 nov. 2015.

BRASIL. Superior Tribunal de Justiça (Primeira Turma). *Recurso Especial n. 1.588.251/RS* Relatora: Ministra Regina Helena Costa. Julgado em: 13 dez. 2018. Publicado no *Diário de Justiça Eletrônico* em: 19 dez. 2018.

BRASIL. Superior Tribunal de Justiça (Segunda Turma). *Recurso Especial n. 1.647.347/RO*. Relator: Ministro Francisco Falcão. Julgado em: 11 dez. 2018. Publicado no *Diário de Justiça Eletrônico* em: 17 dez. 2018.

BRASIL. Superior Tribunal de Justiça (Segunda Turma). *Recurso Especial n. 1.656.605/RS*. Relator: Ministro Francisco Falcão. Julgado em: 15 mar. 2018. Publicado no *Diário de Justiça Eletrônico* em: 21 mar. 2018.

BRASIL. Superior Tribunal de Justiça (Segunda Turma). *Recurso Especial n. 1.682.605/CE*. Relator: Ministro Herman Benjamin. Julgado em 3 out. 2017. Publicado no *Diário de Justiça Eletrônico* em: 16 out. 2017.

BRASIL. Superior Tribunal de Justiça (Segunda Turma). *Recurso Especial n. 1.757.798/RJ*. Relator: Ministro Herman Benjamin. Julgado em: 27 nov. 2018.

BRASIL. Superior Tribunal de Justiça (Segunda Turma). *Recurso Especial n. 1.656.605*. Relator: Ministro Francisco Falcão. Julgado em: 15 mar. /2018. Publicado no *Diário de Justiça Eletrônico* em: 21 mar. 2018.

BRASIL. Superior Tribunal de Justiça (Segunda Turma). *Recurso Especial n. 1.799.759*. Relator: Ministro Herman Benjamin. Julgado em: 23 abr. 2019. Publicado no *Diário de Justiça Eletrônico* em: 29 maio 2019.

BRASIL. Superior Tribunal de Justiça (Primeira Turma). *Recurso Especial n. 1.802.320*. Relator: Ministro Benedito Gonçalves. Julgado em: 12 nov. 2019.

BRASIL. Superior Tribunal de Justiça. *Recurso Especial n. 1.930.633/MG*. Relator: Ministro Herman Benjamin. Julgado em: 19 out. 2021. Publicado no *Diário de Justiça Eletrônico* em: 17 dez. 2021.

BRASIL. Superior Tribunal de Justiça (Sexta Turma). *Recurso em Mandado de Segurança n. 8.959/PB*. Relator: Ministro Hamilton Carvalhido. Julgado em: 21 out. 2005.

BRASIL. Superior Tribunal de justiça (Segunda Turma). *Recurso em Mandado de Segurança n. 15.647/SP*. Relatora: Ministra Eliana Calmon. Julgado em: 25 mar. 2003.

BRASIL. Superior Tribunal de Justiça (Primeira Turma). *Recurso em Mandado de Segurança n. 18.923/PR*. Relator: Ministro Teori Albino Zavascki. Julgado em: 27 mar. 2007. Publicado no *Diário de Justiça Eletrônico* em: 12 abr. 2007.

BRASIL. Superior Tribunal de Justiça (Sexta Turma). *Recurso em Mandado de Segurança n. 26.679/SP*. Relator: Ministro Nefi Cordeiro. Julgado em: 18 ago. 2015. Publicado no *Diário de Justiça Eletrônico* em: 3 set. 2015.

BRASIL. Superior Tribunal de Justiça (Quinta Turma). *Recurso em Mandado de Segurança n. 28.169/PE*. Relator: Ministro Napoleão Nunes Maia Filho. Julgado em: 26 out. 2010. Publicado no *Diário de Justiça Eletrônico* em: 29 nov. 2010.

BRASIL. Superior Tribunal de Justiça (Segunda Turma). *Recurso em Mandado de Segurança n. 32.285/RS*. Relator: Ministro Mauro Campbell Marques. Julgado em: 8 nov. 2011. Publicado no *Diário de Justiça Eletrônico* em: 17 nov. 2011.

BRASIL. Superior Tribunal de Justiça (Segunda Turma). *Recurso em Mandado de Segurança n. 37.871*. Relator: Ministro Herman Benjamin. Julgado em: 7 mar. 2013. Publicado no *Diário de Justiça Eletrônico* em: 20 mar. 2013.

BRASIL. Superior Tribunal de Justiça (Primeira Turma). *Recurso em Mandado de Segurança n. 51.398/MG*. Relator: Ministro Napoleão Nunes Maia Filho. Julgado em: 21 mar. 2019. Publicado no *Diário de Justiça Eletrônico* em: 28 mar. 2019.

BRASIL. Superior Tribunal de Justiça (Segunda Turma). *Recurso em Mandado de Segurança n. 54.297/DF*. Relator: Ministro Herman Benjamin. Julgado em: 3 out. 2017. Publicado no *Diário de Justiça Eletrônico* em: 11 out. 2017.

BRASIL. Superior Tribunal de Justiça (Segunda Turma). *Recurso em Mandado de Segurança n. 56.774*. Relator: Ministro Mauro Campbell Marques. Julgado em: 22 maio 2018. Publicado no *Diário de Justiça Eletrônico* em: 29 maio 2018.

BRASIL. Superior Tribunal de Justiça (Segunda Turma). *Recurso em Mandado de Segurança n. 60.493/PR*. Relator: Ministro Herman Benjamin. Julgado em: 19 set. 2019. Publicado no *Diário de Justiça Eletrônico* em: 11 out. 2019.

BRASIL. Superior Tribunal de Justiça (Primeira Turma). *Recurso em Mandado de Segurança n. 61.229/DF*. Relator: Ministro Sérgio Kukina. Julgado em: 5 nov. 2019. Publicado no *Diário de Justiça Eletrônico* em: 29 nov. 2019.

Decisões do Tribunal de Contas da União

BRASIL. Tribunal de Contas da União (Plenário). *Acórdão n. 343/2014*. Plenário. Relator: Ministro Valdir Campelo. Julgado em: 19 fev. 2014.

BRASIL. Tribunal de Contas da União (Plenário). *Acórdão n. 351/2010*. Relator: Ministro Marcos Bemquerer Costa. Julgado em: 3 mar. 2010.

Referências

BRASIL. Tribunal de Contas da União (Plenário). Acórdão n. 533/2022. Relator: Ministro Antonio Anastasia. Julgado em: 16 mar. 2022.

BRASIL. Tribunal de Contas da União (Segunda Câmara). *Acórdão n. 631/2007*. Relator: Ministro Aroldo Cedraz. Julgado em: 3 abr. 2007.

BRASIL. Tribunal de Contas da União (Plenário). *Acórdão n. 768/2013*. Relator: Ministro Marcos Bemquerer. Julgado em: 3 abr. 2013.

BRASIL. Tribunal de Contas da União (Plenário). *Acórdão n. 855/2013*. Relator: Ministro José Jorge. Julgado em: 10 abr. 2013.

BRASIL. Tribunal de Contas da União (Plenário). *Acórdão n. 872/2011*. Relator: Ministro José Jorge. Julgado em: 6 abr. 2011.

BRASIL. Tribunal de Contas da União (Plenário). *Acórdão n. 894/2021*. Relator: Ministro Benjamin Zymler. Julgado em: 20 abr. 2021.

BRASIL. Tribunal de Contas da União (Plenário). *Acórdão n. 980/2018*. Relator: Ministro Marcos Bemquerer. Julgado em: 2 maio 2018.

BRASIL. Tribunal de Contas da União (Segunda Câmara). *Acórdão n. 1061/2010*. Relator: Ministro José Jorge. Julgado em: 16 mar. 2010.

BRASIL. Tribunal de Contas da União (Plenário). *Acórdão n. 1094/2021*. Relator: Ministro Weder de Oliveira. Julgado em: 12 maio 2021.

BRASIL. Tribunal de Contas da União (Plenário). *Acórdão n. 1150/2013*. Relator: Ministro Aroldo Cedraz. Julgado em: 15 maio 2013.

BRASIL. Tribunal de Contas da União (Plenário). *Acórdão n. 1151/2015*. Relatora: Ministra Ana Arraes. Julgado em: 13 maio 2015.

BRASIL. Tribunal de Contas da União (Plenário). *Acórdão n. 1220/2016*. Relator: Ministro Bruno Dantas. Julgado em: 18 maio 2016.

BRASIL. Tribunal de Contas da União (Plenário). *Acórdão n. 1238/2019*. Relator: Ministro Marcos Bemquerer. Julgamento em: 29 maio 2019.

BRASIL. Tribunal de Contas da União (Plenário). *Acórdão n. 1285/2015*. Relator: Ministro Benjamin Zymler. Julgado em: 27 maio 2015.

BRASIL. Tribunal de Contas da União (Plenário). *Acórdão n. 1347/2018*. Relator: Ministro Bruno Dantas. Julgado em: 13 jun. 2018.

BRASIL. Tribunal de Contas da União (Plenário). *Acórdão n. 1381/2018*. Relator: Ministro Walton Alencar Rodrigues. Julgado em: 20 jun. 2018.

BRASIL. Tribunal de Contas da União (Plenário). *Acórdão n. 1508/2008*. Relator: Ministro Aroldo Cedraz. Julgado em: 30 jul. 2008.

BRASIL. Tribunal de Contas da União (Plenário). *Acórdão n. 1545/2017*. Relator: Ministro Aroldo Cedraz. Julgado em: 19 jul. 2017.

BRASIL. Tribunal de Contas da União (Plenário). *Acórdão n. 1650/2020*. Relator: Ministro Augusto Sherman. Julgado em: 24 jun. 2020.

BRASIL. Tribunal de Contas da União (Plenário). *Acórdão n. 1793/2011*. Relator: Ministro Valdir Campelo. Julgado em: 6 jul. 2011.

BRASIL. Tribunal de Contas da União (Plenário). *Acórdão n. 1872/2018*. Relator: Ministro Vital do Rego. Julgado em: 15 ago. 2018.

BRASIL. Tribunal de Contas da União (Plenário). *Acórdão n. 1939/2021*. Relator: Ministro Bruno Dantas. Julgado em: 11 ago. 2021.

BRASIL. Tribunal de Contas da União (Plenário). *Acórdão n. 2311/2012*. Relator: Ministro Aroldo Cedraz. Julgado em: 29 ago. 2012.

BRASIL. Tribunal de Contas da União (Plenário). *Acórdão n. 2600/2013*. Relator: Ministro Valdir Campelo. Julgado em: 25 set. 2013.

BRASIL. Tribunal de Contas da União (Plenário). *Acórdão n. 2842/2016*. Relator: Ministro Bruno Dantas. Julgado em: 9 nov. 2016.

BRASIL. Tribunal de Contas da União (Plenário). *Acórdão n. 3081/2016*. Relator: Ministro Bruno Dantas. Julgado em: 30 nov. 2016.

BRASIL. Tribunal de Contas da União (Plenário). *Acórdão n. 3419/2013*. Relator: Ministro José Mucio Monteiro. Julgado em: 4 dez. 2013.

BRASIL. Tribunal de Contas da União (Plenário). *Acórdão n. 3605/2014*. Relator: Ministro Marcos Bemquerer. Julgado em: 9 dez. 2014.

BRASIL. Tribunal de Contas da União (Segunda Câmara). *Acórdão n. 3625/2011*. Relator: Ministro Aroldo Cedraz. Julgado em: 31 maio 2011.

BRASIL. Tribunal de Contas da União (Segunda Câmara). *Acórdão n. 5495/2022*. Relator: Ministro Bruno Dantas. Julgado em: 13 set. 2022.

BRASIL. Tribunal de Contas da União (Segunda Câmara). *Acórdão n. 8340/2018*. Relator: Ministro Augusto Nardes. Julgado em: 11 set. 2018.

Decisões do Tribunal Superior do Trabalho

BRASIL. Tribunal Superior do Trabalho (Sétima Turma). *Recurso de Revista n. 1072-72.2011.5.02.0384*. Relator: Ministro Cláudio Brandão. Julgado em: 24 set. 2014. Publicado no Diário Eletrônico da Justiça do Trabalho em: 3 out. 2014.

Decisões do Superior Tribunal Militar

BRASIL. Superior Tribunal Militar. Representação para Declaração de Indignidade/Incompatibilidade n. 7000800-18.2020.7.00.0000. Relator: Min. Lúcio Mário De Barros Góes. Julgado em: 19 ago 2021.